图书在版编目（CIP）数据

岳阳年鉴 .2021/ 中共岳阳市委党史研究室编 . --
北京：方志出版社，2021.11
ISBN 978-7-5144-4954-9

Ⅰ . ①岳… Ⅱ . ①中… Ⅲ . ①岳阳—2021—年鉴
Ⅳ . ① Z526.43

中国版本图书馆 CIP 数据核字（2021）第 262547 号

岳阳年鉴（2021）

编　　者：中共岳阳市委党史研究室
责任编辑：齐　笑

出 版 者：方志出版社
地址　北京市朝阳区潘家园东里 9 号（国家方志馆 4 层）
邮编　100021
网址　http://www.zgfzcb.cn
发　　行：方志出版社图书经销中心
电话　（010）67110500
经　　销：各地新华书店
印　　刷：岳阳鑫容印刷有限公司

开　　本：889 × 1194　1/16
印　　张：29
字　　数：1280 千字
版　　次：2021 年 11 月第 1 版　2021 年 11 月第 1 次印刷
印　　数：0001 ~ 1000 册

ISBN 978-7-5144-4954-9　定价：260.00 元

编 辑 说 明

一、《岳阳年鉴》由中共岳阳市委员会主办，中共岳阳市委党史研究室承编，岳阳市各相关部门共同参与编纂，是全面反映岳阳市情的年度资料性文献。《岳阳年鉴（2021）》为总第24卷，主要记载2020年岳阳市政治、经济、文化、社会和生态等方面的基本情况，旨在为社会各界读者了解和研究岳阳提供基本信息资料。

二、本年鉴以马克思列宁主义、毛泽东思想、邓小平理论、“三个代表”重要思想、科学发展观、习近平新时代中国特色社会主义思想为指导，坚持辩证唯物主义和历史唯物主义的立场、观点和方法，存真求实，全面、客观、系统地记述年度发展情况。

三、本年鉴采用分类编辑法，主体内容分类目、分目、条目三个层次，个别分目根据实际增设子分目。全书设类目33个、分目260个，收录条目1460个、随文插图94幅、表格58张。以条目作为记述的基本形式，条目标题统一用黑体加【 】表示。

四、本年鉴框架结构进行适当调整：新增“应急管理”类目，设“安全生产”“防震减灾”“防汛抗旱”“消防工作”“疾病预防控制”分目；“中国共产党岳阳市纪律检查委员会”更名为“市纪委·市监委”；“民主党派·工商联”更名为“民主党派”，原“工商联”分目调至“群众团体”类目；“人民团体”更名为“群众团体”；“卫生健康”更名为“医疗卫生”；“退役军人事务”分目调至“军事”类目；“交通·邮政”更名为“交通运输”，原“邮政”分目调至“商贸服务业”类目。前彩设置“年度聚焦”“生态岳阳·湿地”“千亿产业·石化”“洞庭禁渔”“湖南省非物质文化遗产·祭屈大典”专版，其中，“生态岳阳”为系列专版，每年突出一个主题展现岳阳践行“守护好一江碧水”的生动历程。

五、本年鉴记述时限为2020年1月1日至12月31日，特载、附录、人物、彩版部分内容涉及2021年。所载领导人名录以2020年在职为准，有任免的分别予以注明。

六、本年鉴所载稿件内容和数据均由各部门、各单位提供，并经撰稿单位领导审核。主要数据由市统计局提供。所有数据采用法定计量单位，个别遵从习惯。

七、本年鉴检索系统包括中英文目录和主题索引，附全文检索光盘，方便读者查阅。本年鉴全书内容在岳阳市情网（http://www.yysqw.gov.cn/）推出。

《岳阳年鉴》编辑委员会

钱丹青　　湖南城陵矶新港区管委会主任
潘宏军　　岳阳市南湖新区管委会主任
彭方建　　平江县人民政府县长
吴光文　　岳阳县人民政府县长
周　鹏　　华容县人民政府代县长
刘世奇　　湘阴县人民政府县长
刘　琦　　临湘市人民政府市长
林恒求　　汨罗市人民政府市长
白再兴　　岳阳楼区人民政府区长
蒋春艳　　云溪区人民政府代区长
陈　淼　　君山区人民政府区长
杨林彬　　屈原管理区管委会主任

《岳阳年鉴》理事会

《岳阳年鉴（2021）》编审人员

《岳阳年鉴（2021）》组稿人

（按姓氏笔画为序）

万晖霞	万程亮	马爱霞	王小兵	王文斌	王礼保	王建华	方　洁	方则淞
邓　伟	邓　京	邓怡娟	邓澳利	邓澳利	甘　博	古　田	龙　媛	卢　华
卢　焱	卢盛勇	田　萌	田丽群	皮文辉	权　怿	朱冒柏	朱勇科	乔路平
伍向前	任旭刚	任映宇	任栩栩	向　阳	向元宗	刘　文	刘　秀	刘　荣
刘　傲	刘小平	刘友才	刘吉羽	刘革新	刘贵元	刘思敏	刘凌云	汤文彬
汤跃军	祁　燕	许红丽	许岳明	许泽波	许定华	许婷婷	严　娇	李　明
李　佳	李　岳	李　侃	李　晓	李　娟	李　森	李　勤	李世林	李四毛
李向阳	李向阳	李园平	李忧靖	李适时	李美玲	李婕玲	李雅涵	李曙锋
杨　波	杨　亮	杨　滔	杨小兵	杨尚才	杨振兴	肖　懿	吴　平	吴玉鹏
吴淳杰	吴鹤飞	邱　梁	何云芳	何文鹏	余　扬	余　彬	余长庚	邹向阳
邹湖平	汪　扬	宋　曦	张　弛	张　春	张　萍	张　敏	张　斌	张　湖
张　静	张生根	张玛利	张祥祥	张懿民	陈　文	陈　林	陈　虎	陈　波
陈　亮	陈　焕	陈义军	陈志和	陈宏伟	陈启洲	陈拓新	陈垂良	陈绍东
陈秋荣	陈超文	陈朝晖	欧阳卫	欧阳成	易　乐	易　春	易　祥	罗克娜
周　光	周正良	周洪勇	周群英	赵　刚	赵　伟	郝　纯	胡　明	胡　滔
钟永辉	姜　华	姜　涛	娄常兴	胥正旺	姚诗汇	羿克斌	秦绍兴	袁　啸
袁丹宁	袁湘伟	徐志鑫	徐拥政	徐金辉	高　新	高达乾	郭小龙	郭柒军
唐国良	涂永良	黄　绚	黄　彬	黄　辉	黄雷军	曹　瑜	龚凤珍	龚飒虎
符国凡	康云华	梁　诚	梁　超	隋秉华	蒋　卉	蒋　辰	覃　鸿	喻　阳
童为华	湛　虎	谢　凌	谢伟雄	廖　岚	廖　峰	廖涛涛	熊　龙	熊风扬
熊卓胜	黎姗姗	黎雄兵	潘正茂	戴惠兵	魏　来	魏　璇		

2020 数字岳阳

全市总面积	1.48万平方千米
全市总人口	505.19万人
人口自然增长率	4.2‰
全市生产总值	4001.55亿元
第一产业增加值	459.91亿元
第二产业增加值	1622.25亿元
第三产业增加值	1919.39亿元
一般公共预算收入	333.54亿元
全年工业增加值	1369.64亿元
规模以上工业企业实现利润	179.46亿元
全社会建筑业增加值	254.27亿元
房地产开发投资	228.42亿元
上市公司	11家
证券公司营业部	28家
全市期货公司	2家
证券交易额	5773.5亿元
货物运输总量（不含公路）	1.16亿吨
进出口总额	419.84亿元

全年猪、牛、羊肉总产量	27.49万吨
全年旅客运输总量	4271.7万人次
国内旅游收入	579.31亿元
广播覆盖率	99.99%
电视覆盖率	99.99%
医疗卫生机构	4122个
医疗床位数	27064张
社会消费品零售总额	1574.01亿元
城镇居民人均可支配收入	36749元
全年城镇新增就业	6.2万人
农村居民人均可支配收入	18186元
城镇居民人均消费支出	25273元
农村居民人均消费支出	15975元
城乡居民医疗保险人数	490.03万人
参加失业保险人数	42.97万人
参加工伤保险人数	78.91万人
群众艺术馆、文化馆	11个
体育场地	10499个

2020年9月21日，《中国（湖南）自由贸易试验区总体方案》获批。图为9月24日，中国（湖南）自由贸易试验区岳阳片区揭牌

2020年10月29日，首届湖南（岳阳）口岸经贸博览会开幕

2020年，岳阳市在抗击新冠肺炎疫情斗争中成功守住湖南“北大门”。图为3月14日，君山医院最后2名新冠肺炎确诊患者康复出院，全市确诊病例清零

2020年，岳阳市成功战胜21世纪以来洞庭湖区第二高洪水位。图为7月28日，屈原管理区成功处置管涌群险情

2020年9月14日，华文食品股份有限公司在深圳证券交易所上市，正式登陆A股中小板

2020年4月25日，城陵矶老港环保提质改造项目正式投产。“胶囊”仓库是亚洲最长、最高、面积最大的网架结构港口散货料仓，长江流域首个巨型“胶囊”形散货仓库，单跨跨径位居全国第二位

2020年9月29日，全省第二次重大项目集中开竣工活动暨岳阳市第三批重大项目集中开竣工仪式在汨罗循环经济产业园正威项目建设现场举行

2020年4月16日，巴陵石化己内酰胺产业链搬迁升级项目被中国石化纳入2020年重点项目。图为10月9日，己内酰胺产业链项目地基处理工程项目开工

生态是岳阳最美的名片，全市湿地总面积为24.47万公顷，占全省湿地面积24%，约占全市国土面积16.29%，保护和规划范围为19.10万公顷，湿地保护率为77.28%。列入湿地管理有东洞庭湖国家级自然保护区，洋沙湖一东湖、汨罗江、新墙河、东湖、黄金河和白泥湖等6个国家湿地公园，黄盖湖和横岭湖两个省级自然保护区。近年来，岳阳市牢记“守护好一江碧水”殷殷嘱托，实施山水林田湖草综合治理、新建小微湿地、成立湿地公园等各种管理形式，湿地修复面积达1914万公顷。2020年，环洞庭湖隆冬越冬水鸟数量达到28.8万只，同比增长16.6%，湿地内呈现“候鸟欢歌、江豚微笑、麋鹿倩影”的生态美景。

1994年，湖南东洞庭湖国家级自然保护区晋升为国家级自然保护区

湖南东洞庭湖国家级自然保护区林阁老巡护监测点

2016年，湖南湘阴洋沙湖·东湖国家湿地公园晋升为国家级湿地公园

在华龙码头嬉戏的江豚

2019年，湖南新墙河国家湿地公园晋升为国家级湿地公园

2018年，湖南汨罗江国家湿地公园晋升为国家级湿地公园

2018年，湖南华容东湖国家湿地公园晋升为国家级湿地公园

2020年，湖南平江黄金河国家湿地公园晋升为国家级湿地公园

2003年，横岭湖省级自然保护区晋升为省级自然保护区

2020年，湖南云溪白泥湖国家湿地公园晋升为国家级湿地公园

石化产业是岳阳第一个千亿产业，2020年完成规模工业总产值1230亿元。岳阳石化产业链覆盖石油炼制、炼油化工催化剂、化工、化纤、合成材料、农药、化肥、橡塑加工、化工机械、化工工程建设和检修维修服务等领域，品种之全，是中南地区之最。石油化工及新材料产业链以岳阳绿色化工高新技术产业开发区为示范园区，2017年进入千亿园区，综合实力在湖南省级开发园区中排名第二位。

2020年2月25日，市委书记王一鸥在巴陵石化、长岭炼化调研疫情防控和复工复产工作

2021年5月11-12日，市长李爱武带队到江苏苏州和浙江杭州开展产业链招商活动

2020年12月8-9日，岳阳市举办七大千亿产业·“12+1”产业链成果展示会，开幕式上石化产业链进行招商引资项目签约和链校合作签约

2021年10月19-21日，岳阳市举办七大千亿产业·“12+1”产业链新技术、新产品展示推广会，开幕式上石化产业链进行重大项目签约

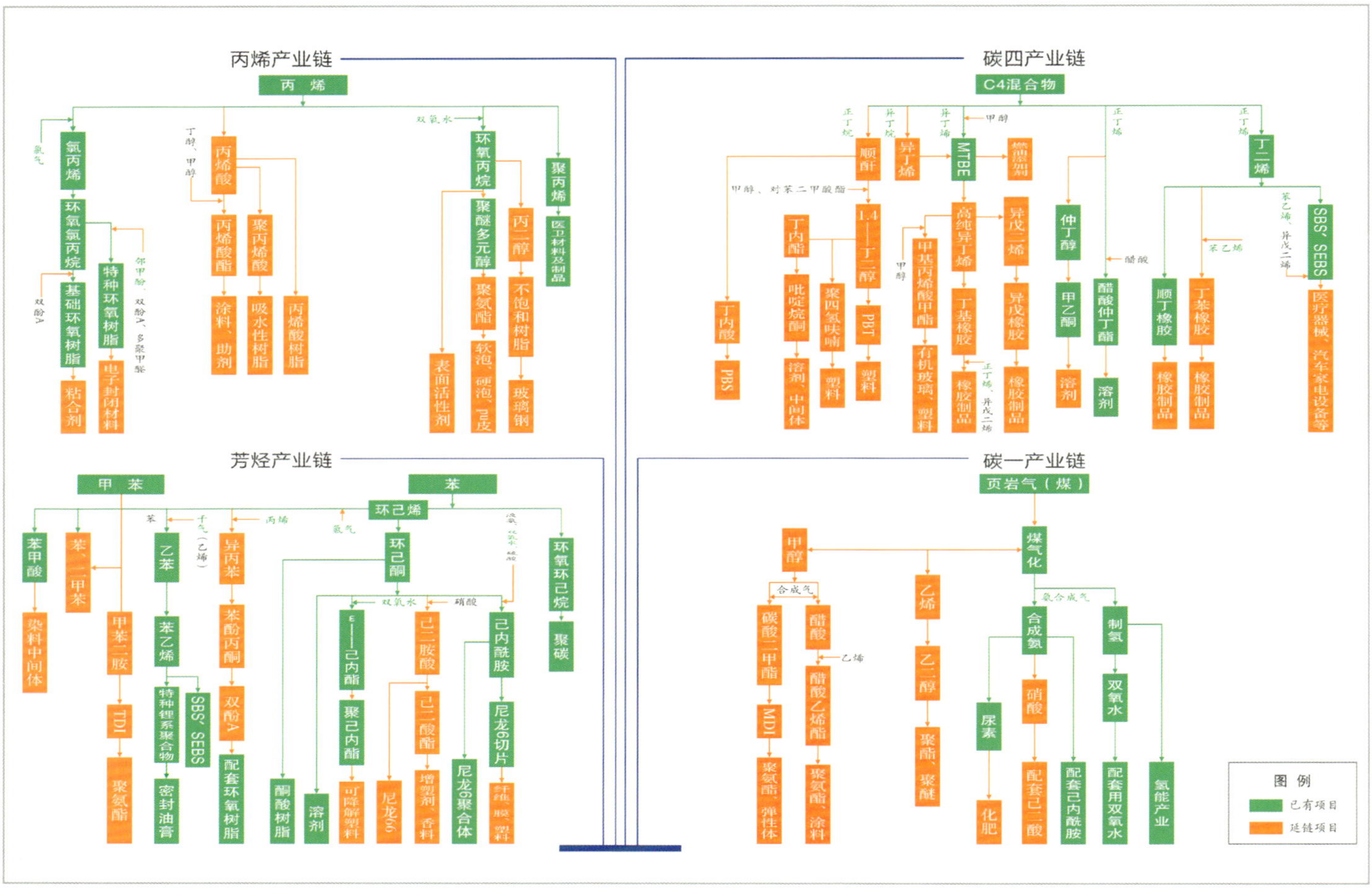

岳阳市石油化工及新材料产业链全景图

中国石油化工股份有限公司巴陵分公司SEPS生产线

中国石油化工股份有限公司长岭分公司生产装置

中国石油化工股份有限公司巴陵分公司己内酰胺绿色生产成套技术

岳阳绿色化工高新技术产业开发区云溪片区

中国石油化工股份有限公司巴陵分公司装置航拍图

2019年12月20日，岳阳东洞庭湖水域实行全面禁止天然渔业资源的生产性捕捞，比全国十年禁渔时间（2021年1月1日）提前一年。岳阳市所辖长江流域实现由“捕”到“禁”的时代转变。

2020年8月3日，农业农村部部长韩长赋到岳阳县麻塘渔场查看退捕渔民建档立卡档案

2020年7月，市委书记王一鸥调研禁捕退捕工作

2020年10月14日，岳阳市长江流域重点水域禁捕退捕专项整治行动启动

2020年，岳阳市渔政执法船在洞庭湖巡查

2020年1月，渔政工作人员与渔民签订专业捕捞渔民退捕协议

2020年，岳阳楼区对合规船网评估收购报废

2020年，君山区六门闸渔民村的70多户渔民上岸转产制作风干鱼

2020年，六门闸渔民村刘静网络直播带货风干鱼年入百万

湖南省非物质文化遗产·祭屈大典

屈原是我国伟大的爱国主义诗人，他的爱国精神和求索精神流传千古。屈原投江殉国后，当地群众在屈原居住过的江边——南阳里立祠纪念屈原，并举行龙舟竞渡，同时举行隆重的祭祀典礼，缅怀屈原，这是最早的民间祭祀活动，当地人称之为“朝庙”。历史上多位皇帝曾册封屈原，公元904年，唐哀帝册封屈原为昭灵侯；公元937年，后晋高祖册封屈原为威显公；宋神宗先后于1080年和1083年两次分别册封屈原为清烈公（秭归庙）和忠洁侯（汨罗庙），后统称为清烈公；公元1318年元仁宗册封屈原为忠节清烈公；南北朝时期，湘州刺史张邵就派“户曹掾”到汨罗祭祀屈原，这便是最早有文字记载的官府公祭屈原。唐朝唐玄宗将屈原纳入官祭的忠臣之列，为春秋二祭；明太祖明确每年五月初五端午节官祭屈原；到了清雍正年间，要求采用太牢之礼“岁时祭祀”，规模与祭孔相同。

每到端午节前夕，汨罗江两岸的龙舟，都要划到屈子祠所在的玉笥山下江边，由总指挥扛着龙头，划手们扛着船桨，排着整齐的队伍，敲锣打鼓到屈子祠屈原神龛前祭拜屈原。将龙头放到神龛前的香案上，摆上供品，举行隆重的“朝庙”仪式。仪式开始，礼宾、东西执事、主祭、司鼓、司金等身着长袍马褂，头戴礼帽，净手后各就各位，张祭联，挂彩绸、击鼓、鸣钟、敲磬、焚香、燃烛、鸣炮、奏乐、主唱、众唱、跪拜、敬酒毕，各复其位，鞠躬礼成。祠内主持人为龙头系红绸并祈祷恭贺某龙旗开得胜。然后，总指挥扛着龙头，率众绕神龛一周，列队出祠，在鞭炮锣鼓钟磬声中，迅速向山下奔跑，直冲入汨罗江中，是为龙头洗澡，然后将龙头安装于船首，即可参加竞渡。汉代于汨罗新建屈子祠以后，遂将这个仪式搬到祠内举行，意为敬告屈原，广大百姓对其祈祷纪念之意，也包含祈求平安取胜的意思。

中厅内设神龛，神龛雕龙刻凤，金漆描绘，内供“故楚三闾大夫屈原之神位”。祭屈大典传承至今，礼仪程序基本沿袭清制。仪式开始，内外肃静，全场肃立，向三闾大夫神位鞠躬。陈设香案、鼓乐、祭文、大乐小乐三通，接着金鼓交奏，礼炮齐鸣。整个礼仪庄严肃穆，三段赞歌与礼仪程序融为一体，极富汨罗民间礼仪文化特色。2009年2月，屈子祠祭屈大典被湖南省人民政府公布为省级非物质文化遗产保护项目。

鞠躬致敬

诵读祭文

钟鼓齐鸣

主祭人行礼

屈子文化园

屈子祠

图/文：杨一九　范向辉　彭宏伟　姚毅　王琼

目 录
CONTENTS

中共岳阳市委员会

岳阳市人民代表大会

岳阳市人民政府

政协岳阳市委员会

市纪委·市监委

民主党派

群众团体

法　治

军　事

经济管理与监督

应急管理

财政·税务

金　融

农业·水利

工　业

商贸服务业

交通运输

城乡建设

开发区建设

生态环境保护

科学技术

教育·体育

文化·旅游

医疗卫生

社会民生

县市区概况

321　人　物

统计资料

附　录

索　引

Main Contents

特 载

编 辑 李 幸

在市委七届十一次全体（扩大）暨市委经济工作会议上的讲话（摘要）

中共岳阳市委书记　王一鸥

（2021年1月16日）

2020年工作克难奋进，交出了大战大考的优异答卷

刚刚过去的2020年，是极不平凡的一年，面对突如其来的新冠肺炎疫情、本世纪以来最严重的汛情以及推动“六稳”“六保”、决战脱贫攻坚、决胜全面小康等一场又一场大战大考，市委常委会团结带领全市广大干部群众，统揽全局、科学应对，迎难而上、砥砺前行，交出一份非同寻常的优异答卷。全市经济抵御住疫情带来的“停摆式”冲击，主要指标逐月回暖走强，GDP上半年实现转正，预计全年迈上4000亿元台阶，成功获批长江经济带绿色发展示范区、湖南自贸区岳阳片区、港口型国家物流枢纽等“金字招牌”，省委明确提出把岳阳打造成为省域副中心城市，为“十三五”圆满收官写下浓墨重彩的一笔。

1.深入学习贯彻习近平新时代中国特色社会主义思想，确保中央和省委省政府决策部署在岳阳落地生根。坚持以习近平新时代中国特色社会主义思想武装头脑、指导实践、推动工作，第一时间学习贯彻习近平总书记最新重要讲话和指示批示精神，作为市委常委会“学、研、议、决、行”的第一议题，特别是深入学习贯彻总书记考察湖南重要讲话精神，与学习贯彻党的十九届五中全会精神和省委十一届十一次、十二次全会精神贯通起来，推动“三高四新”战略落地落细，真正把增强“四个意识”、坚定“四个自信”、做到“两个维护”体现到实际工作中、落实在具体行动上。

2.全力打赢疫情阻击战和防汛保卫战，全市上下交出“加试卷”的优异成绩单。面对疫情防控的严峻形势和巨大压力，市委严格落实总书记“十六字”方针和“三统一”“四集中”“四早”等要求，率先在全省将防控工作提档升级，推行堵、查、隔、治、停、备、稳、督“八字诀”，创新公安主导流调模式，建立大楼区管理机制，仅用52天就实现确诊和疑似病例清零，抓实“外防输入、内防反弹”常态化防控，成功守住湖南“北大门”。入汛后，全市发生12次强降雨过程，超警堤垸最多达56个、堤长1000多千米，全市上下闻“汛”而动、向“险”而行，严格落实四级防汛责任制，按照“提早一步、提高一档”要求，5.2万人严阵以待、严防死守，全市没有出现大的险情，没有发生人员伤亡事件，保住江河安澜，守护一方平安。“沧海横流，方显英雄本色”。面对这两场没有硝烟的战争，市委、市政府加强领导、靠前指挥，各级党组织迅速行动、全力以赴，党员干部率先垂范、冲锋在前，各行各业坚守岗位、倾情奉献，全市人民众志成城、守望相助，共同谱写惊心动魄、气壮山河的“双战”之歌。这种伟大的抗疫精神和抗洪精神，是新时代忧乐精神的生动诠释和集中展现，是我们做好各项工作的宝贵精神财富。

3.加快推进经济高质量发展，切实巩固和提升全省第二经济强市地位。树牢“以经济发展比实力、以产业项目论英雄”的鲜明导向，坚持两手抓、两手硬、两手赢，在全省较早启动复工复产，出台统筹疫情防控和经济社会发展工作方案，下派2214名驻企联络员，狠抓援企稳岗、减税降费等政策落实，扎实做好“六稳”“六保”工作，稳定粮食播种面积，加快大美湖区优质农产品基地建设，用最短时间恢复正常生产生活秩序。坚持项目为大、项目为王，扎实推进七大千亿产业和“12+1”优势产业链建设，全力开展精准招商，落实“一对一”帮扶，当好“店小二”“服务员”，成功引进正威、攀华2个百亿级旗舰项目和9个投资50亿元以上的大项目好项目，举办3次重大项目集中开竣工仪式，新金宝项目21条生产线全面运行，华为高端制造、小米打印机顺利投产，己内酰胺60万吨/年项目全面开工，湖南工程机械配套产业园挂牌落地，华电平江电厂、国华岳阳电厂、华容铁水联运、君山LNG等重大能源项目开工建设。坚持既埋头拉车又抬头看路，早在2月份就部署争资争项工作，共争取各类资金333.7亿元，同比增长21.8%；争取国省投资项目509个，总投资146亿元。同

时，科学谋划“十四五”发展规划，统筹做好自然保护地和生态保护红线优化整合，京广铁路东移、G240湖底隧道、三荷机场改扩建等重大战略项目加紧谋划推进。总的来看，通过全市上下共同努力，有力稳住经济基本盘，高质量发展走势强劲。

4.全面推动开放发展扬优成势，更加凸显通江达海的门户担当和桥头堡地位。主动融入“一带一路”，实施双港驱动战略，“三区一港四口岸”8大国家级开放平台叠加发力，开放发展迎来具有里程碑意义的历史跨越。岳阳自贸片区正式揭牌，顶层设计、改革创新、产业招商等工作超常推进；港口型国家物流枢纽加快建设，一批物流头部企业、重要物流园区、重大物流项目洽谈落户或加快推进；临空经济区建设蓄势待发，三荷机场旅客吞吐量超过上年，是省内唯一实现正增长机场，正在积极申报航空口岸，航空货运枢纽中心有力推进；跨境电商综试区等先行先试工作进展顺利。全年完成外贸进出口总额400亿元，居全省第二位；集装箱吞吐量65.37万标箱，开放发展的战略地位进一步凸显。

5.持续打好“三大攻坚战”，不断擦亮全面小康的成色和底色。瞄准脱贫攻坚这个最大短板，尽锐出战、攻城拔寨，深入开展“三回头”工作，抓实产业扶贫、就业扶贫等举措，4336个问题完成整改，1.54万名未脱贫人口全部脱贫退出，已脱贫人口脱贫成效持续巩固，全面脱贫与乡村振兴有效衔接的机制不断健全。打好蓝天碧水净土保卫战，中央和省级层面交办问题如期销号，岸线修复、整治黑臭水体、解决化工围江等工作扎实推进，污染防治攻坚战“夏季攻势”任务完成情况排名全省第一，东风湖综合治理有关经验做法受到省政府通报表扬，长江岸线正在成为最美风景线。与三峡集团合作项目全面铺开，完成投资41亿元，新建排水管网89千米、小区雨污分流改造425公顷。坚决落实长江“十年禁渔”，全市2200平方千米水域全面禁捕，渔民转产安置和民生保障工作有效推进。长江经济带绿色发展示范区创建工作有序实施，成为岳阳乃至全省培育绿色发展动能、探索绿色发展模式的重要平台。全力推进债务化解等工作，市本级提前完成年度化债目标，利率超过8%债务基本清零，全市债务风险总体平稳可控。

6.着力补齐民生社会领域短板，不断增强群众幸福感获得感安全感。坚持把人民放在心中最高位置，切实改善民生福祉，22件35项省市民生实事圆满完成。围绕“出行难”抓交通建设，平益高速、城陵矶高速、G353机场快速通道、北环线、西环线等加快推进，主城区交通综合整治“九大行动”成效初显。围绕“就学难”抓教育优先发展，新增公办幼儿园学位3万多个，义务教育阶段大班额全面清零，实施基础教育十条，连续三年每年提高生均公用经费100元。围绕“住房难”抓老旧小区改造，近6万户居民居住环境明显改善，中心城区违法建设集中整治行动成效显著。围绕“就医难”抓医疗卫生资源布局优化，市中心医院、市妇幼保健院、市疾控中心建设等扎实推进。围绕“办事难”抓最多跑一次改革，加快建设数字政府·智慧岳阳，群众办事更加方便快捷。积极争创全国市域社会治理现代化试点合格城市，统筹抓好扫黑除恶、信访维稳、平安创建、安全生产、食药安全等底线工作，全市社会大局和谐稳定。

7.以自我革命精神推进全面从严治党，着力营造风清气正、干事创业的良好政治生态。认真贯彻新时代党的建设总要求，把党的政治建设摆在首位，推动政治建设考察全覆盖，加强党对人大、政府、政协工作的领导，严格落实意识形态工作责任制，着力构建大统战工作格局，凝聚方方面面的力量。坚持重基层、重担当、重实干的选人用人导向，出台巴陵人才新政20条，干部人才队伍活力不断迸发。创新推进基层党建“五个一”，村（社区）“一肩挑”比例93%，基层公共服务（“一门式”）全覆盖工作深入推进，排查整顿软弱涣散基层党组织23个。坚决整治“四风”，树牢过紧日子思想，出台《关于厉行节约反对浪费勤俭办一切事业的实施意见》。持续正风肃纪，深化对“拉款子”“打牌子”“提篮子”等突出问题整治，完成七届市委第八轮巡察，党风廉政建设和反腐败斗争取得新的明显成效。

这些成绩的取得来之不易，是党中央、国务院和省委、省政府坚强领导的结果，是市几大家班子团结奋斗的结果，是广大干部群众共同拼搏的结果。一年来，面对巨大困难和超常压力，全市上下特别是在座同志们知难不畏难、有苦不言苦，一仗接着一仗打，用奋斗的汗水书写一个个平凡而又伟大的故事。回顾一年来的工作，我们深刻体会到：只有坚持和加强党的全面领导，充分发挥党总揽全局、协调各方的领导核心作用，旗帜鲜明讲政治，对“国之大者”心中有数，坚决落实总书记重要讲话指示精神和中央、省委决策部署，才能战胜前进道路上的风险挑战；只有心里始终装着人民，一切为了人民、一切依靠人民，紧贴民生民利谋发展、干实事、打硬仗，才能激发出万众一心、攻坚克难的磅礴力量；只有坚定不移贯彻新发展理念，锻造长板扬优势，补齐短板挖潜力，靠创新增动能，向开放要活力，才能推动高质量发展行稳致远；只有坚持一切从实际出发，用好实事求是这个“传家宝”，察实情、出实招、求实效，才能在改革发展实践中深化规律性认识、取得突破性进展；只有发扬斗争精神、增强斗争本领，狭路相逢勇者胜，越是艰险越向前，才能在危机中找到转机，在困局中打开新局；只有坚持系统观念，做到全面系统、精准精细、较真碰硬，才能在大战大考中推动各项工作干在实处、走在前列。

科学谋划推动岳阳“十四五”高质量跨越发展，朝着建设“三区一中心”的目标阔步前进

“十四五”时期是开启全面建设社会主义现代化新征程的第一个五年；习近平总书记嘱托湖南打造“三个高地”、担当“四新”使命；省委明确提出把岳阳打造成为省域副中心城市，这些为新时代岳阳发展锚定新坐标，赋予新使命。谋划推动岳阳“十四五”发展，要全面准确把握这些大逻辑、大遵循，大力实施省委“三高四新”战略，做优做强七大千亿产业，举全市之力打造“三区一中心”，力争GDP迈上6000亿元台阶，财税收入、居民收入等质量效益指标同步提升，迈出高质量跨越发展的坚实步伐。

——长江经济带绿色发展示范区。就是要扛牢“守

护好一江碧水”首倡地的政治责任，落实长江经济带发展“五新”“三主”定位要求，让生态优先、绿色发展成为岳阳最响亮的发展号角。

——中部地区先进制造业聚集区。就是要把经济发展的着力点放在实体经济上，把制造业高质量发展摆在更加突出的位置，着力优布局、强链条、建集群，推动制造业向价值链高端延伸。

——湖南通江达海开放引领区。就是要立足融入双循环新发展格局，把岳阳独特的区位优势转化为竞争优势、发展胜势，做大做强枢纽经济，真正擦亮全省“开放崛起看岳阳”品牌。

——现代化省域副中心城市。就是要跑好湖南发展新增长极、国家区域性中心城市和大城市建设“接力棒”，完善城市功能，增强城市实力，提升城市品位，不断彰显城市竞争力、吸引力和辐射力。

建设“三区一中心”，最根本的是要落脚到抓产业、上项目、兴实体上来，树牢“以经济发展比实力、以产业项目论英雄”鲜明导向，做优做强石油化工、装备制造、电子信息、电力能源、食品加工、现代物流、文化旅游七大千亿产业，为高质量发展夯基垒台、立柱架梁。

1.坚定高质量跨越发展的信心决心。经过五年努力，岳阳经济社会得到长足发展，为“十四五”奠定坚实基础。综合实力跃上新台阶，经济总量稳居全省第二，在做强石化、食品两大千亿产业基础上，新增文化旅游、现代物流两个千亿产业，岳阳经开区、绿色化工产业园晋升千亿级产业园区；开放发展增添新活力，进出口总额由不到70亿元提高到400亿元，连续四年上榜中国外贸百强城市；城乡面貌发生新变化，大城市空间格局扩容提质，全国文明城市建设不断深化，铁公水空立体交通体系已经构建，乡村振兴形成岳阳品牌；生态环境成为新名片，长江干流水质达标率100%，洞庭湖水质综合评价接近地表水Ⅲ类标准；人民生活得到新改善，居民收入由1.9万元增加到2.86万元，平江县脱贫摘帽、全市319个贫困村全部出列、40.1万贫困人口全部脱贫；社会治理开创新局面，各项社会事业、精神文明建设、民主法治、安全稳定等工作成效明显，成功获评全国社会治安综合治理优秀市。

2.把握高质量跨越发展的大局大势。展望“十四五”，宏观环境面临深刻复杂变化，最鲜明的特征就是“两个大局”历史交汇，机遇与挑战同行，压力与动力同在，必须保持强烈的机遇意识、风险意识和奋斗意识，下好先手棋，打好主动仗。

“十四五”是大有作为的战略机遇期。随着中央和省里一系列重大规划、战略平台、政策举措史无前例地交汇叠加，岳阳风云际会、机遇空前：长江经济带发展进入“重整行装再出发”新阶段，流域协同发展加深、产业转移加速、绿色引领加强，岳阳作为示范区，近水楼台、利好空前；省委明确省域副中心城市的定位，岳阳的战略地位更加凸显，必将获得更多的政策支持和项目倾斜；国家构建双循环新发展格局，岳阳通江达海、承东启西的区位优势将进一步彰显，随着自贸片区、港口型国家物流枢纽、临空经济区等开放平台效应加速释放，市场和资本对岳阳会更加青睐。机遇是时代的馈赠，也是历史的考验，我们要始终把“国之大者”装在心中，把“乘势而上”化为共识，着眼全局谋，服务大局干，用好“战略机遇期”，跑出“发展加速度”。

“十四五”是提质增效的转型挑战期。后疫情时代不确定因素增加，各领域里“黑天鹅”“灰犀牛”风险难以预知。特别是从我们自身看，发展不充分、不平衡的矛盾仍然突出，产业结构不优、石化“一业独大”的格局没有得到根本改观，高层次人才不足、创新能力不强的短板尤为突出，财税质量不高、县域实力不强、居民收入偏低，特别是对标“十三五”规划，一些指标完成情况不及预期，出现这些问题，除开宏观环境复杂等客观因素外，还是我们抓发展的精力不够聚焦，争先创优的意识不够强烈。对此，必须保持清醒头脑，增强紧迫感和危机感，加快转型升级，促进提质增效，全面提升发展“含金量”“含新量”“含绿量”。

“十四五”是改革创新的攻坚突破期。机遇总是垂青奋进者，挑战只能打败退缩者。站在新的历史起点上，无论是落实“三高四新”战略，建设“三区一中心”；还是抢抓时代机遇，应对风险挑战，关键是拿出奋斗的姿态、奋发的激情、奋进的勇气，用好深化改革“关键招”，加足全面创新“动力源”，把岳阳发展放到全省全国大局中去谋划推进，找准自己的舞台，唱好自己的“声部”，扎扎实实办好自己的事，以真抓实干的最大确定性应对外部条件的不确定性，实现岳阳高质量发展的确定性。

3.强化高质量跨越发展的使命担当。推进“十四五”发展，要立足新发展阶段、新发展理念、新发展格局，围绕建设“三区一中心”，既在战略上布好局，又在关键处落好子，努力在实施“三高四新”战略、建设现代化新湖南征程中走在前列。

一是聚焦打造“三个高地”，在推动高质量发展上走在前列。这是总书记赋予湖南的重要使命，更是高质量发展的重要支撑和关键标志。要坚定不移发展先进制造业，在做优做强七大千亿产业的基础上，依托园区、港区、开发区等载体，大力发展石化高端合成材料、大型高端装备制造、电子信息等产业，加快构建现代产业体系，着力打造中部地区先进制造业聚集区。要坚定不移推进创新创业，聚焦重大产业链布局创新链、资金链、人才链，激活创新主体、优化创新生态、加大创新投入，以创业促创新、以创新带创业。要坚定不移推动更高水平开放，依托通江达海区位优势和开放平台叠加优势，实施双港驱动，高标准谋划建设好自贸片区、临空经济区、港口型国家物流枢纽，力争进出口总额突破1000亿元，集装箱吞吐量突破100万标箱，着力打造湖南通江达海开放引领区，为全省高水平开放作出岳阳贡献。

二是聚焦示范区创建，在长江经济带生态优先绿色发展上走在前列。主动适应长江经济带发展新阶段新要求，在持续巩固生态治理成果的前提下，全面提高资源利用效率，加快推动绿色低碳发展，促进经济社会全面绿色转型。严格落实生态保护红线、环境质量底线、资源利用上线硬约束，聚焦三大示范方向，全面落实六项重点任务，规划建好岳阳长江百里绿色经济发展走廊，率先探索出一条经济发展与环境保护共生共赢的新路子，让绿水青山就是金山银山成为岳阳最鲜明的底色。

三是聚焦做大做强县域经济，在推进乡村振兴上走在前列。把县域经济摆在更加突出的位置来抓，坚持因地制宜、分类施策，增强县域发展动力、财政实力、消费活力，推动园区专业化特色化发展，力争3个左右县（市、区）进入全省20强，加快形成特色鲜明、竞相发展、多点支撑的县域经济发展格局。坚持农业农村优先发展，着力打造大美湖区优质农产品基地，积极创建环洞庭湖国家农业高新技术产业示范区，大力实施乡村建设行动，打造乡村振兴升级版。

四是聚焦大城市建设，在推进城市治理体系现代化上走在前列。着力提升中心城区首位度，构建“一心四组团”空间格局，强化生态保护，注重战略留白，塑造城市风貌，夯实基础配套，加快城市东扩，推动岳阳县、临湘市融城发展，力争城市规划控制区面积达到170平方千米，常住人口达到170万人。大力实施城市更新行动，谋划推进京广铁路东移、三荷机场改扩建、常岳九铁路、G240湖底隧道、G107东移提质、S208沿江公路等事关全局和长远的重大工程，加快棚户区和老旧小区改造，注重保护城市历史文脉，加快建设智慧岳阳，提升管理科学化、精细化、智能化水平。发挥中心城区辐射带动作用，加快县城和特色小城镇建设，推动新型城镇化建设迈上新台阶。

五是聚焦解决群众“急难愁盼”问题，在保障和改善民生上走在前列。坚持以人民为中心，持续加大民生投入，全力办好民生事业，聚焦就业、教育、医疗卫生、文化体育、交通出行、社会保障、社会安全等领域，谋划实施一批重点民生工程，全力推进中心城区义务教育“三大片区三年行动计划”，加快岳阳学院、市中心医院、市公共卫生医疗中心建设等工作，努力让老百姓的财产收入更丰厚一些、上学就医更方便一些、文化生活更丰富一些、生活环境更优美一些，不断满足人民群众对美好生活的新需求、新向往。

扎实做好2021年经济工作，努力实现“十四五”良好开局

2021年是全面开启现代化建设新征程的第一年，也是中国共产党建党100周年，各项工作要迈出新步伐、见到新气象。我们要以习近平新时代中国特色社会主义思想为指导，全面贯彻习近平总书记考察湖南重要讲话精神、党的十九大和十九届二中、三中、四中、五中全会精神，以及中央、省委经济工作会议精神，坚持稳中求进工作总基调，立足新发展阶段，贯彻新发展理念，构建新发展格局，以建设现代化省域副中心城市为总揽，大力推进“三高四新”战略在岳阳落地，加快建设“三区一中心”，扎实做好“六稳”“六保”工作，推动经济平稳健康运行、社会和谐稳定，确保“十四五”良好开局，以优异成绩庆祝建党100周年。

市委考虑，2021年经济发展预期目标为：地区生产总值增长8%左右，规模工业增加值增长8%左右，固定资产投资增长9.5%，社会消费品零售总额增长9%，一般公共预算地方收入增长4%，居民收入稳步增长，完成能耗“双控”目标，确保粮食播种面积和产量稳定。确定这样的目标，是市委经过慎重研究、反复权衡后提出的，既是落实中央“六稳”“六保”的部署要求，又是建设现代化省域副中心城市的客观需要；既能引领发展、激发干劲，发扬“挑战不可能”精神，又科学有据、积极可行，“跳起来能摘到桃子”。只要我们把握得当、工作有效，是完全可以实现的。

做好2021年经济工作，要突出抓好六个方面：

1.聚焦兴实体，推动“12+1”产业链强链成势。坚持把兴旺实体经济作为抓发展的主战场，把产业链建设作为抓发展的主旋律，坚决打好产业基础高级化、产业链现代化攻坚战，加快补链强链，着力蓄势成势。要坚持龙头带动。围绕“12+1”优势产业链，以新金宝、华为、恒大、攀华、正威、己内酰胺、智能制造及传感器、华电平江电厂、国华岳阳电厂等重大项目为引领，加快推进旗舰型项目的引进、落地、建设、投产，发挥“链主”企业的辐射带动作用，形成产业链建设的“头雁效应”。继续实施重点企业扩能倍增行动，加快培育打造一批具有产业链控制力的龙头型、领军型“小巨人”企业。要强化链条配套。大力开展产业链招商，围绕链上旗舰项目、龙头企业，吸引配套企业集群入驻、抱团发展，支持上下游企业加强产业协同和技术合作攻关，形成“互补互促、共生共荣”的“链”锁反应，不断增强产业链韧性，提升产业链水平。要加快园区发展。坚持走产业园区专业化特色化发展路子，持续推进项目“满园扩园”行动，力争2021年新引进亿元以上工业项目100个，主导产业占比70%以上。加快园区体制机制创新，管理上进一步“去行政化”，建立与产业链对接的园区市场化运营产业基金，鼓励园区跨区域采取托管、飞地等合作模式，建设产业联盟和园区共同体。要突出创新驱动。积极对接省科技创新“七大计划”，用好“巴陵人才新政20条”，发挥企业在科技创新中的主体作用，促进创新链、人才链与产业链良性互动。大力实施传统产业数字赋能行动，引导支持现有企业数字化、智能化改造，紧跟信息化时代浪潮。

2.融入双循环，推动开放发展提级领跑。坚持敞开门户促发展，把通江达海的优势用好用足，积极融入双循环新发展格局，推动高水平开放发展取得新突破。要建好自贸区。紧扣“为国家试制度、为地方谋发展”定位，把自贸片区打造成为制度创新的高地、营商环境的洼地、产业发展的宝地。要大胆试、大胆闯、自主改，强力推进49项年度改革创新任务落实落地，充分释放自贸片区制度改革红利，在制度型开放上探索经验；要对标国际化、市场化、法治化，构建稳定公平透明、可预期的营商环境，通过环境赋能催化要素赋能，在放管服改革上当好示范；要瞄准航运物流、电子商务、新一代信息技术、大型高端装备制造等临港产业，着力引进“三类500强”企业，着力培育出口导向型龙头企业，着力辐射带动腹地经济发展，在商贸型开放上作出贡献。要打造双引擎。瞄准“三年500亿”目标，新港区重点加快推进“121工程”建设，加快“十百工程”投产达产，着力建设内陆临港经济示范区，积极创建临港

国家级高新区；经开区重点做大做强装备制造、生物医药、现代物流产业，加快建设临空经济区，推进产城融合发展，建设产业兴旺、功能完善的现代新型城区。要发展大物流。依托港口型国家物流枢纽建设，推进以城陵矶港为龙头的八大港区建设，加快三荷机场改扩建，完善铁公水空多式联运体系；科学布局物流园区，吸引更多头部物流企业来岳设立总部或区域运营中心，积极拓展铁公水空无缝中转模式，着力构建“珠三角”北上、“长三角”西进、成渝双城经济圈东出南下的跨区域物流新通道，做大做强枢纽经济。

3.发力主战场，推动岳阳长江百里绿色经济发展走廊布局落子。这是推进长江经济带绿色发展示范区建设的核心任务，也是引领和支撑岳阳高质量跨越发展的主战场，要举全市之力加快岳阳长江百里绿色经济发展走廊建设，力争早见效、见实效。要突出规划引领。科学编制好岳阳长江百里绿色经济发展走廊规划，加强与国土空间规划、城市发展规划和相关县（市、区）规划的对接融合，把长江沿线县（市、区）纳入总体布局、统筹考虑，以长江黄金水道为主轴，辐射带动腹地经济发展，形成全市上下“一盘棋”格局。要突出生态优先。始终牢记“守护好一江碧水”嘱托，持续加强生态环境治理保护，扎实开展水生态功能修复，全面落实长江“十年禁渔”，着力构建江湖和谐生态系统。要突出产业支撑。围绕航运物流、石化高端合成材料、大型高端装备制造、电子信息、清洁能源、新材料等绿色低碳产业，握紧拳头、集中资源，推动沿江地区组团布局、融合发展，打造国内一流的绿色发展新样板。

4.突出补短板，推动发展质量效益同步提升。要统筹好“里子”和“面子”，针对产业结构不优、财税质量不高等现实短板，强化问题导向，精准施策发力，追求实实在在的投入，赢得实实在在的发展。要算好“投入产出账”。坚持“以亩产论英雄”，在招商引资和项目建设上，决不能好大喜功图一时热闹表面好看，绝不能饥不择食“拣到篮子里就是菜”，决不能不自量力盲目追求“高精尖”“高大上”，把有限的资源倾斜到投资大、见效快、成长性好、产出率高的项目上，确保项目招得进、稳得住、养得好、结硕果。要继续加大争资争项力度，紧盯国家和省里政策导向，早谋划、早研究，“找口子”“开单子”“进笼子”，争取更多更大支持。要算好“建设成本账”。在基础工程、民生项目、产业园区建设等方面严把投资审核关，坚决遏制工程项目建设“过度化”“豪华版”问题。要全力降低政府债务利率，坚决清除年利率7%以上的债务，多措并举降低综合债务率，努力化解政府债务风险。要算好“财税收入账”。努力做大财税收入盘子，把增量与存量统筹起来抓，深入开展“减税降费、协税护税”行动，做到既应减尽减又应征尽征。同时，树牢过“紧日子”思想，大力压减一般性支出，把每一分钱都用到刀刃上、紧要处。

5.打造升级版，推动乡村振兴再上台阶。乡村振兴是一篇大文章，必须久久为功、持续推进。要抓牢产业振兴这个根本，瞄准建设大美湖区优质农产品基地目标，以发展精细农业为引领，扎实推进农业七大百亿产业发展；加强高标准农田建设，确保粮食播种面积稳定，大力实施优质粮油工程，扛稳粮食安全政治责任。坚决守住脱贫攻坚成果，接续推进全面脱贫与乡村振兴有效衔接，工作不留空档，政策不留空白，健全防止返贫监测帮扶机制，加大对已脱贫低收入人口和边缘人口的帮扶力度，抓好产业帮扶、易地搬迁后续扶持，推动减贫战略平稳转型。大力推进乡村建设行动，打好农村人居环境整治、规范村民建房和移风易俗“组合拳”，走出一条具有岳阳特色的乡村振兴之路。

6.提高满意度，推动民生底线工作夯实兜牢。坚持以人民为中心的发展思想，始终把民生和底线工作牢牢抓在手上、落到实处。要抓实常态化疫情防控，时刻绷紧疫情防控这根弦，精准施策，科学防控，抓实抓细“外防输入、内防反弹”各项工作，不断巩固防控成果。要办好各项民生实事，不断加大民生投入，扎实推进省市民生实事办理，统筹抓好老旧小区改造、公租房、困难群众基本生活保障等工作，大力推进中小学校改扩建，优化城区医疗资源布局，加大主城区交通综合整治力度，有效解决群众“急难愁盼”问题。要守牢社会稳定底线，统筹好发展和安全两件大事，有效防范化解各类经济社会风险，始终绷紧安全生产这根弦，加强食品药品、道路交通、危化物品等重点行业领域监管，深入创建全国市域社会治理现代化试点合格城市，扎实开展政法队伍教育整顿工作，加大信访积案办理力度，多元化解矛盾纠纷，确保社会大局和谐稳定。

全面加强党的领导，推动各项工作落地落细

推进“十四五”发展，做好2021年工作，关键在党、关键在人。要坚持把党的领导贯穿经济社会发展全过程、各方面，突出方向引领，彰显担当作为，锤炼严实作风，确保各项工作落地落细。

1.讲政治。要始终把政治建设摆在首位，推动学习贯彻习近平新时代中国特色社会主义思想走深走实，抓好政治建设考察全覆盖、常态化，全面落实意识形态工作责任制，引导党员干部增强“四个意识”、坚定“四个自信”、做到“两个维护”，不断提高政治判断力、政治领悟力、政治执行力，做到“一嗓子喊到底”，确保党中央、省委、市委决策部署落地生根。

2.比担当。在发展的问题上，最耗不起的代价是时间，最付不起的成本是机遇。我们面临的政策机遇和空前利好，既是时势造就的上级信任，也是全市上下实干担当争取来的；用好用足这些机遇，更要靠实干担当，如果错过机遇“窗口期”，“利好”就成“利空”。要以初心使命涵养担当，进一步推动不忘初心牢记使命制度化常态化，组织开展建党100周年系列庆祝活动，教育引导广大党员干部作表率、干实事、创佳绩；要以领导示范引领担当，发挥“关键少数”的关键作用，带动干部群众一起担、一起干；要以正确导向激励担当，旗帜鲜明为担当者担当、为负责者负责，切实让吃苦者吃香、优秀者优先、有为者有位，在全市形成干到实处、走在前列的比学赶超生动局面。

3.严考核。考核是压实责任的“紧箍咒”、推动落实的“指挥棒”。要用“严”的尺度考，对市委、市政

府的决策部署，要一项一项拉条挂账，照单吃面、硬账硬结，真督实督、考准考严，确保各项工作不打折扣、不放空炮；要用“实”的作风考，坚持实事求是，一是一、二是二，不准“掺水分”，杜绝“假把式”，使每项工作都经得起历史的检验；要用“高”的标准考，对标省域副中心城市建设，在全省和长江经济带同类城市的竞争较量中，找位置、比高低、排座次，倒逼各项工作创先争优、加快突破。

4.明法治。新时期的领导干部既要懂政治，又要懂经济，还要懂法治。现实工作中，有的不知法，搞“拍脑袋决策”，给事业发展造成损害；有的不畏法，在项目建设、资源配置等领域，以言代法、逐利违法，干扰正常经济秩序；有的不会用法，在矛盾化解、利益调处中，一味息事宁人，花钱买平安，导致“按下葫芦浮起瓢”。要自觉践行习近平法治思想，用法治思维和法治方式作决策、抓发展、解难题，努力营造办事依法、遇事找法、解决问题用法、化解矛盾靠法的良好氛围。

5.重基层。2020年每一场大战大考的胜利，都离不开基层组织的坚强堡垒作用。要坚持不懈抓好省委“1+5”文件精神落实，以深化基层党建“五个一”为总揽，持续加强基层各项保障，把为基层减负落到实处，让基层干得更有味、更有劲、更有奔头。要抓紧补齐基层治理短板 抓好村级换届选举，选优配强村（社区）“两委”班子特别是党组织书记，使基层组织建设来一次整体提升，始终让党旗在一线高高飘扬。

政府工作报告（摘要）

——在岳阳市第八届人民代表大会第六次会议上

中共岳阳市委副书记、市人民政府市长　李爱武

（2021年1月19日）

一、“十三五”国民经济和社会发展回顾

过去五年，我们坚持以习近平新时代中国特色社会主义思想为指导，全面贯彻党中央、国务院和省委、省政府决策部署，在中共岳阳市委的坚强领导下，强力推进新增长极建设和高质量发展，较好完成“十三五”规划任务，取得一系列标志性成就。

——全面建成小康社会胜利在望。预计全面小康实现程度达到98%以上，城乡居民人均可支配收入分别达到36749元和18186元，总体实现“第一个百年”奋斗目标。

——脱贫攻坚决战决胜。平江脱贫摘帽，全市319个贫困村出列，40.1万贫困人口脱贫。湘阴香杉村脱贫事例入选“中国30个脱贫故事”，得到习近平总书记点赞。

——经济总量迈上4000亿元台阶。2020年GDP达到4001.55亿元，年均增长7.1%，总量稳居全省第二位，岳阳连续多年跻身“中国城市GDP百强榜”。

——4大千亿产业集群成功构建。引进12个百亿级旗舰项目，在原有石化、食品2大千亿产业基础上，培育打造现代物流、文化旅游2大新的千亿产业。

——抗击新冠肺炎疫情斗争取得重大战略成果。坚决打赢疫情防控人民战争、总体战、阻击战，推行防控工作“八字诀”，创新流调机制和“大楼区”管理模式，成功守住湖南“北大门”。

——防汛抗灾交出了人民满意的答卷。积极应对重大洪涝灾害，成功打赢2017年沙田垸保卫战，特别是2020年成功战胜本世纪以来洞庭湖区第二高洪水位，实现“五个确保”目标，得到国家防总充分肯定。

回顾“十三五”工作，我们坚持党的全面领导，紧紧依靠全市人民，积极践行新发展理念，在高质量发展上闯出新路子、打开新局面。

五年来，我们深入践行创新发展理念，经济动能持续增强。实施创新驱动战略，新旧动能接续转换。强化科技创新。成功创建省级高新区7家，高新技术企业达到472家，高新技术产业增加值占GDP比重提高2.9个百分点。城陵矶新港区获批国家先进装备制造高新技术产业化基地，湘阴获评全国首批创新型县。强化政策创新。出台“非公10条”“开放10条”“金融10条”“巴陵人才新政20条”等一揽子政策，全市民营经济、工业增加值、进出口总额占GDP比重分别达到73%、33.5%和10.5%。强化机制创新。统筹推进行政事业单位、“放管服”等各项改革，央省企业“三供一业”和社区职能分离移交全面完成，岳阳市商事制度“放管服”改革获国务院督查激励奖，深化供销合作社综合改革获评“2019中国改革年度案例”，屈原获评全国农村改革试验区，汨罗获批全国农村宅基地制度改革试点县。

五年来，我们深入践行协调发展理念，城乡面貌加快改善。推动“城乡二元结构”向“城乡一体发展”转变。城市扩容提质步伐加快。坚持以城市环线拉开城市框架，以片区建设推动城市扩容，以老旧小区改造、地下管网建设等促进城市提质，强化土地依法征收，实现项目腾地0.75万公顷，主城区建成区面积达到1253平方千米，城镇化率达到60.8%，提高6.8个百分点。乡村振兴战略深入推进。全市美丽乡村建设进入全国第一方阵，成功创建特色小镇10个、全国“一村一品”示范村镇7个；农村“空心房”整治获评“改革开放40年地方改革创新40案例”；“四个一”农村移风易俗新模式列入全国宣传思想工作创新案例；农村人居环境整治打响“外学浙江、内学岳阳”地域品牌，华容获评全国村庄清洁行动先进县。城乡公共设施同步改善。全市公路通车总里程2.06万千米，国省道二级及以上公路占比由40%提高到58%，汨罗率先全省实现城乡公交一体化全覆盖；新建改造水利工程4.6万处，解决155.6万农村人口饮水不安全问题；完成行政村配电网改造1494个，全市共建成生活垃圾焚烧发电项目3个；行政村光纤通达率100%；建成标准化村（居）民服务中心1812个，城乡

公共资源配置更加均衡。

五年来，我们深入践行绿色发展理念，生态环境明显改善。严格落实河湖长制，坚决“守护好一江碧水”。强力推进问题整改。中央和省级层面交办的系列环境突出问题如期销号，特别是违法采砂、下塞湖矮围、违建别墅、东风湖黑臭水体、绿色化工产业园环境问题整改态度坚决、处置彻底，一批历史遗留环境问题得到有效解决。强力推进专项整治。统筹抓好长江岸线港口码头、“化工围江”和禁捕退捕等专项整治，关停长江岸线小散乱泊位81个，关停拆除企业128家，2200平方千米水域全面禁捕。打好污染防治攻坚战“夏季攻势”，配合开展“洞庭清波”行动，拆除矮围网围1600多千米，退养畜禽养殖场7190家，整治长江和洞庭湖排污口18个、中心城区黑臭水体32处，岳阳获评全国黑臭水体治理示范城市。强力推进生态修复。划定生态保护红线面积3382.9平方千米，完成长江岸线绿化1306.67公顷，修复湿地生态5733.33公顷；长江干流水质达标率100%，洞庭湖水质综合评价接近地表水Ⅲ类标准；空气质量持续改善。岳阳获批长江经济带绿色发展示范区，汨罗循环经济产业园获评国家级绿色产业示范基地，岳阳县获评全国畜牧业绿色发展示范县。过去五年，是岳阳市生态环境治理和修复投入最多、力度最大、成效最好的五年，“候鸟的欢歌”“江豚的微笑”“麋鹿的倩影”成为岳阳新名片！

五年来，我们深入践行开放发展理念，外向型经济不断升温。大力实施开放崛起战略，岳阳跃居“中国外贸百强城市”第36位。构建多元化开放平台体系。成功搭建“三区一港四口岸”8大国家级开放平台，综保区二期、国际贸易“单一窗口”等建成运营，推动组建省港务集团，岳阳获批港口型国家物流枢纽。构建立体化开放通道体系。加快城陵矶多式联运示范工程建设，三荷机场建成投运，岳望高速、杭瑞高速洞庭湖大桥、G240岳阳县城至湘阴公路和东环线、南环线等建成通车，岳阳市“四位一体”立体交通体系基本成型，临湘、平江获评“四好农村路”全国示范县。构建现代化开放物流体系。加快全国现代物流创新发展试点城市建设，设立财政专项引导资金，成立物流产业发展研究院，深入推进通关一体化改革，货物通关进入“秒放行”时代。

五年来，我们深入践行共享发展理念，民生红利充分释放。坚持民心是最大的政治，加快织密民生保障网。繁荣社会事业。公办幼儿园在园幼儿占比由9.2%提高到52.1%，新建和改扩建中小学校488所，中心城区“六建六扩”任务全面完成，湖南理工学院晋升“一本”，岳阳职院获评国家优质专科高等职业院校。成功举办省第三届中学生运动会，群众体育工作获评全国先进。新建和改扩建二级以上医院16家、基层医疗卫生机构988家，岳阳获批国家城市医疗联合体建设试点市，成功摘取全国无偿献血先进市和促进奖两项殊荣。市图书馆新馆和市美术馆建成投运，文化“轻骑式”流动服务成为特色品牌，岳阳获评国家现代公共文化服务体系示范区。率先全省成立市级新时代文明实践服务中心，汨罗、华容获批全国新时代文明实践中心试点县。防控债务风险。严格落实“六个一批”措施，高息债务置换有力，违规举债得到遏制，存量债务有序化解，综合债务率持续下降，守住“隐性债务不新增、‘三保’资金不断链、风险事件不发生”的底线。维护社会稳定。推进“平安岳阳”建设，扫黑除恶专项斗争成效显著，信访工作“三无”单位创建走在全省前列，五个“一公里公共服务圈”治理模式形成品牌，岳阳获评全国社会治安综合治理优秀市。加强安全隐患排查与整治，亿元GDP生产安全事故死亡率下降30.7%。办好民生实事。五年办理省市民生实事112件，城镇调查失业率控制在5.5%以内；建成公租房9.56万套，棚户区改造惠及13.05万户，完成农村危房改造5.47万户；居民基本医疗保险、养老保险覆盖率分别达到95.8%和100%；城乡养老服务设施覆盖率分别达到98%和86%，岳阳获批全国居家和社区养老服务改革试点。我们持续压减“三公”经费、扩大民生支出，以政府过“紧日子”换来群众过“好日子”，老百姓生活更加幸福、更有奔头！

加强民主法治建设，自觉接受人大和政协监督，五年承办人大代表建议和政协提案2366件，办结率、满意率分别为100%和99.9%；配合市人大常委会出台历史文化名城保护条例等8部地方性法规，制定政府合同管理办法等7部政府规章，岳阳市“生态法治建设制度创新与实践”获评全国法治政府建设示范项目。

2020年是“一三五”收官之年，我们聚焦“六稳”工作和“六保”任务，坚持“以经济发展比实力、以产业项目论英雄”，着力破解一系列难中之难、难上加难的问题，夺取疫情防控和经济社会发展双胜利。GDP同比增长4.2%；规模工业增加值增长5.1%；固定资产投资增长8.8%；实现社会消费品零售总额1574亿元，下降2.3%；完成一般公共预算地方收入152.7亿元，增长1.7%；城乡居民人均可支配收入分别增长4.6%和7.7%；居民消费价格上涨1.7%。突出抓以下工作：

狠抓复工复产。积极应对新冠肺炎疫情冲击，着力化危为机。强化企业联手帮扶。29名市级领导联点重点企业，2214名驻企联络员帮扶困难企业，稳住企业生产经营基本面，全年开票纳税人户数、开票金额同比分别增长28.9%和6.6%。落实惠企利民政策。出台支持企业平稳健康发展15条、援企稳岗23条、金融支持复工复产11条等政策措施，推动各类要素直达企业和基层。发挥政府性融资担保公司解困作用，设立中小企业应急转贷基金，服务企业416家，各项贷款余额增长23.6%，增速居全省第二位。推动企业降本减负。新增减税降费12亿元，减免企业社保费12.74亿元，企业获得贷款加权平均利率同比下降1.9个百分点，新增市场主体4.78万户，华文食品成功上市，岳阳市小微企业成长指数居全省第二位；全市电商交易额达到438亿元，增长20%。在对冲疫情影响、稳定经济增长这场大考中，我们主动强化命运共同体意识，与企业共克时艰，经济运行“降”的幅度在收窄、“稳”的基础在夯实、“新”的动能在释放！

加快项目建设。坚持以项目建设扩大有效投资，投资对经济增长贡献率达到46.5%。推动项目延链补链。出台“新园区10条”，加快“12+1”优势产业链建设，产业园区新签约工业项目333个，成功引进正威、攀华等一批100亿级旗舰项目，“链接”导入小米、摩托罗拉等一批高端项目，实际利用内外资分别增长22.1%和16.3%。推动项目快建快投。集中开工重大项目209个，总投资1430.9亿元，己内酰胺产业链搬迁与转型升级等一批重大项目全面提速，省定“5个100”重大产业建设项目、33个省重点项目和市定“5+24”重大项目均超额完成年度投资任务。推动项目达产达效。集中竣工重大项目43个，完成投资145.1亿元，新金宝、华为、东方雨虹、数博环球、中创空天、龙智新材料等建成投运，重大项目在非常时期作出非常贡献。

扩大开放合作。完成外贸进出口总额419.84亿元，增长27.2%，总量居全省第二位；本港集装箱吞吐量50.87万标箱，争取35家省内企业在城陵矶开辟新的物流通道。开放平台持续叠加。中国（湖南）自贸区岳阳片区成功揭牌，长江中游综合性航运物流中心加快建设，新港二期建成投运，城陵矶新港区获批全国大众创业万众创新示范基地。合作空间持续拓展。主动融入“一带一路”，设立中非经贸合作产业园，湖南工程机械配套产业园在汨罗挂牌运营，湘阴全域纳入湘江新区新片区和长株潭都市区规划范围。经贸活动持续升温。成功举办湖南省进出口企业港航物流对接会、首届湖南（岳阳）口岸经贸博览会，岳阳开放发展区域首位度持续攀升。

促进文旅融合。挖掘文旅资源优势，主动探索文旅融合发展新路子。坚持以项目为支撑。总投资450亿元的融创文旅国际会议会展中心成功签约，龙山绿色生态发展、张谷英文旅特色小镇、屈子文化园等项目扎实推进；洞庭南路历史文化街区、东风湖公园、洞庭湖博物馆和铂尔曼酒店正式对外开放，文旅融合发展后劲不断增强。坚持以改革为动力。统筹整合核心文旅资源，探索建立文旅功能区管理体制，推进国有事业单位景区转企改革，君山公园、岳阳楼景区加快市场化转型。坚持以节会为抓手。策划举办2020岳阳国际旅游节，开展第十一届洞庭湖国际观鸟节、首届最美长江岸线（岳阳）马拉松赛、首届中国汨罗江国际诗歌艺术周等十大创意活动，激发文旅市场人气与活力。平江获评中国县域旅游综合竞争力百强县，临湘龙窖山村、屈原三和村获评全国乡村旅游重点村，岳州扇、岳阳黄茶制作技艺入围国家非遗代表性项目。

完善基础设施。坚持基础先行，夯实发展基石。补齐环保设施短板。中心城区水环境综合治理扎实推进，新建排水管网89千米，完成小区雨污分流改造425公顷；建成乡镇污水处理设施70座，实现乡镇全覆盖；中心城区静脉产业园、工业废弃物综合处理等项目加快建设。东风湖综合施策重现水清岸绿新画卷，被省政府通报表彰；岳阳市污染防治攻坚战“夏季攻势”排名全省第一位；湘阴获评全国生态文明建设示范县。改善交通路网结构。平益高速、城陵矶高速建设顺利推进，北环线主体工程基本完工，西环线、S201汨杨公路等加快建设，新建改建农村公路820千米，实施农村公路安保工程1657千米。完成交通投资106亿元，居全省第一位。提升水利保障能力。城市防洪应急处险、重点垸堤防加固、大中型灌区节水配套改造、高标准农田建设等加快推进，长江补水一期工程竣工运行，水利综合保障功能全面提升。优化能源供给体系。华电平江电厂、华容煤炭铁水联运储配基地、君山LNG接收站（储备中心）等项目开工建设；岳阳锚地岸电项目建成运营；投运35～220千伏输变电项目23个。加快通信工程建设。行政村4G覆盖率100%，建成5G基站1768个，岳阳步入“5G时代”。

深化改革创新。坚持以改革举措破解发展难题。深化行政事业单位改革。建立大水利、大交通管理体制，调整理顺自然资源和规划、公路建养、市场监管、市直管农贸市场等体制，深化综合行政执法体制改革，推进经营类事业单位转企改革、机关事务集中统一管理体制改革，涉改单位职能权限配置更加合理。深化“最多跑一次”改革。加快“数字政府·智慧岳阳”建设，推行“一件事一次办”，796项审批服务事项实现无差别受理，市域通办、跨省通办事项分别达到227项和58项，“岳办岳好”和“网上中介服务超市”上线运行，岳阳获批“一窗受理、集成服务”全国政务服务标准化试点。

改善民生福祉。坚持政府工作重心向民生、向基层倾斜。决战决胜脱贫攻坚。深入实施分类管理、重点帮扶、“三回头”、风险防控、脱贫攻坚普查五大行动，所有建档立卡贫困户均达到“一超过两不愁三保障”标准，所有接受省实地考核县（市、区）均取得满分佳绩。全力抓好防汛抗灾。面对岳阳市部分地区降雨量超历史极值的严峻考验，坚持提早一步、提高一档，全市共动员组织5.2万人坚守一线、严防死守，实行湖区防洪、山区防灾、城镇防涝三线作战，夺取防汛抗灾全面胜利。加快发展社会事业。“大班额”化解走在全省前列，中职学校公共课普测质量居全省第一位，湖南交通工程学院等高等院校加快建设。市疾控中心等医疗卫生项目顺利推进，完成职工基本医疗保险、生育保险合并改革，城乡居民医保大病保险支付比例提高10个百分点。切实托住民生底线。公租房建设、低洼渍水地段整治、菜市场改造、供水管线改造等实事任务全面或超额完成。深化主城区交通秩序综合整治九大行动，拉通求索西路等3条“盲肠路”，新建3处社会停车场。集中整治中心城区违法建设，拆除违法建设40.35万平方米。提升应急处突能力，加强安全生产专项整治，圆满完成巴陵大桥市场拆除和安全隐患整治任务。出台城市既有住宅加装电梯实施方案，财政补贴加装电梯260台。打造农村人居环境整治升级版，创建省级精品乡村、美丽乡村16个。开展节约型机关创建行动，全面启动垃圾分类，市直公共机构生活垃圾分类实现全覆盖。

推进法治建设。严格落实习近平法治思想，确保政府工作沿着法治轨道前行。配合推动地方立法。主动配合市人大常委会出台《岳阳市文明行为促进条例》，颁布岳阳市城市绿线管理、燃气管理、养犬管理办法3部政府规章，填补岳阳市多个领域法制空白。严格规范执法行为。出台实施“行政执法监督工作方案”“行政执法三项制度”等政策文件，特邀选聘19名政府法律顾问，全面清理行政审批涉及的中介服务事项，有效防止“红顶中介”现象。切实加强普法教育。常态抓好市政府常务会议会前学法，认真抓好民法典普法工作，掀起学法、普法、用法新热潮。

改进工作作风。坚持“学、研、议、决、行”融会贯通，把作风建设贯穿政府自身建设始终。强化效能意识。出台提升政府系统执行力“十条措施”，加大督查、调度、讲评力度，倡导形成“事事快节奏、件件抓落实”的工作作风。强化斗争精神。深化主题教育查摆问题、省委巡视反馈问题、政治建设考察反馈问题整改和“提篮子”“打牌子”等专项治理，出台落实政府系统廉政工作要点，站稳政治立场。强化服务理念。主动顺应群众诉求，“12345”热线、市长信箱群众来电来信办结率达到99.96%。

其他各项事业繁荣发展，国防动员、武警、消防、人防等取得新进步；统计、审计、老干老龄、档案、史志、公积金、气象、烟草、石油、邮政、公共资源交易、联络接待、对口支援等得到新发展；工会、共青团、妇联、侨联、工商联、社科联、台办、科协、贸促等做出新贡献。

在总结成绩的同时，我们清醒认识到，对标“十三五”和2020年预期目标，岳阳市主要经济指标增速趋缓、低于预期。岳阳发展还面临不少困难和问题：产业链层次偏低，项目投入产出比不高，地方可用财力不足，发展质量效益还有待提升；县域经济实力不强，民营经济活力不足，园区经济规模不大，“一业独大”的产业格局仍未改变，经济结构体系还有待优化；研发经费投入不足，高新技术产业占比偏低，新产业新业态培育不够，产业转型升级还有待加快；在满足群众增收、就业、社保、教育、医疗、安居、出行等方面，与老百姓期望存在差距，增进民生福祉还有待加力；一些干部真抓实干、争先创优的进取意识不足，勇于改革、敢于负责的担当精神不够，政府自身建设还有待从严从实。对此，我们将采取有力措施，认真加以解决。

二、“十四五”总体要求和工作谋划

站在“两个一百年”奋斗目标的历史交汇点，我们必须接好历史的“接力棒”，跑赢高质量发展的“接力赛”，乘势开启岳阳现代化建设新征程。

开启现代化建设新征程，需要我们精准研判“十四五”发展形势。我们面临的挑战主要是：世界正经历百年未有之大变局，国际环境不稳定不确定因素明显增加，疫情形势不明朗不可控迹象还在凸显，岳阳发展不平衡不充分问题依然突出，岳阳市经济持稳回升基础尚不牢固，构建双循环新发展格局任重道远。我们面临的机遇主要是：从“稳增长”政策来看，中央实施积极的财政政策、稳健的货币政策和就业优先政策，有利于我们保护市场主体、保护社会生产力。从“新基建”投资来看，中央加快大数据中心、工业互联网等新型基础设施建设，有利于我们加速补齐信息基础设施、融合基础设施、创新基础设施短板。从“供给侧”改革来看，中央深化新一轮全面创新改革试验，稳步推进要素市场化配置改革，有利于我们深挖创新发展潜力、激活市场主体活力、增强发展内生动力。从“产业链”建设来看，中央强调打好产业基础高级化、产业链现代化攻坚战，有利于我们做强“12+1”优势产业链，加快构建现代产业体系。我们要主动把握宏观政策的时度效，在危机中育先机，于变局中开新局，以自身发展的稳定性应对外部环境的不确定性，确保岳阳现代化建设起好步、开好局。

开启现代化建设新征程，需要我们科学确定“十四五”发展思路。未来五年政府工作指导思想是：坚持以习近平新时代中国特色社会主义思想为指导，全面贯彻习近平总书记考察湖南重要讲话精神、十九届五中全会精神和中央、省委、市委经济工作会议精神，坚持稳中求进工作总基调，立足新发展阶段，贯彻新发展理念，构建新发展格局，以推动高质量发展为主题，以深化供给侧结构性改革为主线，以改革创新为根本动力，以满足人民日益增长的美好生活需要为根本目的，大力实施“三高四新”战略，坚持扩大内需战略基点，扎实做好“六稳”工作，全面落实“六保”任务，推动7大千亿产业集群发展，加快“三区一中心”建设，奋力谱写建设现代化新湖南的岳阳篇章。

“十四五”时期，我们要围绕2035年人均GDP达到中等发达国家水平，建成现代化经济体系，全面确立对外开放新格局，广泛形成绿色生产生活方式，基本实现社会主义现代化的远景目标，举全市之力打造“三区一中心”：打造长江经济带绿色发展示范区。担硬“守护好一江碧水”首倡地政治责任，在践行生态优先绿色发展上走在全国前列，重点在营造和谐江湖生态系统、破解“化工围江”难题、形成生态产品价值实现机制上作好示范。打造中部地区先进制造业聚集区。突出抓好长江百里绿色经济发展走廊和省级及以上产业园区建设，推动先进制造业向岳阳集聚、向价值链高端延伸，构建产业发展新优势。打造湖南通江达海开放引领区。发挥城陵矶新港区开放引领作用，重点抓好中国（湖南）自贸区岳阳片区和水港、空港建设，做大做强枢纽经济，打造名副其实的湖南对外开放桥头堡。打造现代化省域副中心城市。拓展城市规模，扩大城市容量，做强城市经济，提高城市品质，显著提升岳阳对周边地区的辐射带动作用，确保岳阳综合实力进入中部地区地级市第一方阵。

主要经济指标预期目标是：

——迈上“一个台阶”：GDP年均增速达到7.5%左右，到2025年迈上6000亿元台阶。

——确保“两个高于”：确保主要经济指标增速高于全省平均水平，居民人均可支配收入增速高于GDP增速。

——提高“三个比重”：到2025年，高新技术产业增加值占GDP比重达到30%；进出口总额占GDP比重达到15.6%；地方税收收入占一般公共预算地方收入比重超过70%。

开启现代化建设新征程，需要我们严格把握“十四五”发展要求。坚持系统观念和目标引领，推动全体人民共同富裕取得更为明显的实质性进展。坚定不移提高经济发展质量和效益，努力实现更高质量、更有效率、更加公平、更可持续、更为安全的发展。坚定不移把创新摆在现代化建设全局中的核心地位，深入实施创新驱动、科教兴市、人才强市战略，加快建设科技强市。坚定不移推进生态文明建设，发展绿色生产，倡导绿色生活，保护绿色生态，坚决“守护好一江碧水”。坚定不移推进治理体系和治理能力现代化，推动政府治理与社会调节、居民自治良性互动，加快构建共建共治共享的社会治理共同体。坚定不移落实全面从严管党治党要求，严格履行“一岗双责”，培育形成科学谋事、干净干事、和谐共事的政治新常态。

科学谋划“十四五”发展，我们要坚持以现代化省域副中心城市建设为统揽，强化机遇意识和使命意识，推动岳阳超常规、跨越式发展。主要任务是：

推进创新驱动战略。全力助推湖南打造具有核心竞争力的科技创新高地。培育创新主体。积极对接“中国制造2025”，保障民营企业平等获取生产要素和政策支持，确保高新技术企业超过700家。实施数字化转型伙伴行动、中小企业数字化赋能专项行动和数字经济新业态培育行动，促进产业数字化、数字产业化。增强创新供给。健全科技金融支撑体系，鼓励企业建立研发准备金制度，确保全社会研发经费投入占GDP比重达到2.6%。实施关键核心技术攻关和产业基础再造工程，引导企业加强“四基”领域基础研究，推动形成一批原创性成果。搭建创新平台。深化产学研协同创新，推动企业、高校、科研院所等多元叠加，加快构建一批工程技术研究中心、重点实验室、科技企业孵化器、众创空间等创新创业平台，促进创新链、产业链、资金链等深度融合。优化创新生态。支持企业和各类主体融通创新，提高科研成果本土转化率。深入实施“巴陵人才新政20条”，加快人力资源服务产业园区建设，为经济增长赋予更多动能。

推进现代产业发展。加快构建现代产业体系，为湖南打造国家重要先进制造业高地贡献岳阳力量。打造7大千亿产业集群。做强现有4个千亿产业集群，大力发展石油化工高端合成材料产业，提高农产品加工附加值，力争石化、食品产业均迈上2000亿元台阶；培育发展新兴优势产业，新形成装备制造、电子信息、综合能源3个千亿产业集群。构建“12+1”优势产业链。围绕优势产业延链补链强链，支持领军企业参与重点项目攻关，引导中小企业参与配套协作，主动应对工业自动化、数字化趋势，推动传统产业升级和新兴产业扩张，力争优势产业链规模突破1万亿元。培育4个千亿级、5个500亿级产业园区。坚持“一主两特”发展方向，推动项目同质入园，确保城陵矶新港区、岳阳经开区、绿色化工产业园均迈上2000亿元台阶，汨罗循环经济产业园迈上1000亿元台阶；确保平江、湘阴、临湘、华容、岳阳县产业园区技工贸总收入均达到500亿元。园区规模工业增加值占规模工业比重达到90%，县域规模工业企业达到1500家。加快百亿级旗舰项目建设。突出抓好己内酰胺产业链搬迁与转型升级、正威、攀华等6个百亿级工业项目，临港中德创新创业园、胥家桥综合物流园2个百亿级基地项目，融创文旅国际会议会展中心、洞庭湖国际文旅综合开发、洋沙湖国际旅游度假区3个百亿级文旅项目，东风湖新区百亿级城市综合体项目建设，新增百亿产业项目10个以上。面对激烈的区域竞争，我们将强化“不进则退、慢进也是退”的忧患意识，坚持实干为先、项目为王、产业为重，加快挺起岳阳高质量发展“脊梁”！

推进深化改革开放。用好改革开放“关键一招”，争当湖南打造内陆地区改革开放新高地的“主力军”。推动改革向更深层次迈进。抓好要素市场化配置改革、需求侧改革和“放管服”改革，加快融资平台市场化转型，促进“有效市场”与“有为政府”有机结合；推进事业单位改革、应急管理综合行政执法改革、机关事务集中统一管理体制改革，激发体制机制活力；深化农村集体产权制度、农村宅基地制度改革，解放和发展农村生产力。推动开放向更高水平拓展。加快中国（湖南）自贸区岳阳片区试点步伐，设立自贸片区产业发展基金，在“自贸产业廊道”重点布局涉水偏水型产业，在“自贸产业园区”重点布局集成电路、半导体、5G等先进制造业，在“自贸总部经济基地”重点布局数字产业、绿色办公等总部经济和楼宇经济，建成中非经贸合作先行区和内陆临港经济示范区。扎实抓好长江中游综合性航运物流中心建设，统筹推进城陵矶、鹿角、鸭栏等八大港区建设，加快拓展以国际水运、中欧班列、全货机航线为重点的国际物流大通道，确保进出口总额突破1000亿元，集装箱吞吐量突破100万标箱。同时，统筹抓好市级商业主中心和南湖、临港、空港三个商业副中心建设，着力抓好岳阳楼—君山岛等10大重点景区提质升级工程，以现代商贸服务业、文化旅游业为引擎，加快激活内循环。

推进城乡一体发展。优化城乡发展空间格局，构建新型工农城乡关系。实施“一核、双港、两带”发展战略。强化“一核”引领，构建以现代服务业引领区、先进制造业聚集区、文化旅游带动区为支撑的大城市核心区，支持临湘、岳阳县融城发展。坚持“双港”驱动，推动城陵矶新港区、临空经济区港城融合发展，基本建成港口型国家物流枢纽和现代空港物流枢纽。夯实“两带”支撑。建设北部沿江经济带，加快长江百里绿色经济发展走廊建设，布局一批“环境友好、有成本优势、有市场前景、有带动能力’的重点工程和示范项目，打造全国有影响力的绿色经济发展走廊；建设南部区域合作带，支持汨罗湖南工程机械配套产业园、湘阴湖南省先进装备制造产业园等快速发展，支持平江打造湘赣边乡村振兴样板区，加快岳望高速金龙互通、湘江北路湘阴段、万家丽路北延等项目建设，推进虞公港港产联动开发利用，做强南部经济板块。全面推进乡村振兴战略。接续推进全面脱贫与乡村振兴有效衔接，大力发展精细农业，加快大美湖区优质农产品供应基地建设，创建以屈原为核心的环洞庭湖国家农业高新技术产业示范区，建成20个特色小镇，形成粮食、油料、蔬菜、畜禽、水产、茶叶、竹木7个百亿产业。实施乡村建设行动，基本完成建制镇黑臭水体治理，建成美丽乡村200个。

推进基础设施升级。突出“两新一重”建设，增强省域副中心城市承载力。加快新型基础设施建设。坚持以“数字政府·智慧岳阳”建设为总揽，统筹抓好智慧城市、智慧工业、智慧物流、智慧交通建设，围绕5G基站、大数据中心、工业互联网、城际轨道交通等重点领域靶向发力，着力构建适应数字经济、智能社会发展需求的新型基础设施体系。加快新型城镇化建设。坚持以规划为引领、以人为核心、以提高质量为导向、以县城为主体推进新型城镇化，力争主城区规划控制区面积达到170平方千米，常住人口达到170万人。完善国土空间规划体系，科学划定“三区三线”。加快公共设施建设，优化公共资源布局，促进城镇安全高效运营。支持县城和中心镇扩容提质，培育形成更多经济节点，激活县乡消费需求。加快重大工程建设。完善综合交通体系，谋划推进京广铁路东移和常岳九铁路、荆岳昌高铁等项目建设；启动G240君山经洞庭湖南湖湖底隧道至赶山路、监利至华容跨长江公铁两用大桥、G107东移提质、巴陵路高架快速通道等项目建设，建成平益高速、城陵矶高速和洞庭湖大桥互通，新增等级公路600千米，统筹抓好农村公路建设；加强城陵矶至武汉航道、湘江干线岳阳段疏浚治理；加快三荷机场改扩建步伐，力争机场旅客年吞吐量突破200万人次，积极引进航空货运头部企业，加快建设航空货运枢纽中心。提升水利综合保障能力，加快长江干堤堤防提质改造、三大垸蓄洪工程、大中型灌区续建配套、洞庭湖北部补水二期工程等项目建设，构建人水和谐的现代水利体系。积极发展能源经济，加快平江、汨罗抽水蓄能电站等水电项目，华电平江电厂、国华岳阳电厂等火电项目，君山LNG接收站（储备中心）等燃气项目，以及华容、南洋洲煤炭铁水联运储配基地和氢能示范城市等项目建设，打造长江中游综合储能基地。

推进生态环境改善。坚决落实习近平总书记在全面推动长江经济带发展座谈会上重要讲话精神，严格执行《长江保护法》，以高水平保护推动高质量发展。强化系统治理。系统推进长江干支流治污治岸治渔、洞庭湖生态环境综合治理、湘江保护与治理，突出抓好长江十年禁渔，实施城陵矶港绿色提质改造、东洞庭湖湿地生物多样性保护、长江生态文化展示基地等绿色发展示范十大标志工程，确保岳阳在长江经济带“5+2”示范城市中走在前列。强化源头治理。统筹推进农业面源污染、大气污染、土壤污染和饮用水源地、自然保护区生态源头治理，深化中心城区水环境综合治理和农村人居环境整治，坚持铁山库区“两保并重”，推动生态保护修复向全形态、全链条、全领域延伸。强化协同治理。深化与沿江环湖城市协作，推动跨界河湖联防联治，加强山水林田湖草协同治理，联动解决一批跨区域、深层次、综合性生态治理难题，推动沿江环湖生态链有机串联。强化长效治理。严格国土空间管控和负面清单管理，积极推进减排工作，扎实做好碳达峰、碳中和工作，开展大规模国土绿化行动，成功创建国家森林城市，建设人与自然和谐共生的“绿色岳阳”。

推进社会繁荣发展。坚持发展成果共建共享，努力提升社会公平指数、社会和谐指数。推动社会事业进步。坚持教育优先发展，落实立德树人根本任务，做好早教工作，完成中心城区“三大片区三年行动”，建好“一乡镇一品质义务教育学校、一示范性公办幼儿园”，促进基础教育高质量发展；搬迁新建市一职专，积极创建优质职业学校；支持新建岳阳学院、湖南文旅职业学院、湖南中医药大学湘杏学院等高等院校，打造岳阳科教新城，力争高等院校达到10所以上。推进“健康岳阳”建设，建成以市中心医院为依托的湘北区域性医疗中心，深化医药卫生体制改革，加快智慧医疗健康云平台和基层卫生综合服务能力建设，健全公共卫生和疾病预防控制体系。提高优生优育服务水平，发展普惠托育服务体系，降低生育养育教育成本。深化现代公共文化服务体系建设，推动优秀传统文化创造性转化和创新性发展。办好第十四届省运会、第十一届省残运会，鼓励发展群众体育事业。健全社会保障体系。坚持以创新创业带动就业，确保城镇调查失业率控制在5.3%以内。推动社会保险提标扩面，提高基本医疗、失业、工伤保险统筹水平，实现法定人群基本养老保险全覆盖。打造全省康养示范城，建设老年友好型社会。提高社会治理水平。以创建全国市域社会治理现代化试点合格城市为统揽，推动扫黑除恶常态化，抓好信访工作“三无”单位和平安建设“四无”村（社区）创建，开展安全生产专项整治“三年行动”，加强公共卫生事件、自然灾害、事故灾难防控和处置，实施质量强市和标准化战略，强化食品药品安全监管，努力建设更高水平的“平安岳阳”。

三、2021年工作目标和重点任务安排

2021年既是“十四五”规划落地实施起步之年，也是现代化省域副中心城市建设开局之年。我们务必做到“起步就是冲刺、开局就是决战”，扎实做好各项工作，迈好第一步，见到新气象。

2021年主要经济指标预期目标为：GDP增长8%左右，规模工业增加值增长8%左右，固定资产投资增长9.5%，社会消费品零售总额增长9%，一般公共预算地方收入增长4%，全体居民人均可支配收入与经济增长同步，居民消费价格涨幅控制在3%以内，万元GDP能耗下降率实现省定目标任务。

主要任务是：

突出项目建设，全力稳投资、稳预期。组织开展“项目建设竞赛”活动，以项目投资强度、工程进度、达产程度、税收额度检验工作成效。围绕争资争项，加快充实项目储备库。抢抓国家稳投资、扩内需政策窗口期，围绕“两新一重”领域全力争资争项，力争纳入国、省项目库和特别国债、专项债券的项目数量、投资总量均在全省领先。围绕快建快投，加快形成实物工程量。对重点项目签约、开工、建设、投产实行挂图作战、闭环管理，加大土地依法征收清零力度，推动项目大干快上，提高项目合同履约率、项目业主资金到位率和项目开工率。围绕达产达效，加快培育现实生产力。加大新竣工新投产项目帮扶力度，强化用工、用电、用水、用气等要素保障，确保项目建成即投产、投产能达效，推动项目建设成果转化为“真金白银”的产业发展成效。

突出产业振兴，全力调结构、促升级。强化保市场主体就是保社会生产力的理念，坚决保产业链供应链稳定。实施优势产业延链补链行动。坚持“一链一策”，精准推进“12+1”优势产业链招商，组织开展以商招

商、基金平台招商和“迎老乡、回故乡、建家乡”活动，加大引外商、稳外资力度，促进产业链上中下游深度对接。支持优势产业链做强行业协会和产业联盟，提升产业抗风险能力。实施产业项目满园扩园行动。深入推进产业园区专业化特色化发展，提高园区综合服务配套能力，坚持“亩均效益”门槛，确保新入园项目均符合园区主导产业目录，加快形成以龙头企业为支撑、以产业园区为载体、以行业服务为基础的园区高质量发展体系。实施中小企业破零倍增行动。开展中小企业技术创新“破零倍增”三年行动，推动企业产能增量、产出质量、绿色含量“三量齐升”，扎实做好“四上单位”申报和企业上市工作，培育形成更多的小巨人企业。实施营商环境提档升级行动。深化“最多跑一次”改革，落实省定第三批“一件事一次办”事项目录，围绕商事登记、工程建设项目审批、不动产登记、水电气报装等精准发力，提升监管执法数字化智能化水平。落实惠企利民和减税降费政策，加大稳金融力度，扩大政府性融资担保覆盖面，创新拓展更多的普惠金融产品，主动为企业发展减压减负、保驾护航。

突出消费升级，全力稳外贸、扩内需。积极融入双循环新发展格局，因地制宜拓展消费需求。提速发展开放经济。加快中国（湖南）自贸区岳阳片区改革试点，完成49项年度改革创新任务。推进“一枢纽、四基地、八园区、十中心”建设，加快构建功能互补、错位发展的现代物流体系。继续实施“外贸破零倍增”“新业态突破”专项行动，推动航运物流、临空经济、跨境电商、保税仓储、冷链加工等提速发展。培育发展文旅经济。加快洞庭国际文旅综合开发、龙山绿色生态发展等项目建设，培育打造更多的文旅IP。加大旅游实景剧、旅游文创产品、水上旅游项目等开发力度，打响“洞庭天下水、岳阳天下楼”城市品牌。繁荣发展商贸经济。完善消费促进政策，推动商贸流通企业下沉供应链，深挖消费潜力。鼓励扶持创意经济、平台经济、分享经济等新业态发展，拓展发展新空间。大力发展研发设计、基础检测、法律服务等生产性服务业，健康养老、幼儿托育、餐饮住宿等生活性服务业，推动消费转型升级。

突出城乡融合，全力补短板、强弱项。坚持城乡经济社会一体化协调发展。加快城市扩容提质。科学处理城市总规、专规、详规关系，主动为城市未来发展“留白”。突出抓好东风湖新区、南湖片区、洞庭新城、临空经济区、君山桥头堡等片区建设，着力打造城市地标区。实施生态修复、城市修补“双修”行动，提质改造京广铁路以西老城区，推进城市更新。加强主城区交通秩序综合整治、中心城区违法建设集中整治，提升城市文明程度。建设大美湖区优质农产品供应基地。持续推进三个“百千万”工程和“六大强农行动”，提升农业基础地位。扶持发展一批种养型、加工型、旅游型、边贸型产业强镇，促进农业“接二连三”发展。开展创新创优创牌行动，加强农产品“身份证”管理，新增4个“国字号”“省字头”农产品品牌。组建市级农业发展集团，助推农业产业化。推动城乡公共设施互融互补。建成投运城陵矶松阳湖铁路专用线；加快杭瑞高速金凤桥互通和横铺互通项目建设，优化高速路网结构；建成投运北环线、西环线、机场快速通道和枫树山路，加快洞庭大道高架、洛王路大桥、分水垅路等9条城市道路建设，畅通城市内循环；开工建设S308南江至龙湾公路、S208岳阳长江经济带沿江公路，提升干线公路通达能力；加快国省干线“文明样板路”“四好农村公路”建设。统筹推进长江崩岸治理、长江补水二期工程等水利设施建设，完成水毁工程修复419处，加固堤防139千米，清淤整治渠道7646千米，治理水土流失面积48.2平方千米、河道40千米，努力构建和谐江湖关系。

突出绿色发展，全力抓整治、创示范。坚持生态优先绿色发展，持续抓好环境突出问题整改，坚决“守护好一江碧水”。打造绿色环境。加快中心城区污水系统综合治理项目建设，持续推进东风湖、松阳湖等城市内湖内河治理，加大华容河省级示范河流创建力度，提升全国黑臭水体治理示范城市创建成果；持续抓好长江流域禁捕退捕，加强东洞庭湖湿地生态保护，推进生态廊道建设，完成全市垃圾填埋场整改销号，稳步提高“国考”断面地表水水质达标率、空气质量优良率。发展绿色生产。开展“化工围江”整治攻坚行动，坚决退出沿江环湖污染产能；加快产业园区绿色化循环化改造，推进“僵尸企业”清理处置和园区土地“二次开发”；严格能源消费总量和强度“双控”制度，实施工业、建筑、交通运输、公共机构等领域节能减排行动计划，深入推进垃圾分类，提升废物减量化、资源化、无害化利用水平。倡导绿色消费。提倡低碳生活方式，启动建设液氢工厂，积极推广氢能汽车应用，努力创建燃料电池汽车示范城市，完成电网建设“三年行动计划”；鼓励发展低碳建筑、环保建材、节能家电等绿色消费；厉行勤俭节约，杜绝“舌尖上的浪费”，建设节约型社会。

突出风险防控，全力保安全、促和谐。统筹抓好各种存量风险化解和增量风险防范。保障公共卫生安全。加强新冠肺炎疫情常态化防控，构建完善“三位一体”公共卫生保障体系；加快市公共卫生医疗中心、市中心医院等项目建设，投运市疾控中心迁建项目；深化医药卫生体制改革，抓好城市“医联体”、县域“医共体”建设和医养结合服务工作。降低政府债务风险。实施政府债务绩效全生命周期管理，稳步推进债务风险缓释、高息债务清理置换和平台公司转型；坚持过“紧日子”，严格预算绩效管理，坚决将每一分钱都用在刀刃上。提高粮食产能质量。严守耕地红线，稳定粮食播种面积；开展耕地治理提升行动，探索解决种子和耕地保护问题；完善粮食“产购储加销”协同机制，确保农民种粮积极性不下降、收益率不降低。维护社会和谐稳定。严厉打击违法犯罪行为，坚决打好新一轮禁毒人民战争；加强应急管理能力建设，严格排查整治安全隐患，突出抓好交通顽瘴痼疾整治；规范网络借贷监管，严厉打击非法网络借贷；抓好集中治理重复信访和信访积案化解工作，加强诉源治理和网络舆情稳控，提升社会治理能力与水平。

突出成果共享，全力惠民生、促公平。坚定不移保居民就业、保基本民生、保基层运转。推动减贫战略和工作体系平稳转型。构建防止返贫长效机制，加大对已脱贫低收入人口、存在致贫风险边缘人口帮扶力度，增强群众勤劳致富“造血”功能，实现巩固拓展脱贫攻坚成果同乡村振兴有效衔接。推动社会事业稳健发展。落实“基础教育十条”，深化教育体制机制改革，开展城乡学校结对帮扶三年行动计划，完成湖南理工学院更名工作，积极创建高水平应用型大学。加快第十四届省运会场馆、基层综合性文化服务中心建设。完成第七次全国人口普查任务。抓好“双拥优抚”工作。推动社保政策坚实托底。深化基本医疗保险、工伤保险改革，做实医保基金市级统筹，完善城乡居民养老待遇调整机制，农村低保人均年保障标准提高10%。健全最低生活保障、特困供养等社会救助体系，做好残疾儿童康复救助和残疾人集中托养服务工作。加快公租房建设，托住安居底线。推动民生实事落地见效。在完成省实事任务基础上，办好11件市级民生实事：①改造城镇老旧小区150个，支持加装电梯100台。②建成中心城区地下停车场6处，新增停车泊位1800个；建成南湖大道、岳阳大道、巴陵路3条公交专用道；改造中心城区背街小巷15条。③改造市中心城区供水管网20千米。④完成中心城区渍水点整治8处。⑤提质改造农贸市场30家。⑥新增城区绿地面积100万平方米，完成553个村庄绿化任务。⑦建成高标准农田2.67万公顷。⑧新建改扩建中小学校39所，建设农村公办幼儿园12所。⑨完成住院和门诊医疗救助、医保参保资助26万人次。⑩完成“送戏曲进万村、送书画进万家”726场。⑪实现乡镇（街道）示范养老服务中心全覆盖。不管财政压力有多大，我们都坚持发展为民、政策利民、成果惠民不动摇，努力把岳阳建设成为一座有温度、有情怀的“爱心城市”！

大事记

编辑 李幸

1月

4日　岳阳市图书馆、市美术馆新馆开馆。

△　政协岳阳市第八届委员会第四次会议开幕，7日闭幕。

6日　市第八届人民代表大会第五次会议开幕。9日，市八届人大五次会议闭幕，选举王一鸥为市第八届人民代表大会常务委员会主任，林彰良为市监察委员会主任。

7日　副省长陈飞到岳阳检查长江湖南段河长制落实工作，并主持召开座谈会。

14日　岳阳长江补水一期通水运行。

17日　岳阳市被纳入全国跨境电商零售进口试点范围。

19日　副省长何报翔率队到岳阳督查安全生产工作。

20日　副省长隋忠诚到汨罗市督查安全生产工作。

2月

2日　市委专题会议研究部署新型冠状病毒感染肺炎疫情防控工作。

3日　省委副书记乌兰到岳阳督导检查疫情防控工作。

4日　市委常委会召开扩大会议研究部署岳阳疫情防控工作。

5日　岳阳首批新冠肺炎患者两人治愈出院。

△　市委召开新型冠状病毒感染的肺炎患者集中救治工作调度会。

△　国务院新型冠状病毒感染肺炎疫情联防联控工作机制派驻湖南指导组到岳阳指导疫情防控工作。

6日　省委副书记乌兰率省委第二指导组到岳阳指导疫情防控工作。

7日　副省长陈飞率队到岳阳检查春运防疫工作。

9日　市委召开县（市、区）党政主要负责人疫情防控工作视频会。

13日　市委专题会议分析研判当前新冠肺炎疫情防控形势，研究加强疫情防控工作。

14日　省委副书记乌兰率省委第二指导组到岳阳市君山区、岳阳楼区、云溪区、岳阳经开区等地督导检查疫情防控工作。

18日　市委召开会议调度部署全市疫情防控和经济社会发展工作。

△　岳阳市出台11条金融支持措施，助力疫情防控和企业复工复产。

21日　岳阳市第一支援助湖北省武汉市医疗队的20名队员启程长沙，与省援助医疗队汇合支援武汉。

24日　市委常委会召开扩大会议，传达学习贯彻总书记习近平在统筹推进新冠肺炎疫情防控和经济社会发展工作部署会议上的重要讲话精神，研究岳阳市贯彻落实方案。

25—26日　国务院新冠肺炎疫情联防联控工作机制湖南指导组组长何翔一行到岳阳督查指导疫情防控和复工复产工作，并召开工作汇报会，听取岳阳市疫情防控工作情况汇报。

3月

4日　岳阳市召开市县乡负责干部大会暨市委农村工作会议。

5日　中共岳阳市第七届纪律检查委员会第五次全体会议召开。

6日　董锐被追授为“湖南省优秀共产党员”“人民满意的公务员”。

9日　省委书记杜家毫到岳阳调研春耕生产工作。

10日　华容县被评为2019年度全国村庄清洁行动先进县。

12日　全市“守护好一江碧水”暨生态环境保护工作会议召开。

13日　岳阳市召开决战决胜脱贫攻坚工作推进会。

14日　市定点救治君山医院最后两名新冠肺炎确诊患者康复出院，岳阳市确诊病例清零。

15日　副省长陈飞参加岳阳市己内酰胺产业链搬迁与转型升级项目协调会。

14—16日　工业和信息化部副部长王志军率中办国办复工复产督查组到岳阳调研。

16日　巴陵石化己内酰胺搬迁升级项目获批，中石化批复项目总投资139.5亿元分两期建设每年60万吨产品链。

17日　副省长何报翔到岳阳调研外贸工作。

△　湖南首张“网络货运”牌照落户城陵矶新港区。

21日　省委常委、常务副省长谢建辉到岳阳调研城陵矶新港区建设。

23日　根据《湖南省新冠肺炎疫情联防联控机制关于印发〈湖南省新冠肺炎疫情分区分级精准防控实施方案〉的通知》，岳阳市所有县（市、区）调整为低风险等级。

30日　全市2020年第一批重大项目集中开工仪式在城陵矶新港区中创空天新材料产业化基地建设举行。

31日　宣布岳阳军分区党委第一书记任职大会召开，市委书记王一鸥任岳阳军分区党委第一书记。

4月

1日　市委常委会召开会议讨论研究自贸试验片区申报创建工作。

8—9日　省政协副主席张大方率队到平江县开展脱贫攻坚常态化联点督查、重点课题调研及委员“三个一”扶贫行动大回访活动。

10日　市委召开专题会议研究部署经济工作。

13日　岳阳市26名支援湖北医护人员全部凯旋。

14—15日，省委常委、省委统战部部长黄兰香到岳阳考察中石化巴陵石化公司和中石化长岭分公司，指导己内酰胺产业链搬迁升级延链项目建设。

16日　中国石化工程部牵头召开己内酰胺产业链搬迁升级转型发展项目建设启动会暨总体设计协调会，巴陵石化己内酰胺产业链搬迁升级项目被中国石化纳入2020年重点项目进行管理。

21—22日　省人大常委会党组书记、副主任刘莲玉一行到岳阳调研重大疫情防控和突发公共卫生事件应对法治建设情况。

22—23日 省政协主席李微微率调研组到岳阳开展“总结新冠肺炎防控工作经验教训，完善公共卫生服务体系建设”专题调研。

25日 城陵矶老港环保提质改造项目正式投产。

27日 省委决定：胡建新任岳阳市委委员、常委；市委决定：胡建新任岳阳市委统战部部长。

28日 全省重大项目集中开工岳阳现场暨岳阳市2020年第二批重大项目集中开工仪式，在城陵矶综保区中韩合资智能显示绑定生产线项目现场举行。

5月

8—9日 省委常委、省委政法委书记李殿勋到岳阳调研社会治理现代化试点工作。

11日 省长许达哲主持召开省政府常务会议，原则同意《中国（岳阳）跨境电子商务综合试验区实施方案》。

12日 副省长隋忠诚到岳阳督查防汛工作。

19日 2020年洞庭湖“清湖行动”在岳阳启动。

22日 十三届全国人大三次会议在北京开幕，在岳阳全国人大代表刘德辉、杨莉、陈勇彪、胡春莲参加。

28—29日 副省长陈飞到岳阳调研工业竞争力建设和防汛工作。

6月

4日 证监会发审委审核通过华文食品股份有限公司的IPO申请，华文食品首发过会拟中小板上市。9月14日，华文食品股份有限公司在深圳证券交易所上市，正式登陆A股中小板。

5日 君山小龙虾被评为国家地理标志证明商标。

13日 中宣部“走向我们的小康生活”采访团一行到岳阳采访。

18日 副省长朱忠明到岳阳调研。

19日 应急管理部副部长郑国光率国家防总长江流域防汛抗旱检查组到岳阳检查防汛抗灾工作。

23日 副省长吴桂英到岳阳调研疫情防控及旅游秩序恢复情况。

24日 市委专题会议研究部署长江流域重点水域禁捕退捕工作。

24日 洞庭湖保护区首次发现记录蓝喉歌鸲、八声杜鹃。

29日 岳阳市召开第二届忧乐精神典型人物事迹报告会暨市委理论学习中心组2020年第七次集中（扩大）学习会议。

30日 省扫黑除恶专项斗争督导岳阳工作情况反馈会召开。

7月

1—2日 副省长何报翔率队到岳阳调研。

2—3日 省政协副主席赖明勇率调研组就“完善‘湘非’经贸合作平台，推进湖南开放崛起”课题到岳阳开展专题调研。

2—3日 副省长隋忠诚到岳阳督导禁捕退捕工作。

6日 市委追授彭庆文、刘国平为“岳阳市优秀共产党员”。

8—9日 省政协副主席、省工商联主席张健率调研组到岳阳就“民营企业复工复产及高质量发展情况”开展专题调研。

9日 副省长隋忠诚到岳阳督导防汛抗洪工作。

11日 全市防汛应急响应由Ⅲ级提升为Ⅱ级。

13日 省政协副主席张大方率队到岳阳联合市政协在平江县开展“湖南政协人助力巩固脱贫成果万户帮扶行动”。

△ 市委专题会议研究京广铁路东移、北环线、洞庭湖大桥东互通、S308平江县南江至岳阳县龙湾公路、西环线等重点交通项目建设。

14—15日 国家防总工作组组长、自然资源部副部长凌月明一行到岳阳检查防汛工作。

16—17日 省人大常委会副主任杨维刚率调研组到岳阳调研。

17日 农业农村部副部长张桃林率队就病虫害防控、现代农业、防汛救灾、粮食生产等工作到岳阳开展调研。

△ 上海汉图科技公司小米打印机携手台企新金宝项目成功签约落户岳阳。

22—23日 省人大常委会副主任、省总工会主席周农率队到岳阳调研指导工会工作。

24—25日 省文物鉴定委员会专家组到市博物馆开展文物认定定级工作，新认定国家级文物178件。

26—27日 国家防总副总指挥、水利部部长鄂竟平到岳阳检查防汛工作，省委副书记、省长许达哲在岳阳会见鄂竟平一行。

29日 省委副书记乌兰到湘阴县考察调研禁捕退捕工作。

8月

1日 岳阳市中心城区机关事业单位开始试行“朝九晚五”错时上下班制度。

△ 副省长、省防指常务副总指挥陈飞到岳阳检查防汛救灾工作。

3日 根据《2020年全国脱贫攻坚奖评选表彰工作方案》，岳阳市“大爱平江”扶贫助困慈善协会入围组织创新奖候选单位。

3—4日 农业农村部部长韩长赋到岳阳调研保障粮食安全、长江流域禁捕退捕等工作，省委副书记、省长许达哲在岳阳与韩长赋一行会谈。

7日 中共岳阳市第七届委员会第十次全体（扩大）会议召开。

10日 长江流域非法捕捞高发水域首轮巡查执法行动启动。

20日 副省长陈飞率队到中国铁路广州局集团有限公司对接项目，市委书记王一鸥介绍京广铁路东移、西环线、高速铁路等项目情况。

24日 市委理论学习中心组2020年第九次集中（扩大）学习，中央文史馆特约研究员、中国文物学会会长、故宫博物院学术委员会主任、故宫学院院长单霁翔作《岳阳天下楼洞庭天下水——文化传承与文旅发展》专题辅导报告。

26日 中国石化集团公司董事

长、党组书记张玉卓到岳阳调研并召开驻湘企业座谈会，副省长陈飞参加。

9月

2日　湖南省进出口企业港航物流对接会在岳阳城陵矶新港区召开。

△　副省长陈飞带队到岳阳检查普铁安全环境整治工作并主持召开全省普铁安全整治部署督办会议。

3日　第十二届中国青少年科技创新奖终评视频答辩在长沙举行，岳阳市旭日小学学生宋庆鹏入围“第十二届中国青少年科技创新奖”候选人。

8日　全国抗击新冠肺炎疫情表彰大会在北京人民大会堂举行，岳阳市黄河颂、唐述、傅汝霖等被评为全国抗击新冠肺炎疫情先进个人，临湘市党委被评为全国抗击新冠肺炎疫情先进集体，唐述被评为全国优秀共产党员。

△　市委、市政府出台实施“巴陵人才新政20条”。

10日　湘阴入列国家级湘江新区新片区。

15日　全国首个“辣条专业班”在平江开班。

17日　中央文明办发布2020年2月至7月“中国好人榜”，董锐当选敬业奉献类“中国好人”。

△　总书记习近平在长沙主持召开基层代表座谈会，听取基层干部群众代表对“十四五”规划编制的意见和建议。平江县扶贫办主任叶剑芝、汨罗市归义镇党委书记李亚江、岳阳楼公安分局东茅岭派出所教导员高城参加会议。

21日　全国政协常委、农业和农村委员会副主任、民建中央副主席吴晓青率调研组就“打好污染防治攻坚战——土壤污染防治”到岳阳进行专题调研。

23日　省委常委、省委宣传部部长张宏森到岳阳专题调研文旅融合发展。

24日　中国（湖南）自由贸易试验区岳阳片区揭牌仪式暨建设动员大会在城陵矶新港区举行。

25日　中国贸促会党组成员、副会长张慎峰到岳阳调研。

27日　市委专题会议研究部署市委巡察工作。

28日　市委专题研究主城区交通综合整治、中心城区棚户区和老旧小区改造、京广铁路外移和机场改扩建工作。

29日　全省第二次重大项目集中开竣工暨岳阳市第三批重大项目集中开竣工仪式在汨罗举行，省委常委、常务副省长谢建辉出席并宣布项目开工。

30日　华容七星墩遗址和平江福寿山大湖坪遗址入选湖南省十大考古新发现项目。

10月

1日　副省长隋忠诚到汨罗市调研粮食生产工作。

△　市西环线全线项目正式启动建设。

17日　副省长陈飞到岳阳调研己内酰胺项目及烟花爆竹出口通道建设。

18日　华容县举行重大项目集中开工仪式暨国家能源集团国华岳阳电厂工程建设动员大会，副省长陈飞宣布华容县重大项目开工。

19日　省委副书记乌兰在平江县以省人大代表身份参加代表小组活动。

21日　全国人大备案审查工作经验交流现场会暨备案审查工作培训班在岳阳举办，全国人大常委会法工委副主任张勇、省人大常委会副主任周农出席。

23日　省第三生态环境保护督察组对岳阳市开展生态环境保护督察“回头看”工作动员会召开。

27日　2020年上半年度湖南好人榜发布仪式暨中国好人与湖南好人现场交流活动在汨罗市举行。

29日　首届湖南（岳阳）口岸经贸博览会开幕，副省长何报翔宣布博览会开幕。

31日　《岳阳氢能城市建设及氢能产业发展规划》发布暨氢能产业招商推介会召开。

11月

1日　最美长江岸线马拉松赛在岳阳开赛，副省长谢卫江宣布开跑，并在岳阳调研。

2日　《岳阳创建长江经济带绿色发展示范区实施方案》经省政府第88次常务会议审议通过。

3日　市委理论学习中心组2020年第十四次集体学习举行，传达学习党的十九届五中全会和总书记习近平近期重要讲话精神。

3—5日　省政协副主席赖明勇到岳阳宣讲总书记习近平考察湖南重要讲话精神，并开展政协工作调研。

6日　财政部党组成员、副部长邹加怡到平江县调研定点扶贫相关工作。

△　中央台办、国务院台办经济局局长张世宏、省委台办主任肖祥清一行到岳阳调研。

△　岳阳市举行经济形势报告会，重庆市原市长、中国金融四十人论坛学术顾问、复旦大学特聘教授黄奇帆作《后疫情时代，去全球化加剧、双循环新格局背景下，中部地区中等城市和企业面临的机遇和挑战》专题报告。

10日　岳阳市成功通过复查测评，继续保留全国文明城市称号。

△　副省长隋忠诚到岳阳实地督导三大垸蓄洪工程建设。

13日　长江流域退捕渔民职业技能培训现场推进会在岳阳市召开，人社部副部长汤涛出席会议并讲话。

16日　湖南新增5个省级特色农业小镇，湘阴县鹤龙湖蟹虾小镇入选。

21日　平江县入选湖南省级生态文明建设示范县。

22日　《岳阳港总体规划（2035）》正式获批。

24日　省委书记许达哲到岳阳、常德、益阳调研，检查环境问题整改情况。

12月

1日　《岳阳市文明行为促进条例》施行。

5日　省委常委、常务副省长谢建辉到岳阳调研“十四五”规划编制和安全生产工作。

6日　岳阳市湘阴县教育局党组书记、局长曾维光获评全国“最美公务员”。

7日　第十一届洞庭湖国际观鸟节开幕式暨洞庭湖博物馆开馆仪式在洞庭湖博物馆举行，副省长陈文浩宣布观鸟节开幕。

12日　2020中国·汨罗江国际诗歌艺术周活动启动，中国作协副主席吉狄马加，省委常委、省委宣传部部长张宏森出席。

14—15日　省政协副主席胡旭晟到岳阳考察调研。

17日　第五届全国名镇论坛暨第四届全国名村论坛在山东德州举行，岳阳县《张谷英镇志》入选第五批中国名镇志。

22日　副省长吴桂英到岳阳调研疫情防控及教育工作。

△　湖南工程机械配套产业园授牌暨重大项目集中签约仪式在汨罗市举行，副省长朱忠明出席活动并为园区授牌。

31日　长江流域重点水域“十年禁渔”全面启动活动（湖南分会场）在岳阳市巴陵广场举行，副省长隋忠诚出席，并调研全市重大项目建设和禁捕退捕工作。

△　巴陵戏新编历史剧电影《远在江湖》首映式举行。

岳阳概览

编 辑 李 幸

自然环境

【地理位置】 岳阳市位于湖南东北部，素称“湘北门户”。地处北纬28° 25′ 33″ ～29° 51′ ，东经112° 18′ 31″ ～114° 09′ 06″ 之间。东邻江西省铜鼓、修水县和湖北省通城县，南抵湖南省浏阳市、长沙县、望城区，西接湖南省南县、安乡县、沅江县，北接湖北省赤壁市、洪湖市、监利县、石首县。市东西横跨177.84千米，南北纵长157.87千米。土地总面积1.48万平方千米，占全省总面积的7.05%。市辖区面积为1412.62平方千米，其中，现状建成区面积173.85平方千米。

【自然资源】 地质、地貌：岳阳市处于新华夏系巨型第二沉降带，地貌组合复杂，拥有山地、丘陵、岗地、平原、水面5种地貌，丘陵与平原是构成地貌的主体。地势东高西低，呈阶梯状向洞庭湖盆倾斜。东部是连绵起伏的山岳地带，中部以岗地丘陵为主，西部是河湖冲积的平原。最高海拔1600.3米（平江县境内连云山主峰），最低海拔23米。平原面积38.78万公顷，占该市国土总面积的26%；丘陵35.78万公顷，占24%；岗地26.8万公顷，占18%；山地23.8万公顷，占16%；水面23.8万公顷（其中，东洞庭湖面积7.6万公顷、横岭湖面积4.3万公顷），占16%。

气候：岳阳市属于东亚热带季风性（湿润）气候，具有光热资源丰富，雨量充沛，山区略多湖区，生产季节光热水基本协调，四季分明，春秋多变等特点。

土壤：岳阳市土壤种类繁多，有8个土类、21个亚类、76个土属，222个土种，357个变种。其中，红壤土地面积占总面积的52.1%，其次为水稻土、占25.2%，潮土占15.7%，其他有紫色土、山地黄壤、菜园土、黄棕壤、山地草甸土，共占7%。

植被：岳阳市属中亚热带阔叶林带区，同时具备中亚热带向北亚热带过渡的明显特征，植被种类繁多，区系成分复杂。特别是幕阜山及连云山区天然针阔叶林植被群落和君山岛繁杂的刚竹属植被类群，成为全省重要的天然物种基因库之一。由于地理条件悬殊和水热条件不同，植被分布也存在着明显的地区性差异，东部中山区从山麓到山顶，由常绿阔叶林向落叶阔叶林过渡的地带性明显，中部丘陵及环湖丘岗区以常绿阔叶林为主，洞庭湖平原区以落叶阔叶林为主。有野生植物、栽培植物90多科300多属1118种，属国家保护的古树古木有19种。其中，属国家一级保护的植物有银杏、水杉、红豆杉3种，属国家二级保护植物的有樟树、金钱松、闽楠3种。

野生动物资源：岳阳市野生动物资源比较丰富，有以洞庭湖为核心的湿地生态类型（水禽为主），以幕阜山、药菇山为核心的森林生态类型（兽类为主），境内各类动物23目84科近600种。其中，属国家一类保护的有云豹、黄腹角雉、金雕、白鹤、白头鹤、东方白鹳、黑鹳、大鸨、中华秋沙鸭、白尾海雕、草鸮、麋鹿12种，属国家二类保护的有河豚、穿山甲、灰鹤、白枕鹤、虎纹蛙、猛禽类等36种。鸟类资源极其丰富，2020年底，东洞庭湖自然保护区记录到的鸟类359种、越冬候鸟数量28万只以上。鱼类资源有11目22科124种，其中，国家一类保护的有中华鲟、白鲟等。

水资源：岳阳市水系发达，河湖密布，雨量充沛，过境水量大，水资源丰富，湘江和资水、汨罗江和新墙河、华容河和藕池河分别从南、东、北三面汇入洞庭湖，经城陵矶注入长江。境内长江堤岸线142千米。5000米以上的河流265条，流域面积100平方千米的河流27条，流域面积2000平方千米以上的河流两条，10平方千米以上的湖泊9个。大小水库1201座，其中，大型水库1座，中型水库23座。2020年底，铁山水库水位89.94米，蓄水量4.62亿立方米，同比历史同期均值水位87.47米（蓄水量3.73亿立方米）蓄水量增加23.9%。全市地表水资源量166.45亿立方米，地下水资源量28.02亿立方米。2020年岳阳市入境水量2947.42亿立方米，其中由长江三口入境水量816.8亿立方米，湘、资、沅、澧四水汇入洞庭湖水量2102亿立方米，纯湖区入境水量为25.88亿立方米，汨罗江江西入境水量2.74亿立方米；2020年岳阳市出境水量3418.45亿立方米，其中城陵矶水文站实测出境3404亿立方米，宜昌至湖口出境14.45亿立方米。总用水量33.86亿立方米，同比减少6.62%。人均用水量624立方米，同比减少0.64%。

矿藏：岳阳市矿产资源比较丰富，岳阳市发现矿种49种，探明资源储量的矿种35种，其中：能源矿产1种，金属矿产24种，非金属矿产9种，水气矿产1种。实施地质勘查项目（含续作项目）21个。国家地质公园1个。矿泉水达到饮用标准的26处。温泉两处。

【风景名胜】 岳阳市是一座历史文化名城，是中国优秀旅游城市，以“洞庭天下水、岳阳天下楼”著称。全市有各类文物点1670多处，其中，国家重点文物保护单位28处，省级重点文物保护单位51处，市级重点文物保护单位91处；国家AAAAA级旅游景区1家，国家AAAA级旅游景区8家，国家AAA级旅游景区26家；国家历史文化名镇1处，国家历史文化名村1处，国家级风景名胜区2处，国家级森林公园3处，国家级自然保护区1处。东洞庭湖湿地入选国际重要湿地保护区，岳阳楼和君山岛旅游区为国家AAAAA级旅游区。著名的历史文化古迹有古楼（岳阳楼）、古庙（岳州文庙）、古塔（慈氏塔）、古祠（湘妃祠、屈子祠）、古屋（张谷英古建筑群）、古桥（三眼桥）、古亭（朗吟亭、三醉亭、独醒亭）等。岳阳楼景区尽显古城风貌、衬托楼湖风光、再现巴陵胜状。屈原投江殉国的汨罗江是龙舟文化的发源地。以爱情文化为主题的君山岛被誉为“东方伊甸园”。团湖荷花公园，被上海大世界基尼斯评为“亚洲面积最大的野生荷花成片聚生地”。有“东方日内瓦”之美誉的南湖，湖内绿岛耸立，呈现“一龙赶九龟”的奇观，湖畔修建环湖旅游走廊和总面积15万平方米的南湖广场。

（万程亮）

【2020年气候】 2020年，岳阳市受拉尼娜现象影响，冬季气温偏高，出现1952年岳阳市有连续记录以来第8个暖冬，春季气温为历史第六高位，出现倒春寒，夏季前期气温持续偏低，8月出现高温热害，秋季寒露风、多段低温阴雨寡照对农业生产影响大。汛期强降水过程频繁降水异常偏多，尤其是“6·30”“7·8”“8·10”“9·10”等强降水过程，局部强度大，降水事件创极值，致洪涝、城乡积涝明显。出现自1998年以来最严重的汛情，8月中旬四川盆地暴雨频繁致长江出现编号洪峰，本地强降水过程叠加效应致21世纪洞庭湖第二大洪水，给岳阳市防汛工作带来巨大压力，城区防汛应急响应等级不断升级，市委、市政府决策防汛到位，岳阳未垮一堤一垸。全市出现的暴雨洪涝、寒露风致灾偏重。多段低温阴雨寡照和秋季寒露风对全市农业生产影响大，造成粮食减产明显。

【主要天气事件】 2020年，岳阳市冬季异常暖湿。全市平均气温为7.8℃，比常年同期偏高1.6℃，位居1952年岳阳市有连续记录以来第四高位，各月气温较常年持续偏高。冬季降水量异常偏多，全市平均降水量距平为83.9毫米，降水距平百分率为43%，为历史同期第五多值。冬季温高、雨多、光足，使越冬作物发育期明显提前。

倒春寒。3月27—4月6日，岳阳市受冷空气影响，气温持续偏低，其间全市平均气温为11℃，较常年同期偏低3.1℃。各县（市）较常年同期偏低2.9～3.5℃，最低气温低至4.5～5.4℃，均达倒春寒标准，其中汨罗达到中度倒春寒标准，其余县（市）达轻度倒春寒标准。

汛期降水区域和时段集中，暴雨极端性强。暴雨过程多，开始时间早，结束时间晚，主要集中在6—7月中旬前期，局地性明显且极端性强。全市出现18次暴雨天气过程，出现暴雨（≥50毫米）39站次，暴雨站次较常年偏多12.2站次。出现大暴雨6站次，较常年偏多2.7站次。出现14件极端降水事件。

梅雨期为历史之最。岳阳市梅雨入梅时间早，出梅时间晚，梅雨期持续时间长，梅雨量大，极端降水事件频发。入梅时间为6月8日，较常年偏早8天。出梅时间为8月1日，较常年偏晚27天，为历年第二晚。梅雨季持续时间57天，较常年偏长35天，为1952年以来历史最长。梅雨期雨量566.3毫米，较常年偏多1.3倍。

高温日出现早，高温热害强度偏轻。岳阳市气温波动大，5月全市平均气温较常年偏高1℃，7月全市平均气温较常年偏低1.7℃，8月全市平均气温较常年偏高1.7℃。高温天气主要出现在8月份。全市平均高温日（日最高气温≥35℃）日数为19天，较常年偏少4天。夏季极端最高气温为37.3℃。

夏季全市出现两段高温热害天气过程：第一段出现在7月31日至8月9日，第二段出现在8月12—20日。

秋季寒露风与阴雨寡照对农业影响大。9月13日开始，岳阳市出现大范围持续性低温阴雨天气，16—17日出现全市性大范围暴雨，至9月28日寒露风影响达到顶峰。寒露风是制约岳阳市双季晚稻高产稳产的主要气象灾害。

冷空气过程。岳阳市遭受5次中等强度及以上的冷空气过程。2月14日下午开始岳阳市遭受入冬以来最强一次冷空气过程。出现大范围雨雪和偏北大风、强降温天气，部分地区还出现冰雹、雷电等强对流天气。24小时内全市平均最低气温下降12.8℃，最大下降幅度为14.7℃（汨罗），其中岳阳最低气温为-0.1℃。其他4次冷空气过程分别为3月27—29日、10月3—5日、11月19—22日、12月28—30日。

强对流天气频发。岳阳市强对流活动发生时间早、对流频次高、局地极端性强。出现11次较大范围强对流天气过程。分别出现在1月7日、2月15日、3月21—22日、3月27—28日、5月5日、6月2日、6月17日、8月9日、8月18日、11月18日、12月29日，出现大风22站次，较常年偏多13站次。年极大风速为22.1米每秒（岳阳，3月22日）。

局部地区出现轻度干旱。5月岳阳市气温偏高，降水分布不均，北部县（市）较常年偏少2～5成，其中华容5月降水量为同期当地有连续记录以来第三少值。由于前期的温高少雨，5月上中旬岳阳和华容气象干旱逐步发展，按GB/T 20481中的综合气象干旱指数CI评估：2020年5月24日，华容和岳阳出现轻度气象干旱。5月下旬受降水过程影响，两站气象干旱解除。

大雾天气对交通造成影响。岳阳市出现大雾天数为35天，较常年同期偏多15天。大雾天气主要发生在上半年，造成全市多条高速公路临时封闭或管制，给交通出行带来不利影响。

（章　鸿）

建置·区划

【历史沿革】 岳阳历史悠久，早在20万年前，就出现人类活动。距今9000年前，先民们就在此繁衍生息，用石制器具，开拓远古文明。夏、商时为“三苗”之地。春秋战国时期属楚，秦代属长沙郡。汉高祖五年（前202），东属长沙国下隽县、罗县，西属南郡华容县、武陵郡孱陵县。建安十五年（210），孙权分长沙郡北的下隽、罗县建汉昌郡，郡治设今平江县金铺观。建安十九年（214），孙权遣鲁肃率万人屯巴丘邸阁，筑巴丘城（今岳阳楼区）。晋武帝太康元年（280），分下隽县西部建巴陵县。元康元年（291），分长沙郡北部四县建立建昌郡，郡治设巴陵县城。南朝宋元嘉十六年（439）置巴陵郡。隋开皇九年（589）废巴陵郡为巴州，开皇十一年（591）改为岳州。元为岳州路。明为岳州府。民国二年（1913）废府，后设湖南第一行政督察区，并改巴陵县为岳阳县。1949年7月，境内各县相继解放，现辖区东部属长沙专区，后改属湘潭专区，西部华容县属常德专区。1960年1月，以岳阳县城关镇建立岳阳市。1962年10月，撤销复为城关镇。1964年9月，设岳阳专区，辖岳阳、临湘、华容、平江、湘阴5县。1966年2月，从湘阴县析出汨罗县。1975年12月，恢复岳阳市，实行县、市分治。1981年10月，撤销岳阳县，行政区划并入岳阳市。1983年7月，岳阳市升为省辖市，实

2020年岳阳市行政（管理）区划一览表

表1　　　　单位：个

县（市、区）	街道办事处（管理处）	镇	乡
平江县	汉昌街道、天岳街道	三市镇、南江镇、伍市镇、安定镇、虹桥镇、梅仙镇、加义镇、浯口镇、长寿镇、童市镇、岑川镇、瓮江镇、向家镇、龙门镇、福寿山镇、石牛寨镇、上塔市镇、余坪镇	三阳乡、板江乡、木金乡、大洲乡、三墩乡
岳阳县		荣家湾镇、黄沙街镇、新墙镇、柏祥镇、筻口镇、公田镇、毛田镇、月田镇、张谷英镇、新开镇、步仙镇、杨林街镇	中洲乡、长湖乡
华容县		章华镇、三封寺镇、治河渡镇、插旗镇、注滋口镇、北景港镇、梅田湖镇、鲇鱼须镇、万庾镇、操军镇、东山镇、禹山镇	团洲乡、新河乡
湘阴县	文星街道	鹤龙湖镇、湘滨镇、南湖洲镇、新泉镇、岭北镇、静河镇、樟树镇、金龙镇、洋沙湖镇、石塘镇、东塘镇、三塘镇	杨林寨乡、六塘乡
临湘市	长安街道、五里牌街道、云湖街道、桃矿街道	羊楼司镇、聂市镇、坦渡镇、江南镇、黄盖镇、詹桥镇、白羊田镇、忠防镇、长塘镇、桃林镇	
汨罗市		白水镇、白塘镇、汨罗镇、川山坪镇、弼时镇、新市镇、大荆镇、归义镇、长乐镇、三江镇、罗江镇、古培镇、桃林寺镇、神鼎山镇、屈子祠镇	
岳阳楼区	岳阳楼街道、三眼桥街道、吕仙亭街道、金鹗山街道、东茅岭街道、五里牌街道、望岳路街道、城陵矶街道、枫桥湖街道、奇家岭街道、洛王街道、洞庭街道、王家河街道、站前路街道		郭镇乡
云溪区	云溪街道、松杨湖街道、长岭街道	陆城镇、路口镇	
君山区	柳林洲街道	许市镇、钱粮湖镇、广兴洲镇、良心堡镇	
屈原管理区	天问街道	营田镇、河市镇	凤凰乡
岳阳经开区	通海路管理处、金凤桥管理处、木里港管理处	西塘镇	康王乡
南湖新区	南湖街道、求索街道、湖滨街道、龙山管理处、月山管理处		

行地、市分设。1986年1月，撤销岳阳地区，所辖县并入岳阳市，实行市管县体制。1996年4月，撤销岳阳市南区、郊区，设立岳阳楼区、君山区，北区更名为云溪区。2000年，撤黄盖湖农场建镇，归临湘市管辖，撤君山农场、钱粮湖农场建镇，归君山区管辖，同年12月，撤屈原农场，建屈原管理区。1992年，岳阳市被列为长江沿岸对外开放城市，1994年，被列为国家历史文化名城；1998年，被批准为中国优秀旅游城市；2003年，被评为国家卫生城市；2006年，被列为国家园林城市；2007年，被评为中国观鸟之都；2013年，被评为全国绿化模范城市；2014年，被评为全国文明城市；2016年，被评为“中国十佳绿色城市”；2017年，被评为全国社会治安综合治理优秀市；2018年，被评为“中国百强城市”“中国可持续发展百强城市”“中国外贸百强城市”“中国城市品牌”“中国最具幸福感城市”，被列入湖南省大城市；2019年，被评为“中国GDP百强城市”。

【行政区划】 2020年，岳阳市辖平江县、岳阳县、华容县、湘阴县、临湘市、汨罗市、岳阳楼区、云溪区、君山区、屈原管理区，辖岳阳经济技术开发区、城陵矶新港区、南湖新区。有乡镇（街道）131个，其中，乡镇102个、街道29个，村1372个、社区468个。

（吴 伟）

人口·民族

【人口状况】 2020年，全国以11月1日零时为标准时点进行第七次全国人口普查。岳阳市常住人口505.19万人，与2010年第六次全国人口普查的547.61万人相比，减少42.42万人，减少7.75%。男性人口258.66万人，占51.2%；女性人口为246.53万人，占48.8%，总人口性别比为104.92，比2010年第六次全国人口普查下降2.27。50万人至100万人县（市、区）6个，为岳阳楼区、平江县、汨罗市、湘阴县、岳阳县、华容县，20万人至50万人（县、市）区两个，为临湘市、君山区，20万人以下县（市、区）1个，为云溪区。

【民族宗教】 岳阳市是一个多民族散杂而居的城市，有少数民族50个，人口21726人，约占全市总人口的0.38%，其中千人以上的少数民族有土家族、苗族、壮族、侗族、回族、瑶族6个。岳阳有佛教、道教、伊斯兰教、天主教、基督教五大宗教。三国时吴赤乌十年（247），吴国在罗县隐居山（今汨罗市铜盆乡）建宏济寺，佛教逐渐传入岳阳，有代表性的佛教场所有岳阳地区的乾明古寺、圣安禅寺，汨罗市资圣寺，湘阴县法华古寺、南泉寺，平江县东山古寺等。晋太康年间（280—289），道教开始在岳阳建观传道。有代表性的宫观有吕仙道观、大云山祖师殿、汨罗普德大庙。大云山祖师殿始建于唐代，迄今约1300年历史。伊斯兰教于南宋德祐元年（1275）传入岳阳，天主教于康熙四十三年（1704）传入岳阳，基督教于1903年1月由美国复初会牧师海维礼传入岳阳。

【语言文化】 岳阳话，俗称“巴陵话”或“巴陵腔”，属汉语北方话语系。境域洞庭湖以西，长江以北，与西南官语区相接，幕阜山、连云山以东，是赣方言地域，南部与湘语的典型——长沙话连成一片。这种地理特点，造成境内方言的差异。历史上行政区隶属关系的演变、人口的迁徙以及交通条件的发展，使岳阳话经历一个由与北趋同变为与南趋同的过程。岳阳是湖湘文化的重要发源地，以“先忧后乐”“团结求索”为精髓的岳阳文化，底蕴深厚。包括汨罗江畔端午习俗在内的中国端午节被联合国教科文组织列入“世界人类非物质文化遗产名录”。端午节（汨罗江畔端午习俗）列入人类非物质文化遗产代表作名录，岳阳巴陵戏、平江九龙舞、岳阳花鼓戏、临湘花鼓戏、汨罗长乐故事会、洞庭渔歌等6项列入国家级非物质文化遗产名录，华容夹叶点子、平江花灯戏、汨罗抬阁故事、临湘嗡琴戏等17项列入湖南省非物质文化遗产代表作名录，云山高腔、临湘天狮、汨罗饮茶习俗等40项列入市级非物质文化遗产名录。现有国家级代表性传承人3人，省级代表性传承人8人，市级代表性传承人41人，县级代表性传承人183人。

（万程亮）

国民经济和社会发展

【经济总量】 2020年，岳阳市地区生产总值4001.55亿元，总量居全省第二位，同比增长4.2%，比全国、全省平均水平分别高1.9个、0.4个百分点。其中，第一、二、三产业增加值分别为459.91亿元、1622.25亿元、1919.39亿元，分别增长3.8%、5%、3.7%。三次产业结构为11.5∶40.5∶48。分季度看，一季度地区生产总值同比下降3.4%，二季度增长5.1%，三季度增长6.2%，四季度增长7.6%。

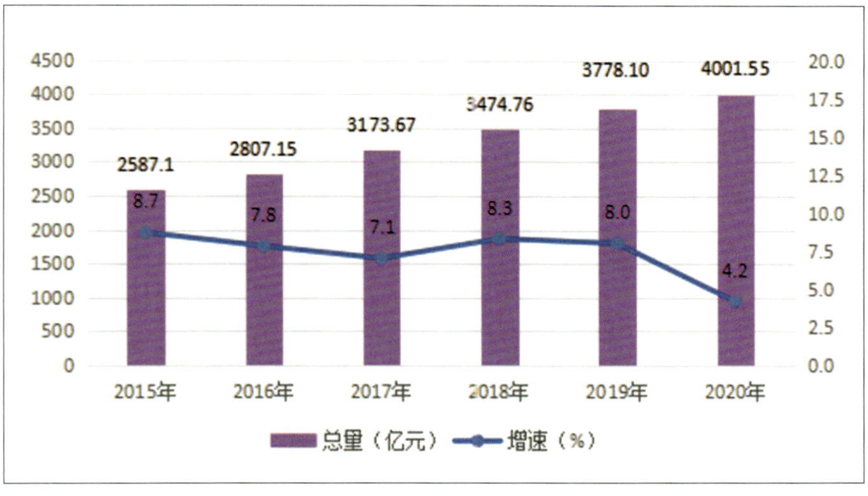

2015—2020年全市GDP总量及增速

【农业发展】 2020年，岳阳市实现农林牧渔业总产值793.47亿元，增长4%，其中：农业总产值329.01亿元，增长4.9%；林业总产值21.95亿元，增长8.5%；牧业总产值268.53亿元，增长0.8%；渔业总产值133.71亿元，增长4.4%；农林牧渔服务业总产值40.27亿元，增长7.5%。粮食播种面积474.14千公顷，同比增长3.4%。棉花种植面积24.95千公顷，下降3.9%。油料种植面积127.92千公顷，增长6.4%。蔬菜及食用菌种植面积80.04千公顷，增长3.2%。

粮食产量293.15万吨，同比增长0.1%。棉花产量3.02万吨，同比减产5.6%。油料产量22.51万吨，同比增产9.9%。蔬菜及食用菌产量262.56万吨，增产3.3%。茶叶产量1.67万吨，增产1.7%。猪、牛、羊肉总产量27.49万吨，其中：猪肉产量25.15万吨，禽蛋产量7.43万吨，水产品产量51.63万吨。

【工业和建筑业】 2020年，岳阳市实现全部工业增加值1369.64亿元，同比增长4.9%，其中：规模以上工业增加值增长5.1%。规模以上工业分经济类型看，国有企业下降3.2%，集体企业增长10.1%，股份制企业增长5.7%，外商及港澳台商投资企业下降3.6%；分企业规模看，大中型企业下降2.4%，中小型企业增长7.9%，小微型企业增长16%。规模以上工业中，全市九大主要产业增加值增速呈现“七涨二降”。其中，机械行业增长15.5%，食品行业增长9.4%，造纸行业增长8.7%，建材行业增长4.8%，有色及循环行业增长4.2%，电力行业增长2%，石化行业同比增长1.5%，医药行业和纺织行业分别下降6.2%和1.6%。六大高耗能行业增加值同比增长0.6%，高技术制造业增加值同比增长10.6%，高加工度工业增加值同比增长12.4%。全市规模以上工业企业实现利润179.46亿元，同比下降4.1%，其中，国有企业2.23亿元，增长17.4%；集体企业0.83亿元，增长12.2%；股份制企业159.93亿元，下降4.7%；外商及港澳台商投资企业11.88亿元，下降5%。全社会建筑业增加值254.27亿元，同比增长5.5%。

【固定资产投资】 2020年，岳阳市固定资产投资同比增长8.8%，其中，第一、二、三产业投资分别增长30.6%、10.4%、6.6%。经济类型看，国有投资下降24.5%，非国有投资增长27.5%，民间投资增长14.4%；投资方向看，工业投资增长9.2%，民生投资下降22.7%，生态投资下降5.8%，基础设施投资增长6.9%，高新技术产业投资增长11.3%。完成房地产开发投资228.42亿元，同比增长11.2%。其中，住宅投资190.19亿元，增长17.7%。商品房销售面积631.35万平方米，增长1.5%；实现商品房销售额368.33亿元，增长0.6%。年末商品房待售面积90.73万平方米，下降10.8%。

【国内贸易】 2020年，岳阳市实现社会消费品零售总额1574.01亿元，同比下降2.3%。按经营地分，城镇消费品零售额1360.01亿元，下降2.5%；乡村消费品零售额214亿元，下降1%。限额以上法人批发零售业商品零售额中，粮油、食品类增长13.9%，饮料、烟酒类增长2.6%，服装、鞋帽、针纺织品类下降9.6%，化妆品类增长13.1%，金银珠宝类增长3.3%，日用品类增长15.4%，书报杂志类增长13.4%，家用电器和音像器材类增长8.7%，中西药品类增长18.8%，文化办公用品类增长18.9%，家具类增长21.2%，通信器材类下降70.6%，石油及制品类增长7.2%，建筑及装潢材料类增长16.1%，汽车类增长10.1%。限额以上法人通过公共网络实现的商品零售同比增长6.7%。规模以上服务业企业营业收入297.11亿元，同比增长8.3%，营业利润41.66亿元，增长21%。

【对外经济】 2020年，岳阳市进出口总额419.84亿元，同比增长27.2%。其中，出口185.08亿元，下降3.4%；进口234.77亿元，增长69.7%。贸易逆差（出口减进口）为49.69亿元。口岸经济快速增长。城陵矶口岸集装箱吞吐量50.87万标箱，同比增长0.4%，进口整车4800台，进口粮食271万吨，进口肉类11万吨。

【交通邮电和旅游】 2020年，岳阳市交通运输平稳发展，货物运输总量1.16亿吨，同比增长4.3%。（不含公路）客运量4271.7万人次，同比下降53%。其中，铁路客运量1094.49万人次，下降20%；公路3118.02万人次，下降59.3%；水运2.78万人次，下降59.6%；民航56.4万人次，同比增长1.4%。民用汽车保有量71.13万辆，同比增长10.1%，2020年新注册汽车6.46万辆，下降12.4%。年末公路通车里程2.06万千米，其中高速公路487千米。邮电业务增长较快，完成邮政业务总量24.93亿元，增长33.8%；电信业务总量361.27亿元，增长30.4%。固定电话用户82.47万户，增长1%。移动电话用户507.51万户，增长1.2%。互联网宽带用户数157.51万户，增长9.7%。旅游接待总人数5792.07万人次，下降15.6%；完成旅游总收入579.31亿元，下降12.9%；接待入境游客1.99万人次，下降95.3%；旅游创汇826.7万美元，下降95.2%。

【财政和金融】 2020年，岳阳市一般公共预算收入333.54亿元，同比下降1.5%，税收收入274.89亿元，下降2.9%。一般公共预算地方收入152.73亿元，同比增长1.7%，税收收入95.55亿元，下降0.6%。全部金融机构本外币各项存款余额3067.12亿元，同比增长11.2%。其中，住户存款1929.2亿元，增长14.2%；非金融企业存款586.66亿元，增长8.8%；非银行业金融机构存款20.78亿元，增长3494.3%。全部金融机构本外币各项贷款余额2465.13亿元，增长23.6%。其中，短期贷款553.02亿元，增长23.7%；中长期贷款1861.06亿元，增长22.9%。上市公司11家，A股上市公

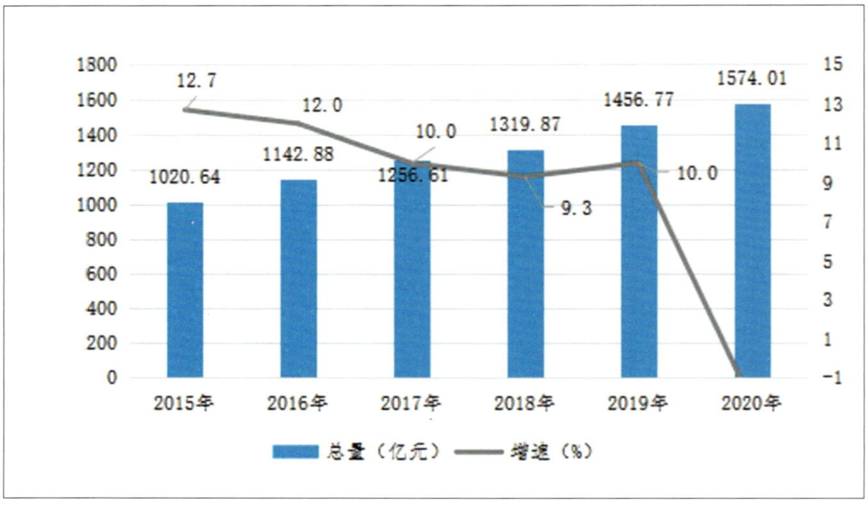

2015—2020年全市社会消费品零售总额及增福

司总股本71.81亿股，增长5.9%；A股上市公司总市值441亿元，增长39.1%。证券公司营业部28家，证券交易额5773.5亿元，同比增长51.2%。期货公司两家。保险公司原保险保费收入97.4亿元，同比增长8.3%。其中，寿险业务原保险保费收入67.4亿元，增长11.1%；财产险业务原保险保费收入30.03亿元，增长2.6%。原保险赔付支出31.4亿元，同比增长8.6%。其中，财险业务赔款19.72亿元，同比增长15.8%；寿险业务赔款11.69亿元，同比下降1.7%。

【人民生活和社会保障】　2020年，岳阳市居民人均可支配收入28577元，同比增长5.6%。其中，城镇居民人均可支配收入36749元，同比增长4.6%；农村居民人均可支配收入1.82万元，同比增长7.7%。全市居民人均消费支出2.12万元，同比增长1.7%。其中，城镇居民人均消费支出2.53万元，增长1.4%；农村居民人均消费支出1.6万元，增长2%。居民消费价格（CPI）同比上涨1.7%，商品零售价格（RPI）同比上涨1.1%，工业生产者出厂价格（PPI）同比下降1%。

城镇新增就业6.2万人，年末城镇登记失业率为1.89%，失业人员再就业3.3万人。城乡居民基本养老保险登记参保人数268.13万人，其中城镇基本养老保险职工人数70.21万人。参加失业保险人数42.97万人。参加工伤保险职工人数78.91万人。城镇居民医疗保险参保人数490.03万人，城镇职工基本医疗保险参保人数62.65万人。政府最低生活保障的城镇居民人数5.05万人，政府最低生活保障的农村居民人数9.44万人。

【教育科技和文化体育】　2020年，岳阳市教育科技和文化体育事业较快发展。中等职业教育招生1.82万人，在校生5.4万人，毕业生1.78万人。普通高中招生3.11万人，在校生8.95万人，毕业生2.92万人。初中招生5.53万人，在校生16.55万人，毕业生5.38万人。普通小学招生5.87万人，在校生36.16万人，毕业生5.49万人。特殊教育招生0.02万人，在校生0.13万人，毕业生0.01万人。幼儿园在园幼儿17.54万人。累计建设省级工程技术研究中心23个，市级工程技术研究中心82个。科技成果登记数14项。签订技术合同285项，技术合同成交金额13.05亿元。群众艺术馆、文化馆11个，公共图书馆11个，博物馆、纪念馆14个，有线电视用户25.62万户。广播电台1座，广播综合人口覆盖率为99.99%。电视台1座，电视综合人口覆盖率99.99%。国家级非物质文化遗产保护目录7个，省级非物质文化遗产保护目录17个。有体育场地10499个，其中体育馆13座。经常参加体育锻炼人数190万人。新建农民体育健身工程的行政村150个。

【卫生和社会服务】　2020年，岳阳市卫生和社会服务事业不断改善，有医疗卫生机构4122个，其中，医院125个，妇幼保健院10个，专科疾病防治院（所、站）13个，村卫生室2857个。卫生技术人员3.45万人，其中，执业医师和执业助理医师1.37万人，注册护士1.58万人。疾病预防控制中心（防疫站）11个，卫生监督所（中心）10个。医院床位2.71万张。

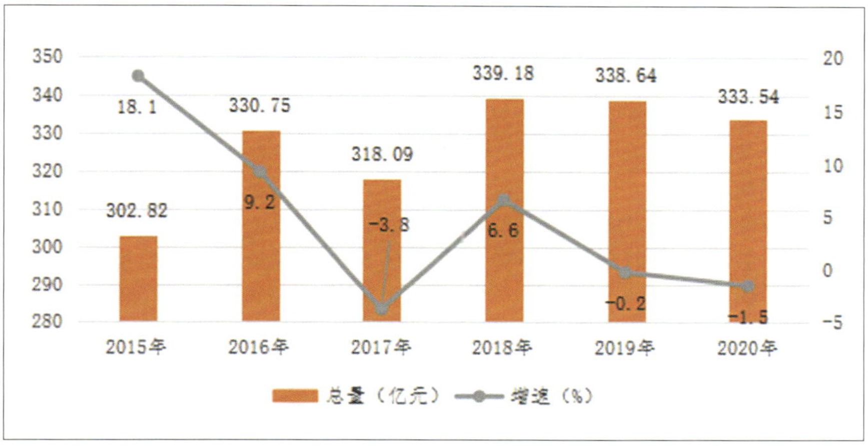

2015—2020年全市一般公共预算收入及增幅

2020年居民消费价格指数一览表

表2　　单位：%

指　标	上月=100	上年同月=100	上年同期=100
居民消费价格总指数	100.9	99.4	101.7
#食品烟酒类	102.6	101.3	107.2
衣着类	100	99.7	99.8
居住	100	96	97.7
生活用品及服务	100	100.3	100
交通和通信	100.6	97	97
教育文化和娱乐	100	100.3	100.7
医疗保健	100	102.1	101.8
其他用品和服务	100	97.2	103

【资源、环境和安全生产】　2020年，岳阳市发现矿种49种，探明资源储量的矿种35种，其中，能源矿产3种，金属矿产22种，非金属矿产9种，水气矿产1种。国家地质公园1个。年平均降水量1874.08毫米。大型水库蓄水总量4.62亿立方米，同比末蓄水量增加38.7%。总用水量33.7亿立方米，同比减少7.1%。自然保护区14个，其中国家级1个，省级5个。自然保护区面积31.04万公顷。全市森林覆盖率为45.31%。全年规模工业综合能源消费量1017.24万吨标准煤，同比下降1.2%，其中六大高耗能行业综合能源消费量825.45万吨标准煤，同比下降2.9%。全社会用电量160.4亿千瓦时，同比增长2.4%，其中，工业用电量88.51亿千瓦时，同比增长4.1%。发生各类生产经营性安全事故96起，同比下降45起；死亡103人，同比减少51人。亿元GDP生产安全事故死亡率为0.03人/亿元；道路交通万车死亡率为1.3人每万辆。

【交通状况】　岳阳承东联西、贯穿南北，区位优势明显，“铁公水空”综合立体交通格局初步形成。港口：城陵矶港是长江八大良港之一，是湖南对外开放的国家一类口岸，是湖南的国际航运中心和最大的国际集装箱港口和直航港口，为湖南首个亿吨级港口，2020年港口吞吐量11604万吨。铁路：境内投入运营的铁路有京广铁路、京广高速铁路、浩吉铁路。公路：境内主要有京港澳高速公路（G4）、杭瑞高速公路（G56）、许广高速公路（G0421）、武深高速公路（G0422）、岳宜高速公路（S71）、平益高速公路（在建）、城陵矶高速（在建）、国道G106、国道G107、国道G240、国道G234、国道G353、国道G536等。城市公交：全市中心城区公交车904辆，线路53条，线路营运里程956.7千米，公交停靠站910个，公交首末站6个。航空：2018年12月26日，岳阳三荷机场正式通航，上海吉祥航空执飞“杭州—岳阳—昆明”航线完成首航。至2020年底，开通航线17条，通航30座城市，完成旅客吞吐量56.4万人次。

（黄　辉）

政治文明建设

【政务服务】　2020年，岳阳市政务服务中心推动“数字政府·智慧岳阳”建设，深化政务服务“最多跑一次、最好不要跑”，实现政务服务“一厅集成”1136项，其中“一窗通办”796项、“一网通办”263项、“全域通办”285项、“跨省通办”58项。至年底，办件133.9万件，期内办结率100%，群众满意率99.9%。其中，现场办件65.53万件，占比48.9%；网上办件68.37万件，占比51.1%。为企业群众办事个性化“定制菜单”，推行事项咨询一码知晓、事项申请一键取号、事项受理一网登录、证照材料一调共享、费用缴纳一点支付，进厅审批服务事项全部实行智能导办。开设企业复工复产网上专题专栏，开发涉企信息智能推送平台，实现惠企政策精准定向推送。强化工程建设项目“4+1”联合审批，全年审批签订代办协议110份，代办项目222个、帮办代办审批事项555项。设立中小企业信贷服务中心，引入融资担保机构和银行驻点办公，构建“政府帮贷、企业易贷、银行快贷”格局，解决中小企业“融资难、融资贵”问题。完善“政务e站”24小时自助服务，开发引进全省首台智能秒批自助服务终端。完善全省首家市级“5+2”无休日市级政务大厅，周末开放办理事项由61项增至111项，解决企业群众“上班时间没空来办事，下班时间没处能办事”问题，周末办理事项2.3937万件。完成人社疫情期间失业补助6.5万多人次申请登记、社保基数调整813家单位7.4万多人次缴费、灵活人员就业1.5万多人次缴费，医保基数调整缴费3.7万多人次。

【政务公开】　2020年，岳阳市政府门户网站群平台发布信息47万多条，微博2800条、微信服务号信息384条，建设专题专栏12个，制作会议解读10期，开展调查征集16期，处理市民来信1.2万封、网上依申请公开302件，网站年浏览量突破1.5亿人次。组织开展每月常态化“市民开放日”活动，开展城区交通综合治理和东风湖生态环境治理“市民开放日”2期。获评行业内中国政务网站领先奖、最佳管理奖。

【政务改革】　2020年，岳阳市深化全周期“一件事”改革，创新实施企业开办、信贷、注销，公民出生、退休、身后等“一件事一次办”，推进工程建设项目审批“170”、不动产登记“160”和企业开办“110”改革。其中，出生“一件事”卫健、公安、医保等部门办理的出生医学证明、预防接种证、儿童保健手册、户口登记、医疗保险登记等实行“一窗受理、五证联办”，总办理时长不超过两个工作日，实现“出生就办、一次办好”。身后“一件事”民政、公安、人社等9部门联动实行死亡证明、户口注销等多个事项“一次办”。深化全区域“一体化”改革，下发《关于全市政务服务事项“全域通办”的通知》，出台《岳阳市政务服务事项“全域通办”实施细则》，通过系统联通、数据跑路、快递送达方式，实现市、县、乡、村四级贯通、业务直达。根据当地直办、网上帮办、异地转办三种不同办理类型分别设计办理方式，统一服务流程、统一办理环节、统一窗口受理发证，实现285项政务服务市内“全域通办”。

【政务平台建设】　2020年，市政务中心改进窗口平台，深化“一窗受理、集成服务”改革，“三集中、三到位”进厅审批服务事项从707项增至1136项，净增429项。其中，“全科受理、一窗通办”事项796项，涉及部门27个，占比70.1%；工程报建、产权登记、人社医保等6个专区“分类受理、一窗综办”事项340个，占比29.9%。升级网络平台，深化在线政务服务一体化平台建设，建立健全网上政务服务旗舰店，政务云计算中心二期扩容200T，升级电子政务外网2.0版，完成3.0等保监测评估，云上应用系统部署106个，初步建成城市现代化治理中心。建立健全全市统一的数据共享交换平台，开通无差别

“一窗”综合受理系统，对公安、人社、民政、医保等10个市直部门203个业务系统数据及接口，进行跨领域、跨条块、跨层级整合。推进线下窗口端、线上PC端、掌上移动端、一体自助端“四端协同”。全市官方唯一城市级综合移动服务平台“岳办岳好”App和小程序上线运行，“掌上”可查可办事项263项。开发建设全省首个刷脸办事系统，实行群众刷脸取号、办事刷脸核验、后台刷脸登录多场景应用，实现“秒登录”。获评全国电子政务理事会2020年度“互联网+政务”服务先进单位。拓展区域平台，与多地达成合作协议，建立“互设办事窗口、互通办事系统、互建视频连线、互认证照材料”的“跨省通办”机制，首批推行就医结算、失业保险等58个异地事项“一地办”，惠及湘、粤、鄂、赣近百万人口，实现“进一扇门，办多省事”。并推行“58+N”服务。创新性把“跨省通办”窗口迁移到医院，实现新生儿异地落户医院办。

【智慧城市建设】 2020年，岳阳市委成立市“数字政府·智慧岳阳”工作领导小组，印发《深入实施“数字政府·智慧岳阳”建设行动方案》，提出“半年打基础、一年上台阶、两年进前列、三年成示范”的工作目标，明确“平台思维、共建共享，用户思维、好用实用，数据思维、智能智慧，市场思维、长久长效，底线思维、可信可靠”的工作原则，推出“党政协同数字化、产业经济数字化、幸福生活数字化、放权赋能综合监管数字化、数字支撑能力”五大攻坚行动23条，形成岳阳市智慧城市建设工作纲要。探索政企合作模式，与国内头部互联网企业对接，引入资源、技术、资金、人才等方面资源，提升岳阳市智慧城市建设中能力，助力数字经济产业发展，与阿里集团开展8轮次会谈。实地考察了解广东省、海南省、杭州市、长沙市的做法，采取智慧城市项目批量特许经营权授予、具体子项目按程序逐个落地的实施路径，形成《岳阳市智慧城市建设项目批量特许经营实施方案》，通过特许经营权模式推进智慧城市建设。与北京360公司总部进行洽谈商讨合作事项，推进“智慧社区、疫情防控、规下企业直报”三个具体项目。联合成立岳阳市“智慧医疗”运营公司，成立岳阳市“智慧教育”运营公司。协调26家部门单位，联通各类城市管理信息系统48个，初步实现相关系统数据可查可看可调。协同推进智慧医疗项目建设。协同城市现代化治理中心，协调26家部门单位，联通各类城市管理信息系统48个，初步实现相关系统数据可查可看可调。基层一门式及智慧党建项目、“岳办岳好”综合App项目正式上线发布投入运营。推进城陵矶新港区“智慧港区”、胥家桥智慧物流园区、“智慧公积金”等项目。

【“岳办岳好”综合App上线启动】 2020年9月30日，“岳办岳好”App及系列微信小程序上线启动仪式在市政务服务中心大厅举行，市长李爱武宣布“岳办岳好”正式上线。市委常委、常务副市长李挚致辞。“岳办岳好”App和微信小程序是岳阳市“数字政府·智慧岳阳”顶层设计出台后落地的首个项目，以高频便民服务建设为切入口，突出功能性、实用性，整合全市党务、政务、村务、商务和社会服务，建设全市官方唯一综合性移动服务平台，实现“网上办”到“掌上办”的迭代升级，重点打造一网通办、我的证照、热点资讯等服务专区，推进社保、医保、不动产、公积金等高频服务线上办理，实现全域通办事项180个、一窗通办事项696个。至年底，注册用户30万人。“岳办岳好”获评全国电子政务理事会2020年度“互联网＋政务”服务创新应用App奖。

【基层公共服务（“一门式”）信息管理及智慧党建平台启动】 2020年10月28日，智慧岳阳·基层公共服务（“一门式”）全覆盖信息化管理暨智慧党建平台云上发布启动仪式，在市城市现代化治理中心举行。市委常委、常务副市长李挚宣布平台正式上线运行，市委常委、组织部部长王武出席启动仪式并讲话，42万多名党员群众通过云视讯视频连线的方式在线参与。平台由市委组织部牵头，市政务服务中心具体承办，统一开发构建“一平台三终端一系统”信息化服务格局，实现116项党群基层公共服务事项市、县、乡、村四级“一网贯通、一门服务、一窗受理”，标志岳阳在全省率先实现基层公共服务（“一门式”）全覆盖和智慧党建四级贯通、全域通办。至年底，130乡镇（街道）1812个村（社区）实现两级全覆盖，办理事项44.1万件。

（童为华　吴立信）

2020年10月28日，智慧岳阳·基层公共服务（“一门式”）全覆盖信息化管理暨智慧党建平台启动

【“12345”热线服务】 2020年，岳阳市“12345”政务热线受理群众诉求78万件，其中热线收到来电75.79万件，同比增长42.99%；市长信箱收到群众来信1.29件，同比增长16.2%；政协云、网格化、省“12345”监管平台等渠道收到群众诉求0.92万件，综合办结率99.96%，群众满意率91.3%。在全省“12345”热线监管平台业务拨测中，岳阳市“12345”热线综合成绩名列全省第一位，被评为2020年度全国政务热线服务之星、获全国政务热线2020年度最佳管理绩效奖。

【“12345”热线信息报送】 2020年，岳阳市“12345”政务热线办发挥系统平台在大数据分析方面的优势，主动为领导决策和中心工作提供精准信息。通过对热线汇聚的各类数据及时归纳和梳理，以简报、专报、通报形式，向市政府报送热线专报68期、信息简报12期、季度通报4期。新冠疫情期间，全天候为群众解疑释惑、疏通心路，受理涉及疫情防控群众来电10.5万件，报送新冠疫情信息267条，综合办结率100%，回访满意率92.9%。配合全国营商环境调查、纪检监察等工作开展，为市行政审批局精准提供群众和企业有关营商环境诉求信息2350条、为市委巡察组提供信息2256条、为市纪委监委提供信息468条。联合市级主流新闻媒体，推动社会正能量传播，在《岳阳日报》《岳阳晚报》等媒体刊发热线专版95期，发布案例252篇。

【“12345”热线工作督办】 2020年，岳阳市“12345”政务热线把群众反映的热点疑难问题作为督查督办的重点内容，强化跟踪督促，为企业和群众排忧解难，开展工作督办81件。加强日常督办，严格落实限时办结制度，对即将超期的工单，实行电话督办，温馨提示，对不能按期完成的工单，以现场督办、会议督办等形式推动落实。加强专题督办，对职责职能不清晰、重点热点诉求和历史遗留矛盾等群众反映的“急难愁”问题，采取《热线专报》形式向市政府相关领导报告，领导专题批示18件，由市政府分管副秘书长牵头约谈相关单位领导5场次，召开协调会议9场次。加强联合督办，与市政府督查室建立联合督办机制，对群众反映集中难点问题加大精准督办力度。疫情期间，对存在问题的7家单位进行联合督办，及时调度急办事项1027件。推动岳阳经开区还建路山体滑坡处置、滞留在杭瑞高速君山服务区的23名湖北荆州师生回家、胥家桥化工容器处置、海吉星市场垃圾长期堆放、尚书桃花源小区排污管年久失修垮塌、北辅道人行道化粪池破损满溢、花板湖小区7栋遗留多年未办房屋不动产权证、南湖新区飘尾社区、赶山路山体滑坡、黑救护车取缔等疑难事项的解决。

（龙　媛）

精神文明建设

【社会主义核心价值观宣传教育】 2020年，岳阳市培育和践行社会主义核心价值观，指导华容县、汨罗市两个全国试点县和5个市级试点县开展文明实践试点工作，华容县、汨罗市所辖30个乡镇（街道）、380个村（社区）新时代文明实践所、站全覆盖。市级试点地区文明实践所33个，文明实践站67个。成立全市新时代文明实践中心志愿服务总队，整合成立292支市直专业志愿服务分队，开展理论宣讲、政策咨询、技术培训、扶贫济困等集中服务591次、点单配送服务174次、结对服务2869人次。组织在《岳阳日报》重要版面、岳阳广播电视台黄金时段常态刊播社会主义核心价值观、“文明健康　有你有我”等公益广告，围绕深化全国文明城市建设、移风易俗、文明交通等主题开展户外公益广告集中宣传。协调岳阳经开区、南湖新区、市城管局、市文旅广电局在公共广场、公园、景区新建设17个高标准公益广告景观小品。以中华民族传统节日为载体，开展主题鲜明、内容丰富、形式多样的群众性节日文化活动，平江县承办湖南省“我们的节——七夕”主题活动，汨罗市举办“我们的节日·端午”屈子文化园游园活动暨龙舟表演赛。在中国文明网、湖南文明网推送并刊发稿件63篇。岳阳文明网更新原创稿件896篇，《文明实践在岳阳》微信公众号推送原创稿件208篇。

【新时代公民道德建设】 2020年，岳阳市选树先进典型，两人入选中国好人，24人（组）被评为湖南好人。在汨罗市举办湖南省2020年上半年度湖南好人发布暨中国好人、湖南好人现场交流活动。在平江县召开“向岳阳市援鄂医疗队颁发‘湖南好人’证书暨集中慰问座谈会”。加强《岳阳日报》“德耀巴陵——道德模范与身边好人”专栏宣传，定期展示道德模范与身边好人典型事迹。在中央媒体推介道德模范、身边好人等先进典型事迹48篇，省级媒体303篇，市级媒体174篇。加强诚信建设，在“3·15”“6·14”等时间节点开展诚信宣传、消费者维权、商家承诺活动，表彰岳阳市第三届“诚信示范企业”“诚信示范店”“诚信人物”，发布诚信黑名单20多次，发布失信人员8000多人。开展文明餐桌行动，在全市全面推行使用公勺公筷，印发倡议书1万份，举办推进“厉行节约、反对浪费”主题活动暨2020年文明餐桌行动先进单位表彰大会。开展文明旅游行动，举办“5·19”中国旅游日暨“锦绣潇湘·惠游岳阳·大美南湖”惠民旅游消费季活动。开展文明交通行动，印发倡议书11.7万份，制作车贴5000份，广播流动宣传17天，组织132家市直文明单位、文明校园、公益团队和城区各街道社区志愿者，在城区113条主次干道开展常态化劝导，组织主城区“三区”和市直正科级及以上单位在22个主要交通路口开展文明劝导。

【文明城市和村镇创建】 2020年，岳阳市通过全国文明城市综合测评，实现“三连冠”目标。召开文明委全会、深化全国文明城市建设动员大会和推进大会，出台文明委工作制度，下发《2020年岳阳市深化全国文明城市建设专项整治方案》。坚持问题导向，组织开展两次模拟测评和4轮集中巡查，督办问题2800多个，下发督办函141份，指导单位410多家，协调处理事项260多次。组建全国文明城市建设资料归集工作资料组，完成上报说明报告141份、图片723张、统计表格11张、规范性文件10份、省部门评价指标42项，解决负面清单问题4项。新创建全国文明村镇4个，新申报省级文明村镇19个，创建市级文明村镇111个，全市县级以上文明村813个，占比59.17%，县级以上文明乡镇79个，占比74.53%，实现全国“十三五”规划双50%目标。强化动态管理，对市级文明村镇岳阳县麻塘办事处畔湖新村黄牌警告。

【群众性精神文明创建】 2020年，岳阳市新创建全国文明单位6个，新申报省级文明标兵单位11个、省级文明单位36个。下发《岳阳市关于落实中央文明委〈关于深化新时代文明单位创建工作的意见〉的方案》，强化动态管理，撤销平江县人力资源和社会保障局市级文明标兵单位称号。开展文明家庭创建，获评全国文明家庭1户、全国最美家庭19户、全省最美家庭64户。联合市妇联开展“传承家文化·家书诵读”活动。开展文明校园创建，制定《岳阳市未成年人思想道德建设协调领导小组工作制度》，被评为全国文明校园两所，新申报省级文明（标兵）校园14所。开展2020年“新时代岳阳好少年”学习宣传推荐工作，两名少年被评为2020年“新时代湖南好少年”，30名少年被评为“新时代岳阳好少年”。加强乡村学校少年宫项目的督查指导，对61个中央项目开展考核评估，下拨专项运转补助207.4万元。指导督促教育部门组织学生观看“美育云端课堂”，参与学生50万人次。联合团市委、市妇联、市未成年人心理健康辅导站开通“共同战‘疫’”公益心理辅导热线“12355”。

【志愿服务制度化常态化建设】 2020年，岳阳市志愿服务组织1965个，志愿者77.57万人。为优秀志愿者赠送公益保险344份，新冠肺炎意外险300份。组织开展“河小青·守护一江碧水”“认领微心愿，温暖身边人”“温暖巴陵温暖包”“爱心送考”“防汛救灾”等志愿服务活动。开展防溺水知识进校园、垃圾分类培训等培训300场，受益人员近5万人。发动志愿者参与全市疫情防控30万人次，募集善款4700万多元。至年底，岳阳市获评全国荣誉两项，全省荣誉21项。

【移风易俗工作】 2020年，岳阳市下发《2020年全市移风易俗工作要点》。市文明办联合市纪委、市民政局、市直机关工委，对12个县（市、区）及49个乡镇（街道）70个村（社区）和11家市直单位开展暗访督导，下发督查通报2期。在疫情防控期间，动员群众暂停操办婚丧喜庆事宜。启动移风易俗新风典型案例征集工作，立案查处党员干部违规操办婚丧喜庆事宜案件12件，党纪政务处分13人。婚事新办5603起，丧事简办1.02万起，其他事项不办1.31万起，为群众节省资金预计6.6亿元。

（毛家伟）

生态文明建设

【生态环境质量】 2020年，岳阳市城区环境空气质量达标率90.7%，轻度污染率8.5%，中度污染率0.8%，无重度及以上污染天气。细颗粒物为首要污染物占超标天数76.5%，臭氧（O_3）为首要污染物的天数占超标天数23.5%。城区环境空气质量综合指数为3.79。全市水环境质量整体状况稳定，局部水域水质有所改善，Ⅰ类至Ⅲ类水质比例81.2%，Ⅳ类水质比例17.2%，Ⅴ类水质比例1.6%，无劣Ⅴ类水质，城市集中式饮用水源地水质达到《地表水环境质量标（GB 3838—2002）Ⅱ类标准，符合饮用水源地水质要求。主要江河湖泊水质保持稳定。洞庭湖岳阳境内湖体布设7个断面均为Ⅳ类水质，达到考核标准，其中，东洞庭湖总磷浓度为0.063毫克/升，年均浓度同比下降7.4%，水质明显改善。城区区域环境噪声为二级，评价较好。交通干线噪声为三级，评价一般。

【东洞庭湖生态保护】 2020年，岳阳市持续开展“洞庭清波”专项行动，加强保护区范围内重点水域禁捕退捕专项整治工作。湖南东洞庭湖国家级自然保护区管理局联合市农业农村、渔政、公安、海事、砂管等主管部门和职能部门做好规范垂钓及长江、洞庭湖全面禁渔、渔民上岸、渔船拆解及禁捕退捕专项整治等工作。开展联合执法行动30多次，清理、销毁渔船和涉渔三无船只27条，取缔非法载客船只3条，拆除注滋河水域浮动钓鱼平台6个。查获丝网60条、背负式电捕鱼工具2套，查处移送涉嫌非法捕捞案件4起，刑事立案两起两人。加强洞庭湖麋鹿、鸟类等野生动物保护，联合森林公安、县（市、区）林业部门和NGO志愿者组织集中开展候鸟、麋鹿等野生动物保护专项巡护执法行动。开展野生动物保护及高水期麋鹿食物补充专项行动20多次，汛期投喂大白菜等麋鹿食物5000多千克，救助受困麋鹿2头，处置死亡麋鹿2头，回复、现场处置舆情和举报10多次，查处非法狩猎案件1起。清理、劝返非法进入保护区野炊、野营、洲滩越野人员300多人次，查处非法进入保护区越野案件1起。督促岳阳县对金盆港砂石尾堆清理、鹿角港航道清淤规范管理。联合汨罗市、岳阳县林业、砂石等职能部门现场查处汨岳界、岳沅界水域碎石洗砂作业船只两条，制止碎石洗砂作业，现场查处、制止非法开垦湿地两处。完成“长江经济带突出生态环境问题”销号工作，中央环保督察“回头看”精养鱼池改造升级1608公顷，尾水治理项目整改两个。东洞庭湖保护区范围1349公顷杨树全面清理。

【东洞庭湖生态科研宣教】 2020年，湖南东洞庭湖国家级自然保护区开展物种多样性监测，完成2020年度鸟类、麋鹿、东方田鼠、湿地植被的监测任务14批次，参加调查近200人次，监测到鸟类14目49科157种，麋鹿210头。联合岳阳市、华容县、君山区等林业部门以及NGO志愿者，开展高洪水位期间麋鹿分布动态监测、受伤受困麋鹿救护、麋鹿保护和麋鹿损害农作物

2020年12月7日，第十一届洞庭湖国际观鸟节开幕

的宣教工作。开展湖南东洞庭湖湿地保护与修复项目生物多样性监测项目，对岳阳县麻塘镇蓄水湖、畔湖新村、三汊湖、林阁老和采桑湖等区域栖息的鸟类、水质透明度、水样采集等方面开展监测。加强科研合作，与环球信士、中科院联合开展鹭科和灰翅浮鸥等夏侯鸟的卫星定位追踪研究工作，与朱雀会开展青头潜鸭同步调查，与中国鹤联会和野生动物保护协会开展全国越冬鹤类同步调查。加强国家野生动物疫源疫病监测防控和野生动物救护工作，在重点监测时期坚持监测日报，非重点监测时期坚持监测周报，严格执行疫源疫病监测工作节假日应急值守，做到电话抽查率和日报、周报上报率100%。发布2020年洞庭湖鸟类监测公报，鸟类20目69科356种，其中国家Ⅰ级保护鸟类7种，Ⅱ级保护鸟类53种，省级保护鸟类126种，新记录物种4种。在国家、省市各级媒体报道123次，利用门户网站、微信、新湖南客户端等网络平台开展“湿地日”“野生动植物日”“地球一小时”“洞庭湖观鸟节”等线上活动。与岳阳电视台联合组织拍摄视频微党课“为了一湖碧水浩荡东流”和微宣讲“青春献给洞庭”，与湖南经视配合拍摄制作第十一届观鸟节宣传片《守护一江碧水》和《我从北方来》等生态短视频。完成首部以洞庭湖自然资源为主题的生态教材《八百里洞庭我的家》的编写、修改和评审工作。与湖南理工学院共同策划，设计和制作以洞庭三宝（小白额雁、麋鹿、江豚）等为主要代表的系列湿地文创产品。与湖南鸿网传媒有限公司合作，在洞庭湖博物馆开展为期1个月的湿地文创产品展，展出产品260多种。

【第十一届洞庭湖国际观鸟节】 2020年12月7日，第十一届洞庭湖国际观鸟节开幕式暨洞庭湖博物馆开馆仪式在洞庭湖博物馆举行。副省长陈文浩宣布观鸟节开幕，市长李爱武主持。省内外近400人参加开幕式，并在抖音、芒果直播、新华社云直播、央视频移动网等40多家主流媒体和互联网平台同步网络直播。此次活动以“保护观鸟胜地、建设大美洞庭”为主题，由开幕式、洞庭湖观鸟赛、嘉宾观鸟考察活动、洞庭湖湿地文创活动、公众视频观鸟活动和闭幕式6个版块组成，吸引800多人参加。12月9日，观鸟节闭幕，全国21支观鸟队观测记录到鸟类159种。

（陈秋荣）

全面深化改革

【概况】 2020年，岳阳市委把抓改革作为重大政治责任，市委书记、市委深改委主任王一鸥到岳阳工作后的第四个工作日就主持召开市委深改委会议，学习贯彻总书记习近平全面深化改革重要思想，突出问题导向、制度建设、务实管用，聚焦市委、市政府中心工作和重点工作、聚焦老百姓关注的民生问题、聚焦底线工作，增强改革系统集成、协同高效、落实落地，把改革红利释放出来，促进岳阳经济社会高质量发展，提升人民群众的幸福感获得感。4月27日，市委书记王一鸥主持召开市委深改委会议，审议《2020年工作要点》，谋划和交办调度园区体制改革、机构改革后半篇文章、县（市、区）行政职权调整等重大专题改革。强调改革牵头部门与市纪委要发挥两条主线作用，对专项督察中发现的改革落实不力的问题建立清单，及时销号，对未及时销号的严肃问责。市委深改办按照“全面系统、精准精细、较真碰硬”的要求，从改革的“谋划、推进、研究、培训、协同、督效”六个方面，把工作量化分解为24小项，分别由3个科室认领，明确完成时间，实行挂图作战。建立对口联络工作机制，结合6名干部工作经历、专业特长，对口联络9个专项小组和99项具体改革事项，强化对改革事项全过程跟踪、全周期介入和针对性研究。加强对县（市、区）委深改办的业务指导和评价，制定并下发《县市区委（工委）深改办评先评优方案》，组织召开全市首次大规模改革工作业务培训会。至年底，开展全面深化改革督察1次、群团改革专题调研2轮、农村基层治理督导调研1轮、重点改革督办4项。编发改革简报28期、调研专报2期。全市部署的99项重点改革，除7项因上级政策未出台导致进度延缓外，其余92项改革任务全部按时完成，出台市级相关改革文件11个。园区管理体制改革、市县行政职权和事权调整、提高县乡干部待遇、财税及培税工作等4个重大改革课题，调研成果向市委提交。“岳阳市精准施策扎实推进复工复产”等3篇经验材料被中央《改革内参》采用，《创新工作机制守护好一江碧水》等5篇经验材料被省委深改办推介。“创新水域治安四位一体综合治理机制”等6个案例入选湖南基层改革探索100案例。市委深改办被评为全省改革工作综合先进。

【经济体制改革】 2020年，岳阳市经济体制改革涉及改革任务31项，其中，探索要素配置市场化改革、推进“放管服”改革、健全城乡融合机制，重点单项改革等方面改革成效明显。探索要素配置市场化改革，改革土地计划管理方式，创新规划与产业发展融合衔接机制，在国土空间规划中，长远分析产业合理布局问题，强化后续项目落地的科学性和可操作性。金融产品的创新纳入对银行机构的绩效考核，推进政府性融资担保体系建设，支持实体经济发展，各县（市、区）政府（管委会）注资到位2.1亿元入股市融资担保公司，并签订合作协议。以产业链建设带动人才链资金链，出台《2020年全市新兴优势产业链建设工作要点》《岳阳市打造高质量发展人才高地的若干措施》等文件，加强对上市后备企业的帮扶力度，加强金融信贷支持力度，构建“银行+核心企业+上下游企业”的供应链金融模式。出台《岳阳市新型研发机构管理办法》，进一步完善以企业为主体、市场为导向，产学研深度融合的技术创新体系。完善知识产权保护机制，印发《2020年岳阳市知识产权工作要点》。加快推进“放管服”改革，省定“一件事一次办”事项在市、县两级全面落地，市政务大厅进厅审批服务事项从707项增至1136项，58项政务服务实现跨省通办，在全省率先实现基层公共服务（“一门式”）全覆盖和智慧党建四级贯通、全域通办。工程项目审批制度改革不断深化，建立对市直部门、县（市、区）工改工作督查的常态化机制，获评“全省工程建设项目审批制度改革工作突出单位”。完善支持民营企业发展体制机制，落实减税降费政策，不断优化民营企业发展的市场、政策环境，出台《岳阳市建立健全企业家参与涉企政策制定机制的实施方案》。公共资源交易改革方面，加速推进全流程电子化、服务便捷化，与省公管办、省交易中心实现信息数据的互联互通，加快中介服务标准化建设，出台《岳阳市推行网上中介服务超市工作方案》等文件，网上中介服务超市进驻近450家中介服务机构。健全城乡融合机制，出台《关于全面放开岳阳市城区户口落户的通知》，全面放开市城区户口落户，持续开展教育医疗资源城乡共享、农村闲置宅基地和闲置住宅盘活利用。重点单项改革，争创中国（湖南）自贸试验区，岳阳片区实施方案通过省自贸区工作领导小组会议审议，岳阳片区管理委员会正式设立，由城陵矶新港区党工委统一领导和管理，有51家企业落户，开通自贸区岳阳片区企业注册登记系统，建立自贸区司法服务、司法救济等保障体系。

【农村改革】 2020年，岳阳市农村改革涉及改革任务11项，其中，农村集体产权制度改革、农村闲置宅基地和闲置住宅盘活利用、农村宅基地房地一体证、农业农村发展、农村改革试验区创建等方面改革成效明显。农村集体产权制度改革，在8月底基本完成，11个县（市、区）的农村集体产权制度改革工作成果完成总结评估验收，以市政府名义递交工作评估总结报告。农村闲置宅基地和闲置住宅盘活利用，统计出全市闲置宅基地和住宅2.41万宗，闲置宅基地面积454.322万平方米，各县（市、区）均按要求出台推进农村闲置宅基地和闲置住宅盘活利用的方案及措施，汨罗市被推选为全国农村宅基地改革试点县市，临湘市羊楼司镇闲置宅基地和闲置农房盘活利用经验被农业农村部作为典型案例推广。农村宅基地房地一体证应发尽发，完成全市农村宅基地和集体建设用地权籍调查任务，农村宅基地房地一体确权登记发证64.24万宗，完成率100%，基本建成各级农村不动产登记基础数据库。农业农村发展基础夯实，研究制定《岳阳市本级农村综合改革转移支付管理实施办法》，规范和加强全市农村综合改革转移支付管理。推进供销合作社综合改革，召开岳阳市农村合作经济组织联合会第一次会员大会，建立完整“三会”制度，通过各级农合联把广大农户、合作社聚集到供销社，实现联结到户，开展村级供销社建设试点，探索打通“四级贯通”的“最后一公里”，实现村集体与村供销社和村民多方共赢。建立健全农业科技社会化服务体系，成立9个科技专家服务团，招募省、市、县各级专家324人，开展线上线下科技培训3000多场次，培训农业技术人员和农民2万多人次，加大农业科技传播和成果转化应用力度，获得7个中央引导地方科技发展专项、11个科技特派员创新创业计划项目。屈原管理区作为全国农村改革试验区，重点推进农民职业化、经营田“四证”、乡村治理体系建设3项改革任务，在全国农村改革工作中发挥典型作用。

【生态文明体制改革】 2020年，岳阳市生态文明体制改革涉及改革任务6项，其中，工业污染治理、城镇生活污染治理、农业农村污染防治、湿地保护和修复等方面改革成效明显。工业污染治理，建立沿江1千米范围内化工园区“一园一册”、化工生产企业“一企一册”台账，对长江沿线新增化工企业“一脚踩死”，一律向绿色化工产业园集中。出台《岳阳市沿江化工生产企业关停搬迁改造工作方案》，列入搬迁改造计划企业7家，完成搬迁改造企业5家。己内酰胺产业链搬迁与升级转型发展项目正式开工建设，成为长江经济带推进生态环境污染治理以来第一个实施搬迁的大型化工企业，为解决“化工围江”难题作出示范。全市12家工业园区17个片区，建成污水集中处理设施（含一体化模块式污水处理设施），全部安装自动在线监控装置，基本实现园区污水达标排放。城镇生活污染治理，推进三峡集团“共抓大保护”示范项目建设，全市12家生活污水处理厂全部完成提标改造，县城、市中心城区污水处理率分别达到94%、96%左右，城镇污水治理的“岳阳经验”被三峡集团在长江流域推广。推进农业农村污染防治，畜禽规模养殖场粪污处理设施装备配套率100%，实现病死畜禽无害化处理全覆盖。推进渔业生态健康养殖，不符合养殖规划的网箱养殖全部清退，全市天然水域全部禁止投肥投饵。推进化肥农药减量增效，主要农作物测土配方施肥技术推广覆盖率95%。推进黑臭水体整治，整治城市内湖内河黑臭水体47处，完成县城9处、乡镇16处黑臭水体整治，基本实现城乡黑臭水体治理全覆盖，被评为“全国黑臭水体治理示范城市”。加强湿地保护和修复，完成缓冲区、实验区欧美黑杨清理。全面建立水环境质量目标管理体系，重点流域水环境稳步向好，国家控制断面总体水质达标率100%。

【民主法制领域改革】　2020年，岳阳市民主法制领域改革任务1项。出台《中共岳阳市委关于建立市人民政府向市人大常委会报告国有资产管理情况制度的意见》。加强协商民主制度建设，支持民主党派、无党派人士加强民主监督，制定全市特约人员工作方案。全市20个市直部门单位支持民主党派、无党派人士特约人员开展民主监督，各民主党派、市直相关单位开展实地督察3次。

【文化体制改革】　2020年，岳阳市委文化体制改革涉及改革任务3项，国有文化企业管理体制改革、文化旅游融合改革、网络综合治理等改革成效明显。国有文化企业管理体制改革，完成市文化资产管理委员会议事协调机构设立及相关部门职责分工方案，全面完成岳阳楼景区和君山公园转企改制工作。加快城区文旅资源整合协调管理机构筹备工作，形成《岳阳楼洞庭湖国际文化旅游示范区筹建方案》，组建岳阳市文化旅游开发有限公司，对市中心城区文旅产业实行统一管理、统一融资、统一开发和统一营销。文化旅游融合改革，成立市文化产业发展领导小组，市委书记任组长，文化旅游产业纳入市委、市政府七大千亿产业链重点建设，组建文旅产业链办，建立部门联席会议制度。完成《岳阳市文化旅游融合发展总体规划（2020—2030）》《岳阳市文化旅游产业发展规划纲要（2021—2025）》等规划编制。首次举办“岳阳天下楼·洞庭天下水”2020洞庭湖湿地生态文化旅游节，举办2020岳阳·君山最美长江岸线马拉松赛（半程）、“天下洞庭”湿地音乐节、国际观鸟节等系列节会活动，被评为“中国最具文化魅力旅游名城”和“中国最美绿水青山旅游名城”。基本建立科学高效的网络综合治理体系，制定《关于建立全市网络综合治理体系的实施方案》，强化互联网领导管理、正能量传播、网络内容管控、社会协调治理、网络法治、技术治网“六大体系”建设，依托湖南省互联网综合治理平台，建成岳阳市网络安全应急指挥中心，常态化召开网络综合治理工作联席会议，进一步完善执法部门信息共享、会商通报、联合执法、案件督办等协作机制。

【司法体制改革】　2020年，岳阳市司法体制改革涉及改革任务9项。创新水域治安“四位一体”综合治理机制、健全社会矛盾纠纷预防调处化解综合机制、检察工作机制改革等改革成效明显。创新水域治安“四位一体”综合治理机制，完成“四位一体”水域治安管控共享机制整体规划，与相关涉水行政部门、企事业单位开展深化联合执法、行刑衔接、警务协作，成功入选“湖南基层改革探索100例”。健全社会矛盾纠纷预防调处化解综合机制，建立市、县、乡、村四级人民调解组织，每半月定期召开矛盾纠纷排查调处工作会议，加强重点人员管控，严密防范个人极端暴力犯罪，全年“民转刑”命案10万人发案率为零，摸排调解涉疫矛盾纠纷1313件。推进检察工作机制改革，市、县两级检察机关完成内设机构改革、机构设置和人员调配。全市检察机关组建以员额检察官带检察官助理和书记员模式的办案单元，从制度层面杜绝未入额人员独立办案的问题。明晰分管领导，科室负责人和员额检察官之间的权力架构和工作职责，初步构建“谁办案谁负责，谁决定谁负责”的检察权运行机制。

【社会体制改革】　2020年，岳阳市社会体制改革涉及改革任务22项，其中，教育机制、社会治理体系、医药卫生领域改革等方面成效明显。教育机制改革，健全教育督导体制，完成市政府履行教育职责评价试点工作，健全乡村小规模学校及教学点建设管理，至年底，投入5.48亿元，完成149所乡村小规模学校、151所乡镇寄宿制学校、31所农村公办幼儿园的改扩建。推进职业教育改革，出台《岳阳市职业教育改革实施方案》。深化学前教育改革，增加公办园学位3.41万个，全市各县（市、区）普惠性幼儿园覆盖率达到省定80%标准。健全社会治理体系，推进市域社会治理现代化试点工作，中央政法委批准岳阳市为第一期试点地区。聚焦提升基层治理效能，全面推行村（社区）党组织书记、主任“一肩挑”，进一步选优配强村（社区）“两委”班子，健全完善党组织领导下的基层治理机制。健全退役军人工作体系和基层基础基本制度，市、县、乡、村四级退役军人服务中心（站）覆盖率100%，建立常态化联系退役军人制度。提升突发事件处置能力，出台《岳阳市安全生产类突发事件应急响应暂行办法》，落细落实行业领域应急物资保障。推进医药卫生领域改革，加快推进市疾控中心实验室建设，加大卫生应急培训力度，完善疾病预防控制体系。持续深化医疗、医保、医药联动改革，全市13家现代医院、4家公立医院、所有专科医院均完成医院章程制定。市级三家城市医联体牵头单位完成实施方案制定，全面实施医保市级统筹并完成医保基金的首次归集，建立全覆盖式医保基金监督检查制度，推行基金监管网格化管理。

【党的建设制度改革】　2020年，岳阳市党的建设制度改革涉及改革任务12项，其中，人才体制机制改革、群团改革等方面改革成效明显。人才体制机制改革，推出“巴陵人才新政20条”，形成具有岳阳特色的人才制度优势，人才政策制度改革案例入选“湖南基层改革探索100例”。群团改革，市侨联、市残联、市红十字会、市贸促会、市计生协会5个群团组织围绕“强三性去四化”改革，市妇联聚焦解决妇女群众“急难愁盼”的问题，精准实施“破难行动”，加快新领域妇女组织建设，打通服务妇女群众的最后一公里，被评为全国家庭工作先进集体。构建大交通、大水利、政务服务和大数据管理体制，县市范围内国、省干线公路的建设和养护职责、区级自然资源管理和规划职责、市直管农贸市场职责调整至各县（市、区）管理，下放事业编制1029名、在编人员959人，进一步厘清市本级同县（市、区）的事权划分，水利、林业、交通、教育、城市管理、住房保障、农业农村、文化市场等领域初步拟订下放事权清单。全面完成全市省定目标25家（其中，市直8家、县区17家）经营类事业单位和市直6家公益二类事业单位改革任务，实现所有人员有序安置，稳妥完成岳阳楼景区转企改制。落实干部工作五大体系，建立党政领导干部党的理论、党章党规党纪基本知识测试制度，出台《市管干部任职前市委组织部听取市纪委党风廉政建设意见的实施办法》，开展市管领导班子和领导干部政治建设考察，推行“五个一批”措施激励，进一步健全完善干部“选育管用”全链条机制。

【纪律检查体制改革】 2020年，岳阳纪律检查体制改革涉及改革任务4项。协助市委落实全面从严治党、加强党内监督的制度要求，完善党领导反腐败工作的工作体制、决策机制和实施举措。加强上级纪委监委对下级纪委监委的领导和指导。落实查办腐败案件以上级纪委领导为主的要求，线索处置、立案审查等在向同级党委报告的同时向上级纪委报告，强化纪委监督的独立性和权威性。深化派驻机构改革，加强对派驻机构的直接领导和统一管理，印发《关于深化市纪委监委派驻机构改革的实施意见》《关于推进市管企业纪检监察体制改革的实施意见》，健全派驻机构领导体制。深化市县巡察，完善巡视巡察上下联动工作机制。部署开展深化“最多跑一次”改革、优化营商环境专项巡察“回头看”“洞庭清波”专项行动机动巡察。

（张　萍）

全面小康社会建设

【概况】 2020年，是决胜全面小康的收官之年，市小康办统筹部署，及早谋划，按照中央、省市关于决胜全面小康的一系列重大工作部署，制定《岳阳市全面小康决胜年行动方案》，明确重点目标任务。对照《2020年湖南省县（市、区）全面建成小康社会补短板监测考评实施办法》，进行细化分解，向市委组织部、市发改委等23家市直单位下发《关于明确2020年全面小康责任指标及相关工作的通知》，各县（市、区）统筹部署本地区小康推进工作，一项指标一个方案创先争优。至年底，各县（市、区）平均实现程度98.5%，其中，云溪区、汨罗市（含屈原管理区）、平江县、华容县、君山区达到99%以上。

【小康工作短板攻坚】 2020年，市小康办按照《2020年全面小康指标监测考评工作办法》加强调度，市直责任单位在每月10日之前，报送所负责小康指标完成情况以及数据监测分析建议，掌握工作动态和小康指标推进情况。会同市统计局等部门，根据每月数据监测情况分析研究，对12个受省考评县（市、区）逐一进行全面小康指标数据测评，点对点反馈《全面建成小康社会补短板分析建议函》，详细列出所存在的短板指标，及时进行预警，督促县（市、区）分析原因，弄清攻坚重点和抓手，进一步压实责任，攻坚短板提升指标。根据季度监测报告，牵头召开短板指标市直责任单位和相关县（市、区）参加的调度会，对落后指标加强调度。针对中心城区（含岳阳楼区、岳阳经开区、南湖新区）小康工作协调难的问题，加强统筹集中调度，扬长补短共同提升。针对创优基础比较好但工作推进相对落后的县（市、区），上门指导商量对策，确保指标能够得到达标认定。至年底，召开各类调度会14次，到各县（市、区）、市直责任单位调研指导23次，收集各县（市、区）意见建议19条，补齐小康短板指标8项。

（乔路平）

组织机构及负责人名单

（负责人任职时间以2020年在职为准，有任免的分别予以注明）

中国共产党岳阳市委员会

书　记　王一鸥
副书记　李爱武（女）　陈爱林
常　委　李　挚　王小中
马　娜
胡建新（2020年4月任）
谈正红　吴晓波
林彰良　王　武
秘书长　谈正红
常务副秘书长　任小娟
副秘书长　王文选（2020年11月免）
甘　勇　黄岳山
杜　宇　邹青松
宋　为（2020年11月任、援藏）

岳阳市人民代表大会常务委员会

主　任　王一鸥（2020年1月任）
党组书记、常务副主任　向伟雄
党组副书记、副主任　彭先政
副主任　万岳斌
党组成员、副主任
陈光荣　李永丰　赵岳平
党组成员、秘书长
骆岳梨（2020年9月免党组成员，12月免秘书长）
党组成员　汪　涛（2020年5月任）
黄建文（2020年9月任）
副秘书长　戴　斌（2020年10月免）
黄淑平

岳阳市人民政府

市长、党组书记　李爱武（女）
常务副市长、党组副书记　李　挚
副市长　李　为　唐文发
黎作凤　杨　昆
邱　虹
陈阁辉（2020年 8 月任）
秘书长　刘传汉
副秘书长　廖长生　冯嘉皇
王星耀　毛绍武
易兴吾　张　翎
刘衡岳　陈文亮
向科军

中国人民政治协商会议岳阳市委员会

党组书记、主席　徐新楚
党组副书记、副主席　黎四清
副主席　刘晓英　李　平
方争奇　万五龙
任浩波
党组成员、副主席
秧　励　孔福建　刘铁健
副厅级干部　欧江平
党组成员、秘书长
张群望（2020年9月免）
党组成员、秘书长候选人
李冯波（2020年9月提名秘书长候选人）
副秘书长　邹岳湘　黄建平
市纪委监委驻市政协机关纪检监察组组长　范　瑛

岳阳军分区

司令员　周　隽
政治委员　吴晓波
副司令员　张　伟
战备建设处处长　王沙莎
动员处处长　张清海
政治工作处主任　黄良武

中国共产党岳阳市纪律检查委员会岳阳市监察委员会

市纪委书记　林彰良
市监委主任　林彰良
市纪委常务副书记　罗　荣
市纪委副书记　李建雄　吴敬文
市监委副主任　罗　荣　李建雄
吴敬文
市纪委常委
付汉家（2020年9月免）
刘建民（2020年11月免）
张志辉（2020年9月免）
刘陆军　刘曙光
刘　润（2020年9月任）
王振华（2020年9月任）
市监委委员
付汉家（2020年9月免）
刘建民（2020年10月免）
刘陆军
刘　润（2020年10月任）
汤尧光　黄　河
市纪委监委秘书长
刘建民（2020年11月免）
办公室主任
冯　为（2020年8月免）
组织部部长
杨革新（2020年7月免）
贺文忠（2020年9月任）
宣传部部长　黎罗清
调研法规室主任　李　军
党风政风监督室主任
刘　润（2020年8月免）
冯　为（2020年8月任）
信访室主任　邓旭旺
案件监督管理室主任　何选军
第一纪检监察室主任　李子红
第二纪检监察室主任　何素琴
第三纪检监察室主任　胡　敏
第四纪检监察室主任　甘定辉
第五纪检监察室主任　周智良
第六纪检监察室主任　姚恒毅
第七纪检监察室主任　李　定
第八纪检监察室主任
荣　翔（2020年7月任）
第九纪检监察室主任　陈高飞
第十纪检监察室主任　张俊伟
案件审理室主任　龚圣伟
纪检监察干部监督室主任　单复果
机关党委专职副书记　彭　帆

市委巡察办

主　任　黄定军
副主任　王振华（2020年8月免）
谭勇波
余晓霞（2020年9月任）
巡察组组长
范安珲（2020年3月退）
湛锡光（2020年5月退）
付汉家　田德年
张志辉（2020年6月任）
谭立华（2020年6月任）
巡察组副组长
余　渊　肖华斌　曹红斌
李武雄（2020年5月免）
杨　斌

岳阳经开区、城陵矶新港区、南湖新区

岳阳经济技术开发区

工委第一书记
胡建新（兼，2020年8月任）
工委书记 文春方
工委副书记、管委会主任 谢春生
工委副书记
黄小年（2020年11月免）
游志坚（2020年11月任）
工委委员、管委会副主任
严若鹏 许 淞 谭国良
工委委员、纪工委书记、监工委主任
赵 瑾（2020年7月任监工委主任）
工委委员、总经济师 李兴吾
工委委员、总工会主席 郑德明
工委委员、党群工作部部长
万俊锋
工委委员、区公安分局局长 江东红

湖南城陵矶新港区

工委第一书记
陈爱林（兼，2020年2月任新港区党工委第一书记）
工委书记 黄俊钧
工委副书记、管委会主任 王文华
工委副书记、纪工委书记、监察专员
彭公穆（2020年7月任监察专员）
党工委副书记
周玉萍（2020年6月任）
工委委员、综合保税区党工委书记、管委会主任 李建华
工委委员、管委会副主任
伍 刚（2020年11月免）
李岳东 胡 卫 郭韶山

南湖新区

工委书记 李运帷
工委副书记、管委会主任 雷 欣
工委副书记、管委会副主任 李征兵
管委会副主任 李精明
工委委员、管委会副主任
苏正明 方克君
工委委员、总经济师 姜 华
工委委员、组织部部长（统战部部长）、总工会主席 甘 磊
工委委员、政法委书记 张朝东
工委委员、纪工委书记、监工委主任
郑 星（2020年7月任监工委主任）

城陵矶综合保税区

工委书记、管委会主任 李建华
工委副书记、管委会副主任 宋振权
工委副书记、纪工委书记、监察专员
范星辉（2020年7月任监察专员）
工委委员、管委会副主任 许克军

岳阳市中级人民法院

党组书记、院长 彭世理
党组副书记、副院长
王雨田（2020年9月免）
简龙湘（2020年9月任）
党组成员、副院长 姜跃军
副院长 袁小文
党组成员、副院长、工会主席
田光辉
党组成员、执行局局长 聂晴晓
党组成员、市纪委监委驻市中级人民法院纪检监察组组长 刘其盛
党组成员、政治部主任 谭 颖
审判委员会专职委员
李先治 李清刚

岳阳市人民检察院

党组书记、检察长 罗 青
党组副书记、常务副检察长 何季如
党组成员、副检察长
许 太 周 湘
副检察长 周 升
党组成员、工会主席 许乐平
党组成员、市纪委监委驻市人民检察院纪检监察组组长 李建军
党组成员、政治部主任 徐立泉
检委会专职委员
姜琪辉（2020年9月退）
严爱国（2020年5月退）
李汉斌

市委办机构

市委办公室

主 任 谈正红（兼）
平江县委原书记（副厅） 田自力
副主任 谢文辉 李 术
市纪委监委驻市委办纪检监察组组长
董艳萍
机关党委书记 李适时
督查专员 张生才

市委外事工作委员会办公室

主 任 谈正红（兼）
专职副主任 王诗宽（2020年9月免）

市委政策研究室

主 任 汤跃军
副主任 罗 鹏 喻应康 吴雄文

市委财经委员会办公室

主 任 汤跃军（兼）

市委改革办

主 任 谈正红（兼）
常务副主任 许勇球
专职副主任 张 莉

市委台湾工作办公室

主 任 姜佳莉
副主任 刘中力
张志勇（2020年5月免）

市委保密委员会办公室（市国家保密局）

主 任（局 长） 刘利民
副主任（副局长）
周艳光（2020年7月免）
徐远鹏（2020年5月任）
罗正根（2020年7月任）

市委党史研究室

党组书记、主 任 陈念军
党组成员、副主任
易 林（2020年9月免）
朱 平
胡萍萍（2020年5月退）
龙 潜

市接待服务中心

党组书记、主 任 许 杨
党组成员、副主任
张碧华 刘程志 李爱文

市档案馆

党组书记、馆长 余友安
党组成员
马岳生（2020年2月退）
党组成员、副馆长
傅电仁
刘 明（2020年9月任）

任弼时纪念馆

党组书记、馆 长 符国凡
党组成员、副馆长
夏 宇 金述平

市委机要局（市国家密码管理局）

局 长 黄维真（2020年7月免）
谢文辉（2020年7月任）

岳阳市专用通信局

局 长 谢三波（2020年5月退）
周艳光（2020年7月任）

组群机构

市委组织部

部 长 王 武
常务副部长 张 赟

副部长　贺名良　李伍华
尹家辉（兼）
刘腊干（兼，2020年11月免）
张中霏（兼，2020年11月任）
副部长、市委非公有制经济组织和社会组织工委书记　任栩栩
部务会成员　张中霏（2020年9月免）
市纪委监委驻市委组织部纪检监察组组长　臧石田

市委非公有制经济组织和社会组织工委

专职副书记　谭　军
市委组织部党员教育中心
主　任　冯建军
市委基层办
主　任　潘岳清

市委编办

党组书记、主　任　殷清华
党组成员、副主任
袁益志（2020年11月免）
张幼明　余　戈
党组成员　郑雄辉

市直机关工委

书　记　李桂华
副书记　李春光（2020年4月退）
吕敬国　周雄勇
副书记、纪工委书记　翁桂萍
委　员　曹克强（2020年9月免）

市委老干部局

党组书记、局长
刘腊干（2020年11月免）
张中霏（2020年11月任）
党组成员、副局长
陈文斌（2020年5月免）
周　兰　余长庚
党组成员、离退休干部工委副书记
韩　英
市老干部（老年）大学
校　长　丁立秋（2020年5月免）
宋仲斌（2020年7月任）

市委党校、市行政学院、市社会主义学院

校（院）长　陈爱林
常务副校（院）长　王伊亮
副校（院）长
刘宇赤（2020年11月免）
霍益辉　张　建
教育长　周相虎（2020年7月任）

市总工会

主　席　彭先政
党组书记、常务副主席　李炎云
党组成员　徐光华
党组成员、副主席
童俏冰　谢专一
党组成员、经审委主任　陶明亮
副主席、女工委主任　朱飞鹰

共青团岳阳市委员会

书　记　李　乐
副书记　綦小广　赵　婷

市妇女联合委员会

党组书记、主　席　王亚丹
党组成员　曾　琴
党组成员、副主席
吴玉玺　杨　景
副主席　练　伟　曾　婷（挂）
朱飞鹰（兼）
尚云峰（兼）
黄　河（兼，2020年12月任）

市残疾人联合会

党组书记、理事长　魏新咏
党组成员、副理事长
李正望　巢向阳　邹湖平
副理事长　危　李（兼）

市科学技术协会

党组书记、副主席　陶沙岸
主　席　徐载满
党组成员、副主席
傅道德　唐　慧　兰　岚

宣传机构

市委宣传部

部　　长　马　娜
常务副部长
许卫国（2020年6月退）
戴文慧（2020年6月任）
副　部　长
彭东明（2020年12月退）
章宏平（兼）
部务委员　喻飞跃　李卫兵
部务会成员、市纪委监委驻市委宣传部纪检监察组组长　瞿伟华
市文明办
主　任　章宏平

市委网信办（市互联网信息办）

主　任　罗　岚
副主任　邹文锋　赵　泉

市文化旅游广电局

党组书记、局长　费荣新
党组副书记、副局长　何立夫
党组成员、副局长
杨　勤　杨川勇　甘学红
罗岳锋　丁建兵　姚正国
黄　立
党组成员、总工程师　余国荣
市文化市场综合执法局
局　长　谭建武

岳阳日报社

党组书记、社　长　刘朝晖
党组副书记、总编辑　冯元满
党组成员、副社长
肖艳娟　金海军
党组成员、副总编辑
黄俊拔　袁乐之　李德春

市广播电视台

党组书记、台　长　吴　波
党组副书记、总编辑　李　红
党组副书记、副台长　罗永明
副　台　长　张立军　陈国柱
总工程师　周　巍
副总编辑　施卫军
市广播电视台广播中心
主　任　刘　钢
市广播电视台电视中心
主　任　刘　涛
电视转播台
台　长　李四军

市文学艺术界联合会

主　席　余三定（兼）
党组书记、副主席　钟　辉
党组副书记、副主席　刘子华
党组成员、副主席　徐喜德

市社会科学界联合会

党组书记、主　席　任欣欣
党组成员、副主席　张　萍　汤迪军
岳阳楼景区管委会
主　任　沈兰和
市君山公园
主　任　李　冈

统战机构

市委统战部

部　长　胡建新（2020年5月任）
常务副部长　汪四新
副部长　方亚华（2020年2月退）
周泽柱　方卫兵
部务委员
欧阳娟（2020年12月免）
市纪委监委驻市委统战部纪检监察组组长　冯楚生

市归国华侨联合会

党组书记　李超军
主　席　高鸽子
党组成员、副主席　刘永平
副主席　许勇兵（兼）

柳玲玲（兼）

市工商业联合会

党组书记、副主席

方亚华（2020年2月退）

主　　席　何祚云

党组成员、副主席　张　超

党组成员　周宇岳

副 主 席　郑叶新

中国国民党革命委员会岳阳市委员会

主　委　任浩波

专职副主委　陈立新

副主委　袁正宏　范泽容　候练兵

中国民主同盟岳阳市委员会

主　委　万岳斌

专职副主委　黎雄兵

副主委　李石夫　李赴军　高鸽子

中国民主建国会岳阳市委员会

主　委　方争奇

专职副主委　郝　纯

副主委　王五星　李永波　刘怀全

中国民主促进会岳阳市委员会

主　委　张世愚

专职副主委　汪　扬

副主委　李尧瑶　李建军　丁卫平

中国农工民主党岳阳市委员会

主　委　李　为

专职副主委　周　波

副主委　林　辉（兼）

练　伟（兼）

中国致公党岳阳市委员会

主　委　丁湘平

专职副主委　陈跃平

副主委　李　文（兼）

陆敏刚（兼）

刘岸芳（兼）

九三学社岳阳市委员会

主　委　李　平

专职副主委　付　萍

副主委　周　升　杨　善

政法机构

市委政法委

书　记　王小中

常务副书记

胡　辉（2020年5月退）

副书记　贾建湘（2020年4月退）

仇新华　汤　露

张长庚（2020年11月任）

市纪委监委驻市委政法委纪检监察组组长　李季平

委　员　黄要林　李军威

委员、政治部主任　黄双宝

市公安局

党委书记、局长　唐文发

党委副书记、常务副局长　许　雄

党委委员、市纪委监委驻市公安局纪检监察组组长

夏荣才（2020年11月免）

党委副书记、副局长

王景亮（2020年12月退）

党委委员、副局长

廖亚文

欧阳德儒（2020年11月任）

党委委员、政治部主任

欧阳德儒（2020年11月免）

夏荣才（2020年11月任）

市刑事侦查支队

支队长　陈文化

政　委　张爱萍

市治安管理支队

支队长　阳文益

政　委　张伟明

市交通警察支队

支队长　易　昊

政　委　朱诚实

市监所管理支队

支队长　方年文

政　委　万艳秋（2020年5月免）

周辉军（2020年7月任）

巡特警支队

支队长　刘修赫

政　委　余　雄

市警官培训中心

主　任　姜伟南

政　委　郝鹏军

市委警卫科

科　长　易　霄

市国家安全局

党委书记、局长

胡宗明（2020年2月免）

易大虎（2020年2月任）

市司法局

党组书记、局长　姜　彬

党组成员、副局长

向元宗　郑志辉　柴　青

杨思权　任育平

党组成员、政治部主任　黎鹏飞

党组成员　陈绍华（2020年9月免）

市委依法治市办

主　　任　王小中（兼）

专职副主任　张　韬

副 主 任　仇新华（兼）

姜　彬（兼）

市强制隔离戒毒所

党委书记、政委　阳海威

党委副书记、所长

陈文联（2020年5月免）

杨宏宇（2020年9月任）

市人大专门委员会及常委会工作机构

民族华侨外事委员会

主任委员　刘　沅

副主任委员　徐舒翔

监察和司法委员会

主任委员　黄志强

副主任委员　谌国华

法制委员会

主任委员　刘志强

副主任委员　刘沧海　黄小清

财政经济委员会

主任委员　杨岳斌

副主任委员　余子鹏　李　昶

教育科学文化卫生委员会

主任委员　卢宗仁（2020年10月免）

副主任委员　李正钧

环境与资源保护委员会

主任委员　余风祥

副主任委员　鲁　勇

农业与农村委员会

主任委员　曾君华

副主任委员　杨大宏

社会建设委员会

主任委员　戴　丽

副主任委员　张恩科

市人大常委会办公室

主　任　骆岳梨

副主任　戴　斌（2020年10月免）

黄淑平　凌颂军

常委会机关党组书记

骆岳梨（2020年9月免）

黄建文（2020年9月任）

常委会机关党组成员

戴　斌（2020年9月免）

黄淑平　方平波　汤文彬

刘　沅　刘志强　杨岳斌

卢宗仁（2020年9月免）

彭纲要（2020年9月任）

余风祥　曾君华

陈　虎　凌颂军

市纪委监委驻市人大常委会机关纪检监察组组长　陈　虎

常委会机关党委书记　王新华

选举任免联络工作委员会
主　任　方平波
副主任　黄三梅
研究室
主　任　汤文彬
副主任　周拥军
预算工作委员会
主　任　杨岳斌
副主任　余子鹏　李　昶
法制工作委员会
主　任　刘志强
副主任　刘沧海　黄小清

市政府机构

市政府办公室
党组书记、主　任　刘传汉
党组成员、副主任
　胡　巍　李　谦
党组成员　黄岳四
督查专员　罗　雯　罗　奇
市优化办
主　任　黄岳四
市行政审批服务局
局　长　王星耀（兼，2020年4月任）
市政府驻北京联络处
主　任　郑绍华
副主任　袁　波　祖庆恒
市政府驻上海联络处
主　任　尤庆学
副主任　毛高贤
市政府驻长沙联络处
主　任　方大庆
市政府驻广州深圳联络办
主　任　郭　萍
市发展和改革委员会
主　任　刘晓英
党组书记　焦铎辉
党组副书记、副主任　张　鑫
党组成员、副主任
　刘光明　周和平　彭　晟
　张志超　夏安民　周文健
　傅传贵
党组成员　周孝元
党组成员、市纪委监委驻市发展和改革委员会纪检监察组组长　肖　强
党组成员、总经济师　李　行
市洞庭湖生态经济区建设协调办公室
专职副主任　付冬云
市重点建设项目事务中心
主　任　吴有祥
市国家投资项目评审中心
主　任　于　雪（2020年9月任）
市教育体育局
党组书记、局长　王德华
副局长　万五龙　李永波
党组成员、副局长
　朱新和　陈　彬　程岳华
党组成员　周　赟
　童卓君（2020年5月免）
党组成员、市纪委监委驻市教育体育局纪检监察组组长　赵志坚
工会主席　张诗文（2020年9月免）
党组成员、副局长、工会主席
　陈育文（2020年9月任工会主席）
主任督学　李有根
市招生考试委员会办公室
主　任　刘益良
市大中专学校毕业生就业服务中心
主　任　刘跃华
市教育考试院
院　长　刘益良
市科学技术局
党组书记、局长　曹合群
党组副书记、副局长　彭波涛
党组成员、副局长
　李石六　何厚德　李争元
副局长　李立平（2020年12月免）
党组成员　戴本柱
市工业和信息化局
党组书记、局长　余国祥
党组成员、副局长
　李岳星（2020年5月免）
　余　炯　胡向荣
党组成员、市纪委监委驻市工业和信息化局纪检监察组组长
　廖敬东（2020年11月免）
党组成员　姚海燕
副局长　向　阳
党组成员、工会主任　刘建武
党组成员、总经济师　陈　丰
党组成员、总工程师　李　智
市委军民融合发展委员会办公室
主　任　李　擎
专职副主任　姚海燕
市中小企业服务中心
主　任　黄兴旺
市民政局
党组书记、局长　任焱辉
党组副书记、副局长　陈　平
党组成员、机关党委书记　李　晔
党组成员、副局长
　曹远鹏　谭应兵
副局长　李建军
党组成员、市纪委监委驻市民政局纪检监察组组长　许万景
市慈善救助服务中心
主　任　袁　康
市康复医院
党委书记　金泽宏（2020年9月任）
院　　长　尹浩然（2020年9月任）
市财政局
党组书记、局长　邹三友
党组副书记、副局长　洪建军
党组成员、副局长　何　斌　羊卫东
党组成员　彭　坚
党组成员、工会主席　李向阳
党组成员、总会计师　谢　卿
党组成员、市纪委监委驻市财政局纪检监察组组长　何　雄
副局长　陆敏刚
市国库集中支付核算中心
主　任　钟　肯（2020年7月免）
　王清东（2020年9月任）
市财政事务中心
主　任　陈定宝
市融资担保有限责任公司
董事长　戴日升
总经理　卢　勇
市人力资源和社会保障局
党组书记、局长　尹家辉
党组成员、副局长　刘志高　何文忠
党组成员　李鹏杰
副局长　卿　漪
党组成员、机关党委书记　李有星
党组成员、工会主席　卢景辉
党组成员、市纪委监委驻市人力资源和社会保障局纪检监察组组长
　李玉新
党组成员、总会计师　谈　抒
市就业服务中心
主　任　李鹏杰
市劳动保障监察支队
支队长　向　阳
市人力资源服务中心
主　任　徐　波
市社会保险服务中心
主　任　杨剑波
市工伤保险服务中心
主　任　江玉良
市劳动人事争议仲裁院
院　长　柳　敏
市自然资源和规划局
党组书记、局长　陈　峰
党组副书记、副局长
　易拓新　蔡勋华

党组成员、副局长
易湘清（2020年12月免）
刘险峰 李佳军 严 菲
党组成员、执法监察支队支队长
彭四林
党组成员、总工程师 李志宏
党组成员、总经济师 陈湘栋
党组成员、总规划师 胡伟华
党组成员、市纪委监委驻市自然资源和规划局纪检监察组组长 吴旺兴
市规划监察支队
支队长 杨铁良（2020年10月逝世）
市土地储备中心
主 任 任军强
市土地整理与复垦中心
主 任 王 诚
市不动产登记中心
主 任 唐肱庆
市规划勘测设计院
院 长 伍 丽（2020年3月免）
刘 昊（2020年7月任）

市林业局

党组书记、局长
方归农（2020年11月免）
王保林（2020年11月任）
党组副书记、副局长 曹道伍
党组成员、副局长
谢建华（2020年7月免）
李洪泽（2020年5月免）
杨大成
陈绍东（2020年5月任）
党组成员 黄景文（2020年9月免）
党组成员、总工程师 付冬蕾
湖南东洞庭湖国家级自然保护区管理局
局 长 杨 盛

市生态环境局

党组书记、局长 喻伟民
副局长 黄玉祥
党组成员、副局长
蒋 卉 万四良
付 平（2020年12月免）
王 新
党组成员、总工程师 方 潭
党组成员 周 兴
市生态环境保护综合行政执法支队
支队长 魏锦鑫

岳阳市住房和城乡建设局

党组书记、局长 周金龙
党组副书记、副局长
叶建国 赵海波
党组成员、副局长
程文艺 吴德仁 晏桃保
葛文斌 叶湘林 沈晓初
党组成员 许阳春 胡列宇
党组成员、副局长、总工程师
刘新华
党组成员、工会主任 易立先
党组成员、市纪委监委驻市住房和城乡建设局纪检监察组组长
张扩军

市住房保障服务中心

党组书记、主任 樊 卫
党组成员、副主任
伍 丽 黎朝晖

市城市管理和行政执法局

党组书记、局长 陈克祥
党组副书记、副局长 柳泗明
党组成员、副局长
李国伟 张建辉 邓晓峰
党组成员、副局长、机关党委书记
胡荣华
党组成员、总会计师 袁本德
党组成员、总工程师 陈 鑫
党组成员、市纪委监委驻市城管局纪检监察组组长 周洪兵
市市容环境卫生中心
党委书记、主 任 刘其汉
市城市管理行政执法支队
党委书记、支队长 郭沫农
市风景园林中心
党委书记、主任
孔学文（2020年7月任）

市交通运输局

党组书记、局长 刘海波
党组副书记、副局长
徐浩明（2020年11月免）
党组成员、副局长
李茂文 赵启鸿 黄宇辉
刘凌云（2020年5月任）
胡荣满（2020年5月免）
党组成员、工会主任 周赞先
党组成员、市纪委监委驻市交通运输局纪检监察组组长 罗 湘
党组成员、总工程师 孙晓红
市交通运输综合执法支队
党委书记、支队长 范 律
市交通质量和安全监督管理局
局 长 谢 钢（2020年12月退）

市公路建设和养护中心

党委书记、主 任 彭旅京
党委委员、副主任
付瑞祥 高建勋 吴岳新
余欲晓 杨涛广
党委委员、总工程师 徐 军
市一〇七国道管理处
党委书记、主 任 李 晖
市洞庭湖大桥养护中心
党委书记、主 任 李华云

市水利局

党组书记、局长 陈正文
党组副书记、副局长 刘利文
党组成员、副局长
丁文奇 刘固华 陈卫成
徐育才 朱敬礼
党组成员、总工程师 谢月秋
党组成员、市纪委监委驻市水利局纪检监察组组长 万 军
市水旱灾害防御事务中心
主 任 林 荡
市水务综合执法支队
支队长 黄 勋

市农业农村局

党组书记、局长、农办主任
孙志诚
党组成员、副局长
陈 辉 高四新 杨林彬
徐 勇 袁 武 徐福保
陈 刚
左仕庚（2020年9月免）
曾新保 付明中
党组成员、农办副主任 邹国良
市农业科学研究院
院 长 晏云华
市农业综合技术推广站
站 长 陈细兵
市农业综合检验检测中心
主 任 李安乡
市农业综合执法支队
支队长 熊 巍

市供销合作联社

党委书记、理事会主任 彭岳武
党委副书记、监事会主任 向风行
党委委员、理事会副主任
刘立蒙（2020年5月免）
周传龙
许 波（2020年7月免）
刘文恕（2020年9月任）
周傲文（2020年9月任）
党委委员、监事会副主任
李贻华（2020年5月免）
邹变龙（2020年9月任）

市商务粮食局

党组书记、局长 杨志军
党组副书记、副局长
张善保（2020年5月免）
副局长 吴 桐

党组成员、副局长
吴新平（2020年5月免）
蔡宇志　黄时正　司马孟军
吴　灿　郑建华
市投资促进事务中心
主　任　李　敏
市卫生健康委员会
党组书记、主任
彭纲要（2020年11月免）
余岳雄（2020年11月任）
党组成员、计生协会常务副会长
赵曙光
副主任　任浩波　刘志敏
党组成员、副主任
孙　奕　周志宏　王耀平
周立标　陈岳林
党组成员　周伟祥
党组成员、工会主任　李江辉
党组成员、市纪委监委驻市卫生健康委员会纪检监察组组长　许勇兵
市疾病预防控制中心
党委书记　姚建云
卫生计生综合监督执法局
局　长　付寒昭
市中心血站
党委书记、站长　方奎明
市红十字会
常务副会长　刘　玲
市审计局
党组书记、局长
谌亚忠（2020年11月免）
刘建民（2020年11月任）
党组副书记、副局长　干忠叶
副局长　丁湘平
党组成员、副局长
周继祥（2020年5月免）
党组成员　曾建国　毛朝晖
总审计师　何军霆
市委审计委员会办公室
主　任　谌亚忠（兼）
专职副主任　毛朝晖
市退役军人事务局
党组书记、局长　胡　玮
党组成员、副局长
杨书生　邹望春　余伏良
市应急管理局
党委书记、局长　林军华
党组成员、副局长
赵珍彩　刘湘龙　周　劲
陈卫兵
陶志宏（2020年12月任）

党委委员、政治部主任
刘贵元（2020年7月任）
总工程师　何玉平
市消防救援支队
支队长　谷臣凯
政治委员　廖国庆
副支队长　杨胜利　秦绍兴
肖　进
副支队长、灭火救援指挥部部长
张维国（2020年1月任）
副政治委员　谢立辉
政治部主任　潘　正
参谋长　潘　正（2020年1月任）
后勤处处长
张维国（2020年1月免）
防火监督处处长
肖　进（2020年1月免）
市地震局
局　长　张懿民（2020年7月任）
市防汛抗旱指挥部办公室
常务副主任　刘固华（兼）
市铁山供水工程管理局
党委书记、局长　罗同乐
党委委员、副局长
胡世忠　骆新保　许石兵
许泽波
市长江修防中心
党组书记、主任　何　晖
党组成员、副主任
李新武　余东球　杨　烈
杨天强
党组成员、总工程师　吴文胜
市市场监督管理局
党组书记、局长　许平亚
党组副书记、副局长
王亚明　赵奇志
党组成员、副局长
颜鸿钊　张　忠　周　喆
颜石湘　刘正光　杨彦华
副局长　李岳玲　刘岸芳
党组成员　欧阳藏修
党组成员、总工程师　杨建良
党组成员、市纪委监委驻市市场监管局纪检监察组组长　陆亚超
市贸促会
党组书记　李白才（2020年8月免）
戴　斌（2020年9月任）
会　长　范泽容
党组成员　唐立德
党组成员、副会长
刘友才　罗爱慧　杨政文
刘大海

市统计局
党组书记、局长　禹　辉
党组成员、副局长
蒋仕林（2020年5月免）
吴龙标　邓兴亮
副局长　殷　俊
总统计师　刘保良（2020年9月任）
市机关事务管理局
党组书记、局长　李海林
党组副书记、副局长　向阳春
党组成员、副局长　周治中　吴　昊
市政府研究室
党组书记、主任　陈平刚
党组成员、副主任
易　万　彭　典　周黎兵
市政府金融工作办公室
党组书记、主　任　白锁铭
副主任　袁正宏
党组成员、副主任　胥春华
市人民防空办公室
党组书记、主任　卢志平
党组成员、副主任
贾建中　冯胜建　刘绍斌
付　荣　李永红
杨建军（2020年12月免）
党组成员、机关党委书记　任伟明
市信访局
党组书记、局长　向科军
党组成员、副局长
李　霖　刘迪虎
许爱秋　王　维
市扶贫开发办公室
党组书记、主任　李永胜
党组成员、副主任　方　洁　陈军良
市医疗保障局
党组书记　柳　怀
局　长　张世愚
党组成员、副局长
李胜军　徐焕斌　胡晓华
市医疗保障事务中心
主　任　谭　星
市地方海事局
党委书记、局长
张长庚（2020年11月免）
刘海波（2020年11月任）
党委副书记、副局长　李中汉
党委委员、总经济师　黄　河
党委委员、副局长
戴武会　熊少先　李志勋
市口岸管理办公室
党组书记、主任　卢大平
党组副书记、副主任　刘师迅

党组成员、副主任 杨红杰

市政府政务服务中心

党委书记、主任 周 鹏

党委副书记、副主任 谢芳茂

党委委员、副主任

徐 佳 杨 胜

市公共资源交易中心

党组书记、主任 何四军

党组成员、副主任 刘月平 付晓斌

市政府住房公积金管理中心

党组书记、主任 孙建秋

党组成员、副主任

冯 俨 付 宏 宋 曦

市国有资产监督管理委员会

党委书记、主任 陈琪钢

党委副书记、副主任 曹冠军

党委委员、副主任

程 均 刘其元（2020年9月免）

付维民（2020年12月免）

党委委员 余良成

党委委员、总经济师 贾双彬

党委委员、工会主席 陈解建

党委委员、市纪委监委驻市国有资产监督管理委员会纪检监察组组长

高 峰

监事会主席 易 轩 李 铮

毛合焱 陈仕清

市政协机构

办公室

主 任 张群望（2020年9月免）

李冯波（2020年9月提名）

副主任 邹岳湘

黄建平（2020年12月免）

严若光

研究室

主 任 徐 煜

副主任 亓 磊

委员学习联络委员会

主 任 郭介川

副主任 安立萍

提案委员会

主 任 毕金林

副主任 李 星

经济科技和外事委员会

主 任 李文伟

副主任 姚海根

农业和农村委员会

主 任 田 军

副主任 龚凤珍

人口资源环境委员会

主 任 陈慧君

副主任 谢志武

文教卫体和文史委员会

主 任 王志龙

副主任 陈书凝

社会法制和民族宗教委员会

主 任 杨驰军

副主任 莫新兵

学校（院）、医院

湖南理工学院

党委书记 李 明

党委副书记、校 长 卢先明

党委副书记

邱绍雄（2020年3月免）

党委委员、副校长

刘亦工 徐小立 张国云

副校长 李 文

党委委员、纪委书记 谢贵辉

党委委员、组织部部长 刘 创

党委委员、统战部部长 向 江

党委委员、宣传部部长 王庆华

总会计师 汤福球

岳阳职业技术学院

党委书记 喻岳兰

党委副书记、院 长 潘岳生

党委副书记 吴丽文

党委委员、副院长

李晚林（2020年6月退）

陈细兵 黄二良

李永红 彭利余

党委委员、纪委书记 尹 山

党委委员、组织人事处处长 彭济红

党委委员、宣传统战部部长 彭宣红

湖南民族职业学院

党委书记 李 红

党委副书记、院长

陈美中（2020年7月任）

党委副书记

戴金波（2020年7月任）

党委委员、副院长

戴金波（2020年7月免）

文小华 杨火保

蒋 文 王 平

副院长 李葵模

党委委员、纪委书记 宋可权

党委委员、组织人事处处长

李 江

党委委员、宣传统战处处长

姜宗福

党委委员、学前教育学院院长

王志平

岳阳广播电视大学

党委书记 陈美中（2020年7月免）

党委副书记、校长

袁 征（2020年4月退）

乐艳华（2020年6月任）

党委委员、副校长

江家立 封 屹

党委委员、纪委书记

乐艳华（2020年6月免）

党委委员、校长助理 熊 灏

副校长 邹欣欣

湖南石油化工职业技术学院

党委书记 雷放华

党委副书记、院长

何子明（2020年7月任）

党委副书记、副院长

徐 方（2020年7月免去副院长）

党委委员、副院长

孙 雷 郭丽荣

副院长 符文文

党委委员、发展规划处处长

刘 滔

党委委员、工会主席、组织人事处处长 刘三青

党委委员、宣传统战部部长

王 智（2020年9月任党委委员）

湖南省工业技师学院（中南工业学校）

院 长 李 勇

党委书记 张文兵

纪委书记 胡清华

副院长 张旭辉 符兴承 陈梅春

工会主席 吴细细

市一中

校 长 廖炳晔

党委书记 李赞辉

市十四中

校 长 付新培（2020年9月免）

廖小光（2020年9月任）

党委书记 杨 锋

岳阳中学

党委书记、校长 葛天普

党委委员、副校长

孙 瑾 李阳春

李仲芬 毛小平

市第十五中学

党委书记、校长 宋卓辉

岳阳市第一职业中等专业学校（岳阳市高级技工学校）

党委书记、校长

孙光友（2020年9月免）

张美林（2020年9月任）
市一人民医院
党委书记　曾　强
党委副书记、院长　张壮军
党委副书记、副院长　王松柏
党委委员、副院长　李自华　王学明
副院长　夏伟瑜
党委委员、工会主席　陆海湖
党委委员　张建安
李罗清（2020年4月免）
陈　勤
纪委书记、党委委员　李　伟
市三人民医院院长
李罗清（2020年4月任）
市二人民医院
党委书记　余飞跃
党委副书记、院长　许文杰
党委副书记、副院长　应民政
党委委员、副院长
刘　芳　杨福炎　刘文龙
党委委员、工会主席
沈　斌（2020年1月任）
党委委员　林春龙（2020年9月免）
黎　珊
党委委员、纪委书记
申红连（2020年9月免）
市中医院
党委书记　方欲林
党委副书记、院长　任浩波
党委副书记、副院长　邹智国
党委委员、副院长
余绍清　陈亚红
党委委员、纪委书记　徐春光
副院长　童巧珍（挂）
市妇幼保健院
党委书记　陈　卓
院　长　黎　珊
省血吸虫病防治所
所　长　邓维成
党委书记　程湘晖（2020年1月任）
副所长　任光辉（2020年6月退）
贺宏斌　彭先平　肖翠兰
丁国建
蔡　雨（2020年7月任）
周　杰（2020年10月任）
纪委书记　肖　群
工会主席　曹春莲

省主管机关、银行

市税务局
党委书记、局长　李石道
党委副书记、副局长
徐　奎（2020年9月免）
党委委员、副局长
罗平原
李森岩（2020年9月免）
龙伟华
张登炎（2020年3月免）
田平力（2020年9月免）
朱春辉（2020年9月免）
练建平
党委委员、市纪委监委驻市税务局纪检监察组组长　肖标志
党委委员、总会计师　余爱华
党委委员、总经济师　何国祥
岳阳监狱
党委书记、监狱长　彭　锋
党委副书记、政　委　谢华章
党委委员　康　健　陈德飞
党委委员、副监狱长
艾祥卫　郭立中　刘桂平
周正文　谭冬明
党委委员、政治处主任　陶　波
党委委员、纪委书记　邓志伟
建新实业有限责任公司
总 经 理　康　健
副总经理　石朝玉　王　毅
赵　军
健朗药业有限责任公司
总经理　陈德飞
国家统计局岳阳调查队
党组书记、队　长　马爱霞
党组成员、纪检组长　李　俞
党组成员、副队长　于细文
市气象局
党组书记、局长　彭　洁
党组成员、市纪委监委驻市气象局纪检监察组组长　向良权
党组成员、副局长　刘　敏　朱　浩
国网岳阳供电公司
党委副书记、总经理　许海清
党委书记、副总经理　朱　亮
党委委员、副总经理
刘金海
杨浩康（2020年4月任）
肖湘晨（2020年4月免）
党委委员、总会计师
梁细华（2020年5月免）
刘　珊（2020年12月任）
党委委员、副总经理、工会主席
杨　旭
党委委员、纪委书记
宁　政（2020年4月免）
王　珂（2020年4月任）
湖南盐业股份有限公司岳阳市分公司（市盐务管理局）
党委书记、总经理　张森林
副总经理　唐国良
闵　慧（2020年4月任）
中国石化岳阳石油公司
党委书记、经　理　周文辉
纪委书记、副经理　吴海军
副经理　皮新岳
中国电信岳阳分公司
总经理　施宁堃
副总经理、工会主席
万建湘（2020年9月免）
彭启勇（2020年10月任）
副总经理、纪委书记　陶　涛
副总经理　曹君君（2020年7月任）
中国移动通信集团湖南有限公司岳阳分公司
党委书记、总经理　武　樵
副总经理　罗定安　杨　栩
副总经理、工会主席、纪委书记
鲍民利
中国联合网络通信有限公司岳阳市分公司
党委书记、总经理
杨锜顺（2020年10月免）
刘　鲲（2020年10月任）
党委委员、市纪委监委驻中国联合网络通信有限公司岳阳市分公司纪检监察组组长
张　波（2020年12月免）
杨　铭（2020年11月任）
党委委员、副总经理
袁　泉　余　惠　彭　岳
岳阳海关
党委书记、关长
黄扬声（2020年3月免）
王东辉（2020年3月任）
党委委员、副关长、缉私分局局长
戴胜恒（2020年12月免副关长）
党委委员、副关长
洪余喆　刘　廷
市出入境边防检查站
党委书记、站长　曾明晖
党委副书记、政治委员　程　强
党委成员、副站长　杨尚才
岳阳海事局
党委书记、局长　左中君
党委副书记　夏红安
党委委员、副局长
胡新国

丁玉林（2020年5月免）
曾泽民　周崇喜
城陵矶海事处处长　周明辉
临湘海事处处长　权志鹏
中国邮政集团公司岳阳市分公司
党委书记、总经理　佘丹波
党委委员、副总经理
范宏松　蒋震宇
刘　杰　江　伟
市烟草专卖局（公司）
党组书记、局长、经理　吴胜波
党组成员、市纪委监委驻市烟草专卖局纪检监察组组长　刘湘江
党组成员、副经理
邓　杰　毛岳胜
党组成员、副局长　潘新安
中国人民银行岳阳市中心支行（国家外汇管理局岳阳中心支局）
党委书记、行长　廖鹤琳
党委委员、副行长　李利华　兰红梅
黄　勇　钟坚明
党委委员、纪委书记　贺雄辉
党委委员、工会主任　寻　真
中国银行业监督管理委员会岳阳监管分局
党委书记、局长　尹　立
党委委员、副局长
金爱钦（2020年10月免）
贺爱卿
党委委员、纪委书记
刘伟良（2020年10月免）
唐冬林
中国农业银行股份有限公司岳阳分行
党委书记、行长　司马新义
党委副书记、副行长
吕桂玲（2020年6月免）
党委委员、副行长
刘献兵（2020年12月免）
李　伟　韩爱民
党委委员、纪委书记
杨英云（2020年8月免）
夏荣松
党委委员
池召昌（2020年10月挂职期满）
中国银行股份有限公司岳阳分行
党委书记、行长
曾　滔（2020年5月任党委书记，7月任行长）
党委委员、副行长
龚劲松（2020年5月免）
党委委员、副行长
赵　勇
蔡　伟（2020年7月任党委委员，12月任副行长）
周继列　于　静
王　武（2020年9月免）
党委委员、副行长、纪委书记
蔡　旭（2020年4月免）
郑夏平（2020年2月任党委委员、副行长，4月任纪委书记）
中国农业发展银行岳阳市分行
党委书记、行长　刘　峰
党委委员、副行长　张　科　吴文志
纪委书记、副行长
陈良东（2020年11月免）
陈晓宇（2020年11月任）
交通银行股份有限公司岳阳分行
党委书记、行长　马学军
党委委员、副行长　沈　涛
党委委员、行长助理　陈石剑
中国工商银行股份有限公司岳阳分行
党委书记、行长　刘　超
党委委员、副行长
陈飞宝（2020年12月免）
罗　健（2020年12月免）
袁校刚　毛颖妮
党委委员、纪委书记　聂　炜
中国建设银行股份有限公司岳阳分行
党委书记、行长　李勇军
党委委员、高级风险经理　梁运胜
党委委员、副行长
李　强　周　强
王旭霞（2020年7月任）
李　鑫
党委委员、驻行纪检组组长　林　伟
华融湘江银行岳阳分行
党委书记、行长　姜卫其
党委委员、副行长　刘　倩　邹伟才
党委委员、行长助理
欧阳辉　谭检明
中国邮政储蓄银行股份有限公司岳阳市分行
党委书记、行长　郑精兵
副行长　郭一民（2020年11月任）
胡　军　周　炜　罗惠敏
中国光大银行岳阳分行
党委书记、行长　赵　祯
党委委员、副行长　陶　亮　朱伟明
湖南省农村信用社联合社岳阳办事处
党组书记、主任
刘汉军（2020年11月免）
胡宇华（2020年11月任）
党组成员、副主任、纪检组组长
黄亚平
党组成员、副主任
胡宇华（2020年11月免）
兴业银行岳阳分行
行　长　洪建伟（2020年5月任）
行长助理　李新宇　刘建霆
邹庆松（2020年12月免）
中信银行岳阳分行
党委书记、行长
王晓燕（2020年9月免党委书记，6月免行长）
方　磊（2020年9月任党委书记，6月任行长）
副行长　张学海　苏朝霞
李华兵（2020年9月免）
党委委员　李　卓（2020年11月任）
上海浦东发展银行岳阳分行
行　长　曹　艳
副行长　江汉渭　刘立艳
广发银行岳阳分行
行　长　王跃虎
副行长　王天豪　刘燕来
长沙银行岳阳分行
行　长　曾晓震
副行长　管　峰　刘　伟

部·省·市属企业单位

中国石化巴陵石化分公司
党委书记、公司代表　邬智勇
党委副书记、总经理　李德刚
党委委员、副总经理
彭鸽威　周立新　颜　刚
党委副书记、纪委书记、工会主席
谢　莉
党委委员、总会计师　胡腾飞
中国石化集团长岭炼油化工有限责任公司
党委书记、董事长、分公司代表
王妙云
党委副书记、副董事长、总经理
刘百强
副总经理、总会计师　赵国平
副总经理　谢型样　陈　斌　罗　昕
党委副书记、纪委书记、工会主席、监事会主席　胡先红
华能湖南岳阳发电有限责任公司（华能岳阳电厂）
党委副书记、总经理（厂长）
唐明华
党委书记、副总经理（副厂长）
郑伟德

党委委员、副总经理（副厂长）、工会主席　李亚强
党委委员、副总经理（副厂长）、总法律顾问　方　强
党委委员、纪委书记　刘佳明
党委委员、副总经理（副厂长）
　　刘立红　梁鹤涛
市城市建设投资集团有限公司
党委书记、董事长　陈岳红
党委副书记
　　夏金城（2020年11月任）
党委委员、副总经理
　　龙　强　易　放
　　冯　锦（2020年11月任）
副总经理　刘　凡
党委委员、纪委书记　翁　浩
市旅游发展有限公司
党委委员、董事长　李方爱
总经理　田共兵
市水利建设投资有限公司
党委委员、董事长　杨雄辉
市交通建设投资集团有限公司
党委书记、董事长　刘爱军
党委副书记、总经理　谌　曦
党委委员、副总经理
　　凌峰云　易朝晖
　　曹　超　周英坤
党委委员、纪委书记
　　黎继华（2020年7月任）
监事会主席　毛合焱
交投教育文化发展有限公司
董事长　姚育章（2020年7月任）
总经理　陈仁和（2020年7月任）
交投园区建设管理有限公司
董事长　姚　勇（2020年7月任）
岳阳三荷机场投资建设管理有限公司
党委书记、董事长　艾更知
党委副书记、总经理
　　刘映球（2020年11月任）
执行总裁　汤承武
党委委员、副总经理
　　梁盛发　冯建坤　陈文兵
副总经理　付旭光　徐罗亮
市洞庭新城投资建设开发有限公司
党组书记、董事长　吴亚雄
党委副书记、总经理　陈慎辉
党委委员、副总经理
　　魏　平（2020年7月任）
　　马　勇　许湘群
党委委员、纪委书记
　　魏　平（2020年7月免）
湖南城陵矶国际港务集团有限公司
监事会主席
　　刘宝山（2019年5月任）
董 事 长　陈岳红
副董事长　丁向明
财务总监　陈　湘（2020年12月免）
总 经 理　李　霖
副总经理　黄红晖（2020年12月免）
　　　　　白军宏（2020年7月免）
　　　　　龚杰柳
市国有资产经营有限责任公司
董事长　李晓强
总经理　刘德承
市融资担保有限责任公司
董事长　戴日升
总经理　卢　勇
市公共交通集团有限责任公司
党委书记、董事长
　　宋　辉（2020年1月任）
总经理　袁洪波
市水务集团有限公司
党委书记、董事长
　　李宇宙（2020年1月任）
党委副书记、董事、总经理
　　朱　勇
岳阳林纸股份有限公司岳阳分公司
党委书记、总经理
　　禚　昊（2020年11月免党委书记，10月免总经理）
总 经 理　赵庆义（2020年10月任）
副总经理　尤昌善（2020年3月任）
　　　　　周训富　闫成岷
　　　　　史梦华
　　　　　朱志辉（兼，2020年10月任）
党委副书记、纪委书记　姚泽阳
副总经理、供应链总监（兼）
　　袁曙光（2020年3月任）
副总工程师
　　朱宏伟（2020年5月任）
副总工程师、能源总监（兼）
　　黄玉合
中国化学工程第四建设有限公司
董 事 长　刘德辉
党委书记、董事　胡流芳
总 经 理、董事　周　鸿
党委副书记、纪委书记　何玉文
副总经理　钱家林　陈荣仓
　　　　　周　粟　刘　斌
　　　　　冯永成　陈岳刚
总会计师　陈　伟
岳阳城陵矶新港有限公司
总 经 理　任一兵
副总经理　方　滔　李少良
湖南红日工业有限公司
党委书记、总经理
　　吴　鼎（2020年12月任党委书记，6月任总经理）
纪委书记、副总经理
　　赵世华（2020年12月任纪委书记，7月任副总经理）
财务总监　唐黎君
副总经理　林德强（2020年7月任）
中国航发长江动力有限公司
党委书记、董事长　徐义军
党委副书记、董事、总经理　周　华
党委副书记、纪委书记、工会主席、监事会主席　胡国明
副总经理、总会计师　李东启
副总经理、总工程师　罗　辉
副总经理　马　尧（2020年4月任）
　　　　　赵厚锐（2020年4月任）
中科电气股份有限公司
董 事 长　余　新
总 经 理　李爱武
副总经理
　　皮　涛（2020年6月任）
　　钟连秋（2020年6月任）
　　黄雄军（2020年6月免）
　　姚水波（2020年6月免）
　　徐仲华（2020年6月免）
　　刘　毅（2020年6月免）
副总经理、财务总监　张作良
副总经理、董事会秘书
　　张　斌（2020年6月任）
湖南龙骧神驰运输集团有限责任公司
党委副书记、董事长　张怀国
党委书记、董事　胡太勋
党委副书记、董事、总经理　戴文力
党委委员、工会主席、监事会主席、纪委书记　许　峰
党委委员、董事、副总经理　李载良
党委委员、副总经理　朱万球
党委委员、副总经理、董事会秘书
　　王　斌（2020年8月任）
市邮政管理局
党组书记、局长　刘凌云

中共岳阳市委员会

编 辑 李 幸

综 述

【概况】 2020年，岳阳市经济社会发展保持总体稳定，主要指标逐月回暖走强，全年实现地区生产总值4001.55亿元，同比增长4.2%，增幅排全省第一位，固定资产投资、规模工业增加值、一般公共预算地方收入、社会消费品零售总额和居民人均可支配收入分别增长8.8%、5.1%、1.7%、-2.3%和5.6%，综合经济实力稳居全省第二位，总体完成“十三五”规划确定的主要目标任务，获批长江经济带绿色发展示范区、湖南自贸区岳阳片区、港口型国家物流枢纽，省委明确提出把岳阳打造成为省域副中心城市。

防疫阻击战和防汛保卫战。面对“双战”的严峻形势和巨大压力，岳阳市委坚持加强领导、靠前指挥，交出优异成绩单。疫情防控，市委坚决扛起守护人民生命健康安全的重大责任，认真贯彻总书记习近平“十六字方针”，严格落实“三统一”“四集中”“四早”等要求，率先在全省防控工作提档升级，推行堵、查、隔、治、停、备、稳、督“八字诀”，创新公安主导“流调”模式，建立“大楼区”管理机制，累计摸底排查涉疫到岳阳人员近10万人，核酸检测18万人，集中隔离医学观察1.7万人，仅用52天就实现确诊和疑似病例清零，“外防输入、内防反弹”常态化防控有力有效，从3月14日起全市无疑似病例、无新增确诊病例，成功守住湖南“北大门”。防汛抗灾，入汛后岳阳市发生12次强降雨过程，部分地区降雨量超历史极值，全市超警堤垸最多达56个、堤长1000多千米。市委把防汛抗洪作为头等大事，按照“提早一步、提高一档”要求，严格落实四级防汛责任制，市级下到县区，县级下到堤垸，乡镇和干部群众一起巡堤，严阵以待、严密部署、严防死守，派上“三队”劳力3.4万人、防汛抢险专家1100人、抢险队员1.65万人，准备1000多辆车船防汛物资“以船代仓”“以车代仓”，组织5.2万人开展24小时不间断巡堤查

2020年1月30日，市委书记王一鸥到汨罗一线督导新冠疫情防控

险，全市发现并妥善处置险情206处，没有出现大的险情，没有发生人员伤亡事件，保住江河安澜，守护一方平安。

复工复产和“六稳”“六保”。市委坚持两手抓、两手硬、两手赢，在全省较早启动复工复产，及时研究出台统筹疫情防控和经济社会发展工作方案，全面打响经济社会发展复苏战。援企纾困，制定和落实融资、减负、稳岗、扩就业等系列政策措施，29名市级领导“一对一”联点帮扶，2214名“驻企联络员”下沉一线，弘扬“店小二”精神，“一企一策”帮扶企业复工复产，累计新增减税降费12亿元，4月中旬起全市经济社会秩序基本步入正轨。争资争项，早在2月份就专门部署争资争项工作，紧盯国家政策导向，建好项目储备库，主动精准对接。至年底，争取各类资金333.7亿元，同比增长21.8%；争取国省投资项目509个，总投资146亿元；争取新增债券限额126.2亿元，同比增长107.9%；争取抗疫特别国债17.5亿元。稳岗稳业，做好重点群体就业工作，稳定岗位超过12万个，全市新增农村劳动力转移就业4.02万人，完成省定任务的134%，高校毕业生初次就业率不断提升，贫困劳动力基本实现充分就业。

经济发展。市委七届十次全会，明确提出打造名副其实的湖南省第二经济强市目标，增强高质量发展的进取心和责任感。抓重大项目建设，把重大项目建设作为对冲疫情影响、稳定经济增长的关键，瞄准“三类500强”企业开展精准招商，落实“一对一”帮扶，当好“店小二”“服务员”，新签约亿元以上工业项目333个，总投资1327亿元，其中引进正威、攀华两个百亿级旗舰项目和9个投资50亿以上的大项目好项目；集中开工重大项目209个，总投资1430.9亿元；集中竣工重大项目43个，完成投资145.1亿元。新金宝项目21条生产线全面运行，华为高端制造、小米打印机顺利投产，年产60万吨己内酰胺项目全面开工，华电平江电厂、国华岳阳电厂、华容铁水联运、君山LNG等重大能源项目开工建设。全年工业投资、工业技改投资分别增长9.1%、6.5%，产业投资增长10.8%。产业链建设，科学谋划石油化工、装备制造、电子信息、电力能源、食品加工、现代物流、文化旅游七大千亿产业集群，确定“12+1”优势产业链，分别由1名市委常委会组成人员和1名市级领导担任“双链长”，牵头负责各产业链建设工作。湖南工程机械配套产业园挂牌落地，落户产业项目44个，其中工程机械产业链企业28家。华文食品在A股中小板成功上市。在做优做强石化、食品两大千亿产业基础上，新增文化旅游、现代物流两个千亿

产业，装备制造、电子信息、电力能源分别到2022年、2023年、2025年可达千亿元。推进创新开放发展，布局重大技术攻关和成果转化专项，累计创建国家和省级孵化平台27家、省级技术创新平台29家、市级技术创新平台36家。用好用足通江达海区位优势，实施双港驱动战略，“三区一港四口岸”八大国家级开放平台叠加发力，岳阳自贸片区正式揭牌，88项改革创新任务统筹推进，顶层设计、改革创新、产业招商等工作超常推进；港口型国家物流枢纽加快建设，湖南财信金控、普洛斯隐山资本等一批物流头部企业加紧洽谈落户，城陵矶多式联运物流园等一批重大物流项目加快建设；临空经济区建设，三荷机场旅客吞吐量超过2019年，是省内唯一实现正增长机场，正申报航空口岸，航空货运枢纽项目有力推进；跨境电商综试区等先行先试工作取得实质性进展。至年底，本港集装箱吞吐量50.87万标箱，增长0.4%；完成外贸进出口总额419.8亿元，增长27.2%，总量和增幅均居全省第二位；岳阳连续4年上榜“中国外贸百强城市”。

全面深化改革。结合岳阳实际，解决经济社会发展中的“堵点”“痛点”“难点”，优化制度供给，释放改革红利。市委深改委召开会议3次，出台相关改革文件11个，部署的99项改革任务，除7项因上级政策原因延缓推进外，全部按时完成。推动机构改革“后半篇文章”取得实质性突破，大交通、大水利、政务服务和大数据管理体制构建正在有力有序推进；厘清市本级同县（市、区）的事权划分，推进水利、林业、交通、教育、城市管理、住房保障、农业农村、文化市场等领域事权下放，解决上下级职能宏微倒挂问题，完成部分事权下放，向县（市、区）下放事业机构23个，下放行政编制132名、在编人员132人，事业编制1198名、在编人员1128人；推进国有文化资产管理体制改革，完成岳阳楼、君山公园转企改制，加强文化旅游资源整合，进一步打响“洞庭天下水、岳阳天下楼”文旅品牌。

【大美湖区优质农产品供应基地建设】 2020年，岳阳市委扛牢粮食安全政治责任，落实最严格的耕地保护制度，制定出台“粮十条”，统筹财政涉农资金2.01亿元对集中育秧、新购插抛秧机进行补贴，全市粮食种植面积47.41万公顷，同比增长12.1%，完成全年粮食播种面积目标任务，获评全省粮食生产先进市州。推进农业特色产业发展，全面落实农业农村“百千万”工程和“六大强农”行动，着力推进七大百亿产业发展，全市农产品加工企业总数3676家，市级以上农业产业化龙头企业323家，农民专业合作社8446家，家庭农场9088家。全年农林牧渔业总产值、增加值同比均增长4%，农村居民人均可支配收入18186元、同比增长7.7%左右。抓好禁捕退捕工作，全市2200平方千米水域全面禁捕，4644户建档立卡渔民退捕协议全部签订，7116艘渔船、4415本捕捞许可证全部回收，实现清船、清网、清湖、清江。渔民转产安置和民生保障工作有效推进，全市确定社保补助对象5513人全部参保，有就业意愿渔民3977人全部转产就业。持续推进农村人居环境整治，开展村庄清洁行动，统筹推进农村“厕所革命”、垃圾污水治理、规范建房、农村移风易俗等各项工作，打造农村人居环境整治升级版。至年底，完成改（新）建卫生厕所30.4万户，创建省级以上美丽乡村示范村53个，农村生产生活垃圾无害化处理率99.7%，村容村貌大幅提升。

【三大攻坚战】 2020年，岳阳市脱贫攻坚坚持尽锐出战、攻城拔寨，在全省率先推行红黄绿蓝“四卡”分类帮扶动态管理，开展“三回头”工作，抓实产业扶贫、就业扶贫等举措，4336个问题完成整改，全市1.54万名未脱贫人口全部脱贫退出，脱贫人口脱贫成效持续巩固，脱贫攻坚目标任务全面完成。探索全面脱贫与乡村振兴有效衔接的机制，服务平台建设、人居环境整治、特色小镇创建等工作推进有力。污染防治，中央和省级层面交办问题如期销号，岸线修复、整治黑臭水体、解决化工围江等工作扎实推进。与三峡集团合作项目完成投资41亿元，新建排水管网89千米、小区雨污分流改造425公顷；提标改造县城以上生活污水处理厂12座，新建乡镇污水处理厂93座，实现乡镇污水处理设施全覆盖；中心城区静脉产业园、工业废弃物综合处理等项目加快建设；加强船舶污染防治，完成411艘船舶生活污水处理装置加装和6个船舶垃圾收集点建设任务。全年长江干流水质达标率100%，洞庭湖水质综合评价接近地表水Ⅲ类标准；空气质量在全省6个通道城市中稳居第一位，获评全省大气污染防治奖；污染防治攻坚战暨“夏季攻势”任务完成情况排名全省第一位，东风湖综合治理有关经验做法受到省政府通报表扬，获批长江经济带绿色发展示范区。风险防范，推进隐性债务化解、高息债务置换、经营性债务清理甄别、平台公司转型等工作，市本级提前完成年度化债目标，利率超过8%债务基本清零，全市债务风险总体平稳可控。

【保障改善民生】 2020年，岳阳市委着力解决群众各项“急难愁盼”问题，改善民生福祉，22件35项省市民生实事完成。围绕“出行难”抓交通建设，平益高速、城陵矶高速、G353机场快速通道、北环线、西环线等加快推进，完成交通投资106亿元；主城区交通综合整治“九大行动”成效初显，“岳阳治堵我献策、岳阳治堵我出力”工作格局形成。围绕缓解“就学难”抓教育优先发展，提质改造乡村小规模学校、乡镇寄宿制学校各149所、151所，新增公办幼儿园学位3万多个，义务教育阶段大班额全面清零，化解高中大班额131个。出台实施基础教育十条，连续3年每年提高生均公用经费100元。围绕缓解“住房难”抓老旧小区改造，近6万户居民居住环境明显改善，中心城区违法建设集中整治行动拆除面积40.35万平方米。围绕缓解“就医难”抓医疗卫生资源布局优化，市中心医院、市妇幼保健院、市疾控中心建设等扎实推进。围绕缓解“办事难”抓最多跑一次改革，加快建设“数字政府·智慧岳阳”，

"岳办岳好"上线运行，推行"一件事一次办"，成功获批国家级政务服务标准化试点，群众办事更加方便快捷。争创全国市域社会治理现代化试点合格城市，统筹抓好扫黑除恶、信访维稳、平安创建、安全生产、食药安全等底线工作，全市社会大局和谐稳定。

【"十四五"规划】 2020年，岳阳市委科学谋划推动"十四五"高质量跨越发展，召开市委常委会会议、市委财经委（扩大）会议、市国土空间规划委员会全会、县（市、区）委书记座谈会及长沙、武汉两次专家学者和知名乡友座谈会等，谋划"十四五"发展。常委会组成人员带头到基层开展调研，集思广益、凝聚共识。研究制定《中共岳阳市委关于制定岳阳市国民经济和社会发展第十四个五年规划和二〇三五年远景目标的建议》，建设"三区一中心"，在落实"三高四新"战略中走在前列。统筹做好自然保护地和生态保护红线优化整合，京广铁路东移、G240湖底隧道、三荷机场改扩建等重大战略项目谋划推进。

【全面从严治党】 2020年，岳阳市委推动管党治党各项任务落实落细，加强常委会自身建设，严肃党内政治生活，严格执行民主集中制，观大势、谋大局、抓大事，全年召开市委常委会会议39次，研究部署产业建设、防疫防汛、三大攻坚战、扩大开放、改善民生、党的建设等一系列重大问题。坚持全面系统、精准精细、较真碰硬的工作方法，发扬求真务实作风，一切从实际出发，用好实事求是"传家宝"，察实情、出实招、求实效，敢于担当、敢于攻坚，一抓到底、善作善成，使每项工作都经得起历史的检验；弘扬斗争精神，在破解改革发展稳定的矛盾问题中，坚持"狭路相逢勇者胜，越是艰险越向前"，在危机中找到转机，在困局中打开新局；带头遵守中央八项规定及其实施细则精神和省委实施办法，做到自警自律自重自强，营造清清爽爽的同志关系、规规矩矩的上下级关系、干干净净的政商关系；加强对人大、政府、政协工作的领导，着力构建大统战工作格局，凝聚方方面面的力量。做好干部人才工作，贯彻干部任用条例，树立正确用人导向，突出政治标准，坚持重基层、重担当、重实干选干部配班子，干部选拔任用工作满意度排名全省前列；创新人才政策，放宽大学生落户政策门槛，出台巴陵人才新政二十条，从引才、聚才、铸才、育才、扶才、优才等方面发力，为推进高质量发展提供强有力人才支撑。夯实基层基础，创新推进基层党建"五个一"重点工作（"一大建设"即加强党支部政治建设、"一支队伍"即打造贫困村两委班子、"一门覆盖"即实现基层公共服务一门式全覆盖、"一项培训"即开展党员精准教育培训、"一个计划"即实施两新组织标杆引领计划），抓基层党组织"五化"建设，出台《党支部政治建设考察办法（试行）》，推动政治建设考察全覆盖，全市村（社区）"一肩挑"比例93%，基层公共服务（"一门式"）全覆盖推进，排查整顿软弱涣散基层党组织23个。树牢过紧日子的思想，出台《关于厉行节约反对浪费勤俭办一切事业的实施意见》，谋发展、抓建设、上项目算好"投入产出账""建设成本账"，不盲目追求"高精尖""高大上"，坚决遏制工程建设"过度化""豪华版"问题，大力压减一般性支出，把每一分钱都用到刀刃上。持续正风肃纪，坚决整治"四风"，切实减轻基层负担，市级综合绩效考评文件一级指标由162项减少至98项；深化对"拉款子""打牌子""提篮子"等突出问题整治，完成七届市委第八轮巡察工作，配合做好省委第九轮、第十轮巡视工作，全市立案查处违纪违法案件2052件，处分1918人。

（杨　滔）

重要会议

【决战脱贫攻坚决胜全面小康市县乡负责干部大会暨市委农村工作会议】 2020年3月4日，岳阳市决战脱贫攻坚决胜全面小康市县乡负责干部大会暨市委农村工作会议召开，贯彻落实中央和省委决策部署，动员全市上下攻坚克难、担当作为，统筹推进疫情防控和经济社会发展，扎实做好"全面小康决胜年"各项工作。市委书记王一鸥出席并讲话，强调要克服疫情影响，全力化危为机，努力做到"两手抓""两手硬""两手赢"，实现决胜全面建成小康社会、决战脱贫攻坚目标任务，以决战决胜的实际成效向党和人民交上一份合格的答

2020年3月4日，岳阳市委召开决战脱贫攻坚决胜全面小康市县乡负责干部大会

卷。市委副书记、市长李爱武主持，市委副书记陈爱林作农村工作报告，市委常委、常务副市长李挚宣读岳阳市《关于2019年度综合绩效考评结果的通报》、省政府办《关于对2019年度真抓实干成效明显地区予以表扬激励的通报》。平江县、城陵矶新港区和市发改委、优化办作发言。市领导徐新楚、向伟雄、王小中、马娜、谈正红、吴晓波、林彰良、王武等出席。会议以视频会议形式召开，设一个市主会场，各县（市、区）设分会场。

【"守护好一江碧水"暨生态环境保护工作会议】 2020年3月12日，岳阳市"守护好一江碧水"暨生态环境保护工作会议召开，市委书记王一鸥强调，要深学笃用习近平生态文明思想，加强党对生态文明建设的领导，坚持走生态优先绿色发展之路，坚决打赢污染防治攻坚战，加快推动岳阳高质量发展，决战决胜全面建成小康社会。市委副书记、市长李爱武主持，市委常委、市委秘书长谈正红出席，市委常委、市纪委书记、市监委主任林彰良作"洞庭清波"专项行动部署，副市长黎作凤作全市生态环境保护工作报告。市生态环境局、市住建局和临湘市、岳阳楼区、云溪区作发言。会议以视频会议形式召开，各县（市、区）设分会场。

【中国共产党岳阳市第七届委员会第十次全体（扩大）会议】 2020年8月7日，中共岳阳市第七届委员会第十次全体（扩大）会议召开。全会认真贯彻落实中央政治局会议尤其是总书记习近平系列重要讲话及指示批示精神、全省产业项目建设推进现场观摩会暨上半年工作总结和下半年工作部署会精神，分析当前形势，安排部署下半年工作。市委书记王一鸥代表市委常委会向全会报告上半年工作并讲话，市委副书记、市长李爱武作经济工作报告。全会由市委常委会主持。市领导陈爱林、向伟雄、李挚、王小中、马娜、胡建新、谈正红、林彰良、王武等出席。全会认为，2020年上半年十分艰难、极不平凡。面对突如其来的新冠肺炎疫情、严峻复杂的经济形势和1998年以来最严重的洪水汛情，既是大战，也是大考。市委常委会旗帜鲜明讲政治，树牢以人民为中心的发展思想，坚持全面系统、精准精细、较真碰硬的工作方法，大力加强干部队伍和作风建设，团结带领全市上下，沉着应对，始终保持战时思维、战时状态、战时作风，全力打好疫情阻击战，统筹打好经济复苏战，坚决打好三大攻坚战，持续打好防汛保卫战，成绩来之不易，经验弥足珍贵。全会强调，要瞄准名副其实的全省第二经济强市目标，切实增强加快岳阳高质量发展的进取心和责任感。岳阳现阶段的主要矛盾是发展不平衡不充分，推动岳阳高质量发展，要把规模、速度、质量、结构、效益统一起来，不唯GDP不是不要GDP，淡化指标不是丢掉目标；如果没有一定的发展速度，就是没有进取心，就是没有历史责任感。围绕建设湖南发展新增长极、国家区域性中心城市和大城市，打造名副其实的全省第二经济强市的目标，2020年全市GDP要在全省第二梯队中率先突破4000亿元，为到2023年率先迈上5000亿元台阶打下坚实基础。必须保持积极的进取心和强烈的责任感，"以经济发展比实力，以产业项目论英雄"，咬定发展不放松。要强化"一代人有一代人的长征，一代人有一代人的担当"的使命感，聚焦目标找差距、定坐标、明任务，推动岳阳发展不断取得新的更大突破。要强化"在危机中育新机，于变局中开新局"的进取心，善于观大势、把大局、谋大事，以自身工作的确定性应对外部条件的不确定性，以岳阳发展的"小气候"应对宏观环境的"大气候"。要强化"干在实处，走在前列"的推动力，全市上下要围绕目标，把工作摆进去，把职责摆进去，把自己摆进去，做到人人身上有压力、个个肩上有担子，推动各项工作比学赶超、争先创优。全会要求，要全力以赴奋战下半年，推动各项工作落地见效，确保"十三五"圆满收官。要加快推进七大千亿产业和"12+1"优势产业链建设，一手抓龙头企业发展壮大，一手抓配套产业协同布局，突出抓好湖南工程机械配套产业园建设、"招商引资月"活动、"一对一"联点帮扶等重点，强化"链"的思维，激发"链"锁反应。要千方百计扩大有效投资，加紧对接在谈的百亿级项目，加快在建项目进度，持续抓好争资争项。要全面完成脱贫攻坚和全面小康目标任务，提高全面小康的质量和成色。要推动创新开放发展迈出更大步伐，聚焦科技创新与产业发展有机衔接，激发人才活力，打造"巴陵人才工程"升级版，落实好"巴陵人才新政二十条"；要全面对接长江经济带发展战略，加快建设长江中游综合性航运物流中心、内陆临港经济示范区。要坚决守护好一江碧水，扎实推进各类问题整改，确保如期如质完成整改任务；对完成整改的要组织开展"回头看"，坚决防止滑坡反弹；要持续推进重点水域禁捕退捕集中整治行动，做好退捕渔民转产安置和生计保障。要扎实做好民生保障和底线工作，时刻绷紧疫情防控这根弦，持续抓好防汛抗灾工作，加大交通综合整治力度，深化扫黑除恶专项斗争，压紧安全生产责任链条；要办好民生实事，强化民生保障，守住就业和三保底线。要科学编制"十四五"规划和国土空间规划，加强向上对接，推动规划的目标愿景、项目建设、改革政策等诉求更多进入省、国家规划内容；要建立重点区域规划融合调度机制，着力解决规划"碎片化"的问题。全会强调，要切实加强党的全面领导，着力营造干事创业的浓厚氛围。做好下半年工作，关键在人、关键在干。要提高政治站位，旗帜鲜明讲政治，切实增强"四个意识"、坚定"四个自信"、做到"两个维护"，推动各项工作落实落地落细。要弘扬改革精神，拿出"将改革进行到底"的决心，不断在改革中破局开路、克难前行。要激发基层活力，以推进治理体系和治理能力现代化为目标，走基层群众自治路子，构建共建共治共享的社会治理格局。要锤炼严实作风，对市委、市政府决策部署的事情、定下来的工作，坚持问题导向、目标导向、结果导向，心无旁骛地干，较真碰硬地抓，不折不扣全力推进。全会要求，做好下半年的经济工作，必须坚持稳中求进的工作总基调，更加科学有力地统筹疫情防控和经济社会发展，全力以赴稳住经济的基本盘。要突出产业项目投资，每个项目都要争分抢秒赶工期、抢进度，要扎实开展产业链招商，加快延链、补链、强链步伐；要突出基础设施投资，抢抓政策机遇，加快项目包装储备，加速落地项目建设，坚持以“稳投资”来“稳增长”“稳预期”。要精准施策帮扶市场主体，抓好政策落地，强化金融支持，优化营商环境，为经济发展积蓄基本力量。要坚定不移推进开放发展，充分发挥城陵矶港核心引擎功能，持续放大平台效应，推动外贸经济提质发展；加快推进多式联运体系建设，统筹抓好现代物流产业，推动枢纽经济加快发展；坚持“以改革为动力、以节会为抓手、以项目为支撑”，推动文旅经济融合发展。要多措并举拉动消费升温，跟紧政策新动向，结合全国“消费促进月”活动，抓实抓好夏季促进消费系列活动，加快推动消费回流和人气回补；跟进消费新业态，推动线上线下协同发展，支持传统消费行业突围破冰，着力营造开放、有序、活跃的夜间经济环境。要迎难而上抓好三大攻坚，全力以赴兜牢民生底线，确保每项工作任务硬账硬结。全会号召，全力以赴冲刺GDP4000亿元目标，为决胜全面小康、决战脱贫攻坚做出更大贡献。

（杨　滔）

【市委常委会】　2020年，中共岳阳市委召开市委常委会39次，分别是第88次至126次常委会。

市委第七届第88次常委会议。1月2日，市委书记王一鸥主持召开市委第七届第88次常委会议。学习《党委会的工作方法》，传达中央政治局“不忘初心、牢记使命”主题教育专题民主生活会、总书记习近平在中央政治局第十九次集体学习时的重要讲话精神；讨论研究2020年重大产业项目建设市级领导联点工作；听取全面深化改革工作情况汇报；听取脱贫攻坚工作情况汇报；听取“两会”“两节”期间信访、安全生产工作和“两节”期间慰问活动、市场供应保障及价格稳定情况汇报。

市委第七届第89次常委会议。1月21日，市委书记王一鸥主持召开市委第七届第89次常委会议。传达学习总书记习近平关于应急管理体系和能力建设的重要讲话及密码工作重要批示精神；传达中央领导习近平、李克强在中央经济工作会议上的讲话精神，学习《中国共产党宣传工作条例》《中国共产党党校（行政学院）工作条例》《中国共产党党和国家机关基层组织工作条例》；传达省人大、政协“两会”精神；传达市州和省直行业系统党（工）委书记抓基层党建暨落实意识形态工作责任制述职评议会议、全省干部监督工作会议精神；传达中纪委、省纪委全会精神，审议七届纪委五次全会报告和纪检监察体制改革有关实施意见；贯彻落实省委书记杜家毫、省长许达哲批示精神，研究推动岳阳生态优先绿色发展，系统推进长江经济带大保护工作；听取2019年度综合绩效考评结果情况和2019年度安全生产、平安建设、信访、农村人居环境整治考核工作情况汇报，审定农业产业化特色小镇第二批授牌乡镇；听取岳阳市创建全国市域社会治理现代化试点合格城市工作情况汇报；研究市县乡负责干部大会方案。

市委第七届第90次常委会议。1月27日，市委书记王一鸥主持召开市委第七届第90次常委会议。专题研究新型冠状病毒感染的肺炎疫情防控工作。

市委第七届第91次常委（扩大）会议。2月4日，市委书记王一鸥主持召开市委第七届第91次常委（扩大）会议。专题传达学习总书记习近平在中央政治局常委会会议上的重要讲话、市州委书记视频会议精神，研究部署岳阳市新冠肺炎疫情防控工作。

市委第七届第92次常委（扩大）会议。2月10日，市委书记王一鸥主持召开市委第七届第92次常委（扩大）会议。专题传达省新冠肺炎疫情防控工作领导小组有关通报精神，部署整改措施。

市委第七届第93次常委（扩大）会议。2月11日，市委书记王一鸥主持召开市委第七届第93（扩大）次常委会议。专题分析当前经济形势，讨论研究全年经济工作；安排部署疫情防控与企业复产复工工作。

市委第七届第94次常委会议。2月12日，市委书记王一鸥主持召开市委第七届第94次常委会议。传达总书记习近平在中央全面依法治国委员会第三次会议、北京调研指导新冠肺炎疫情防控工作时的重要讲话指示精神；研究审定市委常委会2020年工作要点和全面小康决胜年行动方案。

市委第七届第95次常委（扩大）会议。2月24日，市委书记王一鸥主持召开市委第七届第95次（扩大）常委会议。专题传达学习总书记习近平在统筹推进新冠肺炎疫情防控和经济社会发展部署会议上的重要讲话精神，研究贯彻落实方案。

市委第七届第96次常委会议。3月10日，市委书记王一鸥主持召开市委第七届第96次常委会议。传达学习总书记习近平近期重要讲话指示批示和中央有关会议精神；传达学习省委杜家毫书记在岳调研春耕生产工作时的指示讲话精神；听取市人大常委会、市政府、市政协、市中级法院、市检察院党组工作情况汇报，审议市人大常委会2020年工作安排、市政协2020年工作要点和调研协商监督工作计划；传达学习全国全省纪检监察、组织、宣传、政法、统战工作有关会议精神，研究贯彻落实措施。

市委第七届第97次常委（扩大）会议。3月23日，市委书记王一鸥主持召开市委第七届第97次常委（扩大）会议。专题传达学习中央政治局常委会会议、省委全会精神，分析当前疫情防控和经济形势，研究部署夺取疫情防控和实现经济社会发展目标“双胜利”有关工作。

市委第七届第99次常委会议。4月1日，市委书记王一鸥主持召开市委第七届第99次常委会议。学习总书记习近平关于防范化解重大风险和生态文明建设的重要论述；传达中央、省委对台工作主要精神，听取全市对台工作情况汇报；讨论研究自贸区申报有关工作；听取城陵矶新港区、综合保税区工作情况汇报；听取全市禁毒工作情况汇报。

市委第七届第101次常委会议。4月21日，市委书记王一鸥主持召开市委第七届第101次常委会议。传达中共中央政治局会议精神；传达市州委书记座谈会精神。

市委第七届第102次常委会议。4月27日，市委书记王一鸥主持召开市委第七届第102次常委会议。传达中央、省领导在岳调研时的指示精神；传达省委杜家毫书记在和全面小康决胜年“六覆盖”工作座谈会、省委财经委第三次会议上的讲话精神；学习省委“三农”工作文件、省委疫情防控工作领导小组有关文件精神，研究贯彻落实措施；听取全面深化改革工作情况汇报，审议《2020年改革工作要点》；审定《关于做好2020年决胜全面小康综合绩效考评工作的通知》《关于加快七大千亿产业建设推进高质量发展的实施意见》。

市委第七届第103次常委会议。5月13日，市委书记王一鸥主持召开市委第七届第103次常委会议。传达总书记习近平近期重要讲话精神，学习贯彻《关于推动基础设施高质量发展的意见》精神；听取全面依法治市工作情况和扫黑除恶工作情况汇报；听取湖南理工学院南湖学院转设有关情况汇报；听取西环线项目建设情况汇报。

市委第七届第104次常委会议。5月21日，市委书记王一鸥主持召开市委第七届第104次常委会议。传达总书记习近平近期重要讲话和有关批示精神；传达全省市州长座谈会、省政府常务会和全省自贸试验区申报工作会议精神；分析当前新冠肺炎疫情防控形势，研究部署抓好常态化疫情防控工作；审议《关于进一步深化我市机构改革理顺相关体制机制的方案》；听取信访工作情况汇报；听取深化民兵调整改革工作有关情况汇报。

市委第七届第105次常委会议。5月29日，市委书记王一鸥主持召开市委第七届第105次常委会议。传达学习总书记习近平“两会”期间重要讲话精神；传达贯彻《省委国安委关于贯彻落实党委（党组）国家安全责任制规定的实施意见》精神；听取脱贫攻坚工作情况汇报；听取统战工作情况汇报。

市委第七届第107次常委会议。6月16日，市委书记王一鸥主持召开市委第七届第107次常委会议。传达学习总书记习近平近期重要讲话精神；学习贯彻中共中央政治局常委、国务院副总理韩正在岳阳调研时的指示精神；传达国家、省关于强化防控措施坚决防止疫情反弹的紧急通知精神，研究部署岳阳市防控工作；传达省委加强网上舆论宣传做好互联网工作交流会和中央巡视办市县巡察工作中南片区调研座谈会精神，研究贯彻落实措施；听取全市“12+1”优势产业链推进工作情况汇报。

市委第七届第108次常委会议。6月28日，市委书记王一鸥主持召开市委第七届第108次常委会议。传达中央、省领导关于禁捕工作的指示精神，听取当前整治工作情况汇报，安排部署后段工作；传达学习关于加快推进社会治理现代化开创平安中国建设新局面有关文件精神；传达全省民族团结进步表彰大会和市州统战部部长座谈会精神；听取推进市直机关职工住宅区“三供一业”分离改革情况汇报。

市委第七届第110次常委会议。7月10日，市委书记王一鸥主持召开市委第七届第110次常委会议。传达总书记习近平关于防汛救灾工作重要批示精神以及全省防汛视频调度会议精神，听取当前防汛工作情况汇报；学习贯彻市州委书记视频会议精神；传达贯彻全国、全省脱贫攻坚普查电视电话会议、全省领导干部个人有关事项报告专项整治工作会议精神；听取市主城区交通综合整治情况汇报；听取岳阳市长江经济带生态环境突出问题整改情况汇报；讨论研究“三保”有关工作；研究审议《岳阳市打造高质量发展人才高地的若干措施》。

市委第七届第111次常委会议。7月20日，市委书记王一鸥主持召开市委第七届第111次常委会议。专题传达学习总书记习近平关于防汛救灾工作重要讲话以及省委常委会议精神，听取当前全市防汛抗灾工作情况汇报，研究部署下阶段工作。

市委第七届第112次常委会议。8月2—3日，市委书记王一鸥主持召开市委第七届第112次常委会议。传达学习总书记习近平近期重要讲话以及中央、省委有关文件精神，研读《习近平谈治国理政》（第三卷）；传达中央政治局会议和全省产业项目建设推进现场观摩会精神，分析上半年经济形势，部署下半年工作；审议《湖南工程机械配套产业园建设方案》；听取攀华项目落户岳阳和城陵矶临港新区开发投资有限公司升格为一类市管国有企业情况汇报；听取常态化疫情防控工作和市中心医院建设情况汇报；听取“天下洞庭·国际湿地生态文化旅游节”筹备工作情况汇报；审议《岳阳市深入推进主城区交通综合整治行动方案》。

市委第七届第114次常委（扩大）会议。8月25日，市委书记王一鸥主持召开市委第七届第114次常委（扩大）会议。传达市州委书记市州长座谈会精神，安排部署相关工作；听取正威项目签约落地有关情况汇报，研究工程机械配套产业园有关工作；听取全面放开市主城区户口落户情况汇报；听取《2020年市本级政府投资项目计划（草案）》起草情况汇报

市委第七届第115次常委会议。8月28日，市委书记王一鸥主持召开市委第七届第115次常委会议。传达学习总书记习近平近期重要讲话精神；部署推进全国文明城市建设工作。

市委第七届第116次常委会议。9月2日，市委书记王一鸥主持召开市委第七届第116次常委会议。传达学习总书记习近平近期重要讲话精神；传达中央、省委关于西藏工作有关会议及市州长视频会议精神；听取省、市与中石化工作对接有关情况汇报；听取筹建岳阳临空经济区有关情况汇报；听取市直单位经营性国有资产清理及划转工作情况汇报；听取公安几项工作情况汇报，研究落实《党委（党组）国家安全责任制规定》有关工作；听取湘北雅园公租房和悟园管理中心改扩建项目情况汇报；审议《关于厉行节约反对浪费勤俭办一切事业

的实施意见》和《岳阳市委网络舆情应急处置小组主要职责及运行机制》。

市委第七届第117次常委（扩大）会议。9月21日，市委书记王一鸥主持召开市委第七届第117次常委（扩大）会议。传达学习总书记习近平在湖南考察调研时的重要讲话精神以及省有关会议精神，研究贯彻落实意见；分析1—8月份经济形势，研究部署后段工作；讨论研究全市自然保护地整合优化工作；审议《岳阳城市形象整体设计与宣传方案》和《岳阳市城区违法建设大排查大整治行动实施方案》。

市委第七届第118次常委会议。9月29日，市委书记王一鸥主持召开市委第七届第118次常委会议。传达学习总书记习近平在湖南考察调研时的重要讲话和有关文件精神；讨论研究意识形态工作；讨论研究中心城区旅游资源整合工作；审议《关于进一步加强新时代教育工作的若干意见》；听取湖南理工学院南湖学院转设工作情况汇报。

市委第七届第119次常委（扩大）会议。10月13日，主持工作的市委副书记、市长李爱武主持召开市委第七届第119次常委（扩大）会议。专题传达学习省委十一届十一次全会、省委关于贯彻落实总书记习近平视察湖南重要讲话指示精神三个责任分工方案精神，研究贯彻落实意见，部署推进四季度工作。

市委第七届第120次常委会议。11月3日，主持工作的市委副书记、市长李爱武主持召开市委第七届第120次常委会议。传达学习党的十九届五中全会和总书记习近平近期重要讲话精神；传达学习全省统战系统贯彻落实总书记习近平考察湖南重要讲话精神及全国民营经济统战工作会议精神；讨论研究中国（湖南）自由贸易试验区岳阳片区建设有关事项；听取现代物流业发展情况汇报；听取全市脱贫攻坚决战决胜及考核工作情况汇报；听取全市反恐怖工作情况汇报。

市委第七届第121次常委会议。11月25日，市委书记王一鸥在北京视频连线主持召开市委第七届第121次常委会议。专题传达学习省委书记许达哲在岳阳、常德、益阳调研时的讲话精神，讨论研究长江经济带绿色发展示范区建设、东风湖治理与开发、突出生态环境问题整改、做大做强港口航运物流、洞庭湖博物馆建设和运营等工作。

市委第七届第122次常委会议。12月3日，主持工作的市委副书记、市长李爱武主持召开市委第七届第122次常委会议。传达学习总书记习近平近期重要讲话和省委十一届十二次全会精神，研究贯彻落实措施；听取禁捕退捕工作情况汇报；听取信访工作情况汇报；审议《当前全市党风廉政建设和反腐败斗争形势报告》

市委第七届第124次常委会议。12月11日，主持工作的市委副书记、市长李爱武主持召开市委第七届第124次常委会议。学习贯彻总书记习近平关于网络强国的重要思想，讨论研究网信工作；传达学习中国（湖南）自由贸易试验区工作领导小组第一次会议精神；观看《长江经济带生态环境警示片》，研究部署相关工作；听取全市村（社区）“两委”换届工作情况汇报。

市委第七届第126次常委会议。12月28日，主持工作的市委副书记、市长李爱武主持召开市委第七届第126次常委会议。传达学习总书记习近平近期重要讲话精神和中央、省委经济工作会议精神，研究贯彻落实措施；审议《关于制定岳阳市国民经济和社会发展第十四个五年规划和二〇三五年远景目标的建议（讨论稿）》《市委全会暨市委经济工作会议报告（讨论稿）》；听取岳阳市低空空域管理改革情况汇报；听取市红十字会改革工作情况汇报；审议《关于新时代加强和改进人民政协工作的实施意见》。

（许　祺）

重要决策及活动

【加快七大千亿产业建设推进高质量发展的实施意见】　2020年5月13日，市委、市政府制定下发《关于加快七大千亿产业建设推进高质量发展的实施意见》，加快岳阳市石油化工、食品、现代物流、电子信息、装备制造、电力能源、文化旅游等七大千亿产业建设，提出4个方面实施意见：总体思路，牢固树立产业强市理念，统筹12条优势产业链和文化旅游产业（简称“12+1”），保持定力抓项目、强产业、兴实体，着眼营造产业生态，着力建链、补链、延链、强链，推动优势产业绿色化、集群化、智能化、高端化发展，加快建成七大千亿产业；基本原则，生态优先、绿色发展，全面系统、强力推进，突出重点、示范引领，创新驱动、开放融合，协同配合、精准施策；工作内容，提升优势产业链条，构建高质量发展四梁八柱，聚焦产业项目建设，打造高质量发展有力引擎，突出精准招商主题，撬动高质量发展内生动力，强化各类要素支撑，营造高质量发展良好环境；保障措施，强化组织领导，强化统筹调度，强化考核奖惩，成立市加快七大千亿产业建设推进高质量发展领导小组，由市委书记王一鸥任第一组长，市长李爱武任组长，市领导陈爱林、李挚、谈正红、王武、杨昆、刘晓英任副组长。

【打造高质量发展人才高地的若干措施】　2020年7月30日，市委、市政府制定下发《岳阳市打造高质量发展人才高地的若干措施》，提出3个方面意见：持续实施“巴陵人才工程”，实施高层次人才引领计划，实施青年人才储备计划，实施高技能人才支撑计划，实施优秀企业家和企业职业经理人领航计划，实施乡村人才振兴计划，实施柔性引才汇智计划，实施企事业单位“四海揽才”计划；大力支持人才创新创业，支持打造创新创业平台载体，支持科技成果转移转化，强化创新创业财税金融支持，强化本土人才（团队）培养激励；加快推进人才发展体制机制改革，深化人才评价制度改革，创新编制和岗位管理，发挥用人单位主体作用，拓宽人才引进交流渠道，优化人才子女入学和配偶随迁服务，加大人才医疗和安居保障力度，构建“智慧人才”服务平台，营造人才优先发展良好氛围，强化人才工作组织保障。

【推进主城区交通综合整治行动方案】 2020年8月14日，市委、市政府制定下发《岳阳市深入推进主城区交通综合整治行动方案》，提出3个方面意见：指导思想；总体目标；组织保障，加强组织领导，压实工作责任，强化要素保障，做好监测评估，市委书记王一鸥任政委，市长李爱武任指挥长。同时，提出岳阳市推进主城区交通综合整治“九大行动”，即人人参与行动、车城和谐行动、路网优化行动、堵点畅通行动、绿色出行行动、智慧交通行动、常态治理行动、谋划长远行动、督查督办行动。

【加强新时代基础教育工作的意见】 2020年10月18日，市委、市政府制定下发《关于进一步加强新时代基础教育工作的意见》，提出重视思政课建设等10个方面意见。

【实施“数字政府·智慧岳阳”建设行动方案】 2020年12月11日，市委、市政府制定下发《深入实施“数字政府·智慧岳阳”建设行动方案》，提出三个方面意见：工作目标；主要行动，实施党政协同数字化提升行动，实施产业经济数字化提升行动，实施幸福生活数字化提升行动，实施放权赋能综合监管数字化提升行动，实施数字支撑能力提升行动；工作保障，强化组织保障，强化资金保障，强化队伍保障，强化督查考核。

（杨　滔）

【胡春华到岳阳督导春耕和生猪生产工作】 2020年4月15—16日，中共中央政治局委员、国务院副总理胡春华到岳阳实地督导春耕和生猪生产工作。到岳阳市筻口镇潼溪村考察早稻机抛机插、丰瑞农机合作社考察智慧农业发展、华容县宏玉生物科技有限公司考察生猪养殖等情况。强调要贯彻总书记习近平重要指示精神，按照党中央、国务院决策部署，全面压实责任、落实各项措施，坚决完成稳定粮食生产和恢复生猪生产目标任务，确保粮食和重要副食品供应安全。面对新冠肺炎疫情带来的风险挑战，要不折不扣抓好农业生产。稳定并努力增加粮食播种面积，全面落实各项支农惠农政策，充分调动农民群众种粮积极性。千方百计抢抓农时，加快春播春种进度，有条件的地区要加快恢复双季稻生产。发挥社会化服务组织作用，支持开展联耕联种、代耕代种等“一站式”托管服务，确保农资供应，加强病虫害防治。坚定不移加快恢复生猪生产，落实落细各项扶持政策，持续加强“非洲猪瘟”防控，努力推动新增产能投产，保障猪肉市场供应。

【韩正到岳阳考察水环境治理和经济建设情况】 2020年6月2日，中共中央政治局常委、国务院副总理韩正到岳阳考察水环境治理情况、经济建设情况。到东风湖考察水环境治理、城陵矶老港考察港口提质改造和全封闭“胶囊”散货仓库、新金宝光电有限公司考察经济建设等情况。强调要贯彻落实总书记习近平的重要指示精神，坚持新发展理念，加快制造业转型升级，做实做强做优实体经济，持续提高生态环境治理成效，坚定不移推动经济高质量发展迈出更大步伐。韩正到岳阳东风湖，查看水体保护和治理，指出要从根本上实现源头控制，加快水体沿岸沿线产业结构调整，加大黑臭水体治理和生态修复力度，实现水生态环境良性循环。在岳阳城陵矶老港，韩正查看港口提质改造情况，强调长江经济带发展要坚持共抓大保护、不搞大开发，走生态优先、绿色发展之路，对暗访发现的问题必须整改到位，久久为功，坚决守护好一江碧水。

【王勇到岳阳考察防汛抗洪救灾工作】 2020年7月16日，国务委员、国家防汛抗旱指挥部总指挥王勇到岳阳考察防汛抗洪救灾工作。到岳阳市云溪区永济垸长江干堤考察堤防巡查防守、抢险物资预置和队伍集结准备情况、城陵矶（七里山）水文站考察洞庭湖高洪水位及堤垸防守情况。强调要坚决贯彻总书记习近平关于进一步做好防汛救灾工作的重要指示精神，坚持把人民生命安全放在第一位，压实各级防汛责任，严密重点环节防御，以更加有力举措开展防汛抢险救灾，最大限度降低灾害损失。到岳阳永济垸、城陵矶水文站等地，现场查看长江干堤、洞庭湖堤垸汛情险情，检查指导巡查防护、抢险物资部署和城市防洪工程建设情况，看望一线抢险救援队伍。指出当前长江流域防汛仍处最吃紧阶段，要再接再厉、高度警醒，把各项部署再落实再巩固再加强，切实做到守土有责、守土尽责，筑牢防汛抢险救灾人民防线，确保江河湖库安全度汛。强调各地各有关部门要全面贯彻党中央、国务院决策部署，进一步落实防汛责任制，各级责任人全员全线上岗，严格24小时值班值守，分段分片压实包保责任。密切监视天气水情发展，强化局部性突发性灾害天气和超警超保河流预测预报，预警信息要直达基层一线。要全面排查抢修溃口、渗水、管涌等隐患，对重要堤防、险工险段、中小水库和城市易涝点全天候不间断巡查排险，抓紧修复水毁工程，及时补充抢险物资，统筹组织各类抢险救援力量，快速高效处置突发险情。坚持防汛抢险与恢复重建两手抓，妥善安置受灾群众，及时发放救灾资金物资，尽快恢复灾区生产生活秩序，全力保障人民群众生命财产安全。

（陈　浩）

【许达哲到岳阳调研检查环境问题整改情况】 2020年11月24日，省委书记许达哲到岳阳调研检查环境问题整改情况。强调要坚决贯彻落实总书记习近平在全面推动长江经济带发展座谈会上的重要讲话精神，始终牢记“守护好一江碧水”嘱托，坚定不移走生态优先、绿色发展的路子，在推动中部地区崛起和长江经济带发展中彰显新担当。许达哲到岳阳市东风湖，仔细检查环境改善情况，这是自2017年以来许达哲第5次到此地调研。强调要扛牢“守护好一江碧水”的政治责任，统筹推进长江干支流治污治岸治渔，持续推进洞庭湖生态环境保护修复，继续推进湘江保护与治理，统筹打好蓝天碧水净土保卫战，保护传承弘扬长江文化，加强长江经济带生态环境系统保护修复。坚定不移走生态优先绿色发展之路，统筹生态文明建设和经济建设，发挥长江黄金水道作用，推进沿江沿湖产业转型升级，主动对接融入长江中游城市群建设，把岳阳通江达海的优势用好用足，推动长江经济带高质量发展。

（杨　滔）

组织工作

【概况】　2020年，市委组织部组织全市207个县处级以上领导班子、1364名在职县处级以上党员领导干部，1.4万个基层党组织和32.1万名党员跟进学习贯彻总书记习近平系列重要讲话指示特别是考察湖南重要讲话精神，树牢“四个意识”、坚定“四个自信”、做到“两个维护”。开展“党旗飘扬、党徽闪亮”巴陵先锋行动，选派2214名机关干部到社区和企业担任防疫联络员、派出1216支驻村帮扶工作队、号召动员11万多名党员防汛抗灾，完成疫情防控、复工复产、防汛抗灾、脱贫攻坚、扫黑除恶等急难险重任务，临湘市党委、岳阳市二人民医院呼吸与危重症医学科主任黄河颂等被评为全国抗击新冠肺炎疫情先进典型，湘阴县教育局党组书记、局长曾维光被评为全国“最美公务员”。开展“加强一大建设、打造一支队伍、实现一门覆盖、开展一项培训、实施一个计划”基层党建“五个一”重点工作，基层党建工作质量得到提升。推进全市1.4万个党支部政治建设，实行政治建设考察全覆盖，基层党组织政治素质得到提高。高标准质量完成村（社区）“两委”换届工作，“两委”班子年龄、学历结构得到明显改善，政治功能和组织力进一步增强。加强干部选、育、管、用工作，整体推进班子队伍建设，为全市实施“三高四新”战略，加快“三区一中心”建设提供关键支撑，干部工作更加严谨规范。制定出台《岳阳市打造高质量发展人才高地的若干措施》，推出“巴陵人才新政”20条，实施高层次人才引领计划、青年人才储备计划、高技能人才支撑计划、优秀企业家和企业职业经理人领航计划、乡村人才振兴计划、柔性引才汇智计划、企事业单位“四海揽才”计划等七大计划，人才工作实现新的突破。基层党建、人才工作等经验做法被新华社、《人民日报》、中央电视台《新闻联播》《中国组织人事报》等报道和推介。全市组织工作位于全省第一方阵，基层党建工作走在全省前列。

【基层党建“五个一”重点工作】　2020年，市委组织部落实省委全面加强基层建设“1+5”文件精神，开展“加强一大建设、打造一支队伍、实现一门覆盖、开展一项培训、实施一个计划”等基层党建“五个一”重点工作。加强一大建设，即推行党支部政治建设考察工作，制定《进一步加强党支部政治建设的实施方案》，提出15条具体措施，在319个建档立卡贫困村党支部先行试点，出台《党支部政治建设考察办法（试行）》，基层党组织政治素质得到整体提高。打造一支队伍，即推行“五强五好”工作举措，把建档立卡贫困村党支部和党员队伍打造为“一支永不走的工作队”，全年新发展贫困村年轻党员247名，培养入党积极分子557名，农村致富带头人1204名，“农民大学生培养计划”学员141名，贫困村内生动力得到增强。实现一门覆盖，即构建基层公共服务（“一门式”）全覆盖信息化管理和智慧党建平台、微信小程序端、手机App端、智能自助服务端和市县乡村（社区）视频会议系统，下沉乡镇（街道）服务事项71项、村（社区）服务事项45项，42万名党员群众在线参与“基层公共服务（“一门式”）全覆盖信息化管理暨智慧党建平台”云上发布启动仪式，服务事项实现“就近办、随时办、掌上办”。开展一项培训，即打造“五个精品”，开展党员素质提升精品教育培训，承办106个轮训重点班次，培训人数2.73万多人，举办农村电商、农民大学生精准扶贫班等18个实用技术专题培训班，开展“巴陵先锋·党课开讲啦”活动，全市党员教育培训工作质量水平稳步提高。实施一个计划，即开展“两新”党建“标杆引领”计划，建立小区党支部208个，指导成立市注册会计师资产评估行业党委、综合保税区企业联合党支部和15家市物业管理行业党委，激发两新组织正能量。

【村（社区）“两委”换届】　2020年12月，岳阳市村（社区）“两委”换届工作全面启动，成立以市委书记王一鸥为第一组长的市委换届工作领导小组，制定换届工作方案，建立市委常委会会议组成人员联系县（市、区）的包联推进机制，组建13个由市纪委监委、市委组织部班子成员担任组长的换届工作监督指导组，召开全市村（社区）“两委”换届监督指导工作培训会、全市村（社区）“两委”换届工作推进会等会议，开展村（社区）班子成员换届前谈心谈话活动，颁发荣誉证书，做好换届中离任村（社区）干部关怀激励工作，全市1820个村（社区）“两委”换届选举工作顺利完成。除下派干部担任党组织书记的村（社区）以外，全部实现“一肩挑”，村（社区）“两委”班子成员年龄、学历实现较大幅度“一降一升”，结构进一步优化。

【领导班子和干部队伍建设】　2020年，市委组织部抓干部选、育、管、用等工作，以重品德、才干、担当、实绩、公认的导向选干部配班子，严把政治关、廉洁关和能力素质关，一批在疫情防控、脱贫攻坚、防汛抗灾等工作中表现突出的干部被提拔重用或晋升职级，全市干部选拔任用工作满意度进一步提高。完善干部工作制度，开展专题调研，建立干部信息库和乡科级年轻干部备案制度，及时发现、培养、使用适应新时代要求的优秀年轻干部。完善选调生培养制度，举办2019年录用选调生培训班，对12名锻炼期满回市直选调生、32名新录用选调生进行单位岗位分配。出台《关于设立市委资政督办专员的暂行办法》，引导和管理部分退出领导岗位干部的发挥作用。实行干部专项考察工作全覆盖，对97家市直单位、9家市属国有一类企业和所有县（市、区）领导班子和领导干部进行政治建设考察，实现政治建设考察全覆盖，抓市级领导班子和领导干部政治建设考察反馈意见整改。加强干部专业化能力建设，在市委党校举办各类主体班22期，对全市“80后”正科职干部进行点训，举办岳阳市智慧城市建设管理专题研修班、中小企业高级经管人才培训班。推进公务员统一管理，考录公务员580名，建立职级职数动态调整机制，依法依规开展职级晋升工作。推进公务员分类管理工作，公务员管理质量进一步提升。强化干部监督管理，抓政治监督、关键岗位监督、日常监督、干部选任监督等工作，2020年岳阳市立项查核件办结率在全省市州中排名第一位。

【巴陵人才新政】 2020年，市委组织部对接湖南省芙蓉人才行动计划，开展全市人才工作大调研，出台《岳阳市打造高质量发展人才高地的若干措施》，推出“巴陵人才新政”20条，重点实施高层次人才引领计划、青年人才储备计划、高技能人才支撑计划、优秀企业家和企业职业经理人领航计划、乡村人才振兴计划、柔性引才汇智计划、企事业单位“四海揽才”计划等七大计划，督促指导12个县（市、区）出台本土人才政策，形成更具岳阳竞争优势的人才制度体系。举办“巴陵人才新政”20条新闻发布会，新华网专题报道当日点击量58.6万人次。在《岳阳日报》、“江湖那些事”公众微信号等开辟专栏，专题报道优秀专家人才典型事迹，编印人才新政宣传手册1万多份。出台《进一步关爱激励战疫一线医卫专家人才的十条措施》，开展“岳阳名医（疫情防控人才）”“巾帼英才·疫情防控专项”人才选拔工作，组织15名代表到河南红旗渠等地开展休假疗养。开展科技创新人才团队、巴陵青年英才、岳阳名师、巴陵工匠、市优秀社科人才、市文旅融合优秀人才等6个本土人才（团队）支持和选拔工作，评选认定10家市人才集聚示范企业。推动人才向基层一线流动，组织完成2020年度乡村教师、乡村医生本土化定向招生工作，招收师范生263人、医学生363人，选派280多名专业技术人才到农业特色村镇、农业龙头企业和专业合作社担任科技特派员，为湘阴县、平江县各选派1名科技副县长。举办“四海揽才”（长沙）大型招聘会，当天1800多人与100多家企事业单位达成就业意向。继续开展柔性引才，从华中科技大学同济医学院、湘雅附二医院等柔性引进熊承良等6名专家教授，挂任首席专家。推进人才公寓第四期建设，496套人才公寓完成主体建设，组织65名高层次人才到市一人民医院健康体检，协调安排高层次人才配偶就业、子女入学问题。

“巴陵人才新政20条”新闻发布会

【岳阳市第二届驻村帮扶成果展示会暨消费扶贫网购节】 2020年10月17—19日，岳阳市第二届驻村帮扶成果展示会暨消费扶贫网购节活动在南湖广场举办，活动采取“党建引领+产业帮扶+线上推广+网络直播+线下展销”相结合方式，全面展示近年岳阳市驻村帮扶成果，推广销售扶贫领域农特产品。创新“政府主导、社会资本参与、市场化运作”运行模式，吸引132家农业龙头企业、40多家专业合作社、355种农特产品参展。现场参展市民近10万人次，各直播间累计访问量20多万人次，线上线下同步销售，销售总额5123.26万元。新华网、《湖南日报》、湖南卫视等主流媒体对展会情况进行报道，并推介岳阳驻村帮扶工作经验做法。

（罗　锋　喻江维）

宣传思想工作

【概况】 2020年，市委宣传部学习宣传贯彻习近平新时代中国特色社会主义思想和党的十九届四中、五中全会精神，聚焦决战脱贫攻坚、决胜全面小康，推动理论武装、新闻舆论、宣传教育、精神文明建设、文化文产、意识形态等工作。收到中央广播电视总台感谢信，多项工作在央视《新闻联播》《人民日报》头版、新华社通稿重点报道，推动出台《岳阳市文明行为促进条例》，岳阳市第三次获全国文明城市称号，移风易俗工作被省委组织部评为百个攻坚克难典型案例，成立市文化旅游产业发展领导小组，文化旅游产业纳入市委、市政府七大千亿产业和“12+1”优势产业链重点推进。

【理论学习】 2020年，市委宣传部强化理论武装，组织市委理论中心组学习17次，把学习贯彻总书记习近平重要讲话和指示批示精神与岳阳经济社会发展需求相结合，邀请商务部专家付丽和故宫学院院长单霁翔，分别讲授“自贸区建设”“文化传承与文旅发展”。抓“学习强国”学习平台推广使用，学员日平均参与度与积分居全省前列，岳阳市在“学习强国”平台上组织开展的主题阅读项目，被评为第三届“书香湖南”全民阅读品牌项目。成立市委理论宣讲团，市委常委、市委宣传部部长马娜为团长，重点围绕总书记习近平湖南考察、十九届五中全会精神以及疫情防控治理经验，到单位、企业、社区、农村等进行集中宣讲和微宣讲，开展各类宣讲活动3000多场（次）。组织社科专家进行理论研究，诠释解读党的创新理论，刊发理论阐释文章40多篇，编辑社科普及读物《新时代、新思想、新战略知识要点150题》。

【新闻舆论】 2020年，市委宣传部围绕抗疫防汛、复工复产、“守护好一江碧水”等中心工作，组织策划主题新闻报道和网络宣传，多项工作在央视《新闻联播》《新闻直播间》上镜，被新华社、《人民日报》《经济日报》等央媒头版重头报道。原创新闻作品《防汛防汛》被湖南卫视《新闻联播》分四期连续播出。中央电视台《记住乡愁》《航拍中国》《远方的家》等品牌栏目，湖南卫视《中餐厅》《元气满满的哥哥》等节目均推出岳阳专场。出台《重大舆情应急管理工作办法》，完善舆情处置协调小组及工作专班，在市直媒体开辟“辟谣侠盟”专栏，举办疫情防控、深化“最多跑一次改革”、巴陵人才新政20条等专题新闻发布会21场，特别是疫情期间及时召开发布会，主动设置议题，回应社会关切，澄清不实信息，予以舆论引导。全市六县三区的县级融媒体中心全部挂牌和App上线运行，云溪区融媒体中心建设经验被作为示范典型推荐至中宣部。

【思想道德建设】 2020年，市委宣传部着力培育践行社会主义核心价值观，建立每3年一届评选“忧乐精神”典型人物的工作机制，第二届忧乐典型重点推树在抗击疫情、脱贫攻坚、“守护好一江碧水”、防汛抗洪等方面的先进人物，并组织开展道德模范暨巴陵红色故事宣传巡讲活动。至年底，全市有两人登“中国好人”榜，23人（组）登“湖南好人”榜。推动出台《岳阳市文明行为促进条例》，持续推进文明村镇、文明单位、文明校园创建，常态开展文明城市创建，岳阳市第三次获全国文明城市称号。汨罗市成功晋升全国文明城市提名城市，平江县、华容县、岳阳县继续保持全国提名城市。开展“治陋习、树新风”“文明餐桌”等移风易俗行动，树立时代新风，移风易俗工作被省委组织部评为百个攻坚克难典型案例。在全省率先成立市级新时代文明实践服务中心，所有县市纳入市级试点建设，两个全国试点县汨罗市、华容县工作突出，汨罗市作为全省两个基层代表之一，受邀参加全国试点工作会议。利用实践中心（站、所）常态化开展各类志愿服务活动，帮助完成微心愿4.78万个，获评全国荣誉两项、全省荣誉20项，李立华和姚泽民当选2020年度“感动湖南”十佳人物。

【文化艺术与文化产业】 2020年，市委宣传部激励文艺精品创作，召开文艺精品创作推进会，修订完善文艺精品奖励扶持措施，抓全省“五个一工程”项目创作，组织第四届岳阳文化艺术节暨惠民演出季活动，举办“中国·汨罗江国际诗歌节”，开展第五届岳阳文学艺术奖评选和“乡村振兴看岳阳”文艺作品大赛。探索开展电影工作，巴陵戏《远在江湖》拍摄成电影，并于12月31日首映，联合拍摄《逆光者》等电影。创新举办全市电影行业复业兴业暨职业经理培训班，在全省率先启动“光影铸魂”电影党课活动，在电子平台“湘观影”购券购卡总金额居全省第一位。推进文旅融合，成立市文化旅游产业发展领导小组，建立湖南岳阳楼·洞庭湖文化旅游区，统筹市本级文化旅游产业开发建设。文化旅游产业纳入市委、市政府七大千亿产业和“12+1”优势产业链重点推进。推动岳阳楼、君山公园等重点文化单位进行改革，实行市场化运营。举办“天下洞庭”国际湿地生态文化旅游节，开展观鸟节、“最美长江岸线”马拉松赛、首届天下洞庭国际湿地音乐节等系列活动。

【意识形态工作】 2020年，市委宣传部健全意识形态工作机制，完善联席会议、述职评议、专项督查等各项制度，在全省率先成立宣传思想暨意识形态工作领导小组，印发《落实党委（党组）意识形态工作责任制实施意见》，出台《意识形态工作联席会议主要成员单位工作职责》，明确27个成员单位职

2020年12月31日，巴陵戏《远在江湖》拍摄成电影首映

责。加强阵地管理，压实网信办、社科联、文旅广电局、新闻出版等意识形态重要阵地管理部门责任，加强与统战、公安、高校等部门联动处置，对担负意识形态重要责任的市直媒体实行社会效益评估。加强新闻出版版权行政监管，行政审批规范高效，市场监管规范有序，公共服务提质提效，确保出版物市场意识形态安全、文化安全。开展“4·26”版权保护宣传周系列活动，“3·25”利用网络侵犯著作权案获评全国“剑网2020”专项行动十大案件。开展“扫黄打非”斗争，推进“正道”“新风”两大集中行动，查办全国挂牌督办大要案件3起，岳阳楼区学院路社区被评全国“扫黄打非”进基层示范点，市委宣传部被评为全省优秀集体和全国先进单位。针对全省述职评议会上的反馈问题和贯彻落实《条例》《办法》情况，分3次对县（市、区）与34家市直单位进行督查，排查梳理七大领域24个问题，明确问题整改“时间点”“任务书”“路线图”，确保整改到位。

【新冠疫情防控宣传】 2020年，岳阳市派出153名记者下沉新冠疫情防控一线采稿，在市直主要媒体开辟专题专栏，推出系列新闻报道和评论员文章，第一时间传递市委、市政府的部署安排，对哄抬物价、领导干部不担当不作为等行为进行曝光。向中央、省级主流媒体推稿，岳阳市疫情防控工作被中央电视台《焦点访谈》《东方时空》等栏目报道，被《人民日报》、新华社等主流媒体重点报道。利用村村响广播，循环播放防疫注意事项、疫情防控政策和防护知识。及时召开发布会，主动设置议题，通过访问权威人士针对舆情关注点发布信息，稳定人心。开展志愿者进村入户宣传工作，开通防疫心理咨询志愿服务热线，动员志愿者到一线参与疫情防控。加强婚丧喜庆事宜管控、引导，疫情期间全市取消或延期、从简办理各类婚丧宴席1万多起。

【第二届忧乐精神典型人物评选】 2020年，市委宣传部和市委组织部在全市开展推树第二届忧乐精神典型人物活动，经过逐级推荐、严格评审、综合考察、媒体公示等程序，评选产生董瑞等9人和1个团队（岳阳籍援鄂医疗队全体成员）为岳阳市第二届忧乐精神典型人物。6月29日，岳阳市第二届忧乐精神典型人物事迹报告会暨市委理论学习中心组2020年第七次集中（扩大）学习，市委书记王一鸥主持，省委宣传部副部长、省文明办主任肖凌之出席并讲话。会上，第二届忧乐精神典型人物代表上台领奖并作先进事迹报告。

【湖南卫视《中餐厅》第四季岳阳站播出】 2020年9月11日和18日，湖南卫视《中餐厅》第四季岳阳站分2期连续播出，青春合伙人黄晓明等在岳阳开启美食之旅，除美景美食外，融入巴陵戏、江豚、城陵矶港等岳阳元素，展现岳阳浓郁的地域文化、保护一江碧水的成效以及经济社会快速发展的良好态势。

【岳阳市保留全国文明城市称号】 2020年，市委、市政府坚持“创建为民”的发展理念，常态化推进全国文明城市建设，把文明城市建设作为提升城市文明程度和市民文明素质、增强城市核心竞争力、推进治理体系和治理能力现代化、提高群众幸福指数的抓手，与大城市建设同研究、同部署、同推动，文明城市建设工作取得长足进步，基础设施逐步完善，人居环境和谐宜居，城市面貌焕然一新，城市文明程度和市民文明素养持续提升。11月10日，中央文明办公布第六届全国文明城市入选城市名单和复查确认保留荣誉称号的前五届全国文明城市名单，岳阳市继2015年首次获评全国文明城市称号、2017年蝉联全国文明城市称号之后，经中央文明委复查审核确认，继续保留全国文明城市称号。

【2020中国·汨罗江国际诗歌艺术周活动】 2020年12月12日，“汨罗江之夜”诗歌晚会暨汨罗江文学奖颁奖典礼在国际龙舟竞渡中心举行，正式启动2020中国·汨罗江国际诗歌艺术周。中国作协副主席吉狄马加，省委常委、省委宣传部部长张宏森，中华诗词学会会长周文彰等出席，市长李爱武致辞。国内外知名的诗人、作家、学者、画家，以及汨罗江文学奖获奖者等500多人参加。

（刘　俊）

统一战线工作

【概况】 2020年，市委统战部凝聚共识，组织岳阳市首届“十大同心人物”“十大最美乡贤”评选活动，举办乡镇统战委员、民主党派新成员、宗教教职人员、民营经济人士、新的社会阶层人士等5个专题培训班，培训350多人。组织开展“同心抗疫·同舟共济”活动，全市统一战线累计捐款5000多万元，捐赠防护用品200多万件。开展“民企大走访，同心促发展”和“中小微企业大走访”等调研活动，走访调研1800多家民营企业和商协会。全市统一战线参与防汛救灾，捐款捐物300多万元。深化民主党派脱贫攻坚民主监督，推进“万企帮万村”“迎老乡、回故乡、建家乡”“同心美丽乡村”等品牌特色活动，近3年帮扶项目2303个，帮扶资金3.8亿元，精准帮扶贫困人口8.56万人。完成民主党派市委会班子中期评估考察，推进民主党派换届工作。开展与党外代表人士联谊交友活动，协助市委常委与50名党外代表人士交朋友。组织召开5次政党协商会议。推进民族团结进步创建工作，岳阳楼区大屋湾社区被评全国民族团结进步模范集体，华容县治河渡镇人民政府、岳阳楼区华洋幼儿园等获评全省民族团结进步模范集体。组织新的社会阶层人士开展“活力新阶层·凝聚新力量”等系列活动，树立“新阶层·党旗红”党建工作示范点5个，打造示范性实践创新基地16个，湖南岳州律师事务所“新联驿站”被列为省级示范性实践创新基地。《实施“三四五”举措，助推“两个健康发展”》《打造“村村有品”直播平台，助力统一战线消费扶贫》《推进“五同联创”，助力乡村振兴》3项成果获评2020年度全省统战工作实践创新成果奖，统战理论政策调研工作获评全省先进单位，华容县兔湖垸村、屈原管理区义南村成功创建省级同心美丽乡村，临湘市新湖村乡村振兴项目成功创建省级同心项目。

【统战服务民营经济】 2020年，市委统战部开展“民企大走访，同心促发展”活动，动员市、县两级统战部门、工商联到民营企业和商协会开展调研走访，成立54个工作组，调查走访园区6个、行业商协会135个，涉及化工、农业、建材、旅游、餐饮、房地产、食品加工、机械制造、生物医药、教育培训和电商物流等行业企业2405家，座谈1650多人次，收集问题及意见建议290多条，推动协调解决一批问题。8月19日，市委书记王一鸥主持召开岳阳市民营企业家代表座谈会，听取岳阳市民营企业家代表有关加快推进七大千亿产业和“12+1”优势产业链建设，进一步优化营商环境，推动高质量发展的意见建议。

【统战助力脱贫攻坚】 2020年，市委统战部推进“万企帮万村”“同心美丽乡村”“迎老乡、回故乡、建家乡”等品牌特色活动，全市组织1150家民营企业和商协会从产业发展、就业安排、环境优化、民生改善等方面参与脱贫攻坚行动，3年累计帮扶项目2303个，帮扶资金3.8亿元，精准帮扶贫困人口8.56万人。支持各民主党派、无党派人士开展脱贫攻坚专项民主监督活动10多次，组织党外专家围绕乡村产业发展、稳定增收机制等问题开展调研。引导新的社会人士发挥优势作用，到平江县、岳阳县开展“直播带货”活动，帮助贫困群众销售滞销的农产品。

【“同心抗疫·同舟共济”活动】 2020年，市委统战部牵头成立联防联控工作组，汇聚各界力量投身新冠疫情防控工作，全市统一战线累计捐款5000多万元，捐赠口罩、防护服等各类防护用品200多万只（件）。督促全市598处宗教活动场所在疫期全部按要求关闭。组织党外人士围绕疫情防控、复工复产等问题建言献策，提交建设性建议150多条，被省、市采用51条。支援海外侨胞抗疫工作，多渠道筹集抗疫物资捐赠给意大利、法国、巴西等地侨社团价值30多万元。

（方则淞）

政策研究

【政务文稿】 2020年，市委政研室以文辅政、以文载道，完成各类文稿320多篇140多万字，其中，市县乡负责干部大会讲话、市委七届十次全会报告、市委七届十一次全体（扩大）暨市委经济工作会议报告、市委农村工作会议报告、市委关于制定“十四五”规划和2035年远景目标的建议，以及向中央、省委领导考察汇报等一批政务文稿质量较高、反响良好。坚持“脚板底下出文稿”，实行分线联部门联县（市、区）制度，采取召开碰头会或专题讲座等形式，加强对经济工作、党建等学习研究，第一时间掌握全市重大项目、重点工程、重要实事进度。加强与省内兄弟市州、长江沿线城市和先进地区工作交流，借鉴学习先进经验作法，为文稿起草提供鲜活素材。注重讲好岳阳故事、传播岳阳声音、展示岳阳形象，加大特色和亮点工作推介宣传力度，推动文稿成果及时转化。《打好政策“组合拳” 催生基层新气象》《加快建设七大千亿产业 推动岳阳高质量发展》《为长江经济带“添绿加彩”》《推进适度规模经营 大力发展精细农业》等10多篇领导署名文章、典型材料、工作访谈在中央、省级主流媒体发表。

【调查研究】 2020年，市委政研室组织开展“十四五”重大规划编制情况调研，针对规划编制中存在的文本主义、拿来主义等不良倾向，提出有针对性措施建议。牵头组织或参与农业“十四五”规划研究编制和“东风湖环境整治提质升级行动方案”“基教十条”“岳阳长江百里绿色经济发展走廊”等文件的制定。抓经济形势、产业发展规划编制等研究分析，牵头开展重大规划编制调研督导，提出建设“三区一中心”发展战略定位建议。对梅仙镇家风建设、加义镇基层治理创新开展蹲点调研，配合省委开展洞庭湖地区采砂秩序调研活动，参与岳阳学院建设、财源建设等重大调研活动，撰写的专题调研报告获市领导肯定性批示。

【财经工作】 2020年，市委财经办每月及早调度经济运行指标，每季度对规工、固投、社零、进出口、财税等重点短板指标进行解剖分析，为市委决策当好参谋助手。针对疫情对经济运行带来的“停摆式”冲击，研究制定《市委、市政府统筹疫情防控和经济社会发展确保全面完成全年目标任务的工作方案》《关于开展市领导“一对一”帮扶重点税源企业的通知》《关于“一对一”帮扶新型农业经营主体的通知》等文件，指导全市经济社会发展稳住基本盘。

【《岳阳工作》编印】 2020年，市委政研室全年编排送印《岳阳工作》11期，刊发优质稿件150多篇。围绕市委、市政府重大决策部署和中心工作，重点策划“守护一江碧水”“高质量发展”“决胜全面建成小康社会”“育先机开新局·贯彻落实市委全会精神”等专题栏目。以挖掘文化突出特色，新开办“岳阳历史文化特稿”专栏。发挥“喉舌”作用，开辟“抗疫生产两不误”“众志成城 抗击洪水”栏目，宣传推介全市干群团结一心抗疫、抗洪的伟大实践和精神内涵。按月收集市委书记活动照片，编辑成册留存历史档案。关注社情民意，开办“调查研究”“实践探索”等专栏，反映干部群众呼声，刊登一大批反映基层工作情况、总结基层工作经验的稿件。

（凌丹华）

党史地方志

【概况】 2020年，市委党史研究室（市地方志编纂室）统筹推进党史编研、志鉴编修、史志宣传等工作，《中国共产党岳阳历史（1921—1949）》（第一卷）进入出版程序，《中国共产党岳阳历史（1978—2012）》（第三卷）形成70多万字初稿，《湖南乡镇简志·岳阳市卷》《岳阳年鉴（2020）》公开出版。选派1名业务骨干到西藏实施方志援藏两个多月，完成《山南地区志》审改定稿工作，对《桑日县志》进行复审。下发《关于做好新冠肺炎疫情防控相关资料征集工作的通知》，对市直23家单位征集疫情防控工作资料35份20多万字，向省党史研究院上报疫情防控材料22万多字。成功创建省级文明单位。

【党史编研】 2020年，市委党史研究室（市地方志编纂室）组织对《中国共产党岳阳历史（1921—1949）》（第一卷）进行第二、三次修订审校，交出版社进入出版程序。完成70万字《中国共产党岳阳历史（1978—2012）》（第三卷）初稿编写工作，平江县、岳阳县、华容县、湘阴县、岳阳楼区、云溪区、君山区等7个县（市、区）的党史正本出版。开展红色基因文库编纂工作的指导和督查，6个县（市、区）200多万字的革命斗争史按时编写完成，交省委党史研究院和出版社审定出版。深化党史专题研究，参与和做好“红军长征在湖南”专题研究及长征国家文化公园（湖南段）建设相关工作，挖掘、整理、编辑岳阳籍老红军长征路上的故事。开展新时代党史资料编研，完成《中共湖南党委工作纪事·2020卷》岳阳市及各县（市、区）“党委工作纪事”条目组稿工作，组稿11篇3万多字。筹备建党百年献礼读物和著作编写工作，编写《英雄壮歌——岳阳著名烈士》《“学四史、跟党走”专题读物》，指导相关县（市、区）纪念读本的编纂工作。

【志鉴工作】 2020年，市委党史研究室（市地方志编纂室）全面完成地方志系统“两全覆盖”目标，市、县两级年鉴“一年一鉴，公开出版”完成率100%，《湖南乡镇简志·岳阳市卷》《岳阳年鉴（2020）》公开出版。完成《长沙市志（1998—2012）》工业卷、《娄底市志（1990—2017）》城乡建设及环境保护卷近60万字的审稿任务。完成中国名镇志《长乐镇志》《聂市镇志》70万字的审稿工作，出具审读指导意见。

【史志宣教】 2020年，市委党史研究室（市地方志编纂室）组织修改撰写4类岳阳百度词条，擦亮岳阳名片。配合市委宣传部、市文旅广电局对郭亮烈士生平事迹陈列馆等12家申报第二批市级爱国主义教育基地的单位进行考察，对基地的保护、利用和开发工作提出建议。及时维护和更新岳阳史志门户网——岳阳市情网，浏览量比2019年增加40万次。在抗战胜利75周年、抗美援朝70周年、何长工诞辰120周年等时间节点，开展纪念活动、发表纪念文章、开展主题宣讲等。编创的《忠诚比黄金更珍贵》获湖南省青媒奖，主持课题“平江起义革命精神宣传普及”项目获中央党史和文献研究宣传专项引导资金立项。项目成果《平江起义和平江起义革命精神》微视频在岳阳市委组织部“岳阳党员E家”公众号播出。向市内机关单位、社区、学校及爱心书屋等免费赠阅史志书籍1.5万多册。

【《湖南乡镇简志·岳阳市卷》出版】 2020年10月28日，市委党史研究室（市地方志编纂室）编纂的《湖南乡镇简志·岳阳市卷》公开出版发行，160万字，全面、客观、真实记载岳阳市乡镇（街道）2015年乡镇区划调整前的自然状况、经济发展、基础设施、社会事业、特色地情等方面的情况，体现岳阳市183个乡镇的地方特色、时代特色和历史文化特色。填补以往市级志书不以乡镇为记述主体的空白，为推荐宣传岳阳、了解地方风土人情和领导决策提供参考。

【《岳阳年鉴（2020）》出版】 2020年11月，市委党史研究室（市地方志编纂室）编纂的《岳阳年鉴（2020）》出版发行，为总第23卷，主要记载2019年岳阳市自然、政治、经济、文化和社会等方面的基本情况。设类目32个，分目281个，收入条目1493个，随文插图102幅，表格57张，近90万字，为社会各界读者了解和研究岳阳提供基本信息资料。

（陈　波　王时康）

档案馆工作

【概况】 2020年，市档案馆以“管理规范年”“品牌创建年”“队伍建设年”“环境优化年”活动为契机，推动档案馆工作全面进步。举办《档案见证扶贫奔小康》专题展览，完成1个省级和1个市级课题研究，开展学会换届选举工作，组建全市首批档案学会专家库，评选表彰岳阳市首届“档案工匠”，开设“兰台讲堂”，在省级以上媒体发表文章信息近100篇（条），完成炮台山老办公楼和老家属区整体移交。至年底，接收档案6万多卷（件），接待查档群众1500多人次，完成洞庭湖生态经济区专题档案数据库全文扫描10万多页、目录1万多条，接收进馆单位电子档案目录6.23万条。被评为全省档案系统评选先进集体第一名，成功创建省级文明单位和市级社科普及基地，馆党支部被评为先进基层党组织，在全省档案学术论文评选活动中被评为优秀组织奖。

【岳阳对口援藏档案征编】 2020年，市档案馆把援藏档案建设列为年度中心工作，做好“四个一”，即推出一个网络专栏、建好一个档案专档、出版一本援藏专著、办好一个援藏专展，广泛接收征集文字、音像、实物档案4795件。7月，选派4人到桑日县现场收录口述档案46份，文字资料、珍贵照片、视频1584件（张），采集照片165张。推出援藏专栏10多期，援藏专档加快建设，援藏专著《情系桑——岳阳市对口援藏档案记忆》由市委书记作序，清样交出版社审稿出版。

【档案课题研究】 2020年，市档案馆加强档案课题研究，市社科重点课题“岳阳构建开放带动新格局的借鉴”和省级课题“档案馆建设项目导向性组织”均结题通过，

“非物质文化遗产档案管理研究”被列为省级科研课题。疫情防控初期，利用馆藏起草7000多字的调研报告《2003年岳阳抗击非典回顾与启示》，多项建议被市委、市政府采纳，获全省档案学会论文评选一等奖。与岳阳广播电台FM98.1合作，首次打造《30个岳阳年代标签》广播节目，以老照片窥探岳阳历史文化，展开历史与未来的对话。

【市档案学会第七次会员代表大会】 2020年4月28日，岳阳市档案学会第七次会员代表大会在市档案馆召开，省办公厅厅务会成员、省档案馆党组成员、副馆长、省档案学会理事长白明标参会。岳阳市档案学会是由市档案局和市档案馆共同发起成立的全市性、学术性、非营利性社会组织，由全市从事研究档案工作的人员和单位自愿组成，具有独立法人资格。大会通过《学会章程》《选举办法》等系列文件，听取并审议第六届理事会工作报告，选举产生第七届档案理事会和监事会成员，并召开第七届理事会第一次会议，选举产生常务理事、正副理事长、正副秘书长等。

【首批档案学会专家库组建】 2020年，市档案馆按照“严控数量、确保质量”要求，经个人申报、单位推荐、严格评审、集体表决等程序，组建岳阳市首批档案学会专家库。9月11日，市档案学会常务理事（扩大）会第三次会议，表决通过首批档案学会专家库成员，确定市档案学会专家库专家26名。加上全市3名省级专家库成员，全市首批档案学会专家库专家29人。

【首届“档案工匠”评选表彰】 2020年，岳阳市首届“档案工匠”评选活动由市档案馆主导、市档案学会牵头，经个人申报、单位审批、领导小组初评、网络投票、专家评审、张榜公示等环节，评选出岳阳市首届“档案工匠”10人，提名奖获得者5人。活动总浏览量295万人次，投票人气71.4万人。省办公厅厅务会成员、省档案馆党组成员、副馆长、省档案学会理事长白明标，市人大常委会党组副书记、副主任彭先政等领导参与颁奖。

【“馆园联盟”合作】 2020年，在市档案馆倡导与组织下，任弼时纪念馆、市美术馆、市图书馆、市科技馆、市博物馆、市群众艺术馆、洞庭湖博物馆、岳阳楼景区管理委员会、市君山公园等10家公益类文化事业单位，实行“馆园联盟”，共签合作协议，实现资源共享、合作共赢。活动受到社会广泛关注，被省文化旅游厅网站推介。市博物馆与市档案馆加强合作，共享罗叔章（岳阳县人，中国现代妇女运动先驱）个人遗物清单目录146件，数字化的档案照片76张，科技馆联合市档案馆与市博物馆，在暑假招募30个家庭开展“历史与未来”主题亲子活动。

【档案集中捐赠活动】 2020年，市档案馆实行全面接收与专项征集相统筹，网络征集与上门征集相结合，多渠道接收征集档案资料6万多卷件。组织余三定、艾湘涛、李国武等专家学者开展集中捐赠，获捐赠各类书籍、报刊、手稿、珍贵照片、收藏品等2000多件，其中，获取习仲勋视察岳阳时的珍贵照片44张，1937年日本侵华史料《支那事变》一函三册，“文化大革命”时期毛泽东语录、粮票等。

【“档案见证扶贫奔小康”布展】 2020年，市档案馆抓《岳阳记忆》大型档案展览宣传联合市小康办、市农业农村局、市扶贫办、市资源规划局档案馆，共同举办《档案见证扶贫奔小康》专题展览。精选照片134张，展示岳阳全面建成小康社会的奋进历程和丰硕成果。市档案馆档案展览的“双子星座”，吸引200多批次1万多人次参展。

（田丽群）

任弼时纪念馆

【概况】 2020年，任弼时纪念馆接待游客45万多人次，其中，接待学生11万人次，机关单位2300多个，承办会务200多场次，免费讲解5300多场次，现场讲授党课50多堂。邀请省文物专家对馆藏1595件（套）文物进行鉴定定级工作，评定出145件珍贵文物，其中一级文物5件（套），二级文物31件（套），三级文物109件（套）。完成可移动文物预防性保护环境调控项目工程，文物库房和陈列馆展厅安装加湿除湿一体机、空气净化机、抽屉式恒湿储藏柜、隔板式恒湿储藏柜、恒温恒湿桌面柜、恒温恒湿沿墙柜。被大型学术研讨会采用或在国家级核心学术期刊上发表学术论文18篇。《不忘初心 牢记使命——任弼时与中国共产党人的初心使命专题展览》获评湖南省十大陈列展览优秀奖。制作的微视频《中国力量》在岳阳市“新思想·新精神·新岳阳”系列主题宣讲中获评三等奖。

【馆区建设】 2020年，任弼时纪念馆维修任弼时故居后山排水沟，重建故居竹园围墙，对故居民俗文物展厅吊顶进行更换，对故居屋面检漏和白蚁防治。任弼时纪念馆消防提升工程、任弼时故居防雷工程资金到位，进入财评和招投标程序。白蚁防治工程、故居复原陈列工程列入国家项目计划。《任弼时故居保护修缮工程建设项目》向省“十四五”文化保护传承利用项目库申报。任弼时纪念馆景区整体提质改造列入岳阳市十四五规划重点项目。4月30日，市委书记王一鸥为市委党校二校区建设项目召开座谈会。市委组织相关负责人到古田干部学院和红旗渠干部学院考察，并召开会议研究二校区配套服务项目有关事宜，形成会议纪要，配套服务项目抓紧施工。

（唐晴雨）

党委督查

【概况】 2020年，市委督查室围绕中央、省委决策部署和市委中心工作，开展各类督查活动159批次，办理省委、市委领导批示61件，办理人大建议、政协提案49件，牵头开展督查调研11次。向市委主要领导呈报督查报告63篇，下发督查通报2期、督办函24件。获市委、市政府主要领导肯定性批示41次，工作批示80多次，督查建议形成市委文件3个。

【专项督查】　2020年，市委督查室督查市委常委会议和书记专题会议精神落实，对重要议定事项、重要文件明确任务、领导重要指示批示拉单挂账，定期调度，对书记专题调研和专题会议决定的110多项工作逐一交办到单位，及时汇报进展情况、困难问题、推进措施。督查市委44项重点事项，市委督查室实行分类管理、专人盯办、上门督办、限期反馈，一月一报，督促各项重点工作拿出时间表、路线图，定期汇报序时进度、困难问题，分门别类给予工作评价，强力推动工作落实。督查禁捕退捕，市委督查室周密制定督查方案，合理安排督查频次，采取分批轮换、持续压茬跟进的方式，用6个多月的时间，走遍长江163千米岸线水域和环洞庭湖区域，并沿洞庭湖岸线、湘江岸线上溯，对渔船捕捞、岸上销售、门店消费、渔具收缴、渔民安置、转产就业、社保落实等环节进行多轮暗访，5次陪同省委督查组现场核查，及时处置和跟进督办系列问题，向上反馈和助推出台合理化的操作细则。督查岸线水域整治。市委督查室持续开展中心城区岸线水域整治督查，棚改征拆沿线房屋6.5万平方米、依法拆除违章棚亭6800平方米、临时建筑4500平方米，关停非法经营码头6个、门店15家，清理各类杂物垃圾5200多吨、僵尸船20多艘，实现应关尽关、应拆尽拆、应清尽清，鱼巷子至城陵矶全线生态治理修复工程同步启动。督查城区环境综合整治，聚焦主城区交通综合整治、交通顽瘴痼疾集中整治、拆违禁违治违以及文明卫生城市复检开展大督查。督查财政资金管控。7月，市委督查室对财政投资项目及职能部门履职情况开展专项督查，对年内投资的尚未结算的工程项目全面进行“回头看”，向各级各部门传导“过紧日子”的压力，就财政风险管控制度进行探索，助推形成财评联审工作制度、内部风控管理制度。对市直86个正处以上单位向上争资争项对接情况进行摸底督查，提出争资争项作为年度考核单项指标、建立常态机制开展督查调度等建议。督查民生实事办理，牵头承办涉及党委系统的人大代表建议20件，政协委员提案29件，通过提升标准、注重面商、清单作业、督查问效等手段，办复率、见面率、满意率均为100%。发挥人民网“地方领导留言版”听民意、解民忧、纳建言的平台作用，及时妥善办理人民网省委书记留言12条。

【全市经济运行调研】　2020年，市委督查室抓优势产业链建设，对“12+1”产业链建设牵头抓总，全过程参与产业链建设，对市级领导联点、“两图两库两池两报告”、产业链发展规划编制和行业协会组建等前期基础工作持续调度。对纳入项目库企业甄别挑选，精准核算，形成市委、市政府抓产业链发展的基础数据和基础文件。着眼“信息化、数据化、样本化，及时动态、溯源检索”的要求，历时两个多月开发设计全市产业链调度管理平台，全流程测试10多次，以全市1379家规模以上工业企业为基础，对235家样本企业、164个重点项目连续6个月持续动态监测，首次把各部门监测的重点经济指标进行融合，在全市第一次分企业、分产业链、分月度摸清全市规模以上工业企业用工人数、纳税情况，提供重要的决策参考数据。抓经济运行调研，按照年度经济总量目标，从半年度开始，对13个县（市、区）主要经济指标持续调度，精细测算，精准统计，找准每个单位的指标短板，据实为每个县（市、区）测算增长点，全程提供精细服务和技术指导，对县（市、区）经济运行进行全面会诊和现场指导。服务市委全会提出的“4000亿”目标，与有关部门精准调度、科学研判、重点出击，统筹经济社会发展关键指标，反映岳阳工作成效。抓项目建设调度，贯彻“以经济发展比实力，以项目建设论英雄”的发展理念。10月，到10个工业园区和3个区，直插项目一线，聚焦项目真实性、聚焦实物工作量、聚焦问题导向，对“5+24”重大产业项目、25个省政府考核的“5个100”重点项目、415个优势产业链“三新”项目进行逐一检查，查阅项目资料台账、财务凭证2100多份，第一次对全市工业园区5000万以上的“三新”项目名录和进度进行摸底，撇除部分劣质项目，增补近140多个70多亿元产值的“三新”项目入库。

【全市综合绩效考评】　2020年，市委督查室统筹省市考核，按照市绩效评估委员会“省绩效指标100%纳入市绩效，市绩效指标80%以上属于省绩效”的基本思路，对标省委、省政府《市州重点工作绩效评估方案》，把省绩效指标全部纳入市绩效考评，实现省绩效5个一级指标、32个二级指标、67个三级指标100%全覆盖，实现省考、市考“双考合一”。聚焦中央、省委最新指示精神，突出主职主业、执行力建设、争先创优，强化主要经济社会发展指标，增设政治建设、项目建设、争资争项、大美湖区优质农产品供应基地、就业、产业链建设、规划引领、稳产保供、卫生防疫等考核项目。精简绩效考评项目，考评指标有增有减，总量只减不增，篇幅压减40%，县（市、区）考评指标精简30.4%。向市级领导、市直部门和县（市、区）征求意见建议870多条，与市直37个部门专项对接集中研讨，历时两个月修改23稿。关注省、市绩效指标推进情况，紧盯省重点绩效评估指标的变化，咬住短板指标，开展专项督查，对财政、发改等相关责任单位点对点发送督办函33份，实行周调度、月评价，强力压实省绩效评估争先创优工作。

【专项整治督查】　2020年，市委督查室持续推动形式主义官僚主义整治，紧盯老问题和新表现，全面检视、靶向治疗，加强源头治理和制度建设，进一步拓展基层减负工作。明确30个市直牵头单位整治任务清单，加强日常监督，对贯彻落实情况开展3次集中调度，确保10条措施贯彻落实到位。定期调度精文减会情况，精准分析，及时预警，常态化传导工作压力，集中调度6次，梳理各级各单位文件会议情况报表362份，市本级2020年召开会议、发文同比分别减少30.7%、46.1%，实现2020年文件会议数量同比只减不增的目标，相关做法被《省委办公厅简报》向全省推介。持续规范督查检查考核，在2019年初叫停各类督检考事项362项、保留31项的基础上，全市督检考事项再次缩减，保留30项。

【新冠疫情防控督查】　2020年，市委督查室牵头组织开展新冠疫情防控联合督查、暗访督查30多批次，获市委、市政府主要领导肯定批示13次，20多条建议被决策采纳。落实“一级响应”要求，到定点医院、发热门诊、确诊病例集中隔离场所、湘鄂交界地带、确诊病例所在村组等高风险地带开展专项督查，督查范围覆盖13个县（市、区）和60多个乡镇（街办）、40多家医院、130多个村（社区）、30多个交通卡点、11个集中隔离点、60多个项目工地现场，发现问题170多个，协助解决问题100多个，核查整改、跟进问责20多次。11月30日，在全省抗击新冠肺炎疫情表彰大会上，市委督查室主任李适时被授予湖南省抗击新冠肺炎疫情先进个人称号。

（徐勋杰）

市直机关党建

【概况】　2020年，市直机关工委领导市直机关党的工作，所属市直机关基层党组织1527个，其中党委124个，党总支78个，党支部1325个，党员2.67万人。指导10家单位机关党委换届、7家单位成立机关党委、21家单位成立机关纪委或基层纪委，考察调整28名机关党委书记、专职副书记和机关纪委书记。发展新党员330名。持续推进党员综合管理考核办法试点，以《岳阳党员积分制画像更精准》为题被《湖南日报》报道。发放政治生日贺卡2.5万多张，表彰基层党建示范单位20个、先进基层党组织41个，优秀共产党员51人、优秀党务工作者36人。慰问困难党员148人、扶贫攻坚一线支部书记12人，送去慰问金17.4万元，支助扶贫村和机关党建阵地建设经费100多万元。组织市直机关党务干部能力提升班、市直机关党支部书记政治意识和履职能力提升班、市直机关新发展党员政治觉悟和理论素养提升班各1期，市直单位和市委“两新”组织入党知识培训班4期。任弼时纪念馆和平江起义纪念馆被评为省直机关党建现场教学点。审结违纪案件案件36起52人，处理党员干部52人。

【市直机关工委群团工作】　2020年，市直机关工委理顺工会组织管理关系，明确市直单位机关工会和参公事业单位工会全部纳入市直机关工会工委管理，工会工委管理联系的工会组织由原来的50个增加到74个。按照“六有”标准，指导市直5个单位工会换届、16个单位工会成立、11个单位工会补选。做好模范职工之家创建和劳模推荐工作，推进职工书屋建设，参加“湘悦读·工力量”网上主题阅读活动，协办“我读总书记回信”征文活动，加大对群团组织政治引领力度。做帮扶工作，向困难职工送去慰问金总计8万多元，采购保靖县扶贫产品36万多元。开展第六期医疗互助活动，筹集互助金31万多元。为市直单位135名干部职工报销互助金近20万元。倡导健康生活方式，组织4000多人规模的“环南湖健步行”活动，举办市直机关书法培训班1期，向中心城区广大党员干部发出《文明绿色出行倡议书》。

【“三表率一模范”政治机关创建】　2020年，市直机关工委到省直机关工委和常德、怀化市直机关工委学习考察，交流创建工作经验，出台《关于开展创建“三表率一模范”政治机关的实施意见》《“三表率一模范”政治机关创建工作考核验收细则》和《市直单位示范党支部建设标准20条（试行）》。派出3个调研小组分2轮到市直单位进行机关党建调研督查，挖掘经验典型，查找问题不足，收集意见建议，并形成《推进“三表率一模范”政治机关创建工作探析》调研报告，在湖南省机关党建工作理论研讨会上作经验交流，获三等奖。10月，召开“三表率一模范”政治机关创建工作推进会，12家单位发言交流创建工作经验。

【市直机关工委助力疫情防控】　2020年，市直机关工委下拨14万元本级留存党费，购置5万多元防疫物资，对市直单位一线党组织和党员进行慰问。组织发动市直机关党员自发捐款、奉献爱心，市直单位2.12万名党员捐款276万多元。在抗疫一线发展党员，从市一人民医院等单位一线防控人员中，发展表现突出的党员30名。督促市直单位机关工会发放疫情特别消费券和工会会员节日福利电子券461万多元，促进消费复苏。

【市直机关党的建设工作会议】　2020年4月9日，市直机关工委组织召开市直机关党的建设工作暨2019年度市直单位党建述职评议大会，市委书记王一鸥出席并讲话，市委副书记陈爱林主持。市委办、市政府办等8个单位党组（党委）书记进行现场述职，市委常委、市委秘书长、市直机关工委第一书记谈正红逐一进行点评。

（陈　虎）

网信工作

【概况】　2020年，市委网信办聚焦职能职责，推进网上宣传引导、应急管控、网络综合治理、网络安全和信息化发展等工作，做好习近平新时代中国特色社会主义思想和中共十九届四中、五中全会精神以及总书记习近平在湖南考察调研重要讲话精神、“守护好一江碧水”指示精神的网上宣传阐释，累计发稿5000多篇。建立“新闻网站+政务新媒体+社会自媒体+网格工作群”“四位一体”大宣传矩阵，创新“网信+网格”宣传模式，围绕市委、市政府中心工作，创作推送稿件3.18万条，指导制作多媒体产品471个，总点击量约1.82亿次。开展第二届岳阳市网络文化节，联合举办第二届消费扶贫网购节和“湿韵洞庭　旅拍岳阳”——2020

洞庭湖湿地生态文化旅游节短视频大赛，精心策划决胜2020——全面小康湖南行“洞庭湖畔看小康·优势产业‘链’岳阳”网络媒体主题活动，话题阅读量超1.5亿次，并入选全省重大主题宣传突出项目奖。推进网评建设，遴选组建“骨干+行业+基层+媒体”于一体的1800名网评队伍，围绕“中心城区交通集中整治”“经营类事业单位改革”“巴陵人才新政20条”等网民关注热点，联合开设“金鹗时评”网评专栏，刊发推送原创评论文章21篇。在湖南省首次组织的网络安全工作责任制考评评估中，岳阳市被评为全省网络安全工作责任制考评评估优秀市州。市委网信办被评为全省网评工作先进集体、网络舆情信息工作先进单位，连续2年被评为全市综合绩效考评和平安建设先进单位，市互联网信息研究中心被评为抗击新冠肺炎疫情工作先进集体。

【网络综合治理】 2020年，市委网信办开展网络生态治理，建立网络综合治理工作联席会议制度，完善执法部门信息共享、会商通报、联合执法、案件督办等协作机制。加强网络行政执法建设，开展执法培训和执法资格考试，取得互联网行政执法证19人。联合开展教育培训领域侵犯公民个人信息整治行动，抓获非法倒卖个人信息犯罪嫌疑人6名，刑拘两人，行政处罚直播平台两家。联合公安、文化、市场监督等部门开展“八大领域专项集中整治行动”，处理谣言和虚假信息571条，侦办涉网络违法犯罪案件300多起，抓获违法犯罪嫌疑人800多人，刑拘两人，约谈账号持有人81人，封停违规账号两个。

【网络安全工作】 2020年，市委网信办在全省率先建立网络安全联合通报机制基础上，进一步建立健全网络安全快速预警、联合处置等工作机制，对网络安全责任制落实不力的4家单位进行约谈，责令整改到位。坚持日常巡查、专项检查和实战演练结合，对全市59家政府（政务）网站、13家涉疫防控重点单位以及92家关键信息基础设施单位开展现场检查，确保重点涉网单位网络安全。在全省率先开展网络安全“示范单位”和“示范社区”活动，提升市民网络安全意识和涉网重点部门网络安全防护水平。网络安全工作做法《湖南岳阳坚持多元共治筑牢网络安全屏障》被中央网信办在《网信动态》刊发。

【网信助力复工复产】 2020年，市委网信办牵手农业农村、林业、扶贫等9部门搭建“岳阳市信息化助农行动工作平台”，指导全市12个县（市、区）成立延伸到县乡两级的信息化助农工作群55个，成员1200多人。对接天猫、京东等10多家知名平台，上线平江200多家企业产品，销售额达到3亿元。策划县长带货、“网红”带货、湖南卫视、腾讯直播等网络营销活动，在湖南卫视扶贫直播中，创造平江豆干5分30秒卖出160万包的纪录。君山区滞销的湖藕、山茶油、蜂蜜等农产品同步搭上信息化的“云快车”，农产品由线下“难卖”变成线上“直销”。信息化助农工作被中央网信网予以推介。推进“网约湘游”活动。4月，深度对接旅游景区，建立岳阳市“网约湘游”专项工作平台，邀请抖音公司、腾讯公司专业教师辅导。启动“文旅岳阳”“夏至洞庭好风光”等推广活动，组织网站、各部门官方微信公众号等及时发布报道80多条，发布短视频319个，获得点赞总数48.1万个。“五一”假期，全市接待游客147.33万人次，实现旅游收入9.1亿元。

（羿克斌）

机构编制

【概况】 2020年，中共岳阳市委机构编制委员会办公室（简称市委编办）学习贯彻《中国共产党机构编制工作条例》（简称《条例》），推进“转职能、转方式、转作风”，做好党政机构改革“后半篇文章”，持续推进事业单位分类改革和综合执法体制改革等重点领域改革，理顺体制机制，规范机构编制管理，创建市级文明单位，加强自身建设，各项工作成效明显。在全市年底综合绩效考评中，市委编办被评为先进单位。

【机构编制管理】 2020年，市委编办推动《条例》纳入市、县两级党校教学主体班次，纳入各级各部门党（委）组理论学习内容，组织开展多种学习宣传培训活动。承办、参与全省《条例》知识竞赛，获岳阳赛区小组第一名、省决赛第二名。制定《岳阳市机构编制审批权限和程序清单（试行）》等配套文件8个。落实党管机构编制原则和归口管理要求，依权限程序审核机构编制事项。加强与市委组织部沟通联系，落实请示报告、日常工作指导、重要岗位管理等制度。推行用编计划管理、事业单位简易注销办法、加强中小学教职工编制管理、探索开展事业单位机构编制运行评估、开展规范性文件备案审查、加强实名制系统数据维护和建立人员增减月报制度等，推动机构编制管理规范化、科学化。坚持严管严控与服务发展相统一，统筹使用机构编制资源。建立市直人才编制专户，加大高层次或急需紧缺人才的引进力度。做好全市中小学教职工编制动态调整，加大调剂力度，提升使用效益。落实省委“1+5”文件，指导县（市、区）委编办建立人才编制池，乡镇行政编制周转办法。做好控编减编，减轻财政负担。至年底，在编人员同比净减2899人，其中行政编制260人，事业编制2639人。组织开展机构编制核查、“条条干预”和超审批权限设置机构等问题自查自纠，强化机构编制工作刚性约束。

【党政机构改革】 2020年，市委编办做好党政机构改革“后半篇文章”，明确部门间和市、县间职责分工，理顺有关领域体制机制。制定《关于进一步深化我市机构改革理顺相关体制机制的方案》，推动构建大交通、大水利、政务服务与大数据管理体制。至年底，明确市交通运输局和市地方海事局实行集中办公。按照“属地管理，权责对等，强化基层管理”原则，下放6个县（市）公路建设和养护体制、市直管农贸市场体制和3个行政区的自然资源和规划体制、岳阳楼区市场监管体制。明确市委组织部、市人社局关于公务员考试的职责分工，市政府办（市行政审批服务局）在政务信息化集中统一管理方面的职责。理顺城市供排水管理体制以及市城管局和市住建局在城市排水方面的职责分工。配合做好群团机构改革，印发市残联《改革实施方案》和市计生协会等5家群团组织《改革实施细则》，健全党委统一领导群团工作的制度安排。制定城陵矶新港区、综合保税区、岳阳自贸片区管理体制和机构设置方案，支持湘阴县域范围内产业园区整合，理顺相关管理体制和机构编制。推进产业园区管理机构清理规范。

【事业单位分类改革】　2020年，市委编办在2019年经营类事业单位改革的基础上，对剩余6家经营类事业单位（市医疗仪器服务站、市南湖宾馆、市路桥施工处、市107国道管理处路桥施工队、市有线电视宽带网络中心、市城市建设监理处）予以转企改制，市直15家经营类事业单位全部改革完毕。对岳阳楼景区管委会、君山公园、市测绘院、市规划勘测设计院、市驾驶人考试中心、市施工图审查中心6家具有创收职能、基本由市场配置资源、具备市场化运行能力的公益二类事业单位，一并纳入经营类事业单位改革，参照改革政策予以转企改制。至年底，收回事业编制1498名，离岗退养119人，转制聘用958人。完成“5+1”综合行政执法体制改革，相关执法机构“三定”文件全部印发，以新名称挂牌运行。

（钟　忠）

对台事务

【岳台融合发展】　2020年，市委台办指导筹建湘岳台胞创业服务中心，组织举办岳台两地青年融合发展论坛暨岳台青年创新创业基地授牌仪式，海峡两岸的70多名嘉宾和优秀青年企业家代表参加。加强对台商协会的工作指导，开展涉台法规、疫情防控、复工复产等方面的宣讲活动10多次，引导台商协会及在岳阳台商在涉台招商引资、交流交往等方面发挥作用。突出新金宝项目，申报国家级“海峡两岸产业合作区”，到昆山开展招商活动2次、精准上门招商7批次，与40多家岛内配套企业、新金宝关联电子信息产业项目建立联系，邀请70多名台商到岳阳考察。依托国家级台湾农民创业园和省级岳阳楼海峡两岸交流基地两个平台，推进台创园项目招商工作，介绍相关台商20多批次，促成台湾佳美工业公司、台湾新天地农业有限公司作为休闲农业示范项目落户园区。

【惠台政策落实】　2020年，市委台办建立健全服务台胞的慰问帮扶、关心关怀、政策咨询三大机制，对岳阳市60岁以上台胞、一代老台胞遗孀和60岁以下的特困定居台胞26人纳入省级财政专项生活补助发放。建立在岳台胞、岳籍陆配档案动态更新和不定期走访调研、关心关怀的工作机制。贯彻落实国台办惠台“31条”“26条”“11条”和省政府惠台“59条”措施，建立涉台政策咨询服务机制，针对落实惠台措施过程中台胞反映强烈的两岸征信信息未联通、台湾人才资质难以认证等问题，开展走访、调研、座谈7轮次，对接相关部门10多次。选派干部驻点新金宝开展一线办公，协助解决生产经营中的困难和问题，建立台胞台商和台企基础档案，帮助推动新金宝岳阳厂、万丰鞋业等台资企业解决企业用电、社保缓交等政策落地问题。

【岳台两地青年融合发展论坛暨岳台青年创新创业基地授牌仪式】　2020年12月17—18日，岳台两地青年融合发展论坛暨岳台青年创新创业基地授牌仪式在岳阳市举办，海峡两岸的70多名嘉宾和优秀青年企业家代表参加。岳阳台湾农民创业园与岳阳市湘岳台胞创业服务中心现场签订合作协议。岳台青年企业家代表就如何加强两岸青年思想交流、共享时代发展机遇、深化两地融合发展，展开讨论。

（魏汨杨）

外事侨务

【因公出国管理】　2020年，市委外事办服务国家总体外交需要，全市报审因公出国8批15人次，实际出访4批6人次，因公出国主要是市纪委和市中级法院到国外执行追逃任务，农业农村部和省农业农村厅对外援助任务等。

【国际交流合作】　2020年，岳阳市依托国际友好城市，开展国际抗疫合作互助，国际友城日本沼津市，意向结好城市巴西桑托斯市，以及惠普公司总部、巴西湖南同乡会、俄罗斯圣彼得堡国立交通大学、法国让雷诺阿学校等机构，捐赠一次性医用口罩16万只，N95口罩1.2万只，一次性手套2.3万双，折合人民币65万元。接收国际友城、侨商会、华人华侨捐赠岳阳市医疗物资及捐款折合人民币约593万元。走访对接日本滋贺县驻湖南办事处，邀请参加岳阳市洞庭湖国际观鸟节开幕式及洞庭湖博物馆开馆仪式，推动洞庭湖博物馆与琵琶湖博物馆结好事宜。邀请到20名旅居国内的著名国际诗人参加中国·汨罗江国际诗歌艺术周。

【境外新冠疫情输入防控】　2020年，岳阳市建立新冠疫情防控涉外工作机制，统筹、协调、推进全市境外疫情输入防控工作，外事、海关、公安、边境、交通、卫生等部门分工负责、密切配合，做到信息互通、数据共享。开展岳籍海外人员普查，摸清全市华人华侨、留学生、海外务工人员等海外未归人员1.9万多人，全面掌握岳籍海外人员存量。成立驻黄花机场联合工作专班，按照“统一指挥、分工负责、闭环运行、无缝对接”的工作要求，对海外归岳阳人员实行闭环管理，累计安全转运英国、美国、韩国等29个国家的归岳人员462名。对常住岳阳市的外籍人员，全部纳入所在社区防控机制，对新增的外籍人员分门别类、精准施策，做好健康检测和追踪管理，至年底，岳阳市未发生一例境外输入性疫情。

【涉外项目复工复产】 2020年，市委外事办推进全市涉外项目的复工复产，全市外贸经济稳步增长。扭住惠普新金宝项目，人员入境采取特事特办的方式，建立快捷通道，为外籍技术管理专家到岳阳工作或出差提供便利。人员招聘组织召开专场招工会，沟通企业提升工人待遇，新入职员工9300多人，17条生产线满负荷生产。产品出口协调岳阳海关以“公铁联运、多程转关”的模式申报出口，实现综保区保税优势和中欧班列运输便利的无缝衔接，在岳阳本地即可便捷完成报关、查验和转关等一系列手续，最大程度简化流程、节约成本。为岳阳市重点产业链及高新技术项目复工复产所急需的人员，提供到华邀请手续上的便利，稳妥快捷办好卡帕国际马术中心、鑫圆链科技等16个省、市重点项目的外籍高管及技术人员到岳阳66人次。

（刘革新）

老干部工作

【概况】 2020年，市委老干部局加强离退休党组织建设，全市离退休干部党组织1068个，党员约3.6万人，党组织覆盖率100%，其中，省级示范性党支部9个，市级示范性党支部60个。强化老干部生活待遇落实情况和服务管理，走访离退休干部与红军遗孀287人，帮扶特困离休干部及遗孀63人，慰问帮困资金50多万元。开展老干部正能量活动，全市离退休干部为抗击疫情捐款200多万元。市商务粮食局离退休干部第五党支部被评为全国离退休干部先进集体，朱再保被评为“全国模范退役军人”。市委老干部局被评为全市综合绩效考核、信访工作先进，省级文明单位复评成功验收，市关工委被评为全国关心下一代先进集体。

（龙国旺）

【市老干部（老年）大学】 2020年，市老干部（老年）大学停课不停学，探索线上教学模式。利用岳阳市教育资源，与市广播电视大学继续教育学院洽谈，达成共同使用“湖南省老干部开放大学”网络平台合作意向。对接全国优质老年教育资源，与北京中投影视传媒有限公司老年大学项目部，就开展线上网络直播课交换意见，组织全市老年教育专家和本校优秀教师参与老年教育课堂视频录制活动。参加中国老年大学协会举办的“5G智慧课堂”第二期培训班，学习外省市老年教育信息化建设的先进经验，推进学校教学教务信息化建设。试点“短视频”“微课堂”等教学工作，通过微信教学、网络授课、远程指导等手段，创新推进老年教学智能化与信息化。

（宋仲斌）

党校工作

【概况】 2020年，市委党校（市行政学院、市社会主义学院）完成机构改革，为市委直属正处级公益一类事业单位。全年举办主体班次22个，培训人数1145人，承办各类社会培训班次33个，培训人数5642人。完成岳阳市1088名考生录用公务员集中面试工作。开设教学专题161个，其中本校教师95个（新专题40个），校外教师专题66个，外请报告32讲。完成全省党校（行政学院）系统社科规划课题结项8项、立项5项，全省社会主义学院系统招标课题结项3项、立项两项。完成中央党校（国家行政学院）调研组到岳阳开展落实《中国共产党党校（行政学院）工作条例》（简称《条例》）调研检查和全省部分市县党校（行政学院）贯彻《条例》精神调研座谈会等各项工作。被确定为中心城区集中隔离医学观察点，为医护人员、干警及医学观察者提供后勤保障和生活服务。

【党校科研咨政】 2020年，市委党校完成全省党校（行政学院）系统社科规划课题结项8项、立项5项，全省社会主义学院系统招标课题结项3项、立项两项，全省党校（行政学院）系统社科规划协作攻关课题立结项1项，全市社会科学重点自筹课题立结项1项、一般自筹课题立结项两项，市级一般课题立项3项、结项1项，市级委托课题结项3项，校级重点课题和一般课题各结项1项。完成《新时代党的组织路线建设》《新时代复合型干部队伍建设》《构建洞庭湖生态经济区生态补偿制度的问题与对策》《精准扶贫在岳阳》等10多个咨政报告，其中，《守护好一江碧水》科研课题获得市委书记王一鸥和市委副书记、市委党校校长陈爱林的肯定性批示，成果在12月2日被《学习时报》整版刊发。在省级以上刊物公开发表论文16篇，参加全省党校（行政学院）系统年度理论研讨会，获一等奖1个、二等奖1个、三等奖两个，在三峡生态经济合作区党校协作会理论研讨会上，获一等奖1个、二等奖1个、三等奖3个。编辑出版《岳阳论坛》2期。

【党校助力疫情防控】 2020年，根据疫情防控需要，市委党校被确定为中心城区集中隔离医学观察点，市委党校第一时间成立观察点工作领导小组，为医护人员、干警及医学观察者提供后勤保障和生活服务。从2月7日进场至4月13日最后1名医学观察者解除隔离，68天的隔离期间，接收医学观察者789人，组织、协调和后勤保障工作无一纰漏，实现“零感染”，保障中心城区疫情防控阻击战顺利进行。

（李林霏）

岳阳市人民代表大会

编　辑　曹春友

综　述

【概况】 2020年，市人大常委会全年召开9次常委会会议，颁布施行3部地方性法规，作出6项决议决定，任免国家机关工作人员82人次，听取和审议38项专项报告，组织两次执法检查、1次立法后评估、两次集中视察，完成市八届人大五次会议确定的工作任务，常委会各项工作取得新进展、新成效。

（谢冯平）

重要会议

【市八届人大五次会议】 2020年1月6—9日，岳阳市第八届人民代表大会第五次会议在市会展中心召开。会议听取和审议市人大常委会、市人民政府、市中级人民法院和市人民检察院工作报告，审查岳阳市2019年国民经济和社会发展计划执行情况与2020年国民经济和社会发展计划（草案）的报告、岳阳市2019年预算执行情况与2020年预算（草案）的报告、关于2019年全市环境状况和环境保护目标完成情况及2020年环境保护工作任务的报告，表决通过《关于岳阳市人民政府工作报告的决议》《关于岳阳市2019年国民经济和社会发展计划执行情况与2020年国民经济和社会发展计划的决议》《关于岳阳市2019年预算执行情况与2020年预算的决议》《关于2019年全市环境状况和环境保护目标完成情况及2020年环境保护工作任务的决议》《关于岳阳市人民代表大会常务委员会工作报告的决议》《关于岳阳市中级人民法院工作报告的决议》《关于岳阳市人民检察院工作报告的决议》，表决通过《岳阳市人民代表大会及其常务委员会制定地方性法规条例（草案）》，并报省人大常委会审查批准，选举王一鸥为岳阳市第八届人民代表大会常务委员会主任，林彰良为岳阳市监察委员会主任，黄淑平、戴斌为岳阳市第八届人民代表大会常务委员会委员。

【市八届人大常委会会议】 2020年2月27日，市人大常委会党组书记、常务副主任向伟雄主持召开市八届人大常委会第二十五次会议，市人大常委会副主任彭先政、万岳斌、陈光荣、李永丰、赵岳平，秘书长骆岳梨出席，副市长邱虹，市政协副主席、市发改委主任刘晓英，市中级人民法院院长彭世理，市人民检察院检察长罗青，以及市人大常委会副秘书长、市人大各专门委员会和常委会各工作机构、市人民政府有关部门负责人列席。会议听取市人民政府关于岳阳市第四次全国经济普查情况的报告，听取和审议市人民政府关于全市殡葬改革工作审议意见整改落实情况的报告，表决通过《岳阳市人民代表大会常务委员会关于对员额法官、员额检察官开展履职评议的暂行办法》和有关人事事项。

4月29—30日，市人大常委会党组书记、常务副主任向伟雄主持召开市第八届人大常委会第二十六次会议，市人大常委会副主任彭先政、万岳斌、陈光荣、李永丰、赵岳平，秘书长骆岳梨及市人大常委会委员出席会议，副市长唐文发、黎作凤，市政协副主席、市发改委主任刘晓英，市中级人民法院院长彭世理，市人民检察院检察长罗青等列席会议。会议听取和审议市人民政府关于提请审议《岳阳市文明行为促进条例（草案）》的议案、市人民政府关于全市全民健身事业发展情况的报告、市人大常委会法工委关于2019年度规范性文件备案审查工作情况的报告，审议并表决通过市中级人民法院关于执行工作评议意见整改落实情况的报告、市商务粮食局关于外贸进出口工作评议意见整改落实情况的报告、市住房和城乡建设局关于工程建设项目行政审批工作评议意见整改落实情况的报告、市水利局关于河（湖）长制工作评议意见整改落实情况的报告、市人力资源和社会保障局关于基本养老保险工作评议意见整改落实情况的报告、市卫生健康委员会关于妇幼保健工作评议意见整改落实情况的报告、《岳阳市人民代表大会常务委员会关于同意〈岳阳市城市规划区山体水体保护规划（修改）〉（已内酰胺产业链搬迁与升级转型发展项目调整松杨湖一级保护水体）的决定》《岳阳市人民代表大会常务委员会关于年度环境状况和环境保护目标完成情况报告的审查程序规定》。

6月18—19日，市人大常委会党组书记、常务副主任向伟雄主持召开市八届人大常委会第二十七次会议，市人大常委会副主任彭先政、万岳斌、陈光荣、李永丰、赵岳平，秘书长骆岳梨出席，副市长唐文发、黎作凤，市人民检察院检察长罗青，市监察委员会、市中级人民法院，市人民政府及其有关工作部门，市人大各专门委员会和常委会各工作机构及各县（市、区）人大常委会负责人，部分省、市人大代表列席。会议传达学习十三届全国人大三次会议精神，听取和审议市人大常委会执法检查组关于检查《中华人民共和国野生动物保护法》《中华人民共和国土壤污染防治法》实施情况的报告，听取和审议市人民政府关于《中华人民共和国就业促进法》《岳阳历史文化名城保护条例》执法检查审议意见整改落实情况的报告和关于2019年度国有资产管理情况、关于新冠肺炎疫情防控工作及传染病防治工作审议意见落实情况、关于扫黑除恶专项斗争开展情况的报告，市中级人民法院、市人民检察院关于扫黑除恶专项斗争开展情况的书面报告，听取和审议市人民政府关于提请审议《岳阳市铁山水库饮用水水源保护条例（草案）》的议案，审议《岳阳市文明行为促进条例（草案·二次审议稿）》，表决通过市人民政府关于《中华人民共和国就业促进法》执法检查审议意见整改落实情况的报告和《岳阳历史文化名城保护条例》执法检查审议意见整改落实情况的报告。

7月20日，市人大常委会党组书记、常务副主任向伟雄主持召开市八届人大常委会第二十八次会议，市人大常委会副主任彭先政、万岳斌、陈光荣、赵岳平，秘书长骆岳梨出席。会议听取和审议市人大常委会主任会议关于提请接受刘和生辞去湖南省第十三届人民代表大会代表职务的议案，决定接受刘和生辞去湖南省第十三届人民代表大会代表职务，报岳阳市第八届人民代表大会第六次会议备案。

8月27—28日，市委书记、市人大常委会主任王一鸥，市人大常委会党组书记、常务副主任向伟雄分别主持召开市八届人大常委会第二十九次会议，市人大常委会副主任彭先政、万岳斌、陈光荣、李永丰、赵岳平，秘书长骆岳梨出席，市级领导黎作凤、刘晓英、彭世理列席。会议听取和审议市人民政府关于2020年上半年国民经济和社会发展计划执行情况的报告、关于2019年决算草案和2020年上半年预算执行情况的报告，审查和批准2019年度市级决算、关于2019年度市级预算执行和其他财政收支的审计工作报告、2020年市级预算调整方案、《岳阳市城市总体规划（2008—2030）》，听取市人民政府关于2020年度环境保护目标中期实施情况的报告，审议通过《岳阳市人大常委会关于加强审计查出突出问题整改监督工作的办法》《岳阳市文明行为促进条例》《岳阳市人民代表大会常务委员会关于切实推进主城区交通综合整治的决定》，会议还听取和审议市人大常委会代表资格审查委员会关于部分代表的代表资格的报告，表决有关人事事项，决定任命陈阁辉为市人民政府副市长。

9月24日，市人大常委会党组书记、常务副主任向伟雄主持召开市八届人大常委会第三十次会议，市人大常委会副主任彭先政、陈光荣、李永丰、赵岳平，秘书长骆岳梨出席，市领导唐文发、杨昆、刘晓英、罗青列席。会议听取和审议《岳阳市2020年市本级政府投资项目计划》，评议市人民检察院未成年人检察、市教育体育局学前教育、市人防办行业整治、市应急管理局安全生产、市扶贫办巩固脱贫成果防止返贫、市审计局财政预算执行审计、市统计局统计基层基础、市生态环境局自然保护地综合管理工作。

10月29—30日，市人大常委会党组书记、常务副主任向伟雄主持召开市八届人大常委会举行第三十一次会议，市人大常委会副主任彭先政、万岳斌、陈光荣、李永丰、赵岳平，秘书长骆岳梨出席，市领导李挚、邱虹、刘晓英、彭世理、罗青列席。会议听取和审议市人民政府关于《岳阳市城市规划区山体水体保护条例》执法检查审议意见整改落实情况的报告和关于房屋产权发证工作专题询问问题整改情况的报告，市人民政府、市中级人民法院、市人民检察院关于市八届人大五次会议以来代表建议办理工作情况的报告，市人大常委会联工委关于市八届人大五次会议以来代表建议办理和督办工作情况的报告。会议还评议部分员额法官、员额检察官履职情况，表决通过有关人事事项。

12月16日，市人大常委会党组书记、常务副主任向伟雄主持召开市八届人大常委会第三十二次会议，市人大常委会副主任彭先政、万岳斌、陈光荣、李永丰、赵岳平，秘书长骆岳梨出席，市委常委、常务副市长李挚，副市长陈阁辉列席。会议听取和审议市人民政府关于“十四五”规划编制情况的报告、有关被审计单位关于2019年度市级预算执行和其他财政收支审计工作报告指出问题整改情况的报告，表决通过《岳阳市人民代表大会常务委员会关于召开岳阳市第八届人民代表大会第六次会议的决定》和有关人事事项，对市人民政府及有关被审计单位关于2019年度市级预算执行和其他财政收支审计工作报告指出问题整改情况进行满意度测评。

【市人大常委会主任会议】　2020年，市八届人大常委会召开主任会议15次，在审定市八届人大常委会各次会议内容的基础上，还先后讨论通过《岳阳市人大常委会2020年工作要点》《市人大常委会2020年度员额法官、员额检察官履职评议实施方案》；审定《市人大常委会2020年重点督办建议》《市人大常委会2020年工作评议方案》《关于审计查出突出问题整改监督工作方案》；听取市人大常委会办公室关于“守正创新，岳阳人大在行动”暨机关“五大”主题活动情况的报告，市人大财经委、常委会预算工委关于贯彻落实全国人大常委会《关于进一步加强各级人大常委会对审计突出问题整改情况监督的意见》情况汇报，市人民政府关于金融工作情况的报告，市科协关于全市科普工作情况的报告，市人大法制委关于暂缓审议《岳阳市铁山水库饮用水水源保护条例》的报告，市人大常委会法工委关于开展《岳阳市机动车停车条例》立法后评估的报告，市人民政府关于退役军人服务保障体系的报告，2020年度8件重点建议办理情况的报告，市人民政府关于对台工作情况的报告，关于农村集体产权制度改革情况的报

2020年10月21日，全国人大备案审查工作经验交流会在岳阳市召开

告，市人大财经委、常委会预算工委关于有关专项资金使用绩效细化审查情况的报告；书面听取市人大各专门委员会和常委会各工作机构2020年代表建议，批评和意见督办情况的报告，市中级人民法院员额法官、市人民检察院员额检察官履职情况的报告。

【全国人大备案审查经验交流现场会】 2020年10月21—24日，全国人大备案审查经验交流现场会和备案审查培训班在岳阳召开，全国人大常委会法工委副主任张勇，省人大常委会副主任周农，市委副书记、市长李爱武出席，市人大常委会党组书记、常务副主任向伟雄以《让规范性文件更规范》为题作备案审查工作经验交流，市人大常委会副主任陈光荣，市人大常委会秘书长骆岳梨，全国31个省、自治区、直辖市人大常委会从事备案审查工作的相关负责人参加。会上，河北省、江苏省、浙江省、湖北省、广东省、重庆市、云南省人大常委会法工委相关负责人作备案审查工作经验交流。

（谢冯平）

决议决定

【关于同意《岳阳市城市规划区山体水体保护规划（修改）》的决定】 2020年4月30日，岳阳市第八届人民代表大会常务委员会第二十六次会议作出《关于同意〈岳阳市城市规划区山体水体保护规划（修改）〉（已内酰胺产业链搬迁与升级转型发展项目调整松杨湖一级保护水体）的决定》，同意市人民政府因已内酰胺产业链搬迁与升级转型发展项目需调整松杨湖部分一级保护水体所提交的《岳阳市城市规划区山体水体保护规划（修改）》。

【关于深入推进主城区交通综合整治的决定】 2020年8月28日，岳阳市第八届人民代表大会常务委员会第二十九次会议作出《关于深入推进主城区交通综合整治的决定》，要求主城区各级各相关部门充分发挥城市规划引领作用、着力推进交通基础设施建设、全面提升城市交通管理水平、推动形成齐抓共管格局氛围、切实加强交通综合整治监督，推动做好主城区交通治堵保畅工作，全面提升道路通行能力，着力创建“安全、畅通、有序、文明、绿色”的主城区交通环境。

【关于《岳阳市城市总体规划（2008—2030）（修改）》的决议】 2020年8月28日，岳阳市第八届人民代表大会常务委员会第二十九次会议作出《关于〈岳阳市城市总体规划（2008—2030）（修改）〉的决议》，原则同意《岳阳市城市总体规划（2008—2030）（修改）》。

【关于批准2019年市级决算的决议】 2020年8月28日，岳阳市第八届人民代表大会常务委员会第二十九次会议作出《关于批准2019年市级决算的决议》，决定批准2019年市级决算以及岳阳经济技术开发区、城陵矶新港区、南湖新区、屈原管理区决算。

【关于批准2020年市级预算调整方案的决议】 2020年8月28日，岳阳市第八届人民代表大会常务委员会第二十九次会议作出《关于批准2020年市级预算调整方案的决议》，决定通过关于2020年市级预算调整方案（草案），批准2020年市级预算调整方案。岳阳经济技术开发区、城陵矶新港区、南湖新区、屈原管理区债券资金安排需报市人大常委会审查备案。

【关于召开岳阳市第八届人民代表大会第六次会议的决定】 2020年12月16日，岳阳市第八届人民代表大会常务委员会第三十二次会议作出《关于召开岳阳市第八届人民代表大会第六次会议的决定》，定于2021年1月19日在岳阳市区召开岳阳市第八届人民代表大会第六次会议。

（谢冯平）

主要工作和重大活动

【《野生动物保护法》执法检查】 2020年3月9日，市人大常委会在新闻媒体上发布公告，面向社会公开征集贯彻实施《中华人民共和国野生动物保护法》和全国人大常委会《关于全面禁止非法野生动物交易、革除滥食野生动物陋习、切实保障人民群众生命健康安全的决定》的问题、意见和建议，听取市人民政府及市林业局等5个市直相关部门情况汇报。4月下旬，在市人大常委会副主任赵岳平的带领下，到临湘市、君山区和湖南东洞庭湖国家级自然保护区开展执法检查，委托湘阴县等部分县（市、区）开展执法检查。6月18—19日，岳阳市第八届人民代表大会常务委员会召开第二十七次会议听取和审议市人大常委会执法检查组关于检查《中华人民共和国野生动物保护法》实施情况的报告，提出意见建议，交由市人民政府整改落实。

【《土壤污染防治法》执法检查】 2020年5月中旬，市人大常委会副主任万岳斌带队，部分市人大常委会委员、市人大环资委委员及有关专业人员分两组到岳阳县、华容县、湘阴县、临湘市、汨罗市、君山区6个县（市、区）开展《中华人民共和国土壤污染防治法》执法检查，委托平江县等4个县、区进行自检自查。执法检查查阅法律宣传、污染监测、执法巡查等相关工作台账64册，抽查农业面源、工业企业污染治理项目11个、重点污染监管企业4家、矿山企业3家，对法律宣传情况、农业面源污染防治情况、耕地保护情况、企业履行义务情况和建设用地准入情况等进行重点检查。6月18—19日，岳阳市第八届人民代表大会常务委员会召开第二十七次会议听取和审议市人大常委会执法检查组关于检查《中华人民共和国土壤污染防治法》实施情况的报告，提出意见建议，交由市人民政府整改落实。

【人大票决民生实事】 2020年，市人大常委会推动乡镇民生实事代表票

2020年4月21日，省人大常委会党组书记、副主任刘莲玉到岳阳楼区芋头田社区人大代表工作站调研指导

决制作工作。全市102个乡镇全部实施票决制，票决出460件民生实事项目，在全省率先实现乡镇全覆盖。全国人大常委会办公厅《联络动态》专文推介汨罗市屈子祠镇票决制工作。

【人大代表进站入室】　2020年，市人大常委会加强代表联系群众工作。全市建成乡镇（街道）、村（社区）平台1538个，建成数量和覆盖率均居全省前列。在乡镇、街道确立中心站点，建成平江县安定镇、岳阳楼区芋头田社区等示范平台15个。全面推进代表进站联系群众工作，包括省委副书记乌兰在内，全市有7000多名各级代表进站入室，接待联系群众8万多人次，为群众解决实际问题2300多个。

【人大创新代表小组活动】　2020年，市人大常委会组织开展代表小组活动。全市设立代表小组1189个，全国、省、市、县、乡五级代表全部编入代表小组，并创新活动形式，小组活动与中心工作、专业工作、志愿服务相结合，湘阴县文星街道代表小组每周开展一次主题活动，云溪区设置6个专业代表小组，多名代表被推举为爱心群体、公益组织牵头人。

【人大督办代表建议】　2020年，市人大常委会落实落细督办代表建议工作。争取市委同意在绩效考核中加大代表建议办理分值权重，对市八届人大五次会议期间及闭会后代表提出的248件建议，采取重点督办、组织代表参与督办等举措，问题解决率大幅提高。开展八届人大以来409件B类建议办理工作回头看，实行朝九晚五作息制度、推动老旧小区加装电梯等许多B类建议得到有效落实。

【人大推动经济发展】　2020年，市人大常委会听取和审议计划、预决算、审计、国有资产管理、政府新增债券资金安排、政府投资项目计划和全市第四次全国经济普查、“十四五”规划编制等报告，评议财政预算执行审计、统计基层基础、人防行业整治等工作，督促政府坚持稳中求进总基调，做好“六稳六保”工作。督促整改落实外贸进出口工作评议意见，视察文化和旅游产业融合发展工作，持续激发经济内生动力。督促整改落实工程建设项目行政审批工作评议意见，持续推进全市“最多跑一次”改革，进一步方便企业和群众。

【人大视察文化和旅游产业融合发展】　2020年11月17日，市人大常委会组织文化旅游产业融合发展专题视察，先后实地察看长江大堤马拉松赛道、华龙码头江豚湾、优乐文创旅游营地和岳阳花语世界等地。市人大常委会党组书记、常务副主任向伟雄，市人大常委会副主任彭先政、万岳斌、赵岳平，秘书长骆岳梨和部分市人大代表和专家参加，市领导陈阁辉、刘晓英陪同视察或参加座谈会。向伟雄强调，要制定有前瞻性的专项发展规划，建设精品“旅游目的地”；要引入战略合作伙伴，推动转型升级。要大胆改革，优化机制、工作思路，为文旅产业跨越发展提供强大动力；要大众参与，加强对外宣传推介。

【人大视察全市农业七大百亿产业建设】　2020年11月5日，市人大常委会组织部分市人大代表和专家到岳阳经开区、君山区、华容县、临湘市、岳阳楼区、岳阳县、平江县、湘阴县等地，专题视察全市农业七大百亿产业建设工作。市人大常委会党组书记、常务副主任向伟雄，市人大常委会副主任彭先政、陈光荣、李永丰、赵岳平，秘书长骆岳梨参加，副市长邱虹陪同。向伟雄强调，要抓基地、上规模，培育规模基地，实现由“分散型”向“集约型”转变；要扶龙头、创品牌，制定优惠政策，实施重点项目，优化营商环境；要聚资本、激活力，引进外资、激活民资促发展；要建机制、严考核，完善组织领导机制、考核奖惩机制、利益共享机制。

【人大生态环保监督】　2020年，市人大常委会开展土壤污染防治法执法检查，评议自然生态保护区工作，督促整改落实河（湖）长制工作评议意见，调研饮用水水源地保护情况，组织“守护好一江碧水”地方法治理论研讨，制定年度生态环境状况和生态环境保护目标完成情况报告的审查程序规定，首次听取政府生态环境保护目标年度中期实施情况报告，开展中期实施情况检查，助力打好“蓝天碧水净土保卫战”，全国人大环资委简报推介岳阳人大生态环保监督工作。

【人大聚焦民生改善】　2020年，市人大常委会听取和审议全民健身、基本医疗保险和生育保险市级统筹等报告，评议学前教育工作，督促整改落实就业促进法执法检查和殡葬改革审议意见、房屋产权发证专题询问意见、妇幼保健和养老保险工作评议意见，调研基层公共卫生医疗服务建设、中医药发展、退役军人服务保障体系建设、城区义务教育和民办教育情况，推动在发展中补齐民生短板。

【人大助推乡村振兴】 2020年，市人大常委会助推乡村振兴战略，评议巩固脱贫成果防止返贫工作，督促政府坚持“四个不摘”，扎实推进脱贫质量回头看，抓实产业扶贫、就业扶贫等举措，持续巩固脱贫成效。视察全市农业七大百亿产业建设，听取农村集体产权制度改革情况报告，推动激发乡村振兴活力。调研农村人居环境整治升级版和乡村文化建设情况，推动加快建设美丽宜居乡村。督促开展土壤治理、农产品质量安全检测，保障人民群众舌尖上的安全。

【人大社会治理监督】 2020年，市人大常委会听取和审议扫黑除恶专项斗争情况报告，推动更加有力打击违法犯罪。督促整改落实法院执行工作评议意见，推动更加有效破解执行难。评议未成年人检察工作，推动更好保障未成年人健康成长。组织和督促指导开展市、县员额法官检察官履职评议，评议员额法官86名、员额检察官54名，推动提升司法公信力。评议安全生产工作，推动持续开展大排查大整治，维护人民群众生命财产安全。走访慰问少数民族困难群众，促进岳阳民族团结。

【人大代表参与疫情防控】 2020年，市人大常委会主动参与依法抗疫。贯彻全国人大常委会全面禁止非法野生动物交易、革除滥食野生动物陋习、保障人民群众生命健康安全的决定，在全省率先开展野生动物保护法执法检查，督促整改落实传染病防治法执法检查审议意见，收集并上报防疫相关法律修法建议，推动全市抗疫工作依法有序开展。督促联动抗疫，听取和审议新冠肺炎疫情防控报告，调研金融工作，督促金融行业发挥服务支持复工复产的重要作用。执行市委安排，主任会议成员分别牵头或分片指导、监督新冠肺炎疫情防控和应急保障工作。召集部分工业企业国、省、市三级代表进行座谈，收集疫情防控和复工复产意见建议46条，交由政府及有关部门落实。发动代表抗疫，向全市各级人大机关和代表发出公开信，号召投身疫情防控，助推复工复产，各级代表和人大工作者在不同岗位履职尽责、担当作为。医疗战线代表在危急关头挺身而出，成为最美“逆行者”。企业界代表带领员工加班加点，生产出最急需的物资送往抗疫一线。乡镇（街道）、村（社区）代表立足岗位，做细做实基层防控。

（谢冯平）

岳阳市人民政府

编 辑 李 幸

重要会议

【市政府全体（扩大）会议】 2020年5月8日，市政府召开全体（扩大）会议，讲评一季度工作，贯彻中央和省委、省政府系列决策部署，把脉分析当前形势，安排部署后段任务。市长李爱武出席并讲话，动员全市上下迎接挑战、奋力突围，确保夺取疫情防控与经济社会发展的“双胜利”。市委常委、常务副市长李挚主持，市领导周隽、李为、唐文发、黎作凤、杨昆、邱虹、刘晓英，市政府秘书长刘传汉及相关部门负责人参加。

（李绍峰）

【市政府常务会议】 2020年，市政府召开10次政府常务会，分别为第三十七至四十六次常务会。

市政府第三十七次常务会议。1月10日，市长李爱武主持召开市政府第三十七次常务会议。学习总书记习近平在中央政治局第十九次集体学习时有关应急管理体系和应急能力建设讲话精神，听取2020年市政府重点工作任务分解、生猪稳产保供及禁捕退捕工作、晓朝宾馆改扩建为巴陵戏传承展演中心情况汇报，审议《岳阳市既有住宅加装电梯实施方案》，安排部署当前工作。

市政府第三十八次常务会议。3月20日，市长李爱武主持召开市政府第三十八次常务会议。听取贯彻落实省政府真抓实干督查激励工作、全市2020年污染防治攻坚战工作、全市信访工作、己内酰胺搬迁与升级转型项目涉及《岳阳市山体水体保护规划》调整情况汇报，审议《关于加强市中心城区电动车管理通告》《岳阳市行政审批中介服务事项清单（2020年版）》《岳阳市行政审批中介服务超市管理暂行办法》。

市政府第三十九次常务会议。4月26日，市长李爱武主持召开市政府第三十九次常务会议。听取2020年全市重大项目推进计划编制情况、涉疫社会稳定风险隐患集中排查研判、市人民政府与中国华夏文化遗产基金会合作框架协议有关情况汇报，审议《岳阳市文明行为促进条例（草案）》《关于加快推进企业上市工作通知》《岳阳市基本医疗保险和生育保险市级统筹实施方案》。

市政府第四十次常务会议。6月11日，市长李爱武主持召开市政府第四十次常务会议。学习《中华人民共和国民法典》，听取市本级政府固定投资项目立项、全市扫黑除恶专项斗争及十大重点行业领域集中整治工作、加强新时代县域警务工作、组建岳阳市“数字政府·智慧岳阳”专业化建设运营公司、城陵矶临港新区开发投资有限公司升格为一类市管国有企业情况汇报，研究市中心医院及市传染病医院筹建工作，审议《岳阳市人民政府2020年立法计划》《岳阳市铁山水库饮用水水源保护条例（草案）》《岳阳市加快第五代移动通信产业发展行动方案（2020—2022年）》《关于进一步推进全市产业园区高质量发展实施办法》。

市政府第四十一次常务会议。7月1日，市长李爱武主持召开市政府第四十一次常务会议。学习《最高人民法院关于行政机关负责人出庭应诉若干问题规定》，听取市中心城区机关事业单位实行错时上下班制度、市本级政府固定资产投资项目立项、岳阳市长江流域重点水域禁捕退捕工作情况汇报，审议《岳阳市城区2020年城市生活垃圾分类工作实施方案》。

市政府第四十二次常务会议。8月6日，市长李爱武主持召开市政府第四十二次常务会议。传达省人民政府第六次全体会议精神，听取全面放开岳阳市城区户口落户情况汇报，审议《2020年市本级政府投资计划（草案）》《关于进一步加强市本级政府投资项目审批和概算管理通知》《岳阳市禁捕退捕工作责任规定》《岳阳市人民政府与成都航空公司战略合作框架协议》《岳阳市人民政府与中石化湖南石油分公司战略合作框架协议》。

市政府第四十三次常务会议。9月22日，市长李爱武主持召开市政府第四十三次常务会议。学习省委、省政府《关于建立全省国土空间规划体系并监督实施意见》，听取全市信访工作、《岳阳市新型智慧城市顶层设计》编制情况、全市农村宅基地管理与改革工作、市本级政府固定投资项目立项、湘北女校申办湖南文旅职业学院、设立岳阳市财金中小企业应急转贷基金情况汇报，审议《岳阳市职业教育改革实施方案》《岳阳市城市容貌标准》《岳阳市沿江化工生产企业关停搬迁改造工作方案》《岳阳市主城区住宅加装电梯奖补办法》。

市政府第四十四次常务会议。10月26日，市长李爱武主持召开市政府第四十四次常务会议。听取做好国务院第七次大督查指出问题整改工作、首届湖南（岳阳）口岸经贸博览会筹备工作情况汇报，审议《岳阳市城区建筑垃圾管理和资源化利用实施方案》《岳阳氢能城市建设及氢能产业发展规划》《中国（岳阳）跨境电子商务综合试验区产业扶持措施》《岳阳市促进城陵矶口岸航运物流加速发展奖补措施》《岳阳市工伤保险基金市级统收统支实施方案》。

市政府第四十五次常务会议。11月5日，市长李爱武主持召开市政府第四十五次常务会议。传达学习中共十九届五中全会精神，听取积极争取国省真抓实干督查激励表扬情况、全市禁毒工作、创建长江经济带绿色发展示范区、设立岳阳市物流产业发展引导基金、市中心医院和公共卫生医疗中心项目立项情况汇报。

市政府第四十六次常务会议。12月15日，市长李爱武主持召开市政府第四十六次常务会议。听取禁毒工作、退役军人事务工作、《全市普通国省道国土空间控制规划（省道）》和《岳阳市水安全规划（2020—2035年）》编制情况、市中心城区污水系统综合治理PPP二期项目存量污水厂处置情况汇报，审议《关于加强市城区高污染燃料禁燃区管理通告》《关于印发〈岳阳市重污染天气应急预案〉的通知》《关于落实促进生猪生产保障市场供应政策措施通知》《关于加快推进生态廊道建设通知》《关于印发〈岳阳市促进冷链物流业高质量发展若干政策〉通知》《关于进一步加强岳阳县荣家湾、新开两镇自然资源和规划管理通知》《岳阳市机关事务管理实施办法》。

【市长办公会】 2020年1月23日，市长市长李爱武主持召开新型冠状病毒感染肺炎疫情防控工作联席会议，学习传达总书记习近平重要指示、总理李克强重要批示、省长许达哲批示和省政府相关会议精神，听取全市新型冠状病毒感染肺炎疫情防控进展及督查督导工作情况汇报，并就疫情防控工作进行研究部署。

2月4日，市长李爱武主持召开会议，传达贯彻中央、省委和市委有关新型冠状病毒感染肺炎疫情防控工作会议精神，专题研究岳阳市常态化疫情防控和恢复生产有关问题。

4月8日，市长李爱武主持召开会议，调度洞庭湖博物馆项目建设，并就相关问题进行研究。

5月24日，市长李爱武主持召开会议，专题研究“健康岳阳”项目和市中心医院筹建有关问题。

5月26日和6月5日，市长李爱武两次主持召开会议，听取巴陵石化公司和长岭炼化公司市政设施和社区职能分离移交、长岭片区开通公交线路、“10·31”岳阳市凯森仓储物流公司2号仓库火灾事故有关情况汇报。

6月12日，市长李爱武主持召开会议，专题研究马壕蛋禽市场及周边旧城改造项目有关信访问题。

6月22日，市长李爱武到市交投集团现场调研重点项目建设，并主持召开会议，听取市交投集团工作情况汇报，研究部署有关工作。

7月16日，市长李爱武主持召开会议，听取重大项目涉及《岳阳市城市总体规划（2008—2030年）》修改工作汇报。

7月23日，市长李爱武主持召开会议，对接新金宝代工华为岳阳高端制造基地项目。

8月2日，市长李爱武主持召开会议，专题研究智慧医疗健康云平台建设有关问题。

9月9日，市长李爱武主持召开会议，专题研究岳阳氢能城市建设工作。

9月12日，市长李爱武主持召开会议，专题研究龙山绿色发展（中华大熊猫苑）项目建设有关问题。

9月22日，市长李爱武主持召开会议，专题研究2020国际湿地生态文化旅游节筹备工作。

9月27日，市长李爱武主持召开会议，专题研究粮食安全工作。

11月4日，市长李爱武现场调研交通重点项目建设，并主持召开会议，专题研究交通重点项目建设有关问题。

12月21日，市长李爱武主持召开会议，专题研究岳阳三荷机场改扩建和临空经济区开发建设有关工作。

12月29日，市长李爱武现场调研“春华家园”“湘北雅园”等保障性住房项目，并主持召开会议，专题研究保障性住房建设工作。

（王烁超）

【市政府专题会议】 2020年2月4日，市长市长李爱武主持召开市政府专题会议，学习贯彻总书记习近平在中央政治局常务委员会会议上的重要讲话精神，传达省委、市委有关部署要求，听取各单位关于疫情防控工作和恢复生产应对措施的情况汇报。

4月28日，市长李爱武主持召开市政府专题会议，研究部署中心城区老旧小区改造工作。

7月28日，市长李爱武主持召开市政府专题会议，听取“天下洞庭·国际湿地生态文化旅游节”筹备工作、洞庭湖博物馆周边文旅项目开发建设情况汇报。

11月10日，市长李爱武主持召开市政府专题会议，部署东风湖周边环境综合整治等工作。

【市政府党组会议】 2020年2月20日，市长市长李爱武主持召开市政府党组会暨市长碰头会，学习传达总书记习近平关于疫情防控和复工复产重要指示批示和讲话精神，部署统筹抓好疫情防控和当前重点工作。

4月7日，市长李爱武主持召开市政府党组会议暨市长碰头会，学习传达中央和省委有关会议精神，部署当前重点工作。

5月21日，市长李爱武主持召开市政府党组会暨市长碰头会，学习有关会议精神，部署当前重点工作。

7月6日，市长李爱武主持召开市政府党组会议暨市长碰头会，学习《市政府系统2020年度廉政工作要点》，听取国务院、省政府督查激励措施、省市实事任务及其他当前重点工作情况汇报，安排部署后段工作。

8月14日，市长李爱武主持召开市政府党组会议暨市长碰头会，集中学习《习近平谈治国理政》第三卷，安排部署当前重点工作等。

10月14日，市长李爱武主持召开市政府党组会议暨市长碰头会，集中学习总书记习近平在湖南考察时的重要讲话和省委全会精神，安排部署四季度重点工作。

12月14日，市长李爱武主持召开市政府党组（扩大）会议，传达学习中央和省委有关会议精神，研究创建长江经济带绿色发展示范区和建设省域副中心城市工作，部署当前重点工作。

（李绍峰）

重要活动

【新冠疫情防控调度督导】 2020年1月23日，市长李爱武主持召开新型冠状病毒感染的肺炎疫情防控工作联席会议，听取当前疫情防控工作情况汇报，部署春节期间防控工作。1月28日，李爱武到华容县和君山区，暗访新型冠状病毒感染的肺炎疫情防控各项工作落实情况，看望慰问一线工作人员。1月30日，李爱武到火车站、社区、农集贸市场等地，暗访督查流动人口检测和疫情防控工作。1月31日，李爱武到君山区人民医院、市内高校、社区检查指导疫情防控工作，督查防控措施落实情况。2月2日，李爱武到市第一人民医院南院，查看相关患者救治情况，现场协调医护物资调度等工作。2月3日，李爱武到随岳高速岳阳东收费站、三荷机场、市自然资源和规划局以及岳阳经开区部分社区检查指导疫情防控工作，暗访督查防控措施落实情况。2月11日，市政府召开新冠肺炎患者医疗救治工作视频会议，市长李爱武

2020年2月26日，市长李爱武到市二医院督导新冠疫情防控

要求，全市各地各部门、各级医疗机构，始终把人民群众生命安全和身体健康放在第一位，强化战时思维，坚持平战结合、防救并举，不断提升医疗救治水平，坚决遏制疫情蔓延势头。2月15日，李爱武主持召开中心城区街道社区疫情防控工作座谈会，听取基层疫情防控工作情况和意见建议，会商部署中心城区防控工作。

【企业复工复产工作调度】 2020年2月6日，市长李爱武到部分企业，督导疫情防控和恢复生产工作。2月10日，李爱武到岳阳经开区督查企业复工复产后的疫情防控工作落实情况。2月17日，李爱武到云溪区督导疫情防控和企业复工复产工作，主持召开座谈会，听取已内酰胺搬迁扩能项目建设推进情况。2月21日，李爱武专题调度全市工业企业复工复产情况，强调要强化整体思维、战时思维和创新思维，加快推动企业开工复工，全力维护经济社会大局稳定。2月23日，李爱武主持召开专题会议，调度中心城区工程建设项目复工复产。2月25日，李爱武到岳阳县督导企业复工复产情况。2月27日，李爱武到城陵矶新港区调研疫情防控和复工复产工作。3月1日，李爱武主持召开中心城区疫情防控和复工复产工作座谈会，听取部分街道、社区负责人工作情况汇报，研究部署后段工作。3月24日，李爱武到岳阳楼区、南湖新区、君山区等地，调研全市文旅项目复工复产情况。

【重大能源项目建设推进】 2020年3月12日，市长李爱武主持召开全市重大能源项目建设调度会，听取相关县（市、区）、市直相关部门和项目企业负责人关于项目进展情况的汇报，就推进能源项目实施过程中面临的困难和问题进行研究调度。4月14日，李爱武到华容县调研重大能源项目建设，强调抢抓机遇、精准研判，抓紧抓实重大项目建设，统筹做好稳投资、稳增长工作，为全市经济社会高质量发展提供强有力支撑。4月18日，李爱武到平江县调研重大能源项目建设及脱贫攻坚工作。强调把能源重大项目作为稳增长、稳投资的重要抓手，加快推进能源“新基建”，释放经济社会发展新动能。9月9日，岳阳氢能城市建设工作调度会召开，李爱武强调要抢抓机遇、科学规划、协同推进氢能产业发展，实现岳阳市从新兴产业“跟跑者”到“领跑者”的转变。10月18日，华容县举行重大项目集中开工仪式暨国家能源集团国华岳阳电厂工程建设动员大会，副省长陈飞宣布华容县重大项目开工，市长李爱武讲话。

【主城区交通综合整治调度】 2020年3月30日，市长李爱武主持召开主城区交通综合整治工作调度会，强调要精准精细、务实担当、高效协同、严格督查，以治堵保畅的实效，提升市民的认可度和满意度。6月3日，李爱武到中心城区，督查交通堵点治理和城区低洼渍水整治工作，强调交通治堵和渍水整治都是重要民生工程，相关部门要切实增强责任感和紧迫感，努力把群众关心的事情办好，全力保障中心城区道路畅通和人民群众财产安全。10月26日，李爱武到中心城区专题调研主城区交通综合整治，强调要严格落实规划、加强数据互通、加大宣传力度，切实提高主城区缓堵保畅工作实效。

【防汛抗旱工作调度】 2020年4月10日，全市防汛抗旱工作电视电话会议召开，安排部署2020年防汛抗旱工作，市长李爱武出席并讲话。6月7日，李爱武在市防汛抗旱指挥中心主持召开防汛工作调度会，听取当前雨情、水情等方面工作汇报，对当前防汛工作再动员、再部署、再强调。7月8日，李爱武紧急召开城区防汛会商会，根据当前气象、水文等雨情变化趋势，研究部署防汛工作。下午，李爱武到市中心城区，督导城区防汛、小区排渍工作，并主持召开市防指成员单位全体会议，对全市防汛抗灾工作再动员、再部署。7月12日，李爱武到汨罗市、屈原管理区督查防汛抗洪工作。7月13日，李爱武到岳阳县督导防汛抗洪工作。7月15日，李爱武到云溪区督导防汛抢险工作并调度己内酰胺搬迁扩能项目建设。7月18日，李爱武到临湘市督导防汛工作。7月26日，李爱武到湘阴县督查防汛和夏粮收购工作。

【“12+1”产业链建设调度】 2020年3月2日，市长李爱武专题调度岳阳市新兴优势产业链建设工作，强调要以新发展理念引领，加快新兴优势产业链建设，助推岳阳市建设更具竞争力现代产业体系。3月23日，李爱武参加全市新兴优势产业链推进工作会议。4月21日，市长李爱武专题调研岳阳市生物医药及应用产业链建设。7月2日，李爱武到南湖新区专题调研文旅产业发展情况，强调南湖旅游要全面发力、聚焦突破，加快推动文旅融合。7月22日，李爱武主持召开工作调度会，专题研究现代物流产业链建设，强调要抢抓机遇、乘势而上、精准发力，确保2020年完成千亿元目标，同时谋划好现代物流产业的长远发展。9月11日，李爱武到城陵矶新港区专题调研电子信息产业链建设情况，强调要加速人才集聚和产业培育，在危机中培育新机，以港区为龙头壮大电子信息产业发展。9月21日，李爱武与到岳阳考察的多家物流、金融行业企业负责人座谈，进一步深化相关项目合作，推动现代物流产业和区域经济发展。10月15日，李爱武到湖南理工学院、岳阳绿色产业化工园等地，专题调度石油化工及新材料产业链建设工作，强调要抢抓新一轮重大机遇和发展的窗口期，持续提高全市石化行业的核心竞争力，以石化产业链高质量发展助推岳阳经济高质量发展。

【生态环境保护督察“回头看”】 2020年10月23日，省第三生态环境保护督察组对岳阳市开展生态环境保护督察“回头看”工作动员会召开，督察组组长朱建纲、副组长郑粟，就做好督察“回头看”工作分别作讲话，市长李爱武作动员讲话。下午，在省第三生态环境保护督察组督察岳阳市“回头看”工作动员会结束后，岳阳市马上召开生态环境保护工作汇报会，省第三环保督察组组长朱建纲出席，市长李爱武作生态环境保护工作汇报，省第三环保督察组副组长郑粟及督察组全体人员，市领导李挚、王小中、马娜、谈正红、林彰良、王武、李为、唐文发、黎作凤、杨昆、邱虹、陈阁辉，市政府秘书长刘传汉及相关部门负责人参加。

【岳阳市政府与成都航空签订战略合作协议】 2020年10月22日，市政府与成都航空有限公司在岳阳签订战略合作协议，双方拟在航线网络、临空经济、物流平台等方面深化合作。市长李爱武与成都航空有限公司总经理查光忆见证签约。市委常委、常务副市长李挚主持。

【黄奇帆在岳阳作专题报告】 2020年11月6日，岳阳市在会展中心举行经济形势报告会，重庆市原市长、中国金融四十人论坛学术顾问、复旦大学特聘教授黄奇帆作题为《后疫情时代，去全球化加剧、双循环新格局背景下，中部地区中等城市和企业面临的机遇和挑战》的专题报告。

（李绍峰）

民生实事

【概况】 2020年，市政府督查室对12项省级重点民生实事和10项市级重点民生实事进行任务分解，分别明确牵头市级领导和责任单位，制定详细工作方案，确定时间进度表和验收标准。按照“月调度、季讲评、年考核”工作制度，定期对项目进展情况进行督查调度，对滞后项目提请市政府领导约谈督办。至年底，22项省市重点民生实事35个指标全部完成或超额完成目标任务。

（庹　超）

2020年省级重点民生实事完成情况一览表

表3

序号	考核指标		单位	年度目标	实际完成	完成率
1	解决入托难入托贵的问题	增加公办幼儿园学位	个	11840	32029	270.5%
2	开展政府补贴性职业技能培训	政府补贴性职业技能培训	人次	40500	107031	264.3%
		农村转移劳动力培训	人次	10500	35481	337.9%
3	方便群众就近就医，提升基层卫生服务水平	所有建制乡镇卫生院全科医生全覆盖	名	104×2	104个建制乡镇卫生院2名及以上全科医生配备率100%	
		每个行政村卫生室补助运行经费	万元	825	870.06	105.5%
4	孕产妇免费产前筛查和农村及城镇低保适龄妇女“两癌”免费检查	孕产妇免费产前筛查	人	31770	32101	101%
		农村及城镇低保适龄妇女“两癌”免费检查	人	94120	102181	108.6%
5	特困人员护理床位建设	新改扩建集中供养机构	所	6	6	100%
		新增床位	张	600	706	117.7%
		新增护理床位	张	480	565	117.7%
6	城镇老旧小区改造		个	64	64	100%

续表3

序号	考核指标		单位	年度目标	实际完成	完成率
7	新改建农村公路	自然村通水泥（沥青）公路	千米	561	610.1	108.8%
		提质改造农村公路	千米	206	209.98	101.9%
8	巩固提升农村饮水安全	巩固和新增农村自来水人口	人	76300	88990	116.6%
9	农村电网改造	完成10千伏及以下配电网改造	万元	5900	5900	100%
10	改（新）建农村户用厕所和农村公用厕所	农村户用厕所	个	72603	72638	100%
		农村公厕	个	125	125	100%
11	提高农村低保标准和救助水平	提高农村低保标准	元/年/人	不低于4000	4260	高于目标任务260元
		农村低保救助水平	元/月/人	不低于213	244	高于目标任务31元
12	残障人士康复救助和残疾人“两项补贴”提标	困难残疾人生活补贴标准	元/月/人	不低于65	65	达到目标任务
		重度残疾人护理补贴标准	元/月/人	不低于65	65	达到目标任务
		残疾儿童救助	名	900	1399	155.4%

2020年市级重点民生实事完成情况一览表

表4

序号	考核指标	单位	年度目标	实际完成	完成率
1	开工建设公租房	套	6000	6000	100%
2	整治中心城区低洼渍水地段	处	10	10	100%
3	新建中心城区社会停车场	个	3	3	100%
	新增停车泊位	个	1800	4215	234.2%
4	标准化建设改造菜市场	家	28	28	100%
5	改造中心城区供水管线	千米	20	22.5	112.5%
6	完成公路安防工程	千米	1000	1656.86	165.7%
7	提质改造乡村小规模学校	所	149	149	100%
	提质改造乡镇寄宿制学校		151	151	100%
	建设公办幼儿园		27	27	100%
8	建成社会足球场	个	68	71	104.4%
9	帮助1726名处于就业年龄阶段残疾人享受居家服务和集中托养服务	名	1726	1726	100%
10	完成新生儿48种遗传代谢病串联质谱筛查	人	38000	38315	100.8%

（度　超）

政务督查

【概况】 2020年，市政府督查室以“执行力提升年”活动为总揽，发挥政务督查作用，牵头或参与开展疫情防控、粮食生产、生猪生产、项目建设、禁捕退捕、渍水点整治、棚改清零、生态环境突出问题整改、乡镇污水处理厂建设、老旧小区改造等督查活动80多次，配合国务院第七次大督查、省政府综合大督查、省政府重点工作专项督查等，对督查组指出的华容县一中教育乱收费等问题跟踪督办。至年底，印发《督查快报》14期、《政务督查》20期，下发督办函45份，上报督查情况100多篇次，得到市委、市政府领导肯定性批示和口头表扬20多次。

【真抓实干督查激励措施】 2020年，市政府督查室抓国务院、省政府真抓实干督查激励措施贯彻落实，市政府常务会议、党组会议5次听取情况汇报和安排部署，采取“一对一”解剖麻雀的方式，与责任单位一项一项指标分析调度，研究考评办法，查找差距短板，提出工作措施。至年底，市本级12次、县（市、区）21次受到省政府表扬激励，直接获得奖励资金5300万元（不包括固定资产投资4个先进市州共3亿元奖励），在用地指标、试点示范、经验推介和其他资金倾斜等方面得到奖励支持。

【市政府重点工作任务督查】 2020年，市政府督查室以《政府工作报告》为依据，对市政府重点工作任务分解为100项，明确目标任务、牵头领导、责任单位和相关责任人，形成任务清单，制定考核细则，实行“月调度、季检查、半年评估和年底验收”，督促推进工作落实。至年底，100项重点工作任务全部按要求完成或按时间节点顺利推进。

【政府系统“执行力提升年”活动】 2020年，市政府督查室制定并以市政府名义出台《岳阳市提升政府系统执行力十条措施》，组织开展“执行力提升年”活动。以市政府常务会议、市长办公会议议定事项、市长批示件以及市长调研交办等事项为重点，市政府督查室实行每月一督查一汇报一通报，重点事项随时跟踪督办，并向市政府主要领导及时报告各项工作的最新进展。至年底，督办重点事项335个，其中市政府常务会议、市长办公会明确事项174个，市长批示交办事项146个，调研及其他交办综合事项15个，基本实现重点工作督查全覆盖，对所有事项实行清单式全闭环管理、全过程跟踪问效，打通“中梗阻”，确保重点工作落实落地。

【重点督查调研】 2020年，市政府督查室以国务院“互联网+督查”平台、“12345”公众服务热线、市信访局疫情防控热线等收集的问题线索和市政府主要领导交办问题为重点，下到村组社区、交通道口、集贸市场等一线，核查问题线索300多条，精准发现问题40多个，下发专题通报12期，被市委、市政府采纳工作建议10多条，推动各地各部门疫情防控措施落到实处。在应对疫情影响扶持企业政策措施落实、规模以上工业企业培育、中心城区交通治堵等方面，撰写多篇高质量调研报告。

（庹　超）

民政工作

【概况】 2020年，岳阳市保障城乡低保、城乡特困对象18.46万人，累计发放救助金8亿元，实施临时救助6.21万人次，累计发放救助金6160.4万元。全市每千名老年人口拥有养老床位数达到42张，养老机构中护理型床位占比50%，节地生态安葬率68%，城乡社区综合服务设施覆盖率100%，城乡社区公共服务信息平台覆盖率分别为100%和95%，慈善超市90家，社工站实现乡镇（街道）全覆盖，儿童之家实现村（居）全覆盖。市民政局被评为全国脱贫攻坚、全国民政系统抗击新冠肺炎疫情先进集体，全省民政重点工作综合评估优秀等次，全市综合绩效考核先进单位。

【社会救助】 2020年，市民政局制定社会救助家庭经济状况核算评估实施办法，建成市级家庭经济状况核对平台，在全市开展城乡低保精准救助工作试点，开展大规模核查排查和主动施救工作，做到困难群众应保尽保“不漏一户、不落一人”。至年底，全市保障城乡低保、城乡特困对象18.46万人，累计发放救助金8亿元；实施临时救助6.21万人次，累计发放救助金6160.4万元；发放困难群众临时价格补贴144.66万人次，累计发放补贴6332.8万元。全市城市低保月人均救助水平达到364元，农村低保月人均救助水平达到243元。全市城市失能半失能特困供养人员集中供养率74.92%，农村失能半失能特困供养人员集中供养率50.6%，各县（市、区）均按要求再次对分散供养特困人员进行摸底与生活自理能力评估，签订委托照料服务协议，全面落实分散供养人员救助和照料工作。

【基层民主建设】 2020年，市民政局修订完善村规民约和居民公约，发挥村规民约和居民公约在社会治理和社区建设中作用，制定《关于进一步做好村规民约和居民公约工作的通知》，对全市村（社区）修订完善情况和登记备案情况进行督查指导。贯彻落实省委、省政府《关于加强和完善城乡社区治理的实施意见》，出台《关于改进和规范基层群众性自治组织出具证明工作的通知》，指导县（市、区）制定《村级小微权力清单》，进一步明确基层群众性自治组织职责定位，减轻村（居）委会行政负担，增强自治功能，为实现政府治理和社会调节、居民自治良性互动提供制度支撑。推进“社区万能章”治理，规范社区活动场所挂牌，结合“最多跑一次”改革，梳理下沉便民服务事项集中在社区工作站办理，实现“数据多跑路、群众少跑腿”。推进“三会三制”建设，促进村（居）自治、法治、德治整合发展，提高社区治理社会化、法治化、智能化、专业化水平。完善“一事一议”制度，引导广大居民自己的事自己议、自己定、自己评。

【社会组织管理】 2020年，岳阳市社会组织综合党委管理128家，建有正式党支部13个，功能性支部44个，指派党建指导员20名，组织覆盖和机构覆盖实现两个百分之百。所属支部阵地建设全部达标，三会一课、组织生活会、主题党日活动常态化、规范化开展。依托社会组织大讲堂，组织专题学习培训活动16次，为社会组织集中讲党课两次，市本级三分之二的社会组织在章程中加入党的建设和社会主义核心价值观内容。印发《关于加强社会组织领域风险防范化解工作的通知》，加强意识形态工作和防范“精神传销”纳入防范内容。以党支部“五化”建设为抓手，持续推进“党建入章程”工作，解决部分社会组织党支部阵地建设不到位、作用发挥不明显等问题。建立支部书记补贴制度，为直属正式党支部书记按每人每月200元发放工作津贴。深化“牵手行动”，提倡社会组织主要负责人由党员担任，推进社会组织书记进理事会。推进“我是共产党员”实践活动，在社会组织中的优秀骨干中发展新党员7名。

【民政助力疫情防控】 2020年，市民政局建立局班子成员联点包片县（市、区）疫情防控工作机制和对口联点养老服务机构工作机制，做好联防联控和困难群众兜底保障及“一老一小”特殊困难群体关爱帮扶工作。至年底，累计开展临时救助和走访慰问7.77万人次、发放救助资金6086万元，发放临时物价补贴4171万元。发挥“三社联动”制度优势，动员331家社会组织累计捐款捐物3998万元，动员6万名社区工作者、社工和志愿者参与抗疫。

【民政助力脱贫攻坚】 2020年，市民政局履行民政兜底职能，建立救助帮扶长效机制，提高兜底保障标准，推动老区扶贫、驻村扶贫，及时整改脱贫攻坚质量“回头看”突出问题。全市保障城乡低保、城乡特困对象18.46万人，累计发放救助金8亿元，为农村低保对象、农村分散供养特困人员解决“三保障”问题3333个。兜实6.5万名建档立卡贫困户的基本生活，7.7万名困难群众收入保持在国家贫困线上。

（吴　伟）

机关事务管理

【概况】 2020年，市机关事务管理局负责市直行政事业单位的国有资产、办公用房、公务用车、公共机构节能以及后勤服务管理等工作。至年底，审核市直单位资产配置281宗，批复243宗，涉及金额2.4亿元；审核市直单位资产处置109宗，批复88宗，涉及金额6612万元。经营性国有资产签订合同516份，收缴租金2172万元。统筹调剂解决蓝天救援队、市红十字会等8家单位工作场地3320平方米，按程序办理审核办公用房维修改造项目27个。建立市公务用车信息化管理平台，完成全市1680台公务车辆信息录入工作，完成车辆调度3225次。牵头制定《岳阳市节约型机关创建行动方案》，在全市县级及以上党政机关开展“节约型机关创建行动”，全市第一批166家节约型机关顺利通过省管局验收。牵头组织市直公共机构推进生活垃圾分类工作，通过省机关事务管理局评估验收。

【市直机关单位国有资产管理】 2020年，市机关事务管理局按照过“紧日子”的要求，严格控制行政事业单位资产配置、处置的数量，经营性资产管理工作纳入全市绩效考评范围，加强市直行政事业单位经营性国有资产管理。对28个市直单位下发整改任务清单，集中交办问题38个。制定《经营性国有资产租金评估流程》，对移交的经营性资产，分三批组织租赁价格评估。至年底，签订合同516份，收缴租金2172万元，收缴押金270多万元，免除2020年第一季度租金560万元。审核市直单位资产配置281宗，批复243宗，涉及金额2.4亿元；审核市直单位资产处置109宗，批复88宗，涉及金额6612万元。审核批准全市（含县（市、区））公务车辆购置185辆，审核市直单位公务车辆处置19辆，拍卖8辆。

【办公用房管理】 2020年，市机关事务管理局对市直党政机关办公用房权属情况进行清查核实，清查一级单位84个、二级机构及下属单位588个、医院5个、学校39个；土地458宗，面积817.62万平方米，各类房屋建筑1219栋，面积944.56万平方米；市直51家行政事业单位存量公有住房632套，总面积4.56万平方米，预估价值约2亿元。收回闲置办公用房资产14宗，其中，土地6300平方米，房屋1.38万平方米。统筹调剂解决蓝天救援队、市红十字会、市王家河公园管理中心等8家单位工作场地3320平方米。按程序办理审核维修改造项目27个，压减维修改造项目5个，审核技术业务用房项目建设9个。

【公务用车管理】 2020年，岳阳市正式启用公务用车信息化管理平台，对市直单位公务用车实行集中统一管理，实时监控车辆运行轨迹、行驶里程等。市直机关事业单位公务用车服务中心集中26台公车建立服务平台。市政府出台《岳阳市市直行政机关及事业单位公务活动租车管理暂行办法》，实现所有市直单位向公车平台租车或通过平台租用社会车辆。至年底，公务车辆信息录入1680台，市农业、交通、林业、市场监督管理4个部门50台执法执勤用车正式上线运行，完成车辆调度3225次，为市直机关事业单位提供租车服务2363次。

【公共机构节能管理】 2020年，岳阳市纳入公共机构能耗系统单位1089个，其中，市直单位263个，县（市、区）826个。省机关事务管理局能耗会审，全市2019年公共机构人均综合能耗下降4.9%，人均用水量下降3.5%，单位建筑面积能耗下降2.5%。市机关事务管理局推进公共机构节能合同能源管理模式，引导社会资金投向节能技术改造，市政府办公大楼节能改造补助资金250万元。市二医院节能改造补助资金240万元。按照《岳阳市中心城区电动汽车充电桩基础设施专项规划》，中心城区新建充电站18座。制定《岳阳市节约型机关创建行动方案》，在全市县级及以上党政机关开展“节约型机关创建行动”。至年底，全市第一批166家节约型机关通过省机关事务管理局验收，4家单位成功创建国家级节约型公共机构示范单位。

【生活垃圾分类】 2020年，市机关事务管理局牵头组织市直公共机构推进生活垃圾分类工作，召开市城区生活垃圾分类推进会和全市公共机构节能暨生活垃圾分类专题培训会议，开展垃圾分类业务培训35场培训2800多人次。指导市直一级预算公共机构投入670万元，配置、改造、更新基本设施，选定20家公共机构示范单位，以点带面促进提升，建立垃圾分类监管平台，全程督导垃圾分类开展工作。12月下旬，市直公共机构生活垃圾分类工作通过评估验收。

【机关事务集中统一管理体制改革】 2020年，市机关事务管理局牵头制定《关于机关事务集中统一管理体制改革的意见》，市直机关单位国有资产管理体制改革纳入全市重点改革事项。机关事务集中统一管理体制改革共涉及4个大项16个子项改革任务，主要包括市直机关单位国有资产管理体制改革、机关运行经费管理体制改革、后勤服务管理体制改革、推进节约型机关建设等项目，到2022年底基本实现机关事务集中统一管理的目标。

【市直机关职工住宅区“三供一业”分离改革】 2020年，为落实省委第七巡视组巡视岳阳反馈意见整改任务，市委、市政府明确由市机关事务管理局牵头负责市直机关职工住宅区“三供一业”分离改革工作。6月28日，市委常委会对推动市直机关职工住宅区“三供一业”分离改革工作进行专题研究。7月30日，组织召开市直机关职工住宅区“三供一业”分离改革工作会议，全面启动市直机关职工住宅区供水、供电、供气、供热及物业服务分离移交工作。市直改革范围内正处级单位78家，其中，39家单位174个小区存在“三供一业”未分离的情况，39家单位“三供一业”分离或没有住宅小区。至年底，市直机关单位基本完成分离移交，达到改革预期目标。78家单位中，市委办、市人大办、市政府办、市政协办等60家单位通过第一批现场验收。

（陈义军）

政府研究工作

【概况】 2020年，市政府研究室围绕岳阳高质量发展和大城市建设，加强政府研究工作，起草领导讲话、调研报告、署名文章、宣传片脚本、考察线路解说词等各类综合材料500多篇。被评全省政府系统政务信息工作目标管理先进单位，岳阳市为全省唯一一个国务院政务信息直报地级市。

【文稿起草】 2020年，市政府研究室注重文稿服务，树立精品意识，起草的《产业项目：挺起岳阳高质量发展脊梁》《在湖南实施“三高四新”战略中走在前列》多篇文稿在《湖南工作》《城市经济论坛》等省级及以上媒体刊载，撰写的《让智慧城市的“新烙印”成为岳阳大城市建设的“新年轮”》《借华为智慧之“石”攻岳阳城市之“玉”》纳入全市“治理之道寻智慧之路”文库。起草的《在中共岳阳市第七届委员会第十次全体（扩大）会议上的讲话》得到市委书记肯定。

【调查研究】 2020年，市政府研究室把调查研究作为参谋辅政的重要手段，撰写一批有分量的调研报告，为市委、市政府决策提供第一手资料。其中，“岳阳市美丽乡村建设实践探索与思考”被推荐为省级社会科学优秀课题评选项目，“产业园区高质量发展路径探索与研究”被列为市社会科学重点课题，“挺起岳阳产业园区高质量发展的‘脊梁’”被市科技局列为基础研究计划项目，《岳阳市“十四五”发展战略分析与研究》成果有效服务岳阳市“十四五”规划编制，《关于平江“迎老乡、回故乡、建家乡”的调研与思考》《做强优势产业链提升产业竞争力》等调研报告系统推介各县（市、区）在产业招商、产业链建设等方面的成功经验。

【信息工作】 2020年，市政府研究室围绕中央和省、市重大决策、重大任务、重大实事等工作重心，增强政务信息报送的准确性和时效性。至年底，向上报送政务信息800多条，其中，被省政府采用140多条，被省政府办公厅上报至国务院办公厅70多条，政务信息综合排名居全省前列。在疫情防控关键阶段，提炼的《岳阳市“四个强化”打好疫情防控总体战》，被省政府《政务要情与交流》以特刊形式刊发，是全省唯一专刊推介地方疫情防控经验的市州；报送的《岳阳市坚持依法科学有序防控，确保政令畅通、令行禁止》信息，被省疫情联防联控机制作为“防过度”的基层经验，专报国务院联防联控机制。

（肖　琼）

信访工作

【概况】 2020年，市信访局聚焦基层基础、源头治理、突出问题、责任落实，推进涉疫情矛盾纠纷化解和各项信访重点工作，较好地完成年度任务，探索形成“群英断是非”“三社联动”“三人小组”等推进基层社会治理创新做法，华容县、岳阳经开区、屈原管理区成功创建省级“三无”县区。岳阳市信访工作考核再次被评为湖南省先进。

【积案难案化解】 2020年，市信访局推动积案难案化解，市委常委带案督导联点县（市、区）两个信访突出问题，市政府领导每人领办包案两个信访突出问题，通过“深入研究一次信访情况、实地开展一次走访约访、组织召开一次研判会、全面答复一次信访人”等措施，推动33个信访问题妥善化解。推进集中治理重复信访、化解信访积案专项工作，市委书记、市长等15名市级领导带头领办包案27件重点难点信访积案，中央交办涉及岳阳的595件信访事项，审定办结133件，化解率22.35%，超额完成省信访工作联席会议下达2020年度化解20%的任务。

【信访工作“三无”创建】 2020年，市信访局推进信访工作“三无”乡镇（街道）、市直和中央、省驻岳单位、村（社区）创建工作，从基层推动“三无”县（市、区）创建，以“三无”创建为抓手加强信访问题源头治理，夯实基层信访工作基础。华容县、岳阳经开区、屈原管理区成功创建省级“三无”县区，25个单位成功创建市级“三无”市直和中央驻岳单位，82个乡镇（街道）成功创建市级“三无”乡镇（街道）。坚持和发展新时代“枫桥经验”，开拓创新信访工作思路，推进基层社会治理，探索形成岳阳楼区服务城陵矶新港区工作组的“群英断是非”、南湖新区南湖街道的“三社联动”、平江县加义镇的“三人小组”等做法。

【张银桥到岳阳调研信访工作】 2020年9月25日，省政府副秘书长、省信访局党组书记、局长张银桥带队到岳阳市调研信访工作。市委副书记陈爱林主持调研座谈会。张银桥一行到岳阳楼区服务城陵矶新港区工作组、岳阳楼街道办事处等地，调研“群英断是非”“社区和谐宣讲团”等工作，与基层工作人员进行交谈，并详细询问坚持和发展新时代“枫桥经验”的具体做法及工作成效。在市信访局人民来访接待中心，了解“人民满意窗口”创建工作。张银桥要求学习贯彻总书记习近平在湖南考察时的重要讲话指示精神，坚持以人民为中心的发展思想，着力办好群众急难愁盼问题。

（邱　梁）

扶贫开发

【概况】 2020年，是脱贫攻坚收官之年，市扶贫开发办贯彻落实中央、省市关于脱贫攻坚各项决策部署，坚持精准扶贫、精准脱贫基本方略，建立红黄绿蓝“四卡”分类管理机制，实施动态监测帮扶，探索建立防贫保险机制，对口帮扶保靖县1100多万元，全面完成脱贫攻坚任务，国家级贫困县平江县成功摘帽，319个贫困村全部出列，40.1万建档立卡贫困人口实现全面脱贫。湘阴县金龙镇香杉村易海军的脱贫事例入选《中国经济周刊》的《我和我的乡亲们——中国30个脱贫故事》。平江县加义镇泊头村驻村第一书记、财政部行政政法司副处长刘斌樑，平江县长寿镇党委副书记李长征，湘阴县扶贫开发办公室党组书记、主任胡建龙，华容县话岗村驻村帮扶工作队队员、华容县市场监督管理局办公室副主任邵明艳，汨罗市川山坪镇玉池山村村民委员会党总支书记、村主任陈素辉，被评为全国脱贫攻坚先进个人；岳阳市社会救助局、岳阳县扶贫开发办公室、平江县梅仙镇三里村支部委员会获得全国脱贫攻坚先进集体荣誉称号。国网岳阳供电公司派驻平江县虹桥镇高桥村第一书记许创业，岳阳市派驻平江县童市镇合旺村扶贫工作队员伍建华，临湘市扶贫开发办公室副主任刘庙堂，岳阳县人民检察院派驻黄沙街镇和谐村原第一书记彭庆文，广东统力电源科技有限公司董事长童育林，湖南省长康实业有限责任公司执行董事兼总经理谭光辉被评为湖南省2020年“百名最美扶贫人物”。

【驻村帮扶】 2020年，市扶贫开发办贯彻落实总书记习近平“尽锐出战”的重要指示精神和“四个不摘”要求，及时调整优化帮扶力量，队员结构进一步优化，力量分布更加合理。至年底，全市派出驻村工作队1216支、工作队员3028人，其中，市派驻村工作队76支、工作队员236人，做到319个贫困村和751个贫困人口100人以上的非贫困村驻村帮扶力量只增不减。

【产业扶贫】 2020年，岳阳市依托地域农业特色产业，实施“一县一特”“一乡一园”“一村一品”，构建品牌茶叶、名特水产等八大现代产业扶贫体系，打造平江酱干、高山有机茶、华容芥菜、汨罗长乐甜酒、临湘浮标、湘阴螃蟹、君山小龙虾等一批特色产业，带动有产业发展意愿和发展能力的贫困户5.92万户，人均增收约2000元。全市实施省重点产业扶贫项目70个，投入资金7220万元，覆盖116个村帮扶2.8万贫困人口，人均通过重点产业增收约1200元。

【就业扶贫】 2020年，岳阳市在疫情期间打通“绿色通道”，采取“点对点”“一站式”专车送达的方式，把需外出务工贫困劳动力送

2020年10月17日，岳阳市举办第二届驻村帮扶成果展示会暨消费扶贫网购节

到广州、上海、浙江等地就业。采取技能提升培训、扶贫载体吸纳、公益性岗位兜底等措施，助推贫困群众稳岗就业。全市194家扶贫车间、113家扶贫基地吸纳贫困劳动力就业3953人。按照“政府主导、部门开发、就地就近、方便群众”的原则，量身定制保洁、保绿、保安、护林、护路等公益性岗位，帮助无法离乡、无业可扶、无力脱贫的贫困户实现就地就近就业1.28万人。至年底，全市贫困劳动力外出务工人数11.74万人，同比外出务工人数多5%。

【消费扶贫】 2020年，岳阳市出台《岳阳市推进消费扶贫工作实施方案》，扎实推进“三专一平台”建设，全市开设消费扶贫专馆14个、专区61个、专柜1801台。开展“消费扶贫月”活动，组织扶贫产品进机关企事业单位食堂、进酒店、进商场、进超市，成功举办“第二届驻村帮扶成果展示会暨消费扶贫网购节”。上线运营“岳阳消费扶贫网”，并推出直播带货系列活动。至年底，全市累计销售扶贫产品11.22亿元，带动24.33万贫困群众增收。

【社会扶贫】 2020年，岳阳市推进“互联网+”社会扶贫和“万企帮万村”“户帮户亲帮亲、互助脱贫奔小康”等活动，形成脱贫攻坚合力。至年底，全市累计注册爱心人士113.74万人，募集“户帮户亲帮亲、互助脱贫奔小康”专项资金1193.06万元，帮扶物品数超过25万件，扶贫项目众筹资金3092.46万元。湖南省十三村食品有限公司李国武志愿扶贫团队、平江县“大爱平江”扶贫助困慈善协会入选全国社会扶贫典型案例。

【“两不愁三保障”落实】 2020年，岳阳市落实“两不愁三保障”扶贫政策，全面保障贫困群众就学、就医、住房、饮水、出行、通讯等。教育扶贫。全市义务教育入学率100%、巩固率99.59%，贫困学生教育资助全覆盖。健康扶贫。建档立卡贫困人口参保率、慢病签约服务率100%，贫困人口患者“一站式”住院结算县域内报销比例87.27%。危房改造。对现有四类重点对象19.31万户的住房进行全覆盖安全性鉴定，新增存量危房全面完成改造并入住，住房安全保障率100%。易地扶贫搬迁。完成易地扶贫搬迁1.62万户5.26万人，搬迁入住率、设施配套率和精准帮扶率100%。安全饮水。列入“十三五”规划内的13.63万名建档立卡贫困人口饮水不安全问题全部得到解决，贫困人口饮水安全率100%。农村自来水普及率89.82%。兜底保障。县（市、区）农村低保标准分别提高至每年4200元、4320元，实现应保尽保。基础设施建设。贫困村道路、水利、通讯等基础设施不断完善，电网改造和通水泥（沥青）路比例100%，4G和光纤通达率100%。

【脱贫质量“回头看”督查整改】 2020年，岳阳市按照乡镇内村级交叉排查原则，在全市抽调人员组成2336个排查小组和122个指导小组，开展脱贫质量“回头看”逐村逐户开展“拉网式”排查，发现问题4336个，坚持边查边改、立行立改，全部按时整改到位。统筹结合中央、省脱贫攻坚考核反馈问题、常态化联点督查发现问题、主题教育检视问题、专项巡视巡察反馈问题等，一体推进、全面整改，所有问题均在规定期限内清零销号。

【脱贫攻坚决战决胜推进会】 2020年10月27日，岳阳市召开脱贫攻坚决战决胜推进大会，进一步贯彻落实总书记习近平关于脱贫攻坚的最新指示精神和中央、省委有关决策部署，动员全市上下坚决打赢脱贫攻坚收官战。省扶贫办党组书记、主任王志群就收官阶段脱贫攻坚作指导讲话，市长李爱武进行动员部署，市委副书记陈爱林主持，市领导徐新楚、李挚、王小中、胡建新、谈正红、林彰良等出席，各县（市、区）党政主要负责人、分管负责人、扶贫办主任，市扶贫开发领导小组成员单位和市直驻村帮扶后盾单位主要负责人，市派驻村工作总队总队长等300多人参加。

（王锦琨）

公共资源交易

【概况】 2020年，岳阳市公共资源交易中心（简称市交易中心）加快实现公共资源交易全流程电子化，助推企业复工复产，依托公共资源交易平台建设完成中标贷、电子保函，搭建银企合作金桥，助力解决企业融资难、贵、慢问题，推广5G远程异地评标，实现新一代信息技术在招投标领域的深度应用，推进公共资源交易信息化、监督智慧化发展，助力临港华为、新金宝、市疾控中心等市级重点、民生项目加快实施，在全国首创开发投标保证金智能财务管理系统，组织召开全省公共资源交易“智慧财务，创新发展”经验交流会，向全省推介投标保证金智能财务管理经验。至年底，完成交易2831宗，交易金额619.54亿元，比照拍卖底价增收2.5659亿元，比照招标控制价节约7.4026亿元。其中，工程建设项目704宗，交易额291.8639亿元，比照招标控制价节约5.9727亿元；政府采购项目1801宗，成交金额43.8718亿元，比照招标控制价节约1.4299亿元；国有土地使用权出让266宗，交易额150.2747亿元，比照拍卖底价增收2.3597亿元；国有产权交易43宗，交易额4.4832亿元，比照拍卖底价增收0.206亿元。

【远程异地评标】 2020年，岳阳市按照省中心统一标准，升级部署湖南省远程异地评标系统，系统网络带宽提升至200M，根据长江中游城市群合作协议，部署“5G+区块链”远程异地评标系统，满足远程异地评标常态化、高质量运行需要。至年底，市交易中心完成远程异地评标项目14个，其中，岳阳作为主场的项目5个，副场的项目9个，项目类型包括水利项目7个，交通项目两个，房建市政施工项目5个，两个项目采用5G技术进行远程异地评标。

【交易平台监管】 2020年，市交易中心推进全流程电子化交易，交易项目全部实行“不见面”网上交易，国土资源交易、房建市政施工、水利工程施工、交通建设工程等类项目实现全流程电子化交易，减少人员往来5万人次，节约成本近2亿元。推进楼宇智慧化升级，完成电子交易系统开、评标功能升级，对电子评标室桌面云平台进行扩容升级，完成不见面开标大厅直播系统、政务云DMZ区交易专区、交易系统运维安全网关并配置堡垒机、全程电子化交易系统政务云平台端扩容及备份项目、交易自助服务平台项目的建设，并升级相应的硬件配套系统，持续优化电子见证服务，对接省中心推进全省数字证书（CA）互认共享，电子交易平台2.0数据接口对接，实现“市场主体远程注册、多CA绑定”等功能，并通过国家权威电子招投标系统交易平台EBS二星认证。加强交易现场监控，完成智慧监督体系建设，评标区域内监控全覆盖，对接省发改综合评标专家库与财政采购专家库，推动评委名单无纸化流转，评委考勤、考绩自主化进行，场内评委自助化引导，完善“围标”“串标”线索自动检测系统，全年发现并上报相关线索16条。配合市纪委监委“互联网+监督”工程建设子系统大数据分析专责监督平台建设，探索运用大数据分析等手段，加强公共资源交易廉政风险预警，提高监管的针对性和有效性，与市纪委监委共同讨论确定系统建设需求，制定出台《岳阳市公共资源交易中心电子交易系统异常应急预案》，增强处置电子交易突发事件的能力。

【投标保证金智能财务管理系统启动】 2020年，岳阳市在全国首创开发投标保证金智能财务管理系统，实现投标保证金账务处理及退付全流程自动化，实现利息分笔自动计算及退付等功能，确保投标保证金收退记账“零差错”，得到省公共资源交易中心的肯定和推广。12月10日，全省公共资源交易“智慧财务，创新发展”经验交流会在岳阳召开，市委常委、常务副市长李挚出席会议并致辞，省公共资源交易中心党组成员、副主任聂磊出席会议并讲话，会议对该系统的开发和推广给予肯定。

【“中标贷”平台上线】 2020年，岳阳市在全省率先提出“中标贷”平台建设方案，为中标企业提供快捷、便利、低成本的融资服务。9月18日，“中标贷”平台上线运行，打通财政、金融、担保、信息、企业等多个环节，服务范围涵盖工程建设、政府采购项目，实现申贷、还贷全流程网上运行，贷款信息实时推送，并与财政支付系统对接确保项目资金支付闭环。岳阳市奇康路公厕及垃圾站建设、君山区旅游路地下管网建设等项目通过中标贷平台申请贷款。

【“电子保函”系统上线】 2020年，市交易中心落实市政府金融支持民营经济发展的工作部署，推动投标保险保函、银行电子保函、工程担保机构担保等金融产品在公共资源交易领域的应用，投标保险保函系统建成上线，解决投标保证金占用企业流动资金的问题，缓解企业融资压力，降低企业运行成本。至年底，出具电子保函1054份25071万元，其中，保证保险919份20995万元，担保保函135份4076万元。

【交易中心助力复工复产】 2020年，市交易中心全面落实《优化公共资源交易服务精准稳妥推进复工复产的若干措施》文件要求，4月1日至6月30日减免工程建设项目交易服务费123个141.6万元。重点做好临港华为、新金宝、恒大新能源等市级重大项目建设用地出让工作，为市疾病预防控制中心业务用房建设项目、市生态环境大数据建设项目、市东风广场改扩建项目安装采购项目、市国土空间总体规划项目等一批时效性强、关系民生的重点项目提供便捷交易服务。

（陈　梦）

政协岳阳市委员会

编　辑　曹春友

综　述

【概况】　2020年，政协岳阳市委员会聚焦市委、市政府中心任务，全力投身疫情汛情防控、脱贫攻坚、全面建成小康社会等工作，圆满完成政协八届四次全会既定目标，较好地发挥政协职能、展现政协作为。

【协商议政】　2020年，市政协开展“加快七大千亿产业培育”议政性常委会议协商，提出“建链、延链、补链、强链”和“集群、集约发展”的务实举措。邀请专家咨询座谈，组织委员专题协商，提出“优化国土空间布局、推进产业转型升级、完善现代综合交通体系、加快建设‘三区一中心’”等建议被吸收采纳。参与环湖四市一区政协联动调研，就“开展文旅场景创新工程、推动生态产品价值有效转化、实现生态文旅融合发展”提出对策建议。开展“强化农村生产要素供给”专题协商，促进乡村振兴动能进一步激发。

【政协视察监督】　2020年，市政协就城市“黑臭水体”治理问题，组织县（市、区）委员异地交叉视察，召开情况通报和问题交办会，提出“加快整治工程进度、补齐地下管网缺口、增强综合治理能力”等建议。开展“禁捕退捕”问卷调查、入户核查，落地落实生态补偿政策。连续三年到前窗后台明察暗访，开展“最多跑一次”改革民主评议。主动参与主城区交通综合整治行动，组织“公交优先发展”委员视察和“主城区智能交通建设应用”对口协商，采取扫码建言方式收集意见建议2300多条，献计市民反映强烈的问题。

【政协建言献策】　2020年，市政协开展“创新社区治理模式”调研，就此提出“政协方案”。组织三级政协委员高频调研疫情防控，提出可行对策。组织委员入村户、到学校、进课堂，调研农村留守儿童心理健康问题，提出管用建议。组织“民办教育健康发展”和“全民健身场地设施建设”专题视察，助推全市民办教育事业规范发展和全民健身活动。引导委员在履职中反映群众诉求，助解实际困难，全年通过政协云提交微建议218条，编发社情民意信息55期，其中17篇被全国政协和省政协采用，4篇获评全省优秀。

【政协助力抗疫防汛】　2020年，市政协3次及时发出主题倡议，3159名市县政协委员和机关干部投入排查管控、宣传疏导、志愿服务之中。医卫界委员日夜奋战在救治一线；企业家委员带头复工复产复业，顶住压力不裁员、不降薪；委员个人和委员企业捐款捐物6856万元，在全省政协系统排名第一。市县政协利用各类宣传平台主动发声，引导各界群众正确认识疫情、参与抗疫。市政协组织委员到园区、市场和企业调研走访，报送“支持中小微企业走出困境”“稳定外贸基本盘”“抓好春耕备耕”等建议7份。防汛期间，市政协领导班子成员长时间驻守联点县区督促指导，全市683名政协干部和委员参与轮班值守、巡查处险，捐赠抢险、慰问物资价值358万元。

【政协助力脱贫攻坚】　2020年，市政协主席继续牵头负责脱贫攻坚决胜战，组织开展“三回头”行动，全面防控涉贫风险，推动问题整改清零，完成国家普查、省级考核，所有建档立卡贫困户如期脱贫，探索脱贫攻坚与乡村振兴有效衔接的岳阳经验。建言献策“产业扶贫”“金融扶贫”“兜底保障扶贫”。组织开展委员“三个一”扶贫成效大回访和巩固脱贫攻坚成果“千户帮扶”行动，2489名各级政协委员和机关干部组成723个帮扶小组，帮扶尚未脱贫的深度贫困户和有致贫返贫风险的边缘户，在助学、就业、发展生产和基本生活保障等方面进行精准、叠加帮扶。推进机关驻村扶贫，开展干部结对帮扶。近4年全市政协“两支队伍”累计为贫困户捐款捐物2151万元，资助贫困学生1522名，解决贫困劳力就业7167人，牵线、指导家庭种养加工项目1511个。6名委员的扶贫故事被编入省政协《亲历扶贫》一书，5名委员被评为全省政协系统扶贫先进个人。

【政协助力项目建设】　2020年，市政协领导班子成员对口联系特色园区、优势产业链和重大项目。金属非金属新材料产业链引进项目33个，同比增长330%，其中，“世界铜王”正威国际集团再生资源及新材料项目计划投资超百亿；汨罗飞地工业园获批省工程机械配套产业园，全年签约落户项目28个，投资总额126.2亿元；主席会议成员负责督导的龙智新材电解铜箔、复星合力新材料、海锋工业废弃物综合处理、平江抽水蓄能电站、绿色装配式钢结构建筑产业园、神华国华华容电厂等16个重点项目或竣工投产或顺利推进，完成总投资160亿元。

（李明智）

重要会议

【市政协八届四次会议】　2020年1月4—7日，政协岳阳市第八届委员会第四次会议在岳阳文化艺术会展中心召开。市委书记王一鸥、市长李爱武等市级领导出席会议，参加联组协商，与委员们共商岳阳改革发展大计。王一鸥在开幕会上发表讲话，肯定市政协2019年工作，领学总书记习近平关于加强和改进人民政协工作的系列重要论述，提出“强化政治引领、强化协商民主、强化双向发力、强化自身建设，树立新时代岳阳政协新样子”的期望和要求，为推进全市政协事业开创新局面指明方向。委员们列席市第八届人民代表大会第五次会议，听取并协商讨论李爱武所作的政府工作报告，协商讨论市中级人民法院工作报告、市人民检察院工作报告等其他报告。会议审议批准市政协主席徐新楚代表政协岳阳市第八届委员会常务委员会所作的工作报告，审议批准市政协副主席万五龙代表政协岳阳市第八届委员会常务委员会所作的提案工作报告。会议根据《政协章程》规定和补选办法，选举产生市政协第八届委员会副主席1名、常务委员4名。会议期间，委员们专题学习总书记习近平在中央政协工作会议暨庆祝人民政协成立70周年大会上的重要讲话精神，观看专题片《同心协力谱华章》，参加“我看岳阳新变化”视察活动。

【市政协常委会议】 2020年3月6日，市政协八届二十四次常委会议召开。会议传达学习总书记习近平关于新冠肺炎疫情防控工作的重要讲话指示精神、省政协十二届二十五次主席（扩大）会议精神和全市决战脱贫攻坚决胜全面小康市县乡负责干部大会及市七届纪委五次全会精神；通报市政协系统前段助力统筹推进疫情防控和经济社会发展情况，并就后段工作进行安排部署；审议通过《聚焦夺取疫情防控和实现经济社会发展目标双胜利 深入开展“双助双行动”工作方案》《为夺取疫情防控和经济社会发展双胜利凝聚智慧力量倡议书》和“总结新冠肺炎防控工作经验教训 完善公共卫生服务体系建设”专题调研协商工作方案。

9月8日，市政协八届二十五次常委会议召开，就“加快培育七大千亿产业集群，推动岳阳高质量发展”开展常委议政性协商。市长李爱武出席并讲话，市政协主席、党组书记徐新楚主持，市政协副主席黎四清、刘晓英、李平、方争奇、殃励、孔福建、任浩波、刘铁健，市政协秘书长张群望参加。会议审议通过《关于“加快培育七大千亿产业集群，推动岳阳高质量发展”向中共岳阳市委、市人民政府的建议案》。罗爱民等12名市政协委员和特邀代表围绕协商主题作发言，市发改委等4个部门负责人进行现场回应。

11月10日，市政协八届二十六次常委会议召开。会议听取市委系统、市政府系统提案办理工作情况通报，市发改委等10个承办单位报告各自承办提案的办理情况；会议总结全年提案办理成效和经验，就提案办理工作进行民主评议和集中测评，8名提案人和政协委员作评议发言。

12月24日，市政协八届二十七次常委会议召开。会议协商通过《关于召开市政协八届五次会议的决定》、市政协八届五次会议议程日程（草案）；审议市政协八届常务委员会工作报告（草案）及提案工作报告（草案）；审议通过《市政协2021年协商与监督工作计划》（草案）；听取市直相关部门《关于探索生态产品价值实现途径，助推长江经济带绿色发展示范区创建》等7件建议案办理情况汇报，6名市政协常委和委员代表进行评议发言；通报2020年度委员履职考核情况，10名委员作年度履职情况报告。

2020年11月26日，科学编制岳阳市“十四五”规划专题协商

【市政协主席会议】 2020年2月11日，市政协八届第二十三次主席会议召开。会议审议通过《政协岳阳市委员会2020年工作要点》《岳阳市政协2020年协商与监督工作计划》《市政协党组向市委常委会的工作报告》。

2月26日，市政协八届第二十四次主席会议召开。会议审议通过《市政协系统党建和党风廉政建设工作会议方案》《市政协系统党建和党风廉政建设工作报告》《市政协党组理论学习中心组2020年专题学习重点内容安排》及2020年协商与监督课题的实施方案、《智慧政协（二期）总体建设方案》和《市政协八届二十四次常务会议方案》。

5月21日，市政协八届第二十五次主席会议召开。会议审议通过《市政协“城市黑臭水体治理情况”民主监督活动方案》《市政协八届四次会议重点提案督办计划》《2020年度市政协委员视察活动计划》《“加快培育七大千亿产业集群，推动岳阳高质量发展”专题议政性常委会议方案》《“总结新冠肺炎防控工作经验教训，完善公共卫生服务体系建设”建议案》，听取委员“三个一”扶贫行动大回访推进情况汇报，研究部署“助力巩固脱贫成果万户帮扶行动”工作。

7月1日，市政协八届二十六次主席会议召开。会议审议通过《加快培育七大千亿产业集群 推动岳阳高质量发展》调研报告及建议案、《强化生产要素供给 激发乡村振兴动能》专题协商会议方案和调研报告及建议案、《创新社区管理模式 提升基层治理效能》专题协商会议方案和调研报告及建议案。

9月10日，市政协八届二十七次主席会议召开。会议审议通过《深化“最多跑一次改革”，优化营商环境，助推实体经济发展》民主监督工作方案及报告、《农村留守儿童心理健康存在的问题和建议》界别协商会议方案及调研报告、《整合绿色生态资源，推动文化旅游融合发展》专题协商会议方案及调研报告、《科学编制岳阳市

"十四五"发展规划的相关建议》专题协商会议方案及建议案和《公交优先发展情况》专题视察活动方案，调度部署后段重点工作。

10月26日，市政协八届二十八次主席会议召开。会议审议通过《市政协八届五次会议筹备工作方案》《市政协八届二十六次常委会议方案》《全市政协系统宣传信息工作会议方案》和"推动长岳协同发展 实现区域合作共赢""我市主城区智能交通建设应用存在的问题和建议""生态补偿政策完善和落实情况"等课题的调研报告、协商会议方案和跟踪监督工作方案；初审《中共岳阳市委关于新时代加强和改进我市人民政协工作的实施意见（代拟稿）》《关于打造"忧乐连万家 有事好商量"基层协商品牌的实施意见》；审议通过《岳阳市政协履职质量综合评价办法》《岳阳市政协反映社情民意信息工作考评办法》《岳阳市政协云试点工作实施方案》。

12月18日，市政协八届二十九次主席会议召开。会议审议通过《关于召开市政协八届五次会议的决定》（草案），市政协八届五次会议议程（草案）、日程（草案），各次大会执行主席、大会秘书长、副秘书长等有关建议名单和市级领导参加市政协八届五次会议活动安排建议；初审市政协八届常委会工作报告和提案工作报告（征求意见稿）；听取市政协八届五次会议提案和大会发言征集情况，审议通过优秀提案及提案承办先进单位表彰名单；听取全会筹备工作进展情况及委员履职考核情况汇报，审议通过委员年度履职报告人员名单和2020年度优秀政协委员名单；审议通过《市政协八届二十七次常委会会议方案》《市政协理论研究与基层实践创新2020年研究成果汇报交流会方案》。

【协商会议】 2020年7月3日，市政协"创新社区治理模式，提升基层治理效能"专题协商会议召开。市政协主席徐新楚，市委常委、政法委书记王小中，副市长邱虹，市政协副主席秧励、任浩波出席。会上，10名委员、专家及街道、社区书记代表通过现场发言或视频连线建言献策，市委政法委、市委组织部、市公安局、市司法局、市民政局、市财政局等与会单位作出回应。

7月6日，市政协"强化生产要素供给，激发乡村振兴动能"专题协商会议召开。市政协主席徐新楚，副市长黎作凤，市政协副主席方争奇，秘书长张群望出席。与会人员实地视察新泰和绿色农业、口水娃食品、田园牧歌公司和郭镇乡麻布村美丽乡村建设。课题组就调研情况及调研报告作说明，12名政协委员、行业专家、企业代表及镇村书记通过现场发言或视频连线方式建言献策，市农业农村局、市自然资源和规划局、省信用联社岳阳办事处主要负责人作出回应。

9月14日，市政协"突出绿色发展理念，推动生态文化旅游深度融合"专题协商会议召开。副市长陈阁辉，市政协副主席李平出席。政协委员、特邀代表就如何深化生态文旅发展、加快水上旅游、提质生态休闲农业等方面协商发言。

9月17日，市政协"深化'最多跑一次'改革优化营商环境 助推实体经济发展"民主监督评议会召开。市委常委、常务副市长李挚，市政协副主席孔福建出席。民主监督组就活动开展情况作专题汇报；观看民主监督工作短片；委员与4家被监督单位开展互动交流，并给予工作评议；与会委员、监督组成员、企业和市民代表对4家被监督单位进行民主测评。

（李明智）

主要工作和重要活动

【"政协云"履职】 2020年，省政协把岳阳市作为"政协云"二期建设试点单位，就"智慧提案""委员履职考评""大数据展示"等应用进行试点。市政协以此为契机，开启扫码建言，组织线上值班，开展云上履职考核等，"云上履职"成为政协工作新常态。至年底，415名政协云用户登录9.94万人次，履职活动参与4169人次，资讯浏览13.45万次，点赞5.13万次，评论6279条，分享2.44万次。全年运用"政协云"开展扫码签到35场次，开展远程协商8场次，组织委员开展线上值班89期。围绕城市公交优先发展、生态文旅融合发展、改善岳阳营商环境、科学编制岳阳市"十四五"规划等主题，发布网上热点话题讨论10次，征集意见建议3100多条。全年收到微建议218条，其中市政协委员提交169条，占比77.5%，有213条微建议办理和回复到位，综合办复率97.7%。

【政协社情民意】 2020年，市政协印发《岳阳市政协反映社情民意信息工作考核办法》，拓宽社情民意信息渠道。全年收集社情民意信息150条，编发55期市政协《社情民意》，其中市政协常委、湖南吉祥云防水防腐保温建材工程有限公司董事长龚迎军撰写的《关于打造高速公路综合服务区的建议》等17篇文稿被全国政协和省政协采用和编发，市政协副主席、九三学社岳阳市委主委李平撰写的《关于疫情防控对春耕生产的影响和对策建议》等4篇社情民意信息被省政协评为2020年度优秀社情民意信息。

【提案办理】 2020年，市政协遴选一批精品提案，送交市级领导阅批。市领导领衔督办重点提案，市政协试行提案工作"清单管理"，提案督办与委员视察、专题调研、民主评议深度融合，推动部门单位改进工作，实现提案质量和办理质量双提高。市政协八届四次会议以来，提案委员会收到原始提案357件，经审查立案261件，所有提案全部办复。其中，提案所提问题已经解决或基本解决的187件，占立案总数的72%；所提问题正在解决或列入计划逐步解决的70件，占27%；因条件所限，确实一时难以解决的4件，承办单位已及时向提案者作说明。

【纪念中国共产党成立99周年大会】 2020年6月30日，市政协举行纪念中国共产党成立99周年大会。市政协主席徐新楚出席并讲授《力戒形式主义 提升履职质效》专题党课，副主席黎四清、李平、方争奇、秧励、孔福建，秘书长张

2020年度优秀提案一览表

表5

提案单位	提　案
科协界	《关于开展质量提升行动，打造岳阳制造品牌的建议》
青联界委员　张勇	《关于有效化解村级债务危机的建议》
民盟岳阳市委	《关于多措并举持续推进我市农业产业化龙头企业更好更快发展的建议》
民建岳阳市委	《关于做强物流经济，全力打造千亿物流产业的建议》
致公党岳阳市委	《关于优化营商环境　振兴实体经济的建议》
工商联界委员　胡晓珊	《关于解决民营企业“融资难、融资贵、融资慢”的建议》
社会福利界	《关于民间协会参与社会治理的建议》
市政协文教卫体和文史委	《关于积极谋划建设长江中游区域性医疗中心的建议》
农工党岳阳市委	《关于推进分级诊疗落地落细的建议》
少数民族界	《关于开启全民防病全新模式　力促健康中国落实见效的建议》
特邀界委员　廖祯祥	《关于把中药产业列为我市战略产业的建议》
市政协经济科技和外事委	《关于打造特色一条街，提升城市品位的建议》
九三学社岳阳市委	《关于促进我市科技型民营企业高质量发展的提案》
民革岳阳市委	《关于开展精准招商，提高产品项目投资质效的建议》
民进岳阳市委	《关于改进学校美育教育，落实立德树人任务的建议》
特邀界委员　蒋雄波	《关于建立长效机制巩固提升集中攻坚成果的建议》
科技界委员　蒋　勇	《关于新时代东洞庭湖生物多样性保护与可持续发展的建议》
经济界委员　彭公穆	《关于建设千亿电子信息产业　促进岳阳经济高质量发展的建议》
社科界	《关于共护一江碧水，推动长江经济带绿色发展的建议》
科协界委员　包世友	《关于加强我市农村青少年心理健康教育的建议》

群望，老干部白尊贤和全体机关干部职工、离退休干部党支部成员、党员委员代表等参加。徐新楚带领与会中共党员重温入党誓词，市政协机关党委对本年度机关先进党支部、优秀党务工作者和优秀共产党员进行表彰奖励，组织观看中组部宣教片《战“疫”一线党旗红》。

（李明智）

市纪委·市监委

编　辑　曹春友

综 述

【概况】 2020年，中共岳阳市纪律检查委员会、岳阳市监察委员会（简称市纪委监委）发挥监督保障执行、促进完善发展作用，推进党风廉政建设和反腐败斗争，全市政治生态持续好转，纪检监察工作质量稳步提升。推进“洞庭清波”专项整治，对163件问题清单的整改情况进行“回头看”。对全市环保项目进行抽查，查处问题111个，追责问责241人。推进长江流域重点水域禁捕退捕专项监督，全市立案30件，给予党纪政务处分18人，以实际行动“守护好一江碧水”。严明政治纪律和政治规矩，组织开展违建别墅、农村乱占耕地、高考冒名顶替等专项整治，查处贯彻落实不力背后的腐败和作风问题，全市查处违反政治纪律案件9件27人。按照市委部署要求，监督检查中心城区违法建设集中整治行动、西环线重点项目建设、施工围挡“围而不建”影响交通以及机关事业单位停车场、便民卫生间和公共文化体育场馆开放等，确保政令畅通。2020年，全市纪检监察系统全力投入抗疫防汛斗争，第一时间向社会公布“六个严禁”纪律要求，持续压实疫情防控责任，全市问责党员干部和公职人员705人。做好疫情防控和经济社会发展、“六稳”工作、“六保”任务等重大事项跟进监督、精准监督，加强对复工复产、减税降费等政策落实情况的监督检查，推动党中央和省委、市委决策部署落地生效。竭力服务保障经济发展，加强部门单位履职监督，督促清收清缴国有土地出让收入10.75亿元。

【纪检监督执纪】 2020年，市纪委监委坚持挺纪在前，准确把握“四种形态”，运用第一、第二种形态处理5567人次，占比93.7%。加强对“关键少数”特别是“一把手”的监督，市纪委监委开展谈话函询101人次，其中谈话函询“一把手”45人次。建立市管干部廉政档案。严把党风廉政意见回复关，市

2020年2月7日，省纪委副书记、省监委副主任张建平到临湘市督导新冠疫情防控

纪委对6人次出具否决意见。配合省委巡视工作，完成七届市委第八轮常规巡察、两轮专项巡察和两轮县级交叉巡察，巡察10家市直单位党组织和73家乡科级党组织。加强巡视巡察整改日常监督，推动边巡边改、以巡促改。

【纪检监察反腐败斗争】 2020年，全市立案查处各类违纪违法案件2052件，结案2067件，给予党纪政务处分1918人，其中市管干部37人。在纪法震慑和政策感召下，全市有33人主动投案向组织交代问题。严肃查处漆某、熊某生、李某利、李某等一批严重违纪违法案件。严惩涉黑涉恶腐败和“保护伞”，全市立案查处235人，给予党纪政务处分177人，组织处理58人，移送司法机关16人。深挖彻查廖某斤涉黑组织背后的“保护伞”问题，严肃查处岳阳监狱原党委书记、监狱长龚某等人，形成强大震慑。

【扶贫领域纪检监督】 2020年，市纪委监委开展扶贫领域信访举报问题动态清零攻坚行动，市委常委会组成人员领办32件“钉子案”。组织市县纪检监察干部集中开展两轮进村入户督查，全市查处扶贫领域案件469件，给予党纪政务处分390人，追缴资金886.54万元，退还资金458.24万元。开展漠视侵害群众利益突出问题专项整治，涉及食品安全、生态环保、医疗教育等重点民生领域，严肃查处违规收费补课、违规办理病退骗保等突出问题，给予党纪政务处分647人，追缴资金1830.73万元。优化升级“互联网+监督”系统，构建监督服务微信群，打通人民群众直接参与监督的“最后一公里”。

【推动中央八项规定精神落实】 2020年，市纪委监委执行中央八项规定精神和省委“约法三章”要求，查处违规收送红包礼金、违规公务接待、变相公款旅游等隐形变异问题。全市查处违反中央八项规定精神问题217件，处理382人，给予党纪政务处分237人。开展落实中央八项规定精神“大宣讲、大学习、大检查、大整改”活动，推出在线学习平台，组织开展线上测试和闭卷考试，推动中央八项规定精神入脑入心。整治形式主义官僚主义，重点对枫树山路项目古树移植过程中的形式主义官僚主义问题进行公开通报。到机关食堂、公共餐饮场所监督检查，严格制止餐饮浪费行为。开展深化“最多跑一次改革”、优化营商环境专项巡察“回头看”，加大对“放管服”改革不到位、项目建设中“懒散推拖”、政务服务中“吃拿卡要”等问题

的整治力度，推动构建亲清政商关系。

（姜　涵）

重要会议及活动

【新冠肺炎疫情防控监督执纪问责工作会议】　2020年1月27日，市纪委监委召开新冠肺炎疫情防控监督执纪问责工作会议，市委常委、市纪委书记、市监委主任林彰良主持。会议审定市纪委监委《关于加强监督执纪问责做好我市新型冠状病毒感染肺炎疫情防控工作的通知》。明确各级纪检监察机关要监督各级党员干部、公职人员严格遵守政治纪律、组织纪律和工作纪律，坚决做到“六个严禁”。

【市纪委七届五次全会】　2020年3月5日，中共岳阳市第七届纪律检查委员会第五次全体会议召开。市委书记王一鸥出席并讲话，市长李爱武主持。市领导徐新楚、向伟雄、李挚、王小中、马娜、谈正红、吴晓波、林彰良、王武等出席。会议以视频会议形式召开，各县（市、区）设分会场。市委常委、市纪委书记、市监委主任林彰良代表市纪委常委会作工作报告。

【王一鸥调研纪检监察工作】　2020年3月16日，市委书记王一鸥到市纪委监委调研纪检监察工作，市委常委、市委秘书长谈正红参加调研，市委常委、市纪委书记、市监委主任林彰良作纪检监察工作汇报。王一鸥强调，全市纪检监察系统要把政治建设摆在首位，聚焦主责主业，服务中心大局，加强自身建设，着力营造良好政治生态，以全面从严治党新成效推进治理体系和治理能力现代化，推动岳阳高质量发展。

【市委深化“最多跑一次”改革、优化营商环境专项巡察集中反馈会】　2020年4月17日，市委深化“最多跑一次”改革、优化营商环境专项巡察集中反馈会召开。市委常委、市纪委书记、市监委主任、市委巡察工作领导小组组长林彰良出席并讲话，市委常委、市委组织部部长、市委巡察工作领导小组副组长王武主持。市委巡察工作领导小组全体成员、市委专项巡察组部分成员、53个被巡察单位党组织负责人、市纪委监委、市委组织部相关室（科）负责人、市纪委监委派驻被巡察单位纪检监察组负责人、市委巡察办全体工作人员等120人参加。

【七届市委第八轮巡察工作动员部署会】　2020年4月21日，七届市委第八轮巡察工作动员部署会召开。市委常委、市纪委书记、市监委主任、市委巡察工作领导小组组长林彰良作动员讲话，市委常委、市委组织部部长、市委巡察工作领导小组副组长王武传达学习总书记习近平重要讲话指示精神，中央和省委、市委关于巡视巡察工作的新精神新要求，宣读《七届岳阳市委第八轮巡察工作实施方案》及市委巡察组分组安排并授权。该轮巡察于4月23日启动进驻，派出4个巡察组，按照“‘一托二’+2”方式，巡察10个党组织，集中巡察时间30个工作日。

【全市纪检监察系统“政治建设年”活动动员暨警示教育会议】　2020年5月8日，全市纪检监察系统“政治建设年”活动动员暨警示教育会议在市会展中心召开。市委常委、市纪委书记、市监委主任林彰良出席并讲话。市纪委常务副书记、市监委副主任、二级巡视员罗荣主持会议。会议以视频会议的形式召开，设1个主会场和11个分会场，市、县、乡三级1400多名纪检监察干部参加。

【第一届特约监察员聘请会议】　2020年5月11日，岳阳市监察委员会召开第一届特约监察员聘请会议。市委常委、市纪委书记、市监委主任林彰良出席并为特约监察员颁发聘书。市纪委常务副书记、市监委副主任、二级巡视员罗荣主持会议。经过部门推荐、组织考察、研究确定等程序，党政部门、教育界、新闻媒体、企业和村级代表14人成为第一届特约监察员，其中“两代表一委员”11人。

【全市装配式建筑及建筑新材料产业链企业家座谈会】　2020年5月22日，全市装配式建筑及建筑新材料产业链2020年企业家座谈会召开。市委常委、市纪委书记、市监委主任林彰良以装配式建筑及建筑新材料产业链链长的身份出席并讲话，副市长黎作凤主持，市政协副主席、市发改委主任刘晓英参加。

【全市工程建设项目招投标突出问题专项整治工作会议】　2020年6月

2020年5月8日，岳阳市纪检监察系统“政治建设年”活动动员暨警示教育会议

10日，全市工程建设项目招投标突出问题专项整治工作会议召开。市领导李爱武、李挚、林彰良、刘晓英及相关部门负责人出席。市长李爱武强调，要全力推进工程建设项目招投标突出问题专项整治，还工程建设领域一方“净土”，确保行政权力在“阳光”下运行。

【2020年度市委巡察工作领导小组第一次会议】 2020年8月5日，2020年度市委巡察工作领导小组第一次会议召开。市委常委、市纪委书记、市监委主任、市委巡察工作领导小组组长林彰良主持，市委常委、组织部部长、市委巡察工作领导小组副组长王武出席。七届市委巡察完成市本级单位全覆盖任务的90%，10月底对剩余的10个市直单位开展第九轮集中巡察，同时指导督导县（市、区）开展交叉巡察工作，完成对35个以上县级党组织的交叉巡察任务和适时启动“洞庭清波”机动巡察。

【七届市委深化“最多跑一次”改革、优化营商环境专项巡察“回头看”动员部署会】 2020年12月16日，七届市委深化“最多跑一次”改革、优化营商环境专项巡察“回头看”动员部署会召开。市委常委、市纪委书记、市监委主任、市委巡察工作领导小组组长林彰良作动员讲话，市委常委、组织部部长、市委巡察工作领导小组副组长王武主持。专项巡察“回头看”在去年专项巡察的基础上，紧紧围绕巡察整改情况、发现新的问题等方面，对市发改委、市财政局等43家重点单位和中央、省驻岳国有企业等相关延伸单位开展巡察“回头看”，于12月16日启动，巡察时间为30个工作日。

【全市党风廉政建设和反腐败工作情况通报会】 2020年12月29日，全市党风廉政建设和反腐败工作情况通报会召开。市委常委、市纪委书记、市监委主任林彰良出席并讲话，市委常委、统战部部长胡建新主持。市领导万岳斌、李为、李平、方争奇、万五龙、任浩波，市纪委常务副书记、市监委副主任罗荣，市工商联、市知联会、市新联会等单位人员参加。

【全市监督服务微信群建设工作全面启动】 2020年11月5日，市纪委监委在临湘市组织召开全市监督服务微信群（岳阳“群情通”）建设工作动员会，全面启动岳阳“群情通”建设工作。市纪委常务副书记、市监委副主任罗荣出席会议并讲话。9月以来，市纪委监委按照省纪委监委要求进行岳阳“群情通”的系统平台研发，并在平江县、临湘市、岳阳楼区开展试点。该平台采取“一户一人”入群的原则，打开群众与干部之间反映事务和受理办理的幕帐，实现干部与群众“点对点”“面对面”“零距离”的沟通交流，以“小微信”达到“大监督”“大服务”的目的。至11月，全市建群1493个，入群人数7.9万多人，受理并处理群众各类求助、咨询等问题289起。

【中央八项规定精神知识集中测试】 2020年8月，市纪委监委推出“落实中央八项规定精神知识题库”在线学习和测试平台，结合《落实中央八项规定精神政策摘编》，把会议活动、公务接待、公务用车等14类文件政策规定设计为1000道题，把廉政课堂和考场搬上互联网及手机客户端，让党员干部能随时随地参与线上学习和自测。11月13日，全市开展中央八项规定精神知识集中测试。市委常委、市纪委书记、市监委主任林彰良先后到市公安局、市城管局等考点进行巡考，副市长、市公安局局长唐文发，市纪委常务副书记、市监委副主任罗荣参加。至11月，全市参加线上学习测试的党员干部3.8万多人次。

（姜　滔）

巡视巡察工作

【常规巡察】 2020年，岳阳市组织实施七届市委第八轮常规巡察，巡察市直单位10个，发现各类信访反映、问题线索495个，线索70件。其中，发现各单位欠缴党费300人次14.2万元，发现违规发放津补贴1070人次142.9万元；发现超面积办公室65间725.6平方米，发现“三超两乱”、违规临聘、混编混岗等问题42人次，发现24家被巡察单位党组织欠缴土地出让金18亿元，集中巡察中督促立行立改问题93个。

【专项巡察】 2020年，岳阳市组织实施“洞庭清波”机动巡察。为落实总书记习近平在全面推动长江经济带发展座谈会上的讲话精神和“守护一江碧水”的殷殷嘱托，结合“洞庭清波”专项治理，开展“洞庭清波”机动巡察。巡察发现问题46个，线索13条，巡察中移交立行立改问题11个。结合专项治理开展机动巡察的做法，得到中纪委和省纪委的肯定。组织实施营商环境专项巡察“回头看”。此轮“回头看”发现在上轮专项巡察移交的273个一般性问题尚未整改到位的还有81个，占移交总数的29%；接收信访件62件，新发现有关问题214个，线索20条。

【县级交叉巡察】 2020年，岳阳市组织实施两轮县级交叉巡察。组织70个县级交叉巡察组对73家县直部门单位和乡镇开展第七轮、第八轮交叉巡察。发现一般性问题1537个，问题线索262条，指出即知即改、立行立改问题386个。

【配合省委巡视联络工作】 2020年下半年，省委第四和第十巡视组分别对华容县、岳阳楼区、君山区和湘阴县、云溪区、君山区开展巡视。市委巡察办配合市委做好省委巡视组在岳期间的联络协调和保障服务工作，抽调58人组成6个交叉巡察组，配合省委巡视工作。发现一般性问题137个，立行立改65个，接收信访举报43条，移交问题线索31条。市巡视联络工作得到省委巡视组的认可。

【巡察整改回访督查】 2020年，岳阳市组织开展第八轮巡察回访督查工作。对七届市委第八轮常规巡察进行集中回访督查。发放测评表557份，平均满意率为98.3%。通过回访督查，市委第八轮巡察整改率为82.9%；移交信访件40个，办结率为100%。10个被巡察单位清退处理临聘人员、违规借用人员、超编超职人员67名；清收清缴各类国有资金11.8亿元，为群众办实事48件；追责问责66人，起到较好的警示震慑作用。组织开展扶贫专项巡察回访督查。结合市纪委监委脱贫攻坚专项检查，对2019年扶贫专项巡察整改情况开展回访督查，收到事半功倍的效果；扶贫领域专项巡察中发现的143个问题整改率100%；发现的35条线索办结率100%；立案11起，给予党纪政务处分15人（其中党纪处分14人，政务处分1人），给予组织处理110人，建章立制264个。

（陈拓新）

监察体制改革

【概况】　2020年，岳阳市继续推进纪检监察体制改革。深化派驻机构改革。研究制定《关于深化市纪委市监委派驻机构改革的实施意见》《关于推进市管企业纪检监察体制改革的实施意见》等文件，加强市纪委监委对派驻机构的领导，明确派驻机构审查调查工作五项机制。市监委分别向市城投集团、市洞庭新城公司、市交投集团等市管企业派驻监察专员，设立专员办公室，强化对市管企业的监察监督。向特定区域派出监察机构。会同市编办联合印发《关于岳阳市监察委员会向特定区域派出监察机构（监察专员）的实施方案》，完成市监委向屈原管理区、岳阳经开区、南湖新区、临港新区和城陵矶综保区等5个区域的派出监察改革，全面实现县级行政区、非行政区监察监督全覆盖。全面完成乡镇监察改革。贯彻执行《关于县（市、区）监委向乡镇（街道）派出监察办公室的指导意见》，印发《关于县（市、区）监委向乡镇（街道）派出监察改革的指导口径》，至6月底，岳阳市全面完成乡镇（街道）监察办公室机构设置、挂牌和人员任命等工作，打通基层监察改革“最后一公里”。

（姜　滔）

纪律审查

【纪检监察信访举报工作】　2020年，市纪委监委履行监督基本职责、第一职责，做好信访举报工作，实现中央纪委下转件、省纪委下转件、市本级自收件、县（市、区）纪委自收件四级同步下降，其中，中央纪委下转件248件，同比下降16.78%；省纪委下转件358件，同比下降25.1%；市本级自收件724件，同比下降6.7%；县（市、区）纪委及乡镇自收件1032件，同比下降14.49%。在全省率先出台《对失实检举控告澄清正名工作的暂行办法》《查处诬告陷害行为的暂行办法》率先开展“四访”活动，率先推行市委常委联点包案化解扶贫领域疑难信访积案，平台部署推进和使用签收率走在全省前列。

【追逃防逃工作】　2020年，市纪委监委突出天网行动重点，抓好重点个案追逃。调整刘某建追逃专案组，由市委书记王一鸥任组长。市委常委、市纪委书记、市监委主任林彰良主持召开刘某建亲属座谈会，研究部署追逃工作，劝返工作取得新进展。10月9日，省委常委、省纪委书记傅奎在岳阳市纪委上报的《刘某建案近期工作进展情况的报告》上作出肯定批示。督促、指导公安机关开展“猎狐”专项行动。10月31日，在市追逃办统一指挥协调下，市公安局岳阳楼分局成功把潜逃菲律宾两年的猎狐对象黄某勇劝返回国投案。贯彻落实省委反腐败协调小组《关于深入开展“一人多证”专项清理工作的方案》和省纪委《关于协调组织部门、公安机关推进“一人多证”专项清理工作的通知》，督导完成全市998家单位“一人多证”专项清理工作。

【纪检监察内部监督】　2020年，市纪委监委从严从实加强纪检监察干部队伍建设，探索内部监督方式方法的转变和创新，“内部巡察工作”改为“政治建设监督调研工作”，全面收集整理2012年以来岳阳市立案查处的纪检监察干部违纪违法案例资料，制作《清心律己，不逾红线》廉政课件，在县（市、区）巡回授课，起到“用身边事教育身边人”的警示效果。修订完善《岳阳市纪检监察干部“十不准”》，以清单形式为全市纪检监察干部明确底线、划出红线。全市受理反映纪检监察干部问题线索65件，立案查处8人，提醒谈话6人、诫勉谈话1人、批评教育1人、调离纪检监察系统3人。

（姜　滔）

监督检查

【新冠疫情防控监督执纪问责】　2020年，市纪委监委开展疫情防控监督执纪问责，督促落实企业复工复产政策。向社会公布“六个严禁”的纪律要求，全市纪检监察系统成立联合督查组、专项督查组90多个，派出700多名纪检监察干部到一线，紧盯重点领域和薄弱环节进行督查。全市问责党员干部和公职人员705人，其中组织处理592人。督促全市出台的支持企业平稳健康发展15条、金融支持复工复产11条和稳岗23条等政策办法落实落地，及时排查政策落实过程中的各种问题，为企业复工复产解难纾困。

【扶贫领域腐败和作风问题专项整治】　2020年，市纪委监委推进扶贫领域腐败和作风问题专项治理。重点查处扶贫工作不实、作风漂浮问题，考核验收中的数字脱贫、虚假脱贫问题，基层“微腐败”问题，“四不摘”政策落实不力问题。组织开展两轮次入村督查和三轮次“一季一专题”专项治理，市、县两级纪检监察干部下沉一线，了解社情民意，一线解决难题，至年底，全市发现扶贫领域问题线索2028条，受理举报235件，立案460件，处理610人，给予党纪政务处分240人，追缴资金584.94万元，退还群众375.45万元。

【民生领域专项整治】　2020年，市纪委监委联合相关职能部门开展食品安全、医疗、教育等专项监督检查。至年底，全市发现涉及民生领域问题线索1458条，受理举报504件，立案查处692件，处理995人，给予党纪政务处分461人，追缴资金953.07万元，退还群众370.73万元。

【人防系统腐败专项治理】 2020年，市纪委监委开展人防系统腐败专项治理工作。成立工作专班，明确职责任务，细化工作举措，全面起底问题线索、集中抽查重点项目、严肃查处典型案件、督促完善规章制度，主动与人防主管部门沟通协调，系统梳理本地区人防系统存在的突出问题，紧盯整改问责中的难点开展工作。全市抽查核查1885个项目，发现问题线索136件，处置问题线索70件，查处问题10件，处理7人，其中党纪政务处分两人，追缴资金1787.02万元，提出整改建议74条。

【长江流域重点水域禁捕退捕专项治理】 2020年，市纪委监委牵头负责长江流域重点水域禁捕退捕专项治理工作。以岳阳县、华容县、君山区、湘阴县等为重点地区，监督检查身份精准识别、捕捞船网评估、回收拆解和监管、转产就业援助、落实社会保障政策、奖补资金安排和发放等重点环节，查处违反政治纪律和政治规矩行为、主体责任不落实、制度执行不到位、工作措施宽松软、资金管理使用不严格、工作作风漂浮、优亲厚友等重点问题，全面推进禁捕退捕监督执纪工作，切实守护好一江碧水。各级纪检监察机关下沉力量到一线监督检查禁捕退捕工作112次，现场指出并整改问题221个，发出纪检监察建议书、工作提示函12份，处置问题线索162件，给予党纪政务处分18人，移送司法机关3人。

【工程建设项目招投标突出问题专项整治】 2020年，市纪委监委开展工程建设项目招投标突出问题专项整治。对党员干部和公职人员、监管部门和交易平台、招标人、投标人、招标代理机构、评标专家等六大行为主体，逐一列出负面清单，严明纪律要求。公开通报市中医院原党委书记司马某翼、原院长向某波，汨罗市原副市长朱某，平江县委原常委、县委办原主任欧阳某耀，市人社局原调研员易某军等违规插手干预工程项目招投标的典型案件和一批近三年来判决的违反工程建设项目招投标相关法律法规的案件，涉及1家公司、22名责任人员。全市起底问题线索159件，办结的98件中查证属实的82件。受理省专治办交办涉及岳阳市相关问题线索171条，经核查，查否103条，查实68条，对有关责任人员进行处理。

2020年8月25日，岳阳市召开总河长会议暨“洞庭清波”专项行动联席（扩大）会议

【纪检监察扫黑除恶专项斗争】 2020年，市纪委监委强化政治担当，切实履行职责，严惩涉黑涉恶腐败和“保护伞”，全市各级纪检监察机关受理涉黑涉恶腐败和“保护伞”问题线索865件（其中政法机关等移送391件），移送涉黑涉恶问题线索130件，立案审查调查203件，处理243人（其中给予党纪政务处分181人，组织处理63人，移送司法机关17人）。

【“洞庭清波”专项整治】 2020年，市纪委监委明确工作任务、压实工作责任，传导工作压力，对163件问题整改情况进行“回头看”“回头查”，对全市环保项目和环保资金使用情况进行专项监督检查，对中心城区32处黑臭水体进行暗访督查，对芭蕉湖水上船舶清理开展集中整治行动，对城区污水管网建设、欧美黑杨清退等工作进行现场抽查，发现问题106个，下发督办函41份，组织开展生态环境领域重点问题线索集中办理月活动，集中精力办理环保项目和资金专项监督检查发现的问题线索。重点查处湘阴县山湖鹭岛违建案，相关责任人员均受到相应处分处理。全市查处环保领域问题111个，追责问责241人，其中党纪政务处分77人、诫勉谈话45人、组织处理15人、其他104人，其中涉及县处级干部16人，乡科级干部70人，其他155人。

【违反中央八项规定精神突出问题专项整治】 2020年，市纪委监委加大对违反中央八项规定精神突出问题专项整治力度。协助市委落实省委《集中整治形式主义官僚主义20条措施》，全市查处形式主义官僚主义问题48件106人，给予党纪政务处分48人。重点查处枫树山路古树移植过程中部分领导干部存在形式主义官僚主义问题案件。巩固拓展纠“四风”成果，全市纪检监察系统查处违反中央八项规定精神案件191件，处理337人，其中给予党纪政务处分202人，释放出作风建设从严的信号。治陋习、树新风。市纪委监委开展监督检查6次，查处违规操办婚丧喜庆问题12件13人，给予党纪政务处分13人。

【贯彻市委市政府决策部署监督检查】　2020年，市纪委监委加大贯彻市委、市政府决策部署的监督检查力度，助推政令畅通。开展巡视整改督查。市纪委监委督办市委第七轮巡察问题线索9条，市委深化最多跑一次改革优化营商环境专项巡察移交问题线索14条。开展防汛抗灾监督执纪问责。市纪委监委第一时间成立4个督查组，到各县（市、区）防汛一线开展督查。依据汛情态势调整优化督查工作方案，增派力量调整为8个督查组、1个机动组。全市问责追责党员干部和公职人员662人，其中立案调查63人，给予党纪政务处分44人，组织处理599人，通报批评单位64个。下发督查通报33期，指出各类具体问题144处，提请关注险情84处，督促整改事项128项。开展重点领域监督检查。对市人大政协“两会”纪律、“六稳”“六保”、违规别墅清理整治、“最多跑一次”优化营商环境工作、制止餐饮浪费行为等工作开展监督检查，强化执纪问责，落实管党治党责任。

（姜　滔）

党风廉政建设

【廉政警示教育】　2020年，市纪委监委精选2019年查处的违纪违法典型案例，拍摄制作警示教育片《失守的初心》，以身边案警示教育身边人。对2019年违纪违法党员干部的忏悔书进行梳理，编印成《忏悔录》，在市纪委七届五次全会上发放。按照省纪委宣传部《湖湘廉洁地图策划方案》的要求，收集制作廉洁地图，在全市范围内筛选出左宗棠、何长工、张震等人物的廉洁故事，岳阳楼、屈子祠、君山廉洁文化园等廉洁地标的素材收集，完成湖湘廉洁地图岳阳篇的绘制和H5的制作，在三湘风纪微信公众号发布推广，社会各界反响良好。

【纪检监察新闻宣传】　2020年，市纪委监委围绕落实中央、省、市纪委全会精神，聚焦纪检监察业务工作、专项行动等，组织撰写推送新闻宣传稿件，加大宣传力度。在《人民日报》上稿1篇、中央电视台上消息两条、《中国纪检监察报》上稿6篇、《中国纪检监察》杂志上稿1篇、中央纪委国家监委网站上稿12条、《湖南日报》上稿7篇、《新湘评论》上稿1篇、湖南卫视上消息两条、三湘风纪网上稿43条、三湘风纪微信公众号上稿10条。9月1日《人民日报》第19版“深度关注”栏目以《湖南岳阳市纪委监委加大对洞庭湖生态环境治理问题监督执纪力度——聚焦政治监督　守护一湖碧水》为题，推介岳阳市典型做法，引发读者关注，《人民日报》客户端点击量超10万次。

（姜　滔）

民主党派

编　辑　赵　晶

中国国民党革命委员会岳阳市委员会

【概况】 2020年，中国国民党革命委员会岳阳市委员会（简称民革市委）开展“不忘合作初心，共担时代使命”主题教育活动，加强基层组织建设，增强民革市委自身建设，主动议政建言，投身脱贫攻坚、民主监督、疫情防控等领域，深化社会服务，各项工作取得成效。

【民革市委参政议政】 2020年，民革市委履职尽责，主动参政议政。专题调研。民革市委确定3个调研课题。与市政协社会法制和民族宗教委员会联合开展“创新社会治理模式，提升基层治理效能”协商监督调研，7月，召开市政协专题协商会议，被《人民政协报》报道，调研报告获得市委书记、市长批示。《关于推进湘台农业交流建设湘台农业合作交流基地的建议》获民革湖南省委调研报告评比二等奖。《突出特色 融合发展 打造滨湖食品之都》的调研报告参加中共岳阳市委调研报告成果汇报会。

建言献策。在市政协八届四次会议上，民革市委提交提案28件。《关于开展精准招商，提高产品项目投资质效的建议》获分管副市长批示，《关于采取有力措施逐步解决看病难看病贵问题的建议》获市政协优秀提案奖。在政协大会上，民革市委作题为《大力推行公交优先，切实缓解市民出行难》的大会发言，引起市委、市政府重视，决定启动公交专用道和公交优先通行信号系统建设。市政协专题组织“公交优先发展”专项视察活动，得到市委书记的批示。组织的集体提案《关于加快公办幼儿园建设的建议》《关于大力提升我市医疗能力的建议》《关于整合资源建设我市长江洞庭湖水域智能视频监控系统法人建设的建议》等，获有关部门办理与答复。

协商监督。组织开展、参与各类民主协商和监督评议工作。就全市政治、经济、文化、社会和生态文明建设中的重大决策、重要人事安排等方面提出意见建议，多项建议得到采纳。参与“我市主城区智能交通应用存在的问题与建议”等4次协商会议，参加“医保清风”专项督查意见征求会、“走进公检法”等民主监督活动。开展“创新社会治理模式，提升基层治理效能”专题协商活动获《人民政协报》报道。

【民革市委社会服务】 2020年，民革市委深化社会服务。“博爱·牵手”特殊群体。开展“同心创建”“博爱·牵手”系列活动。创建岳阳县新墙镇清水村同心园区、岳阳楼区学院路同心社区、南湖新区湖滨办事处同心社区。“同心·法律服务室”连续11年为社区居民提供法律援助。开展关爱老兵和“牵手·智障儿童”等活动，组织志愿者为岳阳县、平江县、汨罗市等地的老兵、智障儿童家庭送去粮油、棉衣等慰问品。

定点帮扶。到联点的湘阴县杨林寨乡宗师潭村开展结对帮扶活动，落实扶贫项目资金100万元，提供农业技术支持和医疗文化服务，帮助村民拓展致富渠道、提高经济收入。组织党员和企业为结对贫困家庭、留守儿童捐款捐物，推进社会服务品牌化建设。

平台交流。参加民革中央“香凝如故”画展、湖南统一战线书画展等各级各类书画展。建设湘台文化交流基地和湘台经贸交流基地，接待各行各业、海峡两岸的同胞，聚集对台工作实际问题，为在岳涉台企业、个人提供服务和帮助。

【民革市委祖统工作】 2020年，民革市委把握对台工作正确政治方向，以岳阳市辛亥革命研究会名义向省、市社科联组织申报“发挥民革组织作用推动岳阳台湾产业创业园发展”获得社科研究课题立项。接待民革党员中的台侨属，加强两岸沟通和交流。

（李园平）

中国民主同盟岳阳市委员会

【概况】 2020年，中国民主同盟岳阳市委员会（简称民盟市委）突出民盟特点，彰显民盟作为，在思想建设、参政议政、服务中心、自身建设等方面都取得新的成绩。被民盟湖南省委评为盟务工作先进集体。

【民盟市委参政议政】 2020年，民盟市委做好参政议政工作。专题调研。民盟市委承担完成11个调研课题。其中，《关于岳阳创建长江经济带绿色示范区的研究》获民盟省委参政议政课题二等奖，成果被转化为省政协集体提案，《关于人民法院书记员队伍职业化建设的研究》获民盟省委参政议政课题3等奖；完成省委统战部课题《新社会阶层参与基层社会治理工作研究》《世界百年未有之大变局包括新冠肺炎疫情对统一战线的影响及应对之策》；完成市委、市政府重点课题《关于我市千亿能源电力产业发展的研究》。

“两会”建言。参加“两会”盟员35人。提交《关于多措并举持续推进我市农业产业化龙头企业更好更快发展的建议》等9件集体提案、《关于纠正生态环保“一刀切”科学规划砂石有序开采的建议》等28件委员个人提案。《关于深化“最多跑一次”改革，跑出岳阳加速度》和《巩固脱贫成果健全不返贫长效机制》两件提案被评为优秀提案；5名盟员获评“优秀市政协委员”。

社情民意。全年向民盟省委、市政协、市委统战部报送社情民意信息100多条，采用60条，其中《国土空间规划编制中“可防疫空间体系构建”不容忽视》等4条被民盟中央采纳，《关于加快土地流转，扩大规模化经营的建议》等两条被省政协采纳，45条信息被民盟省委采用。

民主监督评议。民盟市委联合市政协开展民主监督和评议活动，历时8个月，走访调研企业30多家、暗访10次、上门协商8次，完成明察暗访报告和暗访短片，提出问题建议40多条。组织参加民盟省委在湘江流域、洞庭湖开展的民主监督活动。

议政建言论坛。分别以“人民法院书记员队伍建设”和“岳阳市十四五规划建言献策”为主题，举办第三、第四期议政建言论坛。

【民盟市委社会服务】 2020年，民盟市委服务中心工作。疫情防控。2月14日，民盟市委向防疫定点医院市一医院捐赠价值10万元的防疫服，捐款捐物19.32万元。全体盟员投身防疫工作，市委、市政府发出感谢信。盟员许红丽被评为民盟中央抗击新冠肺炎疫情先进个人，方奎明被评为湖南省抗击新冠肺炎疫情先进个人，高鸽子被评为岳阳市抗击新冠肺炎疫情先进个人。盟员文艺爱好者创作疫情防控作品11件，其中《为了心中的梦》《中国坚强》《等妈妈回家》《小树会长大》等歌曲，在湖南教育电视台、《岳阳日报》等多家媒体播放、刊发。

防汛救灾。7月，民盟市委助力全市防汛抗灾工作，30多人次参与防汛一线。盟员捐款捐物、上大堤慰问等，累计捐款15.1万元，捐赠防汛物资9.3万元。

教育扶贫。6月，“民盟平江同心班”资助培养50名品学兼优贫困学子完成学业，累计捐款20万元。举办2020年度“张曼珠教育奖”，表彰12名品学兼优的贫困学生。

（沈　凯）

中国民主建国会岳阳市委员会

【概况】 2020年，中国民主建国会岳阳市委员会（简称民建市委）加强自身建设，履行参政党职能，推进岳阳市多党合作，各项工作取得成效。民建市委文艺支部被评为全国先进基层组织；民建市委被民建湖南省委评为脱贫攻坚先进集体、抗疫先进集体，获民建湖南省委先进单位一等奖、社会服务工作先进集体一等奖、新闻宣传工作先进集体一等奖、参政议政工作先进集体一等奖、理论研究工作先进集体一等奖、组织管理信息系统建设工作先进单位一等奖。

【民建市委参政议政】 2020年，民建市委参政议政。专题调研。民建市委通过承担中共岳阳市委命题、参与省市课题联动和会内课题招标等三种模式，完成“千亿物流产业发展”等6个专题调研课题，其中《关于“十四五”规划时期加快湖南省人工智能产业发展的建议》的调研成果被民建湖南省委确定为省政协集体提案。

协商议政。市政协八届四次全会期间，民建市委提交8件集体提案和20多件个人提案，其中《发挥交通枢纽优势，发展千亿物流产业》获市委书记批示，《关于推进我市棚改后续工作的建议》等两件提案获得优秀提案表彰。

信息工作。在疫情防控和复工复产总体战中，民建市委向中共市委、市政府及相关部门反映走访会员企业时收集的问题。撰写《疫情防控期“停教不停学”需要注意的几个问题》等社情民意稿件10篇，其中5篇被民建省委采用。撰写《加强河湖床清理，消除洪涝隐患的建议》等社情民意稿件5篇，其中两篇被民建省委采用。主导编制湖南民建《疫情防控期间企业常用法律文书模板》，为疫情防控期间企业的用工管理提供指导。

【民建市委社会服务】 2020年，民建市委加强社会服务。参与脱贫攻坚、农村人居环境治理攻坚等工作，组织21名市政协委员在平江县虹桥镇天景山村与21户贫困户扶贫结对，机关干部在湘阴县杨林寨乡宗师谭村与5户贫困户扶贫结对，完成脱贫攻坚任务。在平江县开展“扶贫回访，送岗上门”活动，被《人民政协报》推介。

抗疫防汛。发动岳阳民建各基层组织及广大会员参与疫情防控和防汛救灾工作，累计向抗疫一线、防汛一线捐款捐物价值300多万元。走访会员企业50多家，协调解决企业生产经营中遇到的问题10多个。创作的《樱花盛开，等你回来》等抗疫作品。

企业服务。民建市委成立非公经济委员会和岳阳民建企业家联谊会，全年组织会内企业召开企业家座谈会8次，促进会员企业家提升能力。牵线组织会内企业与建设银行岳阳市分行召开银企对接会，帮助企业贯通银企融资之路。通过向民建省委和省科技厅争取，帮助两家会员企业进入科创板上市企业后备库。

【庆祝民建成立75周年】 2020年，民建成立75周年，民建市委开展系列庆祝活动。开展以“民建在新时代如何更好地发挥作用”为主题的理论研究活动，组织会员开展参政党理论研究，向民建省委上报7个理论研究课题，其中两个课题获得民建省委二等奖。开展以“新型政党制度”为主题的理论研究活动，向中共岳阳市委统战部提交两件理论研究成果，向省委统战部提交1件理论研究成果。开展以“继承优良传统，建设四新三好参政党”为主题的征文活动，收到主题征文30篇。召开“纪念中国民主建国会成立75周年暨民建市委2020年履职成果报告会”。参加民建湖南省委“不忘合作初心，共担时代使命”主题摄影和微视频比赛，《24小时单兵突击》《废除采砂船》等被评为优秀作品。

【吴晓青到岳阳调研】 2020年9月20—21日，民建中央副主席吴晓青到岳阳开展土壤污染防治和民建基层组织调研。在组织调研座谈会上，吴晓青对民建岳阳市委构建发展的“主委定期走访、市委定制课题、专干定点联系”“三定”机制等给予肯定。

（方绩凯）

中国民主促进会岳阳市委员会

【概况】 2020年，中国民主促进会岳阳市委员会（简称民进市委）加强宣传工作、组织建设，参政议政，各项工作取得成效。被民进中央评为脱贫攻坚先进单位，3人被评为民进中央履职能力先进个人、民进中央脱贫攻坚民主监督先进个人、民进全国会史工作先进个人。4篇调研报告、社情民意信息获得民进中央、民进省委参政议政成果二等奖、三等奖。

【民进市委参政议政】 2020年，民进市委主动参政议政。组织建设。全年报送社情民意54篇，《加强疫情期间对捐赠救济行为监管的建议》等4篇社情民意被全国政协采用，9篇社情民意被民进中央采用，《落实校医防疫保障》《夯实基层防汛的建议》等7篇社情民意被湖南省政协和中共省委统战部采用，其中两篇得到省委常委、常务副省长谢建辉的批示。4篇信息被省政协评为年度优秀社情民意信息，1人被省政协评为反映社情民意信息工作“先进个人”。

专题调研。全年立项重点课题5个，一般课题8个。向政协全会提交集体提案6篇，1篇被评为优秀提案，两篇材料作政协大会口头发言。有关“保护一江碧水”的调研报告成为会省委议政性常委会口头发言材料。《引导非公有制经济人士弘扬企业家精神研究》成果获得全省统战理论政策研究创新成果优秀奖。

【民进市委宣传工作】 2020年，民进市委加强宣传工作。全年召开5次主委会，1次主委班子民主生活会。举办“我身边的先进”宣讲会。会员刘萍被评为岳阳市首届“十大同心人物”，会员王晓岳获“同心人物”提名奖。全年推送报道97期、134篇。组织开展暑期谈心活动。以“世界读书日”为契机，读书会开展“民进邀您读书”系列活动；为临湘市和南湖新区的两所农村学校捐建“素兰书屋”，捐赠绘本2600多册。组织召开纪念民进成立75周年座谈会暨重阳节活动。

【民进市委社会服务】 2020年，民进市委加强社会服务。在抗击新冠疫情中，民进市委号召全体会员捐款捐物，累计捐款捐物46.5万多元，协调采购口罩1.05万只。向岳阳楼区教育局捐款6.85万元。编发抗疫稿件25篇，创作书画、歌曲、文章等20多篇。组织开展复工复产复学调研。会员张静谱写的抗疫歌曲《鞠躬尽瘁》获得中央音乐学院“抗疫情·我们在一起”原创歌曲创作评选活动的“金奖”。会员夏伟瑜被评为2020年岳阳市“三八红旗手”，4名会员被民进湖南省委会评为抗击新冠疫情“先进个人”。组织开展“藏汉牵手·同心家园”第三批牵手结对活动，新增10名会员成功牵手。民进志愿者团队组织开展“守护好一江碧水”环保主题活动，联合岳阳市蓝天救援队开展“防溺水”安全教育主题活动。岳阳经开区支部组织开展“科创经开·乡约未来”系列活动，医卫支部开展“牵着蜗牛去散步”活动。

（葛伟武）

中国农工民主党岳阳市委员会

【概况】 2020年，中国农工党岳阳市委员会（简称农工党市委）履行参政党职能，各项工作取得新成效。被农工党中央评为“农工党抗击新冠肺炎疫情先进集体”；被农工党湖南省委会评为“中国农工民主党成立90周年”宣传工作、参政议政工作先进市（县）级组织。获得“庆祝中国农工民主党成立90周年理论征文活动”优秀组织奖，“庆祝中国农工民主党成立90周年”党史、党章知识竞赛优秀组织奖。

【农工党市委参政议政】 2020年，农工党市委参加政治协商，围绕经济社会发展、民生难点热点提交集体提案6件，个人提案议案22件。其中《关于深化医教协同，充实基层卫生队伍的建议》被农工党省委会作为集体提案提交省政协，《关于举全市之力把岳阳打造长江经济带绿色发展示范区的建议》《关于打通乡村“断头路”，方便村民出行“最后一公里”的建议》被岳阳市政协评为2019年度优秀提案；两人被评为岳阳市优秀政协委员。农工党市委参与的农工党湖南省委《完善我省城市低收入群体困境救助机制调研》获全国政协副主席、农工党中央常务副主席何维批示，撰写的《新冠疫情下野生动物保护立法和执法情况调研报告》被农工党省委评为2020年度参政议政调研成果三等奖。农工党市委承接中共岳阳市委“岳阳市千亿文化旅游产业发展调研”课题，撰写调研报告《实施“1+3+6”战略，壮大我市千亿文旅产业链》，为市委、市政府的决策提供参考和依据。农工党市委参加人大、政协的视察调研，对“总结新冠肺炎防控工作经验教训、完善公共卫生服务体系建设”“生态补偿政策完善和落实情况”等问题开展界别协商和民主监督，提出的建议和意见得到各级部门的重视和采纳。全年向农工党省委、市委统战部、市政协等报送宣传稿件30多篇，《前进论坛》征订工作获得农工党中央表彰。向农工党省委、市委统战部、市政协报送20多条社情民意，党员梁颖被农工党中央授予2018—2019年全党反映社情民意信息工作先进个人。

【农工党市委助力疫情防控】 2020年，农工党市委强化责任担当，助力岳阳疫情防控。1月20日，农工党市委主委李为担任岳阳市新型冠状病毒肺炎疫情应急指挥部指挥长，负责统筹协调全市新冠肺炎疫情防控工作。农工党市委发出《农工党岳阳市委会关于助力抗击新型冠状肺炎疫情的倡议书》，号召全市党员参与支持疫情防控工作，累计向抗疫一线部门捐款捐物价值70多万元。撰写《用科学态度做好疫情防控的建议》《关于规范各类疫情药物研发信息发布的建议》等社情民意信息、微建议15篇，从疫情防控、物资管理等多个方面提出建议。撰写宣传党员抗击疫情先进事迹稿件10多篇，在新华网、《岳阳日报》、省委网站等各类媒体上刊发，配合农工党省委组稿“农工党在行动”系列报道、“最美的党员”专题报道3期。

【农工党市委社会服务】 2020年，农工党市委围绕爱心助学、扶贫帮困、医疗义诊等开展社会服务。定点帮扶。农工党市委主委李为联点平江县大洲乡民主村精准扶贫，在基础设施建设和产业扶贫上，协调市县有关单位筹集资金600多万元。对湘阴县杨林寨乡宗师潭村的结对帮扶贫困户进行走访，帮助村民解决实际困难、拓展致富渠道。对平江板江中心小学、新化县塘井小学支教进行教育扶贫。

扶贫帮困。农工党市委组织党员参加“助力湖北特色农产品滞销问题”活动，帮助湖北疫区农民销售农产品近万元。在平江板江中学举办第七届永普励志奖学金颁奖典礼，组织党员30多人次参加省委“99公益日活动”。

发挥特色，助力“健康中国”。11月，市一医院总支开展“遏制细菌耐药　我们共同努力”活动，提高群众对抗微生物药物的认识。市二医院总支组织开展“联合国糖尿病日”授课义诊活动，现场200多名糖尿病患者参与活动。联合湖南中医药大学第二附属医院、岳阳市华康慢性病防治研究院在临湘市人民医院举办大型义诊活动。

抗洪防汛。汛情期间，农工党市委向全市农工党员发出倡议书，号召党员投身防汛工作。主委李为在汛情紧张期间凌晨赶到华容县注滋口镇防汛抗旱指挥所第五营注东连，暗访督查防汛值班情况。

（梁　颖）

中国致公党岳阳市委员会

【概况】　2020年，中国致公党岳阳市委员会（简称致公党市委）推进自身建设，凝聚侨海力量，履行参政党职能，做好疫情防控和助力复工复产工作，各项工作取得成效。至年底，发展党员16名，党员总数321人，有基层组织11个，其中，工委1个，总支6个，支部4个。被致公党中央评为“抗击新冠肺炎疫情先进集体”，获得全省市级组织考核组织工作、侨海工作特等奖。

【致公党市委参政议政】　2020年，致公党市委主动参政议政。建言献策。“两会”期间提交市政协团体提案7份、个人提案21份，省政协提案3份，省人大议案2份。其中《关于洞庭湖水生物保护的建议》作为大会口头发言，《发展智慧物流的建议》被列为市人大重点督办建议。

专题调研。《关于城陵矶新港区生态绿色发展的调研》得到市长批示。开展《关于港口经济发展的调研》《关于岳州窑传承发展的调研》《岳阳电磁产业调研报告》《最多跑一次、推动深化改革，优化营商环境的调研》4个课题调研，其中港口经济发展为省市联动课题被省委采用。为致公党省委提供的洞庭湖禁捕退捕的素材成功转化为全国政协大会个人提案。

民主监督。带领市政协委员与民主监督委员会成员开展“最多跑一次，优化营商环境”、湘江流域水污染治理民主监督活动。结合提案督办参加“走进检察院”、全市生态文旅融合发展、助推港澳台侨企业发展等方面的考察活动。

【致公党市委助力疫情防控】2020年，致公党市委抗击新冠肺炎疫情，成立疫情防控领导小组，把疫情防控和复工复产“双助力”列为重点工作。捐款捐物。在疫情初期，发动党员利用“侨海”优势发动捐款捐物，支援防疫一线。全市党员捐赠20.35万元，其中有价值5.2万元的医用口罩、防护服等物资。发动菲律宾、意大利、美国等地侨领社团向武汉、岳阳等地捐款捐物180多万元。开展关爱海外侨胞抗击新冠疫情专项行动，募集捐款41450元，防疫物资3万元，通过致工省委会向海外侨团寄送“致公爱心小包裹”。至年底，全市致公党员参与各类疫情防控活动280多人次，主动和发动捐款捐物200多万元。复工复产。致公党市委推动复产，开展走访调研活动。走访慰问党员企业10多家，了解企业问题。帮助清明面业、俊昇科技、新潮传媒、三维消防、阿丑饮食实现复工复产。向市公交集团捐赠消毒液2000千克，助力市内部分公交线路恢复运营。协调市财政局及市融资担保公司和交通银行岳阳分行等单位，为重点企业同联药业解决融资需求4900万元。建言献策。向省市报送《新型冠状病毒感染的肺炎防控应对迫在眉睫》《关于做好我市国外输入性新冠肺炎防控工作的建议》《加强防护，应对新型冠状病毒性感染》等多篇建议，发布多篇疫情防控科普文章，为当地疫情防控及个人防护提供参考。

【致公党市委社会服务】　2020年，致公党市委加强社会服务。脱贫攻坚。致公党市委联合致公党省委为贫困村湘阴县宗师潭村协调解决项目资金10万元，走访慰问宗师潭村、鸣山村等贫困户15人次，慰问物资2万元。为岳阳经开区平地村援建致公蓓蕾书屋一间协调资金5万元，联合岳阳经开区管委会办公室帮助平地村解决项目资金30万元。送上慰问款物价值1万多元。助力消费扶贫，帮助平地村贫困户销售葡萄等价值10万元的农产品。

致公助学。岳阳致公职院2班顺利开班，致公党市委捐赠12万元资助40名贫困学生完成学业，推荐实习就业。筹集3万元向云山中心学校捐赠餐座椅、空调、书包文具等，联合团市委捐赠价值5000元的心愿图书；在平江县石塘小学开展献爱心活动，捐赠价值1万元的打印机、体育用品。

爱心妈妈。发挥党内医卫资源优势，维护好“方妈妈和宝宝们”儿童健康护理微信群与“产后妈妈交流群”，免费提供各类咨询服务。组织爱心妈妈们到平江县石坪小学送去节日礼物和问候，在楼区华蓝幼儿园、新路口小学开展“爱心爸妈下班级”等活动。

【致公党市委侨海工作】　2020年，致公党市委深化侨海工作。荷中友好协会会长、荷兰洪门组织负责人刘伟林一行到岳阳考察学习并座谈交流。中俄文化教育发展交流协会会长王新一行，拜访致公党市委机关并座谈交流，就俄罗斯圣彼得堡市与岳阳市开展教育深度合作进行探讨。美国福建联合总会常务副主席、驻闽办事处主任庄淑好一行到访岳阳，在桥西小学开展“精准助困献爱心”活动。组织参加第七届海归论坛，介绍引进HN3193新型环保纳米楼面防水材料参加论坛项目路演，进行现场推介。现场与该项目负责人签订意向合作协议书。

（姚诗汇）

九三学社岳阳市委员会

【概况】　2020年，九三学社岳阳市委员会（简称九三学社市委）提升自身建设水平，增强履职使命感，社务工作有序推进，取得较好工作成效。被九三学社中央评为九三学社抗击新冠肺炎疫情先进集体，被九三学社省委评为“参政议政工作先进集体”。

【九三学社参政议政】　2020年，九三学社市委参政议政提质增效。建言献策。全年上报省市提案、大会发言30多篇。在市政协八届四次会上，九三学社市委集体提案《关于促进我市科技型民营企业高质量发展的建议》被副市长杨昆批示，被市政协列为主席督办重点提案。《关于改善农村人居环境的建议》被市政协评为优秀提案。专职副主委付萍提出的《关于疫情非常时期加快生态环境监测数据采集的建议》被省政协采纳并转入省长信箱，得到省生态环境厅的办理和答复。九三学社市委的多件提案通过领导的批示、批转进入落实层面。

专题调研。九三学社市委到岳阳县、临湘市、君山区、城陵矶新港区等地进行专题调研，组织九三学社市委的市政协委员到航发长动开展“生态主题悦读，助力绿色发展”委员读书暨“走进科技企业”九三界别主题活动。形成《以科技创新和产业集聚为主线　培育电子信息千亿产业》《提质生态休闲农业助推文旅融合发展》《精准施策确保捕捞退得出渔民稳得住》等5篇调研报告，为中共岳阳市委、市政府决策提供参考。

民主监督。参与“城市黑臭水体治理情况”和“生态补偿政策完善和落实情况”民主监督活动，参与市委统战部牵头组织的扶贫专项民主监督活动，两次到湘阴县宗师潭村开展监督；与市政协人资环委就“整合洞庭湖绿色生态资源推动文化旅游融合发展”开展专题协商调研活动。

【九三学社社会服务】　2020年，九三学社市委巩固科技助农、百姓义诊、教育扶贫、志愿服务等传统服务品牌，加强社会服务。疫情防控。成立抗击新冠肺炎疫情领导小组，建立工作协同机制，开展调研，建言献策，形成上报建议26条。219名社员响应九三学社市委号召募款7.58万元，社员朱进秋捐赠物资48万元；社员彭容华牵头召集爱心企业家捐赠物资价值200多万元；社员陈莹参与岳阳定点救治后备医院改造项目设计建设；医卫支社医护人员在抗疫一线为广大患者提供专业救治和医疗咨询服务。

抗洪防汛。7月，岳阳市启动防汛二级应急响应，防汛工作进入战时状态。九三学社市委主委李平驻点君山区督导防汛，市政协副主席、市发改委主任刘晓英驻点临湘市督导防汛，九三学社市委副主委杨善驻守防汛大堤巡堤查险，社员王卫斌参与汛期调度。筹集2万多元防汛物资，到君山区、云溪区大堤上看望慰问防汛抗洪一线工作人员。

爱心助学。六一前夕，九三学社市委开展各类献爱心活动，“情暖童心”关爱保护农村留守儿童活动，成为九三学社市委爱心助学的品牌。在岳阳楼区白杨坡小学等学校开展“关爱心灵遇见美好　疫情后返校心理调适讲座”6场次；走访慰问岳阳楼区旭日小学贫困生李天益；资助就读于湖南衡阳师范学院的岳阳楼区贫困生吴艳玲学费1万元。

扶贫帮困。九三学社市委组织参与“三个一”扶贫行动。在湘阴县杨林寨乡宗师潭村开展结对帮扶活动4次，帮助6户20人，送上帮扶资金3万多元，启动扶贫项目1个，助力脱贫攻坚。到平江县新棚村开展乡村振兴、医疗扶贫活动，市一医院的社员医护专家团队为村民、群众提供免费诊疗、健康咨询、常用药品等。

【蒋绮云被授予全国劳动模范荣誉称号】　2020年11月24日，中共中央、国务院在北京召开表彰全国劳动模范和先进工作者大会。九三学社岳阳城建支社社员蒋绮云被授予全国劳动模范荣誉称号。

（杨　波）

群众团体

编　辑　赵　晶

岳阳市总工会

【概况】 2020年，岳阳市总工会（简称市总工会）推进工会“五个年”建设，加强思想政治引领，弘扬劳模工匠精神，开展劳动竞赛，促进产业发展，维护职工权益，推进工会改革，各项工作取得成效。通过全国文明单位复查，获得“全国推动厂务公开民主管理工作先进单位”、中华全国总工会“市级工会财务工作先进单位”等荣誉。

【职工权益维护】 2020年，市总工会以维权帮扶中心为平台，构建工会、人社、司法三方维权协调机制，维护职工权益。开展“尊法守法·携手筑梦”活动，全市各级工会举办普法宣传活动50多场次，7000多名职工群众参加。全年免费受理法律援助案件46件，帮助职工挽回经济损失232万元。各级工会接待群众来访2000多人次，协调处理信访纠纷1500多起。开展“工资集体协商标准化建设”行动，全市签订集体协议684份，覆盖企业3089家、职工11.9万人。

【工会常态化服务】 2020年，受新冠肺炎疫情影响，市总工会线上开展“春风行动”暨就业援助月活动，各级工会通过推介“岳阳云就业”和“湘就业”两大平台，帮助用工企业和劳动者在线上对接，介绍1.3万名农村劳动者就业。汛情期间，市总工会动员全市工会和广大职工参与防汛抗灾工作，开展“夏送清凉”活动，市总本级向防汛职工送去价值20万元的防汛物资，向开工的省市重点建设项目送去价值131万元的清凉物资。高考前夕，市总工会发出“关爱考生，助力高考”倡议，开通高考免费心理咨询热线，各级工会为4000多名困难职工子女发放800万元。开展第六期职工医疗互助活动，全市有1562个基层工会的14.96万名职工参与职工住院医疗项目，5.55万名职工参与特殊疾病保障项目，为76名职工申报大病关爱行动资金96万元。发动和组织全市女职工参加“双病”普查，在职工中开展抗艾滋病宣传活动。

【工会组织建设】 2020年，市总工会加强工会组织建设。在全省率先推进产业工会改革，优化设置14个市级产业工会，由所驻市直单位班子成员担任主席，报市委编办同意在部分单位增设专职副主席的正科实职岗位。推动“两新组织”建会和“八大群体”、农民工入会，全年新增工会组织626家、会员6.13万名（含农民工会员4.04万名）。健全完善乡镇—村—企业“小三级”工会组织体系，召开全市“小三级”工会组织规范化建设现场推进会，培养选树10个市级示范单位，推进“小三级”工会规范化建设。

【劳动竞赛】 2020年，市总工会以“项目高质量·勇夺双胜利”为引领，开展三大劳动竞赛。开展“建功七大千亿产业建设、推进岳阳高质量发展”示范性劳动竞赛，打造“一县一品”。围绕全部开工的10个省级重点项目、79个市级重大项目，开展重点项目劳动竞赛300多场次。在全市重大项目、重点工程和工业企业，开展“六比一为”绿色增效劳动竞赛。举办全市危险货物运输安全知识竞赛、气象行业职业技能竞赛、黄茶制茶师大赛、刑事技术职业技能竞赛、旅游饭店技能大赛等专项竞赛活动，其中危险货物运输安全知识竞赛获全省线上和线下双第一。全年全市开展劳动竞赛1200多场次，创造直接经济效益20多亿元，节能增效6000多万元。

【弘扬劳模精神】 2020年，市总工会弘扬劳模精神。推选全国劳模和先进工作者6名，省劳模和先进工作者39名，选拔“巴陵工匠”40名，向省总工会申请追授抗疫英雄董锐“省五一劳动奖章”。开展劳模基本情况调研，完善困难劳模工作台账，为969名全国、省、市劳模发放和使用专项补助金408.35万元。组织100多名省、市劳模疗休养，开展工人阶级宣传月和“劳模精神耀巴陵”系列宣传活动。

【“守护好一江碧水”行动】 2020年4月25日，由中共岳阳市委、市政府主办，市总工会承办的2020年岳阳市群团组织“守护好一江碧水”行动誓师仪式在巴陵广场举行。市委副书记陈爱林，市人大常委副主任、市总工会主席彭先政，副市长黎作凤等出席仪式并授旗。市总工会开展“五大绿色行动”（绿色增效行动、绿色节能行动、绿色出行行动、绿色生活行动、绿色志愿行动）。临湘市、岳阳县等地工会开展保护湿地、净化河滩、环保进校园等活动，长江修防处工会加强长江岸线治理、生态复绿工作，长炼工会开展装卸码头油料泄

2020年4月25日，岳阳市举办“守护好一江碧水”系列行动

露应急演练。

【市总工会助力疫情防控】　2020年，新冠肺炎疫情发生后，市总工会推出“众志成城战疫情，岳阳工会在行动”宣传活动，借助岳阳981广播电台、工会官网官微等平台，宣传基层战“疫”动态和先进事迹，开展家书征集、最美“疫”线女职工评选。走访慰问医院重症监护室和交通、环卫等民生领域及企业生产一线，通过新媒体向职工发出疫情防控倡议书和承诺书，累计筹集870多万元慰问物资和慰问金。开通疫情心理关爱热线，为职工群众免费提供心理咨询。市县两级总工会机关选派38名干部担任驻企防疫联络员。开展“湘消费”“湘观影”活动，促进消费，全市各级工会累计发放“湘消费”特别慰问消费券3500万元，惠及职工12万人；提前发放工会节日慰问电子券1.13亿元，惠及职工8.6万人。各级工会组织购买“湘观影”电影票1400多万元，位居全省第一位。

【“湘悦读·工力量”活动】　2020年6月14日，市总工会在岳阳林纸工会职工书屋举行“湘阅读·工力量”岳阳市职工主题阅读活动暨“在夜里遇见书香”2020年岳阳市职工夜读活动启动仪式，活动发布首批16个“职工夜间书屋”示范点，15.6万人次在线观看。7月29日，在平江起义纪念馆举行“湘悦读·工力量”岳阳市职工夜读活动“不忘初心、牢记使命”红色阅读专场网络直播活动，近50万人次在线观看。平江县、岳阳县、临湘市、君山区、巴陵石化、长炼和四化建等工会，开展职工阅读活动。

【市工人文化宫及东风广场改扩建】　2020年，市总工会推进市工人文化宫及东风广场改扩建项目建设，组织现场调度会，克服疫情影响，确保施工如期进行。东风广场完成全部主体工程建设，完成投资2.1亿元，春节假期，部分面向市民开放，日均客流3000人次。文化宫项目完成70户公产租赁户的清退和61户私有住宅的征收工作，拆除建筑物1.7万平方米。

【全市职工羽毛球大赛】　2020年9月25—27日，市总工会在市体育馆举办“中国梦·劳动美”洞庭新城杯岳阳市职工羽毛球大赛，全市工会35支代表队、340多名职工参加，巴陵公司工会、华能岳阳电厂工会获第一、二名。

（张　颉）

共青团岳阳市委员会

【青年志愿服务活动】　2020年，团市委推进“河小青—守护好一江碧水”志愿服务行动，组织9支队伍连续3年在163千米长江沿线开展常态化巡河护绿活动，累计巡河2633千米、环保宣传讲堂80多场次、上报溺水风险点79个、参与志愿者1.6万人次。9月19日，岳阳河小青作为唯一的市州参加团中央举办的“河我一起，守护母亲河”919净滩行动，作典型发言。在全市6个禁捕退捕重点县（市、区）开展岳阳市退捕禁捕巡堤劝导青年志愿服务行动，覆盖17个重点乡镇街道，累计发动青年志愿者384名，巡堤时长484个小时，巡堤557.9千米，劝返违钓人员192人。

【青年思想引领】　2020年，团市委强化青年思想引领。开展“巴陵青年英才”“青年岗位能手”“向上向善好青年”“五四青年奖章”等优秀青年评选，推荐市“巴陵青年英才”8人，湖南省“向上向善好青年”1人，评选市“五四青年奖章”个人15人，集体4个；其中，抗疫类个人6名，集体两个。制作青年讲师团“抗疫一线　青春答卷”宣传短片6期。开展“复工我有YOUNG”“青春助农”等专题宣讲30多场，各类线上、线下“微宣讲”100多场，大型示范性集中宣讲10多场，覆盖团员青年超过5万人次。11月4日，承办省青年讲师走进岳阳专场宣讲。12月23日，承办“2035，你在哪里”全省青少年对话活动（岳阳场）。

【青年成长关爱】　2020年，团市委关爱青少年成长。开展禁毒宣传进校园等禁毒教育活动150多场。通过“12355”热线、心理辅导网站、QQ工作群等为全市未成年人做好心理疏导工作，累计咨询服务数7000多人次。开展“为中高考加油”心理减压饮食搭配公益课3场，服务近6000名师生。开展为期一月的应急救护知识普及培训活动，覆盖困境儿童、留守儿童等青少年群体3000多人。

【团市委助力疫情防控】　2020年，团市委助力疫情防控。全员下沉社区参与防疫值守，组织支援防控一线青年志愿者3122名，其中市本级组织志愿者326人，在各交通枢纽累计服务时长2.43万小时。募集资金107.79万元，累计支援各式口罩16.335万只、防护服1651套、医用酒精7吨、护目镜1.29万副等，价值103万元。协助团省委、岳阳楼区、岳阳经开区、市驻广深办采购配发医疗物资176万元。助力复工复产，协助市重点企业招聘员工近5000人，开展“千校万岗”就业帮扶工作，举办5场专场招聘会，累计72家用人单位参加，提供1900多个就业岗位。

（刘吉羽）

岳阳市妇女联合会

【概况】　2020年，岳阳市妇女联合会（简称市妇联）围绕中心、服务大局，各项工作取得成效。全年培树全国“三八红旗手”（集体）4个，全国文明家庭1户，“全国抗疫、最美、五好家庭”6户，全国巾帼文明岗4个；省级“最美家庭”15户，省级“三八红旗手”（集体）8个，4人入围“感动湖南好人”；评选市级“三八红旗手”120名。市妇联被评为全国、全省家庭工作先进集体、全市禁毒工作先进集体、全市平安建设工作先进单位、全市信访工作优胜单位、全市防汛工作先进集体，连续5年被评为全市综合绩效考评先进单位。

【家庭工作】　2020年，市妇联抓家庭工作，建立家庭教育工作联席会议制度，牵手成立市婚姻家庭研究会、家文化促进会等多个群众性学术团体，拥有家庭教育指导服务志愿者3500多人，开展各类“家庭教育公益巡讲”200多场次。开展示范创建，创建市级家庭教育指导中心8个、市级家庭教育基地23个。举办家庭文化节、“最美家庭访古村·传承百年好家风”和“传承家文化·家书诵读”等活动。

【市妇联服务大局】 2020年，市妇联助力服务大局。抓疫情防控，第一时间发放倡议书动员职工参与联防联控，在微信公众号上专栏推出疫情防控期间感人事迹，开展“六个一百”和“四送”活动，筹集捐款200多万，看望慰问一线防疫人员和抗疫家属，参与巴陵人才评选项目，评选出50名“巾帼抗疫英才”，表彰抗疫最美家庭和“巾帼抗疫英才”。助力复工复产，开展“下基层、进企业、促就业”活动，号召各县（市、区）妇联实施直播带货，6月23日，党组书记、主席王亚丹带头直播推介产品，为“湘鸿绣娘”九大系列手工产品带货，直播超10万人次收看。组织女性专场招聘会两场、新金宝专场招聘会1场，1.03万人成功就业。助力防汛救灾，连续20多天派员驻守湘阴岭北垸和沙田垸，开展巡堤查险和后勤保障，确保辖区平稳度汛。开展“户帮户 亲帮亲 互助脱贫奔小康”活动。实施“伊人成长计划”“一人学一技”，发动各级妇字号基地、培训机构举办各类培训132期，培训人员1.7万多名。全省重点民生实事“两癌”筛查超额完成任务，争取救助金357万，连续5年位于全省第一位。加强基层治理，开展“美家美妇”行动，组建市妇联新时代文明实践巾帼志愿服务队，组织志愿者参与交通劝导、节约粮食、文明用餐等工作，联合群团组织开展“守护一江碧水·万户家庭护碧波”活动，市巾帼志愿者被评为湖南省最佳志愿服务组织。

【市妇联推进“破难”行动】 2020年，市妇联推进“破难”行动。坚持党建带妇建，出台《妇联执委履职制度》《挂职干部管理规定》等文件，全市1810个村（社区）实现“妇女之家”全覆盖。在各单位、高校、企业、小区、社会组织、旅游景点组建妇联或成立“妇女之家”，全市创建省、市、县示范“妇女之家”313个。联合市委组织部在党校举办全市基层妇联干部培训班，选派20多名干部参加上级组织的各类培训，在湘北女校成立岳阳市女性素质教育基地。

2020年5月13日，湖南省女童权益保护“百场宣讲三年行动”在岳阳启动

【岳阳市女性素质教育基地授牌】 2020年5月29日，市妇联在湘北女校举行岳阳女性素质教育基地授牌仪式。党组书记、主席王亚丹授牌，湘北女校校长王玉梅代表学校接牌。

【“传承家文化·家书诵读”活动】 2020年5月15日，由市妇联、市文明办主办，市七彩艺校、心力量家庭教育基地承办，市家庭教育基地协办的“传承家文化·家书诵读”活动召开。市政协副主席秧励，市委宣传部副部长、市文明办主任章宏平，市妇联党组书记、主席王亚丹，市妇联全体机关干部、市政协委员代表、岳阳市新的社会阶层人士代表、市家庭教育基地负责人、家书诵读活动获奖代表参加。现场颁发“传承家文化·家书诵读比赛”的18个获奖作品的获奖证书。

（张春芳）

岳阳市科学技术协会

【概况】 2020年，岳阳市科学技术协会（简称市科协）加强疫情防控应急科普工作、提升全民科学素质、服务创新驱动发展、加强科协组织建设，多项工作取得成效。连续第五年获得全国科普日活动优秀组织单位，连续第三年获得全省创新方法大赛优秀组织单位。被评为2020年湖南省科普信息员科普信息传播竞赛活动优秀组织单位。岳阳市在2020年中国公民科学素质抽样调查中具备公民科学素质的比例为10.6%，居全省第三位。市科技馆被评为全国科学实验挑战赛优秀组织单位，“馆园联盟——全市青少年科普游活动”被评为全国科普日优秀活动。

【科技招才引智】 2020年，市科协加强科技招才引智。开展巴陵青年英才支持计划实施工作，11月10日，向社会公示熊碧权等10人为2020年巴陵青年英才支持计划拟入选对象。组建巴陵科技智库，选拔全市高级科技人才99名。依托巴陵科技智库专家资源，组建“12+1”条产业链人才专家库，至年底，有218名副高级以上的专家入库。加强与主流媒体合作，在《岳阳日报》、岳阳电视台等媒体上宣传科伦制药逯佩荣等专家事迹。12月28日，岳阳市科技工作者之家挂牌仪式在市科技馆举行，省科协党组成员、副主席张辉学和市委副书记陈爱林揭牌，为全省首家实体科技工作者之家。

【科普信息化建设】 2020年，市科协推进科普信息化建设。开展“科普中国App”全民科普“公益星计划”活动，全市注册人数11.3万人、传播量143.8万次，岳阳县科协等率先完成任务，市科协、岳阳楼区科协、临湘市科协被评为全省优秀组织单位，26人被评为全省优秀科普信息员。

【科普品牌打造】 2020年，市科协打造科普品牌。市科技馆与市档案馆、市博物馆、市图书馆等10家馆园建立联盟，开展“当艺术遇上科学”“历史与未来”“科技与人文”“探索古建筑中的科学”为主题的亲子日科普活动，全市近100组亲子家庭的300多人参加。开展科学家精神宣讲活动，在“科普中国”“喜马拉雅”等平台开设“科学家的故事”专栏，至年底，录制科学家故事25期，点播量突破8万人次，代表湖南省参加2020年“典赞·科普中国”优秀科普作品评选活动，入选中国科普出版社数字科普资源库。举办“礼赞共和国，致敬科学家”为主题的讲解大赛，全市200多名参赛选手参加。举办第四届岳阳市青少年机器人竞赛，全市700名中小学生参加。市科技馆场馆展教功能新增VR视觉体验、航天航空、科普书吧、科幻绘画长廊等展区，研发自制蛇形摆、光学科普展品等13件，开展“科普之夏”“寒假科普周”“科普夏令营”“高校科学营”等科普活动55场次。举办第四届岳阳市青少年机器人竞赛、第二十一届岳阳市青少年模型竞赛、第四十二届科技创新大赛、首届青少年科普讲解大赛等科技赛事，全市5万名中小学生参赛，巴陵小院士孵化工程第二期正式启动。科普大篷车30多次驶进边远学校、乡村巡展，汨罗市科协、华容县科协承接中国流动科技馆巡展活动。市老科协、市健康促进会在社区和乡村开展科普和谐社区创建和环保健康知识宣传。

【科普旅游服务产业发展】 2020年，市科协联合市文旅广电局开展全市科普旅游教育基地（2020—2022年度）评选认定工作，全市科技与文化资源深度融合。加强科普阵地建设，推荐岳阳海之梦旅游文化发展有限公司等14家单位作为湖南省科普教育基地（2020—2025年）申报单位。加大全市科普旅游教育基地推介力度，科普岳阳微信公众号推出系列报道10期。

【创新方法大赛】 2020年，市科协推广企业创新方法，在长炼机电、中科电气、岳阳林纸等企业开展培训。11月，市科协承办中国创新方法大赛湖南赛区岳阳选拔赛，与长沙、岳阳、益阳、郴州、娄底的38个科技创新项目同台竞技。岳阳长炼机电科协选送的3个项目晋级国赛，获得一、二、三等奖各一项。市科协连续三年获得全省创新方法大赛优秀组织单位。

【第四届全国科技者工作日活动】 2020年5月29日，市科协开展第四届全国科技工作者日活动，表彰黄博等10名2019年巴陵青年英才，每人获得10万元专项资助，全面启动2020年巴陵青年英才支持计划选拔工作，增选陈勇彪等12位巴陵科技智库专家，评选《凝心聚力战疫情》等21件全市疫情防控优秀科普作品，通报表扬市医学会等20个全市疫情防控科普工作先进单位和刘春林等20名疫情防控优秀科普工作者。

【2020年院士专家岳阳行活动】 2020年11月13—14日，市科协开展2020年院士专家岳阳行活动，市人民政府聘请中国工程院院士、中南大学教授桂卫华为“岳阳市‘创新引领、开放崛起’发展战略顾问兼节能环保和石油化工装备产业链首席科学家”，中国工程院院士、湖南大学教授王耀南为“岳阳市‘创新引领、开放崛起’发展战略顾问兼电子信息与人工智能产业链首席科学家”。湖南中科电气股份有限公司省级院士工作站正式授牌；中国化工学会岳阳服务站、省自动化学会岳阳服务站、省石油学会岳阳服务站、省企业科协联合会岳阳服务站、湖南大学电气与信息工程学院实习实践基地相继揭牌。《岳阳日报》11月16日头版头条全面报道院士专家岳阳行活动。

【科协助力疫情防控】 2020年，市科协助力疫情防控。第一时间发布《关于抗击新型冠状病毒疫情的公开信》，号召全市科协组织和科技工作者投身疫情防控中，利用“科普岳阳”信息化平台，动员

2020年11月14日，“院士专家岳阳行”主场活动

市、县、乡、村四级1535名科普信息员、科技志愿者转载分享疫情防控科普信息，发布应急科普信息300多条，阅读量100万人次。对接教育部门，向全市1352所中小学校免费发放2万多册《新冠肺炎疫情防控校园科普知识》。开展新冠肺炎疫情防控优秀科普作品评选活动，收到111幅作品，评选出21幅优秀作品。市科技馆打造线上“永不闭馆”，推出《科普岳阳——掌握科学方法，预防新型肺炎》网上科普展览、科普微主播、巴陵小院士线上周六课堂、科学实验挑战赛等线上科普活动，引导青少年居家学科学知识、做科学实验，收到200组视频参赛作品，分5期在线上进行推广展示。

（邓　晔）

2020年10月13日，湖南省华侨文化交流基地（岳阳）授牌

岳阳市归国华侨联合会

【概况】　2020年，岳阳市归国华侨联合会（简称市侨联）统筹推进疫情防控和履行侨联职责，深化侨联改革，打造全省侨联系统首家“党建带侨建”示范点，各项工作取得成效。3月，出台《岳阳市侨联改革方案》。11月22日，湖南理工学院侨联成立。市侨联党支部被评为全市先进基层党组织。

【侨联联络联谊】　2020年，市侨联加强与法国湖南商会、英国湖南同乡会、巴西湖南同乡总会等40多个海外侨社团联系，推进与菲律宾桑托斯将军市缔结友好城市。12月9—10日，举办“海外侨胞故乡行——走进岳阳”活动。完善基层活动阵地，平江起义纪念馆、屈子文化园、何长工纪念馆等7家单位被授牌“湖南省华侨文化交流基地”。在汨罗市瞭家山社区、岳阳楼区芋头田社区等地打造17家以“铭记初心使命”“老城（侨）记忆”等为主题的“侨胞之家”，岳阳县新墙河抗战史实陈列馆“侨胞之家”被评为2020年度全国侨联系统优秀“侨胞之家”。

【扶侨帮困】　2020年，市侨联摸底调查因疫情、洪灾受困的侨界群众、一线医务人员等情况，争取资金近20万元，慰问帮扶侨界重点人士和困难群众60多人次。中华慈善总会远大博恒爱心基金会、欧阳遇基金会、香港慈善家吴碧、美国福建联合总会常务副主席庄淑好、美籍华人许竞鸣等到岳开展公益捐赠活动。组织协调资金15万元、户外体育健身全套器材，助力平江县阪陂村巩固脱贫攻坚成果。

【侨界权益维护】　2020年，市侨联维护侨界权益，落实归侨侨眷保护法。7月2日，开展“法治社会，你我同行；维护侨益，你我有责”——庆祝《中华人民共和国归侨侨眷权益保护法》颁布30周年纪念活动。9月14—18日，在岳阳楼区花板桥社区、芋头田社区等地举办侨法宣传周公益活动。9月30日，组织“深入宣传侨法，提高法治观念”宣传活动。12月4日，成立市侨联法顾委，聘请职业律师、资深专家、行业领导9人担任委员。

【侨联助力疫情防控】　2020年，市侨联以“五个第一”（即全省侨联系统第一个成立班子、第一个发出倡议、第一个对接外援、第一个“爱心反哺”、第一个就业维稳）助力疫情防控，省委常委、统战部部长黄兰香以及市相关领导、市防疫指挥部给予肯定。成立市侨联疫情防控工作领导小组和海外联络、物资清运、翻译服务、综合协调、后勤保障等党员突击队，30多个国家和地区的爱心人士及团体向岳阳市捐赠善款300多万元、防疫物资价值900多万元。通过问卷调查、电话咨询等形式，对全市50家注册登记的涉侨企业摸底调查。实地走访益海嘉里（岳阳）粮油工业有限公司、希杰尤特尔（湖南）生物科技有限公司、湖南凯美特气体股份有限公司等20多家重点侨资企业，收集整理惠企政策文件46个，向企业免费编印发放《应对疫情支持企业发展政策汇编》和口罩等防疫物资，协调解决华润燃气岳阳有限公司、金全力生物科技股份有限公司等企业厂房租金减免等问题，形成《关于帮助侨界企业应对疫情助推高质量发展的调研报告》。

（廖涛涛）

岳阳市工商业联合会

【概况】　2020年，岳阳市工商业联合会（总商会）（简称市工商联）加强宣传教育和组织建设、主动参政议政、服务经济、助力脱贫攻坚与疫情防控，各项工作取得成效。被全国工商联评为“抗击新冠肺炎疫情以来民营企业调查点工作示范单位”。被省工商联评为综合绩效评估优秀单位。工商联支部被市直机关工委评为2020年度先进基层党组织。企业家王五星、伍玉龙、阮炎林、欧阳拥军被评为岳阳市首届“十大同心人物”。

【市工商联参政议政】 2020年，市工商联开展参政议政工作。专题调研。开展“民企大走访，同心促发展”和“中小微企业大走访”等调研活动，动员市、县两级工商联调查走访园区6个、行业商协会35个，企业1800多家，座谈650多人次，收集问题及意见建议290多条，典型案例14个。形成《关于支持中小微企业应对疫情走出困境的调查与思考》调研成果，为市委、市政府提供科学决策依据。市委书记王一鸥主持召开民营企业家座谈会，听取企业家意见建议，为企业解决实际困难，督办相关问题的落实。形成《关于全面落实“六稳”“六保”，促进市场主体健康发展的调查与思考》调研成果。《关于工商资本下乡参与乡村振兴的调查与思考》《关于当前我市民营企业发展面临的困难及建议》获得2019年度全省工商联系统优秀调研成果一、二等奖，《演绎三种角色，做旺民营经济》获全省工商联系统优秀理论文章。市工商联被全国工商联评为“抗击新冠肺炎疫情以来民营企业调查点工作示范单位”。

参政议政。向省委、省政府提交《关于加强民营经济发展法治保障的建议》《充分发挥商协会服务我省民营经济高质量发展的作用》《关于工商资本下乡参与乡村振兴的几点建议》等意见建议，得到省市有关部门的重视和解决。向市委、市政府提交《努力营造保障千亿产业发展的一流营商环境》《以良好的营商环境激发产业链优势》等建议。《关于以政府高质量服务，推动民营企业高质量发展的建议》获市政协优秀提案奖。出台《岳阳市建立健全企业家参与涉企政策制定机制的实施方案》《岳阳市政企常态化沟通制度》，加强政企沟通的制度保障和频率实效。

民主监督。参加市政协组织的“深化‘最多跑一次’改革，优化营商环境，助推实体经济发展”监督评议工作。通过政协云热点关注平台，发布《改善岳阳营商环境，您的建言很重要》话题讨论。动员500多家企业参与，回收话题讨论调查表480多份，征集各类问题、意见建议180多条，形成问题意见建议汇总报告。

【市工商联宣传教育】 2020年，市工商联加强宣传教育。选送优秀民营经济人士参加省市社会主义学院培训，组织非公人士开展暑期谈心活动，加强革命传统教育。加强“富二代”“创二代”的教育培训，培养与党同心同德的年轻一代民营经济人士。联合职业培训学校精选《疫情下的经济状况与企业应对策略》等30门课程，邀请名校名师，为会员企业免费线上授课，参与人数2万多人次。联合市委组织部、市工信局举办“湖南大学—岳阳市中小企业高级经管人才培训班”，组织68名企业家和企业高管参加培训。采取多形式宣传民营经济人士的重要贡献和先进事迹。企业家王五星、伍玉龙、阮炎林、欧阳拥军被评为岳阳市首届“十大同心人物”。

【市工商联组织建设】 2020年，市工商联加强组织建设。创新工商联组织进园区工作典型做法，被省工商联和全国工商联改革工作专题通报。开展“树品牌、强示范、促提升”活动，开展互访互评互促活动。推荐临湘市、岳阳县、湘阴县、君山区4家申报湖南省“五好”县级工商联，推荐汨罗市申报全省“五好”标杆县级工商联。重点发展巴丘建筑、岳鑫运输等会员企业，吸收市汽配商会、市广告协会、市防水建材保温协会等为团体会员，吸收市政建设公司、中新航运等12家企业为直属会员，会员队伍质量增强。至年底，全市有工商联会员1.86万个，比2019年增加1823个。全市商会组织162个，比2019年增加13个。其中，行业商会78个，市场商会5个，异地商会21个，乡镇、街道商会48个，其他商会组织11个。出台《市领导联系岳阳商会协会和重点民营企业工作制度》，市级领导联系商协会、异地商会、重点民营企业。吸收市眼镜协会、市物流协会等行业协会商会，组建化工行业协会和催化产业联盟，指导中南市场商会、温州商会、益阳商会、电磁商会、青商会完成换届工作。加快推进全市“12+1”产业链协会组建，有电子信息、电力能源、现代物流、生物医药、节能环保、食品加工、电磁、工程机械、文化旅游、纺织、装配式建筑产业组建商协会或产业联盟，扩大工商联工作的覆盖面。推荐14家商会申报全省“四好”商会；推荐福建商会、市保险协会、汨罗弼时镇商会、临湘市浮标协会申报全国“四好”商会；推荐福建商会申报全省“四好”标杆商会。

【市工商联服务经济发展】 2020年，市工商联加强与省市多家商业银行多渠道对接，探讨创新优化金融产品，帮助企业和商会量身定制特色服务。促成太阳桥建材市场商会、泰和大市场商会、青商会与市邮储银行合作。与市农行、农商行签订战略合作协议，配合市工信局组建民营企业“白名单”，与市融资担保公司建立企业白名单数据库。组织237家企业参加16场次融资对接会，授信15.5亿元，贷款138家，总额9.18亿元，缓解受疫情影响较大的企业资金压力。9月14日，会员企业华文食品在深圳中小板成功上市，岳阳市上市企业11家。联合市委政法委出台《关于政法机关与同级工商联组织建立维护民营企业合法权益联合机制的若干意见》。完成4家常执委企业的维权，化解各类矛盾纠纷50多起。与市检察院联合开展“护航民企发展开放日”活动。发挥异地岳阳商会作用，实施“迎老乡、回故乡、建家乡”和“岳商回归”行动。成功引进卧龙大熊猫项目，落户南湖新区；到四川成都进行航空特色小镇项目考察，接待投资方到岳考察，投资50亿元的四川泛美航空教育项目落户岳阳县；组织相关单位负责人前往上海考察氢能项目，参加“2020长三角产业合作对接会”；促成中（国）爱（尔兰）岳阳卡帕CAPPA国际马术中心合作签约，落户岳阳经开区；协助举办第七届中国—国际高级工商管理峰会暨EMBA国际联盟2020年年会，组织招商推介会。全年引进投资总额超过160亿元，4家企业进入湖南民营100强。

【市工商联助力脱贫攻坚】 2020年，市工商联扩大企业“万企帮万村”参与面，助力脱贫攻坚。全市组织1150家民营企业帮扶1093个贫困村。帮扶项目2303个，帮扶资金3.8亿元，精准帮扶贫困人口8.56万人。组织帮扶干部、企业家对联点平江县罗洞村贫困户继续结对帮扶，完成脱贫攻坚国家普查和省、市交叉考核。对4户12人和脱贫的127户432人实行巩固帮扶全覆盖。利用汽车流通协会举办第20届、21届巴陵车展契机，举办岳阳市消费扶贫“双11”特卖会，帮助贫困村农户、扶贫合作社和致富带头人销售推介本地优质农产品，成交额350万元。组织企业参与“百企入驻，千品上架”平台签约情况、消费扶贫网购节活动，市、县两级工商联组织引导民营企业完成消费扶贫资金3180多万元。引导民营经济人士投身助学脱贫攻坚行动和公益慈善活动，投入资金、物资5000多万元。其中，陶行知教育基金会为岳阳市捐赠14所智慧教室和323套教育信息化软硬件资源，价值1389万元。

【民营企业家座谈会】 2020年8月19日，市委书记王一鸥主持召开座谈会，听取岳阳市民营企业家代表有关加快推进七大千亿产业和“12+1”优势产业链建设，优化营商环境，推动高质量发展的意见建议。市委常委、市委秘书长谈正红等参加。电磁制造、食品加工、石化及新材料、装配式建筑、装饰建材、汽配、餐饮、生态农业、物业管理等行业的民营企业家代表和商会协会代表发言，提出意见建议。

【市工商联助力抗疫复产】 2020年，新冠肺炎疫情发生后，市工商联成立疫情防控和复工复产工作领导小组，向全市工商联系统发出《关于打赢新型冠状病毒感染的肺炎防控战役捐赠倡议书》，广大民营经济爱心人士响应，捐款捐物，投身抗疫一线。疫情防控初期，防疫物资紧缺，主动联系生产经销口罩、防护服企业100多家，生产企业和经销商5家，通过会员代购、海外订购等方式，购买2万只KF94口罩捐赠给一线医疗机构。发动福尔康医用卫材春节期间加班加点生产医用口罩30万只，其中10万只捐赠岳阳抗疫一线；湖南国发精细生产的60吨消毒液次氯酸钠，无偿捐赠给常德、益阳等地化工企业作为84消毒液生产原料；东方雨虹赞助支援建武汉火神山、雷神山医院防水材料；市厨协发出拒烹野生动物倡议；市药品行业商会动员零售药店疫情期间全面营业，确保疫情防控药品和卫生器材供应；武汉岳阳商会常务副会长龚卫兵带领技术骨干逆行武汉，援建火神山、雷神山医院电力设施等。累计捐款2850.64万元，捐赠口罩、防护服、消毒液、消毒机等各类防疫物资价值2120.39万元。出台《岳阳市工商联支持民营企业复工复产工作专班方案》《岳阳市工商联下基层、促就业帮助企业复工复产工作方案》，走访全市2000家民营企业。帮助国信军创、高澜节能、华文食品等多家企业解决企业用工、融资等困难问题150多个。帮助企业多方联系劳务用工，组织企业参与招聘活动，签订招工意向协议3000多份，为会员企业解决贷款4.5亿元。整合资源，促成新增口罩生产线10条，新增日生产能力100万只。岳阳市湖北商会被评为全国抗疫先进商会。

（卢盛勇）

岳阳市社会科学界联合会

【概况】 2020年，岳阳市社会科学界联合会（简称市社科联）各项工作取得成效。在各类报纸、杂志，网站、微信平台发表论文和理论文章1000多篇，各类文章、信息700多条。选编《新时代、新思想、新战略知识要点150题》社科普及读本1万册，免费赠送给基层市民群众。在省社科联2020年综合绩效考核中名列全省第一位，被评为全省社科工作先进单位、岳阳市文明单位、市公众安全感测评先进单位、市信访工作“三无”单位、市建整扶贫先进单位等。全市社科系统获得市级以上荣誉奖励58项。

【社科联课题研究】 2020年，市社科联开展课题研究工作。全市社科系统成功申报国家社科基金智库项目7项，创历史最好成绩。完成省级社科课题研究114项，完成市级社科课题立项、研究286项，有两项成果获得省委常委、常务副省长谢建辉，副省长陈飞批示，1项成果获市委书记王一鸥批示，两项中外经贸合作研究成果获省商务厅批示、采用。完成2019年度130项市级社科课题结题工作，形成《湖南省产业税收负担对产业结构调整的影响研究》《岳阳三荷机场、城陵矶港口建设与空港物流枢纽发展研究》《岳阳市农村土地流转现状、问题及对策研究》等成果，择优80多篇，编辑出版《2019年度岳阳市社会科学研究课题成果汇编》，全书100万字。完成2020年市级社科课题立项、研究工作，立项市级课题146项，市委书记王一鸥担任组长的2020年度省级重点课题《共同守护一江碧水、推动长江经济带生态优先绿色发展的对策研究》结题，课题成果被中国核心期刊《湖南社会科学》杂志刊发，得到省社科界的肯定；撰写《后疫情时期岳阳经济发展与充分就业的建议》《岳阳城市建设要融入和彰显岳阳历史文化灵魂》等6篇文章，编印三期《智库参考》。9月，专题开展《岳阳市七大千亿产业和“12+1”优势产业链建设研究》《新形势下重点问题信访风险防范与化解研究》。市社科联党组书记、主席任欣欣，市经济学会会长邓正华参加湖南省2020年第二期湘江时论，以《洞庭湖生态经济区先进制造业发展研究》《洞庭湖流域水资源承载力时空演变分析》为题作学术发言，被推介材料汇编。撰写《守护一江碧水　圆梦绿色小康》调研报告，在《湖南宣传》全文刊发，获得湖南省2020年社科成果一等奖。《人工智能背景下助力乡村振兴的新型职业农民‘1+X”人才培养路径研究报告》获得湖南省2020年社科成果一等奖。全年主办全国性学术会议5次，省级会议10多次，长江学者、国务院学科评议组专家等到岳阳市讲学交流200多人次。湖南理工学院人文社会科学研究位居全国第194位，首次进入全国前200名，进入湖南省前10名。全年争取人文社科进校经费2100万元，全院教师发表各类论文300多篇。

【社科普及宣传】 2020年，市社科联多形式开展社科普及宣传活动，全年全市举办社科普及活动230多场，惠及群众70多万人。6月，市社科联举办社科普及主题展览暨社科普及主题活动周。岳阳楼街道和谐宣讲团开展“扫黄打非 维护新风正气”微宣讲知识课、“守护一江碧水”系列活动、“脱贫攻坚决胜小康，抗疫有情，奋斗有我”社科普及宣传周活动等。市档案学会举办“档案见证扶贫奔小康”专题展览。市茶博城举办“国粹惠民·戏韵南湖”文化惠民活动14场次。平江县周令钊美术馆晋升省级社科普及基地，举办《天下平江》《万众一心、众志成城，坚决打赢疫情防控阻击战》摄影展和以“科技创新 引领未来”为主题的平江籍中国科学院、中国工程院院士展等。君山区蔬菜科技园开展“你宅家、我送菜”活动，组织市属10多所中学开展“美好生活、劳动创造”为主题的研学实践活动。市档案馆、市博物馆、临湘市6501国防教育基地、市茶博城等4家单位新晋为市级社科普及基地。青少年成长研究专家阮梅的著作《向着光亮成长》获第十一届湖南省优秀社科普及读物。

【市优秀社科人才表彰】 2020年，市社科联启动2020年岳阳市优秀社科人才支持计划人选选拔工作。通过宣传发动、组织推荐、专家评审、组织考察、社会公示等程序，高其荣、鲁涛、朱平、谭东华、邹欣欣、李文伟6名社科人才入选岳阳市优秀社科人才支持计划，市委岳人才发〔2020〕4号发文给予表彰奖励资助。

【社科普及主题活动周】 2020年6月16日，市社科联举办主题为“决战脱贫攻坚、决胜全面小康、夺取岳阳抗疫和发展双赢双胜”的2020年岳阳市社科普及主题展览暨社科普及主题活动周。省社科联党组书记、常务副主席宋智富，市委书记王一鸥，市委常委、宣传部部长马娜，市领导彭先政、邱虹等出席。主题展览由社会科学、脱贫攻坚、小康社会、守护一江碧水、岳阳抗疫、独特风采6大部分组成，制作展板120块，2000多市民参观展览。展览还在市图书馆、市档案馆、君山区等地巡展、网上展览。汇编出版40万字的《走进社会科学》。开展“做智慧父母”家庭教育研讨会、“书香抗疫”主题书展等13项各具特色的社科普及活动，7万多人线上、线下参与。

【社科联助力疫情防控】 2020年，市社科联助力疫情防控。1月29日，市社科联发出《致全市社科工作者的倡议书》，全市社科系统响应，得到市领导和社会各界的肯定。利用《岳阳日报》、岳阳电视台和岳阳智库网、岳阳社科智库微信公众平台等媒体平台，宣传政策措施、科学防控知识、感人事迹等。组织社科专家撰写《众志成城，信心比金坚》《坚持法治思维，统筹推进疫情防控和经济社会发展双赢双胜》《新中国成立以来党领导人民抗击重大疫情的回顾与经验启示》等10多篇理论文章，《岳阳日报》两次开辟理论专版，发布各类信息400多条。发表关于疫情防控的各类文章、作品700多篇，市濂溪文化交流研究会等社会组织捐赠资金56万多元和价值70万元的各类物资。岳阳楼街道志愿者和谐宣讲团组织7个分团210多名党员到社区楼栋开展巡逻、宣传、劝导等志愿服务工作，坚守83天，被省市媒体专题采访报道。市婚姻家庭研究会会长闫玉兰家庭被评为全国抗疫“最美家庭”。精选编辑38万字的《集智聚力同心抗疫》。

（郭小龙）

岳阳市文学艺术界联合会

【概况】 2020年，岳阳市文学艺术联合会（简称市文联）开展文艺抗“疫”、文艺惠民、文艺创作、人才建设等工作，各项工作取得成效。

【文艺创作】 2020年，市文联开展文艺创作工作。开展文艺创作采风活动，6月10日，开展“守护好一江碧水”文艺创作采风活动，8月7日，开展“水墨丹青·大美南湖”文艺采风活动。开展主题文艺创作，围绕脱贫攻坚、乡村振兴、红色文化、疫情防控等主题，创作报告文学《逐梦海天的强军先锋·张超》、花鼓小戏《五更送郎》、歌曲《骆驼颂》等作品。巴陵戏《远在江湖》获得省文化艺术节田汉大奖以及编剧、导演等7项奖，拍成电影在岳阳市完成首映；湘阴县作家原创作品《牛市真多事》改编的农村题材电影《水牯子》获中宣部推荐；广播剧《逐梦海天》获得省精神文明建设“五个一工程奖”；《“东方之星”大援救》《千树万树梨花开》《梦境》等30幅摄影作品在全国摄影艺术展览和中国国际摄影艺术展览中获奖。至年底，出版各类文艺作品专集20多部，在省以上刊物发表文学作品700多篇，有50多人（次）作品入选全国作品展览，获奖作品100多篇（件）。

【文艺抗“疫”活动】 2020年，市文联开展文艺抗“疫”活动。开展抗疫主题文艺作品征集活动，收到参赛作品2500多件，文学类作品431件；戏剧作品84个；音乐作品51首；美术作品285幅；书法作品59件；摄影作品500多幅；诗词楹联作品1000多首。省级以上媒体官网和刊物发表文学作品100多篇，其中，散文《有一种感动叫做万众一心》《春光穿越疫情之夜》《人勤春来早》等作品在《人民日报》、人民网发表，《春光穿越疫情之夜》入选作家出版社编印的《战疫之歌》抗疫主题作品集；巴陵戏《联防联控颂》《我们的白衣天使》被“学习强国”平台转发。中国摄影网、《光明日报》、人民摄影网、“学习强国”“新湖南”等平台发布摄影作品86幅，其中摄影《消毒防疫》被选为央视2020元宵特别节目背景。开展文艺界抗疫行动，要求各文学艺术家协会在疫情期间，不组织开展文艺排练演出、文艺讲评、文艺培训、文艺家年会等人群聚集的活动，倡议文艺工作者参与疫情防控知识宣传普及工作，向周边群众做好政策措施解读，做好网络舆情引导工作。组织文艺工作者捐款捐物合10万多元。

【市文艺志愿者协会成立】 2020年6月30日，市文联召开岳阳市文艺志愿者协会第一次代表大会暨成立大会，市人大常委会副主任彭先政，省文联副主席邓清柯，省文联副主席、省文艺志愿者协会主席大兵等出席会议。5月29日，10多名市舞蹈文艺志愿者到平江县汉昌镇迎瑞村，捐赠学习用品、书籍和1万多元的爱心捐款。8月5日，开展“不忘初心 与爱同行”扶贫志愿活动，“一对一”向11名贫困学生捐赠1.1万元爱心助学款，10名画家、书法家为西四村捐赠书画作品20件。春节前夕，与市卫健委联合主办“我们的中国梦·文艺进万家”迎新春送祝福，致敬最美逆行者志愿服务活动，书画楹联志愿者书写600多幅春联和300多个“福”字赠送医务工作者。

（邓 炜）

岳阳市残疾人联合会

【概况】 2020年，岳阳市残疾人联合会（简称市残联）克服疫情影响，深化残疾人脱贫攻坚成果，补齐残疾人民生领域短板，提升基本公共服务水平，健全完善残疾人帮扶制度，推进残联改革，各项工作取得成效。

【残疾人康复服务】 2020年，省残联“1万名残疾儿童康复训练”项目被列为省政府重点民生实事项目之一，分配岳阳市残疾儿童康复训练任务900名，落实项目资金810万元，选择22家定点康复机构承担项目任务，实施康复训练1399人，完成训练任务9238.6人/月，完成率171.1%，超任务499人，有效率和满意度98%以上，通过省级评估验收，获得优秀等次。“1726名残疾人托养服务”项目被列为市政府重点民生实事项目之一，落实项目资金383.4万元，与9家机构签订服务协议，4月底起复工复托，完成托养任务1968名，超额完成任务242人，通过市实事办、市统计局检查验收，被评为全市实事办理先进单位。按照《岳阳市残疾人精准康复服务行动实施方案》及相关项目服务标准，推进精准康复服务行动，实施基本康复服务2.5万人，康复服务率92.59%，实现0～6岁残疾儿童基本康复服务全覆盖。实施辅具适配服务1.36万人，适配服务率97.24%，为全市91个乡镇191个村建档立卡残疾人免费适配轮椅、拐杖、盲杖、助听器等各类辅具1451件。实施假肢装配和肢体矫治项目，完成假肢装配189例、矫形器装配55例、小儿脑瘫矫形手术及术后康复服务27例。督促各县（市、区）出台《残疾儿童康复救助资金结算办法》，明确各级残联与机构资金结算周期。为471名贫困精神残疾人免费提供住院和服药救助，救助金额46万元。联合湖南省四叶草基金会开展贫困精神残疾人救助项目，救助140人。联合市扶贫办、市卫健委印发眼疾救治项目实施方案，分三年落实2700名救治任务，每年救治900名，全省“集爱三湘·光明助残——爱眼公益行”眼疾救治项目在岳阳市启动。开展家庭医生签约服务，市辖区2.39万名残疾人开展家庭医生签约服务，签约服务率100%。开展“走近残疾人，服务千万家”活动，辅助器具流动服务车行程7万多千米，服务1385人次。

【残疾人就业创业】 2020年，市残联开展就业援助、助盲脱贫、电商助残扶贫、农村残疾妇女手工制作扶贫等行动，帮助残疾人就业创业。实施“阳光增收计划”，1180名农村残疾人开展实用技术培训。搭建平台，培育壮大残疾人就业扶贫基地。开展残疾人扶志和扶智行动，8人获得“湖南省百名残疾人阳光示范户（带头人）”荣誉，每人奖励扶持资金2万元。选送73名有就业意愿尚未就业的盲人到国家级残疾人职业培训基地株洲市黄程职业技术培训学校培训。全市完成年审3186家，按比例就业人数7269人，新增374人。促进工疗庇护机构辅助性就业，全市11家残疾人托养（日间照料）中心为382名残疾人提供辅助性就业（庇护性服务）。开展“万家灯火托底帮扶残疾人就业行动”，1156名残疾人受益。县（市、区）残联创建残疾人电子商务孵化基地（平台），通过阿里巴巴、京东等网上就业创业“云平台”，帮助残疾人就业和创业，全市稳定从事电子商务就业创业的残疾人2870人。开办“直播带货”电商扶残创业培训班，全市电商就业创业新增387人。举办盲人普法教育和电脑（手机）信息技术培训班，45名盲人及监护人参加培训。举办各类残疾人招聘会19场次，提供岗位517个，帮助1635名残疾人实现就业。组织残疾人职业技能培训和竞赛活动，开展手机维修、聋人洗车和机械加工定岗培训等残疾人技能培训项目，培训2083人，选派10名优秀残疾人选手参加全省第三届残疾人职业技能大赛，获得一等奖1个、三等奖1个、优秀奖两个，1人被评为湖南省技术能手。在肢残人日、聋人节、盲人节开展融合关爱跑、洗车培训、创业辅导等活动，500多名残疾人参加。残疾人就业机构、扶贫基地开展“助残学艺”培训，成立助残志愿者工作站，免费为残疾人提供理发、打扫卫生和按摩等服务120人次。

（黄光园）

法　治

编　辑　刘兴汉

人大立法

【《岳阳市农村村民住房建设管理条例》颁布施行】　2019年11月5日，岳阳市第八届人民代表大会常务委员会第二十二次会议通过《岳阳市农村村民住房建设管理条例》（简称《条例》），11月28日，湖南省第十三届人民代表大会常务委员会第十四次会议批准，自2020年5月1日起施行。《条例》分总则、村庄规划和宅基地管理、申请和审批、建设和管理、监督检查、法律责任、附则7章33条。《条例》把岳阳市“空心房整治”中好的经验做法，以及“五有三到场”等具体工作方法上升为法规内容，同时严格监管程序，对审批程序、申请建房条件、不予批准的情况等内容作出细致规定，并对相应的违法建设行为设定法律责任，为规范农村村民住房建设管理、集约节约利用土地、改善农村人居环境、建设生态宜居美丽乡村提供法治保障。

【《岳阳市人民代表大会及其常务委员会制定地方性法规条例》颁布施行】　2020年1月9日，《岳阳市人民代表大会及其常务委员会制定地方性法规条例》（简称《条例》）由岳阳市第八届人民代表大会第五次会议审议通过，3月31日，湖南省第十三届人民代表大会常务委员会第十六次会议批准，自2020年5月1日起施行。《条例》分总则、市人民代表大会制定地方性法规程序、市人民代表大会常务委员会制定地方性法规程序、地方性法规的报批、公布和解释、其他规定和附则6章51条。《条例》着眼规范地方立法程序、建立健全地方立法的制度机制、明确地方立法的主体责任，为进一步依法科学行使地方立法权、提高地方立法质量和效率提供法治保障。

【《岳阳市文明行为促进条例》颁布施行】　2020年8月28日，《岳阳市文明行为促进条例》（简称《条例》），由岳阳市第八届人民代表大会常务委员会第二十九次会议通过，9月25日，湖南省第十三届人民代表大会常务委员会第二十次会议批准，自2020年12月1日起施行。《条例》分6章43条。包括总则、鼓励与倡导、规范与遵守、保障与监督、法律责任和附则。《条例》充分考虑新冠肺炎疫情防控对文明行为提出的新要求，使用公勺公筷、佩戴口罩、禁止食用野生动物等一些防控疫情的做法纳入立法当中，同时把《岳阳市民文明公约》和文明节俭操办婚丧喜庆事宜、文明餐桌、农村人居环境整治、广泛开展志愿服务、禁止车窗抛物、禁止违规燃放烟花爆竹等特色工作融入法规。《条例》规定在公场所禁止区域和公交通工具内吸烟的法律责任，该条是岳阳市创造性条款。

（谢冯平）

政法委与综治

【概况】　2020年，全市政法机关聚焦“四大职责”“四个建设”，致力营造“四种环境”，确保社会大局安全稳定。岳阳市被评为湖南省平安建设（综治工作）先进市，并作为市州代表在平安湖南建设工作视频会议上介绍先进典型经验。董锐被追授为公安部二级英模，胡光志被评为全国先进工作者，彭庆文当选“2020年度法治人物”。

【安保维稳】　2020年5月，岳阳市委设立国家安全委员会及其办公室，国安办设市委政法委。11月，全市召开县（市、区）党委政法委书记会议，谋划和推进反间谍、反暴恐、反邪教专项斗争，维护国家政治安全和社会和谐稳定。加强邪教人员教育转化工作。推动落实信访维稳的地方属地责任、部门主管责任、企业主体责任、领导干部包保责任，持续开展重点信访问题“三到位一处理”专项行动，集中化解房地产办证、非法集资等信访突出问题。全年全市没有发生政治安全事件、现实暴力恐怖事件、大规模群体性事件。

【政法扫黑除恶】　2020年，市委政法委根据全国扫黑办“清到底、清干净”的要求，开展扫黑除恶专项斗争“六清”行动，争取“线索清仓”“逃犯清零”“案件清结”“伞网清除”“黑财清底”“行业清源”。至年底，中央16督导组交办线索、全国扫黑办智能化举报平台线索、省扫黑办交办信件线索全部办结，26名逃犯全部清零。全市侦办涉黑涉恶团伙127个，两级法院一审受理涉黑恶案件192件，审结186件，结案率96.8%；判处黑恶势力被告人694人，重刑246人，判处财产刑、追缴没收违法所得4.05亿元；二审收案83件，审结81件，结案率97.6%，判处黑恶势力被告人447人。受理涉黑涉恶腐败和“保护伞”线索865件，立案203件，查处涉黑涉恶腐败和“保护伞”243人，党纪政务处分181人、组织处理63人，其中移送司法机关18人。开展社会治安、乡村治理、金融放贷、工程建设等十大重点行业领域专项整治，发放“三书一函”278件，整改完成278件。

【市域社会治理现代化试点】　2020年，岳阳市响应全国市域社会治理现代化试点工作。3月，向省委政法委申报全国第一批试点单位，确定汨罗市为试点县（市、区）；6月，岳阳市被确定为全国第一批试点单位。市委政法委以创建“全国市域社会治理现代化试点合格城市”为目标，成立由市委书记担任组长的创建工作领导小组，制定实施方案，召开全市推进基层社会治理创建试点合格城市现场观摩会，推出平江县以村民小组为单位实行“组长+党员代表+群众代表”三人小组自治、岳阳楼区“群英断是非”、岳阳县村级事务阳光工程、岳阳经开区“暖心房”议事厅、南湖新区“三社（社会组织、社区、社会工作者）联动”、君山区中小学校德法兼修等一批蕴含时代元素、具有岳阳特色的基层治理品牌。《长安》杂志第8期推介岳阳市推进市域社会治理现代化试点的“七项行动”的做法。积乡村平安为市域平安，得到中央政法委、省委政法委肯定和推介。

【政法服务经济发展】　2020年，市委政法委服务和保障疫情防控、复工复产，公安“流调”确保“快准全”找到密切接触者，最快切断感染链，监管场所实现“零疫情”。惩处妨害疫情防控的违法犯罪，审慎妥善处置涉疫合同纠纷。召开全市政法机关优化营商环境座谈会，建立政法机关与党委统战部、工商联维护民营企业合法权益联系机制，严厉打击惩治涉众型经济犯罪、妨碍项目建设违法犯罪。创新构建生态环境损害的修复和赔偿制度，督促修复被污染、破坏、违法占用的林地、耕地、湿地，服务保障污染防治攻坚战。开展集中整治和加强预防扶贫领域职务犯罪专项工作，服务保障脱贫攻坚战。服务保障市中心城区违法建设集中整治，推动城市建设管理领域有法必依、执法必严、违法必究。

（刘　滔）

法治政府建设

【行政立法】　2020年，市司法局主动配合市人大常委会起草《岳阳市文明行为促进条例》《岳阳市铁山水库饮用水水源保护条例》两部地方性法规，《岳阳市文明行为促进条例》于2020年12月1日颁布实施。颁布实施《岳阳市城市绿线管理办法》《岳阳市燃气管理办法》和《岳阳市养犬管理办法》等3部政府规章。

【依法治市】　2020年，市人民政府召开市、县两级依法治市（县、市、区）委员会第二次会议，逐步形成依法治市县（市、区）工作格局。配合省委依法治省办开展对岳阳市的法治化营商环境执法司法专项督察，市长李爱武主持召开全市优化营商环境工作推进会，组织开展第四届市政府法律顾问选聘工作，公开择优选聘15名市政府法律顾问，邀请4名国内知名法学专家作为市政府特聘法律顾问。在国家营商环境测评填报工作中，派出前方填报人员4人，完成7个一级指标、10个二级指标测评的填报任务。

【依法行政】　2020年，市司法局围绕市委、市政府重大决策部署，聚焦重大产业项目建设，审查40件重大政府合同和会议纪要，参加涉及政府合同的协调会议20次，为全市经济发展提供良好的法律服务。做好规范性文件合法性审查工作，审查各类文件73件，提出合法性审查意见100多条。审查市政府（办）文件50件。落实市政府常务会议会前学法制度。参加市政府各类协调会73次，重大信访事件联席会35次，为市政府重大行政决策及重大疑难信访问题处理提供法律依据和建议。加强对市市场监督管理局、市城管局、市农业农村局等执法单位综合行政执法的监督指导。制定出台《2020年度岳阳市行政执法监督工作方案》，组织全市2470名行政执法人员参加资格考试。全市各级行政复议机关办理行政复议案件291件，审结250件，审结率为85.91%，通过和解调解、自愿撤回申请等方式处理行政复议案件51件，通过撤销、确认违法、责令履行等方式直接纠错35件，确保全市行政机关依法行政。受市政府委托，起草《岳阳市行政应诉办法》，经市政府审核后于9月1日发布实施。全年代理行政应诉案件417件。开展集中法治宣传教育68场次，发放各类法治宣传资料8万多份，现场解答咨询6000多人次。落实“谁执法谁普法”制度以及法律“七进”等活动，推动总书记习近平全面依法治国新理念新思想新战略、宪法等宣传教育活动全覆盖。成立《中华人民共和国民法典》宣讲团，到市委组织部、市财政局、市市场监督管理局等部门单位进行《中华人民共和国民法典》宣讲。组织全市10万多名国家工作人员参加2020年学法用法考试。

（李　泉）

公　安

【概况】　2021年，全市公安机关抗疫情、扫黑恶、保安全、护稳定、强基础、抓队伍，为服务经济促进发展、守住社会稳定底线贡献公安力量。刑事拘留犯罪嫌疑人3751名，逮捕2318人，移送起诉4780人。打赢扫黑除恶收官战，3年侦办涉黑涉恶犯罪团伙126个，其中黑社会性质组织11个。人民群众对社会治安和公安队伍评价分别达到93.53分、92.23分，均创历史新高。市公安局被评为市委、市政府综合绩效考评优秀单位、全省公安机关绩效评估成绩突出单位、全省公安机关扫黑除恶先进单位等荣誉，记功嘉奖17个集体、657名民警、297名辅警，推树“全省十佳公安局”云溪分局、“全省十佳基层单位”羊楼司派出所、二级英雄模范董锐、全省最美基层民警陈实等先进典型。

【实名制管理】　2020年，全市公安机关暗访检查旅馆165家、机修企业110家，通报批评0家派出所，责令处罚整改旅馆386家、机修企业188家，暗访旅馆住宿信息上传率95%以上的有5个县（市、区），机修企业上传率60%的有8个县（市、区）。至年底，全市机修业联网641家，上传信息343229条，居全省第二位。

【危爆物品防控】　2020年，全市公安机关检查涉危涉爆企业875家，其中，民爆210家，剧毒和易制爆危险化学品665家，爆破作业点151个。发现安全隐患471处，其中，重大隐患21处，下达整改意见书295份，提出整改意见546条。召开涉危涉爆企业整改工作推进会18次、情报通报会36次。全市治安部门组织执法活动1454次，出动执法人员9039人次，出动执法车辆2057台次，检查相关单位3340家，立案调查1162起，经济处罚100.06万元，责令停产、停业、停止建设企业13家。

【交通管理】　2020年，全市机动车保有量111.41万辆，其中汽车保有量70.48万辆，机动车驾驶人保有量133.42万人，其中汽车驾驶人99.27万人。全市处理各类交通违法行为159.14万起，其中处理非现场交通违法136.69万起。全年一般交通事故起数、死亡人数同比分别下降4.73%、12.55%，实现一般事故起数、死亡人数“双下降”。

【打击侵财犯罪】　2020年，全市公安机关立各类侵财案件1.4万

2020年2月12日，岳阳市公安局水警支队组成抗疫先锋队集体请战

起，破案1368起，破案率9.77%。刑事拘留各类侵财犯罪嫌疑人1383人，逮捕875人，移送起诉1270人，同比分别上升13.73%、0.34%、5.92%。破获电信网络诈骗案件281起，刑事拘留犯罪嫌疑人477名，止付涉案账号1.21万个，止付涉案金额4.34亿元，冻结涉案账号967个，冻结金额0.76亿元，为受害群众挽回损失0.12亿元，同比分别上升868.97%、245.65%、1023.05%、1909.25%、867%、913.33%、144.9%。全市检机关公诉“盗抢骗”犯罪嫌疑人1270人。成功侦破公安部督办的汨罗市涉案金额720多万元的“1·15”跨境重大“杀猪盘”电信网络诈骗案、省公安厅督办的云溪区“9·14”电信网络诈骗案、“云溪区宋某宝等人系列跨省盗窃案”“云溪区熊某等人系列跨省盗窃案”“君山区王某良等人系列跨省诈骗案”“君山区胥某等人系列跨省盗窃摩托车案”“岳阳县张某系列跨省诈骗案”“平江县胡某强等人系列跨省盗窃案”“平江县丁某岭、戴某跨省入室盗窃系列案”“平江县卢某云等人跨省系列盗窃案”“临湘市程某栋等人跨省盗窃电门店系列案”等大案要案。

【打击涉枪涉爆犯罪】 2020年，全市公安机关查处涉枪涉爆刑事案件21起，刑事拘留犯罪嫌疑人26人，查处涉枪涉爆行政案件27起，行政处罚43人，收缴各类枪支343支，子弹4337发，雷管963枚，黑火药2.75千克，管制刀具89把，弩3把。

【打击黄赌犯罪】 2020年，全市公安机关办理涉黄案件229起，其中刑事案件36起，刑事拘留62人，逮捕59人，起诉87人，治安处罚90人，行政案件193起，罚款168人，拘留353人。办理涉赌案件632起，其中刑事案件148起，刑事拘留133人，逮捕158人，起诉430人，治安处罚133人，行政案件484起，罚款2014人，拘留1253人。

【打击“三强”】 2020年，全市公安机关办理“三强”刑事案件两起，刑事拘留8人，逮捕7人，行政案件14起，行政拘留50人，化解“三强”领域纠纷矛盾95起，训诫人员104人，警告4人。

（刘志雄）

检 察

【概况】 2020年，全市检察机关办理各类案件1.3万件，在68项核心业务指标中，有45项位居全省前列。侦审指导办公室工作在全省检察长会议上作典型发言，执法司法制约监督工作在全省政法领域全面深化改革推进会上作典型发言，为基层减负服务工作在全国基层检察院建设工作会议上作经验交流。市检察院通过全国文明单位复查验收，获得第七届全国基层检察院建设组织奖，被评为全国维护妇女儿童权益先进集体、全省检察机关扫黑除恶专项斗争先进集体，市检察院机关获评湖南省模范职工之家等荣誉，全省公益诉讼检察工作现场会、民事检察工作会在岳阳市召开。华容县、平江县检察院被评为全国文明单位，岳阳县检察院被评为全国先进基层检察院，岳阳楼区、湘阴县、岳阳县检察院被评为全国检察宣传工作先进单位。

【公益诉讼】 2020年，全市检察机关落实“案—件比”考核指标，严格控制“两退三延”，努力让一个案件一次性办结。全市刑事案件“案—件比”为1：1.685，“件”司比下降30.1%，减少1287个不必要办案环节。着力守护“舌尖上的安全”。在市场监管部门设立检察联络室，开展食品药品安全“四个最严”专项行动，起诉制售假药劣药、有毒有害食品等犯罪54人，办理食品药品安全领域公益诉讼案件133件。严惩非法销售“镉大米”“非洲猪瘟”猪肉等犯罪。用心用情办理群众信访案件。受理群众来信736件。加大对信访困难群众司法救助力度，申请救助金95.1万元，同比增加200%。邀请人大代表、政协委员等召开公开听证会51场（次）。对胥某柳包庇犯罪已过追诉时效不起诉申诉案，省、市、县三级检察机关举行公开答复会，对其诉求释法说理、详细解答，促成案件当场息诉。

【刑事检察】 2020年，全市检察机关立足更高水平的平安岳阳建设，依法批捕各类刑事犯罪2447人、起诉4128人。其中，起诉故意杀人、绑架等严重暴力犯罪177人，起诉抢劫、抢夺、盗窃等多发性侵财犯罪828人，起诉毒品犯罪616人。受理监委移送职务犯罪40人，起诉31人、不诉3人。对“红通人员”彭某峰，在全国首次启动涉及多国境外违法所得没收程序，追回赃款2000多万元，该案入选最高人民检察院指导案例。坚持宽严相济刑事政策，对涉嫌犯罪但没有逮捕必要的不捕381人，对犯罪情节轻微依法可不判处刑罚的不诉780人。坚决纠防冤假错案，对不构成犯罪或证据不足的不捕328人、不诉155人。紧盯有案不立、有罪不究、越权管辖等问题，监督立案69件、监督撤案41件、追捕74人、追诉89人。监督立案的刘某甲、刘某乙贩卖运输毒品案，纠正漏诉的陈某贩卖毒品案，3人均被判处死刑。对违法取证、适用强制措施不当提出书面纠正意见184件。对认为确有错误的刑事判决提出抗诉18件，法院改判3件、发回重审7件。全面开展监狱交叉巡回检察，下大力气解决“纸面服刑”等突出问题，审查减刑、假释、暂予监外执行案件1170件，监督纠正336件。集中开展病犯收押收监专项行动，监督收押收监67人。

【民事检察】　2020年，全市检察机关办理各类民事检察案件345件，同比上升45%。提请、提出抗诉31件，提出再审检察建议25件，法院裁定再审22件，改判或发回重审10件。开展虚假诉讼专项监督行动，联合5部门出台实施意见，依法纠正“假官司”案件22件。加强民事执行监督，办理案件38件，发出检察建议17件。开展拒不支付劳动报酬专项监督行动，支持起诉110件，追索薪酬294万元。屈原管理区检察院支持54名农民工起诉讨回欠薪77万元。

【行政检察】　2020年，全市检察机关办理各类行政检察案件221件，同比上升452%。对违法执行活动提出检察建议80件，收到整改回复77件。开展行政争议实质性化解专项活动，化解行政争议17件。云溪区检察院协助省检察院妥善化解某村委会与区政府行政争议，依托地方党委化解行政争议的做法被省检察院推介。屈原管理区检察院化解吴某高与岳阳县新开镇政府征地纠纷案，岳阳县检察院化解花约四季种植合作社与县自然资源局行政处罚纠纷案，入选全省行政争议化解典型案例。

【公益诉讼检察】　2020年，全市检察机关办理民事公益诉讼76件、行政公益诉讼494件。督促清理固体废弃物2600多吨，修复被损毁耕地、林地、湿地73.93公顷，追缴国有土地出让金和医保金4.64亿元。聚焦守护一江碧水，对最高人民检察院挂牌督办的“2019年长江经济带生态环境警示片”所涉岳阳5个生态问题立案调查，协助地方党委政府推动整改，4个问题办结销号，花果畈垃圾填埋场问题按整改时序推进。聚焦服务乡村振兴，探索“恢复性司法+社会化治理”公益保护模式。汨罗市检察院对古培镇高岭土私挖滥采问题持续跟进，督促治理损毁林地24.67公顷，协调引资1.6亿元发展生态农业，把矿坑改造成田园。聚焦新领域探索，办理文物保护、信息安全等领域公益诉讼案件61件。全国重点文物保护单位湘阴文庙控建区无序乱建，省、市、县三级检察机关联动办案，推动问题整改。

【未成年人检察】　2020年，全市检察机关以市人大常委会评议为契机，推进未成年人检察工作专业化规范化社会化建设。市检察院设立第四检察部，全市检察机关配备33名未检专干，专门负责办理涉未成年人刑事案件，守护未成年人健康成长。对侵害未成年人犯罪作出不捕、不诉决定的，报市检察院审核把关；对组织、教唆、引诱未成年人犯罪的，从严追诉，对未成年犯罪嫌疑人作出批捕、起诉决定的，报市检察院审核把关，采取逮捕羁押强制措施的，开展羁押必要性审查。起诉性侵、虐待、伤害未成年人犯罪148人，监督立案3人。对涉嫌严重犯罪的未成年人批捕40人、起诉73人，对涉嫌轻微犯罪且有悔罪表现的不捕70人、不诉31人、附条件不起诉68人，不捕率63.6%，比普通刑事案件高出41个百分点，附条件不起诉率43.3%，同比上升37.7个百分点。建立9个观护基地，帮助迷途少年回归社会。与市妇联、团市委、市关工委、市教体局、市卫健委共同签订《关于协同构建未成年人检察工作社会支持体系的框架协议》，建立四个方面21项工作机制，打造各职能部门同参与未成年人司法保护的实践样本。协同市妇联等部门开展女童权益保护“百场宣讲三年行动”，会同公安、卫健等部门落实侵害未成年人案件强制报告制度。华容县检察院建立全省首家未成年被害人“一站式”办案场所。平江县检察院联合9家单位成立全市首个未成年人司法保护中心，在全市基层社会治理现场会上重点推介。疫情期间，通过检察长直播上网课、录制“法治云课堂”、拍摄微电影、制作法治情景剧、参加新闻会客厅节目等方式，为全市中小学近70万名学生提供在线教育，被“学习强国”和《人民日报》客户端报道。首次发表未成年人检察工作白皮书，主动回应社会各界对未成年人检察工作的关切。在市人大常委会评议未成年人检察工作中获得满意率100%。

【检察扫黑除恶】　2020年，全市检察机关起诉涉黑涉恶犯罪300人，引导侦查机关追缴涉案财产2500多万元，起诉“保护伞”14人。市检察院对涉黑涉恶案件统一把关，侦查机关以涉黑涉恶移送审查起诉，检察机关不认定19件，未以涉黑涉恶移送的，依法认定11件。市检察院组建专案组提前介入廖某斤黑社会性质组织案，提出侦查取证意见521条，起诉29人、追捕5人、追诉7人，通过审判监督程序抗诉3件。围绕“十大行业领域”开展行业清源行动，发出行业治理检察建议83件，全部得到整改回复。市检察院就医疗机构建立非正常刀枪伤强制报告制度向卫健委发出检察建议，被评为全省社会治理优秀检察建议。平江县、汨罗市、临湘市、岳阳楼区检察院被评为全省检察机关扫黑除恶专项斗争先进集体。

【检察服务经济发展】　2020年，全市检察机关参与疫情防控。全市300多名检察干警到社区一线参与联防联控，助力复工复产。市检察院及时推送最高人民检察院发布的涉疫典型案例，加强对涉疫案件指导把关。依法批捕妨害传染病防治、制售假口罩等犯罪26人、起诉37人。对情节轻微的涉疫犯罪落实

2020年12月10日，岳阳自贸片区检察室成立

从宽政策，依法不捕两人、不诉两人。办理野生动物保护、医疗废弃物污染等领域公益诉讼案件28件。岳阳楼区检察院办理谢某、周某利用网络平台非法贩卖小爪水獭案，入选全省检察机关疫情防控典型案例。支持企业发展。主动担当起优化法治化营商环境的牵头责任，市检察院召开优化法治化营商环境联席会议，制定任务分解表和考核办法，强化监督落实。围绕稳企业保就业制定20条意见，聚焦服务岳阳自贸片区建设出台17条举措，设立派驻检察室，提供有效法治服务。把审慎谦抑善意理念贯彻到每一起涉企案件中，依法对涉案企业负责人不捕16人、不诉29人、变更羁押强制措施61人。联合市公安局开展涉民企案件立案监督和“挂案”清理专项行动，监督撤案20件，解除与案件无关的被查封财产1300多万元。湘阴县检察院打造“问需、问急、问效、问策”工作法，为民营企业提供贴心服务，被最高人民检察院推介。服务打好“三大攻坚战”。坚决守住不发生系统性、区域性金融风险底线，起诉破坏金融管理秩序犯罪493人。依法办理“金泰长丰”“尚富投资”“明月晚霞”等重大案件，全力协助有关部门做好涉案资产追缴处置工作。融入长江禁捕退捕工作，起诉破坏生态环境资源犯罪353人，其中起诉非法捕捞犯罪101人，增殖放流鱼苗2300万尾，监督收缴生态修复金557万元。君山区检察院办理何某等人非法捕捞水产品案，入选长江流域水生态司法保护十大典型案例。拓展服务脱贫攻坚法治路径，起诉扶贫领域犯罪10人，向因案致贫返贫的21个受害家庭申请司法救助金48万元。市检察院连续九年被评为全市扶贫工作先进单位。牺牲在扶贫一线的岳阳县检察干警彭庆文当选“CCTV2020年度法治人物（致敬英雄特别奖）”，被追授为湖南省优秀共产党员，被评为湖南省百名最美扶贫人物，省委政法委、省检察院分别作出向彭庆文学习的决定。

【岳阳自贸片区检察室成立】 2020年12月10日，岳阳市人民检察院驻中国（湖南）自由贸易试验区岳阳片区检察室成立暨揭牌仪式在城陵矶新港区举行，副市长陈阁辉和市检察院党组书记、检察长罗青共同揭牌。岳阳自贸片区检察室是湖南省成立的首个派驻自贸区检察室，对自贸区法治保障具有标志性意义。

（陈钢柱）

法　院

【概况】 2020年，全市法院系统依法履行宪法和法律赋予的职责，服务经济社会发展，各项工作取得新成效。市县两级法院受案71769件，办结6.98万件，结案率97.31%；其中，市中级人民法院（简称市中院）受案8698件，办结8462件，结案率97.29%。市中院被评为全国法院审判监督工作先进集体、全国法院新闻舆论工作先进集体、全国法院信息化建设工作先进集体；市中院、君山区法院、岳阳县法院通过全国文明单位复检；屈原管理区法院被评为全国优秀法院。全省法院诉源治理、打击拒执两个现场推进会在岳阳市召开。

【执行工作】 2020年，全市法院系统受理执行案件21942件、执结21369件、执行到位28.9亿多元，执行率排全省法院第二位。加大联合信用惩戒力度，牵头出台查控被执行人、打击拒执罪若干规定，与市住房公积金中心建立联动机制，纳入失信“黑名单”5051人，限制高消费10846人，罚款187人次，司法拘留790人次，以拒执罪判刑16人；云溪区法院对贱卖豪车、规避执行的罗某依法惩戒，罗某一次性还清欠款200多万元。集中开展涉农民工工资、金融债权、特殊主体等六类案件专项执行行动，为农民工追回劳动报酬1100多万元，敦促机关单位、公职人员履行到位8000多万元，为金融机构收回借款2.1亿元；汨罗市法院综合运用执行举措化解债务纠纷，为诚晟融资公司追回欠款1000多万元；市中院妥善处置岳阳干鲜水果市场451个门面归属、标的额9000多万元的系列案件，化解重大群体性信访事件，保障商业区域配套升级。深化执行指挥中心实体运行，对执行案件实行“三统一”管理，严格落实“一案双查”，审结执行异议、复议等案件509件。市中院、临湘市法院、湘阴县法院被评为全省法院基本解决执行难先进集体。

【诉讼服务】 2020年，全市法院倡导多元解纷，助推诉源治理大格局形成，争取把民事、行政案件“万人起诉率”指标纳入平安建设考核，设立26个诉源治理工作站，促进矛盾纠纷就地化解，全市法院收案数同比下降12.6%。争取省财政支持，投入3700万元用于诉讼服务中心信息化改造，网上立案、跨域立案、自助立案3426件，当场立案率99%，跑出诉讼服务“加速度”。深化“分调裁审”改革，市中院成立以资深法官命名的“陈玉香调解工作室”，全市组建13个速裁团队，开通人民法院调解、鉴定等10个网上服务平台，诉前调解案件1.2万多件。华容县法院强化“三调联动”，实现矛盾纠纷化解“最多跑一次”，成功调处纠纷900多起。平江县法院立案庭被评为全国法院先进集体。

【司法监督】 2020年，全市法院依法接受人大及其常委会监督。向市人大常委会汇报扫黑除恶专项斗争、代表建议办理等工作情况，市中院接受市人大常委会对执行工作整改、员额法官履职的评议，被评议的员额法官满票通过，办理的代表建议满意率100%。加强代表联络工作，建立结对联络机制，定期上门走访、寄送《汇报专刊》，先后邀请351名代表视察法院、旁听庭审、见证执行。接受政协和检察机关监督。主动向政协、各民主党派通报法院工作情况，办理政协委员提案，邀请政协委员视察座谈215人次。依法接受检察机关诉讼监督，审结抗诉案件17件，维持原判4件，撤诉3件，指定再审、发回重审和改判10件，主动邀请检察长列席审委会。接受社会监督。通过司法公开平台公布审判流程信息4.2万多条、裁判文书7.2万多份，组织人民陪审员参与庭审7611场次，开展庭审网络直播1.9万多场次，举办巡回审判、法治讲座、法院开放日等229场次。依托“一网两微多端”宣传平台发稿5200多篇次，市中院官方网站发稿量居全国中级法院前三位。畅通民意沟通渠道，安排专人阅评网络舆情，公开回复网民意见，实现司法和舆论良性互动。

【刑事审判】 2020年，全市法院依法审理各类刑事案件，助力平安岳阳建设。审结杀人、绑架、抢劫等严重暴力犯罪案件102件181人，市中院判处残忍杀害一名女童、在逃23年的被告人胥某雨死刑。审结非法集资、网络诈骗等涉众型犯罪案件52件212人，岳阳县法院审理涉案金额33亿元的“东霖国际”特大网络传销案，首犯张某玲等45人受到刑事处罚。审结毒品犯罪、组织卖淫、开设赌场等案件647件934人，依法对李某瑞等7名毒贩执行死刑。审结贪污、贿赂、渎职等案件37件42人，市中院作出的原长沙轨道交通集团董事长彭某峰夫妇违法所得没收刑事裁定，系《中华人民共和国刑事诉讼法》设立该程序后，全国首例被欧洲国家承认、执行的地方法院裁判文书，受到中纪委、最高法院的肯定。落实宽严相济刑事政策，审结减刑、假释案件1100多件，对其中420名罪犯从严控制减刑幅度或不予减刑假释。

【法院扫黑除恶】 2020年，全市法院系统开展“案件清结”“黑财清底”专项行动，三年审结涉黑涉恶案件195件716人、“保护伞”案件15件16人，依法追缴、罚没涉案资产4.5亿多元，发出司法建议79份。全国扫黑办督办的“7·24”专案全部审结，长江岳阳段非法采砂基本禁绝。市中院一审判处廖某斤、涂某波、孙某海3名被告人死刑，判处徐某等7名被告人10年以上有期徒刑、无期徒刑。市中院、临湘市法院、湘阴县法院被评为全省法院扫黑除恶专项斗争先进集体。

【法院服务大城市建设】 2020年，全市法院审结合同纠纷案件2.58万件，涉外、涉港澳台民商事案件84件，知识产权案件409件，两个民营企业司法保护案例入选全省法院服务“六稳”“六保”十大典型案例。服务供给侧结构性改革，与市律协联合举办破产理论与实务研讨会，稳妥审结涉企业破产、金融借款等案件1778件。市中院审结并执行洞庭新城与恒大地产总标金额8亿多元的合同纠纷系列案，服务湖南自贸区岳阳片区建设，出台16条专项实施意见，设立全省首个“自贸区国际商事巡回审判庭”，为片区建设提供司法保障。服务法治政府建设，召开行政案件集中管辖一周年新闻发布会，联合市法学会举办“屈原杯·行政诉讼法实施30周年论坛”，健全行政机关负责人出庭应诉制度，审结行政案件1583件、拆迁案件525件、国家赔偿案件22件，妥善化解己内酰胺搬迁、巴陵大桥市场周边整治、西环线建设等重大项目中的行政纠纷。岳阳楼区法院抽调4名法官，常年服务中心城区项目建设，为棚改清零等工作发挥重要作用。市中院7日内审结市国有资产管理公司诉罗某等物权纠纷系列案29件，保障西环线建设快速推进。

【法院服务生态环保】 2020年，市中院发挥“三审合一”“二审

2020年11月30日，市中级人民法院对被告人廖某斤等29人涉黑案一审宣判

合一”环境资源专业审判优势，聚焦长江、洞庭湖生态保护、十年禁渔等领域，审结各类环境资源案件343件、判处刑罚414人，判决放流鱼苗3300多万尾、补种复绿96.67公顷，3篇案例被最高法院白皮书采用；市中院判处非法收购、出售珍贵野生动物的谢某达有期徒刑6年6个月，并承担生态修复等费用10万元。开展“环境公益诉讼年”活动，联合相关部门出台公益诉讼案件办理、生态环境联动保护等3个指导性文件，举办“第二届洞庭湖生态环境司法保护高峰论坛”，开展“4・22”世界地球日、“6・5”环境保护日等主题宣传活动，《人民法院报》头版报道岳阳法院《良法善治护佑“长江之肾”》工作经验。

【法院服务民生工程】 2020年，全市法院审结生产销售假冒伪劣产品、危害食品药品安全等案件13件，对销售“非洲猪瘟”猪肉的刘某等7名被告人判处实刑，总罚金380万元，有效维护“米袋子”“菜篮子”“药瓶子”安全。审结教育、医疗、住房、就业案件4336件，在家事审判中发出人身安全保护令84份。统一城乡居民人身损害赔偿标准，审结交通事故案件3180件，解决农村与城镇居民“同命不同价”问题。服务“三农”工作，妥善审理农村土地流转、相邻权纠纷等案件182件，保障乡村振兴战略实施。加大司法救助力度，规范工作程序，为419人发放司法救助金584万元，缓、减、免收诉讼费980万元。

（李 艳）

司法行政

【概况】 2020年，全市司法行政系统立足“一个统筹、四大职能”总体布局，战疫情、防风险、护稳定、促发展，各项工作取得成效。承办的“生态法治建设制度创新与实践”项目被中央依法治国办评为全国第一批“法治政府建设示范项目”（全国24个）。平江县安定镇横冲村、云溪区路口镇南太村、华容县三封寺镇三封寺社区、君山区钱粮湖镇百花社区等被司法部、民政部评为“全国民主法治示范村（社区）”。直属二级机构市强戒所被省戒毒局评为全省司法行政戒毒系统绩效考核先进单位。岳阳市法律援助中心、临湘市法律援助中心被省司法厅评为2020年法律援助案件质量评估优秀单位。

【公共法律服务】 2020年，市司法局督促指导全市建成公共法律服务实体平台1884个，村（社区）聘请法律顾问1800多人次，建立村（社区）法律顾问微信服务群1400多个。全市律师辩护刑事案件1800多件、代理民事案件7300多件，全市法律援助中心受理法律援助案件2500多件，通过“12348”公共法律服务热线解答法律咨询1.5万多人次、全市法律援助服务窗口解答法律咨询1.1万多人次。全市办理公证事项1.5万多件，办理仲裁案件200多件，办理司法鉴定案件1.12万多件。选派7名人民监督员参加市检察院对岳阳“城市之光”楼区环境污染整改现场监督和“检察开放日活动”。

【特殊人群服务管理】 2020年，市司法局开展扫黑除恶专项斗争，摸排戒毒人员、社区服刑人员、刑满释放人员等三类特殊人员5000多人次，移送涉黑涉恶线索42条，全市律师依法代理涉黑涉恶案件642件。做好矛盾纠纷调处工作，全市排查调处各类矛盾纠纷1.54万件。成立岳阳市社区矫正委员会，累计监管社区矫正对象2266人，未发生脱管失控和重大案（事）件；做好安置帮教工作，与监所无缝对接刑满释放人员2136人。湘阴县、汨罗市、临湘市、岳阳楼区和岳阳县5个司法行政管理的县（市、区）病残吸毒人员收治中心全年收治吸毒重症人员95人，其中汨罗市下拨建设用地和专项资金建设新收治中心，并建成投入使用。市强戒所在疫情防控期间，执行全封闭最高等级勤务模式，确保疫情期间无疫情输入，实现该所连续19年“六无”。

【市司法局助力疫情防控】 2020年，市司法局推动依法防疫，编印、发放《新型肺炎防控法律知识50问》5万册。配合市房产协会发布《关于减免营业性用房租金众志成城共抗疫情的倡议书》。指导律师协会以答记者问的方式在岳阳电视台、《岳阳日报》就疫情及其他方面法律问题进行解答。组建“律师公益法律服务团”，为全市企业复工复产免费开展“法治体检”。圆满办理全国首例涉新冠肺炎疫情行政复议答复案件，即湖北通城王某宁对岳阳市政府在新冠肺炎疫情防控期间发布的1号文件不服的行政复议案。组建律师公益法律服务团，为全市企业复工复产免费开展“法治体检”。市律师协会、市基层法律服务工作者协会、市司法鉴定协会捐款捐物60多万元，支持抗疫工作。

（李 泉）

监狱管理

【概况】 2020年，岳阳监狱推进以政治改造为统领的“五大改造”，监狱整体工作稳中有进，取得新成效。连续20年7个月实现“四无”；疫情防控保持“零感染、零报告、零炒作”，被评为全国司法行政系统“抗击新冠肺炎疫情先进集体”称号；防汛抗洪取得胜利，获得水利部、省、市等各级领导好评。成功创建省直机关文明标兵单位。

【监狱安全管理】 2020年，岳阳监狱推进“四防”一体化建设，织牢“四级”安全责任网，开展专项整治，促进各项监管制度落实落细，优化“智慧监狱”系统，严密人防联防机制，创新推行监管安全“日清理、周例会、月分析”制度，全面推行ABC岗管理，开展视频+现场巡查考核，强化与驻狱武警“三共”建设，构建一分钟应急处置圈，定期开展监管安全应急处突演练。全力打好扫黑除恶专项斗争收官战，挖掘移交涉恶线索46条。开展安全生产知识讲座、消防安全演练，确保全年无重大安全生产事故。抓实信访法治维稳工作，全年无重大负面舆情。强化平安社区建设，辖区连续5年实现涉毒人员“零”增长。

【监狱改造提质】　2020年，岳阳监狱推进以政治改造为统领的“五大改造”，织牢“五级联动”责任网，深化罪犯“五观”“五个认同”教育，抓实“三课”教育、个别谈话、心理矫治等基础工作，开展教育改造“八个一”活动，组织罪犯收看《新闻联播》、清明节集体默哀等活动。探索运用智慧教学系统实施定制化网络云教学，完成授课550课时，组织177名罪犯参加高等教育自学考试。开展罪犯职业技能和创业培训，610名罪犯获得相关证书。密切关注罪犯思想动态，进行心理问卷普查，开展危险性评估1.4万人次、心理辅导15场次、实施危机干预185人次，转化顽危犯26名，确保监狱安全稳定。

【规范监狱执法】　2020年，岳阳监狱开展专项警示教育活动，突出执法领域问题排查，全面推进执法规范化建设，落实执法责任制，量化执法标准，规范执法流程，建立执法典型案例库，推进“教科书”式执法。配合省纪委开展“纸面服刑”专题调研，开展刑罚执行案件专项清理，全面清理历年执法案卷1.3万份，排查重点案卷215份，推行“一案双审”“交叉会审”，全年依法依规办理罪犯减刑1024件、假释82件、暂予监外执行5件，依法集中收监应收尽收罪犯62人，办案合格率、案件受转率均为100%。加强罪犯生卫保障和劳动保护，按标保质配齐生活物资，定期发放口罩、药物等防疫物资，为老病残犯加开营养餐，月人均伙食费239元。完善远程监控和“智慧医疗”系统建设，及时救治危重病犯，罪犯病亡率控制在1‰以内。继续采取购买社会服务模式优化精神病犯监区医技力量，全年集中收治全省精神病犯109人。

【监狱助力防疫抗洪】　2020年，岳阳监狱打好防疫阻击战。克服点多线长面广、人员结构复杂且流动性大等诸多困难，组织11批次2200多人次实施封闭执勤备勤，第一批全封闭执勤连续作战59天，最长封闭执勤警察108天，18个监区支部主要领导全部进监执勤，党委班子全员在岗分批次带头进监执勤管理。监狱组织召开专题会议20多次，出台硬核措施150条。实施网格化管理，日均排查辖区人员8800人次。联系地方政府把监狱纳入联防联控体系，确保干部队伍稳定，辖区安全。抗洪攻坚战。汛期，监狱所辖长江、洞庭湖连续超警，最高水位逼近保证水位。600名警察、职工投身防汛抗洪战斗，61天连续奋战，夺取防汛抗洪的全面胜利。监狱投入防汛经费500万元，成功处置粮仓湖堤段滑坡在内的各类险情21处，有效防范各类安全隐患百余处，为守护辖区及周边数十万人民群众生命财产安全作出贡献，得到水利部、省、市等各级领导的高度评价。

（李　专）

军　事

编　辑　曹春友

岳阳军分区

【概况】　2020年，岳阳军分区思想政治建设，练兵备战、民兵调整改革、国防动员、防汛抗疫、综合保障、安全管理等工作高效推进，圆满完成年度各项任务。临湘市人武部等8个先进单位获省军区表彰，君山区人武部获省防汛抗旱指挥部表彰，王国峰等10人获省军区表彰奖励，李亮获省防汛抗旱指挥部表彰，岳阳楼区人武部等8个单位、汪楷等53名官兵受到军分区表彰奖励。

练兵备战工作。2020年，落实战备制度，修订完善战备方案，整治战备训练器材库，购置补充应急指挥、防汛抢险、反恐、基础体能等器材。组织军分区、人武部首长机关战备拉动演练、各级战备值班分队训练演练。落实首长机关训练，抓实基干民兵训练；完成驻地4所高校、55所高级中学，5.8万名学生军训任务。市县两级组织16批次群众性练兵比武，优选队员参加省军区民兵新质力量比武，取得1个第一名、1个第三名、3个第五名，获得名次的数量是全省最多的单位之一。组织民兵防化救援连参加化学事故应急救援行动军地联合演练。组织对辖区重点堤垸、险工险段、重点地质灾害隐患点进行勘察，组织召开正规化建设任务部署现场会。

民兵调整改革。2020年，把民兵调整改革纳入党管武装绩效考评体系。全市规范编组基干民兵，复转军人比例39.1%，党员比例40.7%，新质比例22.4%，专业对口率超过95%。组织深化民兵调整改革会议、组织国防动员方案修订。组织军地应急力量统筹建设运用试点，出台《岳阳市军地应急力量统筹建设运用规定》《岳阳市民兵应急力量与地方应急专业力量统筹建设运用方案》，完成省军区赋予岳阳市的试点任务，得到省军区党委全会肯定。编建特色民兵分队，分队遂行任务能力明显提升。

国防动员准备。健全市县两级国动委组织领导机构，修订成员单位职责和各类动员预案。依托新版动员指标体系和信息系统，组织国防动员潜力调查，登记录入、更新完善动员潜力数据。全市18周岁男性青年完成兵役登记率98.62%，完成男兵、女兵和直招士官征集任务，大学生征集比例为77.98%，大学毕业生征集比例为30.28%。组织新任职专武干部任职资格培训，指导县（市、区）开展民兵营（连）长普训。落实湘办发〔2019〕82号文件精神，在市属7家重点国有企业建立武装部；组织在岳阳县召开基层武装部星级达标建设推进会，推动全市基层阵地建设。

参与疫情防控、防汛救灾、脱贫攻坚，出动基干民兵投入一线遂行防控任务，确保“零感染、不失守”。出动现役官兵、文职人员和民兵2000多人次参与城市内涝救援和防汛抢险战斗，转移群众1597人、构筑子堤640米、处置管涌险情16个、开挖导浸沟1370米，受到地方领导和群众一致好评。师团两级累计投入资金120多万元，完成83个基础设施建设项目，援建7个产业项目，脱贫的4个村成果得到巩固，4个村脱贫出列各项工作进展顺利。

（张建平　胥国安　郑　伟　魏　伟）

【党管武装】　2020年，岳阳市委加强党管武装工作。两次召开市委常委会议，专题研究深化民兵调整改革、训练基地建设、基层武装部建设、经济功能区武装机构设置、退役军人安置、军地应急力量统筹建设试点等工作，强化党委工作引领，提升党管武装工作水平。完善党管武装机制，落实军地领导双向兼职制度，强化第一书记对武装工作的领导，确保党对人民武装的绝对领导。落实人武部党委第一书记、乡镇党委书记武装工作述职制度。出台《关于加强民兵预建党组织建设的意见》，推动两个人武部整体搬迁。协调把国防教育纳入党校培训计划，组织讲师团为市直单位开展国防知识巡回宣讲，定期组织领导干部过“军事日”，提高领导干部的国防认识。9月25日，市委书记、军分区党委第一书记王一鸥参加岳阳楼区人武部党委第一书记任职会议。

【国防教育基地建设】　2020年，军分区重视国防教育基地建设。指导相关单位对两个国家级、7个省级、11个市国防教育基地进行改造提升，督导落实纪念场馆免费开放。联合市委宣传部、市委党校、市文明办对上报创建的国防教育基地进行集中验收，新审批市级国防教育基地5个，推荐评选省级国防教育基地3个。支持平江县打造红色旅游线路；指导汨罗市、华容县利用好任弼时、何长工革命先烈故事，利用纪念场馆开展革命传统和党课教育；加快挂像英模张超纪念场所建设，命名张超小学，建设张超铜像广场，申请筹建张超纪念馆。

【征兵工作】　2020年，军分区开展征兵宣传活动。联合市教体局联合下发兵役登记和应征报名通知，落实全市高校、高级中学征兵政策宣传全覆盖。与退役军人事务部门实施联动，统一印制征兵宣传手册4万份、兵役登记公告6000份，在闹市区集中开展宣传，悬挂横幅500多条，开设征兵咨询点30多个，播放宣传片200多分钟，330多人次上街发放征兵宣传资料，取得良好效果。军分区针对疫情及时调整征兵工作思路。第一时间向报名应征青年发送征兵时间调整短信，市、县两级征兵办指定10人在网开展政策咨询，及时回应社会关切。市征兵办采取日统计、周通报的办法督导兵役登记工作，快速提高兵役登记率。协调市政府完善优待金增长和发放机制，编发征兵政策制度汇编。统筹推进高校征兵工作。召开高校征兵工作推进会，铺开高校征兵工作。区分已开学、未返校、在校报名三类情况，采取线下营造氛围、发放资料，线上推送信息、定人联系的方式加大宣传力度，把湖南省激励大学生参军入伍的37条激励推荐到每名大学生。

【军分区纪检监察工作】　2020年，军分区突出纪律教育，注重扎紧制度笼子，落实强化一岗双责，纪检监察工作成效较好。3月2日，召开军分区纪检监察工作会议，集中学习上级纪委下发的通报，回顾总结2019年党风廉政建设和反腐败工作并部署2020年工作任务。抓纪律教育。常态化组织思想政治教育、党风廉政教育、遵规守纪教育。组织正团级以上领导干部学习《严重违纪军级以上干部忏悔录》《军队监察党员干部日常行为规范》《军队监察工作条例》《军队行业部门廉政主管责任规定》，组织对受处分人员的谈心谈话，做好处分执行“后半篇文章”，对晋升、转文、转业、立功受奖人员的廉洁自律进行审查，抓好个人事项报告填报工作，对上年漏报的重新进行核查，完成对增强纪律教育针对性实效性的调查研究，做好迎接军委巡视反馈问题回头看的准备。抓制度建设。研究制定《军分区经费审批实施规则》《军分区物资工程服务采购规范》，规范财经运行。以纪委名义专门下发通知，细化慰问对象、时机和程序，防止擦边越线。制定《基层风气监察联系点工作措施》，军分区纪委书记挂钩联点，建立月联系报告制度，各单位监督员每月报告参与单位风气监察情况，在平江县人武部建立基层风气检查联系点建点大会，并公示廉洁监督举报方式，及时掌握基层风气动态。抓责任落实。在军分区党委、纪委统一部署下，开展民兵训练费、接待工作、缴纳伙食水电费、肃清郭、徐、房、张流毒自查整改回头看。组织军队人员参加社团、发表言论情况清理，逐人逐单位自查，每人填写报告表，落实“省军区系统人员一律不得参加社会团体”的刚性要求，加强平时的调查了解和组织监管，没有违规情况。抓廉洁征兵。组织征兵法纪条规学习，签订廉洁征兵责任书，筑起廉洁自律“防火墙”。全时接受群众咨询与监督。全市聘请廉洁征兵监督员480名，建立监督队伍。市征兵办不定期组织电话抽查、现地督查、暗访调查等活动，推动县（市、区）之间交叉督查，落实“零报告”制度，确保全员参与、全程监督、全面覆盖。

【军分区党委十届四次全体（扩大）会议】 2020年1月19日，军区分党委十届四次全体（扩大）会议召开。会议传达学习省军区党委全会精神，回顾总结2019年工作，部署今年任务。市委书记、军分区党委第一书记王一鸥出席并讲话，市委常委、常务副市长李挚，市委常委、军分区政委吴晓波，军分区司令员周隽，副司令员张伟等出席。

【军事训练激励机制】 2020年，军分区联合市委、市政府召开群众性练兵比武工作总结大会，以市委组织部、人社局和战备建设处的名义对获得省军区比武优胜单位和个人进行表彰，给两人记三等功、22人记功、8人嘉奖，由市财政按地方标准给予物质奖励。落实军事训练奖惩机制，年终评先、培养后备、推荐提升等工作，考察军事训练，对未达标的单位和个人，一律不得评先评优、纳入提升范围。年度工作考核检查以军事训练为重点，重点抓好训练经费预算、军事科人员配备，提高军事训练的保障能力和组训水平。

【军分区党委十届五次全体（扩大）会议】 2020年7月30日，军分区党委十届五次全体（扩大）会议召开，传达学习省军区党委全会精神，回顾总结前段工作，部署下阶段任务。市委书记、军分区党委第一书记王一鸥出席并讲话，他强调，思想政治上要坚定过硬、战备训练上要全面从严、急难任务上要敢打头阵、全面建设上要争创一流。会议由市委常委、军分区政委吴晓波主持，军分区司令员周隽作党委工作报告，军分区副司令员张伟传达省军区党委全会精神。

【基层武装部全面建设星级达标】 2020年，军分区推进全市基层武装部全面建设星级达标工作。联合市委组织部、人社局专题召开座谈会，传达常德会议精神，统一军地认识。组织军地工作组到不同类型单位开展调研，形成抓建方案。7月17日，在岳阳县张谷英镇召开现场观摩会，推介先进。

【民兵调整改革】 2020年，军分区各级落实省民兵调整改革推进会议精神，推动民兵调整改革考评准备工作。把会议精神作为专门议题提交市委常委会学习，明确军、地职责。在平江县人武部召开现场推进会，推动民兵调整改革迎检。联合市政府对全市考评排名后30位的乡镇进行回头看，督导问题整改清零。建立周报告、周讲评和周通报制度，严肃纪律揭短亮丑；制定抓基层落实、抓督导检查、抓资料整理、抓制度落实、抓潜力核实、抓主官领导、抓问题整改等“十抓”制度，推动各级整改提高。

（胥国安　文　敏）

【民兵教练员培养】 2020年，军分区注重民兵教练员培养工作。集中开展教练员选拔、培训和使用。军分区与考核合格教练员签订教学协议、制发民兵教练员证。制定市属教练员调剂使用计划，组织专业教练员参与集中轮训，选派教练员到县（市、区）巡回开展教学。

【民兵应急分队处置森林火情】 2020年，军分区发挥民兵应急分队优势，组织平江县、临湘市两个县市5个乡镇民兵应急队员参与5起森林火灾扑救工作，动用灭火器材177件（套），开辟8×2万米的隔火带1条，撤离群众330多人，扑灭明火4公顷，保护人民群众生命财产安全。

【军分区防汛抢险】 2020年夏汛期间，岳阳军分区官兵和民兵连续长江流域和洞庭湖区特大暴雨和洪涝灾害，完成重大险情处置任务。出动官兵和民兵14批340多人，动用冲锋舟、橡皮艇18艘，工程机械60多台次，车辆68台次，器材装备1100多件（台、套），执行封堵管涌、导浸、加固堤岸、抢筑子堤等任务，消耗沙石料800多立方米，搬运沙袋2.9万多条，构筑子堤700多米，转移群众1800多人，转运物资60多吨，城市排涝2万多立方米。7月13日，临湘市人武部第一时间组织40名民兵紧急处置长江大堤散浸险情一处，连续奋战4个小时，开挖50厘米见方的导浸沟9条，搬运压实沙袋2000多条，成功处置重大隐患。7月8日以来，汨罗市人武部先后出动民兵110多人次，处置沿洞庭湖的磊石垸、双楚垸等地管涌、塌方和堤岸加固险情5次，动用各类机械器材700多件（台、套），开挖土方150立方米，修建临时便道400多米，装填沙石料300多立方米，抢筑子堤80多米。岳阳楼区人武部先后6次出动民兵执行城市排涝任务，动用冲锋舟和橡皮艇18艘，装备器材300多件（台、套），转移群众1800多人，转运物资60多吨，重点区域排涝2万多立方米；两次出动民兵100人在沿洞庭湖岸抢筑子堤610多米，搬运沙石料500多立方米，铺设沙袋2.7万多条，力保人防工程免遭湖水倒灌。

军分区向临江沿湖民兵防汛分队下达预先号令，采取以训备汛的方式集结突击队，就地待命的方式储备预备队，检修清点装备器材2700多件（套），冲锋舟118艘，在华容县、君山区和城陵矶3个重点区段开设临时指挥所，全市有53名专武干部担任险段负责人，百余名民兵参加重点堤垸查险值守，随时做好投入抢险准备。

在迎战长江2号洪峰时，军民巡查力量增强至每日4.17万人次，实行拉网式排查和24小时值守，民兵防汛力量除常态集结在各防区外，预备队扩大。第一时间出动民兵应急力量24批次820多名民兵提前装填沙袋1.34万条、清堤9.6千米、处置管涌和散浸7处，挖筑导浸沟121条2700多米，民兵专业力量参加运输、供电、通信、医疗等保障；做好蓄洪准备，军地联合对3处拟泄洪区进行现地勘察，制定完善安全转移预案，军地演练启动预案。组成6人专班参加市防指工作，负责援岳部队对接联络、慰问和生活保障工作。

【军地水上联合行动演练】 2020年，军分区联合市应急管理局、水利局、武警支队开展水上搜救、执勤和防汛演练。在洞庭湖入长江口模拟货轮倾覆险情，组织军地力量疏散过往船只，组织打捞落水船员和物品；在岳阳县中洲镇境内模拟漫堤险情，就地动员军地力量疏散群众，组织人员抢运沙石、构筑子堤；动用2艘新装备的大型槽式冲锋舟，对湖区深处重点堤垸和110千米险段进行全面勘察，联合修订完善军地防汛预案，调整人员和物资部署，应对岳阳依江临湖行动任务需求，提高军地力量水上联合行动能力。

【军分区助力疫情防控】 2020年初，军分区集结应急队员，在全市9个（处）与湖北省交界的重要路口和岸线开设检查点，组织民兵在京广沿线的4个火车站常驻执勤，担负过往旅客测量体温、登记备案工作；组织专业分队队员参与60个公共场所集中消毒。有69个乡（镇、街道）组织参与“六阻断”“四隔离”值班执勤。参加疫情防控宣传，累计发放宣传手册2万多本、张贴告示3000多份、管理流动宣传车37台；9个县（市、区）民兵应急连全部纳入地方应急力量管理，担任应急值班，做好随时应对疫情集中用兵任务需求。军分区向各人武部先期拨付防疫资金18万元，用于采购防护物资和器材。第一时间启动民兵参与地方应急行动预案，协助市指挥部选定10家宾馆作为外地滞留人员集中居住点，为5个检查点搭建野战帐篷，提供折叠桌椅、对讲机和4G通信设备保障。专业分队民兵参加集中隔离病区改扩建工作；医疗分队民兵参与一线救治工作；交通分队民兵参加医疗、生活物资运输。

【军分区助力复工复产】 2020年，军分区助力企业复工复产。岳阳经开区征收安置局组建退役军人突击队，负责走访对接复工企业，帮助企业解决人员返厂、物资运输和生活保障等难题；岳阳楼区和云溪区人武部，对接编兵单位，动员200多名民兵提前返岗参与防疫物资生产和居民生活保障。

【民兵参与清湖行动】 2020年，军分区组织3支民兵水上队伍参与“洞庭清波专项整治”活动。云溪区和君山区民兵防汛分队出动冲锋舟8艘、民兵60人，联合渔政、公安和海事部门集中开展为期一个月的巡逻执法行动，打击非法捕捞行为；市属民兵水上搜索救援连出动2艘600马力的大型冲锋舟、60人，协助打捞回收捕捞工具、督导拆解渔船。自行动开展以来，回收捕捞证3762本，拆解渔船7634艘，收缴电鱼设备166台（套），取缔违禁渔具348件、12672米，行政处罚27起、28人，有效遏制非法捕捞，推进洞庭湖“清湖行动”。

（曹　炼　陈铁军　钟耀庭　杨　清）

【首个民兵活动日】 2020年，军分区开展首个“民兵活动日”活动，统一制定活动方案、下发通知，明确要求。6月17日，协调市委宣传部组成3个宣传小组分别到县（市、区）具体指导，利用本地电视、报刊等宣传媒体进行集中宣

2020年5月，军分区联合开展军地应急救援演练

传，扩大活动影响。岳阳楼区民兵应急连百余名队员在英模张超铜像前重温入队誓词，岳阳县人武部在新墙河抗战史实陈列馆表彰2019年度民兵工作先进单位和个人；汨罗市基干民兵在人武部营区内合唱《民兵之歌》，华容县民兵在人武部靶场参加射击比武。其他单位组织轮训民兵宣誓、走访慰问困难民兵、参观革命旧址、民兵活动日座谈等活动。

【首届军营网络安全宣传周活动】 2020年9月14—20日，军分区组织开展首届军营网络安全宣传周活动。组织集中学习，传达《关于开展首届军营网络安全宣传周活动的通知》，进行网络安全和防间保密专题教育，筑牢官兵网络安全意识。编印下发图文并茂的《网络安全知识手册》，组织观看网络安全宣教片，在军分区机关办公楼显示屏滚动播放网络安全宣传资料，制作更换网络安全橱窗，连续一周推送网络安全短信。

（郑 伟 罗雁君 吴 维 张 莉）

湖南陆军预备役步兵师第三团

【预备役三团思想政治建设】 2020年，湖南陆军预备役步兵师第三团（简称预备役三团）加强部队思想政治建设，确保部队绝对忠诚、绝对纯洁、绝对可靠。学习贯彻中央军委主席习近平视察湖南和边防某旅时的重要指示，开展“重温主席教诲、忠实履行使命”专题学习和对表检视反思活动，5次督办盘点落实情况。深化“传承红色基因，担当强军重任”和“不忘初心、牢记使命”主题教育活动，落实“六有”要求，拓展创新“三个平台”，抓实党委中心组带机关理论学习。弘扬抗美援朝精神和抗疫精神，开展学习“时代楷模”硬骨头六连活动，抓实“四反”工作和隐蔽斗争，部队更加纯洁巩固。开展“学习近平强军思想、做新时代的好战士”和“争创‘四铁’先进单位、争当‘四有’优秀个人”两项试点。推进“两为两办”工程、“帮战友”活动，升级改造篮球场、文娱室，帮扶困难官兵12人次，协调3名子女入学入托，解决官兵实际困难。加大新闻宣传报道力度，全面反映部队建设成效。邀请地方党政机关60名领导干部走进军营开展国防教育实践活动，组织预任军官参观平江起义纪念馆和重温军人誓词，强化国防观念和备战打仗意识。开展定点脱贫帮困，团队被湖南省评为拥政爱民模范单位。

【预备役三团练兵备战】 2020年，预备役三团根据中央军委主席习近平要求，推进战备工作。修订完善各类预案。规范各类战备值班值勤，开展战备形势教育，编实应急分队，组织营区应急处突战备演练。改善升级作战值班室、兵器室。严密组织开训动员、舟桥骨干集训、入队训练、专业骨干集训、预任军官集训暨比武竞赛等演训活动，官兵军事素质、军事水平稳步提升。完成室外训练场地整修，添置哑铃、臂力器、仰卧起坐板等个人训练器材，严格落实每天1小时体能训练，确保训练“四落实”。制定《军事职业教育实施方案》，人人完成选课3门以上课程学习考核、精读2本图书，提升官兵军事素养、理论水平。

【预备役三团部队风气建设】 2020年，预备役三团加强部队风气建设。管好人财物等重点领域，纪委全程介入干部使用、奖励表彰、经费支出等。围绕经费使用、工程建设、物资采购、医疗卫生、军需油料、装备维修等重点事项，分系统完善风险防控机制，完善任职回避、定期轮岗、财经审计等制度，梳理完成3类问题台账，清查200件固定资产、500件套被装物资器材，调整、腾退3套公寓住房，监督采购和工程7个项目招投标、9个项目市场询价。

【预备役三团部队安全管理】 2020年，预备役三团加强部队安全管理。开展编兵整组工作，对年纪超龄、久未参训、积极性不高的人进行调整。核实固定资产，确保物资配套、人员齐整。区分19项制度规定，拟制《安全工作责任追究实施细则》，把责任细化到股（室）和营连，常委分片包干到一线，逐级传导压力。开展“抓条例学习、保安全稳定”活动，官兵人人明职责、懂规矩、知底线。突出“六个托底”，落实值班执勤、查铺查哨、日检查等制度。抓实“八小时以外”人员管控，防止出现管理空档和安全死角。开展“安全大检查”、安全管理教育整顿活动，完善视频监控、文印管理和指纹识别系统。

【预备役三团后勤保障】 2020年，预备役三团成立应对疫情领导小组，优先疫情防控后勤保障。坚持党委集体理财，科学编制年度预算，年度预算执行率84%，同期增长16%。压缩行政消耗性开支、非军事功能支出，确保经费向提升战斗力倾斜。完善物资集中采购管理程序办法，推行阳光采购，服务保障质量水平稳步提升。加强军车号牌和油料供应管理，规范细化信息统计，确保车辆行驶安全。高标准完成训练基地修缮项目，实现规模组训的目标任务。完成安防设备、天然气入户、公寓楼房间修缮等暖心工程，消除用电用气等安全隐患。科学安排“车炮场日”，落实车辆、装备日常技术检查和维护保养制度，着力提高装备完好率。规范化建设兵器室、弹药室、器材室、车炮库等场所，完善安防技防设施。检修维护冲锋舟，购置橡皮艇、冲锋舟拖车，做好防汛装备保障准备。

【预备役军官集训暨比武竞赛】 2020年9月20—25日，预备役三团举办预备役军官集训暨比武竞赛。参训军官按照连队一日生活制度，完成出操点名、理论授课、示范观摩、作业练习、考核验收，进行军拉练、野炊露营、经验交流。

（丁 超）

人民防空

【人防行政执法】 2020年，市人防办行政执法有序推进。依法查处未报先建、防空地下室未报监先开工建设等违法项目4个。对缓缴的3个项目下达追缴文书，整改到位。十三五”规划以来，全市人防工程报建、结建、竣工面积和征缴易地建设费持续突破，较“十二五”规划期间相比各项指标均增长1倍以上，实现人均1平方米人防工程，完成“十三五”规划目标。

【人防宣传教育】 2020年，市人防办加强人防宣传教育工作。开展中华人民共和国人民防空创立70周年系列活动，创作6集宣传纪录片在市广播电视台集中播放，在南湖广场和会展中心展出反映岳阳人防69年来成就的图片，组织“岳阳作家看人防”活动，其成果编印成册。制作“育新机开新局”的短视频获市直单位优秀奖。加大人防宣传力度，全年在“学习强国”、《湖南日报》《湖南人防》等省（行业）级以上媒体上稿223篇（条），在《岳阳工作》、“今日头条”等媒体刊发和推送一批稿件。利用户外电子屏和金鹗公园宣教基地、尚书山公园宣传教基地、白杨坡小学科普教育基地等载体，开展人防政策法规和防空防灾知识宣传。

【人防指挥通信】 2020年4月4日、11月1日开展人防警报试鸣。组织干部职工开展应急拉练登山以及指挥通信业务训练，增强实战能力。9月中旬，组织全市人防指挥通信系统业务骨干50多人进行为期3天的人防指挥通信系统训练。定期对机动指挥车及车载设备进行维护，完善网络安全防护系统，完成空情终端等设施设备安装，落实日常通信值班、节假日战备值班工作，电台沟通率、收发报准确率100%。

（周 丹）

退役军人事务

【概况】 2020年，市退役军人事务局把握机构改革过渡期、涉军政策转型期、信访问题高发期“三期叠加”新形势，以三个主题年活动为抓手，落实“五有”标准，完成退役军人移交安置和部分退役士兵社保补缴工作，加大就业创业扶持力度，推进烈士陵园张超烈士墓迁建及纪念馆建设项目，组织清明“祭扫”“9·30”公祭和烈士纪念日活动，市退役军人事务局被评为市信访工作“三无”单位。

【退役军人安置】 2020年，市退役军人事务局采取“考试考核、自主选择与双向选择相结合”的安置办法，营职以下及专业技术军转干部，符合政府安排工作条件的退役士兵，军休人员，随调随军家属得到妥善安置。开展老兵“荣归”欢迎活动，全市举行退役士兵欢迎仪式并召开座谈会78场次。严格落实自主择业军转干部住房公积金、公务员医保、“八一”慰问金、年度生活补助、体检等政策待遇。按照全省统一部署，推进部分退役士兵社保接续。

【退役军人就业创业】 2020年，市退役军人事务局完善退役军人就业创业动态台账，组织“三送进军营”“点亮万家灯火”等大型退役军人及军属现场招聘活动，开展“春风行动”网络招聘，举办招聘会50场。协调支持公务员、事业单位招聘到岗工作，有退役士兵通过全市公务员招录考试上岗和通过事业单位招聘到岗。华容县、临湘市、云溪区启动退役军人定向招聘工作。成立就业创业暨双带双促工作领导小组，召开全市退役军人双带双促先进典型评比总结大会，表彰先进组织单位4个，先进实体单位30个，先进个人26人。至年底，全市退役军人开办的企业在岳阳市境内缴纳税款2.1亿元，减免退役军人自主创业的各项税收554万元。

【退役军人拥军优抚工作】 2020年，市退役军人事务局按政策规定和程序审定新增优抚对象，严格规范做好评残、评烈和带病回乡审批等工作。全面落实军休人员“两个待遇”。开展褒扬纪念活动，投入380万元对张超烈士墓进行扩建。

【退役军人事务服务保障体系建设】 2020年，市退役军人事务局对标“五有”“全覆盖”要求，高标准推进服务保障体系建设。明确县（市、区）退役军人服务中心（站）建设纳入退役军人事务工作考核体系，对建设进展、配套布局、服务水平采取季度考评打分排队，倒逼服务水平提升。组织对138个乡镇服务站长、12个服务中心主任培训3天。在临湘市召开现场推进会，组织各县（市、区）集中现场观摩，明确服务中心（站）工作职能和服务标准，确保服务中心（站）建设实现统一化的目标。组织对全市服务站建设督查4次，对138个乡镇级退役军人服务站和部分村社区服务站进行拉网式检查。至年底，投入2400多万元完成12个县级服务中心、138个乡镇服务站和50个国家级示范站的建设，市、县、乡、村四级退役军人服务中心（站）覆盖率100%。

（易沅章）

经济管理与监督

编　辑　曹春友

宏观经济管理

【概况】 2020年，岳阳市发展和改革委员会（简称市发改委）紧紧围绕市委、市政府决策部署，应对新冠肺炎疫情影响，落实“六稳”“六保”工作任务，加强重大规划编制、重大战略谋划、重大政策制定、重大项目推进、重大改革协调，较好发挥参谋部、规划部、协调部、项目部作用，为全市经济社会持续健康发展做出较大贡献。全年完成地区生产总值4001.55亿元，同比增长4.2%；固定资产投资增长8.8%；产业投资增长10.8%；城镇居民人均可支配收入36749元，增长4.6%，农村居民人均可支配收入1.82万元，增长7.7%。港口型国家物流枢纽城市、长江经济带绿色发展示范区、省域副中心城市获批；产业项目建设和投资工作获得省政府真抓实干表扬激励；市发改委被评为全市综合绩效考评先进单位、平安建设工作先进单位、安全生产工作优秀单位等多项荣誉。

【重大规划编制】 2020年，市发改委抓实“十四五”规划编制。完成“十四五”重大课题研究、“十三五”规划总结评估、“十四五”基本思路和纲要框架研究，组织开展“我为岳阳‘十四五’规划建言献策”等活动，编制完成“十四五”规划纲要（草案），提交市八届人大六次会议审议通过。加强对全市22个“十四五”重点专项规划和县（市、区）规划的统筹调度，牵头开展“十四五”战略性新兴产业发展规划等6个重点专项规划编制工作，完成《岳阳市“十四五”物流业发展规划》《岳阳氢能城市建设及氢能产业发展规划》《岳阳市大健康产业发展规划（2020—2035年）》等编制工作，启动省域副中心城市发展规划、岳阳长江百里绿色经济发展走廊规划研究编制工作。

【产业园区建设】 2020年，市发改委制定出台《岳阳市进一步推进产业园区高质量发展实施办法》，以专业化特色化为牵引，夯实园区载体。全市产业园区建设标准厂房184万平方米，入驻企业200多家，对83家“僵尸企业”开展清理，盘活闲置用地260公顷。全市产业园区新签约工业项目333个，新开工工业项目315个，新竣工工业项目272个，同比分别增加30个、85个、104个，园区新引进的144个投资过亿元项目，100%符合主导产业发展规划，特别是成功引进总投资110亿元的正威项目、总投资100亿元的攀华项目等一批旗舰型项目，惠普1300万台喷墨打印机、华为高端制造、东方雨虹、数博环球、中创空天等项目投产运行，长沙经开区汨罗产业园正式授牌湖南工程机械配套产业园，汨罗循环经济产业园获批省级特色产业园。

【重大项目建设】 2020年，市发改委坚持推动项目建设，为全市扩投资、稳增长、促发展作出较大贡献。谋划建立“十四五”规划项目库，储备重大项目700多个，总投资近1.4万亿元。加强对省市重点建设项目、市定“5+24”重大项目的定期调度和跟踪服务，对29个重大产业项目实行市级领导“一对一”精准帮扶，部署开展“聚力项目高质量，奋勇夺取双胜利”“建功七大千亿产业建设，推进岳阳高质量发展”重点项目竞赛活动，3次举办全市重大项目集中开竣工仪式，集中开工重大项目209个、总投资1430.9亿元，集中竣工重大项目43个、总投资145.1亿元；全年省定“五个100”项目、33个省重点建设项目均超额完成年度目标任务，116个市重大建设项目完成投资612.2亿元，占年度计划的112.3%，100个重大前期项目有28个开工建设。加大争资争项力度，全年争取国省资金29.2亿元，争资量同比增长35.8%；会同财政部门争取政府专项债券额度106.7亿元，支持项目59个，总投资545亿元，争取抗疫特别国债17.5亿元；与国开行多次对接，储备“稳投资补短板强动能”融资项目97个，总投资1049亿元，融资需求300亿元。

【现代物流产业】 2020年，市发改委抓机遇，抓项目，推动现代物流业加快发展。城陵矶多式联运物流园加快建设，深国际智慧商贸物流园一期竣工并运营，胥家桥综合物流园城配中心、防疫应急物资储备库、配套道路项目开工建设，三荷机场改扩建加速推进。加强头部物流企业对接合作，与湖南财信金控、普洛斯隐山资本、市交投集团联合成立的50亿元物流产业发展基金项目以及中海通“粤港澳大湾区—岳阳多式联运大通道项目”签约，省港务集团、森凯仓储物流晋升为AAAAA物流企业，AAAA物流企业18家。全年全市完成物流业总产值1061.1亿元，增长12.5%，现代物流产业成为岳阳市第三个千亿产

2020年9月26日，岳阳市“十四五”规划专家咨询座谈会在长沙举行

业集群，岳阳获批港口型国家物流枢纽。

【能源电力产业】 2020年，市发改委围绕打造湖南综合能源基地目标，推进能源产业发展。平江抽水蓄能电站项目、华电平江电厂项目、神华国华岳阳电厂、华容铁水联运煤炭储配基地、岳阳陆城原油库、岳阳君山LNG接收站（储备中心）开工建设，市区、汨罗市、湘阴县等3个垃圾焚烧发电厂项目投产运行；汨罗天井山风力发电项目、城陵矶新港区分布式电站、临湘生物质发电项目获批，恒大岳阳临港新能源动力电池项目、恒大新能源汽车湖南基地（一期）建设有序推进。加强能源运行研判调度，保障重点地区和民生能源供应。

【岳阳绿色发展示范区建设】 2020年，市发改委坚持以生态优先、绿色发展理念为引领，推进岳阳经济社会发展。岳阳获批为国家长江经济带绿色发展示范区，跻身国家长江经济带绿色发展“5+2”试点示范城市之列。牵头抓好2019年长江经济带生态环境警示片涉岳5个问题整改工作，其中4个突出问题完成省级销号确认，花果畈垃圾场面上问题整改到位，按时序推进；2020年新的警示片交办湖南问题20个，没有相关涉岳问题。协调推动共抓大保护示范项目建设，市中心城区污水处理系统综合治理工程累计完成投资28亿元，总投资72.27亿元的二期PPP项目落地实施，“厂网湖一体”治理模式在长江流域推广。争取长江三峡集团公益基金会捐资1.5亿元，组织实施岳阳市长江岸线生态保护和绿色发展项目。洞庭湖生态环境整治“五结合”工程50个项目完成建设任务，洞庭湖生态环境整治三年行动圆满收官。能源“双控”工作不断加强，园区循环化改造加快实施，汨罗高新区被列为全国园区环境污染第三方治理第二批试点园区、湖南唯一的国家绿色产业示范基地。

【工程建设项目审批】 2020年，市发改委持续深化“放管服”改革，工程建设项目审批流程全面优化。远程异地评标加快推行，项目审批实现全流程电子化。审批服务提速增效，在全省率先建立和运行网上中介服务超市，进驻中介服务机构450家，发布采购公告107个，中选77个事项，成交额350多万元。防范和化解风险，制定加强市本级政府投资项目审批及概算管理有关文件，抓好政府投资项目工程变更领域整改，开展“景观亮化工程”过度化专项整治及招投标领域突出问题专项整治，完成项目可研报告评审81个，投资估算调整14.62亿元。工程建设项目区域评估工作全面铺开，全市10个省级以上园区完成区域评估事项79个，走在全省前列。

【经济体制改革创新】 2020年，市发改委履行全市经济体制改革和社会体制改革专项小组办公室职能职责，协调推动全市31项经改任务和21项社改任务落实到位。完成中共十八届三中全会以来经济、社会体制改革任务完成情况自评，制定出台《岳阳市建立健全企业家参与涉企政策制定机制的实施方案》。推动创新平台建设和新兴产业发展，制定出台《岳阳市加快第五代移动通信产业发展行动方案》，成功争取城陵矶新港区获批全国第三批双创示范基地、岳阳职院获批湖南省双创示范基地，实现国家级双创示范基地零的突破。成功争取科伦制药、义丰祥实业、金凤凰建材家居等3家企业获批省级企业技术中心，成功争取湖南理工学院、凯迪科技、利尔康3家单位获批省工程研究中心。

【易地扶贫搬迁】 2020年，市发改委全面完成“十三五”易地扶贫搬迁住房建设任务。建设住房1.62万套，安置易地搬迁对象5.26万人，实现住房建成率、搬迁入住率、设施配套率、精准帮扶率和脱贫率5个100%。强化后扶措施，帮助搬迁群众实现稳定就业，拓展收入来源，确保搬迁群众稳定脱贫。

【对口支援】 2020年，市发改委落实市委、市政府对口支援工作部署，推进对口支援工作。与对口支援地联系，委主要领导率队到对口支援地怀化洪江、湖北昭君，调研了解当地经济社会发展、项目建设和对口支援资金使用情况，援助西藏桑日县精准扶贫资金200万元，协调110万元资金支援怀化洪江水利工程建设、湖北昭君殡仪馆配套设施工程建设，有力支援当地经济建设、民生改善。

【社会信用体系建设】 2020年，市发改委推进社会信用体系建设。完成“信用岳阳”网站及信用平台改版升级，依托“信用岳阳”平台，率先在全省实现市县区“一体化”模式，累计收录信用信息3776万条，数据归集报送省平台及省平台采纳量均稳居全省前三位。牵头制定信用数据清单、行为清单、应用清单等“三清单”制度，把信用核查和联合奖惩服务嵌入全市行政审批“一网通办”业务办理系统，实现“逢办必查、自动核验、实时反馈”，加大失信惩戒、守信激励力度，有25起失信联合惩戒案例和785起守信联合激励案例。

（刘如峰）

审计管理

【概况】 2020年，岳阳市审计局（简称市审计局）坚持转作风、强素质、严监管、优服务，统筹推进审计工作，取得新成绩。至年底完成审计项目86个，查出违规金额4.16亿元，管理不规范金额23.62亿元，审计处理促进财政增收节支和挽回经济损失4.55亿元，向市纪委监委和有关部门移送问题线索15条，向市委、市政府主要领导呈送审计要情和专报12期，促进市政府和有关部门出台文件制度26个。财政审计和政府投资审计工作获市政府通报表扬。

【重大政策措施落地落实跟踪审计】 2020年，市审计局推进重大政策措施落地落实跟踪审计工作。同步开展52个安置点易地扶贫搬迁、3625千米贫困自然村通水泥路工程项目跟踪审计，查出违规金额1.5亿元，挽回经济损失200多万元，督促整改各类问题146个，为脱贫攻坚作出贡献。审计促进整改5个乡镇垃圾转运站建成并投入使用，两个水厂水质饮用水质达标。开展全市工程领域投标保证金专项审计，审查招标项目401个，督促市公共资源交易中心及时清退投标保证金及利息6052.65万元。根据审计建议，该中心制定出台《及时退付投标保证金和利息制度》，开发即时清退投标保证金的软件，优化营商环境。

【财政资金效能审计】 2020年，市审计局加强财政资金效能审计，确保财政资金使用规范高效。坚持审计工作一盘棋，采取"两统筹""1+N"模式开展审计工作，突出对教育、民政、水利、科技等重点专项资金进行审计，加大对市政府公益建设项目、市政道路维护、中心城区棚户区改造等重点民生项目和资金的审计，重点揭示"化整为零"规避公开招投标、施工单位偷工减料、资金管理混乱等突出问题。市审计局启动应对新冠肺炎疫情防控资金和捐赠款物专项审计工作，审计财政资金1.46亿元，社会捐赠款物0.42亿元。突出对工程建设、交通运输管理等重要执法部门的审计，查出市场监管不到位、行政处罚裁量权过大、执法处罚标准不一、执法工作不透明等问题。被审计单位主动整改审计查出的问题，出台《岳阳市房地产项目资金监管办法》《关于规范路政案件办理工作的通知》等制度，进一步规范执法行为。

【政府投资审计】 2020年，市审计局会同市发改委、市财政局等单位，70多次到施工现场审核工程变更，及时否决不合理变更，并把变更金额超30%的工程项目移交市纪委监委立案查处。查出违规金额3.28亿元，责令追回多支付资金、挽回损失1000多万元，并向相关部门移交案件线索13起，有1人被立案调查，两人被刑拘，两家评估公司被罚款和记入不良信用记录。

【上级交办审计】 2020年，市审计局如期如质完成省厅和市委、市政府交办的审计任务。对"洞庭·新外滩"经适房项目建设情况进行全面审计，完成对经适房资产、债务、成本的审核，锁定成本为5081.45万元，与之前相关机构认定的应当支付给房地产开发公司成本1.16亿元相比，直接为政府节约建设资金6518.55万元。审计促使该项目得以重新启动，及时消除群体性信访隐患，为政府科学决策提供重要依据。高质量完成罗家坡、城陵矶新港区等4家污水处理厂PPP项目资产成本审核以及罗家坡污水处理厂一期回购协调谈判，为市政府收回项目特许经营权提供可靠依据，化解罗家坡污水处理厂项目诉讼被强制执行的风险。完成鱼巷子改扩建项目审计等新上项目投资额审核，确认资产价值和实际投入资金，建设资金按时拔付到位，助推企业批量生产，项目资产得以顺利移交。

【民生资金审计】 2020年，市审计局坚持审计为民，加强民生资金审计工作。对岳阳市12个统筹区2019年医疗保险基金收支管理情况实施专项审计，全面摸清各统筹区医保基金底数，查出基金收支管理方面存在的主要问题，并提出相关审计建议，为制定配套政策、开展好市级统筹各项工作提供翔实可靠的数据支持。根据市扶贫开发领导小组的部署，完成对所有县（市、区）的扶贫审计全覆盖，抽查扶贫资金2.97亿元，揭示和反映扶贫政策措施落实不到位、扶贫资金管理不合规、扶贫产业项目效益不佳等方面问题200多个，违规金额3558.35万元。督促拨付资金到位752.47万元，避免和挽回损失14.85万元，追回或盘活使用闲置资金179.73万元，追回贷款10万元，调账处理金额1558万元，推动26项精准扶贫政策措施落地，组织全市审计机关对全市319个省级贫困村债务进行专项调查，摸清截至2019年年底的村级负债规模、结构以及成因，向市扶贫领导小组及各县（市、区）政府提出"建立化债工作机制，层层压实债务化解责任""妥善化解村级债务，因地制宜制定化债方案"等审计建议，为全市有序推进贫困村债务化解工作起到参谋助手作用。

（戴　龙）

国有资产监督管理

【概况】 2020年，岳阳市人民政府国有资产监督管理委员会（简称市国资委）加大改革力度，提升监管水平，优化资本运营，各项工作取得较好成效。至年底，监管企业资产总额为1501.6亿元，负债总额为984.5亿元，净资产517.1亿元，营业收入19.51亿元，营业利润-8764万元，利润总额1.55亿元。

【国资监管】 2020年，市国资委加强国资企业监管，确保国资保值增值。实行集中统一监管。采取依法退出、直接监管、委托监管、转企移交四种形式，把党政机关和行政事业单位的国有企业纳入国资委集中监管范围，实现制度规范、工作体系、考核标准"三个统一"。58家市直部门企业中完成35家企业的财务审计、清产核资工作，确定20家依法退出、9家直接移交、7家委托监管、8家转企移交、4家按特殊管理方式实现集中统一监管，市本级国有企业（除金融、宣传文化类）集中统一监管率100%。授权经营体制改革。明确市国资委权责事项20项，着力解决监管缺位和不到位的问题。做好"减法"，由企业自主决策的事项决不越位，精简一批错位职能，撤销监管事项5项、下放监管事项9项；指导企业进一步完善公司治理，提升管理水平。规范投资行为。出台《投资监督管理办法》，对企业自营投资项目建立系统监管机制，重大经营性投资项目经市国资委审查之后报市政府审定。研究提出2020年投资计划，对城投、洞庭新城等企业的32个投资项目进行审查，提出审查意见并出具风险提示函。债务风险防控。开展"平台公司债务风险防控"调研活动，摸清城投集团、交建投两家平台公司的债务结构、债务底数、还款计划及风险防控措施等情况，提出防控债务风险的措施和建议。严格把关审批平台公司融资贷款，依法依规开展市场化融资，确保不新增政府隐性债务。支持审批监管企业融资155笔，约400亿元，审批企业融资担保行为103笔，约500亿元。

【国企股权多元化】 2020年，市国资委推进股权多元化改革，吸纳社会资本参与国有企业改革发展。市交投集团引进华为、中交投、京东、北斗航天、奥海集团等优质企业合作智慧城市建设、智慧物流、土地开发等项目，市城投集团引进祥源集团和省体育产业集团联手打造高铁新城片区金融商贸圈，市洞庭新城引进四川融创打造环球中心、健康养老城，市港建投引进省属国有资本组建湖南省港务集团，三荷机场对接普洛斯集团、京东，引进湖南航空与纵腾集团，市国资公司与中石化签订战略合作框架协议。重新启动金叶公司上市进程，做好上市前的组织、业绩、财务会计、制度建设等方面准备工作。

【国企战略重组】 2020年，市国资委实施国有企业战略性重组和专业化整合，做大做强资产规模，形成规模效应和协同效应。完成市城投集团增资扩股市公交集团、市水务集团、国泰阳光颐养院的工作，提升市城投集团的抗风险能力，缓解市公交集团、市国泰阳光公司的资金困难等问题。整合港区资源，港建投升格为集团公司。

【国资自营项目发展】 2020年，市国资委企业自营项目发展势头好。投资经营性项目52个，投资69.76亿元。重点有：市交投集团的研学旅行、智慧停车场、教图物业、社会足球场、餐厨垃圾利用处理、限价商品房项目；市城投集团的产业园、长江经济带绿色生态示范园区、奥体产业园、大学城、市体育中心项目；市洞庭新城的融创环球中心、健康医养中心、文旅会展中心、太子庙安置房项目；市港建投的华为新金宝项目临港高新产业园、北环线洛家山路、联港路提质改造工程、松阳湖铁路专用线等项目；市水务集团新签订的埃塞俄比亚阿达玛6617万元人民币城市供水和卫生改善项目，尼泊尔污水处理等项目

【剥离国企办社会职能】 2020年，市国资委剥离国有企业办社会职能，切实减轻企业负担，让国有企业轻装上阵，公平参与市场竞争。争取省委常委姚来英、副省长陈飞向中石化董事长去信，支持确定“两厂”市政设施和社区职能分离移交过渡期费用基数，协调省市财政对云溪区相关运营费用补助政策。完成28家驻岳央企、省企职工家属区“三供一业”分离移交工作，完成供水7.15万户、供电7.19万户、供气4.82万户、物业6.52万户维修改造移交；完成15个社区职能、265项市政设施、7个消防职能、7家教育机构、4家医疗机构职能分离移交；完成13家驻岳阳省企、39家驻岳阳央企4.82万名退休人员社会化管理、人事档案移交和13734名退休党员党组织关系移交。

【国资重大项目建设】 2020年，全市重大建设项目和重大前期项目218个，市属国有企业作为业主单位的36个，市国资委作为责任单位的6个，投资总额36.5亿元。三荷机场改扩建，9月27日，中南民航局联合岳阳市人民政府正式批复三荷机场总体规划。市城投集团、市交投集团、洞庭新城负责西环线建设项目完成拆迁工作。市城投集团全面推进洞庭南路历史文化片区、高铁片区、东风湖片区建设，市疾控中心建设实验楼主体封顶。市交投集团负责的G353机场快速路项目完成梁板预制15片，跨铁山干渠中桥下构施工建设；东风广场项目完成竣工验收并正式投入使用；12月，市工人文化宫、朝阳小学、东方红小学智能地下停车场正式投入使用。

【国资服务经济社会发展】 2020年，市国资委投入30万元修缮改造玳瑋村老年人活动中心、村级文化微广场、路灯安装、危桥改造建设等项目，帮助联点玳瑋村贫困户全部脱贫。班子成员和各企业班子成员轮流在华容县6个乡镇指导值守，系统筹资215万元支持华容县防汛救灾。落实《岳阳市应对新型冠状病毒感染的肺炎疫情支持中小企业平稳健康发展的十五条措施》，为473户中小微企业减免三个月租金756.68万元。牵头协调为市属国有企业解决口罩5万只、体温枪100把、防护服200套，免费为农民工和大学生就业进行新冠肺炎病毒核酸检测累计1000人次，保证企业及时复工复产。开展“四带头”活动，负责值守的王家河街道鑫鸿花园等5个小区，接受中央督察组的现场检查，得到街道、社区工作人员和居民群众的一致好评。系统抗疫投入资金892.1万元，捐款80多万元，无偿献血2.8万毫升。

（许贤群）

市场监督管理

【概况】 2020年，全市市场监督管理系统做到有政治站位、有人民情怀、有责任担当、有纪律规矩、有表率作用，统筹疫情防控和市场监管，各项工作取得新成效。获省政府2020年度真抓实干激励奖。岳阳市被评为2020年度全省食品安全工作先进市，岳阳县、平江县、云溪区、君山区被评为全省食品安全工作先进县。市市场监管局获得市委、市政府年度综合绩效考评突出贡献奖，被评为信访工作优胜单位、市政协提案办理先进单位，成功创建省级文明单位。

【市场监管执法】 2020年，全市市场监管系统着眼建设统一开放、公平竞争的市场环境，推进综合监管、综合执法。维护公平竞争。召开全市公用企业行政告诫会，清理全市5858件涉及市场主体文件，其中废止6件、经审查修订3件、到期停止执行3件。专项执法。紧盯群众反映强烈的突出问题，加大监管执法力度，查办各类案件1846件，罚没2428万元。全面铺开“长江禁捕、打非断链”专项行动，全国市场监管部门“长江禁捕打非断链”专项行动十大典型案例入选两起。开展扫黑除恶专项斗争，打掉传销窝点10个，查办知识产权案件105件，监测广告14.9万条次，查处违法广告案件116件，行政约谈指导电商平台146次，责令网站整改和关闭20家。降费减负。开展疫情防控

物资价格、教育收费、医疗服务价格、商业银行收费、转供电电价等8项专项检查工作。立案查处209件，清退多收价款1139.9万元。企业信用监管。加强“双随机、一公开”联合监管，通过省级工作平台制定或接收任务459个，公示检查对象结果5458家。在全省地州市局中率先组织开展认证领域“双随机、一公开”监督检查，全市企业年报率91.5%。

【市场监管服务】 2020年，全市市场监管系统坚持服务发展大局的工作方针，各项业务稳步推进。助力质量强市。完成第四届市长质量奖评选，召开高规格全市质量发展大会，市长李爱武、副市长李为颁奖。政府质量工作满意度位居全省第二，对3家学校跑道和农资生产企业开展“质量体检进企业”活动。质量标准技术。指导岳阳科德物流服务标准化试点顺利通过国家验收，申报的6个省级工、农、服务业全部通过年度考核验收。标准化工作组发布两项国家标准，成功申报9家省级示范试点项目，计量器具检定13.5万台次。知识产权保护。引进10家知识产权服务机构，建成省知识产权综合服务分中心两个，延伸建设服务站点11个。发明专利年申请量较2019年增长278%，专利权质押融资7718万元。万人有效发明专利拥有量从2.8件提升到3.31件。全市有有效注册商标总量4.1万件，中国驰名商标49件，马德里国际商标113件，地理标志商标31件，商标综合实力稳居全省第二位。

【食品安全监管】 2020年，岳阳市承办全省食品安全监管追溯平台试点工作，在全省率先运用信息化手段监管食品安全。全市学校食堂“明厨亮灶”覆盖率98.2%。完成农产品和食品抽检监测1.9万批次。开展食品安全“护苗”“护老”“大排查大整治百日行动”、婴配乳粉提升行动和食盐安全整治行动，守住食品安全的底线。

【药品安全监管】 2020年，岳阳市组织开展二类精神药品、中药饮片、特专管药品、药品网络销售、医疗机构药品等专项整治行动，检查零售药店1557家次，医疗机构1600家次，立案127家次。全市报告药品不良反应事件报告5303例，完成率138%。全年取得药品批准文号15个，仿制药品一致性评价证书5张，5个品种入选国家、省集中采购名单。

【特种设备安全监管】 2020年，岳阳市开展特种设备集中整治行动，检查特种设备生产、经营、使用、检验检测单位5950家，查办特种设备案件152起，整改消除事故隐患5100多处，推动电梯安全责任保险投保3729台。重点产品质量安全。完成650批次工业产品抽查计划，检出并后处理不合格产品35批次。完成苎麻公正检验2800多吨、监管棉公正检验6.5万吨。

【消费维权】 2020年，市市场监管局以岳阳市城区消费者满意度深度调研为导向，发布消费警示5次，设立消费维权服务站，开展热线“领导接听日活动”。全市受理消费者咨询投诉举报35258件，为消费者挽回经济损失4728.45万元。中国消费者协会副会长兼秘书长朱剑桥对岳阳市消费维权工作给予肯定。

（任旭刚　许国刚）

【知识产权工作】 2020年，岳阳市市场监管系统开展执法行动162次，出动执法人员835人次，实体市场执法检查61次，查办知识产权案件105件，结案104件，移送司法机关1件。开展专利真实性、商标使用行为“双随机一公开”专项检查工作，抽查专利使用企业7家、商标使用企业30家，检查结果纳入企业信用信息公示系统。根据“湖南省互联网+监管平台”提供的线索，对岳阳众鑫食品有限公司等3家企事业单位开展知识产权风险监管调查。对湖南淳湘农林科技有限公司等10家参加第127届、128届广交会岳阳参展企业开展展前知识产权保护工作检查。共建知识产权综合服务平台，开展知识产权维权援助工作，君山区、经开区司法部门和市场监管部门分别联合成立知识产权纠纷人民调解委员会。参与中国（湖南）自贸区岳阳片区建设工作，完善跨境电商领域的知识产权保护机制。市场监管局向市政协呈报《以高水平知识产权服务助推千亿产业发展》的建议。为知识产权试点示范等重点企业提供知识产权文献检索、专利导航、运营增值等深度服务，指导汨罗长乐甜酒协会推出长乐甜酒防伪溯源码。向全国公开引进10家服务机构参与共建知识产权综合公共服务平台，通过自主报名、资质审查、服务机构与县市区双向选择、市局监督确认的形式，建成知识产权综合服务分中心2个、服务站8个、服务点3个，提供“咨询、代办、贯标、营运、维权”五大服务。指导企业实施转化专利，指导湖南长岭石化科技开发有限公司在石油化工、煤化工、精细化工等领域开展技术研发、技术服务、成果转化。做强地标产业，“岳阳黄茶”“岳阳大米”“华容小龙虾”“钱粮湖六门闸风干鱼”等31件地理标志商标，通过授权许可使用，总产值突破300亿元，带动60万农户增收致富。其中，平江县地理标志商标“平江酱干”，催生酱干企业82家、小作坊129家，年产值50多亿元，就业带动10万多人。

（张　莉）

【市场监管局助力疫情防控】 2020年，全市市场监管系统较好完成管市场、稳价格、保供应各项任务。市监管局被评为市抗击新冠肺炎疫情先进集体，张忠被评为为先进个人。临湘市监管局被评为全国市场监管系统抗击新冠肺炎疫情先进集体。市场价格管理。严防借疫情之机哄抬价格、囤积居奇、散布涨价谣言等价格违法行为。查处违法案件78件，移送司法机关1件。防护用品质量保障。动员10家市长质量奖企业，助力抗疫大局。为疫情防控急需医疗器械产品注册提供绿色通道。医药门店监管。严防借疫情之机哄抬价格、囤积居奇、以次充好。禁止野生动物非法交易。坚持线上监测、线下排查，排查冷库1541个，查处并销毁不合格食品10吨。助力企业复工复产。做好“六稳”工作、落实“六保”任务。开展疫情防控期间价费优惠政策落实情况专项检查。通过“零见面”网上办、最大限度方便企业注册。推荐449家个体工商户信贷优名单，信贷总额8000万元。为复工复产企业检定校准计量器具5510台件，减免检定校准费用68万元。

【市场监管营商环境优化】 2020年，全市市场监管系统在营商环境评价“国考”“省考”中履职尽责，牵头事项完成较好。“一件事一次办”。企业开办“110”改革，在全省率先实现企业开办时间只需1天，企业设立登记只需4个小时。实施网上办、掌上办、预约办、快递办。深化“最多跑一次”，实现“三集中三到位”，市场监管窗口被评为十佳示范窗口。企业登记网上办理率79.5%。市场主体数量逆势增长，全年新增市场主体4.95万户，同比增长4.32%。简易注销便捷高效。完善企业简易注销便利化改革，拓展适用范围、压缩公告时间、建立容错机制。全市办理企业简易注销4649户，占同期企业注销总数70.51%。自贸区建设。严格落实省政府关于在自贸试验区放权赋权简化审批的部署和省市场监管局列出的放权赋权事项清单，湖南省知识产权综合服务（岳阳）分中心在自贸片区揭牌。

（任旭刚 许国刚）

统计管理

【概况】 2020年，岳阳市统计系统围绕党委政府中心工作，以防范和惩治统计造假、提升统计数据质量、提高统计服务水平为目标，助力“六稳”“六保”，发挥统计分析、监测、预警功能，全市上下同心协力，奋发有为，统计事业有所发展。在省统计局2020年度各专业业务考核中，获得3项优秀、13项良好，在全市2020年度综合绩效考评中被评为市直先进单位。

【统计服务】 2020年，市统计局开展疫情期间经济运行统计监测分析，发起10多次新冠肺炎疫情对企业生产经营影响情况快速问卷调查，形成系列专报报送市委、市政府领导。加强经济监测预警，每月召开经济形势分析会，及时向发改、财政、工信、商务、住建、交通等部门提供经济指标运行趋势，开展调查研究，围绕企业复工复产、“四上”企业申报、产业项目建设、经济运行情况到基层开展专题调研20多次，形成《全市经济运行和复产复工调研情况分析》《全力以“复”，工业生产持续向好》等一批高质量的调研报告，获得市领导批示肯定。撰写《岳阳统计》32篇，《决策参考》10篇，《领导要件》1篇，信息100多条，各类汇报材料30多篇，其中13篇分析和40多篇信息被省统计局官网采用，《2023年湖南城陵矶新港区GDP冲刺500亿可行性分析》等10多篇分析报告得到市领导批示。编印《岳阳经济动态（月度）》《2015—2019数据岳阳》《岳阳统计年鉴》等统计数据宣传产品，发放到市直相关部门、社会公众，全年依照法律法规及相关工作程序向市委、市政府以及社会各界提供统计咨询服务300多次，办理网民留言30多件，服务企业60多家，较好地发挥统计信息咨询服务的“前沿窗口”作用。

【统计基层基础工作】 2020年，统计基层基础工作得到加强。统计机构完善。云溪区、君山区等统计机构单独设置，各县（市、区）统计机构领导职数、人员编制得到保证，各乡镇、街道办事处明确专门从事统计工作的人员，有的设立统计工作站，部门单位统计人员得到调整充实，企业统计队伍逐步稳定。统计制度建设。抓“统计十条”落地生根，各级统计机构、统计人员、经费保障、依法统计等方面得到保障，调动基层统计员工作积极性。建立健全部门统计联席会议制度，推进部门统计工作的信息化建设，推动部门数据共享，快速实现数据收集汇总。以点促面推动工作。开展全市基层基础工作专题调研，实地察看平江县、汨罗市、岳阳楼区等县区10多个乡镇的统计基层基础建设情况。市人大常委会对全市统计基层基础工作评议时，33张选票中有31张满意票，两张基本满意票。“四上”单位申报扩量提质。全年完成“四上”单位申报入库725家，居全省第3位，创岳阳市历史最高水平。

【统计法治建设】 2020年，市统计局加强统计法律法规宣传，提升统计干部自身法律意识。与国家统计局岳阳调查队联合举办统计法治宣传活动，有300多名统计人员及社会民众参加，发放宣传单和宣传册4000多册。做好统计法进党校工作，《中华人民共和国统计法》入党校教学常态化。加大执法检查力度。在全市范围内开展“五查五看”专项行动，要求相关单位整改。市县两级分别建立统计违法行为举报受理制度，对县（市、区）40家联网直报单位进行执法检查，督促各县（市、区）加强指导企业夯实统计基础工作。

【统计考核监测】 2020年，市统计局加强统计考核监测工作。省市绩效考核。会同市委考评办共同制定县（市、区）综合绩效考核指标体系（包括4区的个性指标），根据市绩效考评体系，制定2020年指标体系基础数据库和评分表。配合市委绩效办开展省绩效指标完成情况的月调度、周调度，根据调度和测算情况，为相关部门指标提供有效措施促进指标提升。协助全面小康考核。根据省小康办《2020年指标考核体系》，铺开23个部门单位的数据收集整理，并对各县（市、区）的全面小康实现程度进行月度试算和情况反馈，和市委小康办对9个县（市、区）进行业务指导，确定县（市、区）目标和争先对象，为全市全面小康“保2争3”目标提出指导性意见。完成省市民生实事数据评估认定。根据省、市政府工作报告，确定省、市实事项目，与市政府督查室共同制定2020年省、市实事考评办法及验收标准，对老旧小区改造、农村厕改等在全省进度滞后的实事项目进行现场督导，对全部省市重点民生实事项目进行抽查验收，所有省、市实事项目都达标完成。

【第七次全国人口普查】 2020年，市政府下发《岳阳市第七次全国人口普查方案》《岳阳市第七次

2020年9月20日，岳阳市"中国统计开放日"暨第七次全国人口普查宣传月启动

全国人口普查领导小组关于印发组成人员及单位职责分工》等文件。市统计局选聘普查员、普查指导员1.4万多人，精心组织6次业务培训，有近700人次参加。以"中国统计开放日"暨第七次全国人口普查宣传月为契机，开展普查宣传工作，全市各级普查机构均成立专门的宣传队伍，编发各类普查动态60多条，普查工作简报20多期，发放宣传折页2000多份，宣传画1.06万组，《岳阳日报》头版全文刊登"扎实推进岳阳市第七次全国人口普查工作"答记者问。在岳阳经开区和湘阴县开展城区和农村市级综合试点，组织各县（市）区进行现场观摩，试点工作获得省人普办的肯定。市长李爱武、常务副市长李挚及县（市、区）党政主要领导带头登记，全市上下各级各部门紧密配合，完成"七人普"阶段性工作。在国务院人普办事后质量抽查中，省统计局局长刘文杰率队采取"四不两直"督查方式，两次到湘阴县、平江县督查指导，对岳阳市工作给予肯定。

（黄　辉）

统计调查

【统计调查业务建设】　2020年，岳阳统计调查队克服新冠疫情影响，统计调查业务建设稳步推进。统计调查网点稳固。疫情防控以来，队党组制定《保网点运行工作方法》，对调查网实行一周一调度，一月一总结，实时调度疫情期间网点的运行，为调查员、辅助调查员工作提供严密的保护措施，确保现场调查不出事、不断档，所有调查网点未发生一起疫情事故。统计调查业务培训。全队举办各类业务培训8次，培训各类辅助调查员1500多人次，辅助调查员业务素质提升较快。全队完成对县队住户、价格、农业农村类远程测试工作和远程指导，保障全市各专业调查技术应用于网点运转。业务质量检查。成立数据质量抽查联合小组，定期开展业务抽查，各业务科室开展业务工作检查指导10多次，纪检组负责数据质量监督工作，形成数据质量责任体系、监督体系和考评体系。统计调查规范评估。市队数据评估领导小组汇总各专业基础数据后，形成数据评估报告上报总队。总队评估反馈数据后，及时对需要反馈到县（市、区）的数据进行初评，组织各类数据评估会16次。

【统计调查服务】　2020年，岳阳统计调查队打造服务品牌。定期在《岳阳晚报》《长江信息报》、岳阳网、《文明岳阳》《社科天地》等主流媒体上及时发布统计调查资料，印发《岳阳调查》13期、《领导参阅》6期，为市委、市政府和社会公众提供统计服务，受市领导批示3次，圈阅5次。撰写专业统计分析文章22篇，省总队内网全文采用5篇，撰写并被采用的重要信息96篇，省总队内网全文采用24篇，国家统计局局内网全文采用3篇。撰写政务信息96期，被国家局全文采用6期，省总队内网采用37期。组织开展全市文明城市模拟测评，参加由市政府主要领导组织的经济讲评会和由市政府经济研究室组织的经济形势分析会，汇报主要民生调查数据和市委、市政府重点工作进展情况，为政府宏观决策提供优质统计服务。

【脱贫攻坚普查】　2020年，岳阳统计调查队成立脱贫攻坚普查领导小组，组织召开各类筹备会议8次，工作受市领导批示、圈阅5次。围绕脱贫结果真实性和准确性，精心组织821名工作人员到平江县、湘阴县两个普查县开展为期1个月的普查工作，两个县表，715个村表，5.22万个户表全部准时上报，数据审核人员共核实国、省级反馈6110条，市级反馈40017条，自查5.55万条。普查期间接受省级督导的现场检查，普查数据结果真实可靠，相关工作得到市委政府认同。

（张　鹏）

自然资源和规划管理

【概况】　2020年，岳阳市自然资源和规划局（简称市自然资源和规划局）围绕中心重点，发挥职责职能，推进自然资源和规划各项工作高质量发展，高效高质规划编制，优化合规用地保障，推进资源保护，抓好民生实事。市自然资源和规划局被评为为全省防汛救灾先进集体、湖南省文明单位、全市综合绩效考评市直先进单位，建议和提案办理、政务信息、信访、优化营商环境等20多项工作被评为省、市先进。

【规划编制】　2020年，市自然资源和规划局精心编制国土空间规划，围绕"1+1+4+10"规划成果体系（即1套主体成果、1个信息平台、4个专项规划、10个专题报告），形成土空间规划大纲年度成果、山体水体保护规划阶段性成果、生态红线划定和城镇开发边界拟定技术成果等。全市生态保护红线初步划定面积3382.86平方千米，市辖区城镇开发边界划定集中建设区面积231.1平方千米，基本农田保护线模拟优化约0.19万公顷的市辖区基本农田布局。“双评估”专题完成市级审查。岳阳2050战略、创新体系和产业布局、生态修复和国土综合整治、市辖区“双评价”、城乡建设用地集约节约利用、农业生产空间布局与耕地保护研究、城镇开发边界、生态空间和自然地保护等8个专题完成初步审查，待进行专家审查。100个“多规合一”实用型村庄试点任务全部完成并获得市县政府的批复。主城区交通治堵专项规划完成初步方案，“一湖两岸”城市设计完成细致调研和现场踏勘，形成中期方案、管控要求初稿。

【用地保障】 2020年，市自然资源和规划局发挥“店小二”精神，利用国家和省厅土地管理新政的有利契机，竭尽全力服务和保障省市重点项目用地，有效解决项目“落地难”“落地慢”的问题。全年向省报批174个项目1809.36公顷，面积同比增长4%。其中，市本级向省报批34个项目588.06公顷，面积同比增长42%。全年供应土地764宗3185.9公顷，出让价款163.49亿元，其中市中心城区出让价款53.11亿元，追缴往年土地欠缴出让金近10亿元，全年市本级出让金入库财政71.02亿元。全年清零验收133个依法征收项目，实现腾地2310.88公顷。全力做好过渡时期项目落地建设的土地利用总体规划及城市总体规划的优化完善工作，完成省级权限调规项目58个，市级权限调规项目182个。争资争项卓有成效，向部、省对接争取，“东洞庭湖流域山水林田湖草生态修复项目”经省政府审查批准，成功上报自然资源部和财政部项目库，申报总投资20.6亿元，是湖南省唯一申报中央重点生态保护修复资金项目储备库的项目。全市争取地质灾害防治项目资金8000多万元，土地综合整治项目3个，矿山生态修复项目资金1000多万元。

【资源保护】 2020年，市自然资源和规划局做好耕地数量、质量、生态“三位一体”保护、管控和建设，牢牢守住耕地保护红线。全年确认耕地开发项目86个2510.92公顷，确认增减挂钩指标1897公顷。加强执法监察，对违法用地行为保持高压态势，用地秩序持续好转，违法占用耕地面积比例较低。全市月度卫片执法161个问题整改到位137个，整改到位率85.09%，全省居前，市本级及各县（市、区）均无被约谈问责情况；全市下发月清违法用地76宗，均达到月清标准，月清率100%；全市确认上报的24宗210栋违建别墅项目全部核销；整改耕地保护督察问题698个，到位率99.29%；完成农村乱占耕地建房问题摸排及上报等工作。严格管理矿产资源，完成砂石土矿专项规划编制，切实做好自然保护地采矿权退出工作，4个省级发证矿山签订关闭协议两个；4个市级发证矿山全部退出注销；7个县级发证矿山注销5个。绿色矿山建设有力推进，24家矿山完成绿色矿山建设方案的编制和评审，新增3家省级绿色矿山。推进生态保护与修复，自觉担牢担实“守护好一江碧水”历史责任，修复长江经济带废弃露天矿山133个，面积476.27公顷，全面完成省定任务。高质量完成“三调工作”，完成初始调查成果的整改和完善、“三调”统一时点更新，更新成果作为全省第一批成果上报国家核查，顺利通过国家级内业核查。坚持把“月清三地”作为土地管理的重中之重，解决土地粗放利用状况和建设用地低效闲置现象，全年全市完成闲置土地处置面积985.38公顷，处置率为76.93%，完成批而未供土地处置面积1182.3公顷，处置率为61.34%，均达到省厅50%考核标准；近4年供地率全面达标。“月清三地”工作受到省通报表彰。

【自然资源和规划领域民生实事】 2020年，市自然资源和规划局防灾减灾坚持技防与人防相结合，全市地质灾害隐患点保持“零死亡”，保障群众生命财产安全。“最多跑一次”改革。疫情期间坚守窗口，落实工程建设项目审批制度改革的各项措施，为企业群众提供优质高效服务；落实市委“最多跑一次”、优化营商环境专项巡察整改，18项整改问题，销号17项，建议移交1项；打通“互联网+不动产登记”，建设完成不动产登记综合平台；整合窗口、加速提速，不动产登记60分钟出证办理业务5000多笔，成功试点“交房即交证”“交地即交证”改革；全面开放测绘市场，启用“多测合一”信息平台，完成工程验收阶段“多测合一”改革，测量时间从35天缩减到16天，费用同比减少46.7%。脱贫攻坚。全系统结对帮扶的贫困村全部成功摘帽；履行督查责任，督查到位14个村，协调解决问题；做好行业扶贫工作，抓好异地扶贫搬迁后续拆旧复垦、确权登记等扶持工作，通过国检和省检。农村宅基地和集体建设用地房地一体确权登记全面完成，全市确权登记63万宗，100%完成任务，是全省提前100%完成任务的三个市州之一。营造良好居住环境。着力提升城市品质，开展中心城区违法建设集中整治行动，全年中心城区拆违2858处40.35万平方米。信访工作。依法依规解决群众合理诉求，房地产信访问题得到有效化解，全年接待群众来信来访53件390多人次，国家、部、省交办转办件79件，所有来信来访及时答复办理，100%办结。按照“依法依规、民生优先、实事求是、分类施策、标准兼治”原则，推进集中化解房地产办证信访突出问题专项行动，全市纳入77个楼盘，化解39个，化解率50.65%，完成省定30%化解率目标。

（易政南）

【不动产登记“160”改革】 2020年4月，全市启动新建商品房转移登记“60分钟出证、一次性当场办结”工作。凡2016年8月底后市中心城区完成首次登记房地产项目，申请办理新建商品房单房号转移登记的客户均可按照“60分钟出证、一次性当场办结”的流程予以办理。优化营商环境，推出电子证照、微信公众号、网上登记大厅、扫码缴费、科长带办、企业专窗、水电气联动过户、自助查询、跨区域受理、自助开具产权证明等20多项便民举措，方便办事企业和群众。

【房地产办证难题化解】 2020年7月，岳阳市成立市集中化解房地产办证信访突出问题专项行动领导小组，市长李爱武任组长。通过全面排查，全市有77个楼盘列入化解清单，涉及2.67万户。至年底，全市化解楼盘39个，1.1万户。市不动产登记中心提请市“跑改办”下发《岳阳市新建商品房“交房即交证”实施办法》。7月15日，以岳阳“祥源·城市之光”项目为试点，举办岳阳市首个“交地即交证”颁发仪式，把交地到交证时间压缩至1个工作日。8月30日，在“尚阳·香颂”新建商品房项目现场举行“交房即交证”首发仪式，业主在拿到新房钥匙的同时，领取不动产权证书。

【不动产综合平台建设】 2020年4月，市政府投入916万元启动不动产登记综合平台项目建设。8月底，投入使用。实现不动产登记“三个一”新模式，一个环节办理，办理效率提升2倍以上；一个平台审核，审核效率提升5倍以上；一个网络贯通，实现“不见面”业务办理。综合平台的应用，极大提升登记的效能和便利度，平均办结时长压缩至1.25个工作日。

（曹　娟）

2020年7月15日，岳阳市举办全市首个“交地即交证”颁发仪式

口岸管理

【概况】 2020年，岳阳市人民政府口岸管理办公室（简称市口岸办）克服中美贸易摩擦、国内外疫情持续影响等不利因素，主动作为，岳阳口岸工作成绩显著。推进口岸大通关建设，多措施优化口岸营商环境，支持配合自贸区申报，服务港航企业吸引省内外货源，城陵矶口岸集装箱吞吐量继续实现正增长，达到50.87万标箱，比上年增长0.4%，全省口岸工作排名第一位、全省打击走私综合治理排名第一位（连续四年）、全省优化跨境贸易营商环境排名第一位，优化营商环境、首届湖南（岳阳）口岸经贸博览会等工作获市政府办通报表扬。

【打击走私综合治理】 2020年，市口岸办发挥市打击走私综合治理领导小组指挥、协调职能，印发《岳阳市2020年反击走私综合治理工作要点》《岳阳市打击走私“国门利剑2020”联合专项行动工作方案》。开展“蓝天保卫战2020”等联合行动，组织召开全市打击成品油走私综合治理会议，实施对来源不明冻羊肚25吨生态销毁处置，办结“两简”及一般行政案件14起，侦办首例价值3亿元的涉嫌走私平行进口汽车案件和直升飞机走私案，有力地打击过境走私犯罪行为，全省打击走私综合治理考评连续四年排名第一位。

【推进城陵矶港危化品出口通道合法化】 2020年，市口岸办向市政府省政府专题汇报，研究加快推进城陵矶口岸烟花爆竹出口通道建设的措施，争取省、市政府的重视支持。省政府两次召开专题会议，提出解决问题的具体措施，明确省直相关单位的具体职责，省、市政府协调好项目用地和建设资金等重要问题。市口岸办协调推进湖南城陵矶新港区格石岭调整规划，烟花爆竹等危险品出口通道建设进入快车道，解决困扰城陵矶口岸多年来烟花爆竹出口通道没有合法资质的问题。

【跨境贸易营商环境】 2020年，岳阳口岸全面实施“两步申报”，大幅精简进出口环节验核监管证件至33种，取消3项海关行政审批事项，出口食品生产企业注册改为备案管理，优化报关企业注册等一批事项的监管程序。7月，市口岸办组织市直相关部门、各县（市、区）外贸管理人员和外贸企业等负责人及业务员200多人参加业务和政策培训。9月21日，牵头组织相关单位到长沙参加考评，完成国家口岸营商环境评价48项指标的考核填报工作。11月，指导相关企业完成全国营商环境评价调查。12月，配合省优化营商环境考评工作小组完成对岳阳市跨境贸易指标抽选的10家进出口企业进行现场考评及问卷调查。年底，岳阳海关通关时间出口为0.06小时、进口为3.31小时，只有全国平均通关时间的1/6和1/3。

【港航企业服务引导】 2020年，市口岸办落实省政府“推进全省交通运输结构优化调整”战略，组织相关单位到常德市、衡阳市等地联合召开优化航运物流模式推介会。配合城陵矶新港区成功召开湖南省进出口企业港航物流对接会，牵头组织城陵矶新港区、省港务集团、船运公司组成专班到省内外重点企业对接，推介岳阳口岸区位优势和航运物流优惠政策，制定大宗货物中转物流方案，主动引导省内外集装箱货物从城陵矶口岸进出。10月，贵阳综保区与城陵矶综保区签订合作协议，首次170个集装箱粮食通过城陵矶口岸进口，经铁路中转运往贵阳。在境外疫情严峻、国际贸易严重下滑等多重影响下，城陵矶口岸集装箱吞吐量仍超过2019年。

【航运物流发展补贴资金】 2020年，市口岸办向市政府汇报，并与省发改委、省交通运输厅、省财政厅、省商务厅（省口岸办）等部门汇报对接，争取加大对城陵矶口岸财政支持力度。以市政府文件形式向省政府请示，请求省政府出台关于航运发展财政补贴政策。9月10日，省政府召开专题会议，明确连续五年每年给岳阳1.6亿元补贴资金，用于支持城陵矶口岸航运物流加快发展。牵头起草《岳阳市促进城陵矶口岸航运物流加速发展奖补措施》。10月28日，市政府第44次常务会议审议通过该奖补措施，正式印发实施。

【岳阳三荷机场航空口岸申报】 2020年初，岳阳三荷机场航空口岸申报工作领导小组，启动航空口岸申报。聘请咨询公司，开展编制《岳阳口岸“十四五”规划》，制定申报工作初步方案。争取岳阳三荷机场航空口岸申报纳入《湖南省口岸发展“十四五”规划》和国家口岸办“十四五”规划。12月21日，市政府率市口岸办、岳阳海关、三荷机场等相关部门单位到宁波、义乌等地考察航空口岸申报建设。

【城陵矶口岸海外直航】 2020年，市口岸办重视海外直航工作，成立专门队伍，争取政策层面的支撑，提高海外直航财政补贴力度。湖南省浏阳市调研烟花爆竹出口通道和出口产量情况，协调对接航线运营方参与直航，对接广州宏光实业集团在自贸区注册成立湖南港通船务有限公司，帮助两艘江海轮在岳阳注册落户，申请航线资质等。组织开展疫情防控演练，加强口岸一线疫情防控设施建设，协调做好烟花爆竹原产地监装、口岸放行等工作。

【口岸新冠疫情防控】 2020年，市口岸办主动协调岳阳海关等联检单位开展口岸新冠疫情防控工作。根据疫情发展情况，多次协调申请特殊疫情防控物资，加强口岸一线疫情防控机制、防控措施的检查督促。特别是在冻品领域出现疫情预警的情况下，加大相关设施设备消毒、检测工作，支持解决进口肉类查验平台运营公司10万元疫情防控工作经费，保障城陵矶口岸全省唯一国际航运物流通道安全畅通。

【首届湖南（岳阳）口岸经贸博览会】 2020年10月29日，首届湖南（岳阳）口岸经贸博览会在岳阳市开幕，长江水运口岸发展论坛、航空货运发展论坛、中欧班列高质量发展论坛同时举办。经贸博览会以“繁荣口岸经济，促进开放崛起”为主题、以加快打造口岸发展交流、招商推介、商品展览展示三大平台为主要目标，加快提升口岸服务水平、扩大进出口贸易、促进产业项目招商。博览会期间，促成59个重大项目成功签约，项目总投资308亿元。

（郭柒军）

海　关

【概况】 2020年，岳阳海关坚持“基层基础、效率质量”，深化“五关建设”，服务湖南“三高四新”战略部署，突出打好疫情防控阻击战，提升海关业务能力水平。全年审结进出口报关单5.08万票，同比增长19.53%，税收入库18.95亿元，审批征免税证明9份，办理税收担保129票，办理退税83票，签发原产地证1262份。

【海关实际监管】 2020年，岳阳海关加强实际监管，把好国门关口。口岸监管查验。全年查验货物1089批，查获问题报关单79票，查获率7.3%，其中，移交后续立案处理2票，退运销毁处理18票，补证及检疫处理后放行处理28票，补税处理9票、补税3.48万元。检出不合格进出口货物24批、货值981.24万美元，抽检进出口食品48批、检测253项次，检出粗榨菜籽油不合格2批次并作退运处理。加强口岸烟花和危化品监管，全年无事故；稽核查业务。办结稽查作业9起、核查作业55起，稽查发现问题5起、追补税款40多万，核查发现问题数20起，办理主动披露两起。

【检验检疫】 2020年，岳阳海关有效筑牢口岸检疫防线。新冠肺炎疫情口岸防控。开展口岸进口冷链食品及包装新冠病毒监测，全年监督消毒海运集装箱178个。国门生物安全。加强口岸动植物检疫，全年截获有害生物34种、59种次，其中检疫性有害生物16种次，截获的糙果苋为湖南口岸首次发现。外来有害生物安全监测及病媒生物监测。监测布点428个、监测2518点次，进一步摸清口岸本底情况。

【海关打击走私】 2020年，岳阳海关持续保持打私高压态势。牢固树立隶属关长打私“第一责任人”意识，深化“全员打私”；推进反走私综合治理，全年会议研究打私工作4次，推动召开岳阳市成品油走私综合整治“守卫”专项行动部署暨规范成品油市场管理工作会议。全年累计移交各类案件线索15条，办结“两简”及一般行政案件14起，助力侦办长沙关区首例涉嫌走私平行进口汽车案件，涉嫌偷逃税款约3000万元。

【海关服务经济发展】 2020年，岳阳海关多举措服务开放型经济发展。统筹疫情防控和促外贸稳增长，助力企业复工达产，服务新金宝等重点企业全面量产；抓实“两步申报”“出口提前申报”等改革创新举措落地生效，压缩货物整体通关时间；推动“三区一港三口岸”建设，助推岳阳自贸片区顺利起步，保障跨境电商1210业务实现零的突破，着力放大粮食、机动车辆、肉类等指定口岸监管场所平台优势。全年粮食、汽车和肉类进口金额累计130.6亿元、同比增长

110.2%，占全市进口总值的55.6%；其中，肉类进口增长49.4%，粮食进口增长280.2%，进口汽车4281辆、货值11.6亿元。推动港口转关转运，保障新增百万吨粮食转关和3.7万吨棉花进口需求。

【科技兴关】 2020年，岳阳海关坚持科技兴关，发挥科技支撑作用。推进执法行为标准化、进系统、留痕迹、可追溯，全面实行H986智能审图、集中审像，推广运用“金关二期”、智能卡口系统。探索运用科技手段解决查验监管中的问题，“AR眼镜在危险化学品现场监管中的应用”“物联网技术在抽样送检监管中的应用”“岳阳城陵矶综保区行政卡口车辆视频结构化项目”3个微创新项目通过验收，升级改造集中审像系统，监管效能得到大幅提升。

（甘 博）

出入境边防检查

【概况】 2020年，中华人民共和国岳阳出入境边防检查站（简称岳阳边检站）抓疫情防控、抓主责主业、抓安全稳定，服务岳阳经济社会发展大局，较好完成各项工作任务。1个集体被评为疫情防控先进集体，3人分别获得嘉奖和先进个人，1名民警被评为边检业务能手“季度之星”，1名青年被评为岳阳市优秀共青团员称号，5人获嘉奖和三等功。

【城陵矶口岸管控】 2020年，岳阳边检站贯彻落实上级《关于加强新时代边检工作的实施意见》，主动牵头与岳阳海关、长航公安局岳阳分局、市武警支队、市公安局监管支队、警官培训中心等单位协作联络，就警务协调、情报信息共享、应急突发事件联动处置、送看送拘协作等达成共识，以备忘录形式明确，构建警种、警地、警民三级联勤联动协作机制，促进反恐维稳工作，打击口岸各类违法犯罪，促进口岸全面扩大开放，维护口岸政治和社会治安大局稳定奠定扎实基础。相关经验做法被中央级媒体人民法治网、国家移民管理局《移民管理理报》刊载转发。

【边检全警实战大练兵活动】 2020年，岳阳边检站围绕“能力素质提升年”核心主线，以全警实战大练兵活动为抓手，强力推进民警能力素质提升工程。稳思想。开展“坚持政治建警、全面从严治警”教育整顿活动，组织开展政治教育、政治学习、排查整改等各类活动，全面夯实队伍的思想根基。关注疫情背景下民警职工心理和思想状态，及时邀请专家开展后疫情时代民警心理健康授课，实时关注和干预民警思想和心理状态，切实维护队伍安全稳定。严纪律。常态化落实观看警示教育片、一案一通报、廉政短信提醒、实地场景参观等警示教育措施，开展涉酒、涉赌、涉毒、违规经商等各类排查整治活动。强素质。开展全警实战大练兵活动，组织开展“100天突击边检5000题”“10天英语强化训练营”“一对一”帮扶执法资格考试等学习活动，持续强化学习效果，建强职业队伍。常态化组织开展警务实战训练、疫情防控技能培训、防汛救灾培训。12月20日，以优异成绩全员通过总站年度全警实战大练兵考核。

（胡俊宝）

应急管理

编　辑　刘兴汉

安全生产

【概况】　2020年，全市安全生产形势持稳向好，全年安全事故起数和死亡人数持续保持“双下降”，危险化学品、非煤矿山、烟花爆竹三大领域保持“零事故”，防灾减灾救灾有力有序有效，市应急管理局被评为2020年全省防汛救灾先进集体，在市八届人大常委会第30次会议评议市直相关部门中，满意率100%，机关第一党支部被评为全市20个基层党建示范单位之一。

【安全生产整治】　2020年，市应急管理局出台“1+2+13”安全生产专项整治三年行动方案，部署开展危险化学品、非煤矿山、有限空间、外包业务、马路市场、在建工地、消防、油气输送管道等13个领域安全专项整治。开展“强执法防事故”行动，坚持监管执法月度讲评、排名、通报机制。对工矿商贸类一般生产安全事故一律实行挂牌督办；举办全市工业园区有限空间作业、外包业务安全监管专题培训会议，深化省、市级安全生产示范乡镇创建活动。在市级主流媒体开设“安全生产专项整治”“曝光台”专栏。

【应急处突】　2020年，市应急管理局落实“1+1+1+N”值班值守制度，建立“三全”（全方位、全领域、全天候）应急指挥机制。印发《关于做好应急预案编修工作的通知》和《关于集中组织开展安全生产应急大演练活动的通知》，编制修订涵盖自然灾害、事故灾难等各类应急预案，开展安全生产、消防、森林防灭火等各类应急演练2000多场次，成功处置临湘市长安阁污水涵洞塌顶重大险情，应急救援实战能力得到提升。印发《岳阳市安全生产类突发事件应急响应暂行办法》，举办全市应急处突培训班。

（王炎坤）

防震减灾

【概况】　2020年，岳阳市地震局（简称市地震局）坚持以防为主、防抗救相结合的综合防灾减灾理念，强化地震监测台网建设，简化行政审批手序，规范地震安全性评价管理，加强农村民居地震安全工程管理，推动防震减灾科普示范学校和综合示范社区创建，创新开展防灾减灾日等重要时段的科普宣传工作，推动全市防震减灾工作发展。被省地震局评为全省市州防震减灾工作综合考核优秀单位，湘阴县应急管理局被评为全省县（市、区）防震减灾工作综合考核先进单位，临湘市应急管理局被评为全省县（市、区）防震减灾工作综合考核优秀单位。

【地震监测台网建设和运行】　2020年，市地震局在中国地震局第一监测中心的指导下，起草公田跨断层短水准测量场地建设初步技术方案，与当地国土规划部门、公田镇沟通对接，初步达成《关于共同推进岳阳公田跨断层地震观测测线建设的协议》，推进公田测线迁建前期工作。与市气象局沟通协调，在风雨山气象观测站建设地震预警站。1—12月，临湘市、汨罗市测震台和临湘、湘阴地球物理台运行连续率保持较高水平。

【自然异常现象处置】　2020年2月14日，平江县南江镇显高村田间地头出现大量彩色蟾蜍聚集现象。部分村民把该现象拍摄并发布在网上，引发热议。收到舆情后，市地震局迅速响应，第一时间向省地震局监测预报处报告，同时与省林业厅专家和中南林业科技大学教授进行联线综合研判认定为非地震宏观异常，研判结果通过政府网站发布，及时消除社会恐慌。

【地震行政审批】　2020年，市地震局按照“最多跑一次”和行政许可“放管服”的要求，全面落实湖南省和岳阳市关于工程建设项目审批制度改革各项工作要求，参加规划与建筑方案评审会11次。

【地震安全性评价】　2020年5月18日，市地震局出台《关于推进岳阳市区域性地震安全性评价工作的建议意见》和《关于督促地震安全性评价中介机构提交从业条件佐证材料的函》，保障区域性地震安全性评价工作在全市的推进。至年底，岳阳市6个园区区域性地震安全性评价工作全部完成。

【农村民居防震安保】　2020年，市地震局通过举办防震减灾科普知识讲座、开展工匠培训、建设图纸设计、现场施工指导等方法，推动农村建设抗震民居。指导建成抗震房270栋，湘阴县岭北镇柳江村和临湘市龙窖山村集中建房点被列为省级农村民居地震安全工程示范点。

【防灾减灾日宣传】　2020年，市地震局把防灾减灾日宣传活动与应急宣传周活动结合起来，市、县联动搞好防灾减灾日宣传。5月12日，与市应急局、市气象局、市水务局等单位在南湖广场前设点宣传，发放各类宣传资料500多份，播放防震减灾应急知识宣传光碟2套，展出应急知识宣传板10多块，接受现场知识咨询20多次。临湘市地震办公室通过摆放防震减灾知识和法规展板、发放《临湘市公众应急科普宣传手册》《地震知识问答》等宣传资料小册子和解答群众提出的疑问等方式，向前来参观和咨询的群众宣传应急逃生、自救互救的技能，接待咨询群众100多人次，发放各种宣传小册子200多册。华容县地震办公室在县城市广场悬挂宣传横幅4条，展出宣传展板2块，发放宣传资料100份，邀请县地震台专家进行防震减灾知识现场咨询答疑，现场咨询答疑50多人次。湘阴县地震办公室联合县应急管理局、县教育局、县住建局、县科协、蓝天救援队等单位在湘阴县滨湖学校举办“全国第十二个防灾减灾日暨国家级防震减灾科普教育示范学校授牌与应急疏散演练”活动。4月29日至5月12日，平江县地震办在石浆中学、思源中学、县第一人民医院组织防震减灾应急疏散演练。

【防震减灾科普示范创建】 2020年，市地震局与市教育局联合指导创建省级防震减灾科普教育示范学校1所（岳阳县张谷英镇中心小学），与市应急局、市气象局联合指导创建国家级综合减灾示范社区两个（岳阳县荣家湾镇粤西社区、岳阳楼区吕仙亭街道办事处芋头田社区），省级综合减灾示范社区4个（华容县操军镇湖城村、岳阳楼区五里牌街道新城社区、临湘市聂市镇红土村和汨罗市山川坪镇高家坊村）。

（陈晓雷）

防汛抗旱

【概况】 2020年，全市水旱灾害防御以洪涝灾情为主，入汛后，全市防汛形势复杂严峻，发生13次强降雨过程，部分地区降雨量超历史极值，洞庭湖区发生中华人民共和国成立以来第五位、21世纪以来第二高洪。面对暴雨高洪，全市贯彻上级决策部署，按照市委、市政府“提早一步、提高一档”设防要求，把防汛抗灾作为压倒一切的头等大事，做到“湖区严防麻痹、山区防侥幸”，严阵以待、严密部署、严防死守，突出山区防灾、湖区防洪、城镇防涝等三个主战场，打好防汛抗灾持久战。全市围绕防汛抗旱“五个确保”工作目标，全力发挥水旱情监测预警、水工程调度和防汛抢险技术支撑等水旱灾害防御职能职责，全市没有出现大的险情，没有发生人员伤亡事件，防汛抗灾取得全面胜利。

【雨水险灾情】 2020年汛期（4—9月），全市雨水情呈现降雨明显偏多、时空分布不均，湖区水势涨落明显，堤垸全面超警，山丘区蓄水呈现前少、中平、后多的特点。汛期（4月1日8时至10月1日8时），全市累计面上平均降雨量分别为1909.1毫米、1295.1毫米，较历年均值1439.1毫米、958.4毫米分别偏多32.6%和35.1%，呈明显偏多格局。入汛以来，全市发生13次比较明显的雨洪过程，部分县（市、区）造成较为严重的洪涝灾害。受强降雨影响，全市58个堤垸有56个超警戒水位（长江民生大垸和汨罗江湖溪垸未超警），超警总堤长1043.6千米。持续高洪水位导致湖区堤防险情不断，特别是管涌、散浸险情多发频发，汛期收集险情206处，涉及堤段419千米，其中管涌101处、散浸52处、滑坡15处、风浪险13处、涵闸险9处、漏洞蚁穴险9处、泵站险3处、裂缝险两处、崩岸险1处、漫溢险1处。全市12个县（市、区）137个乡镇93.6万人受灾，农作物受灾面积12.82万公顷，直接经济损失16.55亿元，其中水毁水利设施经济损失6.25亿元。

【水利基础工程】 2020年入汛前，123个水利工程项目全面完工。加固中小型水库88座，加固堤防96千米，疏浚河道101千米，清淤沟渠6164千米，改善灌溉面积1.73万公顷，新增改善除涝面积0.6万公顷，新增供水受益人口19.53万人。推进洞庭湖北部地区分片补水应急实施工程——岳阳市长江补水工程，临湘市黄盖湖防洪综合治理，华容县君山区蓄洪安全区建设等重点工程。

【防汛救灾】 2020年汛期，全市水利部门维护人民群众生命财产安全。在“7·7”强降雨中，全市出现特大暴雨5站，大暴雨121站，岳阳县新开站、马店水库超过300毫米，临湘市、岳阳县、平江县组织转移群众2616人；市中心城区提前开启所有电排泵站9530千瓦抢排渍水，城防指、城管、交警等相关职能部门及武警、消防等应急救援力量紧急出动，转移安置居民4867人，全市消耗砂石料82.68万立方米，彩条布208.4万平方米，编织袋536.2万个，出动车船3.3万次，巡堤查险处险投入劳力135万人次，累计消耗资金3.06亿元。

【汛期保障】 2020年汛期，市防指明确“三队”人员3.4万人、召集抢险专家1093人、集结抢险队员1.65万人；调集武警、消防官兵573人；备足砂卵石101万立方米、编织袋733万个、彩条布435万平方米、土工布22万平方米、钢筋笼139个、砼四面体492个；全市开采应急砂石49.05万吨，55条“以船代仓”自卸驳、986辆“以车代仓”卡车满载砂卵石14.6万吨，全部摆放到薄弱堤防和险工险段；备有直升飞机1架、冲锋舟121艘、橡皮艇12艘、潜水装备6套，确保抢险物资充足。7月以来，国家防总、国家粮食和物资储备局向岳阳防汛仓库发出14道调拨令，调拨转运编织袋485万条、土工布45.5万平方米、拖车式抽水泵站14台，全部及时调拨到位。

【抗旱减灾】 2020年，全市旱灾仅有5—6月在汨罗市、平江县、岳

2020年7月26日，武警官兵紧急处置岳阳县中洲垸管涌险情

阳县等山丘区个别乡镇先后有旱象露头，但在后期大范围降雨影响下，没有出现大的旱灾发生。针对水旱灾害频发的市情，市、县两级水利部门前期做大量防旱抗旱工作。科学编制抗旱预案。市、县（市、区）针对往年抗旱暴露的问题和旱情新特点，逐步完善各类抗旱预案。全市所有大中型水库在4月下旬前均重新修订完善《水库调度规程》，对抗旱调度用水制定适宜的计划；对现有蓄水和灌溉设施进行维修、配套和改造。因地制宜兴建一批小型蓄水、引水、提水等应急抗旱设施，适时储备抗旱水源；优化调度各类水利工程，提前搞好设备维护。在主汛期到来之前，市本级防汛物资仓库和有防汛抗旱服务队的县（市、区）水利局安排专人对仓库内储存的抗旱设备进行维护和保养，确保抗旱设备“不带病上岗”；主动与气象部门联系，适时开展人工增雨作业。从3月6日开始，市人工影响天气办公室组织两支作业小组长驻铁山库区，开展常态化水库增蓄水人工增雨作业。3月25日，安排一支火箭作业队伍进驻君山炮点，与君山区防办联合开展人工增雨作业，保障早稻育秧播种用水需求。3月8日，铁山库区甘田炮点率先开展火箭人工增雨作业。根据市防指调度安排，分别于3月26日、3月27日、6月27日、7月2日、7月7日等时段开展人工增雨作业。3月27日在君山区作业后，作业区域普降中雨，君山区良心堡最大降雨量15.9毫米，缓解当地春耕春播农业用水压力。7月7日12—17时在铁山库区先后人工增雨作业3次，作业后库区普降暴雨到大暴雨，铁山水库站点24小时降水量达到169.2毫米，累计增加水库蓄水量逾3000万立方米。全市开展人影作业27次，发射火箭弹61枚。

【水库塘坝蓄水】 2020年，全市降雨总体偏多，水库塘坝蓄水量呈“前少、中平、后多”的趋势。4月30日，山丘区水库塘坝总蓄水量9.58亿立方米，占应蓄的51.5%，较历年同期偏少23.7%。7月30日，全市水库塘坝总蓄水量14.19亿立方米，占应蓄的76.3%，较历年同期偏多6.3%；12月30日，全市水库塘坝总蓄水11.48亿立方米，占应蓄的61.8%，较历年同期偏多26%。6月底至7月中旬强降雨期间，全市山丘区有400多座小型水库溢洪，24座大中型水库蓄水量明显恢复性增加。铁山水库受降雨偏丰影响，蓄水量增加较多，为2021年春季城镇供水和农业灌溉供水蓄足水源。

【人工增雨作业】 2020年3月6日开始，市人影办组织两支作业小组长驻铁山库区，开展常态化水库增蓄水人工增雨作业。3月8日12时50分，铁山库区甘田炮点率先开展火箭人工增雨作业，打响2020年岳阳人工增雨第一炮。3月25日，安排一支火箭作业队伍进驻君山炮点，与君山区防办联合开展人工增雨作业，保障早稻育秧播种用水需求。市人影办分别于3月26日、3月27日、6月27日、7月2日、7月7日等时段开展人工增雨作业。其中3月27日在君山作业后，作业区域普降中雨，君山区良心堡最大降雨量15.9毫米，缓解当地春耕春播农业用水压力。7月7日12—17时在铁山库区作业3次，作业后库区普降暴雨到大暴雨，铁山水库站点24小时降水量169.2毫米，累计增加水库蓄水量逾3000万立方米。全年全市开展人影作业27次，发射火箭弹61枚。

（蔡缔家）

消防工作

【概况】 2020年，全市消防救援队伍围绕“规范抓建年”“提质强能年”“基层建设年”主题，着力提升防范化解重大安全风险和应对处置各类灾害事故的能力，岳阳消防救援事业稳步发展，全市火灾形势持续平稳。1个集体、4名个人获省部级以上表彰，231名指战员立功受奖。被评为全市综合绩效、平安建设、安全生产先进单位，“文明标兵单位”，南湖消防站被评为岳阳市“青年文明号”，3名指战员获得市“青年五四奖”和“青年岗位能手”称号，1名留鄂抗疫消防员获得“鄂州市荣誉市民”称号。华容县、云溪区、临湘市被评为2020年度全省安全生产和消防工作优秀单位。

【灭火救援演练】 2020年，市消防救援支队立足“全灾种、大应急”职责，构建岗位练兵层次化、营区训练规范化、指挥体系实体化、作战响应精准化“四化”练兵机制，获得全省消防冬训考核第一名和夏训比武第三名，消防员向骄阳被评为全国消防年度“训练标兵”。深化石化、高层、水域、地震4支专业队伍建设上，建立建强应急通信保障、模块化战勤保障、低温雨雪冰冻救援、森林火灾扑救、抗洪救灾5支专业队。全年开展业务大讲堂12期，举办危化品处置、船艇操作员、车辆破拆技术、消防通信指挥等专门培训11期，指挥能力培训班3期；联合多部门在“高低大化密”等重点场所举行“全链条、全要素、全过程”大型综合实战演练11次，队伍作战效能大幅提升。研究制定《作战训练安全专项整治方案》，出台9项硬性措施，开展作战训练安全专项督查，组织安全员和紧急救援小组培训班2期，培训业务骨干150多人。圆满完成长江沿线、洞庭湖岳阳区域长达60多天的抗洪抢险任务，被评为全省“防汛救灾先进集体”。

【消防安全监管】 2020年，市委、市政府把消防工作纳入国民经济和社会发展“十四五”规划以及绩效综治、小康建设、乡村振兴、平安乡镇和平安社区创建体系，把消防模块纳入全市网格化管理服务平台。出台《老旧小区消防安全整治指导意见》《加强和改进新形势下乡镇街道消防工作的意见》《关于公安派出所做好消防监督工作的通知》。把消防安全专项治理纳入全市安全生产专项整治三年行动范畴同步部署推进，重点抓好消防车通道、电动车、娱乐场所、文物建筑、老旧小区等12个领域专项治理，召开公共娱乐、宾馆酒店、商（市）场、易燃易爆、学校等八类场所消防安全标准化管理现场观摩会。完成1711家重点单位和住宅小区消防车通道标线工作，检查单位7181家，“三停”102家，拘留7人，立案、销案重大火灾隐患单位

2020年6月19日，消防救援支队化工常态演练

146家，推动市政府彻底整治巴陵大桥市场群区域性火灾隐患，整治成效在全省做经验交流，相关案例被省司法厅评为优秀案例推荐司法部，消防安全专项整治三年行动工作经验被应急管理部消防救援局推介。全力护航复产复工，制定《消防执法便民利民服务七项措施》，出台《疫情防控特殊时期消防便民利企五项措施》，制定预案33个，派出指导组12个，开展“网上会诊”1500多次，援助消防装备器材价值50多万元，全力守护疫情防控大门。丰富消防宣传载体，建成“中央厨房”全媒体工作站，新建消防主题公园等宣传阵地14个，成立宣传服务队13支，打造“消防安全公开课”“消防安全云课堂”两大宣教直播品牌，吸引300多万名网友在线交流，微博、抖音稳居全省同类媒体前三甲，消防抖音号全年播放量突破1亿次，被评为抖音官方“突破奖”，位居全国新媒体第一梯队，公益广告《防患未然·幸福万家》获评应急管理部科普作品优秀奖。

（黄伟光）

疾病预防控制

【急性传染病防控】 2020年，全市确诊新型冠状病毒肺炎感染病例156例，死亡1例，发现无症状感染者29例。无甲类传染病疫情报告，报告乙丙类传染病23种，34262例，死亡34例。发病人数居前5位的分别为流行性感冒10529例、手足口病9885例、乙肝4574例、肺结核3188例、梅毒2289例。加强人禽流感监测工作，采集禽类交易市场环境标本40份，无H7N9阳性标本，未发现人感染禽流感病例。全市无狂犬病病例，动物咬伤就诊34106人次，全程接种狂犬疫苗33044人份。完成肠道门诊病例检索和检测975人次，完成外环境样品监测1167份，均无阳性报告。全市报告出血热病例33例，钩体病病例6例。全市无本地及输入性登革热病例发生。

【免疫规划】 2020年，全市常规疫苗接种率持续保持95%以上，继续保持无脊髓灰质炎状态；无乙脑报告、流脑报告1例。全市报告麻疹监测病例117例，其中麻疹确诊病例4例，较2019年同期下降93.1%（58例）。全市报告AFP病例14例，报告率1.41/10万，所有指标均达到国家标准。全市没有发生任何免疫针对性疾病的暴发、流行。全市报告疑似预防接种异常反应364例，其中一般反应334例、异常反应26例、耦合反应4例，均得到有效处置。组织疫苗补种率及接种率调查，均达到国家相关标准，岳阳县、岳阳楼区迎接国家相关检查并达标。组织召开全市预防接种工作视频会议，培训指导直达基层。在疫情期间及常态化防控情形下，全市没有因预防接种而造成新冠肺炎疫情蔓延。开展“4·25”预防接种日、“7·28”世界肝炎日等大型宣传活动。

【艾滋病防控】 2020年，全市艾滋病整体疫情保持低流行，免费抗病毒治疗人数不断增加，因艾滋病死亡人数不断下降。按现住地址统计，全市累计发现HIV/AIDS 2907例，累计死亡627例，全市新报告HIV/AIDS301例，死亡53例，发病构成以性传播为主（269例），占报告发病总数的89.37%。及时处理6起艾滋病病毒职业性原因暴露，及时提供暴露后预防用药、心理访谈和HIV抗体检测。

【结核病防治】 2020年，全市检出活动性肺结核病人2363例，其中，病原性阳性病人1210例，涂阴病人1107例。2019年同期全市登记病人2868例，治愈908例，完成疗程1766例，治疗成功2464例，治疗成功93.4%。报告肺结核患者和疑似肺结核患者的总体到位率达到99%，病原学检查阳性肺结核患者的密切接触者筛查率达到100%，肺结核患者病原学阳性率达到52%。耐多药肺结核高危人群耐药筛查率达到100%。病原学阳性患者耐药筛查率达到98%。报告学校结核病病例160例，岳阳县远志二中、岳阳经开区第十九中学及湖南民族职业技术学院发生学校结核病聚集性疫情，防治措施及时有效，学校疫情得到有效控制。围绕“携手抗疫防痨、守护健康呼吸”的宣传主题，开展第25个“世界防治结核病日”宣传活动。

【职业卫生】 2020年，全市完成1654例尘肺病病人的随访、2368家工业企业职业病危害现状项目调查、8740人次的职业性体检工作。对全市226家重点职业危害企业开展用人单位工作场所职业病危害因素监测，统计分析2020年全市职业健康检查、重点职业病的现状及发展趋势，提出有针对性的防控措施。开展职业病防治法宣传周、宣传月活动，促进广大劳动者职业健康权益保障。

【卫生监测】　2020年，全市完成食品安全风险监测及食源性疾病病例监测任务，采集化学污染物及有害因素监测食品样品823份、致病微生物样品430份，完成全市142家医疗机构的食源性疾病病例信息填报2052例，完成哨点医院采集的生物样本检测123份，上报（结案）食源性疾病暴发事件23起，无死亡。生活饮用水水质卫生监测工作遍及城区及农村，完成城乡生活饮用水检测样品1443个。

【地方病防治】　2020年，全市报告两例输入性疟疾病例。组织完成岳阳市地方病防治"十三五"规划终期评估报告、岳阳市地方病防治专项三年攻坚行动及终期评估工作及岳阳市《2016—2020年全国重点寄生虫病防治规划》执行情况终期评估自评报告。完成碘缺乏病病情监测工作，采集检测碘盐样2700份、检查1800名儿童尿碘含量及检查300名8—10周岁儿童的甲状腺容积。组织开展全国第27个"防治碘缺乏病日"宣传活动。超额完成"三热"病人2903份血检任务。

【慢性病防治】　2020年，全市完成脑卒中高危人群筛查与干预项目流行病学调查工作。全民健康生活方式行动第二阶段工作顺利启动，创建21个健康支持性环境，并全部通过省行动办验收。精神卫生实事项目进展顺利。全市在册严重精神障碍患者2.66万人，报告患病率为4.59‰，规范管理2.5万人，规范管理率为93.8%，面访人数2.59万人，面访率为97.19%。体检1.71万人，体检率64.12%，服药治疗患者2.6万人，服药率为97.73%，规律服药患者2.21万人，规律服药率为83.14%。5项工作指标达到国家要求并位居全省前列。完成"肿瘤防治宣传周""全国高血压日""世界精神卫生日""世界糖尿病日"等一系列主题宣传活动。

【学校卫生】　2020年，全市疾控部门落实学生常见病防治工作，代表湖南省参与"全国2020年新冠肺炎疫情对学生近视影响评估调查""湖南省儿童青少年眼健康信息管理平台"二期实验以及平台项目评估工作。完成88所学校2万多人学生常见病监测及健康影响因素现场调查工作。通过终期评估推进会、减盐调查员培训、健康环境营造等措施，为期三年的中英联合小学生减盐项目顺利收关，并获得项目方的一致认可。发放减盐宣传折页和手册8000多本、减盐干预工具200多套，完成198户受试者家庭500多人的问卷调查、体格检查、48小时尿液收集和分装等任务。

【健康教育】　2020年，岳阳市就"居家消毒""防控要点"等内容，以视频、文字、图片的形式制作20多部科普作品，利用抖音视频、公众号、日报、电视台等途径，全方位、全天候宣传。"以传播疾病预防控制理念，构建诚信卫生"为主题，针对新冠疫情防控、疫苗接种、儿童青少年近视等热点，专题制作《主播说疾控》专栏20多期，全年播放量117万多次。在湖南省宣传部等四部门组织的第二届湖南省优秀健康科普作品大赛中，中心报送的《主播说疾控》获得十佳作品大奖，其余作品获3个一等奖、5个二等奖、4个三等奖。

（吴志云）

【新冠疫情防控】　2020年，岳阳市按照"坚定信心、同舟共济、科学防治、精准施策"的总要求，聚焦"堵、查、隔、治、停、备、稳、督"防控策略，实施分区分级精准防控和依法科学有序防控，全市累计报告确诊病例156例，死亡1例，治愈率99.36%，仅用29天截断疫情传播链条，51天实现所有确诊病例治愈出院，连续379天无新增确诊病例，成功守住湖南"北大门"，全市经济在较短时间内实现从大幅下滑向快速恢复的转变。

联防联控。疫情防控聚焦"外防输入、内防扩散"目标，严把疫情"输入关""排查关""扩散关"和"隔离关"，全面构建联防联控、群防群治工作机制。加强水、公、铁、空等交通枢纽管控，筑牢织密交通防线。运用"网格化+大数据"手段，全面开展重点人员排查。严格禁止公共场所各类人员聚集活动，降低聚集性疫情风险。实行活禽交易市场季节性休市，严查野生动物经营。推行"大楼区"防控模式，较好解决四地区域交叉、步调不一的问题。创新"流调"工作模式，由公安机关牵头、疾控部门配合抓"流调"，较好解决"流调"不充分的问题。居家隔离对象实行"六个一"管理，提供"有密度、有力度、有温度"的服务。对全市监管场所、养老服务机构、儿童福利机构全部实行封闭管

2020年2月5日，市二医院抗击新冠疫情先锋队员前往君山定点救治医院

理，对救助站、精神卫生机构实行半封闭管理，确保重点场所不发生聚集性疫情。成立驻黄花机场联合专班，安排专人专车值守，闭环转运境外到岳人员。改进小区管理模式和实行首见报告制模式，筑牢群防群治的严密防线，较好解决发热病人难找、找到后难管理的问题。

常态化防控。岳阳市各级疫情防控指挥部优化防控力量，坚持每周例会调度和重大工作随时调度，11月9日起，全面实行集中办公和日报告制度。聚焦重点领域、重点人群、重点时段、重点环节，及时制定出台和调整完善常态化防控措施，实行清单管理，精准指导，压实“四方”责任。实行“人物同防”，加强境外到岳人员闭环管理、高中风险地区到岳人员排查管控和冷冻冷链食品监测溯源。加强医院预检分诊和发热门诊管理，落实首诊责任制，逢进必检，发挥“哨点”作用。民政服务机构、监管收治等特殊场所按照严于社会面要求管控，督促“三站一场”各类学校、集贸市场、宾馆酒店、娱乐场所、景区景点、药店等重点场所落实防控措施。强化预警监测，重点人群核酸检测应检尽检，高风险岗位人员每周定期检测，其他人群愿检尽检。至年底，累计开展核酸检测筛查56.9万人次，累计定期检测冷链食品、外环境及从业人员样本3.45万个，医疗机构污水和外环境样本8374个，均为阴性。强化防控能力建设，重新编制岳阳市新冠肺炎疫情应急处置调度指挥预案和相关处置方案，组织全员核酸采样等应急演练，培训医护人员2万多人。全市建成核酸检测实验室38个，日单管核酸检测能力7.3万份，设置核酸检测采样点3337个，采样人员2.2万人。全市组建流调溯源队伍66支，储备隔离医学观察场所251个、房间1.21万间，并进行规范管理。重要防疫物资如N95口罩、防护服等能满足满负荷1个月用量。备足医疗救治力量，制定市级方舱医院建设方案，市县两级定点医院储备ICU床位415张，收治隔离床位926张，完成35家发热门诊规范化建设，备足医护力量和设施设备。推进疫苗接种工作，组建新冠肺炎疫苗接种工作专班，制定《实施方案》，四次摸底确定全市第一、二阶段重点人群接种对象14.72万人，协调对接采购疫苗并推进接种工作。至年底，全市累计采购新冠病毒疫苗15.41万支，累计到货疫苗6000支，省下拨706支，第一剂累计接种4131人，第二剂接种1人。加强督查督导，以市纪委监委督查、市防控指挥部督查、部门综合督查和各线专项督查相结合的方式，对各县（市、区）、二级以上综合医院、民营医院、“三站一场”、冷链仓库、市场等开展近20次督查，排查隐患，督促落实防控责任。

【新冠肺炎医疗救治】 2020年，岳阳市第一时间整合全市医疗资源力量，确定12家定点医院，成立14个医疗专家组，集结968名医护人员。严格执行国家诊疗规范，推行日评估制度，针对患者病情差异，实行“一人一策”精准施治，制定个性化诊疗方案，对重症病例实行“一人一团队、一人一方案”管理，成功救治全省年龄最小的新冠患儿。突出中西医结合诊治，每个定点医院增加1名中医专家驻点指导用药，中医参与治疗155例，免费发放预防中药18万多份，有效提高治愈率，降低轻症转重症、危重症比率。全面加强各级医疗机构预检分诊、发热门诊、普通病房及医疗废物院感管理，开展全员培训，对新收治病人、医院存量病人和固定陪护人员进行新冠排查，实行关口前移，确保医疗机构内聚集性病例“零发生”，医务人员“零感染”。规范治愈病人出院后期管理和阳性无症状者健康管理，严防疫情反弹。出台激励关爱一线医务人员“暖心十条”。

【新冠疫情防控保障】 2020年，岳阳市强化组织、物资、经费、舆论、技术、纪律六项保障，制定下发防控技术指引文件50多份，市、县两级财政投入防疫专项资金11.3亿元，医保系统预付医保资金9875万元，划分党员责任区8700多个，选派2214名优秀党员干部进驻联点企业和项目一线担任“驻企防疫联络员”，全市问责一批失职渎职、不作为党员干部和公职人员，确保疫情防控措施有序有力有效落实。统筹网上网下和大事小事，统筹正面发声和舆情管控，及时准确发布疫情信息，市级召开新闻发布会3次，答记者问1次，在省级以上媒体发布稿件1.5万多条，以“村村响”、锣鼓队等方式，引导群众正确理性对待疫情，支持防控工作。聚焦决胜全面小康、决战脱贫攻坚，坚持分区分级，统筹推进疫情防控和经济社会发展。3月底，市领导联点的29个重大产业项目和66个投资亿元以上的省、市重点工程续建项目全部复工；全市规模工业企业、29家骨干物流企业及A级以上物流企业、建筑业和房地产企业等全部复工，得到国务院指导组、中办调研组、国办调研组和省委指导组的一致肯定。

（余定刚）

财政·税务

编 辑 曹春友

财 政

【概况】 2020年，岳阳市财政局（简称市财政局）落实中央、省、市决策部署，战疫情、抗汛情、保民生、促发展，实现“十三五”圆满收官，各项工作取得较好成绩。实现财政平稳运行。全市完成一般公共预算地方收入152.7亿元，同比增长1.7%，其中税收收入95.6亿元，下降0.6%，非税收入57.2亿元，增长5.8%。地方收入中非税占比为37.4%，较上年同期上升1.4个百分点。剔除砂石收入，全市非税占比为31.5%，实现收入质量持续提升的目标。全市完成一般公共预算支出539.2亿元，同比增长1.3%。服务经济社会发展。通过加大预算安排、整合统筹资金、向上争取资金等措施，支持市委、市政府确定的发展战略和重点工作。民生支出占比70%以上，教育、医疗、社保等民生支出持续增加，“三保”底线牢牢守住。保障疫情防控经费，全市累计投入资金14.8亿元，争取上级疫情防控专项资金额在市州排名第一位。综合绩效考评被评为全市先进，排经济管理类第一名。岳阳市和临湘市、华容县的防范化解风险、财政管理工作，被省政府真抓实干激励表扬。市财政局通过全国文明单位复检。抗击新冠疫情、防汛救灾、平安建设、机关党委党建、建议提案办理等15项工作获评市级先进。非税征收、预算绩效、信息宣传等19项业务工作进入全省财政系统先进行列。

【财政减税降费政策】 2020年，岳阳市实施财政资金直达机制，推动资金直达基层、惠企利民。发挥财政资金引导作用，支持“12+1”新兴优势产业链发展，支持出台“巴陵人才新政20条”。统筹5亿元国债资金，支持自贸区建设。建立全市域政府性融资担保体系，设立中小企业应急转贷基金，平均融资担保综合费率降至1%以下，有效缓解企业融资难融资贵问题。

【财政改善保障民生】 2020年，岳阳市支持居民就业，出台阶段性稳岗就业政策。支持发展公平优质教育，改善基本办学条件，落实学生资助政策，提高高中生均公用经费标准，支持城镇小区配套幼儿园专项治理。支持养老保障工作，推进工伤保险基金市级统收统支，提高城乡居民医保补助标准、城乡居民低保标准、残疾人“两项补贴”标准，及时拨付困难群众救助补助资金。

【政府债务风险防控】 2020年，岳阳市完成隐性债务年度化解任务，全市关注类债务只减不增，隐性债务化解任务累计完成203%。市本级年利率超过8%的债务基本清偿置换，全市和市本级债务率大幅度下降，守住“隐性债务不新增、‘三保’资金不断链、风险事件不发生”的底线。推进财政改革。贯彻落实预算法实施条例，推进预算管理改革。建立县级“三保”预算编制事前审查机制。试点“财审联动”协作共享机制，其经验在全省推广。上线政府采购电子卖场，累计成交额突破3.4亿元。发挥财评审核作用，严控公益性政府投资项目成本。优化国库集中支付，方便单位用款。推动非税收入收缴电子化，在全省率先启动往来票据收款项目目录管理试点。扎实推进市直单位经营性国有资产集中统一监管和划转。

【收入预算执行】 2020年，岳阳市完成一般公共预算地方收入152.7亿元，同比增长1.7%，其中税收收入95.6亿元，下降0.6%，非税收入57.2亿元，增长5.8%。受新冠肺炎疫情、减税降费等多重因素叠加影响，自2月起，全市地方收入同比均为负增长，12月实现由负转正。市本级地方收入47.2亿元，下降18.5%；县（市、区）地方收入105.6亿元，增长14.3%。税务系统103.7亿元，下降0.7%；财政系统49亿元，增长7.2%。全市地方收入加上上划中央收入162.8亿元，上划省级收入18亿元，完成一般公共预算收入333.5亿元，下降1.5%。其中：税收收入274.9亿元，下降2.9%。

【一般公共预算支出】 2020年，岳阳市一般公共预算支出539.2亿元，同比增长1.3%。其中市级支出98.7亿元，下降20.4%，支出下降主要是收入短收、落实支出压减、上级转移支付向基层倾斜等因素影响。全市主要支出有：一般公共服务支出58.4亿元，增长0.9%；公共安全支出19.8亿元，与上年持平；教育支出70.9亿元，增长2%；科学技术支出16.8亿元，增长45%；社会保障和就业支出67.6亿元，增长3.7%；卫生健康支出56.8亿元，增长9.3%；节能环保支出21.5亿元，增长8.3%；城乡社区支出54.1亿元，下降1.2%；农林水支出74亿

2020年3月，岳阳市召开本级债务管理工作会议

元，增长1.9%；住房保障支出20亿元，增长22.4%；债务付息支出13.8亿元，增长33.8%。

【财政争资争项】 2020年，岳阳市财政部门“加大争资争项力度，提高成功率和占比额”。市财政局出台争资争项绩效考评细则、建立争资争项月通报制度，传导工作压力；加强向上对接，实现疫情防控资金、债券资金、有利政策争取等方面取得突破；完善财政事前、事中、事后监管职能。全市累计争取中央、省级财政转移支付资金236.1亿元，新增政府债券资金126.2亿元，抗疫特别国债17.5亿元，特殊转移支付18.7亿元，各项争资在全省所占份额居市州前列。

【财政支出】 2020年，市委、市政府出台财税开源节流22条、严格财政支出管理15条和勤俭办一切事业18条等举措，对可能产生浪费和导致财政风险的行为进行明确规定，对工程项目监督、楼堂馆所、用餐、公务用车等方面进一步提出要求。市财政局对一般性支出和除基本民生及政策要求的专项统一压减10%。严控三公经费、培训费、会议费等，削减非刚性和低效无效支出。坚持严把财政评审关口，对所有报送项目进行投资控制。坚持优化支出结构，严格预算约束，强化执行管理，把保障“三保”支出摆在首要位置。坚持盘活存量资金，全面清理结余冗余资金，按政策收回单位结转结余资金4181万元。

【财政助力疫情防控】 2020年，市财政局支持疫情防控。第一时间启动疫情防控资金应急机制，开辟资金拨付“绿色通道”。全市累计投入疫情防控资金14.8亿元，确保患者不因费用影响救治，确保不因资金影响疫情防控。出台中小企业平稳健康发展十五条、应对疫情共渡难关五条等措施，阶段性减免企业养老、医疗、失业、工伤保险单位缴费，降低缴费基数，全力支持受疫情影响企业加快恢复运营。市本级拨付稳岗补贴合计6678万元，全市执行社保降费和减免政策为7000多家企业减负约13.89万元。

【财政助力脱贫攻坚】 2020年，市财政局向中央省厅争取资金，及时向下拨付到位，支持教育扶贫、健康扶贫、产业扶贫、就业扶贫、消费扶贫等政策落地见效。中央、省级下达市财政专项扶贫资金4.37亿元，同比增长18%。对11个县（市、区）扶贫资金使用管理情况开展专项检查，把2019年中央42个专项和省级36个专项纳入动态监控范围，提高资金监管实效。制定《岳阳市市级财政专项扶贫资金管理办法》，委托第三方评估机构，对2016年以来市本级安排的财政专项和县（市、区）扶贫资金进行绩效评价。

【国有资产保值增值】 2020年，市财政局确保国有资产保值增值。盘活资产价值。对市本级19家23宗闲置、低效运转的资产采取有偿处置措施，分两批定向出售给市融资平台公司，助推平台公司增资、增信、转型。提高资产利用效率。建立办公用房共享管理动态信息平台，对办公用房开展清理整改，统筹和调剂使用近4万平方米办公用房；建立公务用车服务共享管理信息平台，对车辆使用实行统一调度、统一管理。落实国有资产报告制度。向市人大常委会及省人大财经委调研组报告2019年度全市国有资产管理情况。做好国有资产保值增效。推进市直单位经营性国有资产集中统一监管和划转工作，对19家正处级单位所办企业58家实施脱钩移交；全面清理核查市级93家单位出租出借经营性资产，涉及资产744宗；对市本级13家涉改事业单位组织开展资产清查、资产核实、资产评估工作，依规依法分类处置相关资产。

【预算绩效管理】 2020年，市财政局加强预算绩效管理。做优事前绩效目标管理，全年审核183个部门整体支出，涉及资金48.52亿元，审核571个专项支出，涉及资金10.96亿元，跟踪审核目标数较上年同期减少13.13%，“花钱问效”成为常态。做实事中绩效运行监控，对预算单位部门整体支出和100万元以上专项资金实施监控。其中，1—9月对8个预算项目资金实施重点监控，涉及资金1.2亿元，支出实现率72.6%。1—11月，监控市本级支出84.75亿元。做强事后评价结果应用，组织对上年度4家绩效自评质量较差、重点绩效评价评分靠后的预算单位项目负责人进行集中约谈；跟踪督促16家责任单位落实问题整改；针对10个重点评价低效项目提出预算调整意见，建议调减项目预算资金1940万元。做严绩效管理责任约束，推动出台《岳阳市预算绩效管理实施办法》《预算绩效评价工作内部风险防控办法》。

【非税征管】 2020年，市财政局加强非税征管，全年执收各类非税收入27.85亿元（含市本级土地出让价款6.13亿元），同比增加7.73亿元。坚持把各项降费政策落到实处，全年规费性收入减少逾1.5亿元。实施财政票据全面年检。378家领用财政票据单位，全部纳入年度检查范畴，对不符合要求的限期整改，并对未缴收入予以追缴，追缴非税收入1516万元。规范财政票据领销管理，全年发放各类财政票据超过1610万份。推进收缴电子化，市属高校及市直中小学校实现移动缴费，近7万学生通过非税在线缴费平台缴纳学杂费；推进市政务中心“一窗受理”系统与非税征收系统的数据对接，实现城管系统规费等多项缴费网上办。

【国库集中支付核算】 2020年，市财政局办理国库集中支付业务161278笔，支付总额116.43亿元，其中财政直接支付支出3.45万笔，支付总额94.3亿元；财政授权支付支出12.64万笔，支付总额22.13亿元，同比增加20.89万元，财政授权支付支出占支出总额的19%，较上年度增长18个百分点。配合机构改革，做好市市场监管局、市自规局、市公安局三荷机场分局等64家新增、撤并、更名单位的国库集中支付单位零余额账户开设、撤销等工作。召开代理银行、市本级预算单位“放管服”改革业务对接工作会议，加强对业务经办人员的培训和指导；完善国库集中支付系统，新增单位授权支付转账功能。

【融资担保服务】 2020年，市财政局以市政府名义出台加强政府性融资担保体系建设文件，除临湘市外，与12个县（市、区）签订合作协议。市融资担保公司担保累计发生业务总量417户、20.64亿元。其中，融资担保238户295笔、17.77亿元；非融资担保96户、1.21亿元；小微企业信贷风险补偿基金83户、1.66亿元。全年新增融资担保业务总量225户、14亿元，同比户数增加164户、增长268.85%，同比金额增加10.24亿元、增长272.34%。全年解保69笔、4.14亿元，没有出现一笔代偿。担保业务规模在全省55家纳入融资再担保机构中排第三位，市州第二位。政策性融资担保平均综合费率为0.99%，处于全省最低水平区间，累计为企业降费让利1322万元。开展多层次综合金融服务，开发8个专项信用担保产品，投标担保、农民工工资担保等非融资性担保业务上线运行，小微企业信贷风险补偿基金全面推广。

【市领导研究部署财税工作】 2020年2月28日，市委书记王一鸥主持召开专题会议，研究部署财税工作。市领导李挚、谈正红、刘晓英等出席。会议听取市财政局、市税务局主要负责人汇报有关工作情况，与会市领导、市直部门就做好财税工作提出建议。3月31日，市长李爱武主持召开市本级政府性债务管理工作会议。市委常委、常务副市长李挚，市政府秘书长刘传汉，市直相关部门和市属平台公司主要负责人参加。会议听取市财政局关于当前市本级政府性债务管理工作面临的一些困难和工作建议汇报。与会人员就降低综合债务率、高息债务置换、平台公司转型等进行交流讨论。

【政府电子卖场全覆盖】 2020年5月20日，市财政局组织召集全市县（市、区）财政局政府采购管理部门负责人，部署推进政府采购电子卖场建设。28日，在《岳阳日报》、政府采购网和微信等传播媒介发布市政府采购供应商征集公告。政府采购电子卖场市本级及所有区县均上线，实现全覆盖。市政府采购电子卖场完成的累计交易额3.4亿元，累计订单数18873笔。

（高 飞 付 亮）

税 务

【概况】 2020年，国家税务总局岳阳市税务局（简称市税务局）坚持“高质发展、争创一流”主基调，统筹推进疫情防控和税收改革发展，服务“六稳”“六保”大局，市局机关连续六届蝉联全国文明单位，13个县（市、区）局实现省级以上文明单位全覆盖，被市委、市政府评为综合绩效考评先进单位、平安建设先进单位，实现“十三五”时期全市税收工作圆满收官。至年底，全市税务系统管理纳税人9.46万户，其中，企业纳税人4.13万户、个体纳税人5.33万户，增值税一般纳税人1.27万户。管理机关事业单位社保费缴费人2608户，城乡居民养老保险参保缴费人150万，城乡居民医疗保险参保缴费人469万。年纳税额亿元以上企业9户，年纳税额5000万至亿元企业33户。“十三五”规划时期，全市累计组织税收收入1386亿元，组织社保费及非税收入155亿元，税收收入较“十二五”规划时期增长32%。

【税务服务】 2020年，市税务局在抓实疫情防控的同时落实落细涉税服务。落实税收优惠政策，开展“用心用力用真情、全员全程全覆盖”送政策服务活动。组建191个小分队，对8.7万户纳税人实施网格化管理，编制9大行业（类型）优惠政策指引，推行“一类一策”“一户一策”服务，全年新增减税降费13.87亿元，其中，年内出台的支持疫情防控和经济社会发展税费优惠政策新增减税降费7.2亿元，2019年年中出台政策在2020年翘尾新增减税降费6.67亿元。开展“非接触式”办税，推广应用电子税务局，网上申报率98.47%，排名全省前列；免费邮寄配送发票业务10339户次；核准延期申报139户次，办理延期缴纳税款211户次13.87亿元。拓展税收大数据分析应用，向市县两级党委政府报送复工复产等专题分析材料22篇。

【税费收入】 2020年，全市税务系统组织各项收入（不含海关数据）3505636万元，同比增长0.94%，其中社会保险费收入530894万元，增长25.5%；其他非税收入（不含罚款）123299万元，增幅-0.4%。入库省政府考核地方级税收117.9亿元，超考核目标3.1亿元。总局口径税收收入2851444万元，同比下降2.55%。其中：国内增值税953178万元，同比下降6.1%；

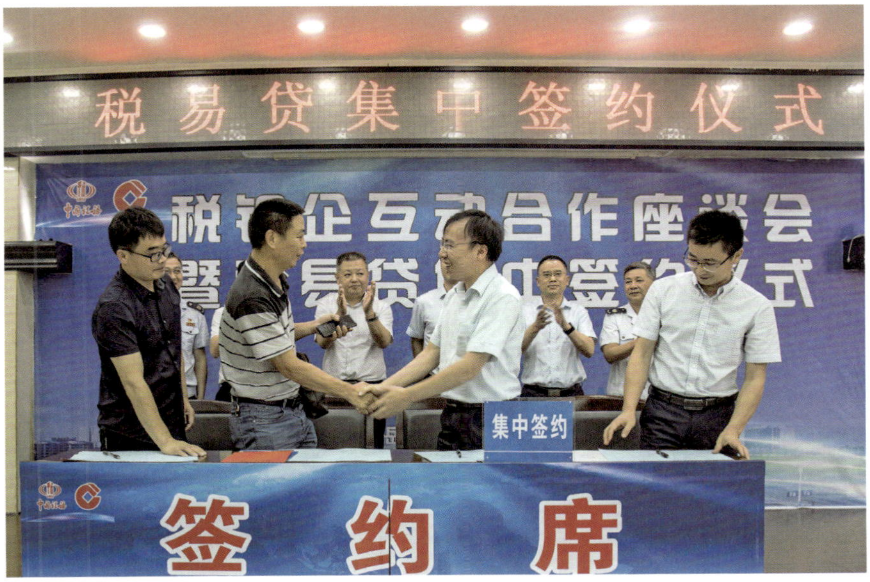

2020年7月15日，“税易贷”集中签约

国内消费税889726万元，同比下降1.8%；营业税487万元，同比下降72.4%；企业所得税294041万元，同比下降4.2%；个人所得税76789万元，同比下降0.8%；资源税8585万元，同比增长33.5%；城镇土地使用税49010万元，同比下降0.8%；城市维护建设税127373万元，同比下降2.7%；印花税18945万元，同比增长0.4%；土地增值税83671万元，同比增长2.1%；房产税31265万元，同比增长4%；车船税20588万元，同比增长11.2%；车辆购置税82577万元，同比下降7.7%；耕地占用税53700万元，同比增长55.9%；契税158418万元，同比增长2.6%；环境保护税3092万元，同比下降20.5%。

【税收改革】 2020年，全市税务系统持续深化增值税改革，专用发票电子化试点准备工作有序推进。个人所得税首个综合所得年度汇算清缴平稳收官，全市22.66万人参加申报，8.2万人完成退税近4000万元，个人所得税改革“三步走”圆满完成。国税地税征管体制改革纵深推进，企业社保费和机关事业单位职业年金平稳开征，“4+2”非税收入项目顺利划转，完成城乡居民医疗保险和养老保险征收任务，其中，医保参保率排名一类市州第二位，完成省政府小康指标考核任务。

【税务营商环境优化】 2020年，全市税务系统持续抓实税务营商环境优化工作。推行“三项制度”，统一公布权力责任清单，完成重大执法决定法制审核事项352起。落实“谁执法谁普法”责任制，开展税法宣传“六进”活动，税务干部学法考法合格率100%。统一15项简易程序处罚事项执行标准，规范自由裁量权。推出“便民办税春风行动”四大类20项措施，持续优化办税服务。提高出口退税质效，为173户出口企业办理退（免）税3.59亿元，平均办结时间压缩至两个工作日以内。“银税互动”受惠面不断扩大，完成3.8万户纳税人信用评价，发放信用贷款超过4亿元。线上线下开展税收宣传，打造“岳小蓝说税”系列短视频节目11期，推广“湘税通”智能咨询平台，开办纳税人学堂56期，辅导纳税人1.35万人次。成功创建两个“五星级办税服务厅”和两个“四星级办税服务厅”。在全省营商环境评价中，岳阳市纳税指标排名第三位。在全省税务系统纳税人满意度调查中，市税务局排名第四位。

【征管提效】 2020年，全市税务系统着力征管效能提升。夯实税源户籍基础，修改1.57万户纳税人2.94万条登记信息。企业所得税汇算清缴顺利完成，户数同比增加7950户，增长31.39%。加强消费税管理基础工作。车购税风险管理得到加强。完成土地增值税清算项目审核64个，清算税负率4.28%。房土两税清查新增税源641户年税额2772万元。《中华人民共和国资源税法》顺利实施。大企业“三张表”报送更加规范，国际税收管理得到加强。规范建安房地产、医药零售、驾校培训、加油站、住宿服务、汽车修理修配、混凝土制造7大重点行业税费管理，查补入库2.87亿元。加强税收风险管理，统筹风险应对有问题户数4215户，入库税款及滞纳金2.27亿元。发挥稽查堵漏增收作用，持续开展打骗打虚专项行动，严打“三假”，全年稽查立案93户，结案101户，入库收入3.6亿元。

（赵　伟）

金　融

编　辑　曹春友

综 述

【概况】 2020年，全市金融系统以服务实体经济为宗旨，抓协调、强监管、促融资、防风险，完成省地方金融监管局和市委、市政府部署的各项工作任务，全市经济金融总体保持平稳发展态势。至年末，全市各项存款余额3067.12亿元，同比增长11.7%，较年初新增308.11亿元，同比多增272.06亿元。各项贷款余额2465.13亿元，新增贷款471.3亿元，增速23.6%，贷款增量、增速均居全省第二位。至年底，全市实现保费收入97.4亿元，排名全省第五位；增速8.31%，排名全省第六位。全年累计证券基金交易额5773.5亿元，在全省排名第三位，同比增长51.17%，增速在全省排名第四位。融资性担保公司7家，累计担保金额17.02亿元；小额贷款公司9家，累计放贷3.97亿元。华文食品在深交所上市，全市以11家境内上市企业数排全省第二位；45家企业列入省重点上市后备企业名单；新增张奇品米业、华中天地环保科技等26家企业在湖南省股交所挂牌。年度平安建设中的防非处非工作、企业上市工作在省综合绩效考核中均列全省第一方阵。

【资本市场发展】 2020年，市委、市政府重视资本市场发展，企业上市工作纳入县（市、区）年度绩效考核。市级领导走访后备企业18家（次）、召开上市和上市后备企业座谈会各1次，听取意见建议，有针对性解决难题。市金融办主动引导、协调企业进军资本市场，增强发展动力。协调研究解决金叶众望、中创化工、长岭科技、龙舟农机、三兴精密6家后备企业的困难问题，对涉及股份制改造、土地房产确认、税费缴纳、证照补办等问题，手续齐全的及时办，手续不齐的协调联动办，有瑕疵的依法整改后帮助办，做到“一事一议”，帮助解决困难问题，畅通企业上市绿色通道。至年底，新增华文食品在深交所上市、26家企业在省股交所挂牌。全市有11家境内上市企业排全省第二；新三板挂牌企业9家；省股交所挂牌企业60家；省重点上市后备企业45家。

【政府债务化解】 2020年，市金融办加强协调，督促金融机构展期降息、不抽贷断贷，推动银行参与债务置换，市本级8%以上的高息债务基本置换完毕。整合各方资源，牵头推动岳阳交投集团打造成为AA+级信用平台公司，降低综合融资成本。

【政银战略合作】 2020年，市金融办推动市政府与省农行、省信用联社、省工行签订战略合作协议。10月27日，市政府与农业银行湖南省分行举行全面战略合作框架协议签约仪式。农行湖南省分行党委书记、行长陶伟梁，市领导李爱武、李挚、刘晓英，市政府秘书长刘传汉等参加。根据框架协议，未来3年，农业银行湖南省分行通过完善服务产品、加快金融创新，为岳阳市经济社会发展提供总额不少于300亿元的融资额度，主要在重大产业建设、开辟自贸片区高地、提升服务实体质效、拓展普惠金融范围、深耕乡村振兴领域、打造“智慧城市”等方面提供金融服务和支持。11月3日，市政府与省农村信用社联合社签订战略合作协议。省农信联社党委书记赵应云，市领导李爱武、李挚、刘晓英，市政府秘书长刘传汉等参加。签约仪式上，岳阳各农商行分别与企业代表、各区工业园签订授信意向协议，总授信金额136亿元，其中，岳阳农商银行拟向湖南自贸区岳阳片区授信100亿元。12月28日，市政府与中国工商银行湖南省分行战略合作协议签约仪式举行。中国工商银行湖南省分行党委书记、行长张慎，市领导李爱武、李挚，市政府秘书长刘传汉等参加。未来3年，工商银行湖南省分行还计划向岳阳投放不低于300亿元的资金总量。

【完善金融激励政策措施】 2020年，市委、市政府和市金融办出台“三个意见、五个通知、一个办法、一个方案”文件。即《关于进一步强化金融支持疫情防控和企业复工复产的实施意见》《关于进一步加强岳阳市中小微企业金融服务的实施意见》《关于加快企业上市的实施意见》；《关于加强政府性融资担保体系建设支持实体经济发展的通知》《关于进一步规范企业股改挂牌工作的通知》《关于进一步规范企业股改挂牌工作的通知》《关于加强中小微企业信贷融资担保增信服务的通知》《关于开展金融产品创新和推广活动的通知》；《金融机构支持地方经济发展考核暂行办法》；《岳阳市资本市场县域工程实施方案》等，基本形成一套抓经济、活金融、促发展的政策支持体系。按季度召开银行信贷形势分析会，通报各家银行投放情况，鼓励先进、鞭策后进。实行金融机构年度考核，评选金融支持地方发展贡献奖，考核结果与财政性存款等资源分配挂钩，市政府安排专项资金予以奖励。

【银企对接平台搭建】 2020年，市金融办搭建银企对接平台，服务经济发展。5月15日，牵头组织的岳阳市银企对接会暨重大产业项目融资签约仪式在南湖宾馆举行，市长李爱武参加。会上，岳阳市融资担保公司与12个县（市、区）政府签订合作协议，17家银行机构与19个项目、企业现场签约230.2亿元，为历届之最。至年底，各县（市、区）分行业、分层次举办银企融资对接会11场，473个项目（企业）签约贷款136亿元。

【融资平台建设】 2020年，市金融办推动融资担保、信贷服务中心、应急转贷、资产管理平台建设，为企业融资服务。大力推动各县（市、区）政府注资入股，市融担公司注册资金扩大到7.1亿元、信贷风险补偿基5380万元，计划4年内市融担公司注册资金扩大到20亿元，打造一家融资担保龙头企业。6月，组建岳阳中小企业信贷服务中心，主要开展续贷展期受理、首贷业务引导、融资担保受理等服务，16家银行和市融担公司入驻。至年底，累计办理小微企业续贷业务53笔、金额2.65亿元，办理新增贷款113笔、金额4.31亿元。9月，组建政府性的岳阳市财

2020年8月17日，民生银行岳阳分行开业

金应急转贷基金，基金总规模3亿元，首期规模1.3亿元，投入运营。10月，与省财信金控集团合资组建的岳阳资产管理公司挂牌，该公司主要发挥盘活平滑政府债务、上市公司培育、金融不良资产处置等作用，服务地方经济发展。

【引进设立金融机构】　2020年8月17日，民生银行岳阳分行开业，民生银行长沙分行党委书记、行长王周屋，副市长杨昆等参加开业仪式。临湘市中银富登村镇银行获批开展筹建工作。新设典当公司1家，另有1家小贷公司、1家典当分支机构正在申请筹建。引导银行下沉网点，深耕县域市场。各县（市、区）新设银行支行两家、保险分支机构5家、证券营业部1家。

【金融政策产品宣传】　2020年6月，市金融办组织开展送金融政策进园区、进企业活动，辖内金融机构到全市10个园区实地宣讲12次，发放金融政策产品汇编2000本。在银行系统开展金融产品创新推广活动，推动应收账款、供应链、信用贷款、无还本续贷、税银互动等金融产品落地生效，其中供应链融资从无到有，放款8亿元、授信30亿元。

【打击涉众型非法经营活动】　2020年，市委、市政府成立岳阳市防范化解涉众型非法经营活动稳定风险领导小组，市长李爱武任组长；各县（市、区）均比照成立涉众领导机构，涉众型风险防范工作责任进一步压实。推进金融领域扫黑除恶专项斗争和处非工作，开展两次防非宣传活动、4次风险隐患排查、处置5起涉非问题线索、组织1次中心城区打非专项行动、化解涉非陈案21件。11月24日，岳阳市打好防范化解重大金融风险攻坚战暨防范化解涉众型非法经营活动稳定风险领导小组（扩大）会议召开。市委常委、常务副市长李挚，市委常委、政法委书记王小中，各县（市、区）领导小组成员单位参加。

【金融营商环境】　2020年，市金融办落实优化营商环境“获得信贷”指标牵头职责，促进银企关系融洽，完成优化营商环境国评填报、题目复盘、问卷复核等工作。切实维护金融债权，连续3年开展金融诉讼案件集中执行活动，执行金融案件314起、金额18.7亿元。

（陈　林）

银　行

·中国人民银行岳阳市中心支行·

【概况】　2020年，中国人民银行岳阳市中心支行（简称人行岳阳市中心支行）以“夯基础、补短板、强特色、重实效、促和谐”为年度总体工作思路，全面从严管党治行，务实履行职责，各项工作呈现出良好的发展势头，金融支持省域副中心城市和大城市建设成效明显。至年底，全市银行业金融机构存款余额3067.12亿元，比2019年末增长11.17%，新增308.11亿元；贷款余额2465.13亿元，比2019年末增长23.64%，新增471.34亿元，同比增速、增长额均列全省第二位。

【货币政策与管理】　2020年，人行岳阳市中心支行强化货币政策与宏观审慎管理“双支柱”作用，把握调控节奏，全年新增各项贷款471.34亿元，同比增长23.64%，信贷投放增量、增速居全省第二位。同时，辖内法人银行机构季度宏观审慎评估均达标，保持“零C类”的良好形势。做好脱贫攻坚收官之年的金融服务工作，继续支持供给侧结构性改革。全市金融精准扶贫贷款余额74.35亿元，扶贫小额信贷年度新增3.82亿元。制造业贷款余额122.2亿元，同比增长32.7%。辖内法人金融机构新放贷款LPR运用占比100%，存量浮动利率贷款定价基准转换工作如期全部完成。全市新发行非金融企业债务融资工具43亿元；跨境人民币收付金额13.16亿元，同比上升35.01%。推动政府性担保公司降低贷款担保费率。全市新放小微企业贷款利率下降92个BP，新放民营企业贷款利率下降70个BP，为企业节约成本7.17亿元。

【金融稳定】　2020年，人行岳阳市中心支行探索出台《人盯机构加强风险监测办法》。与市委宣传部、网信办建立金融宣传与舆情管控机制，召开岳阳市打击和处理非法集资暨金融稳定工作会议，联合开展“中小法人金融机构不良舆情管控应急演练”，完成华容县存款保险标识先行启用工作，全市各银行机构的高德、百度App等电子地图上统一备注“存款保险参保机构”。摸清辖内重点债权银行、重点平台公司情况，动态监测政府性债务，辖内政府性债务风险整体可控，未出现到期违约的现象。强化洗钱重点可疑交易线索监测，加大与公安机关信息共享力度。建立岳阳市金融纠纷多元化解机制，全年受理金融消费者投诉188笔，全部按期办结，被市政府热线办考评为A类。

【金融支持疫情防控和稳企业保就业措施】 2020年，人行岳阳市中心支行落实党中央、国务院决策和人民银行上级行工作要求，第一时间出台金融支持疫情防控和企业复工复产11条措施、进一步强化中小微企业金融服务15条措施。召开工作会议、银企需求座谈会等7次，到园区、企业开展专题调研13次，岳阳辖内运用3000亿元专项再贷款向22家企业发放6.97亿元优惠利率贷款；5000亿元再贷款再贴现、1万亿元新增再贷款再贴现分别使用8.67亿元、39.97亿元，支持企业8964户。发放“战疫芙蓉人才贷”8280万元。全年全市金融系统支持3980家企业复工复产，发放贷款151.75亿元。构建政银企对接机制，向银行机构推送11批次3639家企业，解决融资需求97亿元。举办银企对接会，现场签约230亿元，为近年签约金额最大一次。组织对全市9大园区进行走访，逐一进行金融政策及信贷产品宣讲。至年底，辖内地方法人机构为8482家企业办理延期还本付息26.72亿元；向7906家企业投放信用贷款9.43亿元。

【自贸区金融服务】 2020年，人行岳阳市中心支行主动对接自贸区建设。做好外汇创新政策研究、复制与推广，梳理总结21项向全国复制推广的自贸区金融领域改革试点经验。拟定《金融支持中国（湖南）自由贸易试验区岳阳片区建设实施方案》，形成外汇管理改革、人民币跨境使用、金融服务实体经济、金融基础设施建设、风险监测与管理、工作保障和部门协调机制6个方面47条工作措施。支持金融机构在岳阳自贸片区增设营业网点两个。推广应用外汇政务服务网上办理系统，支持外贸新业态发展，推动6家银行加入跨境金融区块链服务平台。制作《海关特殊监管区贸易外汇收支特殊业务操作指南》，为5家涉外企业解决外汇收付难题，累计为涉外企业提供贸易融资总额18.18亿美元。加强外汇收支管理，对两家企业违规行为进行行政处罚，规范全市外汇收支秩序。至年底，全市涉外收支总额35.02亿美元，同比增长52.1%；银行结售汇25.62亿美元，同比增长23.34%。

【基础金融服务】 2020年，人行岳阳市中心支行扎实推进金融业综合统计，有序推进经济调查工作，完成企业财务、工业及服务业企业家问卷、银行家问卷、城镇居民家庭资产负债等调查工作。完成两批纪念币和新版5元人民币纸币发行工作。开展现金服务示范区创建，落实反假工作责任，优化辖内现金服务。在湘阴县实施《创建全国移动支付引领县工作方案》。持续深化便民工程和电子支付示范县建设，超额完成各项目标任务。以“银联+银行”服务点联建、导航地图标识推广为重点，岳阳辖内建成“助农取款服务示范点”150个、地图标识点224个。联合市公安局、银保监局建立起跨境赌博、电信网络诈骗等违法违规活动可疑线索共享、定期移送处置机制。发挥国库管理辅助系统（TMSS）库存监测功能，及时预测、预警国库库存，制定实施《“国债扩量下乡、助力乡村振兴”活动实施方案》。组织12家储蓄国债承销银行全面收集储蓄国债应兑未兑信息，成功盘活52笔、488.24万元存量国债到期资金。推动征信柜台窗口服务标准化，加大自助查询机布放力度，建成30个自助查询机网点，实现三区六县个人信用报告自助查询全覆盖。

（张　弛）

2020年5月15日，岳阳市举办银企对接会暨重大产业项目融资签约仪式

·中国银行保险监督管理委员会岳阳监管分局·

【概况】 中国银行保险监督管理委员会岳阳监管分局（简称岳阳银保监分局）负责监督管理全市28家银行业金融机构、42家保险机构和65家保险专业中介机构。2020年，岳阳银保监分局坚持稳中求进工作总基调，引领全市银行保险机构扎实做好“六稳”工作、落实“六保”任务，做好全市银行业保险业改革发展与监督管理各项工作，守住不发生系统性、区域性金融风险底线。至年末，全市银行业各项存款余额3067亿元，历史性突破3000亿元，较年初增长308亿元，同比增长11.17%；各项贷款余额2465亿元，较年初增长471亿元，同比增长23.64%，贷款增量与增速稳居全省前二位；存贷比80.37%，新增存贷比152.97%。全市保险业保费收入93.73亿元，同比增长7.1%；保险赔付支出31.4亿元，同比增长8.59%；提供风险保障3.93万亿元，同比增长66.51%。

【金融服务实体经济】 2020年，岳阳银保监分局扛稳政治责任，坚持疫情防控和督促支持复工复产“两手抓、两手硬”，服务实体经济取得新突破。复工复产金融支持。引导和督促全市银行保险机构加大对疫情防控领域、受疫情影响严重行业和企业的金融支持力度，重点督促机构用好用准延期还本付息、无还本续贷、首贷等金融政策工具，助力企业纾困解难和地方经济恢复正常循环。全年全市银行业金融机构累计办理小微企业首贷2049笔，金额32.92亿元；累计办理小微企业无还本续贷、借新还旧、展期贷款2396笔，金额39.32亿元。协同市政府相关部门建立岳阳市中小企业信贷服务中心，该中心累计办理无还本续贷53笔，金额2.65亿元；累计办理新增贷款113笔，金额4.31亿元。重点领域薄弱环节金融供给。支持岳阳市推进新增长极和大城市建设。全市制造业贷款余额155.89亿元，较年初增加43.07亿元，同比增长38.17%。支持中国（湖南）自由贸易试验区岳阳片区建设，在岳阳自贸区布局银行业金融机构4家、保险营销服务部两个。发展绿色金融，全市生态保护和环境治理行业贷款余额27.04亿元，同比增长110.57%。普惠金融发展。开展“百行进万企”融资对接工作，切实督促全市银行业金融机构单列年度信贷计划，持续破解民营企业和小微企业融资难题。全市银行业金融机构（不含政策性银行）普惠型小微企业贷款余额221.95亿元，较年初增加60.43亿元，增速37.41%，比各项贷款平均增速高13.62个百分点，信贷计划完成率145.42%；有贷户数4.59万户，较年初增加0.99万户；贷款成本显著下降，平均利率6.27%，较年初下降0.85个百分点。聚焦服务“三农”，做好金融精准扶贫。全市法人机构涉农贷款余额284.15亿元，较年初增加45.9亿元；全市农业保险保费收入4.27亿元，同比增长12.52%；全市农业保险赔付支出3.74亿元，同比增长33.87%；全市扶贫小额贷款余额4.56亿元，扶贫小额信贷计划投放金额1.74亿元，惠及贫困农户1万多户。金融消费者权益维护。推进金融知识宣传教育活动。组织开展“3·15”消费者权益保护教育宣传周活动，覆盖金融消费者124.24万人次；组织开展金融联合宣教活动，覆盖金融消费者71.13万人次。开展消费者信访举报投诉处理工作，推动全市银行保险机构加强消费者保护工作体制机制建设。累计处理信访举报投诉事项118件，办理市长热线和市长信箱来信1386件，获得市民好评，被评为2020年度“12345”政务服务热线先进单位。

【金融风险防范化解】 2020年，岳阳银保监分局坚决整治乱象，强化监管问责，打赢防范化解金融风险攻坚战。市场乱象整治。对全市银行保险机构开展监管督导检查，主要看主体责任是否落实到位、实体经济是否真正受益、整改措施是否严实有效、违法违规是否明显遏制、合规机制是否健全管用。派出督查组37个，督查辖内机构49家，督促银行保险机构自查和监管检查发现问题331个，涉及金额42.9亿元，其中整改问题304个，涉及金额37.13亿元，整改率91.8%。抓严风险防控。银行业不良贷款实现“双降”，不良贷款余额34.42亿元，比2019年同期减少2.58亿元，不良率1.4%，同比下降0.46个百分点。强化法人机构监管，对全市法人机构开展9次监管约谈，召开9次监管座谈，下发4份监管意见书和25份风险提示。落实政府性债务融资风险防范举措，依法稳妥支持地方政府化债。推动组建银行业金融机构债权人委员会10家。保持案防高压态势，召开全市银行保险机构案防安保工作会议，对2019年案件及案件防控情况进行通报，压实责任与要求。纠正违法违规行为。加大对违法违规行为的查处问责力度，打击非法金融，做好P2P网贷整治、扫黑除恶专项斗争、打击非法集资和非法放贷、反保险欺诈、电信网络诈骗犯罪线索排查整治等工作。作出行政处罚109件，对15家机构罚款772万元，处罚责任人94名。

【银行保险机构体系建设】 2020年，岳阳银保监分局围绕增强金融体系活力、增加金融服务供给，持续改革、充实银行保险机构体系。银行保险机构体系建设。推动并指导民生银行、国任财险落户岳阳，临湘市设立村镇银行获湖南银保监局批复。全市有银行业金融机构地市级分行16家、地方法人银行12家；地市级财险分支机构21家、地市级寿险分支机构21家、保险专业中介机构65家。截至年底，全市129个乡镇实现银行网点全覆盖，1835个行政村实现农村基础金融服务“村村通”。银行保险机构功能定位。指导大型银行服务重心下沉，在普惠金融中继续发挥“头雁”作用；推动中小型银行聚焦主责主业，服务当地企业、特色产业、地区居民；推进农村商业银行转型发展，完善法人治理，提升管理能力，加强服务“三农”能力；引导“保险业姓保”，回归风险保障功能。

（杨 逸）

·中国农业发展银行岳阳市分行·

【概况】 2020年，中国农业发展银行岳阳市分行（简称农发行岳阳市分行）发挥政策性金融“当先导、补短板、逆周期”职能作用，坚持疫情防控与服务经济社会发展两手抓两手硬。全年累放各类贷款67.54亿元，同比增加28.1亿元，年末各项贷款余额280.78亿元，农发重点基金余额12.06亿元，其中贷款余额较年初增加36.59亿元，是近几年农发行岳阳市分行贷款投放最多的一年。固定资产贷款投放额占全年投放额的73.05%，平均贷款期限13年，最长23年，支持市、县重点项目12个，向普惠小微企业发放贷款4655万元，同比增加16.8%。2020年投放的固定资产贷款平均利率4.57%，同比下降0.82个百分点；小微企业贷款平均利率3.42%，同比下降0.93个百分点，贷款利率处于全市最低水平，累计为实体企业减费让利3900万元，全年资产利润率仅0.27%。不良贷款实现清零，高质量发展迈上新台阶。

【农发行服务经济社会发展】 2020年，农发行岳阳市分行支持地方抗击疫情。做到资金投放最快、覆盖最广、成本最低、服务最优。通过信贷业务管理应急通道，向10家重点保障企业投放3.98亿元疫情防控应急贷款，通过过复工复产绿色通道投放贷款24.49亿元，支持岳阳市10个项目开工建设，累计为实体经济让利3900万元。投放17.59亿元粮食储备、收购、流转贷款等贷款，做好粮食收储和市场化收购，着力推进粮食全产业链发展，支持高标准农田建设，优先服务猪肉“保供稳价”，保障重要农产品供给。投放扶贫贷款29.45亿元，年末扶贫贷款余额60.92亿元，占全市扶贫贷款余额的55%，扶贫贷款余额及投放额均居全市金融机构之首。重点加大对“三保障”、农村安全饮水及贫困村提升工程等领域的信贷支持力度，突出支持产业扶贫，持续加强易地扶贫搬迁后续扶持力度。投放水利、生态环境保护、农村人居环境改善等长江大保护贷款27.27亿元。发挥服务长江经济带主办行的先锋带头作用，服务大江大湖及内湖内河综合保护治理，助力夯实全市水利建设根基。投放贷款3.69亿元，助力乡村振兴，改善农业农村薄弱环节，加大现代农业产业园、农业科技园、田园综合体等“三区三园一体”建设，支持农村三产融合，支持新型农业经营主体发展，推动农业农村现代化。

【农发行实现不良贷款零余额】 2020年，农发行岳阳市分行制定不良贷款清收方案，加大现金清收、批量转让、资产处置、呆账核销力度，累计2.16亿元存量不良贷款顺利实现清零，分行自2013年以来首次实现不良贷款“零余额”。

（甘俊杰）

·中国工商银行股份有限公司岳阳分行·

【概况】 2020年，中国工商银行股份有限公司岳阳分行（简称工行岳阳分行）统筹推进疫情防控、金融服务、经营管理工作，各项业务均取得长足进步，被市政府评为2020年度金融支持地方经济建设突出单位。全行实现营业收入16.42亿元，同比增加2.14亿元；实现拨备前利润8.09亿元，同比增加0.93亿元；实现净利润3.1亿元，实现中间业务收入2.14亿元。各项贷款余额322.73亿元，比年初增加66.31亿元，同比多增加13.23亿元，同业排名第一位，系统内排名第二位。其中，个人贷款余额63.51亿元，比年初增加9.45亿元，同比多增0.38亿元，同业排名第三位，系统内排名第五位；公司贷款余额247.66亿元，比年初增加60.83亿元，同比多增20.85亿元，同业排名第一位，系统内排名第二位。全行不良贷款余额1.43亿元，比年初减少1.02亿元，不良贷款率0.44%，比年初下降0.51个百分点，创分行历史最好水平。各项存款取得历史性突破，余额350.53亿元，总量首次位列同业第二位，较年初增加30.42亿元，同比多增加16.25亿元，新增额同业排名第二位，系统内排名第三位。其中，储蓄存款余额215.21亿元，比年初增加25.24亿元，同业排名第二位，系统内排名第二位；对公存款余额135.32亿元，比年初增加5.18亿元，同业排名第二位，系统内排名第八位。

【工行服务地方经济发展】 2020年，工行岳阳分行统筹推进疫情防控、金融服务，助力地方经济发展。开展支持复工复产的“春润行动”、支持外贸外资的“春融行动”、支持脱贫攻坚的“春暖行动”，促成市政府与工行湖南省分行签订全面战略合作协议。支持疫情防控重点保障企业。主动对接全国性疫情防控重点保障企业名单、湖南省疫情防控重点保障企业名单企业，做到“应贷尽贷、应贷快贷”。对全国性重点企业完成抗疫授信审批4笔、额度1.31亿元，发放融资600万元；对地方性重点企业投放抗疫贷款11笔，融资额度8000万元；对医疗行业发放贷款10笔，融资额度2.39亿元；对运输物流企业投放贷款2笔，融资额度4亿元。助力化解政府隐性债务。累计完成融资化债55.38亿元，其中：替接他盘12笔，融资合计48.85亿元；自接自盘2笔、融资合计6.53亿元。制造业信贷投放。根据《关于湖南银行业保险业支持制（智）造强省建设的指导意见》的要求，优先支持“五医领域”类、装备制造类、能源化工类等制造业企业的复工复产。制造业贷款余额28.92亿元，较年初增加14.1亿元。小微企业金融服务。按照《关于全力支持小微企业稳企业保就业的通知》要求，增加小微金融供给。银监普惠口径小微企业贷款余额15.32亿元，较年初增加6.12亿元，信贷计划完成率204.02%。其中，信用贷款余额13.61亿元，较年初增加5.92亿元，累计办理小微企业首贷业务笔数285笔，金额2.81亿元，累计办理无还本续贷85笔，金额4.28亿元，累计为156户小企业贷款贷款延期手续，累计延期还本金额7588万元。

【工行风险管控】 2020年，工行岳阳分行加强风险管控，确保稳健经营。开展员工异常行为日常排查和经商办企业排查、违规用卡等专项排查，落实帮教、谈话、调岗、行政处分等措施。开展电信网络新型违法犯罪涉案账户排查，对可疑个人和企业账户采取管控措施，实现“零事故”且退出总行信访工作重点关注行名单。贯彻落实工行湖南省分行制定的资产质量“123”攻坚战工作机制，开展法人潜在风险贷款排查和大户风险会诊，加大不良贷款处置工作力度。组织开展“制度治理年”主题活动，持续加大案件与操作风险管控力度，实行内控案防闭环管理。做好受疫情影响企业的贷款风险缓释，信贷经营体制机制改革与授信审批新规有效落地。加强重点领域和关键环节风险排查，推进对经营风险突出机构的专项整顿，稳妥有序处理好各类遗留问题。

（梁颖脱）

·中国农业银行股份有限公司岳阳分行·

【概况】 2020年，中国农业银行股份有限公司岳阳分行（简称农行岳阳分行）直面竞争加剧、监管趋严的经济金融形势，强化执行力、推动力、创造力，各项工作顺利开展，综合绩效考核稳居全省第一方阵。消化34.9亿元巨额社保资金划转的沉重负担，各项存款较年初净增21.89亿元，其中个人存款净增23.75亿元。各项贷款较年初净增52.23亿元，排名全省第二位，其中个人贷款较年初净增25.45亿元，连续三年净增额超过20亿元，对公贷款较年初净增26.78亿元。实现中间业务收入1.89亿元，同比增收3186万元，公司、机构、个金、信用卡、个贷条线全年保持全板块收入同比增长。完成现金清收9050万元，清零存量法人不良贷款，扭转因疫情导致的不良贷款“双升”态势，不良贷款余额较年初减少2735万元，不良率较年初下降0.27%，连续七年保持“双降”。堵截外部欺诈31起，协助公安部门抓获犯罪嫌疑人12人，挽回客户资金38.48万元，全年未发生运营操作案件、重大差错事故、责任性案件和安全事故，连续3年被市人民银行评为反洗钱A类行和先进单位。

【农行服务地方经济】 2020年，农行岳阳分行支持地方稳增长、调结构、惠民生，累计发放企业法人类贷款79.14亿元，其中商务服务业11.49亿元、制造行业11.39亿元、交通运输业10.63亿元、批发零售业10.61亿元、水利行业9.95亿元，重点支持三峡岳阳市中心城区污水治理、城陵矶高新产业园、平益高速等一批社会影响力大、经济效益显著的重大建设项目，并锁定一批落户岳阳的重点企业。开展“进百园万企，助力中小微”活动，为6家省级以上园区平台公司授信20.43亿元，向72家园区规模以上客户提供信贷支持24.16亿元，支持园区发展成效明显。

【农行助力乡村振兴】 2020年，农行岳阳分行推进“一县一特色”，推广生猪贷、粮食贷等惠农、支农特色信贷产品，贷款条件贴近市场、贷款利率优于同业，累计投放涉农贷款54.96亿元，涉农贷款余额94.73亿元。实施“家门口银行”建设和农户信息建档工程，打造惠农金融示范服务点189个，完成有效建档行政村392个、建档农户4.04万户，为其中的3179户投放3.24亿元年利率不超过4.25%的贷款，较大程度解决农户“融资难、融资贵”的问题。持续深耕脱贫攻坚，精准扶贫贷款、贫困县支行贷款分别净增3.97亿元、6.35亿元，扶贫贷款带动扶贫人口11889人，均超额完成省农行年度任务。

【农行普惠金融】 2020年，农行岳阳分行落实《信贷便利化十条措施》，匹配专项信贷资金，优先安排民营小微企业放款规模，普惠金融贷款较年初净增7.55亿元，贷款增速66.99%，高出各项贷款增速40.16个百分点，其中：小微法人企业贷款较年初净增4.21亿元，增速97.716%；普惠有贷户净增1417户。新放小微贷款利率均控制在LPR机制利率以内，普惠金融贷款综合利率仅为4.1%，较上年下降50个BP，切实降低企业融资成本。加快创新融资模式，全市首创支持民营小微企业融资“免抵押、免担保、零收费”新模式，累计发放贷款24笔、5465万元；成为岳阳市政府“中标贷”平台首批合作银行，投放全市首笔“建工贷”1000万元；为岳阳林纸办理首笔供应链融资5000万元，打通上下游产业链，银企黏合度明显提升。

【农行支持防疫复工】 2020年，农行岳阳分行全面摸排防疫重点企业和受疫情影响较大企业的金融需求，累计为10家医院、9家疫情防控重点保障企业发放防疫专项贷款5.65亿元，贷款投放笔数排名全省第二；为受疫情影响较大的115家民营小微企业提供信贷支持1.94亿元，支持力度为全市金融机构之最；向全辖春耕备耕农户发放贷款536笔、1.04亿元，为32家种养殖和农资企业提供信贷支持3325万元；为临时资金周转困难客户办理无还本续贷1.04亿元，调整还款计划5000万元，帮助企业、农户渡过难关。

【农行纾困解难】 2020年，农行岳阳分行为政府分忧、为企业解难。主动配合政府开展债务风险化解工作，采取调整还款计划等方式，当年减少政府还款金额8000多万元，并通过债务置换方式，投放首笔政府隐性债务置换贷款7亿元。以岳阳市中医院债委会主席单位的身份，沟通衔接，竭力协调化解信贷风险，推动该院经营管理步入正轨，各金融机构信贷支持总额11.67亿元，无一笔形成逾期或欠息，其中农行贷款余额5.7亿元，支持力度为全市金融机构之最。

【农行智慧金融】 2020年，农行岳阳分行作为主要合作银行全面参与岳阳市“智慧城市”建设。促成岳阳市人民政府与湖南省农业银行签订全面战略合作框架协议，在未来3年，为岳阳市经济社会发展提供总额不少于300亿元人民币的融资额度。独家参与全市“智慧政务”“智慧教育”项目，协助开发上线“岳办岳好”App，先后完成汨罗市智慧非税项目、湘阴妇幼保健院等医院的智慧医疗项目、湘阴县一职等学校的智慧校园项目的落地，为临湘十三村新建超市搭建BMP收单系统，并成功上线首个掌上银行无感停车项目。

（方向谡）

·中国银行岳阳分行·

【概况】 2020年，中国银行股份有限公司岳阳分行（简称中国银行岳阳分行）拓展各项业务与强化内部管理，实现存款总量持续稳步增长、新增贷款投放创历史新高、不良额与不良率稳中有降、各项业务稳健发展、营运管理平稳有序的预期目标。至年底,全行实现业务净收入58830万元，完成省行下达的全年任务下，同比增加3187万元，增幅5.72%。其中净利息收入51007万元，同比增幅4.84%；非息收入实现7823万元，同比增幅11.86%。实现拨备前利润41278万元，同比增幅11.3%；实现净利润21306万元，实现EVA 29919万元。

【中国银行岳阳分行负债业务】 2020年，中国银行岳阳分行人民币存款余额184.49亿元，较年初时点新增11.33亿元，新增额在全省13家地市行排名第五位。其中，储蓄存款141.74亿元，较年初新增12.08亿元，新增额在地市行中排名第四位。各项存款在四大行存款份额占比14.9%，较年初提升0.51%。

【中国银行岳阳分行资产业务】 2020年，中国银行岳阳分行人民币各项贷款余额161.19亿元，较年初时点新增32.44亿元，新增额在全省13家地市行中排名第一位。其中公司贷款93.24亿元，较年初新增23.46亿元，余额、新增稳居各地市行第一位；个人贷款余额62.76亿元，较年初新增8.67亿元。

【中国银行岳阳分行风险防控】 2020年，中国银行岳阳分行不良贷款余额5282万元，占比0.33%，较年初下降0.04个百分点；逾期贷款余额8951万元，占比0.55%。

（李　钊）

·中国建设银行股份有限公司岳阳市分行·

【概况】 2020年，中国建设银行股份有限公司岳阳市分行（简称建行岳阳市分行）存款总额437亿元，年新增41.8亿元，存款总额与新增居岳阳市同业四行第一位。贷款总额367亿元，较年初增长58亿元，贷款总额保持同业四行第一位。实现中间业务收入1.86亿元，实现账面利润9.85亿元，均居同业四行第一位。实现无重大违规、无重大安全责任事故、无案件“三无”目标。资产质量稳中向好，不良贷款1.25亿元，较年初下降5547万元；不良率0.34%，比年初下降0.24个百分点，实现双降。

【建行助力复工复产】 2020年，建行岳阳市分行推出急事急办、补充流动性、调整产品结构、调整还款期限、调整利率执行、调整担保条件、调整评级有效期等七大举措，向560户小微企业发放“云义贷”5.13亿元，为92家中小微企业提供“供应链”融资贷款5.11亿元，全面实行优惠利率，小微企业贷款平均利率比上年下降0.61个百分点，助力企业渡过难关。

【建行助力脱贫攻坚】 2020年，建行岳阳市分行落实中央扶贫工作要求，成立扶贫工作领导小组，行领导带头开展“一进二访”，做实扶贫捐赠和消费扶贫。开展建行大学“金智惠民”“裕农学堂”工程，举办金智惠民各类培训121期，组织17名高校学子开展“金智惠民—乡村振兴”暑期下乡实践活动。建行驻村帮扶的贫困户49户、151人全部脱贫，派驻扶贫队员的7个扶贫村全部脱贫摘帽。

【建行助力乡村振兴】 2020年，建行岳阳市分行推进乡村金融业务，助力乡村振兴战略。乡村金融客群累计获客21.9万户，全年新发卡12.39万张，总交易笔数96.45万笔，存款新增8.26亿元；金湘通村委覆盖总量1398户，覆盖率100%；裕农通商户总量4140户，装机率100%，初步构建起岳阳市分行乡村金融的完整生态。

【建行保障重点领域信贷】 2020年，建行岳阳市分行落实“六稳”“六保”，贷款优先投向重大项目、重大行业、重大产业与社会民生领域。重点对接中创空天、龙智新材等省市重点项目71个，提供授信86.98亿元；参与三峡水环境综合治理、云嘉公用事业公司固废处理等基础设施补短板项目，新增授信17.4亿元；搭建岳阳市12条工业新兴优势产业链服务平台，给予信贷支持15.39亿元；支持湖南民族学院、汨罗市人民医院、市中医院及各县区医院重点民生项目建设，投放贷款13.15亿元。支持中国（湖南）自由贸易试验区岳阳片区建设，重点营销综合保税区二期、新金宝生活区、华为新金宝项目等自贸区基础设施建设项目，为岳阳林纸、道道全等自贸区企业新增信贷投放8.6亿元。全行国际收支量9亿美元，同比增长3.8亿美元，增幅73%；实现国际业务表内外贸融投放36.89亿元，同比新增8.7亿元，增幅30.91%，国际收支量、贸融投放量、中收均四行排名第一位。

（周博文）

·交通银行股份有限公司岳阳分行·

【概况】 2020年，交通银行股份有限公司岳阳分行（简称交通银行岳阳分行）贯彻落实“六稳”“六保”要求，围绕市委、市政府中心工作，统筹疫情防控和经营发展，助力岳阳新增长极和大城市建设，保持发展质量、速度、效益的协调统一。至年末，资产总额154.12亿元，同比增加7.53亿元，增幅为5.14%；人民币存款余额147.76亿元，同比增加8.24亿元；人民币贷款余额98.78亿元，同比增加16.26亿元，不良贷款占比0.18%。

【交行信贷投放】 2020年，交通银行岳阳分行加大信贷投放力度，支持省市重点项目建设。该行获批公司授信项目11个，获批金额29亿元，提用授信15亿元；跟进重点项目32个。调整结构，加大对实体经济的信贷支持力度。向实体经济、民营企业投放约13.8亿元，同比增长约3.8亿元；惠及实体企业58户，较上年增加37户。做好普惠金融服务，普惠两增贷款余额3.86亿元，同比净增1.71亿元；贷款余额户数380户，同比增长167户。助力化解政府债务风险，落地2笔政府债务置换业务，金额合计17亿元，调整还款计划，实现政府债务平滑过渡，为相关企业降低融资成本1300多万元。

【交行业务结构】 2020年，交通银行岳阳分行创新服务，业务结构得到优化。推进对公板块业务结构优化。坚持“搭平台、拓渠道、建系统”，借助“系统掘金”服务渠道客户，提升对公客户线上服务水平。至年底，该行系统掘金项目覆盖率80%。提速零售业务发展。完善客户分类分级服务，针对高端客户群，打造私人银行服务品牌；针对沃德及中端客户，以特色活动做好客户服务，做好全量客户的服务提升。全年新增私银客户16户，新增沃德客户780户，新增中端客户4464户，有效活跃客户完成8934户。推动创新型业务发展，落地公司债权融资计划2.25亿元、PPN发债4亿元，创新业务金融服务能力持续提升。

【交行服务】　2020年，交通银行岳阳分行秉承“一个交行、一个客户”的服务理念，不断提升客服水平。做好工资代发客户和社保工资代发客户服务，新增服务代发客户数1.24万户，其中新增服务社保代发客户数4645户。增强融入场景、服务场景能力，组织开展交通银行“最红星期五”的签约推广。完成花板桥步步高、新天地步步高、金威城市广场等岳阳市主流商圈的卡环境搭建，签约商户近70多家。加大个人贷款投放力度，满足个人客户消费需求。发放个人住房按揭贷款9.94亿元，发放个人消费贷28.69亿元。普及金融知识，保障消费者权益。在岳阳市银行业金融机构综合评价中继续被评为“A类银行”，被评为人民银行岳阳市中心支行“金融消保评估A级机构”，被评为岳阳市银行业协会“普及金融知识万里行活动先进单位”等荣誉。

（何文鹏）

·其他金融银行·

【华融湘江银行岳阳分行】　2020年，华融湘江银行岳阳分行年末一般性存款时点余额217亿元，日均存款204亿元；信用总量232亿元，表内贷款133亿元，信存比107；实现净利润2.57亿元，实现税收1.1亿元；两增两控指标全面达标，连续四年被人民银行岳阳中支评为A类银行业机构，在总行A类行考核中排名第二，全年无安全责任事故。

（朱　浩）

【中国邮政储蓄银行岳阳市分行】　2020年，中国邮政储蓄银行股份有限公司岳阳市分行（简称邮储银行岳阳市分行）坚围绕“建设现代化一流商业银行”战略愿景，以“三大建设”为抓手，实施岳阳市分行三年规划方案（2020—2022年），经营管理各项工作取得长足的进步。各项存款余额372.02亿元，年净增33.51亿元；各项贷款余额124.65亿元，年净增20.71亿元。岳阳市分行获2020年度湖南省分行先进二级分行称号，年度业务发展综合奖三等奖、小企业贷款业务发展二等奖，被授予全省业务发展先进单位称号。华容县支行、平江县支行获湖南省分行“创效十强支行”奖，湘阴县支行获2020年度湖南省分行“进位十优支行”奖。个人金融业务获湖南省分行“2019—2020年个人金融业务跨年度营销活动”优秀项目奖。人民银行岳阳中心支行授予市分行2020年度岳阳市金融统计工作先进单位荣誉称号，平江县支行支行长陈忠世被中国人民银行长沙中心支行、湖南省总工会联合授予“2019—2020年度湖南省金融扶贫专项竞赛先进个人”称号。

业务发展转型。个人金融质效提升，实现客户价值大幅提升，资产提升6.5亿元。对接市人社局、岳阳军分区等重点单位，跟进社保养老金代发、农民工代发、涉军类补贴等重点项目，成功制作兵役卡，数量排名全省第一。零售信贷量质并重，开展走访营销工作，2020年小企业贷款新增在全省排第三。发展小额极速贷、小微易贷产品，实现线上线下产品融合，其中，极速贷年新增占全年小贷新增的53.4%；小微易贷年新增占全年小企业贷款新增的25.28%。加强与工信局、科技局、人社局、省农担、同业等平台的合作，市分行与市科技局全面签署战略合作协议，科技类企业发放贷款超9000万元。综合类消费贷款扭转连年下滑趋势，年新增排全省第四，成功对接农行、农商行、建行等9家同业机构，实现资源交流。公司金融多面突破，行领导全年营销走访220次，营销单位72家，营销人员185人，开立总行系统内首个中石化全资子公司的收入户账户，与巴陵石化公司就己内酰胺百亿元项目融资达成合作意向。公司信贷创新高，深化岳阳华能电厂合作，取得平江华电、平江抽水蓄能、三峡公司污染治理、神华国华电厂等项目的融资营销落地，本年用信率57.9%，提高27.6个百分点。票据直贴排全省第二，票据客户存量排全省第一。办理票据再贴现排全省第一。

风险管控。加大不良资产处置力度，累计处置不良贷款本息合计6108.67万元。成功化解大额风险贷款1067万元。拨备覆盖率232.93%，好于同业平均水平。完善风险管理组织体系建设，规范市分行风险与内控委员会运行，强化风控委员会职能，实行资产质量与风险限额考核、风险联络员履职考核等，形成正向激励机制。组织全行开展新制度、新产品、新业务的梳理，严格把控重大事项、重大项目关，监督

2020年11月3日，岳阳市政府与省农信联社战略合作协议

执行“三重一大”决策。强化案防机制建设与执行，抓好案防源头，全年未发生案件。

综合管理。全市配备23位理财经理，城区增配4名营销主管，提升网点综合营销能力。实施“岳阳市分行135管理人才工程”，2020年中级人才库入库12人、基层人才库入库20人。优化绩效考核办法，绩效薪酬分配向绩效优异者倾斜。开展客户身份信息治理，辖内存量个人账户整改完成57.39万户，对辖内存量公司账户进行全面信息排查。配合“断卡”行动，对辖内39户涉电信网络诈骗账户进行后台止付处理。资金清算全年做到零差错，完成与人民银行进行ACS对账。全年按频次对辖内网点及4个业务库进行现场检查，其中自营网点、业务库检查覆盖率100%。启动安全生产专项整治活动三年实施方案，组织专项检查团队至各县市支行营业网点开展邮银联合安全大检查。落实银保监会安全保卫专项现场检查，确保全年零发案和零风险事故。

（黎珊珊）

【湖南省农村信用社联合社岳阳办事处】　2020年，全市农商银行系统有市级农商银行1家（岳阳），县级农商银行6家（华容、湘阴、平江、汨罗、巴陵、临湘），在职员工2652名，营业网点262个。各项存款余额600亿元，比年初净增76亿元。存款总量、增量均排名全市金融机构第一位，分别排名全省农信系统第五位、第一位。各项贷款余额337亿元，比年初净增64亿元，同比多增12亿元。贷款总量、增量均排名全市金融机构第二位，分别排名全省农信系统第六位、第二位。存贷比56.2%，同比提高8个百分点。实缴税收总额2.66亿元。

信贷投放。全年累放各项贷款456亿元，同比多放110亿元。其中：累放涉农贷款337亿元，同比多放62亿元；累放民营、小微企业贷款231亿元，同比多放30亿元；累放农户小额信用贷款30.8亿元，同比多放1.25亿元。新放扶贫小额信用贷款3.82亿元，支持8483户贫困农户（累计发放18.18亿元，支持4.35万户贫困农户），基本上承担全市全部扶贫小额信用贷款投放任务。发放农业特色优势产业贷款9.37亿元，七大千亿产业贷款2.94亿元，乡村振兴项目贷款11.5亿元。创新推出春耕贷、农机贷、鱼乡贷等特色信贷产品，为903家涉农企业、新型农业经营主体发放贷款31.8亿元。推进“党建共创、金融普惠”行动，对1505个行政村60.9万户农户开展评级授信，累计支持22.2万农户，户均贷款额22万元。新增普惠型小微企业客户1923户，发放贷款14.47亿元，新增有余额的个人贷款客户2.6万户。

支持民营小微企业。疫情期间，对全市存量的2万户、76亿元小微企业贷款，坚持不抽贷、不断贷，落实无还本续贷和延期还本付息等政策，支持企业生产经营。累计办理无还本续贷621户、7.9亿元，办理贷款本金延期2794户、17.89亿元，办理贷款利息延期709户、7.7亿元。下调贷款利率让出利润空间，各项贷款平均利率同比下降1.1个百分点，小微企业贷款利率同比下降1.17个百分点，向企业让利7600多万元。利用支小再贷款、支农再贷款等货币政策，为民营小微企业让利3600多万元。为湖南家乐粮油有限公司、湖南西姆西科技有限公司等149家中小微企业减免利息1734万元。促成岳阳市农商银行系统与4家工业园区及7家企业签约36亿元，与岳阳自贸区签订授信意向100亿元。全年各农商银行开展银企对接会、政银农融资活动等12场，累计授信11.82亿元，已用信9.56亿元。

风险防控。坚持做小、做散、做本土，严格控制大额贷款发放，不良贷款率逐年下降。加强内部管理，集中开展不良贷款自主现金清收集中攻坚行动，年末累计现金收回表内外不良贷款1.93亿元。与岳阳市中级人民法院联合开展涉农商银行诉讼案件集中执行活动，收回涉诉不良贷款4212万元，恢复执行案件68笔、7998万元。

履行社会责任。下发《全市农商银行系统关于“党建共创、金融普惠”行动融合基层公共服务（“一门式”）全覆盖标准化建设的推进方案》，加快各村部“一门式”金融服务点的建设，严格落实岳阳市“一门式”服务唯一主办银行的工作职责。与地方党委政府共同抗疫，累计捐款232.67万元，有33名员工主动加入社区防疫队伍，发放抗疫企业贷款3.39亿元。纳税额逐年提升，2018年至2020年，全市农商行系统累计入库7.63亿元，平均每年入库2.54亿元。有岳阳、平江等农商行年纳税额超过5000万元。

（范　睿）

【中信银行股份有限公司岳阳分行】　2020年，中信银行股份有限公司岳阳分行围绕市委、市政府中心工作，推动岳阳高质量发展，分行被岳阳市政府评为“支持民营经济信贷投放先进单位”。服务地方经济发展。全年新增投放70亿元，新增客户数14户，均为民营及小微企业客户。贷款投向水利、环境和公共设施管理业及建筑业，其中建筑业较年初增加1.98亿元，水利、环境和公共设施管理业较年初增加7.2亿元，批发零售业较年初减少3.56亿元。分行投放44亿元的政府隐性债务置换贷款，助力地方政府化解风险。发放539笔个人消费贷款，金额为3451万元，均为线上信用类消费贷款。发放1笔450万元的无还本续贷业务，普惠型小微企业信用贷款笔数4笔，金额为99.58万元。先后开发“信E融”“信保理”“信E池”“信E链”等多个交易银行产品，分行2020年为小微企业减免180万元。

（陈桑桑）

【中国光大银行股份有限公司岳阳分行】　2020年，中国光大银行股份有限公司岳阳分行（简称光大银行岳阳分行）服务地方经济社会发展，提供优质线上、线下服务，存贷规模130亿元，贷款规模82亿元，同业股份制银行排名第一位。坚持“增量、降本、便利”，支持岳阳重点项目、实体经济。全年表内外新增贷款36亿元，小微普惠投放1.36亿元，贷款利率同比下降50BP，便民水电费等云缴费5.13万笔。重点推出信贷风险补偿基金、核心企业上下游供应链、政企融易贷平台、担保公司、保险公司五类平台，小微企业贷款余额31311万元。宣传云缴费，提供线上服务，营业部被评为千佳网点，青年路支行被评为四星网点。贫困县贷款投放余额为6.26亿元，单位投入20万元，员工累捐10万元，扶持石牛寨镇庄楼村52户贫困户全部脱贫。

（李雅涵）

【兴业银行岳阳分行】　2020年，兴业银行岳阳分行各项金融业务取得较好成效。岳阳分行一般性存款余额40.21亿元，较年初新增2.01亿元，其中：对公存款时点余额34.94亿元；个人存款5.26亿元，较年初新增0.09亿元；对公日均余额32.69万元，较年初新增0.43亿元；个人存款日均4.65亿元，较年初新增1.08亿元；各项贷款余额44.76亿元，较年初新增8.31亿元，其中公司贷款36.43亿元，较年初新增7.39亿元，个贷余额8.08亿元，较年初新增0.75亿元。加大资产投放及储备力度。岳阳分行重点项目表内外及投行业务累计新增投放金额近30亿元，主要项目有岳阳市城建集团流贷、北金所非标项目及系列客户债券投资13.9亿元等；统筹推进重大资产项目储备，已批待落地的主要包括岳阳城建集团10亿元PPN等六大项。支持企业复工复产。推动“暖春行动”，走访企业近100家，存量贷款客户全覆盖，累计投放贷款77笔、贷款总额16.96亿元，其中续贷贷款48笔、贷款总额4.86亿元；为存量信贷客户降低贷款利率直接减少企业利息支出累计金额超200万元，其中普惠小微企业累计减少利息支出金额超100万元。

（李鸣名）

【上海浦东发展银行股份有限公司岳阳分行】　2020年，上海浦东发展银行股份有限公司岳阳分行（简称浦发银行岳阳分行）贷款余额38.78亿元，表外融资余额3.59亿元，其中表内融资较年初新增11.84亿元，贷款增速为143.94%。全年累计投放零售贷款4.3亿元，其中线下经营贷投放0.23亿元，银税贷0.04亿元，公积金点贷1.48亿元。定向支持业务发展较快，全年民营企业新增贷款投放2.31亿元，制造业贷款新增投放1.77亿元，信用贷款新增投放3.23亿元，延期还本付息办理2笔贷款金额0.03亿元，首贷客户新增两户贷款金额0.16亿元，办理无还本续贷业务1笔金额90万元。贷款增量位列全省五家二级分行中第一。全年无公司不良，个贷不良超额完成年度控制任务。4月，浦发银行岳阳通海路支行开业；5月，浦发银行岳阳分行作为唯一协办方参加市政府主办的“2020年岳阳小龙虾百家餐饮送送送活动”，加快本市餐饮企业的复苏和就业稳定；8月，分行再次向平江县中武村拨付扶贫专项资金20万元。至年底，分行分别被评为扶贫工作先进单位，被上级行评为经营管理先进单位。

（丁文峰）

【长沙银行岳阳分行】　2020年，长沙银行岳阳分行围绕“三基”工作，落实“做小做难”的价值追求，实现经营发展迈上新台阶。年末，分行一般性存款余额54.98亿元，较年初新增24.56亿元，表内外各项贷款余额111.53亿元，较年初新增38.4亿元，增速贷款余额较年初增量在全市9家股份制和城商行中排名第一位，增速远超全市平均水平。落实“六稳”工作和“六保”任务，支持企业复工复产，为民营企业提供贷款资金近7亿元，特别是“快乐e贷——税e贷”产品为200多家小微企业提供超2.3亿元的资金支持。疫情期间，为77家企业办理延期或无还本续贷手续，下调小微企业贷款利率，减费让利，帮助企业度过难关。支持外向型经济发展，全年为港区提供国际结算服务超3亿美元。对接自贸区管委会和进行区内走访调研，筹划成立自贸区支行获总行同意。为3所贫困小学捐赠校服和修建图书室，助力学生重返校园，捐赠30余万元资金帮助5个贫困村产业振兴、建设乡村等。获岳阳市支持民营和小微企业信贷投放先进单位、岳阳市金融产品创新推广先进单位、2020年度驻村帮扶工作先进单位荣誉称号，被总行评定为先进分行和第一等级行。

（黄　芳）

【广发银行岳阳分行】　2020年，广发银行岳阳分行一手抓常态化疫情防控，一手抓业务工作，携手岳阳市融资担保公司支持地方经济发展。全年新增贷款投放16亿元，增速80%，年末表内外信贷规模达到36亿元。支持实体经济发展。支持岳阳观盛投资发展有限公司、益海嘉里（岳阳）粮油工业有限公司进出口业务开展，累计提供进口开证与进口押汇100余笔，1.07亿美元，折合人民币约为7.16亿元，开出银票人民币约8200万元；投放信贷资金8600万元，为凯美特、正虹科技等22家企业发展提供资金支持；对接走访、调研湖南群升特种设备有限公司等30多家企业，给予13户小微企业信贷支持，累计投放贷款1.89亿元，为25户普惠型小微企业投放贷款1.32亿元，年末余额同比增长2527万元，同比增幅52%。支持政府隐性债务置换化解，获批隐性置换项目20.1亿元，完成市城投13.75亿元、市港投4.34亿元的隐性债务置换，减少债务利息约8760万元。服务民生发展。疫情期间，为7户批发、零售业客户及时投放贷款8700万元；推出线上版“抵押易”产品，为4户个体户提供345万元足不出户的信贷资金支持；为平江县一家小微企业，其提供500万元扶贫信贷；捐赠资金10万元，对口帮扶岳阳市平江县长寿镇将民村。服务地方抗疫。开展“百行进万企”“金融暖春行动”，做实“六保”、力促“六稳”。向岳阳市中医院新增投放贷款7000万元，定向投放贷款2000万元，支持建设岳阳县传染病医院，为3户首贷企业客户提供649万元信贷资金支持。银票业务加权平均利率由2019年的4.3%降至3.95%以内，困难的小微企业客户贷款降至2.7%年利率，直接为中小微企业客户减少利息支出66万元。

（杜　清）

保　险

·综　述·

【概况】　2020年，全市新增市级保险机构两家（诚泰财险、国任财险），县级保险机构两家；至年底，有市级保险机构42家（其中财险21家，寿险21家），县级保险机构133家（其中财险70家，寿险63家），五级机构88家，村级服务网点4，615个；保险专业中介机构65家（含县级机构）；保险兼业代理机构26家（其中车商类16家，银邮类10家），保险从业人员约3.1万人，保险服务体系不断完善。全市实现原保费收入97.44亿元（不含中介业务），同比增长8.31%，略高于全省平均增幅；其中财险30.03亿元，同比增长2.58%，占全市总保费的30.82%，下降1.71个百分点；寿险67.41亿元，同比增长11.08%，占全市总保费的69.18%，上升1.71个百分点。规模排名全省第五位，同比下降1位，增速排名第六位，同比持平，深度约为2.43%，全省排名第十四位，密度约为每人1680元，排名全省第八位。市保险行业协会获得全省示范社会组织、省协会优秀会员、市AAAAA级社会组织、金融支持地方经济发展管理奖等荣誉，被湖南省工商联和中华全国工商联同时评为全省、全国“四好”商协会，党支部被市委组织部列为“社会组织示范党组织创建单位”，协会工作得到地方政府、监管部门和会员单位的肯定。

【商业保险风险保障】　2020年，岳阳保险业为全市提供商业保险风险保障5.5万亿元，赔给付支出30.99亿元，同比增长10.04%。其中财产险赔款支出19.56亿元，同比增加2.69亿元；人身险赔给付支出11.43亿元，同比增加1359万元。在疫情、洪水、寒露风及其他灾害中，全市保险机构履行社会责任，开通绿色理赔通道，按照“应赔尽赔、应赔快赔”要求，做好理赔服务，特别是人保财险、太平洋财险等5家经营农业险的保险机构，主动申请资金、调动人员快速做好农险理赔服务，为社会稳定、服务“三农”做出较大贡献。

【保险业社会服务】　2020年，岳阳市保险业为全市提供约5.5万亿元保险保障，行业金融增加值8.22亿元，上缴代缴税费3.76亿元（其中代缴车船税1.98亿元），保证保险8300多万元，支持企业复工复产，为7000多家实体经济做好保险保障服务，4年精准扶贫累计投入资金2696.82万元，在疫情防控、抗洪救灾及社会公益等方面捐款261.14万元，向20.22万人赠送总保额1066.61亿元的疫情保险，7家保险机构出资300万元，共建“警保联动”服务站38个，快处快赔处理交通事故3.5万起，新增人员就业2000人，为岳阳经济发展和社会稳定做出新的贡献。

【保险助力疫情防控】　2020年，市保险协会及时下发通知和倡议书，组织行业参与疫情防控，开展情况排查、做好信息报告、组织捐款捐物、启动绿色服务，全行业捐款捐物100万元，多家保险机构向社会捐赠10多亿元防疫保险保障，开展绿色理赔处理案件5832件，出色完成抗疫任务。

【保险助力抗击自然灾害】　2020年7月，岳阳市启动防汛应急Ⅲ级响应，市保险业成立抗洪救灾工作指挥小组62个，应急工作组59个，保障小组41个，投入一线人员623名，安排查勘理赔车辆276台，抗洪专项经费31.06万元，全面开展险情排查、坚持大堤值守、开展绿色理赔，全行业捐款捐物80多万元，帮助灾区人民。

【保险助力脱贫攻坚】　2020年，市保险协会发挥保险业的独特优势，开展农业保险、大病保险、商业补充医疗保险、意外保险、小额扶贫特惠保险、融资保险等，扎实推进保险扶贫工作。全市有10家市级保险机构、31家县级保险机构完成当地政府安排的扶贫任务，有扶贫点40个，结对帮扶844户，直接参与扶贫889人，驻点扶贫专员39人，投入各项扶贫资金2529.89万元（其中扶贫特惠保补充资金934.69万元），投入扶贫保险产品24个，帮助脱贫742户，有10家保险机构被市委、市政府评为扶贫工作先进单位，42人受到各级政府表彰，其中全国表彰1人、省级表彰5人，有力助推脱贫攻坚战的胜利，彰显保险业的责任与担当。

（杨丹丹）

·中国人民财险保险股份有限公司岳阳市分公司·

【概况】　2020年，中国人民财产保险股份有限公司岳阳市分公司（简称人保财险岳阳市分公司）实现保费收入9.7亿元，同比增长7.06%，市场份额为32.18%；全年向社会提供保险保障8487.7亿元，稳居行业第一位；处理理赔案件9万多件，支付保险赔款6.45亿元，上缴税费7015.46万元。公司获得“2020年度金融支持地方经济发展一等奖”。

【人保财险社会服务】　2020年，人保财险岳阳市分公司向全市8个扶贫联络村派遣扶贫驻点工作人员8名，投入扶贫资金64.5万多元，组织干部员工97人与175户困难群众开展结对帮扶，全部扶贫对象实现脱贫。近年“扶贫特惠保”累计保费收入1390万元，赔付1459万元，赔付率105%。疫情期间，累计捐款20.4万元，捐赠口罩、酒精、医用手套等物资价值13多万元。全面升级线上化承保理赔，减免事故证明、放宽责任范围、缩短理赔时限，实现“病毒有阻隔、服务不打烊、品质有保障”。组织开展金融支持复工复产工作，对650家次参保安全生产责任保险的企业，按10万元/人的标准免费扩展传染疾病责任。向参保企业赠送口罩、消毒液等防疫物资4.5多万元，组织开展疫情防控知识培训。推广关税保证保险、企业财产保险、企业类工程险等险种，为549家企业提供超过400亿元的保险保障。4开展防灾救灾，投入抗洪资金255万余元、派出人员171人、车辆77台，组织防汛堤坝风险隐患排查2400多次，累计支付理赔款2250多万元。做好“寒露风”灾害中受灾水稻的保险查勘理赔工作，切实保障受灾农户利益，支付赔款5638.94万元。全年农险累计赔款12783.18万元，得到各级政府好评。

（李　帅）

·中国人寿保险股份有限公司岳阳分公司·

【概况】 2020年，中国人寿保险股份有限公司岳阳分公司（简称中国人寿岳阳分公司）实现保费收入211309.03万元，同比增长12.61%，提供风险保障148861亿元，市场份额31.36%；全年赔付支出40，161.31万元（包括死亡、伤残、医疗、满期、年金等），缴纳税费821.33万元；从业人员7349人（包括管理人员和销售人员），各项数据均居全市寿险行业第一位，公司经营考核迈入C4类公司行列，经营指标预考核跃居全省第一位，各项主要经营指标再创历史新高。

【中国人寿保险服务】 2020年，中国人寿岳阳分公司履行企业社会责任，为地方经济发展和社会民生保驾护航。民生服务。承办城乡大病保险，服务159.77万人（平江县96万人、湘阴县63.78万人），保费金额9586.43万元。快速补偿城乡居民大病保险13802人次，补偿率71%；补偿金额6630.89万元，补偿进度73%。给付2019年大病案件9249人，补偿金额5370.13万元，切实减轻群众的经济负担。支持复工复产。扩展31款保险产品责任，为客户提供新冠肺炎保险保障；降低保险费率，为平江县20万名外出务工人员提供风险保障；免除保单复效利息、调整续期交费宽限期、提高借款限额等，全年为小微企业、个体商户提供23871.07万元的保单借款，同比增长81.25%，为小微企业、个体商户解决资金困难。助力抗洪救灾。全市系统成立3支以青壮年党员干部作为队员的防汛突击队，开展24小时驻守巡查，监控水情，拉网式排查，确保安全度汛。参与社会公益活动。疫情期间向全市4578名抗击新冠肺炎一线医护人员、121名志愿者，每人捐赠70万元保险保障；组织“抗击疫情”爱心捐款8.6万元；向平江县第一人民医院医护家属捐赠2万元物资；向平江县特教学校的学生们捐赠87套新校服，向建档立卡贫困家庭学生每人赠送一份学生保险。全年累计投入公益基金48.3万元。脱贫攻坚帮扶。全市系统派出驻村干部6人，其中5名党员，1人担任驻村第一书记，对口6个扶贫点全部实现脱贫。承办全市6县3区的“扶贫特惠保”，为全市系统15.25万名建档立卡贫困户提供风险保障。开展“湘女关爱保”，为全市3.23万名女性提供保障。分公司党委班子对扶贫点10次走访结对帮扶对象，为他们解决实际困难。全年用于扶贫捐助及扶贫项目支持资金40.5万元，开展基础设施建设扶贫项目5个，支持项目资金40万元。完成市委、市政府下达的扶贫目标，分公司连续被市政府评为扶贫优秀单位。

（沈佳妮）

·其他保险公司·

【中国平安财产保险股份有限公司岳阳中心支公司】 2020年，中国平安财产保险股份有限公司岳阳中心支公司（简称平安产险岳阳中支）全年保费5.64亿元，同比增长0.27%，各产品均实现盈利。被市政府金融办授予“2020年金融支持地方经济发展先进单位”。支持复工复产。疫情期间，开辟绿色通道，启动理赔应急预案，为承保的营业车辆保险免费延期0～4个月，最长可延期6个月，保护消费者权益。助力农业农村。上半年政策性农业保险保费总收入1172.96万元，为3.48万户次农户提供3.09亿元风险保障；为2117户次农户支付1539.61万元保险赔款。设立106个乡镇农险办公室，配备365名乡镇专兼干，设立1265个村级三农服务点，配备1605名村级协保员。参与精准扶贫。捐赠8万元用于村级环境卫生改善、农田修复等；在汨罗市、华容县承保扶贫特惠保，为13980贫困人次提供797038万元风险保障。承保临湘市一元民生项目，为20.46万户居民提供每户累计赔偿限额1000万元的公共安全救助责任保险保障；组织开展农货节“公益地摊”活动和消费扶贫日活动，累计消费扶贫2万多元。

（罗玲燕）

【中国太平洋财产保险股份有限公司岳阳中心支公司】 2020年，中国太平洋财产保险股份有限公司岳阳中心支公司（简称太平洋财险岳阳中支）有从业人员700多人，其中正式员工178人。全年实现保费收入3.97亿元，赔付支出2.671亿元。缴纳税金（含代收车船税）3512.15万元，公司市场排位稳居第三位。疫情期间，开通绿色通道，启动快速理赔，赔付农险案件4150件，赔付金额8533.55万元；全年向帮扶村组支付扶贫资金3万元，向员工募集资金2万元用于精准扶贫，抗洪救灾捐款100万元。

（肖锦心）

【中国人民人寿保险股份有限公司岳阳中心支公司】 2020年，中国人民人寿保险股份有限公司岳阳中心支公司（简称人保寿险岳阳中支）全年实现规模保费收入4.69亿元，排名全省系统第二位，市场份额6.75%，有在职销售人员1425人。处理各类理赔案件3491件，支付保险赔款2347.76万元，小案5日理赔服务时效13.44小时。被评为“2020年度金融支持地方经济发展先进单位”，公司客服大厅获得市保险协会十佳优质服务窗口和省保险协会三星级柜面荣誉称号。助力复工复产。组织3次爱心捐款，全市系统累计个人捐款2.49万元；推出新冠肺炎专属产品赠险活动，开通理赔绿色通道，赠送3358份保险保障；推行免息复效政策，为196人次提供免息复效，免除利息金额11.42万元，减轻客户经济压力；创新保单质押贷款、还款线上服务，引进保险资金1989.71万元。做争社会贡献，安排党员干部70人次参加防汛大堤巡逻查险，4年来累计投入扶贫资金142.9万元，个人累计帮扶资金19.5万元；扶贫特惠保投入资金61.7万元，赔付率68.6%，公司对口帮扶的34户贫困户均实现脱贫目标。

（朱建庆）

【中国人寿财产保险股份有限公司岳阳市中心支公司】 2020年，中国人寿财产保险股份有限公司岳阳市中心支公司（简称国寿财险岳阳中支）实现保费收入29126万元，同比增速8.39%，高于当地行业平均5.81个百分点，增速在当地前7家公司中排名第一位，市场份额提升0.52%。其中，车险保费同比增速0.6%，高于当地行业两个百分点；非农非车财同比增速8.99%，高于当地行业平均增速1.61个百分点；农险同比增长43.89%，在当地行业排名第三位；非车险保费9547万元，占总保费的32.78%，同比上升5.2个百分点，全年实现承保利润781万元。公司农险保费规模5500余万元，同比增长43.89%，超越主要竞争对手进入前三位。

（黄骏尧）

【中华联合财产保险股份有限公司岳阳中心支公司】 2020年，中华联合财产保险股份有限公司岳阳中心支公司（简称中华财险岳阳中支）下辖平江县、汨罗市、湘阴县、岳阳县、华容县、临湘市、云溪区、岳阳楼区、君山区、屈原管理区等10个经营机构，有签约员工196人，其中大专以上员工占比97%。公司全年保费规模36436万元，被市政府评为“2020年度金融支持地方经济发展突出贡献单位”。在平江县、临湘市、华容县、岳阳县等地5个村开展帮扶工作，结对帮扶对象60户192人，近3年累计投入帮扶资金190万元。

（万拔群）

【中国大地财产保险股份有限公司岳阳中心支公司】 2020年，中国大地财产保险股份有限公司岳阳中心支公司（简称大地财险岳阳中心支公司）有华容县、汨罗市、平江县、云溪区、岳阳县、湘阴县、临湘市7家分支机构，有正式员工165人，持证营销员255人。公司保费收入1.45亿元，市场份额为4.8%；为群众和单位提供1613亿元的保险保障，处理理赔案件1.69万件，支付保险赔款0.77亿元，上缴税费1004万元。

（徐　美）

【华夏人寿保险股份有限公司岳阳中心支公司】 2020年，华夏人寿保险股份有限公司岳阳中心支公司（简称华夏保险岳阳中支）有内勤员工20人，个险代理人258人，银保客户经理63人。公司全年总保费收入2.7亿元，获“湖南诚信企业”“优秀中支”等称号。

（赵伟光）

【太平财产保险有限公司岳阳中心支公司】 2020年，太平财产保险有限公司岳阳中心支公司（简称太平财险岳阳中支），完成保费收入2666.34万元，为全市群众和单位提供2246118.72万元的保险保障，处理理赔案件3978件，支付保险赔款1438.83万元。

（邹　婧）

【太平人寿保险有限公司岳阳中心支公司】 2020年，太平人寿保险有限公司岳阳中心支公司（简称太平人寿岳阳中支）下辖3家支公司，在职内外勤员工431人。实现总保费22941万元（含续期），年总保费成长率10.55%。个人代理新单保费1884万元，银邮代理新单保费3176万元。

（许冰玉）

【财信吉祥人寿保险股份有限公司岳阳中心支公司】 2020年，财信吉祥人寿保险股份有限公司岳阳中心支公司（简称财信人寿岳阳中支）全年实现原保费收入1.03亿元，团险业务部提前完成全年短险计划，获评总公司年度优秀渠道奖；保费部顺利完成年度计划目标，续期指标全面达成，获评总公司收展优秀中支；银保业务部期交超额达成年度考核计划，趸交规模与期交标保继续保持全省前列。

（方庆华）

【阳光财产保险股份有限公司岳阳市中心支公司】 2020年，阳光财产保险股份有限公司岳阳市中心支公司（简称阳光财险岳阳市中心支公司）以服务岳阳社会经济发展为己任，服务网络基本实现全市覆盖，业务得到较好发展。公司全年保费收入5346.33万元，缴纳税金1238.46万元，赔款支出3412.57万元。

（余建辉）

【恒大人寿保险有限公司岳阳营业部】 恒大人寿保险有限公司岳阳营业部（简称恒大人寿岳阳营业部）是2016年10月在湖南省注册成立的分公司（外商投资企业），注册地址位于湖南省岳阳市岳阳楼区金鹗中路408号圣鑫城。2020年，辖1个营业网点，有内勤员工15人，销售人员288人。营业收入42620.39万元，在岳阳寿险业排名第五，同比增长105.69%，增速在岳阳寿险业排名第二位，新单保费39507万元，在岳阳寿险业排名第二位。

（吴建三）

【阳光人寿保险股份有限公司岳阳中心支公司】 阳光人寿保险股份有限公司岳阳中心支公司（简称阳光人寿岳阳中支）于2009年5月6日正式成立，公司地址岳阳楼区站前西路文盛大厦。2020年，公司在岗人力257人，实现保费收入6717.67万元。

（李　晶）

【幸福人寿保险股份有限公司岳阳中心支公司】 幸福人寿保险股份有限公司岳阳中心支公司（简称幸福人寿岳阳中支）于2009年5月10日成立，内设1室5部，下设湘阴县、岳阳县、平江县3个县域支公司，公司地址岳阳楼区站前西路1号中达大酒店。2020年，公司个险承保标保422.1万元，达成率55.2%，在全省排名第一位，在全国排名第十位。银保期缴保费587.11万元，超额完成分公司下达的年度目标任务，达成率105.4%，在9个中支中排第三位；团险规模保费113.13万元，达成率59.54%，在9个中支中排第二位。被市人行评为反洗钱工作先进单位。

（晏淑敏）

【民生人寿保险股份有限公司岳阳中心支公司】 民生人寿保险股份有限公司岳阳中心支公司（简称民生人寿岳阳中支）成立于2008年7月，公司地址岳阳楼区站前路250号文盛大厦，下辖平江支公司、汨罗支公司两家县级机构。2020年，公司人数127人，其中内勤管理人员11人，营销员116人。全年实现原保费收入2300.19万元，同比增长11.98%，其中寿险1478.09万元、健康险804.25万元、意外伤害险17.85万元。保险赔付支出289.56万元，其中死伤医疗给付141.03万元，年金给付85.33万元，健康险赔付63.2万元。2020年，公司理赔申请支付时效为1.08天，理赔获赔率为100%，保全时效为1.01天，犹豫期内电话回访成功率100%。被评为“2019年度岳阳市反洗钱工作先进单位”。

（任 晓）

【天安财产保险股份有限公司岳阳中心支公司】 天安财产保险股份有限公司岳阳中心支公司（简称天安保险岳阳中支）成立2003年9月27日，公司地址现为岳阳楼区巴陵东路337号，内设综合部、销售管理部、理赔及客户服务部3个部门，并在临湘筹建四级机构。2020年，公司实现保费收入2810万元，支付赔款1904万元。在抗击疫情中，公司为岳阳市民免费赠送“疫安心”抗疫保险3000份，保障金额3亿元，被岳阳市人民银行评为反洗钱先进工作单位。

（方征购）

【华安财产保险股份有限公司岳阳中心支公司】 华安财产保险股份有限公司岳阳中心支公司（简称华安保险岳阳中心支公司）成立于2002年5月，公司地址岳阳楼区求索东路361号景湖湾小区。2020年，公司保费收入2019.23万元，利润同比增长126.43%。被岳阳市人民政府金融工作办公室授予保险诚信经营先进单位、保险风险防范先进单位”称号。

（孙 昕）

证 券

【方正证券岳阳东茅岭营业部】 2020年，方正证券岳阳东茅岭营业部以客户为中心，实行全员营销。举办大、中、小型投资者教育报告会12场，教育投资者依法合规、理性投资。举行反洗钱宣传活动6场，倡导合规经营。优化用户体验，提升服务质量，实现客户、营业部双赢。营业部年末客户规模数量17万余户，客户资产60亿元，地方税收上缴536.89万元，提供100个就业岗位。各项核心指标完成情况良好，实现广义代理买卖净收入6948.37万元，同比增幅10.18%；实现考核利润5485.8万元，完成率135.52%；新增客户资产35092.9万元，完成率255.56%，新增有效户客户4670户，完成率200.87%。

（谢幸福）

【华泰证券岳阳五里牌营业部】 2020年，岳阳五里牌营业部优化内部组织架构，发展投资顾问、商务BD队伍，成立机构RM团队，形成零售业务、财富管理业务、机构业务三大主线并进的组织架构格局。营业部全年股基交易量807.29亿元，新开客户5905户，新增有效户3131户，新开客户总资产13.92亿元，金融产品销量26.31亿元，较2019年同比均大幅增长。12月4日，营业部承办“宣传《证券法》，保护投资者合法权益，远离非法证券活动”健康跑活动，该活动在岳阳市南湖风景区南津古渡广场举行。

（姜 晏）

【湘财证券湖南分公司】 2020年，湘财证券湖南分公司围绕投资者教育、财富管理转型、业务全面合规开展工作。全年举办11场投资者交流报告会，其中10场线上进行、1场线下举办，引导投资者理性投资。全年新增基金PB服务产品5个，新增PB资产托管规模约2600万元。分公司支持市委、市政府及金融办各项工作，2020年度反洗钱分类评级被评为A级，被岳阳人行评为2020年反洗钱工作先进单位。至年底，分公司累计为8.92万名个人及机构投资者提供金融服务。至年底，股票交易额659.62亿元，同比增长53.86%；基金交易额1053.74亿元，同比增长80.05%；为岳阳市贡献税收300.42万元。

（李杨丽）

【首创证券岳阳南湖大道营业部】 2020年，首创证券岳阳南湖大道营业部在公司战略规划指引下，向财富管理业务转型，经营业绩有较大提升。至年底，营业部有托管资产15亿元，全年上缴税210.54万元。实现股票基金成交额240亿元，实现营业收入1014万元，营业利润728万，新增开户189户，新增新开户资产5553万元，实现财富产品销售规模5033万元。

（黄健民）

农业·水利

编　辑　曹春友

综 述

【概况】 2020年，岳阳市农业农村局（简称市农业农村局）以打造农业七大百亿产业、建设大美湖区优质农产品供应基地为主线，克服灾情和疫情影响，保供给、保增收、保小康，农业农村经济运行总体平稳、稳中向好。全市农林牧渔业总产值793.5亿元、同比增长4%，农林牧渔业增加值483.3亿元、同比增长4%，农民人均可支配收入18186元、同比增长7.7%。

【涉农重点项目】 2020年，市农业农村局组织全市符合条件的涉农产业化龙头企业开展省市财政支持的各类项目申报，争取资金4800万元。湖南天裕生态农业发展有限公司、湖南山润油茶科技发展有限公司等28家企业申报“百企”扶持项目、千亿产业行业标杆龙头企业项目、培育壮大龙头企业奖励和市农业产业化专项资金重点帮扶项目。市农业农村局与中国建设银行岳阳市分行签署《服务“三农”战略合作协议》，建行岳阳市分行每年提供不低于30亿元的融资额度，扶持岳阳市农业产业化龙头企业和新型农业经营主体。岳阳县被推介为第三批全国农村创业创新典型县，董敏芳被推介第四批全国农村创业创新优秀带头人典型案例。岳阳县杨林街镇被评为第十批全国一村一品示范村镇。新认定湖南家乐粮油农业等27个联合体为农业产业化省级联合体（累计65个）、其中省级示范联合体10个（累计17个）。全市新创建5个现代农业产业园省级示范园（累计创建60个），每个园区省级财政支持100万元。累计创建75个市级现代农业特色产业园。全市新创建临湘黄茶、湘阴小龙虾、屈原栀子3个优质农副产品供应示范片，项目资金2000万元。全市申报高标准农田建设工程、农产品仓储保险冷链物流设施建设工程、动植物保护能力提升工程、农业科技创新能力条件提升（重点实验室）建设、现代种业提升建设工程、农村人居环境整治建设工程、村庄公共基础设施建设工程7大类、272个储备项目，总投资107.69亿元，其中财政资金68.13亿元、自筹资金26.73亿元、其他资金11.69亿元。

【农业信息化建设】 2020年，全市建成县级运营中心9个，按照4∶3∶3比例建设村级益农信息社专业站、标准站、简易站等980个，投入资金3054.7万元。硬件设施建设全面完成，县级运营中心及村级益农社的运行软件安装调试并对接到湖南省信息进村入户省级综合服务平台，信息员上岗培训工作落实到位。新冠肺炎疫情期间，益农信息社平台向外发布疫情防控短信7952条、微信23937条，捐助现金43.6万元，捐献口罩1万只、消毒液12吨、甜酒1000坛、蔬菜50吨，参与疫情防控2802次；采用“不见面服务”形式，开展产销对接活动81次，销售额298.6万元；网上销售农产品185吨，销售金额190.6万元；发布用工信息616条，协助农民工外出就业6380多次。

【农业依法行政】 2020年，市农口系统深化“放管服”改革。坚持“简政放权、放管结合、优化服务”，运用“互联网+监管平台”，完善权力事项清单132项，填报行政事项实施清单181项。所有涉及行政审批及服务事项的办理时限压缩至法定时限的三分之二以内，农药经营许可证由原来的20天缩短到10天、最短4天，水产苗种办证由原来的20天缩短到11天、最短5天；驯养繁殖国家二级保护和省重点保护野生动物审批（水生动物）由原来的20天缩短到9天、最短7天。主动协调市政务中心、市行政审批局及科创公司等，完成行政事项实施清单181项和行政事项权责清单132项填报，为最多跑一次改革工作顺利实施创造条件。推行“双随机一公开”检查，确定抽查事项清单18项，开展双随机抽查工作5次，随机抽查44家农业生产相关企业和个体，发现有关问题6起、整改6起。开展公平竞争审查清理和规范性文件合法性审查，全年审查6件。聘用湖南人和人（岳阳）律师事务所的律师作为市农业农村局法律顾问。《岳阳市农村村民住房建设管理条例》于5月1日正式施行。开展年度执法案卷评查，评选出市级农业行政执法优秀案卷10个，3个案卷获评省级农业行政执法优秀案卷。规范处置复议应诉案。制定普法工作计划和普法工作责任清单，结合农产品质量安全整治、农资打假专项治理、长江流域十年禁渔、“农民丰收节”及“12·4”宪法宣传周等活动，采取制作展板、印发资料、现场咨询、LED显示屏和移动客户端等形式宣传农产品质量安全以及种子、农药、肥料、饲料和渔业方面的法律法规。

【职业农民培育】 2020年，全市新认定新型职业农民2100人（累计1.02万人）。开展农业经理人、水稻种植、特色水产养殖、农机操作、蔬菜种植、稻虾种养等培训班47个，分类培育现代农业带头人2100名，其中经营管理型主要培育新型农业经营主体带头人1750名、农业经理人50名、专业生产型和技能服务型主要培育新农商带头人150名、农机操作手50名、植保无人机职业飞手100名。推荐选派平江县村党组织书记、村委会主任及村“两委”其他成员25名农村实用人才带头人到浙江缪家村参加创业富民培训班学习。

【农产品质量安全】 2020年，全市农产品质量安全监管体系“一体两翼”不断增强。监管队伍总体保持稳定，基本保持县2～3人，乡镇2～4人的监管队伍设置，乡镇统筹预算2～5万元或实报实销的方式保障工作经费。增强检测体系，省厅组织的能力考核中，市、县参考的检测机构全部合格。湘阴县、临湘市检测中心成功通过“双认证”，岳阳县、华容县、汨罗市和屈原管理区检测中心初步完成建设任务，正在运行测试。执法队伍改革基本完成，市、县农产品质量安全执法能力得到提升。全市抓实“两证加追溯”制度工作，各项目县全部完成项目建设任务，设备采购基本到位并配发到相关乡镇监管站或生产基地，并结合农产品合格证制度试行工作逐步推开。至年底，全市有

1086家规模生产经营主体注册国家农产品质量安全追溯管理平台。抓好农产品“身份证”管理平台的注册与应用，全市所有市级以上农业龙头企业、“两品一标”等生产经营主体265家企业829个产品入驻湖南省农产品“身份证”管理平台，其中131个产品完成赋码标识。7月1日起，全市全面开始试行食用农产品合格证制度。至年底，全市9个县（市、区）开展试行工作，152家农业企业、467家农民合作社、755家家庭农场（种养大户）实施农产品合格证制度，开具合格证28.01万张，涉及农产品1.11万吨。市农业综合检验检测中心全年开展例行监测8次，监督抽查4次，承担省级监督抽查任务1次，抽检种植、畜禽、水产品1598批次，超额完成目标任务1130批次的41.4%；在例行监测与监督抽查中，抽查1522批次，其中不合格样品10批次，合格率为99.3%；及时向市局、省厅提交监测结果报告20份。8月，在省农业农村厅组织举办的农产品检测技术能力验证中，市检测中心顺利通过种养殖领域全项考核（全省仅有长沙市、岳阳市两市通过）；9月，通过湖南省市场技术监督管理局重金属检测能力验证。在例行监测和监督抽查中，岳阳市农药残留检测参数由32项拓展到68项，兽药、鱼药及重金属参数拓展至28项。全市“两品一标”有效数301个、新增16个，其中绿色食品262个、有机食品25个、地理标志农产品14个。湖南插旗菜业有限公司等两家企业获批全省绿色食品示范基地，总数11家。

【农村人居环境整治】　2020年，市委、市政府下发《岳阳市2020年打造农村人居环境整治升级版工作方案》和《2020年岳阳市农村人居环境整治升级版考核细则》，对县（市、区）进行明察暗访、排队打分、奖优罚劣。组织4次暗访督查，及时处理农村人居环境整治举报投诉问题，并根据督查结果，按县（市、区）分类进行排队，分上、下半年各组织一次考评奖励。农村生活垃圾治理成效显著，全市农村生活垃圾无害化处理率100%，一类县（市、区）垃圾分类减量和资源化利用覆盖率100%，其他县市80%以上。推进厕所革命，云溪区探索出的“首厕合格制”被国务院督查室认定为湖南省唯一的农村改厕典型经验。全市改（新）建户厕7.26万个、公厕125座；岳阳楼区、岳阳经开区、南湖新区的无害化卫生厕所普及率90%以上，其他县（市、区）的卫生厕所普及率92%以上。推进美丽乡村建设，全市创建省级精品乡村创建村7个和省级美丽乡村示范创建村9个，打造市级美丽乡村示范创建村30个、岳阳市美丽屋场37个。

【休闲农业发展】　2020年，全市有休闲农庄1688家，其中国家星级休闲农庄19家、省星级102家（含国家级）；年接待游客1635万人次、同比增长6.2%，综合收入27.3亿元。有中国美丽休闲乡村5个（平江县安定镇茅田村、福寿山镇白寺村，岳阳县张谷英镇张谷英村，汨罗市白水镇西长村，临湘市羊楼司镇梅池村）、全国十佳休闲农庄1个（虹宇生态园）、全国精品休闲渔业示范基地1个（湖南顺天洋沙湖基地）、全国休闲渔业示范基地7个（湘阴县大湖生态农业休闲旅游开发有限责任公司、临湘市黄盖浒生态度假有限公司、湖南凯佳生态农业科技有限公司、湘阴县鹤龙湖农庄、岳阳县黄秀农耕文化园、岳阳市屈原管理区明昊生态农业科技发展有限公司、临湘市长安街道办事处临湘浮标特色小镇）。新创建省级休闲农业集聚发展示范村3个（累计11个，每个奖励30万元）、休闲农业示范农庄6个（累计18个，每个奖励15万元）。推介岳阳市G240精品线路、平江县夏季精品旅游线路两条中国美丽乡村休闲旅游行精品景点线路。

【特色小镇创建】　2020年，屈原管理区营田镇被评为国家级产业强镇（全市累计3个），君山区钱粮湖镇（小龙虾、蔬菜）、岳阳县黄沙街镇（茶叶）被评为省级农业产业强镇（全市累计6个），湘阴县鹤龙湖镇被评为省级农业特色小镇（全市累计两个），临湘市羊楼司镇被评为农业农村部2020年度全国乡村特色产业10亿元镇。平江县三市镇（面筋小镇）、湘阴县樟树镇（辣椒小镇）、屈原管理区营田镇（栀子小镇）、岳阳楼区郭镇乡（田园小镇）、南湖新区月山管理处（茶韵小镇）5个乡镇被评为第三批市级农业产业化特色小镇（全市累计创建12个）。

【农业复工复产】　2020年年初，全市筛选300家重点新型农业经营主体，由市县两级党政分管负责人、农口系统班子成员“一对一”联点帮扶，着力解决企业反映的开复工审批、用工短缺、原材料供给不足、交通物流不畅等难题。4月底，实现全市323家市级以上农业龙头企业复工复产率100%。实施“百千万行动”，组织1000名技术人员下乡技术指导、1万名基层干部蹲村包户重点帮扶300个新型经营主体，开展农机、技术指导员和合作社技术人员培训5000多人次，组织机械抛秧现场观摩会9场，春季农业科技培训成效较好。把饲料、养殖、屠宰加工等骨干企业纳入疫情防控重点保障企业名单，推动计划内新建和改扩建生猪养殖规模场全面复工复产，至4月底，全市1279家农资经营门店、78家饲料企业、5家兽药企业复工率100%。

（张玛利）

种植业

【概况】　2020年，全市实现种植业产值329亿元，比2019年增长4.9%。主宗农产品中，粮食总产量微增，油料、蔬菜增产，棉花、茶叶、水果小幅减产，岳阳黄茶产业发展趋势较好。农产品加工企业发展到3791家，拥有农产品注册商标7523件。农业基础建设、土肥植保、遏制耕地抛荒、种业管理、农业资源与保护利用较有成效，推动全市农业平稳发展。

【主宗农产品】　2020年，全市农作物总播种面积73.73万公顷。粮食播种面积47.41万公顷，其中早稻15.69万公顷，总产量293.2万吨；

油料播种面积12.79万公顷，同比增长6.4%，产量22.5万吨，同比增长9.9%；棉花播种面积2.49万公顷，同比减少3.9%，产量3万吨，同比减少5.6%；蔬菜播种面积8.01万公顷，同比增长3.2%，产量262.6万吨，同比增加3.3%；茶园面积1.55万公顷，同比减少3.5%，茶叶产量1.7万吨，同比增长1.7%；果园面积1.48万公顷，同比减少2.7%，水果产量55.7万吨，同比减少3.9%。

【农业基础建设】 2020年，全市完成高标准农田建设任务42.68万公顷（累计建成24.8万公顷），其中完成土地平整513.4公顷、土壤改良2.41万公顷，建造塘堰448座、小型拦河坝16座、泵站103座，衬砌明渠529.6千米，建成高效节水灌溉0.17万公顷，修建机耕路207.3千米等。全市新增和改善灌溉面积2.31万公顷，新增和改善排水面积1.61万公顷，年新增粮食产量3556万千克。采取“先建后补”模式，在岳阳县幼雄水稻专业合作社开展新型经营主体参与农田项目建设试点。发挥商业保险作用，在全省率先开展整市推进农田建设项目工程保险试点。平江县群众筹资投劳、参与项目建设和监管，推进“湘赣边区域合作”高标准农田项目示范基地建设。华容县治河渡镇紫南村纳入首批省级农田建设示范区。岳阳市被评为2020年全省高标准农田建设先进市（州），华容县、汨罗市被评为全省高标准农田建设先进县。推广耕地质量保护与提升技术，全市推广面积68.12万公顷次，比2019年增加3.37万公顷次，增长5.2%，实现全市范围全覆盖。全市平均耕地质量等级达到4.07，较2019年提高0.2，耕地质量稳步提升。

【农产品加工】 2020年，全市有农产品加工企业3791家，其中规模以上企业888家；年销售收入过亿元的225家、过10亿元的5家（湖南山润油茶科技发展有限公司、湖南全民鸽业有限公司、湖南正虹科技发展股份有限公司、华文食品有限公司、中粮米业（岳阳）有限公司）、过20亿元的企业两家（湖南省长康实业有限责任公司、中粮贸易南良（岳阳）有限公司）、过50亿元的两家（湖南九鼎科技集团有限公司、道道全粮油股份有限公司）；市级以上农业产业化龙头企业323家，其中国家级6家、省级84家、市级233家。千亿产业标杆龙头企业7家（九鼎、长康、新泰和、渔米之湘、山润、全民鸽业、喜味佳），全省农业特色产业30强5家（九鼎、道道全、山润、长康、华文）。全市农产品加工业总产值2225亿元（含规上企业和规下企业），同比增长8.2%。农产品加工上市企业4家：湖南正虹科技发展股份有限公司、岳阳纸业股份有限公司、道道全粮油股份有限公司、华文食品有限公司。湖南股权交易所挂牌企业52家。新增中粮米业（岳阳）有限公司为国家重点龙头企业。

【农产品品牌】 2020年，全市农产品注册商标7523件，拥有马德里国际商标63件，中国驰名商标37件，国家地理标志证明商标19件，国家地理标志产品12件（新增5件），湖南省著名商标116件和湖南省名牌产品121个，商标品牌综合实力居全省第二位。全市区域公用品牌综合产值150亿元以上的有平江面筋，50亿元以上的有华容芥菜、岳阳小龙虾、岳阳黄茶，10亿元以上的有岳阳王鸽、临湘浮标，1亿元以上的有汨罗甜酒、汨罗粽子、平江酱干、樟树港辣椒。至年底，华容芥菜、君山银针获评湖南省首批“一县一特”农产品优秀品牌。全市主要用于农业品牌建设资金1.7亿元，其中华容县、岳阳县、临湘市、湘阴县等县市财政分别安排800万元、1500万元、600万元和200万元的品牌建设引导资金。

【遏制耕地抛荒】 2020年，全市停发抛荒耕地的种粮补贴，遏制耕地抛荒、耕地非农化、非粮化。采取种植大户流转耕种、村组干部代耕代种、村委会兜底耕种等方式，落实耕种主体，确保能种尽种、应种尽种。全市协调零星散户6563户1311公顷耕地向种粮大户流转，由村集体代耕代种代管2307.2公顷耕地。

【土肥植保】 2020年，全市推广测土配方施肥面积68万公顷（其中专用配方肥施用面积36.53万公顷），主要农作物测土配方施肥技术推广覆盖率92.2%，布置田间试验48个、建立减肥增效示范区31个，示范总面积0.93万公顷。全市有专业化服务组织113家（新增4家）、标准化区域服务站132个（新增31个），全年统防统治全程承包服务面积28.6万公顷，主要农作物病虫害统防统治覆盖率44%。依托岳阳县、平江县水稻全程绿色防控、湘阴县二化螟绿色防控、华容县蔬菜病虫害绿色防控、临湘市稻渔综合种养绿色防控示范，辐射带动全市绿色防控应用，全市累计示范推广农业防治、性诱、灯诱、生态调控等绿色防控技术18.47万公顷、同比增长20.4%；植保无人机拥有量504台、同比增加135台，飞防面积40.27万公顷次以上。全市化肥使用总量较2019年减少2.3%；全市推广水肥一体化技术应用0.67万公顷。全市农药使用总量较2015年减少1466.6吨、减幅24.9%，较2019年减少4.5%；高新药剂推广应用比例92%以上。

【种业管理】 2020年，全市农业管理部门开展春秋季种子市场专项检查、种子生产基地检查、种子企业和种畜禽企业监督检查，检查种业企业11家、种子市场71个、经营户805户，抽取主要农作物种子样品430份。对“湘早籼6号”等5个审定品种以及“恒丰优1179”等11个引种备案品种实行退市处理。利用快速检测方法现场抽检3家种子企业的制种基地，未发现含有转基因成分。对种子企业在全市范围内开展的生产试验、引种备案适应性试验进行现场督查，检查水稻、玉米、棉花三大类农作物152个品种的210个试验点，鉴别出不合格的生产试验占比为7.4%，不合格的引种备案适应性试验占比为57.8%。送海南进行纯度种植鉴定的28份样品全部合格。全市种业市场秩序继续保持总体稳定，连续10年未发生大的种子质量事故。组织开展水稻新品种展示示范，建立展示示范点18个、集中展示品种276个，择优推介53个优良品种。推广良种与良法、良田配套，创办万亩以上高标准示范片3个、千亩示范片15个，面积0.78万公顷。

【农业资源与保护利用】 2020年，全市15个涉农环境突出问题全部销号；“洞庭清波”专项行动97个问题销号95个；洞庭湖生态环境专项整治三年（2018—2020）行动计划目标任务、2020年污染防治攻坚战、“夏季攻势”等工作全面完成；在市直20个单位年终考核中以96分排名第一位，第二次全国污染源普查获得省先进单位称号。湖南省定任务受污染耕地安全利用类面积1.27万公顷，严格管控类面积673.33公顷，合计1.33万公顷。全市开展入户调查、台账建立、模式遴选、集中区推进等工作，实际完成受污染耕地安全利用治理面积1.36万公顷，超额完成省级下达任务，在2020年度污染防治攻坚战和省级专项考核中满分通过。加强安全利用区耕地修复治理，推广淹水法等农艺调控技术，推行原位钝化、生物修复等措施；加强工业源污染、生活源污染和农业投入品监控，切断镉等重金属污染物进入农田的途径，全市累计实施轻中度污染耕地治理1.27万公顷。严格管控区耕地（826.67公顷），坚决禁止种植晚稻，实行水稻闭环管理。全市建成秸秆收储运点59个、秸秆加工企业23家，秸秆利用量348.8万吨，临湘市、华容县、湘阴县、岳阳县成功申报秸秆综合利用重点项目县；全市普及农作物秸秆还田49.21万公顷，秸秆还田率86%。全省11个省级农用地膜残留监测点，岳阳市争取建立3个（君山区、华容县、平江县）；建成农用地膜回收点342个、农膜回收加工企业5家，农膜回收量为2.08万吨。全市农作物秸秆综合利用率87.8%，农膜回收率85.1%，分别超出省定目标2.8和5.1个百分比。全市建设大中型沼气12处，开展大中型沼气工程安全生产的专项检查，全市排查2230户，发现并消除隐患350处，安全处置闲置沼气70口，有效杜绝沼气安全生产事故发生。开展农业野生植物原生保护区和外来物种工作调研，在原有君山区野生荷花保护基地的基础上，临湘市成功申报羊楼司镇野生猕猴桃保护基地项目（500万元）。

【岳阳黄茶】 2020年，全市新改扩茶园2050公顷（其中新建茶园326.67公顷、低改茶园1723.33公顷），黄茶产量8670吨、增长8.1%，以岳阳黄茶为纽带的全市茶叶综合产值53亿元。累计发展国家级标准茶园7个、省级茶叶特色产业园14个，有省、市级茶叶龙头企业21家（省级8家）、茶叶专业合作社45家、茶叶经营主体236家。拥有授权黄茶国家发明专利10项，在黄茶加工领域申报和获得的发明专利数占全国的一半。君山、兰岭、巴陵春、洞庭、九狮寨、洞庭春6个茶叶品牌被评为中国驰名商标。岳阳君山银针地理证明商标申请在国家工商总局进入实质性审定。品牌建设。8月21日，岳阳黄茶冠名的高铁专列在长沙高铁站首发，提升岳阳黄茶在京广大动脉的知名度。中国黄茶斗茶大赛颁奖典礼暨第二届岳阳茶业博览会，现场观展10万人次、交易额2200万元，签订意向订单1.3亿元。打造岳阳黄茶广告长廊，推出岳阳黄茶LOGO旅游门票，投放主流媒体、大型电子屏与立柱广告，加大品牌造势力度。规范岳阳黄茶产品体系，授牌25家茶企使用岳阳黄茶公共品牌，新增12家岳阳黄茶门头店（累计29家）。岳阳黄茶品牌建设被评为省级先进并奖励100万品牌建设经费。基地建设。茶园基地建设提质增效，与金叶众望公司合作，推广茶叶专用肥；推广茶树品种改良与病虫害绿色防控技术，部分换植与新扩茶园种植黄金茶苗。推广茶园机耕、机修、机采、机制，提升茶园单位面积综合生产能力和效益水平。白石茶园被列为国家黄茶种植标准化示范区，幽吉、五星鸿两家茶企成功申报省特色产业园项目。胜峰茶业升为省级龙头企业。提升加工水平。举办岳阳黄茶制茶师大赛，有56家茶叶企业和专业合作社的102名选手参加。永巨茶业新增年产100吨紧压黄茶的生产线。临湘多家茶企加大紧压黄茶生产，逐步转型升级。集聚发展。君山区以君山银针、毛尖等高档茶为特色；岳阳县重点生产中档用茶；岳阳经开区重点打造北港毛尖；平江县以九狮寨为龙头，由亚投行投入5300万元重点打造高山茶；临湘以永巨为龙头，重点打造紧压茶；汨罗以出口散茶为重点。茶旅融合。南湖新区重点抓茶韵小镇建设，启动茶博城扩建与“岳阳黄茶公园”项目。黄沙街茶香小镇，被评为省级农业产业强镇和省级研学基地。华容胜峰、石岗山丰富茶园游玩内容，增加景点，体验手工制茶和茶艺茶道。平江九狮寨游客中心基本建成。

（张玛利）

农村经营管理

【农村集体产权制度改革】 2020年，全市基本完成农村集体产权制度改革工作和总结评估验收，向省政府递交《工作评估总结的报告》。全市清查农村集体资产账面资产总额88.65亿元，核实集体土地总面积110.32万公顷，通过“互联网+监督”平台公开，接受社会监督。全市1551个涉改村完成集体经济组织成员身份认定，确认集体经济组织成员421.99万名，保障集体经济组织成员的合法权益。全市1552个涉改村（组）全部建立集体经济合作社，完成登记赋码和机构证书颁发，完成率100%。全市折股量化资产26.06亿元，印制股权证87.124万份，发放股权证65.5万份，累计股金分红685.2万元。

【新型经营主体培育】 2020年，全市累计发展合作社8446家、新增745家，累计创建国家级示范社48家、省级示范社74家（新增9家）、省百强社20家（新增12家）、省级产业扶贫合作社24家（新增24家）、市十佳农民合作社10家（新增10家）、市级示范社110家（新增16家）。认定家庭农场9165家、新增4820家，累计创建省级示范家庭农场82家（新增45家）、市级280家（新增30家）。发展2公顷以上种粮大户2.68万户，其中66.67公顷以上种粮大户167户；2～66.67公顷的种粮大户2.67万户。全市开展农业社会化服务的农民专业合作社3967家、同比增长11%，服务小农户的营业收入4.49亿元、同比增长22%，农业生产托管服务面积48.63万公顷、同比增长14%，华容县、岳阳县入选全省社会化服务项目试点单位，分别获批资金800万元。

【农村集体经济发展】 2020年，全市开展村级债务化解工作。出台《关于做好贫困村债务化解工作的通知》，全市各县（市、区）化解债务16281.415万元。探索农村集体经济发展路径，全市村级集体经济收入在5万元以上的村（居）有769个，占总数的48.8%，5万元以下的村（居）805个，无经济收入的空壳村（居）从550个减少到180个。全市有53个村成功入选国家扶持发展壮大村集体经济项目，每个村获得50万元资金支持。

【农村土地流转】 2020年，全市健全土地流转管理制度，加快放活土地经营权。按照“依法、自愿、有偿”原则，引导和规范农村土地承包经营权流转。全市承包耕地流转面积19.61万公顷，占家庭承包耕地总面积的63.8%。加强农村承包经营纠纷仲裁体系建设，保障农民合法权益。全市成立乡镇调解委员会105个、村组调解小组1441个，配备有各级调解员、仲裁员3911人，调处仲裁承包地纠纷1209件，市域内未发生农村土地纠纷重大群体性事件。

【农村宅基地管理】 2020年，全市开展农村宅基地管理与改革工作。成立由市委副书记任组长、市政府分管副市长任副组长的市农村宅基地管理与改革工作领导小组，办公室设在市农业农村局，领导小组及其办公室明确为常设领导机构，明确市农业综合行政执法支队承担全市农村宅基地执法职责。全市除城镇规划区范围内土地和国有农场区域内土地外，农村宅基地审批权全部下放到乡镇，100%实现乡镇审批。全市闲置宅基地有23908宗，占农村宅基地总宗数的3.91%，闲置宅基地面积669.73万平方米，占农村宅基地总面的5.63%。对闲置宅基地探索有偿退出、建新拆旧、村集体内部流转、闲置再利用，取得可推广的经验。压实县级属地责任，落实乡域范围内宅基地管理责任，明确乡镇长为第一责任人。发挥村民自治作用，把宅基地管理纳入村规民约，建立村民建房理事会，压实村组责任。

（张玛利）

畜牧业

【概况】 2020年，全市出栏生猪351.5万头，同比减少19.6%；出栏牛12万头，同比增加11%；出栏羊57.4万只，同比增加7.7%；出笼家禽3020.3万羽，同比增加18.5%。

【畜禽生产企业】 2020年，全市生猪规模场1742家（规模化比重52.8%）、牛规模场15家、羊规模场3家、蛋鸡规模场58家、肉鸡规模场49家。新建改扩建存栏母猪500头或存栏肉猪4000头以上生猪规模养殖场112家。市人民政府印发《关于落实促进生猪生产保障市场供应政策的通知》，明确市财政投入500万元用于生猪稳产保供工作。平江县清怡农场有限公司获评国家级畜禽标准化示范场，华容县和泰生态养猪专业合作社、岳阳县肖家坡养殖场被评为省级畜禽养殖标准化示范场，湘阴县弘商生猪定点屠宰场被评为省级标准化屠宰企业。

【畜禽养殖污染治理】 2020年，全市1867家规模养殖场粪污处理设施装备配套率100%，畜禽粪污综合利用率92%；布局建设沼气工程10家、有机肥厂16家、消纳基地131家、第三方收运平台7家等一批集中粪污处理设施，种养循环发展机制初步建立。

【重大动物疫病防控】 2020年，全市继续加强对非洲猪瘟和高致病性禽流感等重大动物疫病防控，建立分片包村包场排查监测机制。县、乡各级政府严格落实非洲猪瘟等动物疫病防控工作负总责、主要负责人是第一责任人的属地管理机制。严管生猪调运，在临湘市、云溪区、华容县、平江县等省际边境临时检查站拦截查获950头违规调运的生猪，全部无害化处理。加强生猪运输车辆备案和入湘及供外省生猪备案，对生猪运输车辆实施动态管理，全市备案生猪运输车辆223台。规模养殖场户、屠宰场、无害化处理厂等高风险场所实行集中消毒灭源，有效降低养殖场的疫病发生风险。落实特聘动物防疫专员计划，招聘173人，满足基层动物防疫和入湘生猪和生猪产品指定通道的人员需求。落实屠宰场“两项制度”，全市备案的11家屠宰企业配备官方兽医59名，承担入场查验和宰后检疫工作。全市免疫猪口蹄疫356.65万头，牛口蹄疫免疫31.87万头，羊口蹄疫免疫39.81万只，鸡禽流感免疫2810.84万羽，鸭禽流感免疫358.32万羽，鹅禽流感免疫25.16万羽，其他禽流感免疫6.7万羽，春防秋防应免密度全部100%。经免疫效果评估，猪、牛、羊O型口蹄疫抗体整体抗体合格率为80%；羊小反刍兽疫抗体合格率为78.7%；禽H5亚型流感抗体合格率为96.8%；禽H7亚型流感抗体合格率98.4%，有效保障养殖业健康发展。开展“非洲猪瘟”入场入户采样监测工作，累计采样监测猪鼻肛拭子和养殖场环境样品1289份，检测结果全部为阴性。县级监测314场1万份样品，全部阴性。开展生猪疫病专项监测工作，开展“非洲猪瘟”、口蹄疫、猪瘟、高致病性蓝耳病、伪狂犬病、圆环病毒病6种病原监测以及伪狂gE、伪狂gB，猪瘟抗体、蓝耳抗体、圆环抗体、口蹄疫抗体、“非洲猪瘟”7种抗体检测，根据检测结果和流行病学调查情况，及时反馈并指导养殖场做好防疫以及免疫工作。

【饲料及兽药企业】 2020年，全市各类饲料生产持证企业78家（国家级龙头3家、省级4家、市级13家），从业人员4500人，年单班饲料加工能力580万吨，年产10万吨饲料企业15家。全年各类饲料总产量420万吨、同比增长10%，产值172亿元、同比增长12%，产量和产值占全省三分一。兽药生产企业4家，从业人员220人、年产值5000万元；兽药经营企业193家、从业人员650

人，年销售额2.8亿元。

（张玛利）

水产业

【概况】　2020年，全市水产品养殖面积7.5万公顷、水产品产量51.6万吨，与2019年同期持平，连续32年位居全省第一位；稻虾等综合种养面积6.31万公顷，同比增长1.4%，小龙虾产量11.5万吨，与2019年同期持平。

【渔业健康养殖】　2020年，全市天然水域全部收回水面经营权，重新确定渔业资源开发利用方式，实现“人放天养”。全市创建全国渔业百强县两个、国家级水产健康养殖示范场36家、省级稻渔综合种养示范县两个。“铁山鳙鱼”认证为有机食品，“云良龙虾”“白泥湖螃蟹”“梦里水乡”系列的青、草、鲢、鳙四大家鱼认证为绿色食品，“白泥湖螃蟹”“岳阳小龙虾”认证为中国地理标志产品。全市水产品加工企业65家，其中国家产业化龙头企业1家、省级5家、市级21家，年加工能力5.9万吨，产值约22亿元，淡水鱼及龙虾加工率约为11%。建成华容、君山小龙虾加工产业园、临湘蛙类加工特色产业园、海吉星水产专业批发市场（年交易量在20万吨以上）。至年底，全市百亩以上水产养殖场户1846家，养殖年产值过千万龙头企业84家，产值过500万元养殖大户、专业合作社360家；有休闲渔业农庄510家（其中国家级休闲渔业示范基地7个），垂钓水面3733.33公顷，年接待总人数超过100万人次，产值约6.5亿元。

【禁捕退捕】　2020年，全市长江、洞庭湖、黄盖湖、湘江、资江、沅江、汨罗江、华容河、藕池河、新墙河2200平方千米水域实现全面禁捕，禁捕水域涉及9个水生生物保护区、12个县（市、区）。全市退捕渔船管理系统建档立卡渔民4644户、6816人，退捕渔船7116艘，其中纳入享受社保补贴对象5513人。渔船渔具处置。9月，启动渔船拆解工作，完成全市4644户建档立卡渔民退捕协议签订，7116艘渔船全部回收处置，4415本捕捞许可证全部回收，合法网具全部销毁处置。开展清船清网专项行动，回收清理残留违规渔具2468吨。渔民生计保障。至年底，建档立卡符合参保条件的渔民全部参保，3938名专业渔民、576名持证兼业渔民社保全部到位，1529名其他持证渔民参照一户2000元/年（15年）的基数落实社保补贴或困难补助。退捕渔民均录入省公共就业服务信息管理平台，累计开展311服务5.2万次，培训人数1738人，召开专场招聘会38次，有就业意愿渔民3977人，转产就业3977人，转产就业率100%。全产业链整治。全市出动执法人员8.09万人次，出动执法车辆1.41万辆次，出动执法船艇9874艘次，清理违规网具1.49万张顶，查办违法违规案件138件，查获涉案人员153人，司法移送案件数量48件，司法移送人员数量74名。市场监管部门开展市场监管联合执法315次，检查各类市场主体2.14万家，立案查处违法行为案件17起，其中两个案件被国家市场监督管理总局评为典型案例。落实农业部“一人一杆、一线一钩”垂钓要求，垂钓行为逐步规范。“三无”船舶整治。全市整治“三无”船舶6422艘。全面回收拆解或集中清理上岸，根据评估价给予以适当补偿，回收拆解该类船舶5028艘。开展中心城区岸线及水域涉渔“三无”船舶整治等专项行动，销毁“三无”船舶1394艘。下发《关于对保留船只进行规范标识管理的通知》《关于加强“乡镇船舶”管理的通知》，规范管理护渔船、协会用船、科研船、农民自用船、乡镇船舶等船只，摸底登记造册并建立健全台账，标识管理并明确责任单位和责任人。

【江豚及水生生物保护】　2020年，全市加强长江江豚保护宣传，定制可循环利用防风打火机3万个、环保布质喷绘手袋2000个、宣传用纸杯6万个、长江江豚保护文化衫等宣传品，集中有针对性扩大受众面。11月13日，新华社对岳阳市水生野生动物保护和禁捕退捕工作进行专题采访报道，在《岳阳治水添彩“巴陵胜状”》报道中对岳阳市长江江豚保护及水生生物保护工作予以肯定。巡查保护区180多次，发现违法涉水涉渔水工建设7例，下发交办单或停工函3份。落细观测站制度，在保护区水域设立5个观测站（汨罗市磊石站、岳阳县鹿角站、岳阳县太平咀站、岳阳市东风湖站、君山区华龙码头），以长江江豚主要活动区域为重点水域，坚持每天开展一到两次的巡查。及时救护珍贵、濒危水生生物，救护30千克重中华鲟1条、受伤长江江豚1头、胭脂鱼1条，放生娃娃鱼3条。

长江禁渔巡察执法

做好涉水涉渔项目监管，对5个未按程序办理审批手续的项目建设方送达整改通知书，落实涉水涉渔工程项目的生态补偿资金3笔。开展水生生物增殖放流两次，放流鱼苗1200万尾。与中科院水生生物研究所豚类组达成意向协议建立保育基地和博士工作站，与农业农村部水产科学研究所长江所建立鱼类资源保护、研究建立工作站达成协议。

（张玛利）

林业

【概况】 2020年，全市林业系统以生态保护、生态提质和生态惠民为重点，转职能、抓机遇、促发展，各项工作取得较好成效。岳阳市在全省林业建设目标管理考核中排名第二位，被评为优胜单位，连续5年蝉联"湘林杯"，为全省唯一获此荣誉的市州。全市林业转型发展呈现良好发展态势，林业产业总产值429亿元。完成人工造林0.91万公顷，森林覆盖率稳定在45.31%；林地保有量62.25万公顷，森林保有量56.49万公顷；活立木总蓄积量2546.74万立方米，蓄积量增长率3.85%；湿地保护率稳定在77.28%。森林火灾受害率为0.036‰，同比下降40%，林业有害生物成灾率为2.2‰，低于省控指标。

【自然保护地整合调优】 2020年，岳阳市在全省率先提交自然保护地整合优化预案，通过省级审查和国家预审，全市不含风景名胜区在内的34个自然保护地参与整合优化，总面积27.2万公顷，占全市国土面积的18.31%，整合优化后自然保护地28个，总面积为24.83万公顷，占全市国土面积的16.71%；比整合优化前面积减少2.37万公顷，减少1.6%。整合优化后自然保护地内人口由33.05万减少到2.64万，城镇建成区面积由627.4公顷减少到67.86公顷，村庄面积由4302.47公顷减少到350.21公顷，永久基本农田由3.09万公顷减少到224.59公顷。

【国家森林城市创建动员大会】 2020年9月，岳阳市国家森林城市建设总体规划通过国家林草局评审，由市政府批复正式实施。12月29日，市委、市政府召开创建国家森林城市动员会，安排部署全市创建森林城市工作。副市长黎作凤作动员讲话，会议公布《〈岳阳市创建国家森林城市实施方案（2020—2022年）〉》。市城市管理和综合执法局、华容县、汨罗市和岳阳楼区政府分别表态发言。市直、各县（市、区）相关单位负责人以及中央、省驻岳主要媒体，岳阳市媒体代表等100多人参加会议。

【陆生野生动物监管】 2020年，市林业局落实《湖南省人民政府办公厅关于全面禁止非法野生动物交易、革除滥食野生动物陋习、切实保障人民群众生命健康安全的意见》，加强野生动物"一封控四严禁"。全市累计开展联合执法55次，巡查清理餐饮场所8879处，野生动物驯养繁殖场所9865家，收缴野生动物55只、野生动物制品26千克，全市陆生野生动物无疫情出现。实施第一批、第二批人工繁育野生动物退养市、县两级补偿资金7305.36万元发放，省级补偿资金到位。妥善处理来信来访咨询投诉67起，成功化解串联上访事件1起，野生动物退养补偿和处置过程稳妥可控。平江县在全国禁食野生动物后续工作电视电话会上推介经验，被评为全省禁食野生动物后续工作先进单位。君山区在疫情期间，全天候巡查市场和流通渠道，确保群众日常生活安全。

【森林防火防治】 2020年，市林业部门加强森林防火防治工作，成效明显。全年发生森林火灾3起，受害森林面积22.4公顷，受害率0.036‰，远低于0.9‰的省控指标。6月13—14日，国务院安委会抽检临湘市五尖山森林公园森林防火工作，肯定岳阳森林防火工作。抓实以松材线虫病为重点的林业有害生物防治，林业有害生物发生面积3.55万公顷，成灾面积1200公顷，成灾率2.2‰，低于省控指标，防治面积3.02万公顷，防治率88%，无公害防治2.85万公顷，无公害防治率95%。

【林地保护】 2020年，岳阳市坚持森林资源管理"一张图"，严格林地用途管制，建立健全县级人民政府保护发展森林资源目标责任制。全市完成307宗使用林地项目审批，其中，永久使用林地243宗、临时占用林地57宗、直接为林业生产服务占用林地7宗，全部足额征缴植被恢复费，无违法违规审核审批行为。省林业局交办的6个破坏林地信访件查处到位并回复。2018—2019年森林督查发现的580起违法案件查处整改到位。

【湿地保护】 2020年，岳阳市加强湿地保护工作。黄金河、白泥湖国家湿地公园建设通过国家评估验收，全市6个国家湿地公园全部完成试点建设任务。实施山水林田湖草等湿地保护修复项目，完成湿地修复面积1914.15公顷。湿地生态得到修复，环洞庭湖区越冬水鸟数量28.8万只，同比增长16.6%，成功举办第十一届洞庭湖观鸟节，吸引《人民日报》、湖南卫视、《湖南日报》等40余家媒体参加，观鸟之都的生态名片越擦越亮。岳阳楼区整治岸线11千米，复绿面积26.5万平方米；屈原管理区湿地生态环境改善明显，古湖湿地迎来3000多只天鹅栖息越冬。

【造林绿化】 2020年，岳阳市完成人工造林0.91万公顷，超额完成省定任务。新建义务植树基地140处，参与义务植树147.8万人次，植树1160.08万株。12.9万人次参与林木绿地认植认养认建认捐活动，认植38.18万株，认养绿地面积22.8万平方米、古树名木81株。

【生态廊道建设】 2020年，岳阳市推进生态廊道建设。加快长江岸线复绿，累计完成长江岸线复绿面积1306.67公顷，初步建成兼具生态功能和景观效应的"绿色长廊"；沿线4个县（市、区）投资1320万元，完成107国道沿线乡镇驻地绿化里程66.38千米，栽植栾树、茶花树等绿化树种6万多株。汨罗市扎实推进生态廊道建设，高标准建成生态廊道69千米。12月15日，市政府常务会审议通过《关于加快推进生态廊道建设的通知》，及时分解下达2020—2022年省级生态廊道建设任务，把生态廊道建设纳入长江经济带绿色发展示范区建设考核考评范围，明确专项建设资金。

【涉林环境问题整治】 2020年，岳阳市加快涉林环境问题整治销号。清退中央环保督察反馈洞庭湖自然保护区种植的欧美黑杨4673.33公顷，如期完成三年清退任务并销号；2017—2019年“绿盾”行动自然保护区653个问题完成销号；中央环保督察“回头看”指出的东洞庭湖自然保护区实验区“精养鱼塘污染水质”问题和长江经济带生态环境警示片披露的东洞庭湖自然保护区养猪废水直排、违规设施3个问题完成销号。开展违建别墅清理整治专项行动，整改完成省级以上自然保护地违建别墅14处、140栋，到位率100%。

【生态扶贫】 2020年，岳阳市生态扶贫成效明显，全市生态扶贫工作顺利通过国检省检。平江县生态护林员数量从713名增加至1269名，每年为建档立卡贫困户增加政策性收入1269万元。落实全市22.65万公顷省级以上生态公益林和8.08万公顷天然林管护责任，为林农增加政策性补助资金6841万元，惠及在册贫困户2.31万户。

【林业产业发展】 2020年，岳阳市林业产业发展较好。全市申报林业产业项目29个，争取项目资金1128万元。全市省级以上林业龙头企业25家，省级示范合作社40家，省级以上林下经济示范基地24家。以泰格林纸为龙头的林纸、以福湘木业为龙头的林板、以山润油茶为龙头的林油、以羊楼司竹业为龙头的竹产业和以基荣木业为代表的家具等林产工业加速发展。以幕阜山、塔市国有林场为龙头的国家级、省级森林康养基地为全市的森林旅游和康养产业发展较快。临湘市依托农民专业合作社，完善产业利益联结机制，林下经济总面积0.92万公顷，产值7.1亿元。

（戴 冰）

农业机械化

【概况】 2020年，全市农机总动力670万千瓦、同比增长1.5%，农机保有量84万台套，其中拖拉机3.76万台，插秧机3742台，粮食烘干机1228台，联合收割机2万台，无人植保机547台，有序抛秧机215台。主要农作物耕种收综合机械化率76%，水稻生产综合机械化率82%，油菜耕种收综合机械化水平59%；机合作社示范社5家，综合农事服务中心两家。全市经工商注册登记的农机合作社672家，其中现代农机合作社331家、省级示范社61家、国家级示范社4家；入社成员1.4万人，拥有各类农机具2.3万台（套），流转经营土地4.6万公顷，作业服务面积超15万公顷，服务农户7.1万户，全年总收入5.3亿元。

【水稻全程机械化】 2020年，中共中央政治局委员、国务院副总理胡春华，省委书记杜家豪书记、副省长隋忠诚、中办国办复工复产调研组等到岳阳调研春耕备耕情况，对岳阳市春耕生产工作给予肯定。全市完成早稻机耕16.19万公顷，机耕水平接近100%。全市大力推广高速插秧机、水稻有序抛秧机等先进机具，突破水稻机械化栽植瓶颈，累计推广有序抛秧机215台、机插（抛）水稻面积20.27万公顷。各县（市、区）对有序抛秧机给予1～3万元的累加补贴，对机抛作业给予40～60元的作业补贴。

【惠农政策实施】 2020年，全市购买补贴机具11830台，补贴资金1.44亿元，直接撬动农户投资4亿元以上，受益农户7949户。举办各类培训班38次、培训农机手3042人次，组织农机经销商售后服务力量及技术人员600多人次开展送检下乡服务，指导帮助农户农机具检修和调试保养，累计服务指导5463人次、检修农机具2.4万台套。

【平安农机示范创建】 2020年，岳阳市成功创建全国“平安农机”示范市（全国“平安农机”示范市是农业农村部、应急管理部联合颁发的全国性奖项），成为湖南省第一家省级“平安农机”示范市。市政府印发《关于加强农机安全生产工作的通知》，成立由分管副市长任组长的农机安全生产工作领导小组，定期召开相关部门联席会议。122个乡镇明确农机安全专干，1603个行政村配备农机安全员，构建市、县、乡、村四级农机安全管理网络。强化宣传发动，开展农机安全宣传日活动和安全知识培训班4次，印制宣传资料5000多份、制作宣传栏10个，通过微信公众号、报纸、短信、广播台站等多种途径开

水稻收割作业

展宣传，累计开展宣传活动27次、发放宣传资料4万多份。组织参加农机监理业务培训，142名农机安全监理人员全部持证上岗；制定《农机事故应急预案》和《农机事故报告制度》，加强制度化建设。建成一批高标准农机监理“一站式”办证服务大厅，开展拖拉机安全顽瘴痼疾专项整治行动，累计注销变型拖拉机6450台、核减存量64.9%。君山区被评为全国平安农机示范县。

（张玛利）

农业科技

【水稻科研】 2020年，市农科院完成4套国家农作物新品种审定、6套国家绿超绿色通道品种参试、11套湖南省区试和优质稻评选申报等材料的组织汇总与报送。“盛泰优722”被评为全国十大优质超级稻品种，“湘岳占”“凤两优464”“川种优018”“中两优018”通过国家审定。完成低镉品种资源创制、稻虾综合种养品种筛选等6项重点任务和水稻洪涝防控应急服务等3项应急任务。

【经济作物科研】 2020年，市农科院全年新上科研项目5项，完成项目结题验收1项，入选市级科技创新团队1个。新收集芦笋各类资源14个，年底有芦笋资源97份，其中入圃77份，资源圃所有资源长势良好。开展油菜病抗性研究，筛选双高油菜资源59份。区域试验育种三系杂交棉花小材料324个，成功收到适量种子。

【果蔬科研】 2020年，市农科院承担完成辣椒新品种适应性对比、蔬菜早春及夏秋集约化育苗等7项试验工作。院企合作攻关的“高品质红椒挂树保鲜越冬及早春再生栽培”“高品质辣椒绿色高效栽培技术集成”“高品质甘蓝中甘628工厂化育苗与轻简化栽培”3个项目，填补湖南省同类项目技术空白，居国内同类项目研究先进水平。

【水产科研】 2020年，市农科院继续承担湖南省现代农业水产产业技术体系岳阳试验站工作。全年生产常规鱼苗3亿尾，名贵鱼苗5000万尾。组织提供洞庭湖水生生态资源修复鱼类人工放流苗种5万千克；参与科研项目申报3个，在省级和国家级期刊发表专业论文4篇；院企合作开展顺利，鳜鱼人繁解决湘阴本地供苗难点，小龙虾繁养分离技术创造较好的经济社会效益。

【畜牧科研】 2020年，市农科院负责的滨湖水牛成功申报“急需保护的湖南地方畜禽品的活体保种与提纯复壮”项目；“洞庭湖区芦苇资源生态高价值利用关键技术研发与示范”成功申报湖南省重点研发项目。联合院企合作单位向农业部、省科技厅、农业农村厅申报项目5项，其中“努比亚黑山羊育繁推一体化”项目列入农业部项目库。与山河农林公司联合成立山河农林研究院，重点支持山河农林公司引种扩繁藏香猪、文昌鸡等特色项目，探索林下经济发展新模式。全年在国家级、省级期刊发表论文4篇。

【农业环保】 2020年，市农科院承担完成国家旱地土壤质量、猪粪施用环境风险研究等7项长期定位试验，采集试验样品1500多份；承担完成“十三五”国家重点研发计划项目3个子课题；国家农业环境数据中心5项重点任务；国家土壤质量数据中心、国家昆虫与天敌数据中心重点任务各1项。全年发表学术论文6篇，编制国家发明专利两项、国家实用新型专利3项。8月，国家农业环境数据中心对“国家农业环境岳阳观测实验站”进行2017—2019年工作评比，总分109.9分，被评为优秀，全国排名第四位、全省排名第一位。

【农业科技服务】 2020年，市农科院开展调研61次，技术咨询服务26次；召开线下培训会8次，观摩会1次，培训人员366人次，发放技术资料630多份；以“夏老师教你种水稻”抖音视频号为窗口，开展线上技术培训118场，听众累计4.1万多人，发布视频推文169条。科技扶贫和科技服务“三农”重点对接平江县田湖村、新泰和绿色农业集团等单位和新型经营主体，对设施及露地栽培的辣椒、芥菜等品种针对性开展技术指导；院省、市级科技特派员常在派驻地开展科技指导，常乐水庙农庄特派员工作点率先通过全市验收；全年免费配送液氮冻精配送13次，液氮9400升、冻精6.8万支；组织科技专家团队定点支持湘阴县、汨罗市进行早稻集中育秧工作；参加“岳阳市镉超标耕地治理和种植业结构优化调整”调研工作，负责编制技术方案。

【农业公益平台】 2020年，岳阳市农青众创空间完成股东招募、注册登记，顺利召开众创空间第一届理事大会，成功举办众创空间全市推介大会，扩大众创空间的影响力和知名度，提升众创空间的服务能力。岳阳市农业农村发展研究中心对全市镉污染耕地进行分区，完成各县（市、区）三区面积统计、稻米镉超标情况全市分布图及各县（市、区）稻米镉超标耕地面积统计；针对湘阴县、屈原管理区、岳阳县3个重金属镉污染较为严重的县区，制定“一县一策”确实可行的实施方案，集成安全利用区降镉技术模式；根据铁山水库水葫芦泛滥现状，提出“水陆统筹，标本兼治”治理思路，撰写完成调研报告和治理方案初稿上报市政府，获得分管副市长肯定。岳阳麻塘生态新区—城市农业公园项目推进顺利，得到市委、市政府认可，同意把项目并入岳阳市“一湖两岸”的统一规划。市政府分管副市长牵头组织市农业农村局、岳阳县人民政府、南湖新区、市资规局、中交投等单位对项目进行多次协商，就项目合作达成一致意见。

【农技推广体系建设】 2020年，市推广站大力推动中国农技推广App应用，全市基层农技人员平台使用率88%。合作开展“岳阳市乡村振兴综合服务平台”创建，在线提供政策宣传、技术推广、农民培训、品牌宣传、典型推介等综合农业农村信息服务。在汨罗市大荆培训基地挂牌成立市农广校教学区，选择屈原惠众、临湘兆丰、岳阳丰瑞、湘阴西长村作为实训基地，完善培训条件，创新培训方式，推动高素质农民培育。完善省、市、县三级水生动物疫病预防监测体系，提升水生动物疫病防控能力，创建岳阳市水生动物疫病防控监测区域中心，获省农业农村厅批复，可争取项目建设资金400万元。全市累计建成国家级五星农技站5个、省级五星农技站10个、省级五星田间学校12个。申报湖南省农民田间学校示范校6个。

【高效农业示范基地创建】 2020年，市推广站创建高效农业示范基地21个，争取项目资金450万元，培育科技示范户1240户。依托示范基地和科技示范户，开展主推技术示范推广。落实三项技术（机收再生稻“四防一增”高产高效技术、稻油轮作“三化”技术、有机生态稻田综合种养技术）推广，全市主推技术到位率95%以上。创建稻虾综合种养水稻品种展示和优质水稻玉针香有机栽培技术示范推广精品示范基地两个，筛选稻虾综合种养水稻品种6个，编制玉针香有机栽培技术模式。

【“三农”人才培训】 2020年，市推广站实施基层农技人员能力提升工程，组织全市218名农技人员参加各类业务知识培训、27名基层农技人员参加学历提升。组织实施基层农技特岗培养计划，招录68名高中应届毕业生参加定向培养，其中本科9名、专科59名，充实基层农业公共服务队伍力量。强化产业领军人才培育，举办6期“农广助农”产业领军人才培训班，培养黄茶、生猪、芥菜、甜酒、栀子和稻田综合种养产业领军人才400人。抓好高素质农民培育，以田间学校培训为载体，培训各类高素质农民2100人。探索开展农业新型经营主体负责人“走出去”培训，培训新型经营主体负责人60名。

【超级稻示范生产】 2020年，全市推广超级稻14.21万公顷，其中早稻面积4.81万公顷、中稻总种植面积4.16万公顷、晚稻总种植面积5.24万公顷。超级稻百亩示范片有27个、面积227.67公顷，千亩示范片有9个、面积833.33公顷。岳阳县步仙镇关王村岳禹水稻合作社创办市县建超级稻百亩示范片，集成适应当地生态的栽培模式及技术并进行示范推广，示范片水稻亩产提高。

（张玛利）

水 利

【概况】 2020年，全市水利系统水旱灾害防御取得较好成效，河湖长制工作有序推进，水利工程建设提质提速，河道采砂管理得到加强，争资立项全省第一位，水务管理依法依规。市水利局被水利部评为全面推行河长制湖长制先进集体，被省防办评为全省防汛抗灾先进集体，连续四年被评为全省“芙蓉杯”水利建设先进单位，成功创建省级文明单位，被市委、市政府评为2020年度绩效考核优胜单位。

【防汛抗灾】 2020年，岳阳市防汛形势复杂严峻。汛期降雨量1295毫米，较历年同期偏多35%，部分地区降雨量达历史极值，洞庭湖区发生中华人民共和国成立以来第五位、21世纪以来第二高洪，城陵矶站超警时长60天，为中华人民共和国成立以来第三次高洪水位过程。市委常委会明确2020年防汛日常工作仍以市水利局为主，市应急管理局配合。市水利系统主动担当作为，履行防汛抗灾主体责任，做好参谋调度、服务协调、技术支撑等工作，突出山区防灾、湖区防洪、城镇防涝三个主战场，打好防汛抗灾持久战，全市没有出现大的险情，没有发生人员伤亡事件，防汛抗灾取得全面胜利。

【河湖长制工作】 2020年，岳阳市河湖长制工作取得实效。全市2173名河湖长巡河15万人次，发现交办问题3210个，整改销号3056个，均按“一单四制”要求整改，整改率95%以上。对6月11日全省总河长会曝光的岳阳市3个问题挂牌跟踪督办，确保整改到位。编印《市级河湖管护人员网格体系图册》，18条省、市管河湖实现按图找河、找河长；落实“河湖警长”1989名，市、县、乡三级“河湖警长”由公安机关负责人担任；建立“1+1+X”（执法基地+执法队伍+社会多方协作）联合执法机制，与湖北省赤壁市签订《黄盖湖水环境综合治理联防联动工作方案》，设立湘鄂第一个联合执法基地。8月25日，全市总河长会议暨“洞庭清波”专项行动联席（扩大）会议召开，市委书记王一鸥出席并讲话，市长李爱武主持并传达2020年全省总河长会议精神，市领导陈爱林、徐新楚、向伟雄、王小中、胡建新、谈正红、林彰良、王武、黎作凤、刘晓英，市政府秘书长刘传汉等出席，市河委会成员单位主要负责人、各县（市、区）第一总河长、总河长等140多人参会。平江县汨罗江汉昌段、君山区东西干渠被评为2020年省级“美丽河湖”，华容河被确定为湖南省示范河流创建试点；湘江干流岳阳段、汨罗江、新墙河考核断面水质优良率100%。

【水利工程建设】 2020年，岳阳市推进实施“9929”工程（9类水利工程、9大市级重点工程、总投资29亿元）。至年底，完成投资25亿元，全市125个重点水利项目全部开工，整体工程进度86.2%。重点水利工程。华容县蓄洪安全建设一期和大通湖东垸分洪闸主体工程基本完工，重点区域排涝能力建设下达年度投资计划9.51亿元，占全省的40%；汨罗江尾闾涝区、南湖电排站扩容改造、友谊电排改扩建等工程完工，岳阳长江段涝区排涝能力建设、黄盖湖铁山咀增机扩容等进度80%。民生水利工程。巩固和新增农村自来水人口8.9万人，占重点民生实事任务116.63%。疏浚沟渠7646千米、清淤塘坝1.09万口，工程进度100%，65座小型水库除险加固工程全面完成。生态水利工程。岳阳长江补水一期工程全面建成运行。岳阳县水系连通及农村水系综合整治完成投资1.45亿元，进度82%。12条中小河流治理完成投资1.6亿元，进度80%。13个中型灌区工程建设完成投资9100万元，进度83.4%。治理水土流失面积22.14平方千米。水库移民工程。全市投入水库移民资金3.2亿元，实施后扶项目1425个，抓好22个重点移民村建设、810名特困移民避险解困项目、平江抽水蓄能电站178户689名移民安置。

【河道采砂管理】 2020年，市水利局加强河道采砂管理。市水政执法支队下达《责令停止水事违法行为通知书》20多份，立案查处“七里山非法采砂取土案”等水事违法行为14起，扣押车辆17台、船舶7艘，移送公安行政拘留15人，执收罚没款460多万元。岳阳市2019年、2020年开采计划分别为1860万吨、1758万吨，至年底，开采砂石1883万吨，分别上缴河道砂石资源有偿使用收入省级、市级分成8000万元和2亿元。6月12日，市水利局邀请常德市、益阳市水利局和相关县（市、区）水利局、砂石办、国营砂石公司召开洞庭湖河道采砂管理三市联席会议，签订《联席会议工作规则》，建立常态化的联席会议制度。

【水利争资立项】 2020年，市水利局争取中央及省级水利资金20.6亿元，占全省的1/6，较2019年增长115.3%。岳阳市《水安全规划》（2020~2035年）经市政府常务会议审议通过；编制《“十四五”水安全保障规划》（初稿），总投资335亿元；长江干堤提质改造、重点垸堤防加固、三大垸蓄洪安全、岳阳市中部水资源配置、洞庭湖北部补水二期、铁山灌区续建配套等初步列入部、省“十四五”规划；市水利局争资争项和水安全规划编制工作均排名全省第一位。

【依法治水】 2020年，市水利局坚持依法治水。水法规宣传。做好第28届“世界水日”、第33届“中国水周”，“12·4”宪法日等普法宣传，宣讲《中华人民共和国民法典》，开展《汨罗江保护条例》立法调研论证，干部参加学法考试，报考率、通过率均100%。“放管服”改革。受理审批及服务事项198件，及时办结率100%，审核中介超市网络平台涉水中介机构38家，顺利完成国家优化营商环境测评。水资源管理。全面完成1421个取水工程（设施）核查登记整改，完成全市水利行业节水机关建设，投入30万元用于局节水机关改造，完成岳阳县、湘阴县两地县域节水型社会达标和节水示范建设任务。水工程运管。完成中小型水库安全鉴定282座，复核小型水库病险问题192座；开展安全生产专项检查12次，及时发现处置在建水利工程安全隐患23起，实现安全生产零事故和零死亡。小水电清理。全市141座小水电站如质如期完成退出或整改任务，拆除小水电18座，完善手续和生态改造小水电123座，清理整改工作位列全省第三名。

（蔡缔家）

2020年1月14日，岳阳长江补水一期工程通水运行

水文水资源管理

【概况】 2020年，岳阳市水文局完成各项工作任务，得到各方肯定。该局被评为全省水文系统绩效考核和社会综治先进单位、市绩效考核先进单位、市防汛救灾先进单位、岳阳楼区平安创建工作先进辖区单位、全市年度驻村帮扶工作先进单位，顺利通过省级文明单位复审，成功创建省级模范职工之家，被评为岳阳市直机关工委“优秀基层党组织”；在防汛抗旱工作中，获岳阳市防汛抗旱指挥部通报表扬，4名职工分别被评为省、市两级“防汛救灾先进个人”。

【水情预测预报】 2020年，市水文局加强水情预测预报，服务防汛抢险。开展水文监测，派出巡测队14次，抢测洪水流量48次，派出3支应急监测队开展为期14天的东洞庭湖入湖流量应急监测，获得省防指和省水利厅肯定。启动IV级水文应急响应3次，III级水文应急响应1次，II级水文应急响应1次；每日实时滚动预报长江干流、四口四水和洞庭湖等重要控制站点及湖区9处重点堤防代表站32个站点的水情趋势，提供3000份精准的雨水情分析情报分析和预测预报，为各级防指精准调度防汛抢险救灾提供科学的依据，获市防汛抗旱指挥部通报表扬，被市委、市政府评为2020年度“防汛救灾工作先进集体”。

【水资源管理】 2020年，市水文局做好水资源管理，服务水资源监管，支撑落实“水资源刚性约束”。完成岳阳市、平江县、临湘市和湘阴县的2019年度水资源公报编制，在全市开展135个断面597个站次的水环境监测，及时发布12期《水资源质量通报》。根据省中心下发的日常水质监测工作任务安排，做好全市26个国家重点水质站、重要饮用水源地、重要水文站、省界断面的水质监测工作。完成2020年国家地下水监测系统岳阳地区湘阴县文星、袁家铺、鹤龙湖3个国家地下水监测井的水质采样送样工作。7月27日，对洞庭湖区湘江入湖断面斗米嘴、三叉港；洞庭湖出湖断面城陵矶；东洞庭湖出湖断面岳阳楼、鹿角；以及注滋口6断面进行采样分析。强化污染防治。服务河湖监管，做好污染防治攻坚战和洞庭湖生态环境保护的技术支撑工作。承担全市农村安全饮水监督监测管理服务和全市地表水水功能区达标考核的相关业务工作。做好全市40个常规水质断面、67个市级水功能区和109处千吨万人规模以上水厂的水质监测工作。开展岳阳市120个入河排污口排渍口、11处地下水水质监测工作和岳阳市部分湖泊信息核查工作。

【河长制预测预警预报服务】 2020年，市水文局在沙港河流域选取8个断面进行水文特征资料收集、断面测量及洪水调查等工作，编制完成《铁山、大坳水库联合运行调度方案》，为河长制预测预警预报服务。

【农村饮水安全服务】 2020年，市水文局加强农村饮水安全服务。完成岳阳市城区日供水量20吨以上的集中式供水工程四个季度的水质检测，对日供水规模千吨万人以上的集中供水工程进行汛期、非汛期全覆盖检测。省河湖水质监测中心对湘阴县、岳阳县8处农村安全饮水工程的水源水、出厂水进行水质监督性检测。汛期对洞庭湖区湘江入湖断面、洞庭湖出湖断面、东洞庭湖等6个断面进行采样分析。

【水文科研】 2020年，岳阳市水文局根据省中心要求征集科研课题，以“基于供水安全保障的铁山水库水源地健康评估研究”为科研课题报至省厅。跟进2018年在省水利厅立项水利科技项目“岳阳市南湖、芭蕉湖纳污能力及限排总量控制研究”，确保如期结题验收。完成与市水利局联合开展铁山水库沙港河流域2017年暴雨洪水洪调工作，《铁山水库联合运行调度方案》通过评审。

（彭飞宇）

铁山供水工程

【概况】 2020年，岳阳市铁山供水工程管理局（简称铁山管理局）突出质量优先和生态发展，履行“保水、蓄水、管水、供水”四大职责，服务灌区农业和现代化大城市居民生活用水，各项工作取得明显成效。铁山水资源保护，水库水质常年保持在地表水Ⅱ类水质标准；铁山库区人工增雨，库容比上年同期多1.28亿立方米；供水工程防渗节水，南北干渠年减少供水渗漏5000万立方米；生活生产供水，确保生活生产精准调度。

【铁山水资源保护】 2020年，铁山管理局把铁山水资源保护工作作为立局之本和第一要务，确保铁山水库水质常年保持在地表水Ⅱ类水质标准，完全符合集中式饮用水水源地水质要求，且水质呈现进一步向好趋势。全年监测结果表明，铁山水库中心库体水质总磷指数为0.011毫克/升，较2015年铁山水库中心库体水质总磷指数0.014毫克/升下降0.003毫克/升，改善幅度21.4%；富营养化指数为27.6，达到贫营养级别，较2015年铁山水库水体富营养化指数33.4下降5.8，改善幅度17.37%，铁山水资源保护工作成效明显。落实河长制，开展专项治理。全年查处挖山取土、乱堆乱占、临水建房、非法洗砂、污水直排等破坏铁山水库水事违法行为48起，查处非法（人工）采砂6起，及时制止倾倒废土废渣22起，强制拆除违规扩建房屋两起、非法围拦库湾3起、违建浮台两起、临水搭棚1起。库区禁钓专项治理。由于外湖钓客逐步向内湖转移，铁山水库禁钓压力巨增。7月9日至10月20日，该局铁山水库枢纽管理所、综合执法支队和铁山派出所开展以“整顿渔业秩序，保护铁山水质”为主题的百日专项联合整治行动，对库区内外偷钓、偷捕违法人员重拳出击。全年行政拘留5人，提请刑事拘留1人，行政处罚65人，劝离钓鱼人员近1000人，收缴钓杆397支、浮钓2023支、收缴非法捕捞三层网212条、鲫鱼网222条、地笼1712个、刁子网21979条，罚款4.64万元。水库水面漂浮物打捞。加强铁山水库、金凤水库和饶港水库水面漂浮物日常打捞，重点对铁山水库月田河水域水葫芦的打捞。7月7日、10月14日铁山库区连续降雨，月田河双港口拦污索3次被大水冲断，周边大量的水葫芦冲入铁山水库，水葫芦迅速繁殖，极易引发库区水污染。铁山水库枢纽管理所及时出动全自动垃圾打捞船2艘，工作161天，抽调租用船只2498艘次，内调外请打捞人员4996个工日，彻底把水葫芦打捞干净。项目建设。争取中央、省、

铁山水库

市投资，建设铁山饮用水源地环境应急能力和预警系统监控项目、金凤水库水质在线监测项目、灌区量测水信息项目、金凤水库大坝围栏提质改造项目、饶港水库大坝和南北干渠人口密集地段围拦项目；争取岳阳经开区支持，投资近400万元建设北总干渠金明冲明改暗项目。

【铁山库区人工增雨】 2020年上半年，铁山灌区范围降雨偏少，水库蓄水严重不足，部分农田出现缺水现象。铁山管理局科学研判，多次向市防指和相关领导汇报，要求实施人工增雨，自3月5日至7月7日期间，密切配合气象部门在库区集雨区内抢抓降雨云天气，及时开展人工增雨11次，发射炮弹26发。系铁山水库关闸蓄水38年来首次从汛前开始启动人工增雨。至年底，铁山水库累计降雨量1835.7毫米，比2019年同期1140.5毫米多695.2毫米，多60.9%。

【供水工程防渗节水】 2020年，铁山管理局加强对铁山供水工程维护整治力度，减少水资源流失，节约水资源。对水库、大坝、渠道、管涵、电站、渡槽等工程进行全面排查，建立台账，第一时间处理险工险段和安全隐患，全年处理大小险情、隐患126处。加大对南总干渠和北总干渠养渠护渠力度，利用停水间隙对南北干渠渗漏地段进行重点防渗处理，北总干渠的漏损率由处理前的近40%，下降到26%，南总干渠也由处理前的近50%，下降到32%，两条干渠年减少供水渗漏近5000万立方米。

【生活生产供水保障】 2020年，铁山管理局加强研判、精准施策，抓实城乡供水安全。城市供水。加大科学精准调度，保障铁山水库、金凤水库高水位运行，以确保城市供水安全高效。加大对铁山水库与金凤水库水质的检测力度，全力保障市民用水安全。全年向岳阳市城区供水量1.08亿立方米，比2019年增长4.44%；向王家河、东风湖生态补水467万立方米；向岳阳县城区供水1200万立方米。调度灌区抗旱。4月中旬以来，铁山管理局执行市防指关于铁山水库抗旱用水调度指令，实施精准调度，向灌区供水9000万立方米，覆盖张谷英镇、杨林镇、筻口镇、长湖乡等7个乡镇和临湘市白羊田镇、长塘镇、桃林镇近5.33万公顷农田。

【铁山灌区续建配套与现代化改造项目申报】 2020年，铁山管理局推进“十四五”铁山灌区续建配套与现代化改造项目试点申报工作。1月12日，启动该项工作。向省水利厅汇报对接，委托省水利厅水电勘测设计总院编制实施方案，召开灌区各县（市、区）水利局负责人、编制单位专家征求意见座谈会，召开市直相关部门和灌区市县区政府规划编制工作部署会，通过5个月的努力最后形成该项目实施方案。6月中旬该实施方案通过省发改委和省水利厅评审，并于8月中旬通过水利部组织的专家评审。铁山灌区“十四五”续建配套与现代化改造实施方案规划总投资为9.378亿元，其中工程部分投资8.9884亿元，环境保护投资0.1556亿元，水土保持投资0.2340亿元。

（邹　阳）

长江修防

【概况】 2020年，岳阳市长江修防中心（简称市修防中心）统筹推进疫情防控和修防高质量发展，全年争取中央及省级项目资金3656.7万元，征收市本级水利建设基金5422万元。市修防中心被评为全国“安康杯”竞赛优胜单位，“助推绿色发展　建设美丽长江”全国引领性劳动和技能竞赛先进集体，1人被评为先进个人。

【城市防汛】 2020年，市修防中心加强城市防汛。科学研判雨情、水情、汛情，完善岳阳城市防洪预报预警平台，及时发布防汛应急指令，加强对“三区”和城管、交警等成员单位以及城区19处易涝易渍点的指挥调度，落实排涝排渍、查险处险和群众转移等工作。科学调控水位，城区4座电排累计抽排渍水14199万立方米，其中南湖电排抽排10680万立方米，成功应对7月7—8日城区累计雨量超1952年气象记录以来极值的强降雨，21世纪以来最严重的历史汛情。

【水利项目建设】 2020年，市修防中心推进长江护岸和城市防洪工程建设。项目验收。完成三峡后续长江湖南段崩岸治理工程2011年度项目、三峡后续一期、三峡后续二期和熊家洲至城陵矶崩岸治理4个子工程42个标段219个分部工程验收以及2018年度城市防洪应急处险工程项目验收，验收合格率100%。项目建设。长江护岸项目，完成2019年度水毁修复工程、长江护岸水土保持修复项目以及长江崩岸治理堤顶道路修复工程任务，完成长江智慧岸线展厅建设。城市防洪项目。完成桂花园防汛道路修复工程，顺利推进城市防汛仓库还建项目，做好月形湖大堤水毁工程修复项目编制工作。项目规划。规划整治长度18.13千米，估算总投资2.73亿元的三峡后续工作长江中下游影响处理（湖南段）三期河道整治工程纳入三峡后续工作修编规划。防洪排涝工程东风湖电排站提质改造纳入岳阳市中心城区污水系统综合治理PPP二期项目规划。抓好荆江门铁铺码头崩岸险情方案报审工作。与市水利局、湖南理工学院签约校地产学研合作项目，提升水利高新技术科学化管理水平。

【城市堤防管理】 2020年，市修防中心落实城市大堤日巡查制度。实施大堤清基扫障，依法依规办理涉堤手续15起，拆除沿堤违章建筑物及广告牌，修复防汛隔离栏杆，查处破坏防汛通道及堤防设施违法事件两起，避免公共财产损失，确保大堤防洪安全；做好韩家湾应急处险段堤面维护和内坡复绿工作。

（欧阳凯）

工　业

编　辑　曹春友

综 述

【概况】 2020年全市工信系统应对诸多困难和挑战，着力战疫情、促发展、保稳定、增动能，较好地完成各项工作任务，取得明显成效，为加快岳阳经济社会发展提供有力支撑。

工业稳增长。全市工信系统承担起防疫物物资供应保障职责重任，第一时间组织干部驻企服务、现场督导、扩能增产，短时间内口罩生产企业从两家发展到24家，日产能力由10万只扩大到400万只。开展“抓防疫、促生产、稳运行”工作，促进企业复工复产，联合市统计局举办全市工业经济运行监测暨工业统计业务培训会，强化工信与统计部门的协同配合和协调联动，有效推动工业经济持续稳定增长。全年全市完成规模工业增加值增长5.1%，高于全省平均水平0.3个百分点，排名全省第五位；新增规模工业企业282家，新增数量再创历史新高，排名全省第二位。

产业链建设。市委、市政府下发《关于加快七大千亿产业建设推进高质量发展的实施意见》，书记、市长挂帅，市领导实行双链长制，全市“一盘棋”统筹协调、整合资源，着力推进产业链协同复工复产、产业链招商、项目建设和完善人才链、金融链、创新链等重点工作，产业链建设取得良好开局和阶段成效。市工信局发挥市总链办作用，建立产业链项目全周期管理机制，运用产业链调度管理平台，对产业链情况“一月一反馈、一季一调度、一年一评估”；督促各链办高质量高标准完成“两图两库两池两报告”和产业规划等基础工作；鼓励引导各产业链办成立产业联盟或行业协会；牵头承办2020岳阳市“七大千亿产业”·“12+1”产业链成果展，签约岳阳原油商业储备基地等18个项目，总投资226.1亿元，签约链校合作协议11个，对全市产业链建设成果进行全面展示。全市签约产业链项目245个，签约总投资1266.1亿元，新开工项目235个，竣工项目180个。市工信局牵头的全市10个重大产品创新项目，完成投资5.73亿元，为年度计划的167.54%。湖南工程机械配套产业园、己内酰胺产业链搬迁升级等重大项目加速推进，龙智新材料年产5万吨电解铜箔、泰金宝年产1300万台喷墨打印机等项目竣工投产。

惠企服务。履行促进民营经济高质量发展工作领导小组办公室职责，牵头制定出台《岳阳市应对新型冠状病毒感染的肺炎疫情支持中小企业平稳健康发展的十五条措施》，促进民营经济持续复苏。加强中小企业服务体系建设，岳阳市中小企业公共服务平台再度入选全省“最受欢迎窗口服务平台”名单，汨罗市、临湘市、君山区、云溪区和岳阳县窗口平台顺利通过省工信厅验收。常态化开展企业家高级研修班、“送政策进园区进企业”、中小微企业创新创业大赛、中小企业技术创新“破零倍增”行动等系列主题活动，82家企业进入省产融合作白名单，东映长联“东映碳材沥青基碳纤维”获国家科技进步二等奖，科美达、康润药业两家企业入选国家第二批专精特新“小巨人”企业名单。全市清偿政府部门和国有企业拖欠民营企业中小企业账款1618.32万元，整体清偿进度达到100%，受到省政府通报表彰。全年非公经济增长7.9%，高于全市平均增速2.8个百分点。

绿色发展。市政府印发《岳阳市沿江化工生产企业关停搬迁改造工作方案》，通过异地迁建、就地改造、依法关停等方式，“一企一策”推进29家沿江化工企业治理，破解“化工围江”难题，8家沿江化工生产企业完成设备拆除。提前完成2020年全市5家危化品生产企业搬迁改造任务，获得省工信厅通报表彰。开展园区“僵尸”企业处置等工作，加快淘汰落后产能，破除无效供给，完成长源石化等22家“僵尸企业”处置工作，盘活土地77.93公顷，利用闲置厂房22万平方米，为产业发展腾出新的空间。

融合发展。开展“岳阳市信息通信基础设施能力三年提升行动”，推进电信普遍服务项目，促进通信基础设施共建共享，建成5G基站约1768个，实现中心城区重点区域商圈和主干道路的信号覆盖。依托“两化”融合服务联盟，开展“智慧园区行”“互联网+”示范企业创建、企业“两化”融合评估诊断和对标引导等一系列行动，培育中粮米业等“两化”融合贯标企业8家。加大信息技术应用，推广华为软件云服务，推动智能企业、智能工厂、智能车间建设，支持中天龙舟等企业上云上平台，打造大科激光、永和食品等信息化改造标杆企业，东方雨虹、贝特新能源分别被评为省智能制造示范企业、智能制造示范车间。引导高端钣金制造基地、北斗卫星导航应用示范产业园、军民用火工品科研生产基地等重大项目相继落地；全市6个省级重大示范项目有3个竣工验收；成立岳阳市先进技术转化应用产业联盟，搭建军地协调、需求对接、资源共享、军民双向交流平台；岳阳市成功纳入“长株潭衡岳”国家级创新示范基地，受到省政府通报表彰。

【防疫物资生产】 2020年，全市工信系统落实国家工信部和省工信厅部署，全面摸排上报全市医药卫材、消杀用品企业生产经营情况，带队现场督导和协调解决企业生产面临的资金、原材料、用工、运输等问题。协调市融资担保公司、市农业发展银行“特事特办”，向口罩生产企业授信800万元，解决资金问题。1月29日起，省、市、县工信部门派驻企业人员进驻湖南福尔康医用卫生材料股份有限公司、湖南贝烨医疗器械有限公司、湖南康沃医疗用品有限公司三家口罩生产企业，帮助制定疫情防控和生产方案，迅速召回工人、多方采购原材料、组织恢复生产。君山区工信部门督促协调岳阳和净新材料公司正月初五正式复工，春节期间累计生产发货N95口罩滤布14吨。2月10日，市长李爱武到岳阳经开区，督查企业复工复产后的疫情防控工作落实情况。19日，市工信局和市工商联共同组织召开岳阳市口罩及防护服产业链工作会议，推动企业加快生产。24日，市委常委、常务副市长李挚主持召开全市口罩生产企业调度会议，决定所有生产企业口罩由市政府统购统销统分。市工信局向省厅汇报协调，协助国发精细化工走“绿色通道”迅速办理次氯酸钠（84消毒液原料）生产销售资质，云溪区、临湘市工信部门全力督促相关企业生产消毒杀菌用品，林峰锂业日产次氯酸钠约20吨，神骏化工2月2日恢复生产，国发精细化工、比德生化等两家企业恢复正常生产，全市次氯酸钠日产能达到100吨。

【李志坚到岳阳调研企业复工复产】 2020年2月21日，省工信厅党组副书记、副厅长李志坚一行到岳阳市调研企业复工复产情况。副市长杨昆、市工信局负责人等陪同调研。李志坚到和净新材料、东方雨虹、中石化催化剂长岭分公司、聚成化工、新金宝等10多家企业实地调研，着重了解当前企业复工复产过程中遇到的困难问题、企业的生产经营及重大项目进展情况、企业防疫措施落实情况、惠企措施落实情况等。李志坚对岳阳企业复工复产及防疫工作给予肯定，并对疫情防控、复工复产工作提出要求。

【李爱武专题调度新兴优势产业链建设】 2020年3月2日，市长李爱武主持召开座谈会，专题调度全市新兴优势产业链建设工作。副市长杨昆，市政府秘书长刘传汉及相关部门、企业负责人参加。会上，部分产业链办公室及龙头企业负责人针对发展存在的问题和困难，开诚布公反映情况、提出意见建议。李爱武对产业链建设前期工作予以肯定，就奖励政策、人才保障等工作提出具体要求。

【全市新兴优势产业链推进工作会议】 2020年3月23日，全市新兴优势产业链推进工作会议召开。市领导李爱武、陈爱林、黎作凤、杨昆、邱虹、刘晓英、文春方、谢春生，市政府秘书长刘传汉及相关部门、企业负责人参加。会议听取全市新兴优势产业链推进工作情况汇报，部分产业链和龙头负责人汇报工作情况，县（市、区）和部门负责人进行发言。李爱武对全市新兴优势产业链建设取得的成绩给予肯定。

【全市促进民营经济高质量发展工作会议】 2020年4月8日，全市促进民营经济高质量发展工作会议召开。市长李爱武出席并讲话，副市长杨昆、市政府秘书长刘传汉及相关部门负责人参加。会议通报全市民营经济高质量发展推进情况，8个专项工作组分别作专题汇报。李爱武强调，要分类施策、精准帮扶、齐心协力，推动民营经济高质量发展。

【新型“智慧城市”顶层设计工作启动会】 2020年4月22日，岳阳市新型“智慧城市”顶层设计工作启动会在市工信局召开，副市长杨昆出席并讲话，市工信局、市政务服务中心等14个市直部门和相关企业参加会议。会上，华为技术公司就新型“智慧城市”顶层设计项目的具体时限、建设内容及服务方向做相关介绍。市工信局汇报顶层设计实施方案及下阶段工作安排。与会市直单位和企业就顶层设计规划的前期调研，设计内容技术方案等相关问题进行探讨和研究，表态支持岳阳市新型“智慧城市”顶层设计工作。杨昆就新型“智慧城市”顶层设计工作提出要求。

【工信部视频连线调研岳阳市工业企业复工复产情况】 2020年4月22日，工信部复工复产第七工作组与岳阳市工信局视频连线，了解全市支柱产业、特色产业复工复产情况和产业链难点堵点以及企业存在的典型问题。视频座谈会上，市工信局负责人详细汇报疫情防控和复工复产工作上所做的工作和取得的成效。

【岳阳市氢能产业项目签约】 2020年4月28日，岳阳市氢能产业项目成功签约，岳阳“全球氢能示范城市”建设大步迈进。该项目由市工信局牵头引进，由中石化巴陵石油化工有限公司和湖南核电有限公司共同投资，投资额11亿元，落户在岳阳绿色化工园，建设国内首座液氢工厂，全力推进液氢产业高端设备制造、液氢储运、液氢加氢站全产业链建设。按照签约协议，国内首座液氢工厂示范项目充分利用巴陵石化的己内酰胺生产线富余的工业副产氢，在岳阳绿色化工园内，建设每天60吨的液氢工厂，分两期建设，与己内酰胺项目同步建设、同步见效。后续还投资约2亿元，在岳阳市建设国内首座液氢示范加氢站、在京港澳高速布局5～10座液氢加氢站，打造国内首条液氢氢能高速公路；投资约3亿元，建设液氢产业高端设备制造项目，突破液氢制储运关键技术，培育国内液氢产业高端设备制造业，实现液氢设备和技术的国产化替代，填补中国液氢民用领域的空白。副市长杨昆出席并致辞。

【王一鸥到省工信厅对接工信工作】 2020年6月4日，市委书记王一鸥到省工信厅对接工作。省工信厅党组书记、厅长曹慧泉，省工信厅相关处室负责人，市领导谈正红、杨昆以及市工信局负责人参加。工作对接会上，杨昆汇报岳阳市工业和信息化工作情况，请求省工信厅对岳阳市争创工信部“工业稳增长和转型升级成效明显市（州）”、沿江化工企业搬迁改造等工作予以支持。曹慧泉对岳阳市工业和信息化工作取得的成效给予肯定，对岳阳市提出的请求，表示省工信厅会尽最大努力予以支持，并对下一步岳阳市优势产业提质升级、工业信息化建设等方面提出意见和建议。

【岳阳市中小企业高级经管人才培训班开班】 2020年6月20日，由市委组织部、市工信局、市工商联联合湖南大学共同承办的岳阳市中小企业高级经管人才培训班在岳阳市开班。市属大中型国有企业、12条新兴优势产业链重点企业、湖南省小巨人企业和后备企业、高新技术企业的高级经管人才70多人参加培训。此次培训班学制一年，每月集中学习两天，采取“请进来”与“走出去”相结合的方式进行。邀请湖南大学教授、全国著名实践专家、500强企业管理者等优秀师资授课外，组织学员走进大型知名企业实地观摩学习，请业界专家为学员答疑解惑、给予指导。

【岳阳市先进技术转化应用产业联盟】 2020年6月29日，岳阳市先进技术转化应用产业联盟成立大会暨第一次会员大会召开。副市长杨昆出席并讲话，市工信局、市科技局、市民政局等相关部门负责人参加。岳阳市先进技术转化应用产业联盟，是自愿发起设立的非营利性行业协会组织，围绕全市先进技术融合产业需要，加强会员间业务交流和产业协作，对于推动全市相关产业科技创新及成果推广、专业人才培养具有十分重要的作用。

【2020“创客中国”岳阳市中小微企业创新创业大赛】 2020年7月6日，2020“创客中国”岳阳市中小微企业创新创业大赛在岳阳市举行。副市长杨昆宣布开赛，经过4个多小时的比拼，湖南大科激光有限公司和湖南中创空天新材料股份有限公司从24家企业中突围，分获本次大赛企业组和创客组一等奖。全市100多家企业报名参赛，经过各县（市、区）和市级初赛的激烈角逐，24家企业脱颖而出，进入市级决赛。大赛由省工业和信息化厅、省财政厅、市政府指导，市工业和信息化局、市财政局主办。

【岳阳市工业信息工会第一次代表大会】 2020年7月28日，岳阳市工业信息工会第一次代表大会在岳阳移动公司召开。有关部门、单位负责人，市工信局、岳阳移动、岳阳电信、岳阳联通、盐业公司、市轻工联社等单位140名代表参加会议。会议选举产生岳阳市工业信息工会第一届委员会委员19名、经费审查委员会委员3名；工会第一届委员会召开第一次全体会议，选举产生第一届委员会主席、副主席；刘建武当选为工会主席，苏菲当选为工会副主席；工会第一届经费审查委员会召开第一次全体会议，选举产生第一届经费审查委员会主任，李璞当选为经费审查委员会主任。

【曹慧泉到岳阳调研制造强省建设重点企业】 2020年8月20日，省工信厅党组书记、厅长曹慧泉到岳阳市调研制造强省建设重点企业情况，副市长杨昆、有关单位负责人等陪同调研。曹慧泉到城陵矶新港区和岳阳经开区，实地调研哈工大机器人智能制造有限公司和湖南中创空天新材料股份有限公司、湖南科美达电气股份有限公司。召开座谈会，听取各方意见建议，曹慧泉肯定岳阳市的工作，并就制造强省建设重点企业发展提出要求。

【岳阳市产融对接服务平台建设运营签约】 2020年9月8日，岳阳市产融对接服务平台建设运营签约仪式在岳阳市工信局举行，岳阳市中小企业服务中心与湖南邦禾数据科技有限公司就平台建设运营签署合作协议。岳阳市产融对接服务平台是继湖南省产融信息对接服务平台建成后，在全省市州层面首个投入建设的产融对接平台。是岳阳市中小企业服务中心基于“岳阳市中小企业公共服务平台”改造升级推出的专业化服务平台。

【“智慧园区岳阳经开区行”活动】 2020年9月16日，岳阳市工信局联合岳阳经开区管委会举办的“智慧园区经开区行”——2020年岳阳市两化融合创新发展高峰论坛暨2020年岳阳经开区5G+工业互联网交流会在岳阳经开区召开。工信部两化联盟秘书长周剑、岳阳经开区工委书记文春方和省市工信部门负责人和专家参加会议。100多名岳阳经开区重点企业及各县（市、区）龙头企业负责人和岳阳市两化融合服务联盟服务商代表、华为、腾讯、岳阳联通等支持单位负责人参加会议。会上，工信部两化联盟秘书长周剑、腾讯首席架构师余弦分别以《数字化转型开启融合发展新征程》与《工业互联网助力岳阳数字经济产业发展》作主题演讲。华为、联通分别与参会企业作专题对接交流。9月17日，与会人员前往长沙观摩湖南鲲鹏生态创新中心、联通5G+行业展厅以及三一重工考察。

【李爱武专题调研石油化工及新材料产业链建设】 2020年10月15日，市长李爱武在市城区专题调度石油化工及新材料产业链建设工作，市领导向伟雄、杨昆、刘晓英，市政府秘书长刘传汉及相关部门负责人参加。李爱武先后到湖南理工学院化工学院、岳阳绿色化工产业园聚仁化工、长岭炼化环氧丙烷工作部等地，实地调研企业转型升级、校企合作等方面工作情况。随后，主持召开工作调度会议，听取产业链建设情况汇报。李爱武肯定全市石化产业链建设工作，并对后段工作提出7点要求。

【岳阳市中小企业技术创新“破零倍增”3年行动】 2020年10月22，岳阳市中小企业技术创新“破零倍增”3年行动正式启动，省工信厅党组成员、总经济师熊琛出席并讲话。活动中，浙江大学教授周苏作《企业创新与创新方法》专题报告，国家先进轨道交通装备创新中心特聘专家苏理介绍《中车株机电力机车研究所创新方法应用》。此次活动由省工业和信息化厅、岳阳市政府指导，岳阳市工信局主办，湖南湘企科技服务公司承办。

【岳阳国家级绿色工厂增至6家】 2020年11月10日，工业和信息化部公布第五批绿色制造名单，其中，岳阳林纸股份有限公司被评为第五批国家级绿色工厂，兆邦陶瓷的1种瓷质抛光砖、两种釉面砖纳入国家绿色设计产品名单。年初，市工信局对绿色发展工作进行总体部署，启动第五批绿色工厂申报工作。经自评价、第三方评价、专家评审、工信部公示认定，两家企业入选。岳阳市有6家国家级绿色工厂、16家省级绿色工厂、1家省级绿色园区。

【金叶众望发展】 2020年，湖南金叶众望科技股份有限公司加强经营管理，启动上市工作。全年生产肥料20.6万吨，销售肥料21.8万吨，实现销售收入5亿元，完成利润总额8000万元，其中，经营利润3500万元，完成各项目标任务。烟草肥在省内订货会上签订107154吨销售订单，同比增长11.56%，农用肥销量逆势同比增长22.1%。成功研发出4款高技术集成性水溶肥，发表高质量论文6篇，申报专利25项，其中4项专利获授权，与湖南农业大学合作开展的“养殖废弃物资源化高效利用关键技术及应用”项目获湖南省科学技术进步二等奖。

【“送政策进园区进企业”活动】 2020年11月16—19日，2020年“送政策进园区进企业”活动相继在君山区、华容县、岳阳县、临湘市分别举行。市工信局、市科技局、各县（市、区）工信主管部门、产业园区等相关部门单位的领导和各地近400家中小微企业相关负责人参加活动。市、县两级工信、科技部门会同省核心服务机构的专家团队，走访当地部分企业，解答企业关心关注的热点、难点问题。岳阳市工信局按照市促进民营经济高质量发展工作领导小组主要领导的指示精神，连续两年在全市各县（市、区）的产业园区、民营企业和中小微企业中广泛组织开展送政策进园区进企业活动。

【杨昆主持召开重点企业座谈会】 2020年11月24日，副市长杨昆主持召开驻岳中省工业企业及市重点企业座谈会，市直相关部门负责人，长岭炼化、巴陵石化、岳阳林纸等12家驻岳中省工业企业及市重点企业的代表参加会议。会上，听取相关部门、企业代表的情况汇报，杨昆与企业代表进行交流，逐一回应企业反映的相关问题，对企业发展提出三点要求、三点建议。

【岳阳中小企业公共服务平台建设】 2020年11月24日，省工信厅主办的湖南省第六届中小企业服务大会公布2019年度全省“最受欢迎窗口服务平台”名单，岳阳市中小企业公共服务平台再度入选。湖南凯美特气体股份有限公司被评为湖南省“上云上平台”标杆企业，岳阳市新东方教育培训中心的《左圆右方企业创新落地项目》被评为优秀服务产品。岳阳市中小企业公共服务平台注册企业3000多户、服务机构700多家，开展线上线下各类服务活动400多场，促成服务对接6000多次，助力4家县级中小企业公共服务平台通过省工信厅验收。

【岳阳市七大千亿产业·“12+1”产业链成果展示会】 2020年12月8日，2020岳阳市七大千亿产业·“12+1”产业链成果展示会在市文化艺术会展中心举行。省发改委一级巡视员卓群，省工信厅党组副书记、副厅长李志坚，市领导李爱武、徐新楚、向伟雄、李挚、王小中、马娜、谈正红、林彰良、王武出席。开幕式上，岳阳原油商业储备基地等18个产业链项目现场签约，总投资196.1亿元；湖南理工学院与电磁及磁力装备产业链等11个链校合作签约。展会活动以“集聚、融合、创新”为主题，采取电子媒体、网络电子书、展板、宣传片以及产品实物展等形式，设置23块展板，13台电子触屏机、电子书以及石化、食品等产业链的80多件产品，全面展示岳阳市七大千亿产业·“12+1”产业链建设成果。展会现场还举行岳阳市新兴优势产业链企业专场招聘会，达成初步签约意向80多人。

2020年12月8日，岳阳市举办七大千亿产业·“12+1”产业链成果展示会

【李爱武主持召开全市七大千亿产业“12+1”产业链建设座谈会】 2020年12月15日，市长李爱武主持召开全市七大千亿产业·“12+1”产业链建设座谈会。市领导谈正红、杨昆，市政府秘书长刘传汉等出席。座谈中，市总链办负责人和各产业链办公室专职副主任结合实际，提出意见建议。李爱武要求市总链办和相关部门认真总结2020年工作，谋划好2021年工作，并提出5点要求。

（郑铭进）

石化工业

【概况】 石化产业是岳阳市第一个千亿产业。2020年，岳阳市石化产业完成规模工业总产值1255.8亿元，同比下降8.6%；规模工业增加值296.2亿元，同比增长1.5%。形成以长岭炼化和巴陵石化两个百亿企业为龙头、以中石化催化剂、中创化工等化工和配套企业为集群的产业体系，覆盖石油炼制、炼油化工催化剂化工、化纤、合成材料、农药、化肥、橡塑加工化工机械、化工工程建设和检修维修服务等领域，品种之全，是中南地区之最。拥有全球最大的锂系聚合物研发生产基地和重要的醋酸仲丁酯研发生产基地，亚洲规模最大、品种最全的炼油催化剂生产基地，国内重要的聚酰胺研发生产基地和首家己内酯生产基地。

【长岭炼化发展】 2020年，中国石油化工股份有限公司长岭分公司（简称长岭分公司）和中国石化集团资产经营管理有限公司长岭分公司（简称资产长岭分公司）统称长岭炼化，是中南地区重要的石油化工产业基地。公司有员工3188人，其中长岭分公司2245人，资产长岭分公司943人。全年加工原料油701.35万吨，生产汽油、航煤、柴油产品总量535.75万吨，炼油亏损3.16亿元；生产环氧丙烷7.45万吨，双氧水11.37万吨，乙苯8.85万吨，实现化工盈利0.28亿元。

【长岭炼化服务抗疫防汛】 2020年，长岭炼化履行国有企业政治、社会责任，一手抓疫情防控、一手抓生产经营，以效益损失降至最低为目标，维持最低加工负荷，保障各类油品不断供、不涨价。组织抗疫物资生产，保障驻鄂企业互供料周转、居民液化气等供应，生产防疫所需聚丙烯原料2.3万吨，提供“生命之氧”4714吨，得到中办国办督导组的肯定。面对罕见汛情，克服高温、昼夜值守、清基扫障，确保安全度汛，获得国家防总检查组肯定。

【长岭炼化创效攻坚】 2020年，长岭炼化发起“百日攻坚创效”“持续攻坚创效”行动，以“三个超常”贯彻集团公司党组攻坚创效部署。制定54条具体措施，超额完成6884万元的百日攻坚创效目标。制定1.5亿元创效目标，落实65条举措，推动持续攻坚创效开展。6月起，炼油、化工、资产三个板块全面扭亏为盈，完成年度任务目标，利润总额、吨油利润等关键经济指标均在沿江企业排名第一位。

【长岭炼化被中国石化评为“绿色企业”】 2020年，长岭炼化着力推进绿色发展，打造洁净高效型炼厂。成立6个专业组，定期通报、讲评、纠偏；严格执行“一方案两清单”，全员发动、全员参与、挂牌督战，23个环保治理项目、13个污染防治攻坚项目按期完成；源头整治，过程管控，山水、污水回用等系列措施见到成效，主要污染物外排总量同比减少16.42%，全面达到湖南省特别排放限值要求，获得中国石化“绿色企业”称号。

【长岭炼化被集团公司评为安全生产先进单位】 2020年，长岭炼化坚守安全底线，抓好HSSE管理体系运行，五大类92项指标实现常态化监测；规范安全行为，实施安全生产专项整治三年行动计划，专项整治“顽瘴痼疾”，推行HSSE督查量化记分，强化直接作业环节安全监管，安全风险总值降低15.2%，各类事故总数下降46%，被评为集团公司“安全生产先进单位”。

【长岭炼化改革】 2020年，长岭炼化深化“三定”改革，优化岗位设置、强化竞争意识、消化富余人员、持续减员减费，用工总量较2017年末下降16.5%。深化业务外包改革，推动液化气站等8家业务外包单位深化改革，建立“自主经营、自负盈亏；市场化运作、合同化管理”的营运模式；加快“三供一业”等分离移交，长岭社区水、电、气改造全部完成，完成社区液化气管线拆除清理工作，退休人员社会化管理各项实质移交协议全部签订完毕，6104名退休人员档案移交工作有序推进。

【长岭炼化管理体系建设】 2020年，长岭炼化聚焦增活力提效率，推进管理体系建。坚持“做精机关、做强运行部、做实片区”，管理资源进一步向一线倾斜。坚持常态化竞争上岗，开展全要素量化审

中国石油化工服务有限公司长岭分公司主要技术经济指标一览表

表6 亿元

指标名称＼年份	2020	2019	2018	2017	2016	2015
原油加工量/万吨	701.35	743.91	752.05	606.11	660.55	696.33
工业总产值	351.31	448.93	475.92	333.57	329.72	357.28
炼　油	338.19	441.27	466.29	327.45	316.29	348.14
化　工	13.12	7.65	9.63	6.12	8.79	9.15
工业增加值	123.44	133.02	144.8	117.05	142.75	123.17
资产总计	82.65	81.56	88.99	92.89	87.18	86.12
流动资产	21.35	15.88	17.03	25.56	18.45	16.09
固定资产原值	129.87	123.61	123.27	123.54	120.19	117.4
固定资产净值	49.36	48.38	53.25	58.55	60.05	62.99
销售收入	342.3	445.24	476	332.72	329.99	356.02
实现利税	87.68	97.26	117.07	95.32	112.27	94.63
税　金	90.7	92.53	104.44	84.56	99.83	97.52

中国石油化工股份有限公司长岭分公司主要产品产量一览表

表7 万吨

年份 产品名称	2020	2019	2018	2017	2016	2015
汽　油	257.22	280.12	278.62	220.76	239.73	228.33
柴　油	210.75	219.22	211.37	193.4	258.99	287.41
航　煤	67.78	98.85	85.44	64.36	63.35	51.69
商品液化气	71.17	67.12	68.89	56.4	60.35	54.03
重　油	0.06	0.13	0.49	1.05	0.78	1.69
石油焦	25.78	31.18	35.42	31.19	33.05	34.56
三　苯	22.94	19.29	26.14	20.88	20.86	22.35
溶剂油	—	—	—	0.08	1.19	2.73
聚丙烯	12.63	13.22	13.77	7.9	14.31	13.88
工业硫黄	5.71	5.58	5.87	4.73	5.08	4.48
沥　青	9.23	10.69	11.77	9.52	5.62	5.84

核，推进量化绩效评价，实施增浮减固措施，激发队伍活力。加快设备完整性体系建设，获全国设备管理与技术创新成果一等奖两项。推进工艺平稳性体系建设，严抓工艺平稳率管理，无效报警总量削减93.9%，装置平稳率达标竞赛取得新进步。财务转型有序推进，建立专员队伍，业财融合走实走深。夯实基础管理，创建示范区，打造标准化操作室、标准化罐区。组建无边界团队，群策群力、互补共进，重点难点项目顺利推进。实施“三百三千”等人才队伍建设工程，人力资源开发利用达到更高水平。抓实审计工作，被评为2017—2019年度湖南省内部审计先进集体。

【长岭炼化民生实事】 2020年，长岭炼化坚持“为企业谋发展、为员工谋福利”，落实民生实事。加快老旧小区改造，普及工装清洗，优化线上订餐，争取开通63路公交车、开办职工书屋、开展为退休员工赠送影集等活动，提升员工幸福指数。为员工纾困解难，走访困难员工，慰问检修工地，发放抗疫消费券，增加女工“双癌”普查体检项目，发动志愿者自愿献血、服务社区，真正为一线员工办实事、做好事、解难事。履行央企责任，对口帮扶平江县三里村高质量脱贫，开展消费扶贫。

【长岭炼化重点项目建设】 2020年，长岭炼化紧跟总部“一基两翼三新”战略部署，坚定“灵活炼油、特色化工”发展路径，统筹编制企业“十四五”发展规划，走转型发展之路。提速发展项目，新建年产100万吨重整项目获得总部批复，“岳阳原油商业储备项目”“长岭——长沙黄花国际机场航煤管道项目”“港口码头提质升级改造工程”等“消瓶颈、调结构、降成本、提质量”重点项目建设顺利推进。

【长岭炼化创新创效】 2020年，长岭炼化持续深化科技创新，加快科技成果应用，FITS加氢、环氧丙烷等技术获得总部对多家企业授权许可。推进科研管理改革，推行课题组管理模式，健全科技成果激励机制，进一步激发创新活力。深化“两化融合”，推进智能工厂等重点项目建设，长岭创新创效应用进入总部前列。

（李　晓　王雯倩）

【许达哲调研己内酰胺搬迁升级项目】 2020年4月22日，省委副书记、省长许达哲到湖南绿色化工产业园调研巴陵石化己内酰胺产业链搬迁与升级转型发展项目进展情况。许达哲要求，巴陵石化要进一步提高政治站位，落实总书记习近平“守护好一江碧水”重要指示精神，把己内酰胺搬迁升级项目打造成为落实总书记习近平关于深入推动长江经济带发展重要讲话精神、全国城镇人口密集区危化品生产企业搬迁的标杆。

（吴　慧）

【黄兰香调研己内酰胺搬迁升级项目】 2020年4月15日，省委常委、统战部部长黄兰香到巴陵石化调研。在现场查看己内酰胺搬迁升级项目进展情况后，组织召开项目协调会，听取岳阳市和巴陵石化工作汇报。黄兰香强调，要加快推进己内酰胺搬迁升级项目建设，协调解决项目建设中的困难和问题，严格按照时间节点做好环评审批、要素保障、产业链下游招商等工作。

【谢建辉调研己内酰胺搬迁升级项目】 2020年3月21日，省委常委、常务副省长谢建辉到巴陵石化己内酰胺搬迁升级项目工地现场调研。谢建辉听取项目建设情况的汇报，对项目的建设进展给予肯定。谢建辉指出，企地双方要认真贯彻落实总书记习近平关于统筹疫情防控和经济社会发展重要指示精神，按照“4月30日打下第一根桩”的既定部署，协同配合，抓好项目前期工作。要继续抓好高压线迁改、下游产业链招商等工作，以只争朝夕精神抢抓发展机遇，以一抓到底作风推进项目建设。

【陈飞协调推进已内酰胺搬迁升级项目】　2020年3月15日，湖南省副省长陈飞组织召开己内酰胺产业链搬迁与升级转型发展项目协调会，陈飞要求，各级各相关部门要从打下第一根桩开始，依法依规、按照程序，推动项目建设。5月28—29日，陈飞到岳调研工业竞争力建设和防汛工作。期间，陈飞现场察看己内酰胺产业链搬迁与升级转型发展项目，了解项目进展情况，要求创新思路，大干快干，确保项目按计划推进实施。10月17日，陈飞到己内酰胺产业链搬迁与升级转型发展项目现场调研，了解行政审批、项目施工、招商引资等方面情况，并召开座谈会就物流通道、电网改造、产业链招商等工作，逐一研究落实。

（李　建）

【张玉卓到中国石化驻湘企业调研】　2020年8月26日，中国石油化工集团有限公司董事长、党组书记张玉卓到驻湘企业调研，了解企业生产经营、贯彻落实公司年中工作会议精神部署安排和“十四五”规划等情况，看望慰问干部员工，召开驻湘企业工作座谈会，听取巴陵石化、长岭炼化和湖南石油工作汇报，在肯定工作成绩的同时，强调要在双循环新发展格局下发挥一体化优势、打造差异化特色，携手闯出一条质量效益好、发展动力足、产业带动力强的高质量发展之路，为中国石化建设世界领先洁净能源化工公司、湖南经济社会高质量发展作出贡献。副省长陈飞，市委书记王一鸥，市领导陈爱林、向伟雄、谈正红等一同调研。8月26日，张玉卓到长沙拜会省委书记、省人大常委会主任杜家毫，省委副书记、省长许达哲，双方就深化战略合作、加快推进相关重大项目建设交换意见，达成广泛共识，明确把岳阳打造成国内高端合成材料研发生产基地。

2020年3月16日，巴陵石化己内酰胺产业链搬迁升级项目获中国石化同意批复

【马永生到中国石化驻湘企业调研】　2020年10月21日，中国石油化工集团有限公司总经理、党组副书记马永生到驻湘企业调研，听取巴陵石化、长岭炼化、湖南石油等工作汇报。马永生要求，驻湘企业要认真贯彻落实总书记习近平重要讲话精神，扭住“高质量”这个关键词，做好“特色发展、借势发展、高端发展”这篇大文章，努力把区位优势转化为发展优势，为中国石化中等体量企业打造领先当表率、作示范，为建设富饶美丽幸福新湖南作出贡献。

【己内酰胺搬迁升级项目获批】　2020年3月16日，巴陵石化己内酰胺产业链搬迁与升级转型发展项目可行性研究报告获得中国石化批复，项目总投资139.5亿元（不含增值税额14.7亿元）。9月15日，项目总体设计获得批复，建设实施方案由原方案分两期建设改为同期建设。该项目是巴陵石化有史以来单笔投资最大的建设项目，被列入中国石化重点项目、湖南省重点项目。

【巴陵石化完成重组】　2020年2月28日，中石化巴陵石油化工有限公司注册成立。11月底，中石化巴陵石油化工有限公司顺利完成资产交割、国有产权登记、工商登记变更等各项手续办理，正式负责股份巴陵石化分公司和资产巴陵石化分公司的经营管理业务，标志着巴陵石化实现一体化管理，解决困扰企业几十年的体制问题。一体化重组后，巴陵石化炼油、橡胶、树脂等主营业务全部纳入股份公司管理范畴，有利于企业进一步理顺管理关系，实现统筹优化，降低运营成本，提升企业竞争实力和可持续发展能力。

【中共巴陵石油化工有限公司第一次代表大会】　2020年11月5日，中国共产党中石化巴陵石油化工有限公司第一次代表大会在企业影剧院开幕，历时1天半时间，顺利完成各项议程胜利闭幕。大会通过相关决议，选举产生中国共产党中石化巴陵石油化工有限公司第一届委员会和中国共产党中石化巴陵石油化工有限公司第一届纪律检查委员会。

【巴陵石化效益达标】　2020年，巴陵石化扎实推进“百日攻坚创效”“持续攻坚创效”行动，坚持厉行节约共克时艰过紧日子，全年实现攻坚创效6.82亿元。生产炼化产品481万吨，实现营业收入168亿元，上缴税费21.1亿元，剔除一次性提取退休人员费用等因素后，实现经营性盈利7700万元，完成中国石化集团下达的效益指标。

【巴陵石化生产运行】 2020年，巴陵石化克服新冠肺炎疫情影响，主要装置负荷自2月中旬迅速恢复正常水平，合成橡胶、己内酰胺、环氧树脂年产量分别达到32万吨、29.6万吨、10.1万吨，均逆势创历史新高，煤气化装置长周期运行262天刷新历史纪录。

（吴　慧）

【巴陵石化科技创新】 2020年，巴陵石化己内酰胺绿色生产成套新技术获评第六届中国工业大奖，36项科技成果通过验收，推进国家生物医用材料生产示范平台和重点实验室建设，探索科研体制机制改革，加强知识产权保护，获得授权专利25件，开发新产品新牌号30个。

【巴陵石化转型发展】 2020年，巴陵石化完成“十四五”改革发展规划和23个专项规划的编制，年产60万吨己内酰胺搬迁升级项目扎实推进，年产5万吨SEBS新装置开车进展顺利，海南洋浦弹性体项目完成专项论证，上海金山弹性体、5万吨环保型环氧氯丙烷新工艺项目可研报告上报总部，岳阳地区炼化一体化发展方案进一步优化。

（李　建）

【巴陵石化内部改革】 2020年，巴陵石化全力推进企业办社会职能分离移交，“四供一业”及其他办社会职能分离移交扫尾工作全面完成，退休人员实现社会化管理，29家改制企业党组织关系稳妥有序移交地方。出台推进“三能”机制建设17条措施，推动“三项制度”改革向深水区迈进。完成桦科公司、同泰公司法人压减，注销厂办大集体丰华公司，体制机制不断优化。

【巴陵石化履行社会责任】 2020年，巴陵石化增产SIS、医用SEBS等产品，为保障疫情防控物资供应贡献力量。疫情暴发初期，紧急驰援泸溪县4吨防疫消毒物资。开展“抗击新冠病毒感染的肺炎疫情”捐款活动，累计捐款104万元。消费扶贫254万元助力凤凰县、泸溪县等巩固脱贫成效，投入40万元帮助平江县天景山村提高脱贫质量。

（吴　慧）

【巴陵石化加入岳阳氢能产业发展规划】 2020年4月28日，巴陵石化与中石化资本公司、湖南核电签订发展氢能产业战略合作框架协议书。按照框架协议，三方在液氢生产、产业高端设备制造、储运、加注等领域开展合作。

【巴陵石化获多项荣誉】 2020年，巴陵石化通过全国文明单位复查，继续保留该荣誉称号。4月26日，公司通过国家工信部两化融合管理体系认证，获得评定证书。公司被评为湖南省2020年度内部审计先进集体、中国石化绿色企业、中国石化2019—2020年度维护稳定工作先进单位。公司橡胶部橡塑中心SBES课题组获得2018—2019年度全国“安康杯”优胜班组；分析检验中心被评为2020年度湖南省巾帼建功先进单位；炼油部炼油装置分会被评为2020年度湖南省模范职工小家；李望明劳模创新工作室被评为湖南省示范性劳模和工匠人才创新工作室。煤化工部姜辉被授予全国劳动模范称号，公司总经理李德刚、己内酰胺部施迎春被授予湖南省劳动模范称号。

（李　建）

【四化建公司获7奖项】 2020年3月11日，中国化学工程第四建设有限公司（简称四化建公司）以优秀承包商考核第一名的成绩，被评为中海壳牌SMPO/POD项目“2019年度第四季度优秀承包商”。至此公司承建的中海壳牌SMPO中间罐区工程及其他配套工程项目，连续四次在业主2019年度四次季度评比中被评为“优秀承包商”。7月23日，四化建建筑工程分公司承建的四化建公司地段棚户改造（原医院地块产权调换房）项目获“2019年度岳阳市优质工程”奖。9月，中国化工施工企业协会宣布，四化建江苏分公司承建的利和知信新材料技术有限公司年产80万吨高性能树脂项目一期工程、西南分公司承建的云南磷化集团海口磷业有限公司年产7万吨食品级磷酸项目、华东分公司承建的哈尔滨太平国际机场扩建供油工程项目机场油库及铁路卸油工程、中南分公司承建的新泰正大焦化有限公司焦炉煤气综合利用制甲醇项目4个项目获得中国化工施工企业协会优质工程奖。

【四化建公司获3项国家实用新型专利】 2020年，四化建公司加大科技研发，取得较好成效。4月16日，公司新获一项国家实用新型专利，专利名称“一种检维修抽芯装置”，发明人为华南分公司孙辉、尹文胜、张亚坤，专利号ZL2019208879608.9。5月5日，公司获一项国家实用新型专利，专利名称“用于拱顶罐顶板组对的可移动起升装置”，发明人为中南分公司陈福香、罗立、毛广周，专利号ZL201921012526.6。6月9日，公司获得一项国家专利，专利名称“一种机电安装用电缆架设装置”，发明人为华南分公司王恺、徐飞、万真、贾治申、孙海云、何涛、张小民，专利号ZL201922098781.3。

【四化建公司获3项重要资质】 2020年，四化建公司加速发展，企业资质得到打造。5月19日，公司取得化工装置拆除施工企业安全服务能力甲级证书。中国化工施工企业协会和北京中化联合认证有限公司为公司颁发“化工装置拆除施工企业安全服务能力等级证书”，评价等级为甲级。6月22日，被中国企业信用评审委员会、中质企业信用评价有限公司评为“全国守合同重信用单位AAA级”企业，有效期为3年，可在中国企业信用网查询。11月20日，全国联合诚信服务平台等部门联合颁发全国企业信用等级证书及牌匾，公司被评为全国信用AAA级企业。

【四化建公司中标污水治理工程】 2020年10月13日，由长江生态环保集团牵头，四化建公司等单位组成联合体，中标岳阳市中心城区污水系统综合治理工程PPP项目二期工程，为公司中标的首个合同额最大的市政类PPP项目。该项目总投资72.27亿元，合作期限25年，建设期3年。公司中标该项目二期工程岳阳市区（岳阳楼区、岳阳经开区）、云溪区标段。项目采取“厂、网、河、湖、岸”一体治水新模式，建成后实现岳阳市城区“污水全收集、收集全处理、处理全达标”的目标。12月3日，市政府与长江环保集团签署岳阳市中心城区污水系统综合治理工程PPP项目（二期）投资合作协议。市长李爱武，长江生态环保集团党委书记、董事长赵峰等领导出席签约仪式。公司党委副书记、总经理周鸿作为承建单位代表应邀出席。

【胡建新调研四化建公司】 2020年11月3日，市委常委、统战部部长、岳阳经开区党工委第一书记胡建新到四化建公司进行“一对一”帮扶调研，助推转型发展。胡建新听取公司工作汇报，对公司取得的辉煌成就给予肯定。主持召开专题座谈会，会同岳阳市直和岳阳经开区有关部门，对公司相关转型发展问题进行“面对面”磋商、“一对一”解决。

【桂卫华考察四化建公司】 2020年11月14日，中国工程院院士桂卫华、中南大学自动化学院院长阳春华等到公司考察指导工作。桂卫华系中南大学教授、博士生导师、国家自然科学基金创新研究群体学术带头人，时任中南大学学术委员会主任。桂卫华在了解公司的发展历程、发展现状、生产经营情况后，对公司的发展情况表示肯定，并提出要求。考察结束后，岳阳经开区专题召开桂卫华院士岳阳经开区企业行座谈会。桂卫华与岳阳经开区企业家就企业的发展等进行沟通和交流。

【四化建公司签署两合作协议】 2020年，四化建公司加大对外战略投资。4月18日，公司与临港新区开发投资有限公司、晨光建设工程有限公司在岳阳签署合资设立混合所有制企业框架协议，四化建公司、临港新区、晨光建设公司负责人出席。临港新区开发投资公司是经市政府批准成为市级融资平台，融资成本在全市融资平台中保持最低水平。11月26日，四化建公司与君山区政府、江西东旭投资集团签订岳阳市中小学综合实践基地合作协议。项目总投资约50亿元，包含5个子项目，即岳阳市中小学综合实践基地、国家级研学文旅小镇、湖南省教师研修基地、教育文化商业综合体、君山区公民共办教育（集团），形成产业经济与基础教育联动发展的典范模式。

【四化建公司退休人员移交社保】 2020年6月30日，四化建公司与岳阳楼区政府在四化大厦举行《国有企业退休人员社会化管理移交协议》签约仪式，标志着该公司退休人员社会化管理移交工作进入实质性阶段。

（蔡亚玲）

【凯美特气公司发展】 2020年，凯美特气公司一手抓疫情防控，一手抓生产经营，取得较好成效。公司本部湖南凯美特、子公司安庆凯美特受疫情影响较大，业绩出现下滑。子公司海南凯美特、惠州凯美特、福建凯美特超额完成全年预算目标。公司实现营业收入51875.32万元，比上年同期增长0.82%；实现营业利润8125.52万元，比上年同期下降21.08%；归属于上市公司股东的净利润7216.84万元，比上年同期下降19.11%，实现每股收益0.12元，同比增长-19.09%。

（李 伟）

食品工业

【概况】 食品加工产业是岳阳第二个千亿产业，工业总量居全省食品工业（不含烟草）第一位。2020年，岳阳市食品加工产业完成规模工业总产值1362.3亿元，同比增长12.8%；完成规模工业增加值291.6亿元，同比增长9.4%。全市有规模以上食品工业企业约327家，主要分布在平江县、岳阳县、岳阳经开区、汨罗市、君山区等县区。形成以油脂、饲料、粮食、蔬菜、茶叶等加工业为主，以调味品、休闲食品等其他加工业为辅，门类齐全的食品加工产业格局，其中饲料加工、油脂加工、调味品制造、茶叶等行业在全省同行业中处于领先地位。拥有正虹、九鼎、道道全、君山银针等22个中国驰名商标，正虹科技等4家企业被评为国家级龙头企业，插旗菜业等32家企业被评为省级龙头企业。海日食品、横岭湖农业、义丰祥实业、玉峰食品、君乐米业5家企业被评为2020年湖南省小巨人企业，全市食品行业小巨人企业累计12家。9月14日，华文食品成功登陆深交所中小板，成为A股市场“鱼类休闲零食第一股”。

【华文食品登陆A股中小板】 2020年9月14日，位于平江工业园区的华文食品股份有限公司在深圳证券交易所敲钟上市，正式登陆A股中小板，成为继绝味食品、盐津铺子之后的湖南第三家休闲食品上市公司。省委原常委、省军区原政委李有新出席，市委书记王一鸥致辞，市领导李挚、胡建新、谈正红、陈光荣、刘晓英和平江县党政主要负责人出席上市仪式。华文食品股份有限公司创建于2010年，是一家集产销研于一体的现代化休闲食品企业。公司自主研发风味小鱼加工技术、风味豆干加工技术、自动化设备生产技术等18项核心专利技术，主要产品劲仔深海小鱼年销售12亿包，销量稳居行业第一，休闲豆制品跻身行业前十位。华文食品（股票代码003000）发行定价为5.02元/股，发行数量4001万股，华文食品开盘即涨停至6.8。上市仪式上，深交所与华文食品股份有限公司签署《证券上市协议》

【华文食品业绩增长】 2020年，华文食品克服受疫情影响，稳步实施战略升级，成功登陆资本市场，成为鱼类零食第一股。实现营业收入9.09亿元，较上年同比增长1.6%，实现归属于上市公司股东的净利润1.03亿元，归属于上市公司股东的净资产8.68亿元，同比增长34.68%。

2020年9月14日，华文食品股份有限公司在深圳上市

【华文食品品牌打造】　2020年，华文食品成功登陆资本市场，品牌打造更强劲。品牌专业化引进专业战略团队，升级劲仔品牌价值链，品牌价值稳定提升。优化“劲仔”品牌定位、视觉传达系统。“劲仔”获评中国“水产品推荐品牌”，获最佳资本新锐上市公司、湖南农业优势特色产业30强企业、湖南农业产业化龙头企业和省级文明单位，品牌知名度大幅提升。推进“劲仔”品牌年轻化发展。邀请新生代一线流量艺人邓伦，俘获大批年轻粉丝，依托头部流量平台种草、新媒体讲述品牌故事、短视频平台广告投放、网红直播带货等定向Z时代（95后）群体，提升消费者忠诚度、美誉度。聚焦高增长战略品类，公司升级品类名为劲仔深海小鱼，定位高端鱼类零食市场。风味小鱼营收7.09亿元，占本年度营收的78.01%，金额和占比双增长。加大研发投入，公司通过湖南省科技厅审核立项设立“湖南省健康休闲食品工程技术研究中心”，新组建食品研究院，子公司设立食品研发和质量技术中心，分四个层级设置26个关键技术岗位。推进风味肉干新品研发，产品矩阵进一步优化。

【华文食品产品营销】　2020年，华文食品优化线上线下全渠道结构，营销渠道均衡发展。公司深耕华东、华南、华北、华中、西南等战略市场，加大开拓海外市场。公司经销商合计1，737家，同比增长24.96%，产品覆盖全国，并远销美国、日本、韩国等全球约30个国家。线下现代渠道提速建设。公司产品实现入驻KA、BC等现代渠道18，000家门店。28月，公司启动终端建设“百日大战”，加强核心经销商、核心售点建设。完善电商生态，线上鱼类零食销量稳居第一完善电商渠道建设，覆盖天猫、京东、拼多多等主流B2C平台，京东新通路、阿里零售通、1688等主要B2B平台。入驻兴盛优选、美团、菜多多、十荟团等热门社区团购平台。淘系（天猫、淘宝等）、拼多多平台数据统计显示，劲仔深海小鱼销量均为即食鱼类零食行业第一。发力直播带货。公司组建直播团队，与薇娅、李佳琦等多位头部明星达人合作，品牌影响力得到进一步提升，单场直播销售额突破250万元。全年线上销售额1.69亿元，同比增长44.91%。

（卞　鄂）

装备制造工业

【概况】　2020年，岳阳市装备制造业完成规模工业总产值820亿元，同比增长14.7%；完成规模工业增加值207.6亿元，同比增长15.5%。有规模企业200多家，形成以电磁装备、环保节能装备为特色，以石化装备、汽车零部件及工程机械为支撑，以食品装备、农机装备、电机、机床及智能装备为补充的产业体系。12月22日，湖南工程机械配套产业园正式授牌汨罗飞地园，成功引进成诚机械、鼎成汽车、中立机械3个投资过5亿元项目，投资50亿元的山河智能绿色基地制造项目签约。

【中科电气经营业绩增长】　2020年，中科电气面对疫情及复杂多变的经济形势，统筹推进运营各项工作，降低外部环境对公司各项业务的影响。公司实现经营业绩的同比正向增长，合并财务报表实现营业收入97362.68万元，同比增长4.79%；归属于上市公司股东的净利润16，380.46万元，同比增长8.34%，归属于上市公司股东的扣除非经常性损益的净利润15263.32万元，同比增长5.5%，经营活动产生的现金流量净额为11696.61万元，较上年同期的1117.13万元有明显改善。

【中科电气通过3项省级认定】2020年3月4日，省工业和信息化厅审核同意，认定中科电气技术中心为湖南省认定企业技术中心。7月28日，省工业和信息化厅审核同意，认定中科电气为2020年湖南省专精特新“小巨人”企业。9月29日，省委组织部、省科学技术厅、省科学技术协会联合发布关于湖南省院士专家工作站认定的通知，中科电气院士工作站被认定为湖南省院士专家工作站。中科电气院士工作站于2016年5月经岳阳市科学技术局批准，由中科电气联合中国工程院院士、湖南大学教授罗安及其创新团队共同组建。

【中科电气肖红获聘岳阳市巴陵科技智库专家】　2020年5月29日，岳阳市召开庆祝第4个“全国科技工作者日”大会。会上，中科电气技术总监肖红受聘为巴陵科技智库专家。肖红从事电磁冶金领域技术研发超过10年，参与中科电气众多研发项目攻关，获得授权发明专利6项，发表电磁冶金领域专业论文12篇，2017年被评为“巴陵青年英才”，2019年被评为“湖湘青年英才”。

【中科电气贵州基地点火试产】 2020年7月1日，中科电气锂离子电池负极材料贵州生产基地暨子公司贵州格瑞特新材料有限公司扩建的年产1万吨负极材料石墨化产线顺利点火试产。贵州生产基地总体规划占地近26.67公顷，分三期建设，全部建设完成后可实现年产值20亿元。

【中科电气双主业发展】 2020年，中科电气实现双主业发展。锂电负极业务。公司锂电负极业务加快推进优化迭代、测试量产的进度，推进现有硅基负极材料研发和产业化进程；维持好现有战略客户的稳定合作，深挖潜力重点客户，开拓国际市场，海外市场销售增量明显，占比有所提升。公司锂电负极业务经营性现金流净额7470.94万元，较去年同期的-2668.1万元经营性净流出有明显改善。推进中科星城的锂电池负极材料研发中心升级改造项目建设，加快推进负极材料业务的扩产建设，锂电负极板块实现营业收入75720.39万元，同比增长5.3%；全年实现负极材料销量24026吨，同比增加35.44%；获得发明专利9项、实用新型专利1项，正在申请并获得受理的专利74项，其中72项为发明专利。中科星城获评长沙智能制造试点企业，并成立中南大学——湖南中科星城石墨有限公司研究生联合培养基地、长沙理工大学材料科学与工程学院教学实习基地。格瑞特获评贵州省2020年先进就业扶贫基地（车间）及省级就业扶贫示范基地、贵州省中小企业“专精特新”培育企业、第一届贵州省铜仁市诚信示范企业。磁电装备业务。公司市场机遇，加大中高端电磁冶金专用设备的研发和推广力度；整合公司优势资源，推进重大项目的执行和进度追赶。公司磁电装备板块实现营业收入21642.29万元，同比增长3.08%；签获中间包通道式感应加热与精炼系统1套、连轧电磁感应加热系统订单3套；获得发明专利1项、实用新型专利14项、外观设计专利2项，另有26项正在申请并获得受理的专利（其中含17项发明专利、1项国际专利）。中科电气院士工作站通过省级院士专家工作站认定和SGS认证，公司获评湖南省小巨人企业。

（卢 焱）

【岳阳恒立贸易公司发展】 2020年，岳阳恒立全年实现营业收入约34319.21万元，利润总额约289.35万元。全资子公司贸易公司全年开展大宗商品贸易业务，主要商品种类有乙二醇销售、金属镍销售、金属钴销售、硫酸钴销售、硫酸镍销售和镍湿法冶炼中间品销售。全年业务种类增加，销售费用降低。实现营业收入约27280.28万元，约占合并报表营业总收入的79.49%，同比大幅增长106.45%。

中科电气生产车间

【陈飞调研航发长动】 2020年5月28日，副省长陈飞调研航发长动。省政府副秘书长易佳良，省工信厅党组副书记、副厅长李志坚，省工信厅副厅长张治平，副市长杨昆等陪同调研。陈飞到公司军品机加分厂、密封件分厂实地进行考察调研，听取公司工作汇报。陈飞对公司取得的成绩表示肯定，表示地方政府支持公司做大做强航空发动机产业化产品，希望公司“科技创造、管理创新、思想创效”，加大产品研发和科技创新的力度，为湖南地方经济的快速崛起做出贡献。

【航发长动产学研】 2020年，航发长动与国内多所高校、行业内主机厂所建立长期的项目合作关系，与哈尔滨电碳厂签署战略合作协议，与南昌航空大学联合成立大学技术中心（UTC）。利用产学研平台开展预先研究、基础研究和应用研究，完成多种产品的工艺攻关，实验验证和能力提升工作，推动公司产业结构优化升级。统筹军民品发展，集中内外部优势力量，在保障军品任务完成的同时，推动军品相关业务和技术等要素与民用领域资源的互动及转化，利用全国科技、行业助力和人才资源，提高协同创新效率，促进产业发展。

【航发长动AEOS建设】 2020年，航发长动开展AEOS体系建设工作。构建以产品研发为核心，生产制造、供应链管理有效协同的运营管理体系，按照总体策化、分步实施，重点突破、持续改进的总体思路，用体系思维解决科研生产中的突出问题，强化业务协同，推动业务流程持续改善，提升整体运营效率，公司连续4年盈利。

【航发长动被认定为国家高新企业】 2020年6月，航发长动成立研发中心，围绕密封系列产品包括金属封严环、涨圈、石墨封严、指尖密封、刷丝密封、蜂窝密封等专业化产品的设计分析、工艺研究、试验验证等方面展开研究工作。公司每年的6月10日设立为公司科技创新日。公司申报实用新型专利15项，发明专利7项；12月30日，公司通过湖南省科学技术厅、湖南省财政厅、国家税务总局湖南省税务局三部门联合评审验收，被认定为国家高新技术企业。

【航发长动提质改造项目】 2020年，航发长动持续推进提质改造项目建设。完成金属封严环综合性能试验台、高温合金带材精密下料专用设备的研制。按计划新增30台（套）设备，提质改造一期技改基本完成。全年完成仓储物流、研发中心、厂区道路白改黑等重点改造工程，完成各类大、中、小型基建建设及维修工程60项。

（刘思洁）

【红日工业党委换届】 2020年12月25日，中共湖南红日工业有限公司举行换届选举党员大会，会议选举并产生新一届的党委委员和纪委委员，新一届党委领导班子带领全体员工围绕公司三年奋斗目标和"十四五"远景规划，开启公司经营发展新的征程。

（黄美丽）

电子信息工业

【概况】 2020年，岳阳市电子信息产业完成规模工业总产值217.7亿元，同比增长44.8%；完成规模工业增加值61.3亿元，同比增长29.6%。有规模企业47家，省级信息产业园1个，形成软件产业、电子元器件制造业等电子信息及人工智能产业集群，主要集中在城陵矶新港区、平江县、汨罗市、岳阳经开区等县（市、区）。新金宝惠普喷墨打印机项目于年初实现整机量产，入职员工超1.3万人，19条生产线全面运行，日产打印机5万台以上。方正达电子、伟博智能、岳显光电等企业运营良好。11月30日，华为高端制造基地完成"二次配"装修、配套设施及水电气接入，12月初，试产高端制造基地的第一个产品，全面达产后实现产值100亿元以上。新签约北斗卫星导航应用园二期项目、小米年产500万台打印机项目、新鹏液晶显示屏、电子摄像头与指纹识别、德仁光电、苏州中瑞智创投资、广东互享精彩3D打印机项目等23个项目。

（郑铭进）

生物医药工业

【概况】 2020年，岳阳市生物医药产业完成规模工业总产值243.2亿元，同比下降8.4%；完成规模工业增加值64.7亿元，同比下降6.2%。形成生物药、化学合成原料药及制剂、生物发酵、中成药、中药饮片、药用胶囊、药用辅料、药包材、医疗器械等共同发展的医药工业体系；拥有国产药品批件数量累计441件，上市二、三类医疗器械批件数量累计61件，通过仿制药一致性评价品种数量累计5个、一类新药1个，国内专利授权数量累计95件。岳阳市成为中南地区最大的抗生素生产基地、最大的输液管生产基地和湖南省中药生产基地。特别是科伦制药成长为湖南省医药制造行业的领军企业，成为生物医药产业增长的核心支撑。至年底，新签约项目44个，签约投资170.27亿元；新开工项目32个，总投资90.73亿元，完成投资17.8亿元；新投产项目24个，投资25.55亿元；9个续建项目和18个扩能倍增项目加快推进。

（郑铭进）

【景峰医疗亏损扩大】 2020年，景峰医疗受疫情影响，实际经营时间相对较短，叠加国家医保控费，医药制造企业的发展模式、盈利能力面临巨大挑战，给公司的经营业绩带来较大压力。公司实现营业收入87791.86万元，同比下降34.68%；实现营业利润-101595.38万元，同比增加亏损11.84%；实现归属于上市公司股东的净利润-96992.24万元，同比增加亏损9.87%；经营活动产生的现金流量净额为-27168.42万元，同比减少851.12%；每股收益-1.1元，每股净资产0.5元。

（卞基布）

电力工业

【概况】 2020年，岳阳市电力产业完成规模工业总产值132.9亿元，同比增长0.8%；完成规模工业增加值35.8亿元，同比增长2%。全市电力装机总量约为421.5万千瓦，占全省9.9%。其中：火电315.2万千瓦、水电12.5万千瓦、风电15万千瓦、光伏电站70.9万千瓦、生物质发电7.9万千瓦。全年新开工项目13个，总投资352亿元；引进招商投资项目14个，总投资235亿元，产业呈现良好的发展势头。平江抽水蓄能电站、华电平江电厂、国华岳阳电厂、华容煤炭铁水联运储配基地、岳阳君山LNG接收站（储备中心）、恒大新能源动力电池、金高电力年产3万吨电力器材标准件项目先后开工建设。岳阳煤炭铁水联运储配基地、"中工经联（岳阳）氢能产业示范园区"等项目建设顺利推进中。

【华能岳阳电厂获多项荣誉】 2020年，华能岳阳电厂推行低成本和差异化战略，经济效益、社会效益双丰收，各项工作得到各级肯定。至年底，电厂累计发电量1717.16亿千瓦时，累计上缴税费51.56亿元。被评为全国"安康杯"竞赛优胜单位、全国企业文化建设示范单位、湖南省电力行业统计工作优秀单位，获得《中国电力报》优秀通讯站一等奖，被评为全国"安康杯"竞赛优胜班组、华能集团公司模范职工小家、华能集团公司五四红旗团组织，普查评为全国电力行业技术能手、湖南省劳动模范、岳阳市"巴陵工匠"等。

【华能岳阳电厂服务社会】 2020年，华能岳阳电厂主动担当社会责任，彰显央企风范。疫情防控。成立战疫保电突击队，79名集控运行人员舍小家为大家，主动接受为期38天的全封闭式集中隔离管理。干部职工坚守岗位，逆行一线，做到保障供电供热，实现疫情防控零确诊、零疑似的“双零”目标。在春节期间成功应对湖南电网有史以来最严峻的深度调峰考验，完成春节和“两会”保电任务。扶贫攻坚。在平江县加义镇杨柳村开展定点扶贫，投入扶贫资金近440多万元，重点铺开农业基础设施建设，树立蓝普成、古林根等一批脱贫致富先进典型，帮助杨柳村实现整村脱贫出列。2020年全市“打造一支永不走的工作队”工作推进会在加义镇举行，杨柳村扶贫工作队作为全市脱贫攻坚先进典型代表发言。防汛抗洪。面对“防汛抗洪”和“迎峰度夏”的双重考验，岳阳电厂保证湘北地区电力能源供应，紧急抽调近120名干部职工全天候参与防汛抗洪工作，确保600米长江大堤责任堤段防汛安全，启动全部8台大功率循环水泵24小时不间断运行，协助当地政府严控芭蕉湖水位，保障周边13个行政村、约10万居民生命财产安全。

【华能岳阳电厂开拓供热市场】 2020年5月28日，华能（岳阳）热电联产有限责任公司正式注册成立，由华能国际电力开发公司和湖南城陵矶临港新区开发投资有限公司共同出资，电厂供热规划成功纳入岳阳市“十四五”发展规划。热电公司的成立为电厂做大、做强、做优供热产业，加快转型发展打下坚实基础。至年底，电厂完成供热量69.27万吨，再创历史新高，同比增长22.9%，供热利润同比增长17.47%，实现供热量、利润双提升。

【华能岳阳电厂节能降耗治污】 2020年，华能岳阳电厂创新实施一期、三期机组低负荷下双磨不投油运行，每年可节约燃油2000吨以上，节约燃料成本800万元以上。在机组集中检修期间开展阀门内漏攻关整治，全年自主检修阀门135个，节约检修费55万元。优化机组运行方式，挖掘节能降耗潜能，年度生产供电煤耗同比下降2.1克/千瓦时。落实市政府督办要求，厂前区生活污水接入市政生活污水管网。开展输煤系统环保整治，完成煤场废水改造、一二期煤水连通、趸船生活污水改造等项目。

【华能岳阳电厂转型发展】 2020年，华能岳阳电厂加快转型发展。前置干燥炭化一体机升级改造项目顺利通过项目环评验收并投入商业运营，与当地多家企业签订污泥处置合同并成功完成废弃物处置。配合清能院建设的“低温法污染物一体化脱除（COAP）”项目完成72小时连续运行测试及多工况性能测试优化等试验，各项技术指标均满足近零排放设计标准，是国际上率先开发的一种低温法多污染物一体化近零排放技术。清洁能源开发，成功获得30.5万千瓦光伏备案，其中临湘白羊田农光互补光伏是岳阳市2020年唯一取得光伏发电平价上网建设指标的项目。12月7日，岳阳电厂码头2号泊位提质改造工程完成新老皮带机联锁和带负荷试运，达到设计出力，一次性试运成功，煤码头设计卸煤能力由每天0.8万吨提高至每天1.6万吨，实现水运码头燃煤接卸“双轨运行”。

【华能岳阳电厂安全生产】 2020年，华能岳阳电厂深化落实安全生产责任制，逐步完善安全生产制度体系，修编完成125个本安体系文件，通过电力企业安全生产标准化达标验收。提高设备可靠性，深化机组自主检修，迎峰度夏前自主完成5台机组检修任务，修后并网成功。强化“控非停”措施，2号机组实现连续安全稳定运行441天，创一期机组投产以来连续安全运行最长记录。应对极端天气，落实防寒防冻各项措施，平稳应对连续寒潮侵袭，保障电热稳定供应，调煤保电等工作多次被湖南卫视、《中国电力报》等媒体报道。

（袁　啸）

饲料工业

【概况】 2020年，岳阳市有饲料生产企业78家，从业人员4500人，年单班饲料加工能力580万吨，有年产10万吨饲料企业15家，国家级龙头企业3家，省级龙头企业4家，市级龙头企业13家。受非洲猪瘟、新冠肺炎疫情、国际市场等影响，全市生产饲料380万吨，总产值152亿元，饲料总产量较2019年年有所下降。

【饲料企业复工复产】 2020年，岳阳市饲料企业在湖北省有较大业务比重，在新冠肺炎Ⅰ级防控期间，管理部门为饲料企业开具企业资质证明与通行证40份，销售至湖北市场饲料450车次、12000吨，保障疫情期间饲料运输通畅，稳定市场供应。至3月8日，全市78家饲料生产企业全部复工复产。

【饲料行业专项整治】 2020年，岳阳市开展春季农资打假专项活动、饲料质量和生产“双安全”检查、畜产品质量安全“利剑行动”、秋季农业投入品专项检查、禽蛋质量安全专项整治活动等，检查全市饲料生产、经营企业468家次，检查畜禽规模养殖场6396家次。对饲料生产、经营和使用环节加强监管执法，办理饲料相关案件18起，没收或按规定处理相关违法饲料3500吨。

【饲料企业监督检查】 2020年，岳阳市加强饲料生产监督检查。7月13日至7月18日，配合省农业农村厅对全市的饲料和饲料添加剂质量安全监督抽查工作，检查25家饲料生产企业，其中现场检查10家，抽检51个样品。9月12日至9月13日，配合农业农村部对全市的饲料和饲料添加剂质量安全监督检查工作，检查10家饲料生产企业，其中现场检查4家，抽检19份样品。10月26日至11月10日，组织开展全市饲料和饲料添加剂企业粉尘危害专项治理检查暨饲料质量安全监督检查，检查43家饲料和饲料添加剂生产企业，抽取48个饲料样品送长沙海关技术中心检测。至年底，部、省、市级3次监督检查，检查78家饲料企业，抽检样品118份，经检测有3家饲料企业3个产品有微量药物残留，2家企业的2个饲料产品营养指标不合格。对不合格企业督促辖区饲料管理部门立案查处。全年全市开展市县级监督抽样132批次，开展检打联动，查办相关饲料案件18件。

（赖好源）

【正虹科技净利增长】 2020年，正虹科技面对复杂严峻的经营形势，紧紧围绕“2345+N”经营战略规划，坚持“扩规模、保存量、降成本、强管理、谋创新，求发展”，选择实施饲料+养殖产业联动、融合协同发展的经营模式，取得较好的经营业绩。公司全年实现营业收入106829.56万元，利润总额4229.96万元，净利润3309.23万元，归属于母公司的净利润3353.92万元，同比增长258.07%，实现每股收益0.13元，同比增长258.4%.

【正虹科技生猪养殖业发展】 2020年，正虹科技抢抓生猪价格持续高位机遇，大力发展生猪养殖产业。组建生猪疫病检测工作实验室，全年公司累计出资约5400万元在岳阳、长沙、昌都、宜兴等地投资设立8家养殖子公司，发展母猪存栏2万头，育肥存栏10万头的规模。

【正虹科技科技赋能】 2020年，正虹科技坚持向科技要效能。公司推出饲料订货App数据化管理平台上线运营，实现公司与客户的无缝对接。升级“AI视频监控系统”，提高生物安全的管控效能。推进互联网+“财务、采购、营销、人力资源”多位一体的NC协同管控，实现公司财务一体化。运用数字信息化采购平台，优化饲料原料和添加剂采购流程，降低采购成本。

【正虹科技品牌打造】 2020年，正虹科技坚持走“质量兴企、以质取胜”的发展之路，深化产品领先战略。把2020年定为公司“质量提升年”，组建成立“生物安全工作小组”和“饲料品控工作小组”，明确时间表、路线图、责任人，全方位推动公司产品质量升级，擦亮正虹品牌。公司实施品质改良方案5个，有针对性解决技术问题14个，进一步优化产品配方，提升产品性能，确保产品质量，顺利通过农业农村部对全国饲料质量抽检和“无抗”产品的验收，得到用户的认可，维护公司品牌形象和市场声誉。

（卞基布）

建材工业

【概况】 2020年，岳阳市建材产业完成规模工业总产值561.2亿元，同比增长7.1%；完成规模工业增加值130.5亿元，同比增长4.8%。形成以远大可建、远大住宅、凯博杭萧为龙头的配式建筑企业，以金为型材、振升铝业为龙头的铝合金建材企业，以东方雨虹、蓝天豚等为龙头的建筑新材料企业，以临湘海螺、华新水泥、岳阳南方等为代表的水泥生产企业，以天欣科技、兆邦陶瓷为龙头的陶瓷生产企业，以建华管桩为龙头的水泥混凝土桩生产企业，以福湘木业、湖湘木业为龙头的木材深加工企业，还有一定规模的人造板材、化工建材制品、中空玻璃、钢化玻璃和耐火防腐材料生产企业等。创装配式建筑产业示范基地7个，其中国家级装配式建筑示范基地1个，省级装配式建筑示范基地4个；新增省级高新技术企业3家、省级建筑业新技术和绿色施工应用示范项目4个、绿色建筑一星级项目15个、绿色建材星级企业13家，各类装配式建筑规模企业32家，42个产业项目先后落地生产，计划总投资超300亿元。

（郑铭进）

纺织工业

【概况】 2020年，岳阳市纺织产业完成规模工业总产值223.7亿元，同比下降2.4%；完成规模工业增加值54亿元，同比下降1.6%。形成华容县、湘阴县、君山区、屈原管理区、岳阳县5个棉纺织产业集群，主要生产纯棉纱、麻混纺纱、麻腈混纺纱、涤纶缝纫线、工业帆布、无纺布、巾被、服装、婴童服饰、鞋帽、家纺等产品。科力嘉纺织是工信部纺织产业智能制造新模式试点样板企业，其纯棉针织纱产能居全省第一位；湖南科创纺织股份有限公司是湖南省智能制造示范工厂，其纯棉牛仔纱产能居全省第一位；湖南华升洞庭麻业有限公司建立国家级企业技术中心、国家苎麻产品开发中心，成为国家苎麻产品开发中心，其麻混纺纱、交织布远销欧美；岳阳宝丽纺织品有限公司印花巾被畅销中亚；湖南新美佳婴童服饰制造有限公司的童鞋引领国内童鞋潮流，并成为迪士尼乐园指定产品；湖南拓富家纺有限公司棉胎产品在国内占有较大市场份额；2012年起，华容县连续被中国纺织工业联合会授予“中国棉纺织名城”称号。

（郑铭进）

【科力嘉纺织二期投产】 2020年6月，科力嘉纺织二期5万锭智能化

纺织企业复工复产

纺纱生产线全面投产。该项目投资2亿元，采用国际水平的机电一体化智能纺纱设备优化配置，通过ERP/MES为核心的智能网络系统深度融合集成为智能纺纱流水生产线，被工信部列为“流程型智能制造工厂”示范项目。公司全年实际生产针织纱1.3万吨，完成销售收入3.5亿元，实现利税2200万元。

（卞基布）

造纸工业

【概况】　2020年，岳阳市造纸产业完成规模工业总产值159.8亿元，同比增长9.6%；完成规模工业增加值33.3亿元，同比增长8.7%。根据《环洞庭湖造纸企业引导退出方案》，全市34家造纸企业除岳阳林纸外，于2019年年底全部退出制浆产能。

（刘海英）

【岳阳林纸营收净利双增】　2020年，岳阳林纸按照目标不变、指标不降、任务不减的要求，防疫经营两手抓、两手硬，经营业绩逆势而上。公司实现营业收入71.16亿元，较上年同期0.14%，归属于上市公司股东净利润41430.86万元，较上年同期增加32.26%；实现每股收益0.23元，与2019年c持平；年末公司总资产158.3亿元，归属于上市公司股东的所有者权益85.58亿元，资产负债率45.8%。

【岳阳林纸经营管理】　2020年，岳阳林纸加强企业经营管理，取得较好成效。产业布局。岳阳基地提质升级改造，淘汰落后产能，“以新带老”实现提质升级，推动公司战略落地奠定基础。精细化工转型。双阳高科年产2万吨高纯度双氧水技改项目竣工投产，提供新的利润增长点，加强市场调研，谋划产能扩充。农林产业。成立“君山项目指挥部”及“项目工作组”，推动与君山区政府战略合作协议的落地，成功中标君山扩绿提质项目，项目投资估算6.11亿元，林业转型迈出关键一步。推进改革。开展“双百行动”综合改革，2020年限制性股票激励计划获得国资委批复，双阳高科股权激励计划方案获得中国诚通审核通过。“三供一业”分离移交，完成供水供电和物业改造，基本完成工程结算和验收，物业管理职能完成移交。管理提效。强化采购集约化建设，发挥集采优势，精准把握市场形势，多措并举加强产供衔接，优化原料库存结构，降低原材料成本。促进管理体系化建设，抓好财务管理规范化建设，加强制度评审流程化建设、提升安全环保管理科学化建设、深化合规化法治化建设、推进信息化建设。

（卞基布）

有色循环工业

【概况】　2020年，岳阳市有色循环产业完成规模工业总产值422.4亿元，同比增长5.8%；完成规模工业增加值90亿元，同比增长4.2%。其中汨罗循环经济工业园是国家首批循环经济试点和全国首批“城市矿产”示范基地，是中南五省最大的再生资源交易市场。世界500强正威集团投资100.5亿元正威集团汨罗再生资源产业基地、民营500强攀华集团投资100亿元港区400万吨新型薄板材料等重大项目签约落地，带动整个有色循环产业发展品质、发展模式质的飞跃，加速再生铜、铝、钢材等金属材料行业形成产业聚集，充分释放产能，强化品牌效应。

【正威集团落户岳阳】　2020年3月27日，市长李爱武率团到正威集团深圳总部考察，与集团董事局主席王文银就加强交流合作、促进共同可持续发展等事宜展开深入交流，共同见证“国际精矿能源（华中）总部暨金属新材料与信息科学产业走廊项目”成功签约。正威集团“国际精矿能源（华中）总部暨金属新材料与信息科学产业走廊项目”总投资220亿元，分别落户城陵矶新港区和汨罗市，建设内容包括区域总部、综合储运交割基地、高导铜基新材料、电子信息产业、供应链金融、产教融合科学城等。其中，在城陵矶新港区投资120亿元，建设正威国际集团（华中）商贸服务总部基地项目、铜基新材料和模组一体化项目、5G信息产业科学城项目。在汨罗总投资100亿元，主要建设正威金属新材料与信息科学产业走廊项目、色金属供应链商贸交割储运基地和湘北蓝凤凰科学医养城项目。9月29日，正威汨罗再生资源产业基地项目正式开工。

（郑铭进）

商贸服务业

编 辑 赵 晶

综 述

【概况】 2020年，岳阳市商务粮食局（简称市商务粮食局）统筹疫情防控和商务粮食发展，稳住外贸外资基本盘，促进消费回升，保障粮食安全，各项工作取得成效。全市社会消费品零售总额增速居全省第一位，外贸总量跃居全省第二位，内外资增长22.1%、16.3%，粮油加工业总产值约占全省五分之一。市商务粮食局被评为全市综合绩效考核先进单位、湖南省商务工作先进单位、全国政策性粮食库存数量和质量大清查先进单位、全国粮食和物资储备系统抗击新冠肺炎疫情先进单位。岳阳市被评为湖南省2020年度真抓实干落实粮食安全责任制成效明显市（州）。

【消费回升】 2020年，新冠疫情冲击消费，市商务粮食局推动各类商场、市场复工复市，促进消费回升。全市实现社会消费品零售总额1574.01亿元，总量居全省第三位，增速居全省第一位。贸易业新增入库156家。建立岳阳市促进消费联席会议制度，制定《岳阳市2020年夏季促进消费活动方案》，组织策划开展湘北车展、“岳阳小龙虾百家餐饮送送送”“洞庭好风光”抖音直播等10多个促消费活动。

【对外贸易】 2020年，市商务粮食局推动对外贸易发展。全市实现进出口总额419.8亿元，同比增长27.2%，总量居全省第二位，增幅居全省第二位。制定出台《岳阳市推进外贸高质量发展实施方案》。推进岳阳跨境电商综试区“两平台六体系”建设，年年有鱼岳阳分公司从加拿大进口的海参产品在城陵矶综保区通关放行，标志着岳阳市在跨境进口零售商品实现实质性突破。鼓励企业开展网上洽谈、线上参展，引导企业转向疫情不太严重、风险较低的国家拓展新市场。华文食品、优美工贸、宝丽纺织等10多家企业参加第127届线上中国进出口商品交易会。

【招商引资】 2020年，市商务粮食局加强招商引资项目建设。全年内联引资到位资金915.7亿元，同比增长22.1%；利用外资7.4亿美元，同比增长16.3%。引进正威、裕同科技、上海汉图等24个“三类500强”企业项目，攀华集团和长江三峡集团首次落户湖南。出台《岳阳市新兴优势产业链招商工作方案》，探索运用“不见面招商签约”“线上服务”等方式，确保全市招商引资工作正常开展。组织参加2020湖南—长三角经贸合作洽谈周、首届湖南（岳阳）口岸经贸博览会等招商推介活动。

【粮食安全】 2020年，市商务粮食局保障粮食安全。落实粮食安全主体责任，把10个重点任务，38个指标逐项分解给15个市直部门及各县（市、区）。组织各县（市、区）腾空收购仓容，合理布设收购网点，配置检测仪器实行“先检后收”。华容县、临湘市成功申报湖南省2019—2020年“中国好粮油”行动计划国家级示范县（全省获批10个）。“华容稻”“黄盖香米”等区域公用品牌创建工作取得成效。全市实现粮油加工业总产值312.5亿元，占全省粮油加工总产值的五分之一，居全省第一位。

【市商务粮食局助力企业复工复产】 2020年，市商务粮食局助力企业复工复产。通过组织申请、外贸采购等渠道，累计为企业解决口罩18万多只、酒精550千克、消毒液625千克、额温枪219把。制定《新冠肺炎疫情期间零售餐饮企业经营服务防控指南》，下发2000多份到全市相关行业、企业。针对疫情期间企业生产成本上升、流动资金紧张的问题，为全市多家内贸、外贸、外资、粮食企业争取流动资金贷款、融资贴息、进口物资免税等方面的优惠政策支持。

【物资援助黄冈】 2020年，市商务粮食局筹措捐赠物资援助黄冈。号召县（市、区）商务粮食主管部门和步步高商业连锁股份有限公司、三荷干鲜水果批发市场、湖南金惠农业科技发展有限公司、湖南省义丰祥实业有限公司等20多家企业捐赠价值超100万元的爱心物资，其中，优质大米81吨、食用油200件、调味品550件、蔬菜21.5吨、水果1297件，装载7车。全市8车爱心物资送至湖北黄冈。

【岳阳市2020年夏季促进消费活动直播带货】 2020年8月20日，岳阳市举办2020年夏季促进消费活动IDOL“抖”起来直播带货活动，由市商务粮食局主办，岳阳日报社、岳阳日报传媒集团承办，主持人李兵为岳阳特色产品代言和宣传。直播带货平台为《岳阳日报》微信小

2020年8月20日，岳阳市举办2020年夏季促进消费活动

程序、《岳阳日报》App客户端、《岳阳日报》快手账号等。12家参加直播带货企业均为岳阳知名企业，分别是湖南道道全粮油股份有限公司、湖南吉娃米业有限公司、湖南长康实业有限责任公司、湖南东祥油脂有限公司、拥军面业（湖南）有限公司、湖南山润油茶科技有限公司、湖南玉峰食品有限公司、汨罗屈子祠镇红薯皮粉厂、湖南省君山银针茶叶股份有限公司、湖南十三村食品有限公司、湖南鱼米之湘食品有限公司、湖南插旗菜业有限公司。

（黄湘琪）

贸易促进

【概况】 2020年，岳阳市贸促会（简称市贸促会）促进贸易投资、服务民营经济发展、助力疫情防控，各项工作取得成效。至年底，市贸促会会员企业139家，新发展7家，参加经贸洽谈活动14次。组织96家企业参加展会活动，洽谈合作意向近百个，签订合同金额近亿元。改版升级“岳阳贸促国际商会”微信公众号，发布政策资讯、展会信息、贸易预警1000多条。通过新湖南客户端、《岳阳日报》“岳企出海、岳品出境”专栏刊发新闻20多篇。获得2020年度湖南省贸促系统国际联络工作先进单位称号。

【国际经贸资源对接】 2020年，市贸促会加入“一带一路”沿线城市贸促会合作联盟，与34个地市贸促机构达成合作。对接RCEP东盟自贸协定，组织4家企业拜访伊朗、马来西亚等4国驻广州总领事馆，拓展东盟及东南亚市场。联络英中贸易协会、日本贸易振兴机构、韩国贸易投资振兴公社等机构。举办“新跨境·新机遇”跨境电商线上培训活动，组织参加中阿经贸数字博览会、阿里巴巴国际站数字化出海峰会等5场线上活动，誉湘农业等34家企业进驻阿里巴巴，科立电磁等9家企业扩大出口。

【“岳企出海、岳品出境”攻坚行动】 2020年，市贸促会开展“岳企出海、岳品出境”攻坚行动。承办首届湖南（岳阳）口岸经贸博览会展览展示工作，为50多个国家和地区，400多家企业参展服务。组织临湘竹林双创园、汨罗循环经济产业园及创新型企业参加“2020湖南绿博会”，竹海炭生源等10家企业签订2000万元的线上订单，与产业链上下游达成合作。组织参加东亚国际食品博览会、呼和浩特茶博会，举办岳阳黄茶专场推介，对接洽谈客商4000人次，签订合作项目30多个，意向协议1200多万元。

【民营经济发展服务】 2020年，市贸促会服务民营经济发展。9月，中国贸促会党组成员、副会长张慎峰一行到岳阳调研，实地考察城陵矶新港区企业，召开岳阳市外贸企业座谈会，解决企业“走出去”困难及自贸协定利用等问题。组织开展“打造内陆地区改革开放高地，推动贸易高质量发展”专题调研，走访企业56家。发挥岳阳市贸易促进市场开拓资金作用，53家企业获得补贴近35万元。为企业免费提供24小时法律援助服务，处理商事纠纷8起，解答咨询520人次。全年网上办理出证认证1089份，涉及出口金额1.65亿美元。与岳阳市中级人民法院探索建立诉调对接长效机制。承办中国贸促会出国展览知识产权及开拓多元化市场专题培训班，举办“贸促服务零距离·商法护航企业行”之疫情防控下在线培训以及湘阴县、临湘市站活动，400多家企业直接获益。

【市贸促会助力疫情防控】 2020年，市贸促会助力疫情防控，到一线驻企帮扶，开展企业受新冠肺炎疫情影响问卷调查，帮助参展企业寻找境外合作伙伴或代理商。为企业申报办理因疫情影响的不可抗力证明书，协助出具不可抗力证明1份，合同金额7.35亿元。发出联合抗击疫情倡议，岳阳国际商会会员企业向当地抗疫指挥部捐款280多万元，捐赠防疫物资及药品300多万元。

（贾　伟）

招商引资

【概况】 岳阳市投资促进事务中心（简称市投资促进事务中心）突出招商引资和区域合作目标任务，发挥对外开放和招商引资窗口作用，全市投资促进工作成效明显。至年底，全市内联引资引进到位资金915.7亿元，居全省第二位，同比增长22.1%，完成年度目标任务108.9%。引进重大项目78个，总投资987.6亿元，其中“三类500强”项目24个，总投资542.83亿元。全市2020年省级重点招商项目60个项目。

【招商活动】 2020年，市投资促进事务中心出台《关于加快七大千亿产业建设推进高质量发展的实施意见》《岳阳市新兴优势产业链招商工作方案》，推动产业链朝价值链中高端发展。邀请接洽客商60多批次、300多人次。参加2020湖南—长三角经贸合作洽谈周”（“沪洽周”），签约项目32个，总投资253.47亿元，其中10亿元以上的项目8个；牵头组织首届湖南（岳阳）口岸经贸博览会投资贸易招商推介会暨重大项目签约仪式，签约重大项目59个，项目总投资308亿元，岳阳市签约项目19个，项目总投资182.71亿元，其中10亿元以上的项目6个。开展“岳阳天下楼·洞庭天下水”2020年岳阳国际旅游节及观鸟节活动、第七届中国·国际高级工商管理峰会暨EMBA国际联盟2020年会招商推介会等活动。

（裴　浩）

供销合作

【概况】 2020年，岳阳市供销合作联社（简称市供销合作社）深化供销综合改革，服务农业社会化，发展黄茶产业，助力脱贫攻坚，各项工作取得成效。召开市供销合作社第二次代表大会，选举产生新一届领导班子，成立岳阳市农村合作经济组织联合会，成立社有资产管理委员会，出台《岳阳市供销合作联社社有资产管理实施办法》。至年底，有县级专业合作社联合社12个，县级惠农服务公司12个，乡镇农合联104个，乡镇基层社104个，乡镇惠农服务中心104个，村级惠农综合服务社1239个，领办创办专业合作社593家，联合农民专业合作社1510家，领办行业协会41个；建立6个县级特色馆、889个乡村级电商服务站点、9000多个经营服务网点。市县供销社独资和参股企业156家，有35家社有企业经营资产5000万元。全市流转（托管）土地10万公顷，统防统治面积320万亩次。

【供销综合改革】 2020年，市供销合作社深化供销综合改革。4月，中共中央政治局委员、国务院副总理胡春华到岳阳调研春耕生产，肯定岳阳供销改革工作。全国总社党组成员、理事会副主任侯顺利，省委副书记乌兰，副省长隋忠诚等多位领导到岳调研，“岳阳模式”再次得到肯定。岳阳市供销改革入选全国供销总社遴选的19个全国系统典型案例、湖南基层改革探索100例。岳阳新三湘农资有限公司、汨罗市科隆水稻种植专业合作社入选全国系统金扁担改革贡献奖，汨罗市供销社理事会主任张克昌入选红背篓精神传承奖。岳阳新三湘农资有限公司获得“中国供销无人机大联盟2020年度最牛团队”称号。平江县社、汨罗市社被全国供销合作总社评为“全国百强县级社”，华容县插旗镇供销社等14家基层社被评为“基层社标杆社”。

【农业社会化服务】 2020年，市供销合作社开展“九环”智能服务，拥有农资公司（经营网点）、庄稼医院810多个，提供种子、配方施肥、无人机防治、粮食烘干等社会化服务，托管土地面积10万公顷，占全市耕地面积近30%。至年底，供应农资17.35万吨，占全市农资需求总量30%以上，特别是在防疫保耕中，系统化肥价格平均每吨比市场价低300～500元，种子、农药平均比市场价低20%～30%，直接惠农1亿元以上。全市系统拥有植保无人机200多架，开展“机药一体化”飞防服务，统防统治面积320万亩次。有粮食烘干设备300组以上，日烘干能力达到万吨。打造50个适度规模的绿色高质高效水稻生产示范田0.13万公顷。推广农技新品种，常规水稻亩产增加20%～30%，为农民增收近2000万元。

【供销流通服务】 2020年，市供销合作社与深圳厂家网、九龙新合作超市等公司共同投资成立岳阳市供销电子商务有限公司，注册电商自有品牌“洞庭记忆”，建立全市农特产品展示中心，集中展示全市1000多个农特产品，同步开通与之配套的供销网上商城。与市总工会、市扶贫办等多家单位合作，对接带贫益贫企业、合作社、家庭农场100多家、产品300多种。

【信用合作服务】 2020年，市供销合作社企业岳阳惠农信息服务公司与农信担、农商行、中国人民财产保险等企业签订战略合作协议，其中“惠农担——粮食贷”推荐贷款金额1.4亿元。

【市供销社助力脱贫攻坚】 2020年，市供销合作社助力脱贫攻坚。全市上线省扶贫办公示认定1108个扶贫产品和198个供应商。完成消费扶贫总额为11.2亿元，累计带贫人数24.34万人。超额完成财政采购预留份额。对接落实保靖扶贫产品采购任务近400万元。全市建成消费扶贫专馆16个、消费扶贫专区61个，安装消费扶贫专柜1245台。全市供销系统提供固定性就业岗位3800多个，季节性就业岗位3万多个，岗位人均收入1.5～3.5万元。各乡镇供销社指导贫困村组建专业合作社，引导4000多贫困户入社，帮助1.5万多人脱贫。

（易　乐）

石油经营

【概况】 2020年，中国石化销售股份有限公司湖南岳阳石油分公司（简称中国石化岳阳石油公司）加强石油运营。全年销售成品油54.98万吨，同比增长1.61%。其中，全口径零售量44.39万吨，直销批发10.59万吨。实现基础品类营业额1.48亿元，毛利额2076万元。获得中国石化湖南石油公司比学赶帮超标杆红旗28面，排名全省第六位，获得比学赶帮超工作优秀组织奖。

【石油营销】 2020年，中国石化岳阳石油公司加强石油运营。疫情防控以来，组织投入各类口罩10.5万只、医学手套3000双、各类消毒用品2000千克，保障员工安全。经营总量扭亏转增，开展非持卡客户转换活动、构建成熟98#高标号汽油销售体系、“一域一策”精准帮扶县公司、开展机出配送业务等工作，实现机出零售占稳市场，新增22座核心门店并入销售骨干网络，引入湘阴面馆、梦洁洗护等优质新业务。新建投营加油站5座，云港路加氢站建设完工，取得土地4宗。与湘阴县政府、岳阳市交建投等两个政府投融资平台签订合作协议，实现与6个县投资平台全部成立联营公司，完成七里山油库脱瓶颈改造，新趸船码头交付投产，打通最后一公里。全年优化用工26人，引进大学生28名。

（邓怡娟）

盐　业

【概况】 2020年，岳阳盐业分公司（简称岳阳盐业）全年销售各类盐7.22万吨，其中，销售小包装食盐1.35万吨，销售中高端盐5172吨，全年销售总额7348万元；上缴国家税收318万元。

【盐业抗疫保供】 2020年，岳阳盐业助力新冠疫情防控，保证市场供应。华容县盐业公司从春节假期起，成立防疫保供雪天突击队，50多天供应芥菜腌制用盐3.1万吨，被评为抗疫先进集体。强化食盐零售终端网络建设，全年建设有效终端网点8960个，直配终端销量达到30%，网点覆盖城乡。通过统一货架陈列标准、规范网点拜访流程、加大宣传物料投入等方式，确保供应优质食盐。

【食盐安全保障】 2020年，岳阳盐业加强食盐安全保障。开展

“3·15”消费者权益保护日、“5·15”消除碘缺乏病日、“食品安全周”等活动，宣传盐业体制改革、食盐专营政策以及合格碘盐购买和食用知识，树立湖南“雪天”品牌。协助市场监督管理局开展“食盐安全”巡检活动，建立更新特通渠道资料，加大对假盐、不合格盐产品的阻击力度，确保食盐安全。

（肖 汉）

烟草业

【概况】 2020年，岳阳市销售卷烟21.83万箱，同比增加599箱；单箱销售均价35075元，同比提高1603元。实现销售收入67.77亿元，增长6.04%；实现税利20.44亿元，同比增长5.25%；完成税收14.12亿元，同比增长3.27%。岳阳市烟草专卖局（公司）机关第五党支部（物流中心）创新成果取得历史最好成绩，1个课题获省科技进步二等奖，1个课题获省企业管理现代化创新成果二等奖，取得实用新型专利两项、外观设计专利1项、软件著作权两项，5个课题获省局、省质协奖励。被评为全市优秀基层党组织、全省系统示范党支部。岳阳县烟草专卖局退休党员肖庆珍被评为全国烟草行业离退休先进个人。市烟草专卖局陈志和被国家烟草专卖局评为行业抗击新冠肺炎疫情工作先进个人。岳阳县烟草专卖局周小红被评为全省烟草系统“担当作为优秀干部”。市烟草专卖局审计科被湖南省内审协会授予“2017—2019年全省内部审计先进集体”荣誉称号。市烟草专卖局被评为全省烟草商业系统安全生产工作先进单位。

【烟草经营服务】 2020年，岳阳市烟草专卖局（公司）加强烟草经营服务。全市新安装智能POS终端1711台。建成“湘汇636”加盟终端67家、先锋乐享品牌终端10家、特色文化终端27家、连锁合作终端188家、现代终端4957家。推进财务共享中心建设试点工作，实现发票OCR识别、网上集中稽核、手机移动审批、市局统一支付的功能集成。建设诚信互助小组1631个，覆盖率99.26%，覆盖零售户2.92万个。卷烟整条价格到位率99.74%，零售户综合毛利率12.2%，零售户满意度排名全省第二位。

【烟草市场监管】 2020年，岳阳市烟草专卖局（公司）加强市场监管。全年查获涉烟违法案件1116起，查获违法卷烟6598.89万支，同比增长45.41%。国标网络案4起，省标网络案两起，真烟涉刑案件4起，刑拘28人、逮捕22人、判刑11人。破获岳阳市涉案金额最大的“6·15”生产销售假冒卷烟案，获得公安部、国家局贺信表扬。提升市场监管效能，全市市场监管效率16%，名列全省第一位。全市系统新办零售许可证4567户。修订《岳阳市烟草制品零售点合理布局管理办法》。

（彭京京）

现代物流

【概况】 2020年，岳阳市现代物流业围绕《岳阳市“十三五”物流业发展规划》《岳阳市打造千亿现代物流产业行动方案（2017—2020）》收官目标，克服新冠肺炎疫情影响，全年物流运行逆势回升。实现货运总量4.26亿吨，同比增长2.4%；货运周转量514.74亿吨千米，同比增长1.6%；社会物流总额11624.6亿元，同比增长6.4%；物流业总收入478.19亿元，同比增长4%；物流业总产值1061.09亿元，同比增长12.5%，现代物流业成为岳阳市继石油化工、食品加工产业之后第三个千亿级产业。城陵矶港货物吞吐量3375.4万吨，同比增长5%；货物进出口总额371亿元，同比增长30.9%；集装箱吞吐量50.87万标箱，同比增长0.4%，占全省水运集装箱总量的90%以上。

【港口型国家物流枢纽获批】 2020年10月21日，国家发展改革委、交通运输部联合印发《关于做好2020年国家物流枢纽建设工作的通知》，岳阳港口型国家物流枢纽入选2020年国家物流枢纽建设名单，为湖南省唯一入选城市。

【物流市场主体发展】 2020年，岳阳市现代物流业市场主体实力提升。岳阳科德商贸有限公司国家级仓储物流服务标准化试点项目通过考核验收。10月14日，中国物流和采购联合会在福州颁布新一批物流企业国家AAAAA级名单，湖南省港务集团入选。湖南弘元新港实业发展有限公司、岳阳市铭业经贸有限公司、岳阳弘昱物流产业发展有限公司晋升AAAA级物流企业。至年底，全市有物流企业近2000家，规模以上物流企业132家，A级以上物流企业31家，其中，AAAAA级两

2020年11月13日，岳阳市港口型国家物流枢纽授牌

家、AAAA级16家、AAA级12家、AA级1家。

【物流招商引资】 2020年，岳阳市与成都航空有限公司签订战略合作协议，与中海通物流公司签约建设运营“粤港澳大湾区——岳阳多式联运大通道”；岳阳市交投集团、湖南财信金控、普洛斯隐山资本联合成立50亿元物流产业发展基金；成功举办全省进出口企业港航物流对接会、首届湖南（岳阳）口岸经贸博览会。至年底，全市签约物流项目16个，总投资70多亿元。

【重大物流项目建设】 2020年，岳阳市推进重大物流项目建设。建成运营深国际岳阳智慧商贸物流园一期、平江聚慧物流园一期、华容宏发物流园。推进建设新港港口物流园（多式联运）、胥家桥综合物流园、恒美食品冷链产业园、跨境电商物流园、中非经贸产业园、森凯仓储物流二期、汨罗正威“互联网+再生资源”仓储物流交割基地等项目。推进建设三荷机场改扩建、临空经济区、湘北农产品冷链物流园等项目。至年底，全市新开工物流项目11个，总投资101.8亿元；新投产物流项目12个，总投资83.8亿元。

【物流业发展】 2020年，市现代物流业争取中央、省预算内资金8000多万元支持物流项目建设，市本级现代物流产业发展财政专项引导资金拨付企业（项目）奖补资金384万元。市人民政府出台《岳阳市促进城陵矶口岸航运物流加速发展奖补措施》《岳阳市促进冷链物流高质量发展若干政策》。岳阳现代物流产业发展研究院开展专项课题研究6项，编辑《物流简报》12期，举办物流行业培训2期、200多人次。建立覆盖100家企业的统计数据库，组织开展社会物流统计培训，120多名学员参加。

（熊风扬）

邮　政

【概况】 2020年，全市邮政行业业务收入（不包括邮政储蓄银行直接营业收入）累计完成12.07亿元，同比增长14.13%，业务总量累计完成24.93亿元，同比增长33.8%，占全省业务总量的5.81%，排名全省第五位。其中，全市快递服务企业业务量累计完成7242.29万件，同比增长41.69%，排名全省第三位。

【赵民到岳阳调研】 2020年11月27日，国家邮政局党组成员、副局长赵民带领督查调研组，到岳阳进行行业综合督查调研。督查调研组到岳阳市平江县电商产业园和梅仙镇，调研基层网点快件包装绿色治理和末端配送、快递进村等情况。在电商产业园快件共配中心，督查调研组询问企业进出业务比例、上游供应链和分拨处理可循环中转袋使用情况，了解快递包装材料使用和采购现状。在梅仙镇，督查调研组分别走进快递综合服务点和顺丰合作点，了解快递末端配送和进村状况，与基层网点负责人座谈。

【邮政业疫情防控】 2020年，新冠疫情防控期间，市邮政业成立领导小组，加强对全市邮政业疫情防控工作的领导和指导。带队前往企业生产一线，实地调研走访，保障物流配送需求，确保对于药品、防护用品等医疗物资的寄递及时供应防疫一线。全市各寄递企业紧急开通防疫捐赠物资寄递绿色通道，对岳阳市寄往武汉地区政府指定接收机构的捐赠物资，提供免费寄递服务。平江县邮政分公司配合应急指挥部工作调度，用平江县邮车到湖北省仙桃市运输防疫物资到平江县。面对平江县、汨罗市、湘阴县等地交通隔断情况，向当地疫情指挥部汇报，把邮政车辆列入绿色通行范围。顺丰、京东、韵达等企业对医疗物资给予优先保障、优收优派。华容韵达助力当地口罩企业物资运输，出发江西省进贤县运输口罩原料。岳阳京东在春节期间累计收派防护服、口罩、手套等医疗类产品3500多件。

（肖维妙）

【市邮政分公司业绩增长】 2020年，中国邮政集团有限公司岳阳市分公司（简称市邮政分公司）推动各项业务发展，全市邮政总收入7.13亿元，同比增长8.9%，战略绩效考核排名全省第四位，被评为全省邮政单位绩效考核先进企业。

【市邮政分公司助力疫情防控】 2020年，新冠疫情防控期间，市邮政分公司保障全网安全畅通。全市投送包裹300万件，出口包裹280万件。15个揽投部正常运转，投递人员500多人在岗，日均妥投包裹7.6万多个，各类报刊信件10万多件。推广线上交管业务，网办中心线下业务转换率提升到98%。为市区群众配送线上下单的日用品和蔬菜2769单，为学生配送教材资料1.8万单。60个普服网点全部正常营业。市邮政分公司引导客户线上下单，上门件现费同比增幅780%。至2月26日，为抗疫一线免费配送防疫物资近万件，金额100多万元。在“中国医师节”，市邮政分公司联合市卫健委向市援鄂医务工作者代表赠送《众志成城抗击疫情》邮折等邮品。

【市邮政分公司服务惠民】 2020年，市邮政分公司服务惠民。嵌入法院的收转发、集约送达、卷宗档案电子化处理等工作流程，提高办案效率。加大与交管部门线上办理交管业务力度，网办中心由年初的月均办理100多件，增长至年末月均办理3000件，全年网办中心车牌、证照等寄递量3.5万件。结合惠农合作项目实施，推动电商扶贫工作，打造岳阳县“大圣黄桃”、平江县“翠冠梨”等农特项目，累计销售额近300万元，惠及种植户355户，其中，贫困户45户，特困户8户。完成服务乡村振兴战略三年规划9项指标任务。

【市邮政分公司转型发展】 2020年，市邮政分公司全年提升财富和私行客户资产15.18亿元，较上年提升1.75%。完成手机银行新增14.6万户，快捷支付绑卡完成17.1万户。销售长期期交2.2亿元。销售非货币基金4.01亿元。特快业务拓展项目与现费市场，全年实现收入1764.5万元，同比增长12%，现费业务收入完成415.4万元，同比增长120.65%。快包业务全年实现收入6843.4万元，同比增长24%，日均量6.8万件，业务量同比增长70%。国际物流板块全年国际收入完成2397.2万元，完成计划进度的100.7%。物流收入完成1860.8万元，同比增长24%，完成计划进度的112.1%。文创专业组织开展集邮常态化线上营销活动，销售“盛世珍藏”邮册1957册，销售额270万元。举办“我心中的小康”“抗击疫情”等主题的绘画大赛、邮票设计大赛活动。开展生肖首发品鉴、“抗疫不出门集邮来提神”“集邮上新日”“5·12”直播、集邮周、“9·19”电商节、中秋套餐营销等活动。开展组织直播活动、朋友圈转发等方式，实现旺季封片卡线上营销313万元。传统纸媒市场在疫情期间开展送口罩公益活动，实现校园市场“零”的突破，全年实现校园报刊流转额727万元，较上年增长82%。

（吴宇翔）

信息业

·无线电管理·

【概况】　2020年，市工信局贯彻落实《无线电管理条例》，查处“黑广播”“伪基站”，各项工作成效明显。至年底，岳阳站无线电监测工作累计总监测时间为9166小时，完成72个频段监测任务，完成监测月报12份。查处干扰、打击“伪基站”和“黑广播”14例，遏制无线电违法活动蔓延。完成春节、全国“两会”“极目云梦泽、鸟瞰岳阳城”飞越洞庭湖、君山马拉松长跑活动等系列重大活动无线电监测值班及安全保障工作。完成湖南省公务员录用考试、全国一级、二级建造师考试、全国高考等无线电监测考试保障工作。全年完成各类保障23次，出动监测车42车次，人员126人次。完成2020年度在用发射设备年检任务，其中，抽检三家运营商通信基站36台，抽检卫星地球站1台，抽检广播电视设备4台，三荷机场导航1台，完成42份检测报告。开展“世界电信和信息社会日”、全国无线电管理宣传月活动宣传工作，在岳阳电视台、“智慧岳阳”上，开展无线电管理专题宣传，举办“加强无线电管理，助力5G美好生活”主题宣传活动。

【两件事“1次办”服务】　2020年3月25日，市工信局窗口工作人员收到某外资超市使用对讲机需合法办理手续事宜的询问，该超市需申请两项行政许可。为减少疫情期间不必要的接触，工信局采用两件事“1次办”服务，该超市只需提交一次申请材料，减少重复材料提交。申请事项于3月16日一次性正式受理，3月20日收到省工信厅寄来的频率许可决定书，8个工作日内完成，比2次申请提速17个承诺工作日。

【90.2兆赫兹“黑广播”查处】　2020年5月12日，市工信局无线电管理机构接到《岳阳人民广播电台请求查处黑电台及违法FM90.2发射点的报告》，立即安排技术人员对此非法设台情况展开分析调查。经监测监听发现90.2兆赫兹播送虚假性药广告，利用广播电台正规频率播出，存在严重的舆论安全隐患。5月13日，市无线电监测站派出排查小组，监测发现发射源位置，在岳阳县荣家湾某小区楼顶塔楼平台上。执法人员依法对该“黑广播”进行断电拆除，收缴“黑广播”的发射机。

【“两会”无线电安全保障】　2020年，市工信局保障“两会”无线电安全。采用固定监测站、移动监测车和手持监测机等设备监测电磁环境，发动业余无线电协会成员参加这项工作。5月20日，无线电管理机构与市文广新局联合执法，对监测中发现的95.2兆赫兹“黑广播”采取取缔行动。经技术人员监测确认，于市区洞庭大道跨京广铁路桥梁南边的法水坡安置小区某栋32楼顶查获“黑广播”设备。执法人员拍照取证之后，对非法设备进行暂扣处理，消除一起安全隐患。

（罗　平）

·电信·

【概况】　2020年，中国电信股份有限公司岳阳分公司（简称岳阳电信）深化改革，夯实基础管理，各项工作取得成效。至年底，业务收入完成预算进度102.68%，连续五年实现收入超产，收入市场份额提升幅度排名全省第一位。开展集约营销活动场次1.5万场，签订平安乡镇合作协议53份。新建实体门店86个，集约改造5G门店190家，打造三千兆智慧门店35家，常态化促销组织628场，平江长寿镇天翼大喇叭项目获得省公司物联网优秀案例评比二等奖，湖南理工学院网格获得“2020年高校秋开渠道发展先锋奖”。“2018年电信普遍服务无线网主设备安装工程项目”获得中国电信集团2020年度优质工程三等奖，是全省唯一获奖工程，其中，彭启勇、罗珲、郑立韦3人被评选为优秀项目管理者。施宁堃被评为中国电信集团2020年度“最佳增长地市分公司总经理”。

【岳阳电信基础建设】　2020年，岳阳电信新建5G基站768个，4G基站250个，室内分布系统101套，MR整体覆盖率稳定在96%左右，新建光网端口5.5万个，端口利用率排全省第三位。疫情防控以来，出动保障客户工程师、客户经理398人次，排查处理客户故障160处，保障客户145家，专线电路165条，视频会议214场，紧急业务开通193条。完成开发区等3个装维班组建设。强化5G能力建设，5+5专项工作清单解决问题416个。实体渠道万用户服务投诉率同比下降排名全省第一位。开展“小金库”风险防范治理，现场培训8场，没有发生“小金库”行为。会计核算基础工作排名全省前三，资产资源匹配率排名全省第三位，机房清查排名全省第三位。

【岳阳电信基础管理】　2020年，岳阳电信加强基础管理。提高员工待遇，劳动用工总量较2019年减少51人，优化不能胜任工作D类人员36人、合同制员工待岗9人，优化调整机构3个。前端承包单元目标达成率88.05%，排名全省第一位。未发生因合同管理不规范出现的纠纷风险。签订安全生产责任状40份，未发生安全责任事故。新建培训班104个2794人次，内训师142人。决算审计项目447个，提出审计整改意见及管理建议19条。完成采购项目233个，节资率2.83%，准确配送工程、维护材料及终端等330多批次。"农村支局小家"和"青春行动"投资280万元，完成维修整治项目9个，完成761名退休人员移交社会化，移交档案760本，转移党组织关系328名。精选12名专职驻村扶贫队员，投入通信建设网络扶贫1600万元和脱贫资金153.05万元，组织大型活动500多场，启动107个乡镇"平安乡村"攻坚行动。

【"电信+快递"助力复工复产】 2020年3月5日，岳阳电信启动综合信息化"暖春行动"活动，助力复工复产。与市邮管管理局、市快递协会举办"电信+快递"合作签约仪式，市邮政管理局党组书记、局长刘凌云，市邮政分公司党委书记、总经理施宁堃，市快递协会会长王承春等参加。开启"电信+快递"合作，标志着岳阳市快递末端网点的标准化建设和信息化发展进入新阶段。

【首家区级"智慧岳阳楼区"IPTV平台启用】 2020年4月22日，由中共岳阳楼区委、岳阳楼区人民政府、红网、中国电信在岳阳楼区政府共同举办岳阳市"智慧岳阳楼区"IPTV平台上线启动仪式，同时，借助中国电信5G技术创新打造的"楼区融媒"App同步上线，是岳阳市首家区级智慧社区IPTV平台。湖南出版集团党委委员、湖南红网新媒体集团党委书记、董事长舒斌，市委常委、宣传部部长马娜，岳阳楼区委书记陈阁辉，岳阳分公司党委书记、总经理施宁堃等出席仪式。"智慧岳阳楼区"IPTV平台把岳阳楼区政府的信息综合服务体系嵌入湖南IPTV行业平台，实现三屏互动的信息共享，标志岳阳楼区的新闻资讯及政务、服务进入到"云时代"。该项目前期试运营4个月以来，覆盖社区住户6.25万户。

（刘　文）

·移动·

【概况】 2020年，中国移动通信集团湖南有限公司岳阳分公司（简称岳阳移动）抓住5G"新基建"发展契机，推进5G基础设施建设，助力信息化转型升级，各项工作取得成效。至年底，4G基站数超8000个，开通5G基站1170个，基本实现市县城区5G覆盖。新建宽带端口14.55万个，完成191个小区、93个村的宽带覆盖，自然村通宽率从2019年的74%提升至84%。建成传输C-RAN汇聚机房110个，新建光缆1648皮长千米、管道198千米，光缆总里程3.7万皮长千米。新开集团专线1800条，专线总数突破1.8万条。通过中国移动集团5G SA商用测试，被评为中国移动集团"5G百大标杆区域"。

【网络安全整治】 2020年，岳阳移动常态化开展网络问题整治。累计解决4G网络"黑点"342处，无线网络投诉率压降20%，家宽装机履约及时率98%，家宽广义万投比压降41%。无线、宽带的网络质量行业测评满意度领先情况排全省第五位、第二位。全年处置风险号码5.7万个，关停疑似涉诈号码2.3万个。

【移动转型升级】 2020年，岳阳移动推动5G与人工智能、物联网等新型信息通信技术融合创新，助力产业转型升级。采用"信息化平台+5G网络+应用"的模式助力智慧化管理。推进岳阳临港智慧港区、己内酰胺搬迁与升级5G智慧工地等项目，实现资源配置、生产效益、运营模式等方面的改变。促进城市管理融智，结合人工智能技术，推动以5G为核心的泛在智能基础设施与城市治理深度融合，通过"5G+安防""5G+智慧城管"等项目的落地，推进智慧城市建设、运营、服务一体化。

【岳阳移动助力抗疫防汛】 2020年，岳阳移动助力抗疫防汛。疫情防控以来，岳阳移动紧急开通防疫专线10条、新建基站15个，确保全市13个疾控中心、14家定点医院、527个关键区域通信顺畅。深化"爱心不掉线"等便民服务，协助政府部门免费发送公益短信4000万条，为150多家单位免费提供云视讯App视频会议服务。应对1998年以来的最强汛情冲击，累计出动应急保障人员562人次、保障车辆182车次，未出现乡镇一级"通信孤岛"。

（漆雨涵　钟艳波）

·联通·

【概况】 2020年，中国联合网络通信有限公司岳阳市分公司（简称岳阳联通）精准建设引领、加强网络服务基础、提升深度覆盖及用户感知、优化语音业务承载，推进公司转型发展，实现公司经营业绩稳步提升。至年底，新建4G宏站378个，室内分布系统131套，覆盖楼宇252栋；完成城区深度覆盖43攻坚站点的全量开通，城区MR非差栅格由93.22%提升至99.14%，提升5.92%。传送网立项12个，完成光缆布放超2400千米，完成宽带端口57480个。补盲3G站点45个，VoLTE接通率提升至99.9%，保障用户语音业务需求。10月20日，岳阳联通被工信部评为电信普遍服务试点工作成绩突出集体，岳阳联通负责的第五批电信普遍服务试点项目涉及行政村217个，新建4G基站227个，经验收，全市217个行政村下载速率的均值为50mbps，接收电平为-90Dbm，均远高于国家验收标准。

【联通助力疫情防控】 2020年，新冠疫情防控以来，岳阳联通免费为政府搭建"新冠肺炎联防联控平台"，协助政府支持企业复工复产。网络维护部门重点保障卫健委、医院等相关单位。大年三十，响应市疾控要求，立即把固定电话紧急移机至七楼新型肺炎调度中心。岳阳第四人民医院发热门诊电话故障，第一时间赶到现场处理，提供专业网络支撑。紧急为岳阳楼区新型肺炎防控指挥办公室安装3台座机电话，一天内向城区60万居民发送通知短信。两小时内为岳阳市第一人民医院快速处理宽带故障。4月20日，3天完成16家中小学热成像交付。

【岳阳联通扶贫】 2020年，岳阳联通助推平江县向家镇望湖村基础配套建设。全年为望湖村安装主干道路灯200盏，硬化村组公路0.8千米，完成晴雨路维修3条2300米，修缮堰坝两座，扩增50立方米净水池1个，铺设供水管8000米，解决152个农户用水难问题，整理堰塘口3座，解决3.53公顷农田灌溉问题，完成村级安居工程附属工程配套建设。建立6.67公顷湘莲基地、5.33公顷迷迭香基地和3.33公顷蔬菜基地。全村建档立卡121户、408人全部脱贫。

【联通"无人机+5G"助力岳阳海事智慧监管】 2020年9月19日，岳阳海事局联合中国联通无人机基地利用多款无人机和5G技术，首次开展海事智慧监管、搜救演练。内容涵盖空中巡逻、拍摄、取证、指挥、救援等典型应用，无人智能设备通过中国联通无人机一体化综合视频监控管理平台把巡逻及救援区域中各无人智能设备的视频传输回指挥中心，实现指挥高清"一张图"。

【联通电信共建共享】 2020年，岳阳电信、联通强化共建共享。累计开通5G室外基站555个，开通共享率100%，基本实现市区县城重点区域及交通干道的连续覆盖。深化4G共建共享，联通全年累计完成共享给电信小区数416个，实际共享电信小区数414个，完成共享任务超200%，节省网络建设及运营成本超过1500万。传输完成华容县至君山（59千米）、汨罗至湘阴（33千米）的市县汇聚纤芯共享，节约光缆铺设费用近100万元。

【岳阳联通与县级政府签订战略合作协议】 2020年，岳阳联通与平江县、岳阳县、华容县、湘阴县、汨罗市、南湖新区、岳阳经开区、君山区、云溪区人民政府签订"新基建"战略合作仪式，岳阳联通利用5G、物联网、大数据、人工智能、移动互联网、云计算、VR（虚拟现实）等新一代信息技术，与各县区开展"互联网+"项目合作，推动"智慧县域"建设。

【岳阳联通与长岭炼化、巴陵石化合作】 2020年3月，联通系统集成总部中标长炼应急指挥管理系统项目，是联通与石油化工行业首次合作。5月28日，湖南联通与巴陵石化签署"智慧工厂"战略合作协议，打造全国"互联网+智慧工厂"标杆，在巴陵石化厂区建设一张5G网络，实现全厂无死角覆盖，实现"两化"深度融合。

【岳阳联通与市文旅局签订战略合作协议】 2020年11月4日，岳阳联通与岳阳市文化旅游广电局签订"5G+智慧文旅"建设战略合作协议。制定岳阳智慧文旅"十四五"整体规划以及"5G+文旅"标准，建设市、县两级文化旅游信息化管理平台，完成市县两级文化和旅游数据的融合。在智慧推介、智慧服务、智慧管理等领域开展深度合作，打造全域旅游、智慧景区、5G智慧景区和红色旅游景区、乡村旅游、智慧图书馆、智慧博物馆等示范项目，推进文化和旅游的深度融合，推进"数字岳阳"的建设。

（严　娇）

粮棉储运

【概况】 2020年，中央储备粮岳阳直属库有限公司（简称中储粮岳阳公司）开展绿色科技储粮，强化规范管理。辖区中央事权粮食质量达标率100%、综合宜存率96.6%，账实相符率达到100%，出库粮油综合损耗率0.25%。中储棉岳阳有限公司根据中国储备棉管理有限公司统一要求、部署，完成企业"三项制度"改革。启动新一轮储备棉轮入工作，保障储备棉数量真实、质量完好，10月30日，首个美国进口棉集装箱入库。至年底，完成商品棉进出库9.5万吨，储备棉轮换6.8万吨。

（刘世军　邓　维）

【中储粮岳阳公司整体搬迁】 2020年，中储粮岳阳公司推进整体搬迁项目。12月30日，位于现岳阳市城陵矶新港区的中储粮岳阳直属库有限公司粮食代物流项目和粮食物流仓储设施项目在项目现场举行土石方工程开工仪式，中储粮湖南分公司仓储管理处有关领导和岳阳公司领导主持开工仪式。12月31日，副省长隋忠诚到岳视察中储粮岳阳公司粮食现代物流项目和粮食物流仓储设施项目建设情况。

（刘世军）

【中储粮集团公司第三届公众开放日】 2020年10月16日，中储棉岳阳公司首次承办中储粮集团公司第三届公众开放日，副市长邱虹等百余名社会各界公众到库参观。《湖南日报》、湖南经视电视台、红网等省级媒体进行报道，"学习强国"平台转载相关报道。

（邓　维）

交通运输

编　辑　曹春友

综　述

【概况】　2020年，全市交通运输系统干部职工真抓实干、攻坚克难，各项工作取得较好成效。岳阳市被评为政府真抓实干督查激励、铁路安全环境整治工作先进市州、全省重点民生实事农村公路建设先进市州；市交通运输局被市委、市政府评为全市综合绩效先进单位、平安建设先进单位；市交通运输综合行政执法支队公交大队被评为全国交通运输系统抗疫先进集体，市交通运输综合行政执法支队党委被评为全省抗疫先进集体和先进基层党组织。

交通事业发展。全市完成交通固定资产投资106亿元，为年计划的117.8%；其中，完成省定项目投资38亿元，为省定计划21.6亿元的175.8%。国省干线建设。平益高速全线路基土石方、桥梁、通涵工程完成70%，城陵矶高速控制性工程芭蕉湖特大桥桩基施工完成。G353岳阳城区段（北环线）、G240岳阳城区段（西环线）顺利推进；G353机场快速通道二期工程路基基本拉通；G353华容县松木桥至石伏工业园公路、S222华容县绕城公路、云溪擂鼓台至荷花公路建成通车；S210汨杨公路、S316平江石牛寨至长庆公路开工建设。完成14个干线公路项目竣工验收，竣工遗留问题全部清零，交通基建项目质量、安全零事故。港口建设。全年完成港口建设投资8亿元，城陵矶老港建成全国最大的散货“胶囊仓库”，新港二期7个3000吨级泊位建成投用。养护管理。公路、航道养护率稳步提升。“十三五”普通干线公路迎国评工作得到交通运输部评价组和省交通运输厅肯定。农村公路养护改革扎实推进。招投标整治成效明显。客货运输。全市完成水路货运9821.02万吨，同比增长5.5%，完成货物周转量81.3亿吨千米，同比增长7.17%，城陵矶港年集装箱吞吐量50.9万标箱，创历史新高。三荷机场年旅客吞吐量56.4万人次，是全省唯一实现旅客人数正增长的机场。行业服务。提升行政审批效率，办理行政许可1.14万件。筹资600多万元，支持9个客运站场建设和53家客运企业复产，为全市3082台出租车减免保险等费用2276.8万元。

交通规划工作。以推进交通基础设施建设为重点，科学编制交通运输发展规划。公路建设规划。统筹国家区域性中心城市、省域副中心城市建设和长岳协同发展定位要求，编制普通国省道国土空间控制规划（2019—2035年），经市政府常务会议同意后，报省交通运输厅审查。水运规划。《岳阳港总体规划》由交通运输部和省政府联合批复实施，一个以城陵矶新港为龙头，涵盖华容县、君山区、云溪区、临湘市、岳阳县、汨罗市、湘阴县等7个港区12个作业区的现代化港口群初见雏形。重大项目规划。监利县至华容县过江通道建设进入国家规划，岳阳市和荆州市政府正在谋划监利县至华容县高速公路前期工作。G240岳阳君山至湖滨公路（经洞庭湖南湖湖底隧道）、G107东移提质已由省交通运输厅纳入“十四五”规划并申报纳入交通运输部规划。

交通协调绿色发展。交通扶贫攻坚。全市完成自然村通水泥（沥青）路建设610千米、农村公路提质改造210千米、安防工程建设1657千米、危桥改造60座。城乡客运一体化改革向纵深推进，汨罗市承办全省城乡客运一体化现场经验交流会。加大脱贫攻坚力度，帮扶联系点平江县三阳乡新合村、木金乡后岩村整体脱贫。交通污染防治。关停境内长江沿岸39个非法码头和42个小散码头泊位，完成长江沿线28个码头泊位的提质改造，复绿面积42.3万平方米，打造最美长江岸线。完成6处码头船舶生活污水固定接收设施、3处码头船舶油污水固定接收设施配套，组织3家企业5条污染物接收船舶投入运行，基本实现全市境内港区生活垃圾免费接收全覆盖。交通风险防范化解。全面推进隐患清零、顽瘴痼疾专项整治和安全生产专项整治三年行动，搞好铁路安全环境整治，地毯式排查安全隐患，有效防止安全事故发生。加大超限超载治理力度，查处超限超载运输4956台次，卸载货物2.66万吨；查处非法营运车辆763台，9个存在问题的接驳点和800千米以上的长途客运班线全部取消。检查过境船舶5000艘，查处违章船舶396艘。全市“两客一危”车辆全部完成智能监管系统安装。落实扫黑除恶专项斗争、禁毒等工作任务。举办“五星级出租车”评选活动。

抗击新冠疫情。防疫一级响应期间，检查车辆38.9万台次、人员84.1万人次，有效防止疫情经由交通运输途径传播。3次护送广东南方医院390件紧急医疗救援物资和设备到洪湖，打通粤湘鄂抗疫运输线的“最后一公里”。采取“点对点”“一站式”包车运输方式助力湖北荆州等7个地州市13个县市务工人员，经岳阳市返岗。开辟审批绿色通道，调配运力帮助四化建公司浙江石化工程项目员工返岗。

【全市交通运输工作推进会】2020年4月2日，全市交通运输工作暨铁路安全环境整治推进会召开。市人大常委会党组书记、常务副主任、市交通建设大会战指挥长向伟雄，副市长、市交通建设大会战副指挥长杨昆出席。会议公布：全年计划完成交通投资90亿元（高速公路62.3亿元，干线公路10.7亿元，农村公路5.7亿元，运输站场2.2亿元，路网结构改造4.1亿元，水运建设5亿元），干线公路续建77千米、新开工153千米、建成25千米，农村公路新改建767千米，农村公路安保工程1696千米，建成乡镇运输服务站5个、农村招呼站350个，全面完成“十三五”规划各项目标任务。

【陈飞到岳阳检查春运和疫情防控工作】　2020年2月7日，副省长陈飞率队到岳检查春运和疫情防控工作，省交通运输厅党组书记、厅长赵平，市长李爱武、副市长杨昆及相关部门负责人参加。陈飞先后到京港澳高速公路羊楼司省界服务区、金鸡收费站、G107羊楼司省界检查站、羊楼司镇中洲社区省界乡道检查站和临湘市长安汽车站等地，了解联合防疫检测、春运“保安全、保畅通”等工作，就疫情防控、春运保障提出要求，并现场协调解决人员物资保障有关问题。

【赵平到岳阳调研交通运输工作】

2020年4月25—26日，省交通运输厅党组书记、厅长赵平到岳调研交通运输工作。省交通运输厅厅党组成员、副厅长曾胜，市长李爱武，副市长杨昆，市政府秘书长刘传汉，省高速公路集团、省水运投集团、省交水建集团、厅办公室、综规处、计划处、基建处、港航处负责人参加调研或座谈会。赵平出席城陵矶老港环保提质改造投产慰问活动，到城陵矶新港区、云溪区、湘阴县、汨罗市实地考察调研城陵矶老港外贸码头、岳阳港化学品船舶洗舱站、城陵矶新港、S208长江经济带沿江公路（道仁矶至黄盖湖）、城陵矶高速芭蕉湖特大桥、G353岳阳城区段、湘阴县虞公港码头、平益高速伍益段白泥湖湘江特大桥、汨罗市“四好农村路”、汨杨公路、G536汨罗段、汨罗客运总站等项目规划建设及运营工作。4月25日，召开岳阳市交通运输工作座谈会，副市长杨昆汇报工作情况，市交通运输局及项目建设单位发言，副厅长曾胜及相关处室负责人进行业务指导。赵平、李爱武对岳阳市交通运输工作取得的成绩给予肯定，并对今后工作提出要求。

【市领导调研调度交通工作】

2020年3月30日，市委书记王一鸥到中心城区洞庭湖、长江岸线码头，调研督查岸线和水域综合环境集中整治工作，市领导谈正红、杨昆等参加。王一鸥听取全市长江、洞庭湖水环境综合整治情况汇报，实地察看整治后原石英滤料厂等码头，对整治成效给予肯定。在城陵矶老港码头登船而行，察看岳纸码头、新港二期码头、华菱码头沿线整治情况，了解岸域整体提质、生态复绿、僵尸船只清理、航线秩序管理等，与相关部门负责人一同商讨后续整治工作，要求一任接着一任干，着力建设最美岸线，打造“大风景”。6月10日，市委书记王一鸥主持召开全市交通规划建设专题会议，市领导李爱武、向伟雄、谈正红、杨昆、刘晓英等出席。会议听取全市交通规划建设情况汇报，肯定前段全市交通规划建设工作，就岳阳高铁东站雨棚建设、三荷机场货运枢纽建设、新港区路网建设等提出具体要求。9月28日，副市长杨昆督查中心城区“两节”交通运输安全生产工作。杨昆检查中心汽车站、高铁东站等站场，要求运输企业、客运站场严格执行安全规范，确保全市交通运输安全平稳顺利。11月4日，市长李爱武专题调度交通重点项目建设，市领导向伟雄、胡建新、黎作凤、杨昆，市政府秘书长刘传汉及相关部门负责人参加。李爱武等到G353机场快速通道、北环线、西环线、建设南路北段提质改造工程等施工现场，实地勘察了解各项目施工进度、征拆工作存在的困难、工程质量及管理等情况。随后召开工作调度会，听取市交通重点项目推进情况汇报，就具体项目的前期工作、征地拆迁、资金筹措等工作提出明确要求。11月5日，市委常委、统战部部长、岳阳经开区工委第一书记胡建新主持召开G353机场快速通道项目建设征拆工作调度会，岳阳经开区管委会主任谢春生参加。会上，市交投集团、岳阳经开区G353项目征拆协调指挥部、西塘镇、金凤桥管理处等负责人作情况汇报。胡建新对项目前段工作予以肯定，对后段工作提出要求。11月13日，市人大常委会党组书记、常务副主任向伟雄主持召开交通建设重点项目调度会。会议传达市委书记王一鸥、市长李爱武相关指示精神，研究加快洞庭湖东互通和杭瑞高速横铺互通等重点项目建设，相关部门负责人参加。

【鹅公尖隧道双洞贯通】 2020年9月底，平益高速首条隧道鹅公尖隧道顺利完成双洞贯通，为平益高速项目八标段其他项目建设打通一条材料运输、机械通行的快速通道。鹅公尖隧道位于平江县浯口镇，全长1250米，左右洞呈分离式分布，2019年5月开工建设，是平益高速项目关键性工程“三桥三隧”之一。鹅公尖隧道地处丘陵区域，地质条件复杂多变，加之隧道所处山路崎岖，材料运输不便。项目在建设中采用多项新工艺、新技术、新工法，为鹅公尖隧道实现高效、高质贯通奠定基础。

【岳阳至深圳铁海联运列车首发】

2020年8月28日，岳阳至深圳铁海联运集装箱专列在岳阳市货运北站正式首发，岳阳市再添一条国际货运大通道。首发专列由15节车厢满载岳阳新金宝制造的打印机产品运往深圳盐田港搭乘万吨海船转运至美国，与原来的江海联运相比，铁海联运的新模式在运输过程中至少可为企业节约7天时间。

【市交通运输局市地方海事局合署办公】 2020年11月30日，市地方海事局与市交通运输局合署办公揭牌仪式、市道路运输服务中心（新

2020年8月28日，岳阳至深圳铁海联运列车首发

组建）成立揭牌仪式举行，副市长杨昆参加。根据中央、省关于深化大部制改革的决策部署，市委、市政府决定市交通运输局、市地方海事局实行“一套人马，两块牌子”，合署办公，同时，新组建市道路运输服务中心。

【拆除高速公路旁违法广告牌专项整治行动】 2020年10月，市交通运输综合行政执法支队联合省高速集团和地方公安，依法对京港澳高速临长段K1429+300南往北、K1431+820北往南二处违法广告牌等进行强制拆除，确保道路安全畅通。国庆期间，市交通运输综合行政执法支队、高速岳阳分公司、地方公安等出动执法及工作人员90多人次，执法车辆30台次，强制拆除违法大型广告牌13块，违法当事人自行拆除1块。

【“净边2020”专项行动】 2020年，市交通运输局开展“净边2020”专项行动，组织市交通运输综合行政执法支队执法人员到中心城区6家物流园区348家货运代理门店、16家危货运企业、23家较大规模的普货运输企业，核查货运代理“三个百分之百”落实情况，打击利用物流渠道涉毒违法犯罪，切实筑牢交通运输行业禁毒防线。

（刘 端 梁 超）

铁路运输

【岳阳车站安全运行】 2020年，中国铁路广州局集团有限公司岳阳车站（简称岳阳车站）坚持疫情防控、安全生产一起抓，讲大局、讲奉献，保障生产，确保客运工作的安全平稳有序。车站防疫工作“零问题”，无责任铁路交通事故4986天。

【岳阳车站运输生产】 2020年，岳阳车站因疫情防控，旅客发送业务下滑。车站助力复工复产有利契机，组织复工专列，根据客流情况加开临时旅客列车，增运增收；开展节支降耗工作，加强成本控制，优化岗位配置，完善收入分配机制，职工工作积极性、责任心进一步提高。全年旅客发送170万人，行包发送107万公斤，运输收入1.88亿元。

【岳阳车站服务】 2020年，岳阳车站主动投入疫情防控阻击战。承担向武汉铁路局捐赠运送90吨新鲜湖藕任务，组织车站党员突击队和骨干积极分子开展义务劳动，开辟绿色通道，自行组织装卸搬运，及时圆满地完成任务。车站74名党员开展向灾区捐款活动，捐款5900元。落实基础建设，改善服务环境。车站安装电子客票设备，更新候车室、出站口自助验证检票闸机，方便旅客出行。

【岳阳车站春运工作】 2020年，岳阳车站围绕“平安春运、有序春运、温馨春运、让旅客体验更美好”工作理念，抓好抓实春运。在进站口、候车室、票厅等区域张挂灯笼、中国结及问候标语，因遭节日喜庆氛围；开展“春运首日暖人心”活动，车站“洞庭春”亲情服务队队员们在出站口等区域，为返乡的旅客递上热姜茶，送上“福”字及对联，准备一次性雨衣；升级“岳阳火车站”微信公众号，新增“重点旅客预约”“互动留言”板块，及时、便捷的解答旅客的疑问，及时发布实时资讯。春运40天（1月10日至2月18日），共发送旅客13.2万人。

（唐 莺）

【岳阳东站运输生产】 2020年，岳阳东站坚持疫情防控、运输生产一起抓，取得较好实效。全年发送旅客373.77万人，日均1.07万人；完成运输进款74426万元，日均完成206万元，完成到补收入32.66万元，完成乘意险发售9.89万张。节假日单日开行始发终到列车11对，创建站以来的始发车最高开行记录，十一黄金周单日发送旅客2.51万人，创建站以来的最高发送人数记录。

【岳阳东站站台安全卡控】 2020年，岳阳东站加强站台安全卡控。实行干部副班带班制度，负责一站台接车，监督检查其他站台标准化作业落实情况。值班干部加强高峰时段现场盯控，到现场协助组织旅客乘降。实行站台作业奖励制度，车站在暑运和冬季两个季节每月增加100元二次分配奖励，夜间过夜车巡视，每个班组每月增加300奖励。全年未发生旅客跳下站台、进入区间问题。

（龚飒虎）

公路运输

【概况】 2020年，岳阳市公路建设和养护中心（简称市公路建养中心）干部职工面对疫情汛情等各种挑战和压力，凝心聚力、携手奋进。公路项目建设加快推进，养护水平持续提升，疫情汛情应对有力，基础工作成效明显，获得2020年度全省公路工作红旗单位、全省普通干线公路管理先进单位、安全生产优秀市安委会成员单位、平安建设先进单位等省级、市级荣誉7项，得到各级领导、群众的肯定。

【公路项目建设】 2020年，市公路建养中心克服疫情、汛情影响和资金、土地等紧张等一系列困难，平稳有序推进公路建设。城区两个重点项目均按进度要求完成建设任务。其中北环线洛家山项目累计完成产值约5.39亿元，占优化后建安造价的60.7%；金凤桥南路完成产值约2680万元，完成产值占项目合同总价的50.2%。县（市、区）项目30个，完成产值近4亿元。相继完成G536线湘阴县鹤龙湖段、云溪区洗马南路、华容县X080万鲇线、G240君山区段等提质改造项目，区域通行条件进一步提升。全市农村公路累计完成4220.478千米，实现自然村“组组通”，岳阳县城乡供水一体化PPP项目正式启动。

【公路养护】 2020年，市公路建养中心提升公路养护水平。全市普通干线公路优良率91.04%，超出年度目标3.04%，路况水平持续走好，稳居全省第一方阵。省级“文明样板路”建设。投资1454万元，打造G107弼时段、S210屈汨路两条省级文明样板路，完成市政府年度重点工作任务，实现市定创建目标。道路养护。投资2.267亿元，其中争取省投1.4亿元，自筹8267余万元，实施路面大修109.942千米，实施危桥改造128座，实施生命安全防护工程913千米，完成G107黄市段、S210屈原管理区河市段、S202君山区良心堡段、S308湘阴县鹤龙湖段等36处事故多发路段整治，全市路况较好。“国评”迎检工作。中心筹集资金，加班加点抢进度，提前完成3条国道、1条省道共计200.8千米道路的迎检工作，高质量完成迎国评任务，得到交通运输部检测组及省交通运输厅一致认可。

【公路系统防疫工作】 2020年，市公路建养系统全力应对新冠疫情，得到市委、市政府认可。全市各级公路部门投入应急队伍13支720余人，设置防疫检查点26个，出动工作人员3382人次，排查车辆4.34万台次，人员8.11万人次，遏制疫情通过公路交通工具传播。平江县建养中心陈娟平被评为岳阳市最美“疫”线女职工。为市内各防疫检测点提供集装箱板房80多套，海内外调集15万只口罩等总价值60多万元紧缺防疫物资，筹集党员自愿捐款32万元，奋战10个昼夜，安全高效完成“岳阳小汤山”——君山区定点医院和岳阳县定点救治后备医院的改建任务。

（葛 亮）

【路域环境整治】 2020年，市交通执法支队开展交通问题顽瘴痼疾与马路市场整治行动。出动执法人员1.3万人次、执法车辆3432台次，整改马路市场40处，拆除违法建（构）筑物16处，违法棚屋157处，清理摆摊设点521处，清理堆物放料381处，下达责令整改通知书152份，清理非公路标志标牌178块。办理涉路案件行政处罚6起，涉路赔补偿18起，办理行政许可17起。

【超限超载治理】 2020年年初，市交通执法支队印发《公路超限运输顽瘴痼疾整治实施方案的通知》。全年支队查处违法超限超载车辆4069台次，卸载货物3.24万吨，有力遏制违法超限超载运输行为。

【打非治违】 2020年，市交通执法支队开展“护航”、疫情期间“打非治违”“搜狐”“铁腕”专项行动。支队全年暂扣非法营运车辆442台次，其中商务车251台次，网约车191台次。

（张 湖 赵立文）

【龙骧神驰小型乘用车上线启动】 2020年1月16日，龙骧神驰“转型升级定制客运”小型乘用车上线启动仪式在岳阳汽车站广场举行。公司率先在“长沙、通城、监利、南县和石首”等班线,购买89台7座豪华商务车，配备智能安全监控系统(GPS定位、实时监控、疲劳驾驶预警、超速预警等)，进行集约化经营，上百万车险，通过搜索“依畅出行”微信公众号网上售票约车，启用定制化试点。

【巴陵汽车站正式关停】 2020年12月27日20时35分，巴陵汽车站最后一趟营运班车湘F43139（荣家湾—岳阳）驶出，营运24年的巴陵汽车站正式宣告关停。此次调站，涉及巴陵汽车站98台营运车辆，7条营运班线以及联运汽车站3台营运车辆，2条营运班线。为确保本次调站工作平稳、有序推进，龙骧神驰制定《巴陵汽车站关停、营运车辆分流实施方案》，并成立工作领导小组，明确职责与分工，确定上下联动、整体调度、政令畅通的运行机制。

（陈 亮）

水路运输

【航道服务】 2020年，长江岳阳航道处开展辖区“茅草岭—城陵矶”河段航道尺度信息服务提升研究工作，为“深水深用”创新航道服务方式提出建设性意见。及时开通辖区城陵矶至茅草岭段80千米海轮航道。推进航道疏浚土综合利用，协调促成长江航道局与岳阳市政府沟通对接，签订《疏浚土综合利用战略协议》。及时对辖区界牌、观音洲水道开展航道维护性疏浚，疏浚约16.3万方，改善辖区航道通航条件。5月1日0时准时开通辖区城陵矶以下海轮航道，全年发布航道通告等信息112次，及时公布海轮航道推荐航线和缓流航道的开放与关闭信息。开展航标亮化行动，航标维护正常率不小于99%，航道维护水深保证率不小于98%。

【航道安全综治】 2020年，长江岳阳航道处组织全辖区一线船舶常态化开展应急应变演练和“11·9”消防日等专项活动，与长江海事、公安等加强联系，开展非法采砂、保护母亲河等专项行动。督导处属各单位和各一线班组加强防雷雨、大风、强对流天气的预警预防工作，落实防落水、防冻、防滑、防触电等安全措施。依托数字航道运行，实现安全监管的数字化，处置航道突发事件，确保全辖区航道安全畅通。

（徐金辉）

【城陵矶港务公司逆势发展】 2020年，岳阳城陵矶港务有限责任公司战疫情、抗汛情、抓环保、保安全、促技改、谋发展，公司业务在危机与困难中实现逆势发展。完成货物进出港量突破2002.7万吨，收入、利润均超预算，全面超额完成目标任务，全年安全生产无事故。

港口建设。该公司实施的环保提质改造项目，于4月25日投产运营，仅半年时间实现达标、达产、达效，创造全国同类系统达标、达产、达效速度最快纪录。成功打造全国内河老港改造环保与效率双一流的示范性创新工程，被评为湖南国企“十大创新工程”之一。

生产经营。确保水上物流畅通和大型企业原材料供应，得到省国资委肯定。疫情防控期间，干散货业务量稳中有升，同比增长242.9%。新增路虎、捷豹、东风小康、福特等滚装商品车品牌13个，开展水水中转业务，累计中转九大造车集团27个品牌的商品车，全年完成商品车吞吐量15.09万辆，同比增长50.1%。公司件杂货码头全年完成件杂货进出港量197.4万吨，超过年设计能力。

铁路发运。公司完成铁路信号系统改造和生产调度楼建设，日均铁路装车能力增加两列，达到9～10列，全年完成铁路取送量936.2万吨，同比增长17.03%。绿色发展。

湖南省唯一汽车整车进口口岸——岳阳城陵矶口岸

公司加强港口扬尘治理和港口垃圾、船舶生活垃圾、污水收集、转运、处理，推动生态环保建设。

【省港务集团港口经营】 2020年，省港务集团旗下岳阳新港公司、岳阳城港公司优化生产组织，提升服务质量，作业效率显著提升。岳阳新港公司集装箱台时量每小时31自然箱，居长江沿线港口前列；完成集装箱吞吐量50.9万标箱，同比增长0.6%。岳阳城港公司月度货物进出港量突破200万吨，铁路装车日均发运9至10个专列，昼夜装车发运突破11个专列；全年完成件杂散货进出港量2002.7万吨，同比增长24.7%；完成商品车中转量15.1万辆，同比增长63.3%。

【省港务集团港口建设】 2020年，省港务集团加快港口建设，取得较好成效。城陵矶老港环保提质改造工程。于2019年6月开工，2020年4月25日投产。退还岸线300米，修复绿地7万平方米，建成长江流域首个环保巨型“胶囊”散货仓库。作业效率提升近70%，装卸成本降低25%，对内河老港改造起到示范引领作用，被评为湖南国企“十大创新工程”。6月2日，中共中央政治局常委、国务院副总理韩正考察城陵矶老港，现场肯定城陵矶老港改造后的治污效果。城陵矶新港二期项目。该项目新建7个泊位，包括下游3个3000吨级（兼顾5000吨级）件杂货多用途泊位和上游4个3000吨级（兼顾5000吨级）集装箱泊位。其中下游件杂货泊位于2019年11月开始运营。上游集装箱泊位建设正在推进中，预计2021年4月可投产试运行。岳阳港危化品船舶洗舱站建设是国家在长江流域首批规划建设的13座水上洗舱站之一，于2019年底按要求如期开工，2020年12月30日进行试洗舱作业，顺利完成交通运输部交办任务，得到交通运输部肯定。岳阳城陵矶新港危化品集装箱堆场建设于6月底启动，10月进场施工，于2021年3月底前完工。

（陈正雅）

航　空

【岳阳机场总体规划获批】 2020年9月27日，民航中南局与岳阳市政府联合批复岳阳机场总体规划。根据市委、市政府安排部署，岳阳三荷机场改扩建工作于年初启动，该公司克服疫情影响，采取视频会议、网上办公等方式，争取民航与军方等部门的支持。此次总规修编历时9个月，完成平时两年才能完成的工作任务，规划岳阳机场远期货运吞吐量提高到62.7万吨，极大拓展机场的发展空间，为加快实施机场改扩建，建设航空货运枢纽赢得先机。

【岳阳三荷机场吞吐量实现正增长】 2020年，岳阳三荷机场吞吐量实现正增长。起降飞机6291架次，实现货邮吞吐量50.8吨，实现旅客吞吐量56.4万人次，成为湖南省唯一一家旅客吞吐量正增长的机场。

【岳阳三荷机场航线开发】 2020年，岳阳三荷机场加快开发航线资源。全年引进吉祥、成都、中联航、南航重庆、天津航、长安航、春秋航、河北航8家公司，开通北京（大兴）、浦东、虹桥、深圳、杭州、昆明、西安、海口、丽江、成都、贵阳、青岛、重庆、厦门、济南、石家庄、揭阳、南通、惠州、太原、泉州、温州、天津、三亚、福州25个城市16条航线。

（刘中迪）

海事管理

·国家海事管理·

【概况】 2020年，长江干线岳阳段安全形势总体稳定。辖区未发生1起负有海事监管责任的一般等级以上水上交通安全和船舶污染事故，险情事故数量较“十三五”初下降50%。平安长江建设取得新成效，全年安全保障5万艘船舶进出港、15万艘次船舶过境、1.16亿吨货物（其中包括1000万吨危险货物）安全吞吐、51万标准集装箱畅通运输和96万群众水上安全出行。开展美丽长江建设“一零五全三提升”行动，督促辖区30座经营性码头全面完成“五到位”整改，推动建成长江干线湖南段首个绿色水上过驳区，形成靠泊船舶岸上接收、过驳船舶水上接收、锚泊船舶流动接收3种长江船舶污染接收模式。

【水上交通安全监管】 2020年，岳阳海事局开展“水上交通安全整治三年行动”“四打四治”“水上无线电整治”等多个专项活动，全面排查治理水上交通安全隐患。全年出动执法人员1.62万人次、海巡艇4916艘次、无人机52次，实施船舶现场监督5884艘次，船舶安全检查307艘次，滞留船舶42艘次。打击水上交通违法行为，查处案件1000多起。加强辖区重点水域通航秩序管控，管控船舶3000多艘、化解800多艘船舶积压风险，有效应对98年以来长江特大汛情。服务市重点水上工程项目，保障化学品洗舱站、LNG加注站、铁水联运煤炭储运基地、荆江航道整治二期工程等施工水域通航安全，实现工程水域“零事故、零污染、零死亡”。

【船舶污染防治】 2020年，岳阳海事局开展美丽长江“一零五全三提升”攻坚行动，提升港口防污染能力。督促辖区30座经营性码头完成“五到位”整改，推动建成长江干线湖南段首个绿色水上过驳区，在建污染物转岸码头两座、全功能流动接收船6艘，形成“靠泊船舶岸上接收、过驳船舶水上接收、锚泊船舶流动接收”三种污染接收模式。推行长江干线船舶水污染物联合监管与服务信息系统，打通多部门信息化监管堵点。全年接收船舶垃圾167吨、生活污水1.12万立方米、残油废油81立方米、含油污水406立方米。开展船舶污染物达标排放监测，严肃查处船舶涉污违法行为，率先开出防污染举报案件全线首张罚单。

【水上应急搜救】 2020年，岳阳海事局落实《国务院办公厅关于加强水上搜救工作的通知》精神，健全水上搜救工作机制。修订《长江干线岳阳段水上交通突发事件应急预案》，推动纳入市级应急总预案。主导整合辖区应急资源，建立船舶与港口污染应急联动“136”工作机制。实施24小时不间断应急值守制度，全年发布长江水上交通安全预警124次、安全提示51次，发送安全短信3万多条。实施长江干线交通管制26次，渡船禁航121艘次。妥善处置“8·13”事故，化解水上交通险情60多次，救助水上遇险群众58人，人命救助成功率98%，为群众挽回经济损失超过2亿元。

【船员管理】 2020年，岳阳海事局加强船员管理。组织船员资格考试21期，参考人数1000多人，较2019年同期增长120%，创历史新高。全年举办船员培训班17次，开展船员培训机构监督检查15次，监督检查率88%，覆盖市全部重点培训机构。开展“六进课堂”“船员流动课堂”等活动，提高船员履职能力和安全意识，辖区1个船员团队、12名船员获“长江好船员团队”“长江好船员”称号。全年开展船员履职检查6114人次，加大船员违法行为打击力度。

【涉船公司审核船检】 2020年，岳阳海事局严格把好涉船公司审核关口，全年完成公司审核5次，船舶审核41次。督促航运企业落实安全管理主体责任，全面构建风险管控和隐患排查治理双重预防机制，组织开展问题隐患排查9次，暂扣或吊销证书证件30多份。推动航运企业供给侧改革，引导两家航运企业整合重组，提升企业竞争力。加强船舶检验质量监督管理，开展验船质量检查98艘次，通报船舶检验机构10艘次，依法滞留设备缺陷船舶3艘次。

【航运服务和管理】 2020年，岳阳长江航运高质量发展。全年长江干线岳阳段未发生断航和大面积船舶积压事件，有力保障长江水路1.16亿吨货物（其中包括1000万吨危险货物）安全吞吐、51万标准集装箱、700万吨疫情防控重点物资运输畅通高效。助推岳阳建设长江中游综合性航运物流中心、和自贸区建设，壮大培养国际航运企业1家、湖南省集装箱航运企业3家。深化“最多跑一次”改革，推出海事政务“一网通办”“单一窗口”“并联办理”“容缺受理”等服务举措，综合提升政务办理效率50%以上。开辟港澳直航和国际航行绿色绿色通道，打造通江达海的长江黄金水道。全面开展“春风行动”，实施“优化营商环境420”举措，减半征收船舶油污损害赔偿基金，免征外贸货物港口建设费170多万元。2021年起，全面取消航运企业港口建费。

【长江水路新冠疫情防控】 2020年，岳阳海事局履行水上疫情防控责任，统筹长江干线水上疫情防控和航运企业复工复产，实现长江水路疫情“零输入”、水路货运“零阻塞”。1月23日，全面关停辖区渡口，停运渡船13艘，有效化解湖南、湖北两岸近17万旅客、4.4万车次通过水路流动传播疫情的风险。开辟疫情期间重要物资“一律优先核查、一律优先靠港、一律优先维护”的“绿色通道”，辖区近700万吨煤、油、粮等物资运输安全畅通，重点企业水上原料供应链稳而不断。推出助推企业复工复产“春风行动”暨优化营商环境420举措。从快、从优办理危险货物申报700多艘次，保障170多万吨危险货物安全作业，开展重点水工项目远程评审，确保赤壁大桥、洗舱站等重点项目如期开工。

（田　萌）

·地方海事管理·

【概况】 2020年，市地方海事局抓实疫情防控工作，坚持聚焦港口码头提质改造、水域污染防治、通航安全保障等重点任务开展工作，为岳阳水运高质量发展做出应有贡献。岳阳港全年货物吞吐量1.16亿吨，同比增长2.3%，在长江干流港口中超过芜湖港、九江港、武汉港列第七；集装箱吞吐量50.8667万标准箱，同比增长0.4%；滚装汽车吞吐量15.7907万标辆，同比增长65%。

【《岳阳港总体规划（2035）》获批】 2020年11月22日，市地方海事局牵头编制的《岳阳港总体规划（2035）》（简称《总体规划》）得到交通运输部、湖南省人民政府批复。《总体规划》是岳阳港的建设发展的法律依据，其修编工作历经4年，文本通过多轮讨论修改而成。根据《总体规划》，岳阳港共规划港口岸线32.7千米，划分为城陵矶港区、华容港区、君山港区、云溪港区、湘阴港区、临湘港区、岳阳县港区和汨罗港区等8个港区。其中，城陵矶港区作为核心港区，主要以集装箱、件杂货、商品汽车滚装、散货运输为主，兼有旅游客运，是服务全省经济发展和对外开放、具有铁公水联运功能的综合性港区。

【城陵矶老港环保提质改造项目投产】　2020年4月25日，城陵矶老港环保提质改造项目正式投产。该项目是全国内河港口环保提质改造标志性工程，总投资4.1亿元，2019年6月开工建设，2020年4月20日整体竣工。主体工程为巨型“胶囊”形仓库，长470米、宽110米，高46.5米，面积约5.1万平方米，是亚洲最长、最高、面积最大的网架结构港口散货料仓，为长江流域首例。该项目的建成投产，淘汰落后产能，拆除3个泊位，退还300米岸线，修复绿地2万平方米，提质改造两个5000吨级散货泊位，通过散货封闭堆存、皮带封闭运行、微动力除尘导料、污水净化处理等措施能有效解决环保问题，年吞吐能力1000万吨，效率提升近70%的同时降低装卸成本25%。

【非法码头专项整治】　2020年，市地方海事局牵头开展岳阳市“一湖四水”的非法码头整治工作，取得较好成效。借鉴和利用过往岸线整治的经验和基础，建立问题清单、责任清单和整改清单，实施“一码头一方案”，依法取缔不符合规划、安全、环保和基建程序的非法码头17座，帮助规范提升对符合产业政策和规划的非法码头25个。

【水上交通安全保障】　2020年，市地方海事局强化水上交通安全的日常监管。开展“强执法防事故”“大检查大管控大整治”等各类专项行动，严厉查处、打击各类危害水上交通安全和水环境保护的违法行为。全年检查船舶5000多艘次，对373起违法行为立案调查，罚款218.1万元，移送公安机关行政拘留4人。水上交通安全形势总体平稳，全市辖区106处渡口、14处危货码头安全无事故。

【免费接收船舶生活垃圾】　2020年，市地方海事局实施到港船舶生活垃圾免费接收，避免船舶污染物直排污染入江入湖。完成6处码头的船舶生活污水固定接收设施，3处码头的船舶油污水固定接收设施，组建3家船舶污染物接收企业，添置5条污染物接收船舶，覆盖全市大部分港区，为到港船舶生活垃圾免费接收打好基础。11月，发布《岳阳市地方海事局关于免费接收到港船舶生活垃圾的通告》，在全市全面实施船舶生活垃圾免费接收。

（汤　维）

城市公共交通

【公交优先发展】　2020年，市公交集团主动对接市政协，联合开展“公交优先发展”扫码建言活动和集中视察调研工作。收到市民建言1202条，回复600多条。市政协主席徐新楚带队视察公交集团场站建设、线路运营等情况，组织市职能部门负责人和市民代表举行座谈，形成建设性综合调查报告，助力公交优先发展。配合市交通综合整治指挥部领导小组开展“公交优先，治堵保畅”专题调研，结合企业运行现制定发展规划方案。开展绿色出行宣传月和公交出行宣传周活动及“公交优先，绿色出行”健步走竞赛。

【公交基础建设】　2020年，市公交集团加快公交基础建设。线网布局。新开通高铁站至临港新区的61路公交线和长炼厂区至中心城区的63路公交线；拓展云溪区与中心城区线网，建立临港、云溪等工业园区与市区便捷的公交纽带。优化调整30路、35路等8条线路走向和近70处站点设置，减少交通堵点，方便市民出行。打造“八字门商圈巴士”，形成半小时经济生活圈。开拓“定制公交”，补充城区交通服务区域空白。场站建设。建成汴河园路、开发中路两处公交首末站，并投入使用；向政府申报规划建设南湖新区和岳阳经开区两处公交始末站；推进郭镇公交基地建设，完成边坡支付工程和土地征拆、收储、挂拍工作，年底启动郭镇公交基地运营调度中心项目。基本完成洛王、郭镇基地场站充电桩建设。路权优先。配合公交专用道建设，尽早实现“快速公交”，岳阳大道、南湖大道、巴陵大道三条公交专用道建设正在有序推进。环保公交。提前报废纯天然车辆150台，筹集1.3亿元资金购置纯电动新车165台，年底新能源公交车配置率达到100%，拟购置50台氢能公交车投入运营。智能公交。配合公交专用道套建设推行电子站牌，与腾讯地图、滴滴出行合作，配合政务中心和交警支队共享公交GPS数据，升级改造公交运行实时监控一键报警系统和运营智能调度系统，与美团合作拓展公交一卡通多领域服务功能，创新推出线上电子公交卡、公交守护卡、云闪付等多种线上乘车支付方式。

【市公交集团服务】　2020年，市公交集团坚持优化服务。文明创建服务。开展文明创建活动，规范驾驶行为，保证良好车容车况，保障正点率和满趟率，打造准点、快捷、舒适、安全公交。公益广告全覆盖，公交志愿者活动开展如火如荼。全年投入公益广告费用325万元，发布车身公益广告130台，开展爱心让座、扶老携幼、文明劝导等一系列青年志愿者活动，提升服务品质。稳妥处理投诉。全年处理“12345”投诉建议4315次，回复率100%，完成市长信箱回复283件，办理人大政协提案13份，回复红网、人民网、湘问直通车等网络舆情平台派发件43件。优质服务督查，开展督查12次，举行星级文明线路、星级个人的创争活动，评选出5星级线路5条，发放星级个人、线路津贴近600万元。公交安全营运。安全事故起数较往年下降4%，经济损失同比下降6%。

（周群英）

城乡建设

编　辑　曹春友

综 述

【概况】 2020年，岳阳市住房城乡建设工作围绕国家区域性中心城市、省域副中心城市和大城市建设目标，抓常态化疫情防控、抓城乡建设事业发展，全市环境整治、城乡建设、产业项目、深化改革、民生实事等各项重点工作取得新成就。市住建局获得全国住建行业抗击新冠疫情先进单位、全省真抓实干激励措施先进单位、全省工程建设项目审批制度改革工作突出单位、全省污水垃圾治理工作突出单位、供水燃气工作突出单位、老旧小区改造工作突出单位、建筑节能与科技管理工作突出单位、工程建设项目审批制度改革工作突出单位、建设工程招标投标与稽查工作突出单位、智慧住建建设工作突出单位、质量安全管理先进等级单位、全省工程建设项目审批制度改革工作突出单位等省级以上荣誉，涌现“湖南最美扶贫人”伍建华、“全省工程建设项目审批制度改革工作突出个人”叶建国、李文等省、市各类先进个人56名。

【住建改革】 2020年，市住建局落实市委、市政府全面深化改革有关精神要求，推进各项改革要点工作，取得显著成效。机构改革。完成市建筑设计院脱钩移交、城市管理综合执法改革、市城市建设监理处和市施工图审查中心“事改企”等工作。工程建设项目审批制度改革。13项主要改革任务完成9项，3项部分完成，1项即将完成。工程审批系统网办事项数量位居全省前列，大部分改革举措走在全省前列，被省工改办采纳推广。把三峡项目作为工改重点服务项目，探索告知承诺和容缺审批改革试点，告知承诺办理电子施工许可6个，投资规模40多亿元。推进技术审查改革，发布初步设计、水土保持等技术审查实施细则，规范技术审查五大要素，界定可豁免审查项目清单，规定审查程序、时限、专家组成、审查方式及判定标准，相关做法在省委改革网推介。

2020年，岳阳市乡镇污水处理设施全覆盖

【住建领域生态建设】 2020年，岳阳市住房和城乡建设局抓住“共抓长江大保护、共建绿色发展示范区”国家首批试点城市的契机，全面启动全市城乡环境基础设施建设三年攻坚行动，特别是住建领域生态环境突出问题整改成效显著。黑臭水体整治全面销号。中心城区32处黑臭水体整治全面完成，成功通过长治久清达标销号评估工作，顺利通过住建部审核。污水治理提质增效。中心城区污水系统综合治理PPP项目累计完成投资约44亿元，完成排水主管网89千米、清淤106万立方米、调蓄池5座、小区雨污分流改造425公顷。各县（市、区）污水治理提质增效完成投资约11.5亿元，占计划投资的78%。乡镇污水处理设施全覆盖。全市70个乡镇污水处理设施建设项目于12月10日全部建成通水运行，顺利通过省住建厅现场核查验收，提前完成污染防治攻坚战“夏季攻势”任务，实现全市所有乡镇污水处理设施全覆盖，得到省住建厅的肯定。

【住建项目建设】 2020年，市住建局抓实“构建国内国际双循环相互促进的新发展格局”，拉动内需，全力谋划、储备一批大项目、好项目。争资争项。做好住建项目库，全年申报规模218.21亿元，申报项目466个。其中，乡镇污水处理设施建设项目12个，城镇老旧小区改造项目284个，城市供水项目59个，城市排水防涝设施项目53个，城市污水收集处理设施建设项目56个，信息化建设项目两个。到位和确定的资金85.55亿元，其中，保障性住房项目4.09亿元、老旧小区项目8.2亿元、三峡PPP二期项目72.26亿元。争项争资规模和到位资金额度，均居全省前列。城市基础设施建设。落实市委《关于印发〈岳阳市深入推进主城区交通综合整治行动方案〉的通知》精神，牵头市城区城建项目的统筹协调、前期研究、项目收集等工作，牵头“京广线东移”的联络工作。加速城市道路建设，基本建成曾家庄路、虎形山路。长3223米、宽40米、投资17.52亿元的西环线有望2021年5月份全线拉通。天山路项目前期工作启动。质量安全。坚守质量安全底线，全市414个建筑工程项目动态监管全覆盖，组织开展执法检查2536次，下发停工整改通知书141份，红黄牌警示51个项目，立案调查157起，经济处罚1032.67万元。全市建筑工程质量安全形势总体平稳可控，未发生一起较大及以上质量安全事故，全年创建省优质工程19个，市优质工程90个。115个项目获评2019年省级安全生产标准化考评优良工地，93个项目获评省级质量管理标准化考评优良工地。文明创建、社会治安综合治理、信访、“扫黑除恶”等工作有序推进，刑事治安案件、“黑恶”现象实现“零发生”目标。

【住建民生实事】 2020年，市住建系统坚持以人民为中心的思想，兴办一批民生实事。脱贫攻坚。19.3万户四类对象住房实现安全性鉴定全覆盖，9.1万户房屋安全问题整改全部完成，513户新增存量危房和176户“边缘户”全部竣工入住，顺利通过“国考”和“省考”验收检查。对口扶贫村——平江县童市镇合旺村如期脱贫。住房保障。开工新建公租房13906套，建设规模全省排名第一位；棚户区改造开工5494套、开工率100%。老旧小区改造。完成2019年项目194个、完工率100%；开工省民生实事项目64个、开工率100%，开工2020年项目138个、开工率100%，提前完成省定任务，2万多户群众改善居住环境。

【住建产业经济】 2020年，市住建局有序促进企业复工复产、政策引导、科技提升和措施帮扶，有力对冲疫情影响，系统内建筑业、房地产业带动税收、就业、信贷、保险、消费以及上下游产业链，对全市经济直接贡献达三成以上。建筑业。加大装配式建筑培育力度和建筑节能、绿色建筑、绿色建材推广力度，促进业态科学发展。全市实施装配式建筑116.5万平方米，占新建项目的42.34%，超省定指标12.34百分点，全省排名第五位，较2019年提升3位。新创省级装配式示范基地两个，省级高新技术企业3家，产值58.27亿元，税收9028.8万元，全省推进钢结构装配式住宅试点工作现场观摩会在岳阳市召开。考核（培训）施工现场专业技术人员1.26万人次，全年建筑业完成产值431.93亿元，同比增长9.1%，完成税收23.7亿元，同比增长2.1%。房地产业。出台宽松政策，涉及房地产项目报建税费缓交、开发企业资质、商品房预售、楼盘一房一价备案、项目资本金及商品房预售款等监管方面，实行企业“不见面”“零接触”网络化办理，提供“绿色通道”，中心城区房地产市场经济指标由负到正，逐步好转。全年全市完成房地产投资210.53亿元，投资额同比增速12.8%；完成销售491.7万平方米。其中，中心城区协征税收11.2亿元。岳阳市作为湖南省列入全国70个监控的三座城市之一，全年房价没有大起大落，环比指数涨跌有序。

【城建档案】 2020年，市住建局推动电子档案收档入库工作，档案验收工作实现网上审批，采用电子证书发放。全年接收档案资料1.07万卷，为单位和个人提供档案利用1100多人次，档案利用6400多卷次，利用复印文件资料2.69万张，复印图纸6303张。启动声像档案的收集和移交工作，制定并公布声像档案制作模板，接收声像档案数据30余G。建设工程档案验收时间缩短至每个工程不超过3个工作日，全年完成线上联合验收53个，应建设单位要求进行业务指导150多次。

【住建领域疫情防控】 2020年，新冠疫情发生后，市住建局进入“战时状态”，按照“建筑工地、城市运行、物业管理、单位内部、联防联控”五大板块布防，督导全市28座污水处理厂、27家城市供水单位正常运转，460家物业企业2.3万人日夜奋战，做到主城区161个在建工地以及全市520个商品房和保障房小区排查全覆盖，特别是全市保障房小区实现“零”病例。组成党员突击队于11个工作日完成市委、市政府交办的君山区、岳阳县两座定点救治后备医院改建突击任务，得到上级肯定，人民网、《湖南日报》予以专题报道。

【住建政策法规建设】 2020年，市住建局加强政策法规建设。制定出台《岳阳市中心城区有效应对新冠肺炎疫情促进房地产市场平稳健康发展的十条措施》《岳阳市城市既有住宅加装电梯实施方案》《岳阳市绿色装配式建筑管理细则》《岳阳市既有住宅加装电梯补助方案（试行）》4个规范性文件。《岳阳市物业管理条例》《岳阳市房屋安全和装饰装修管理办法》等纳入市级立法调研项目，为进入地方立法程序奠定基础。

（谢　凌）

城市重点项目建设

【文旅产业整合】 2020年，市委、市政府以市场化管理机制整合全市文旅资源项目，决定组建岳阳市文化旅游开发有限公司。公司是由市城投集团整合旗下岳阳市旅游发展有限公司、岳阳楼景区君山岛景区、市城市旧改投资有限公司（洞庭南路历史文化街区）、洞庭湖博物馆、岳州古城项目等岳阳市中心城区优质旅游资源组建而成，为副处级国有企业，对市中心城区文旅产业实行统一管理、统一融资、统一开发和统一营销。岳阳在短时间内彰显历史文化名城的风范，让游客获得全新体验。12月7日，第十一届洞庭湖国际观鸟节开幕暨洞博馆开馆等系列重大活动对城投文旅产业项目集中拉练、集中检阅、集中展示，获得社会各界认可。

【城投实体产业】 2020年，市城投集团着力做优做强实体产业。集团与云溪区、城陵矶新港区在云溪区道仁矶合作共建总投资120亿元的岳阳临港高新技术产业开发区创新创业基地。年初成功申报2020年省级重点项目，对接“中德低碳生态城”申报工作，规划的418.53公顷总用地中有90公顷土地纳入岳阳自贸区范围，正加快推进产业规划、城市设计、控规修编、山体水体调整论证、水土保持等工作，快速推进环松阳湖生态公园建设。加快岳阳学院项目建设，按照“市委、市政府主管、国企举办、母体学校配合”的原则，探索教育资源整合、投资建设、运营管理等创新办学模式，与多方合作共建教育平台，促进衍生产业发展、推动片区综合开发。

【城投民生项目】 2020年，市城投集团加快民生项目，打造幸福宜居岳阳。完成天岳山停车场、岳州古城H地块停车场等9个停车场项目的建设，增加停车位2700多个，缓解市民停车难。智慧停车指挥中心于上半年正式投入使用，市机关企事业单位停车场接入智慧停车系

2020年10月1日，洞庭南路历史文化街区开街

统，提高停车泊位周转率和利用率；11月17日，智能交通系统完成竣工验收并进入运维期。持续打通中心城区断头路，推进西环线北段通车。通海北路地下人行通道、王家河桥东停车场完成主体工程，青年堤地段渍水点完工验收。集团筹措资金先后建成黄梅港、马壕一期、马壕二期3座污水处理厂和配套截污管网工程，参股洞庭水务公司建成罗家坡二期。3座污水处理厂及相关配套泵站管网工程累计完成投资17.18亿元，日处理规模13万吨，尾水达到城镇污水处理厂一级A标准。集团建筑固废资源化循环利用项目落户岳阳经开区，签订建筑垃圾处理特许经营协议。

【城建投项目投资】　2020年，市城投集团根据市政府安排部署，负责实施市本级政府投资项目任务23个，包括市政公用设施项目16个，环境卫生设施项目3个，公共服务设施项目4个（S208长江经济带沿江公路由市交通局实施前期），完成年度投资额190990万元。集团自营投资项目有市文化旅游开发项目、临港高新技术产业开发区创新创业基地项目（一期）、市体育中心建设项目（二期）等6个，完成年度投资额130466.8万元。

【东风湖新区建设】　2020年，市城投集团加快东风湖新区建设。拉通德胜北路延伸段、九华山路、延寿寺路、沿湖北路、建设北路北段、外滩三路、新岳西路等道路，路网建设基本完成；完成东风湖环湖（上上湖、上湖、中湖、下湖）周边环境整治项目，东风湖生态公园于10月1日开园，正式对市民开放，环湖13.65千米截污管网投入使用。东风湖片区重现水清岸绿环境美面貌，省政府办公厅对岳阳市综合施的经验予以肯定。

【高铁金凤桥片区建设】　2020年，市城投集团克服征拆受阻、资金到位不及时等困难，先后完成分水垄路南段、置田庄路、中门路、溯源路和分水垄路中段污水临时管网建设，开工建设金凤桥北路二期，完成年度目标任务，于12月24日顺利完成高铁片区截污管网环保交账。

【中心城区市政道路配套】　2020年，市城投集团智能交通项目、智慧停车项目建成并投入运营，加班加点完成市委、市政府8月份交办的7片临时停车场建设，建成停车位2300个；长动路、城北路（长动路—茶园路）和北港北路完成竣工验收，基本完成通海北路地下人行通道主体建设，开工建设G240建设南路北段，完成投资5.85亿元。

【城建投其他项目建设】　2020年，市城投集团其他项目建设稳步推进。8月10日，市疾控中心项目完成实验楼主体工程，17日移交市疾控进行精装修，综合楼主体基本完成，市委党校消防水完成主体工程正抓紧扫尾；岳阳学院（一期）、九华山学校等项目前期工作有序推进。

（黎　娟）

【洞庭新城投资建设开发】　2020年，洞庭新城投资建设开发有限公司围绕“四大建设目标”“两项经济指标”，攻项目兴产业，实现岳阳环球中心项目、健康城（康养中心）项目、西环线南段项目等3大市属重点项目开工建设，文旅国际会议会展中心项目1大市属重点项目成功签约，累计完成投资32.5亿元；推进混凝土搅拌站项目、物业管理、文化宣传、房地产开发等自营项目建设,完成投资1.2亿元；化解隐性债务2.48亿元，置换隐性债务11.5亿元；实现年收入3.65亿元、利润972万元。

【岳阳环球融创文旅国际会议会展项目签约】　2020年8月7日，岳阳环球融创文旅国际会议会展中心项目签约，市长李爱武讲话，融创中国董事会主席孙宏斌出席。项目北起岳阳市主城区园艺路和枫树山路，西抵京广铁路，南至规划道路徐家路，东接规划道路大冲路及千镜山、齐鼓山，占地699公顷，开发建设用地289.13公顷，由洞庭新城和融创中国共同投资450亿元开发建设，建筑体量超350万平方米，布局14万平方米的国际会议会展中心与五星级品牌酒店，以及阿朵特色文旅小镇、国际学校、主题公园和生态住宅等业态，3～5年打造一个以会议会展为核心，集旅游度假、商务商贸、文化艺术、生态居住于一体的宜居宜业宜游大型城市综合体。

【岳阳融创健康城项目正式开工】　2020年12月18日，岳阳市重大项目暨岳阳融创健康城(康养中心)项目举行开工仪式。岳阳市融创健康城项目全期占地约21.65公顷，总建筑面积约70万平方米，计容建筑面积55万方，总投资预计约40亿元。项目西靠洞庭湖景区，东邻南湖风景区，南抵赶山路主干道，项目建设成为集康养、居住、教育等产业功能为一体的现代化健康综合服务中心。

（刘 荣）

公用事业

·城市供水·

【概况】 2020年，市水务集团围绕集团公司第一次党代会提出的“13357”工作思路，统筹推进“五个水务”战略布局，“十三五”圆满收官，发展质效同步提升。全年完成供水量10800万立方米，售水量8076万立方米，同比分别增长4.5%、2.4%，实现主营业务收入2.08亿元。产销差率控制到22.1%，同比下降1.6个百分点，当期水费回收率96.79%。二次供水统建统管实现新突破。公司技术专家龚曙波被评为全国劳动模范。

【供水发展】 2020年，市水务集团克服新冠疫情的不利影响，抓紧复工复产，制定《岳阳市水务集团有限公司防疫情保供水应急预案》《岳阳市水务集团防疫期间全面复工复产工作方案》。推出助力企业复工复产“十项举措”，减免企业经营性水费196万元。区域供水协调推进，构建城乡城域供水一体化格局。新建木里港东段、建设北路、大王庙路、王家畈路等15条供水主管线，中心城区管线延伸9.39千米。加快云溪供水融合发展，完成云溪区8家单位生活区“一户一表”改造。推动云溪供水基础设施建设，启动实施双花水库至云溪八一水厂DN500原水管改造，双花水池实施网络监控，实行无人值守。城乡供水一体化迈出新步伐，建设云溪农村安全饮水工程管线18千米，完成岳化周边村组3000多户“一户一表”改造。中石化巴陵分公司、中铁广州集团岳阳生活区“三供一业”供水分离移交全部完工，驻岳央企、省企“三供一业”供水分离移交取得较大进展，启动市直机关“三供一业”供水分离移交。

【供水服务】 2020年，市水务集团优化供水营商环境。推进“最多跑一次”改革，修订《“最多跑一次”改革实施方案》，持续加大“五减少”改革力度，立户报装办理申报材料减少到两项，办理时限压减到5个工作日内。全年完成立户报装“一跑”改革项目1231项，办理时限内完成的为98%。在国家营商环境测评中，“获得用水”指标测评全省排名第一。精准定位供水营商环境的弱项短板，对市委巡察组2019年专项巡察反馈问题“回头看”，通过整章建制，加强整改成果运用，形成长效机制。全年组织开展供水服务进社区66次，发放用水宣传资料2万多份。推行“13530”抢修模式，着力打造“30分钟”供水服务圈，抢修及时率、完成率均有明显上升。全年受理“12345”热线工单4442份，受理供水服务热线工单1.61万份，办理市长信箱105件。公司获评“12345”公众服务热线工作先进单位、2020年工程建设项目审批制度改革工作积极贡献单位，满分通过全市窗口单位文明指数测评。

【供水基本建设】 2020年，市水务集团完成巴陵东路、南湖大道等城市主干道管线改造22.5千米，其中7.1千米管线纳入市政府PPP治污项目同步实施。三水厂建设、供水调度指挥中心等项目市政府同意启动立项申报。中央、省、市环保督查洞庭湖排污口整治卓有成效，制水一厂污泥处理系统建设纳入市中心城区PPP治污项目组织实施。供水安全保障能力持续提升，完成制水二厂双回路用电建设，更换送水泵房DN1000闸阀6台，口径DN900闸阀和平衡活塞阀9台，新增400千瓦、800千瓦两台机组，新增制水一厂取水泵房一台机组。水质监测能力全面提升，全年投入547万元，添置液相色谱仪、液质联用仪、气质联用仪等6台仪器设备，生活饮用水水质检测能力由79项提升到106项，通过湖南省资质评审组扩项评审。

【“智慧水务”建设】 2020年，市水务集团坚持改革创新两手发力，扎实推进“智慧水务”建设。完成制水一、二厂自动投矾系统改造，制水二厂自动投氯系统改造，实现制水二厂原水流量、出厂水压、清水池水位的动态监控，并与中心调度系统进行光纤熔接。湖滨月欣泵站通过改造，实现泵站运行全过程自动控制，云溪泵站采用模糊控制技术，实现清水池液位自动调节。开发二次供水项目管理系统及物联网水表智慧云平台，全年新安装智能水表2356台。

（兰菀婷）

·城市供电·

【国网岳阳供电公司发展】 2020年，国网岳阳供电公司统筹推进疫情防控和改革发展，实现连续安全生产6528天，累计售电量116.68亿千瓦时，同比增长3.57%。企业负责人业绩考核排名全省地市公司第四位、A段，其中大党建考核排名第一位。公司获评国网湖南省电力有限公司“转抓强”先进单位、技术监督优胜单位；连续4年被评为岳阳市行业扶贫先进单位、综合绩效考评先进单位；顺利通过中央文明办复查，被评为第六届全国文明单位。全力迎战汛情，公司被评为国网公司抗洪救灾先进集体。疫情防控保持“双零”，1人获国网公司抗疫工作表彰。护网行动实现“五不发生”目标，调控中心被评为国网公司网络攻防先进集体。公司党委被评为国网公司党建工作专业标杆，公司被评为国网公司“十三五”档案工作突出集体。公司团委被评为全国电力行业最美团青组织。

【电网建设】 2020年，国网岳阳供电公司加快推进电网建设三年行动计划，扛起服务岳阳高质量发展的重要职责。编制“十四五”电网规划，按适度超前原则争资争项，“十四五”期间岳阳电网基建投资将较“十三五”增长70.9%。规划新建500千伏变电站1座、220千伏变电站8座、110千伏变电站19座、35千伏变电站5座，新建220千伏线路12条、110千伏线路36条、10千伏线路385条，新增配变6700台。电网建设提档加速，全年累计在建和投产35～500千伏输变电工程40项，其中新建220千伏7项，投产3项；新建110千伏18项，投产13项；新建35千

2020年3月14日，国网岳阳供电公司工人在28米高空进行电塔检查

伏8项，投产7项，其余均为扩建工程。重点项目取得较大突破，220千伏中心变实质性进场施工，220千伏凌泊湖变、110千伏高铁变项目顺利推进，为中心城区、高铁片区、城陵矶新港区提供电源点支撑。

【电力服务】　2020年，国网岳阳供电公司坚持以客户为中心，优化营商环境，供电服务提质提效。落实降电价政策。严格执行国务院2020年疫情期间电价优惠政策，全年为一般工商业客户减少电费支出1.39亿元。降低企业用电成本。配合省能源局组织风力发电企业和用电企业开展“减弃扩需”专场交易，引导企业低谷时段生产，为泰金宝、复星合力等50多家企业节约用电成本5415.2万元。落实“三零”服务，为客户节省接电成本2200万元。提升服务水平。推行“阳光业扩”，高压客户平均办电时长同比下降59.89%。提升停电抢修速度，建立抢修全流程管控平台，平均抢修修复时长37分钟，同比下降24.7%。营商环境测评“获得用电力”指标连续两年排名全省第二位，公司获评岳阳市优化营商环境评价工作表现突出单位、工程建设项目审批制度改革工作积极贡献单位。

【国网岳阳供电公司担当社会责任】　2020年，国网岳阳供电公司担当社会责任，为地方发展做出贡献。扛起疫情防控重大政治责任，确保全市41家定点医院、临时医疗点供电平稳。决战决胜脱贫攻坚，贫困村户均配变容量全部达脱贫标准，累计按月结算光伏扶贫发电收益5267.92万元，完成消费扶贫163.2万元，公司帮扶的8个贫困村全部脱贫出列，1人获评全省“百名最美扶贫人物”。成功承办市电力行业协会第三届会员大会，公司继续当选理事长单位。交出“守护一江碧水”满意答卷，锚地岸电项目一期工程送电，实现船舶电能替代。

（田西君）

·城市供气·

【《岳阳市燃气管理办法》正式施行】　2020年9月1日，《岳阳市燃气管理办法》正式施行。《岳阳市燃气管理办法》分为8章，44条，着重解决管理责任、规划建设、设施保护、安全管理、违规处罚5个方面的突出问题。

【供气服务】　2020年，岳阳华润燃气的发展取得较大成绩。“最多跑一次”改革责任部门自查自纠，提供优质高效服务，在2020年营商环境国考中岳阳市的“获得用气”指标获湖南省第二名。9月，赤壁子公司成功签约赤壁12个乡镇，增加经营面积1679平方千米。推动工商企业复工复产，全年完成居民用户开发近3万户、商业用户开发200余户；销气量达到2.3亿立方米，用户数增长到64万户。

【供气重点工程项目】　2020年，岳阳华润燃气启动云溪至临湘次高压天然气管道工程、赶山东路至沥青厂次高压管道工程，新建康王高中压调压站，岳大高中压调压站进行关键设备更新换代，燃气管网成环供气能力得到提升。忠武线改迁历经多次协商基本成功，调度抢险中心大楼装修和地表工程进入倒计时；仓储中心验收交付，区域一体化成效显现。

【供气安全生产】　2020年，岳阳华润燃气公司EHS管理工作围绕年度管理主题“夯基固本、创新突破”开展，全面落实“安全输配三项重点”工作。开展各项EHS管理基础工作，全年未发生安全责任事故，各项学标杆指标持续改善，全年安全形势平稳。应检管道全部完成检查并100%出具报告，针对检查出的隐患，公司立即下发隐患整改通知单限期整改，把隐患整改结果形成安全形式分析报告，隐患整改率100%。

（禹　露）

城市管理

【概况】　2020年，市城管局系统落实市委、市政府、省住建厅决策部署，日常管理、项目建设、改革创新、队伍管理等工作成效明显。市城管局机关成功创建湖南省文明标兵单位”，连续第七年被评为全市综合绩效考核先进单位，多项工作获全市先进。

日常管理。推进环卫垃圾站、公共厕所提质改造和专用车辆升级改造，新建连体公厕垃圾站5座、公厕两座、垃圾站1座、提质改造一批站厕；购置各类清运车辆23台；查处“车窗抛物”2.69万起；城市生活垃圾分类实现104家市直单位和5条示范街道全覆盖，评估成绩在市州中位列第一。集中拆除违规户外广告500余块、横向招牌325块，“牛皮癣”整治取得成效；加强源头治理，污染源立案458起，实施行政处罚140万元；机动车违法停放执法权全面下放，岳阳火车站、高铁站场喊客拉客、非法营运、乱停乱靠得到整治，查处非法营运车辆260台、喊客拉客人员180人次，抄牌违停车辆2150台次，拖离违停车辆880台；对马路市场、违法建设、扬尘污染、燃炮、“地摊经济”、校园周边市容秩序开展专项整治。深化生态廊道、绿色通道、综合性公园、口袋公园、憩息绿地建设，加强街道、广场、桥梁、公园绿地的精心管养，节日氛围营造、国庆主题花展受到各界好评。加强路灯和景观照明设施建设维护，设施完好率和亮灯率保持在98%以上。出台《岳阳市中心城区围挡设置管理规定和技术规范》，把面积5260平方米的旧式围墙提质改造成仿生态绿色环保围挡。市政维护，主城区106条道路、28座桥梁、14座泵站、6条地下通道、76条主涵等市政公用设施做到设施完好、运行正常。

项目建设。申报争资项目7项，争取到市中心城区渍水整治工程项目中央预算内资金755万元、中央绿色发展2020专项花果畈垃圾填埋场封场项目资金4419万元、抗疫国债大型垃圾中转站项目建设进度款2308万元。市财政资金建设项目17个，涉及资金4.41亿元，按期完工12个，其他项目按时序推进。市厨余垃圾处置、市建筑垃圾资源化利用两个项目采取特许经营加快实施；社会资本投资4300万元的炉渣综合利用项目、社会资本投资3.72亿元的湘阴县垃圾焚烧发电厂（技改工程）PPP项目建成运营。

改革创新。规范综合执法，推广住建部“721”工作法，推进“三项制度”建设，建立案件审查制度，全年立案962起，无一起重大法律纠纷。完善城管法规体系。《岳阳市城市绿线管理办法》《岳阳市燃气管理办法》《岳阳市城市容貌标准》发布施行；完成《岳阳市垃圾分类管理条例》立法调研，完成《岳阳市环境卫生设施管理办法》的立法工作，可于2021年颁布实施。行政审批制度改革。实行“一窗受理（容缺受理）、一网通办、一次办成、限时办结”；统筹各区城管部门，做到“有申报，必受理”；对“水、电、气”外线审批实行备案制，即时发证；优化营商环境工作、工程建设项目审批制度改革工作获市政府通报表扬，牵头的“获得用气”指标在全省优化营商环境测评中获全省第二名。

优化服务保障。创建迎检，完成岳阳市全国文明城市复审省级测评及中央文明委测评的迎检，为成功保牌做出较大贡献。完成12处低洼渍水点、18处路面积水点整治；汛期和低温雨雪期及时启动应急响应，强化战时举措，全员到一线查险处险，无一处重大险情发生。优质保障中央和省部级领导到岳阳视察检查、全省城镇生活垃圾卫生填埋场排查问题整改推进暨运营管理培训会、首届湖南（岳阳）口岸经贸博览会等各类重大活动18次，实现“零失误、零差错”。

重要中心工作。全市7个垃圾填埋场完成省级销号，剩余两个按时序稳步推进，进展居全省前列；345.93公顷欧美黑杨提前一个多月清退到位；累计217个农村非正规垃圾堆放点整治通过国家销号。会同市政府督查室、市生态环境局、市住建局等部门对扬尘污染防治开展11次“四不两直”督查，对23个扬尘污染问题企业（项目）在岳阳电视台、《岳阳日报》等媒体公开曝光。面对新冠疫情，城管系统广大干部职工迎险逆行，共克时艰。日产日清垃圾，焚烧处置生活垃圾31万余吨、收处废弃口罩1吨，收处医疗废物2947吨（其中新冠病毒医疗废物139吨）；对岳阳火车站、高铁站近300万旅客进行体温检测和健康码查验，岳阳火车站地区综合执法支队获评湖南省抗击新冠肺炎疫情先进集体、湖南省先进基层党组织。系统干部职工未发生1例感染。完成巴陵大桥市场和小龙城市场整治清退，消除20多年来的公共安全隐患，受到市委、市政府通报表扬；推进安全生产专项整治三年行动，开展执法活动300多次，检查生产经营单位和各类燃气用户400多家，对违法经营企业处罚200万元；集中整治城管系统交通问题顽瘴痼疾，岳阳高铁站地下通道修复、巴陵中路绿化带移除等交通治堵保畅项目高效完工，实施市本级岳纺桥、琵琶王立交桥等护栏升级改造及汨罗市屈原桥、临湘市长安桥、君山区君山大道、湘阴县原吉路、云溪区云溪大桥等道路桥梁隐患治理，成效得到省住建厅、市整治办肯定。市城管局驻村扶贫点杨柳村被确定为全市13个党建示范村之一，杨柳村扶贫经验被《湖南日报》、湖南省人民政府扶贫办网站、《岳阳日报》等媒体多次报道，被市委组织部作为典型上报中组部，全市党建现场观摩会在杨柳村召开，完成杨柳村精准脱贫攻坚战任务。

【住建部督查检查组到岳阳指导】 2020年10月18日，住建部督查检查组到岳阳，就城乡建设绿色发展重点工作开展督查检查，省住建厅党组副书记、副厅长舒行钢及相关负责人陪同，副市长黎作凤出席集中见面会。督查检查组听取市城管局关于岳阳市主城区人行道净化和自行车专用道建设情况汇报、岳阳市主城区排水防涝及内涝积水点整治情况汇报，实地察看王家河公园自行车专用道建设、五里牌路、东茅岭路和南湖大道人行道净化、金鹗隧道和滨湖隧道提质改造、蛇皮套调蓄池和“三大湖”黑臭水体综合治理等项目，对市城管局系统各项工作给予肯定。

【鹿山调研蛇皮套调蓄池项目】 2020年3月25日，省住建厅党组书记、厅长鹿山一行到岳阳调研蛇皮套调蓄池项目，对项目的建设及运营表示肯定。该项目投资约1.4亿元，由市城管局负责实施，运行工艺由德国汉诺威水有限公司、岳阳市规划勘察设计院联合设计，建设内容包括黑臭水整治、生态滤池、景观桥及绿化工程等，融合绿化美化、环境改造、水域治理等于一体。项目顺利于2019年8月通过竣工验收，改变过去该区域“脏臭乱”的局面，建成为生态湿地公园。

【市领导调研调度城管工作】 2020年8月28日，市委书记王一鸥主持召开市委常委会，研究部署深化全国文明城市建设工作等。9月8日，王一鸥到八字门社区居民点、花板桥农贸市场等地，督查指导深化全国文明城市建设工作。市领导马娜、胡建新、谈正红等参加。10月14日，市长李爱武到中心城区鲤鱼嘴社区易家组渍水点和枫桥湖社区岳玻小区渍水点等地，调研渍水点整治工作，实地查看工程建设情况，现场与专家共同研究解决方案，并对相关工作进行部署。副市长黎作凤、陈阁辉，市政府秘书长刘传汉及相关部门负责人参加。市领导李挚、万岳斌、黎作凤等出席相关会议，部署调度城管工作，督查调研落实情况，为城管工作尽职履责。

【“年味”市容市貌营造】 2020年2月，按照市政府提出的“大气、雅致、热烈、节俭”原则，春节前夕，市城管局组织在南湖广场、巴陵广场、火车东站广场、金鹗公园东门广场、岳阳大道布置大型主题花坛6组，在南湖广场、巴陵广场、岳阳大道布置大型景观灯4组，在空港大道、湘北大道、巴陵东路路灯杆安装“鼠到福来·吉祥如意”和“岁月轮回·吉祥如意”中国结造型牌576套，在18条主要道路两侧悬挂节日灯笼1.24万个，在“两站四路”即火车站、火车东站、岳阳大道、南湖大道、巴陵路、金凤桥南路更换鲜花约30万盆，在岳阳大道设置大型绿雕组合1个，营造浓厚的春节气氛，吸引众多市民和游客观赏、留影。

【市城管局湖南城陵矶新港区分局挂牌】 2020年5月27日，岳阳市城市管理和综合执法局湖南城陵矶新港区分局挂牌仪式在城陵矶新港区高新孵化中心院内举行。市城管局、城陵矶新港区等相关领导出席挂牌仪式，提升城陵矶新港区城市管理水平。

【岳阳市城市管理工会第一次代表大会】 2020年7月21日，岳阳市城市管理工会第一次代表大会在市城管局召开。市城管系统各单位的131名工会代表参加会议。大会审议通过《服务中心 当好参谋 在新时代开创工会工作新局面》工作报告，选举产生岳阳市城市管理工会第一届委员会和经费审查委员会，协商产生第一届女职工委员会，胡荣华、杨梅、吴灿分别当选第一届工会主席、副主席和经费审查委员会主任。

【市城管局召开安全生产工作约谈会】 2020年12月30日，市城管局召开安全生产工作约谈会，对岳阳华润燃气有限公司进行约谈。会议指出，“8·17”冷水铺路天然气次高压管道泄漏事件、“12·28”湘北大道中压天然气管道泄漏事件暴露出岳阳华润燃气有限公司设施设计不合理、管网施工不规范、日常维护不及时、巡查监管不到位、应急救援不科学、事故反思不重视、责任意识不够强等一系列问题，岳阳华润燃气有限公司要正视问题，始终绷紧安全生产这根弦。会议强调，岳阳华润燃气有限公司要严格落实三体责任，建立健全工作制度，定期开展隐患排查，并结合“安全生产三年行动”进一步完善安全生产管理措施；要提高政治站位，学习和领会总书记习近平关于安全生产的重要论述，认识本次约谈的意义，持续为岳阳市民群众提供优质、安全的燃气服务。岳阳华润燃气有限公司主要负责人承诺严格按照本次约谈会精神，对标问题深刻反思、抓实整改、举一反三，扎实做好安全生产工作。

【巴陵大桥市场和小龙城市场整治】 2020年6月底，由市城管局牵头，巴陵大桥市场拆除和安全隐患整治工作前后历时1年，开展12次行动，拆除市场内各类建（构）筑物1026处、面积1.67万平方米，实现拆除范围的任务清零。7月11日至8月13日，小龙城市场安全隐患整治和清退工作经过36天的集中攻坚，清退商户162户，拆除市场各类建构筑物约8364.22平方米，实现清退范围的任务清零，社会大局稳定。两项工作的圆满完成，彻底消除多年的公共安全隐患，省政府挂牌督办的区域性火灾隐患得以销号交账，获得市委、市政府通报表彰及社会各界的肯定。

【市城区交通综合整治】 2020年8月14日，市委、市政府印发《岳阳市深入推进主城区交通综合整治行动方案》。市城管局牵头任务10项、协办任务5项。8月26日，市城管局印发《市城管系统落实〈岳阳市深入推进主城区交通综合整治行动方案〉实施方案》。补齐设施短板，建设一批社会停车设施，完成武广东站西侧地下通道维修并启用，移除巴陵中路岳阳楼区政府至火车站立交桥南北两侧绿化隔离带。探索引进共享电动车，建设智慧停车引导系统，建立完整的慢行系统，远期启动火车站立交桥改造。对主次干道实行限时停车，加大对岳阳东站、岳阳火车站等处非法营运行为打击力度。推动机关企事业单位内部停车场对外开放，在24条道路实行停车收费调节停车泊位需求。

【《岳阳市城市容貌标准》发布】 2020年9月27日，市政府办公室印发《岳阳市城市容貌标准》，自印发之日起30日后施行。标准有11章62条，立足规划先行，突出依照规划建设和管理城市重要性，为建设产业兴旺、开放包容、品质高端、生态宜居、充满活力的现代化大城市提供法规保障，也是岳阳市城市管理领域的一项重大创新。

【“车窗抛物”整治】 2020年，市城管局环卫部门开展“车窗抛物”整治，取得突出成效。联合市公安交警部门，把车辆驾乘人员“车窗抛物”行为纳入交警处罚平台，对违法者处以每起100元的罚款。鼓励市民利用手机、车载行车记录仪、照相机等设备拍摄并上传“车窗抛物”证据，对有效举报按每起50元给予奖励，全年受理举报2.69万起。加大线上线下正面宣传，引导市民自觉摒弃乱扔乱丢陋习，共建美丽家园；在《岳阳日报》、岳阳科教频道、岳阳城管信息网等媒体上对“车窗抛物”行为公开曝光，形成舆论震慑。

【违规广告拆除】 2020年，市城管局执行市政府“适量、提质、规范、美观”的要求，较真碰硬，开展主城区户外广告集中拆除行动，成效突出。全年集中拆除违规户外广告500余块、横向招牌325块，实现户外广告行业良性发展和城市景观改造美化的有机统一。

（胡争国）

园林绿化

【园林管理管辖】 2020年，市园林绿化中心加强管辖区域内的绿地管养与维护。全年完成城区绿篱补植6万余平方米，乔木补植200余株，草皮播种1.3万余平方米，整合恢复绿地16万余平方米，裸露绿地实现动态清零。对各主次干道3万余株行道树进行高标准修剪，修剪各类乔木、花灌木、草坪、桩球景等13万余平方米，完成模纹色块修剪210万平方米，打造高品质景观；对6万余株植物进行定头抹芽，完成树木刷白8万余株，除草除杂200余万平方米，除害用药300余吨，施肥10万余平方米。对巴陵中路、南湖大道、岳阳大道、求索西路四条路段裸露的公共绿地进行提质改造，对琵琶王桥、太阳桥和王家河立体绿化进行提质改造，更换绿植花卉，通过动态补植、精心管理，有效提升绿地品质和功能，保证中心城区良好的园林景观效果。全年完成草花栽植45万盆，播种野花组合1500平方米，累计换花10次，引进近30个花境植物品种，补植花境植物2万余株，项目路段全年鲜花盛开，花化美化效果得到各级领导和市民的高度评价。加大管养考评力度，提高问题处置的效率。加强安全生产管理，全系统全年无重大安全事故发生。

【公园建设】 2020年，市园林绿化中心加强公园广场建管、提升服务水平。重修金鹗公园的望月亭健身广场、安装健身器材，完善广场的健身功能；重新设计公园导游系统，统一规范并更换为社会主义核心价值观宣传牌。完成南湖公园中咀沿湖栈道铺设和赊月亭改造，构建完整的沿湖走廊，优化公园休闲环境。在南湖广场建设“清凉长廊”和喷雾系统，方便市民夏日休闲。在南湖广场、南湖公园主要出入口、主要道路交叉口、主要景点、停车场及周边关键部位安装视频监控系统，王家河公园新增安全警示牌，强化治安管理。各公园广场加强卫生保洁和水质管理，确保环境卫生整洁。完成桥西游园提质改造，为老城区增添一处靓丽的景观节点，受到市民游客好评。

【黑杨清退】 2020年，市园林绿化中心所属岳阳市湖洲综合开发中心对其管辖范围内的345.93公顷欧美黑杨实施清退。中心通过退返土地租金、押金及预交租金利息，向承包户承诺补偿，主动垫付砍伐资金，争取砍伐经费；出资办理渡口装载手续，安排干部职工自带工具帮助砍伐等措施，取得各黑杨种植户配合，克服2020年洞庭湖长时间维持高水位带来的砍伐困难，于11月13日把所有欧美黑杨砍伐到位，提前一个月完成清退任务，实现中央环保督查问题销号。

（罗鲜艳）

市容环卫

【概况】 2020年，岳阳市市容环境卫生中心（简称市环卫中心），坚持“打造品质环卫、建设美丽岳阳”，在创建迎检中当先锋，在环境整改中务求实效，提升城市宜居幸福指数，推动环卫事业实现高质量发展。全年完成国家长江办领导到岳阳视察调研、中央和省生态环保督察“回头看”、湖南（岳阳）口岸经贸博览会等各项重大接待保障活动25次98天，顺利通过全国文明城市和国家卫生城市复审测评，得到上级领导好评和广大市民肯定。

【市容卫生】 2020年，市环卫中心加强环卫作业精细管理，打造干净整洁城市名片。洗扫保洁。发挥机械作业的优势，推进街道普洗和扬尘治理，每日对车行道、人行道、边沿石及交通护栏，进行全方位、连续性、高精度的“淋浴式”洗扫，有效降低城区污染物颗粒浓度，辖区街道“路见本色”；推行电动车“快速保洁”模式，安排专人捡拾十字路口、公交站台、学校周边等处的“白飘”，显著提升保洁效果；对公厕、垃圾站、机械车辆、果皮筒、垃圾桶等设施设备，严格落实全日制专人保洁维护制度，定期洒药、消毒、除臭，环卫设施设备功能完善、干净整洁。规范垃圾收处。综合考量各路段、庭院实际和市民需求，及时增加和更换垃圾收集容器；把临街木质三轮板车全部替换为不锈钢板车，杜绝油污滴漏现象；加强对各垃圾站垃圾、基建渣土、废弃家具、大件垃圾的收运管理，优化清运时间、路线和频次，实现垃圾的产生与中转运输无缝对接，城区每天1000多吨垃圾通过大型垃圾站压缩处理后，全部运往焚烧发电厂处理；高标准做好花果畈垃圾场雨污分流、渗滤液处理、除臭灭蝇等工作，确保场界周边空气指数和处理水质稳定达标，有效遏制垃圾场环境污染风险。管控污染源头。推进“车窗抛物”整治，违法行为纳入交警系统处罚平台，实行举报奖励，接收、处理有效举报2.69万起，在《岳阳日报》、政府网站等新闻媒体上分批次公开曝光违法车辆，有效遏制车窗抛物；强化市容执法和部门联动，堵住基建场地、砂石码头和运输车辆撒漏等污染源头，有效维护市容环境。水域环境保洁。完善中心城区水域环境卫生作业标准和考评办法，对洞庭湖东岸27千米水域、岸线、滩涂，开展常态化保洁作业，对各区负责清理的部分河湖沿岸垃圾及时收运和无害化处置，清理各类水域垃圾5000吨，推动中心城区“五湖一河”水净岸美。

【环卫行业管理】 2020年，市环卫中心优化工作方式方法，推进环卫管理体系和管理能力现代化。创新推进标准管理。紧扣全国文明城市和国家卫生城市标准，及时完善《环卫作业质量标准、工作流程及行为规范》，对全体干部职工实行“灌标”，用刚性的制度为环卫工作准确“导航”。创新推进示范管理。全系统推行“步行督查法”，中心领导和分管科室各负责2～5条道路，每周到责任路段巡查两次以上，现场督察，现场整改。创新推进高效管理。坚持问题“挂销号”制度，领导班子集中“会诊把脉”“疑难杂症”，限时办结“销号”，杜绝久拖不决的弊病；强化应急处理机制，着力提升快速除污保洁能力，市民满意度持续上升。创新推进智慧管理。推进“互联网+环卫”建设，成立智慧环卫信息中心，通过配备智能设备，运用信息化、虚拟云和大数据等数字技术，对清扫保洁、垃圾清运、站厕维护等工作进行全程实时监管，指挥调度从“层级传导”向“一步到位”转变，解决以往作业流程管理、油耗管理、考勤管理、人员管理不到位等问题。

【环卫助力疫情防控】 2020年，市环卫中心率领2000多名干部职工开展疫情防控，为全市夺取防控新冠肺炎疫情胜利做出较大贡献。保障防疫物资到位。市环卫中心多方协调，争取100多万元防疫物资，包括口罩33万只、手套8万副、消毒液22.5吨、医用酒精3000千克、防护服4200套，确保全系统无一人受到病毒感染。市环卫中心洗扫大街小巷，及时收运城区垃圾，对150多座公厕、垃圾站等公共设施定期消杀，确保辖区1100多万平方米街道干净整洁、全城1000多吨垃圾日产日清；做好废弃口罩收集和隔离小区、定点救治医院、医务人员定点住宿单位、定点隔离点的生活垃圾收集转运及城市公共区域消杀工作，有效切断疫情传播链条。

【环卫基础设施建设】 2020年，市环卫中心在枫桥湖路、湖滨大道、三眼桥、赶山东路、奇康路和开发中路等处新建连体公厕垃圾站6座，新建赶山西路垃圾站1座、冷水铺路和赶山西路公厕两座，缓解市民如厕难、倒垃圾难的问题。投入700万元，购置压缩垃圾车、勾臂车等各类清运车辆23台、勾臂车组用垃圾箱200多只，垃圾运输设备进一步提质，环卫机械化作业水平和作业效率明显提高。

【环卫民生实事】 2020年，市环卫中心推进环卫民生实事。开展花果畈垃圾场封场前期准备作业，坚持高标准做好除臭灭蝇、雨污分流、渗滤液处理等，确保场界周边空气指数和处理水质稳定达标，花果畈垃圾场的污染问题得到根本解决。推行餐厨垃圾定时定点统一收运，服务机关、学校食堂和大型餐饮酒店达到387家，日收运餐厨垃圾50吨，切断餐厨垃圾外流渠道，守住市民“舌尖上的安全”。推进精准扶贫和农村人居环境整治工作，选派两名干部入驻平江县三墩乡车田村帮扶，落实帮扶资金10万元，引导村民灵活就业，车田村192户贫困户实现全面脱贫。做好“夏送清凉，冬送温暖”、困难慰问等工作，慰问困难党员及环卫工人120多次，发放慰问物资近35万元。

（庞　珩）

勘测设计

【勘测设计经营发展】 2020年，市规划勘测设院克服疫情不利影响，坚持服务好业主、服务好项目，勘测设计经营取得较好成效。全年签订222个勘察设计合同，累计合同金额7770万元，较上年度同期增长2052多万元，增长率35.9%。完成招投标工作159项，同比增长52%，实现反超。实现到账金额总计5800万元，较年初预定的目标4670万元超额完成1130万元，超额率24%，同比增长3.5%。

（黄炜煜　罗消燕）

住房公积金管理

【概况】 2020年，全市全年归集住房公积金44.89亿元，同比增长9.27%，新增开户单位437个，新增开户人数2.41万人。全市发放住房公积金贷款21.67亿元，办理政策性提取23.55亿元。全市住房公积金实现增值收益3.14亿元，住房公积金存贷比为76.55%，存贷比较年初的81.74%下降5.19%，贷款逾期率为0.05‰。

【住房公积金业务管理】 2020年，市住房公积金管理中心与市中级法院就单位应建未建执法、住房公积金司法划扣和逾期贷款抵押物执行等问题展开磋商，出台联动机制，规范法院司法划扣，指导和支持各管理部依法开展归集执法和贷款催收工作。制定出台《住房公积金贷款楼盘签约操作规范》，督促住房公积金抵押贷款“期转现”的及时办理，有效防范房地产开发公司项目楼盘贷款发放风险，保障管理中心和借款人的合法权益，严格执行初审调查，全年准入项目67个。制作现房和期房登记台账，并结合台账制定《期转现工作考核办法》，全年办理期转现4386户。

【住房公积金服务】 2020年，市住房公积金管理中心按照“模式金融化、管理标准化、业务智能化、服务社会化”的标准，有序开展综合服务平台建设，11月底，顺利通过省部两级专家组验收。市住房公积金管理中心与不动产中心召开协调会并形成会议纪要，强化部门信息共享，减少办事流程，中心得到不动产授权受理抵押业务，推动贷款等各项业务提质提速。全面升级住房公积金管理信息系统，打造“智慧公积金”。中心进行内部流程优化，改进业务办理效率，把贷款发放最后一次签订借据和放款单整合到签订合同环节合并办理，合同和凭证事后快递寄送，把办理购房贷款业务从需要跑3次压缩到只要两次。所有提取和贷款业务进驻市政务中心，实现所有住房公积金业务均可以在政务中心办理。华容县、平江县、岳阳县、临湘市、汨罗市等多个管理部进驻当地政务中心开办业务。

【住房公积金助力疫情防控】 2020年，管理中心出台《关于应对新型冠状病毒感染的肺炎疫情做好住房公积金管理服务工作的通知》，针对受疫情影响和参加疫情防控的相关人员，明确疫情防控期间可适当延后还款，不作为逾期报送征信部门。1—6月，缴存单位因受疫情影响未能按时足额缴存住房公积金的，可在6月底前补缴到位的，职工的住房公积金缴存时间连续计算，不影响职工申请提取和贷款的权益。支持受疫情影响导致生产经营困难的企业按规定申请降低住房公积金缴存比例和暂缓缴存住房公积金，全年有81家单位申请缓交，涉及缴存职工2.28万人，总金额2亿元。

（李　游）

首届湖南（岳阳）口岸经贸博览会
首届湖南(岳阳)
口岸经贸博览会
FIRST HUNAN (YUEYANG) PORT
ECONOMIC AND TRADE EXPC
繁荣口岸经济 促进开放崛起

开发区建设

编 辑 赵 晶

综　述

【概况】　2020年，全市产业园区完成技工贸总收入5970亿元，同比增长17.3%。新增规上企业157家，实现规上工业增加值1036亿元，同比增长13.9%。完成固定资产投资925亿元，同比增长20.1%，其中，工业固定资产投资705亿元，同比增长19.6%，产业投资在全省排名第二位。实现高新技术产业增加值681亿元，同比增长11.2%。完成进出口总额523亿元，同比增长25.4%。

【产业园区项目建设】　2020年，全市产业园区开工项目316个，竣工项目272个，同比增加86个、104个。开工项目中，0.5～1亿元66个，1～5亿元132个，5～10亿元35个，10亿元以上20个；竣工项目中，0.5～1亿元78个，1～5亿元105个，5～10亿元21个，10亿元以上11个。

【产业园区发展】　2020年，全市产业园区实现税收88.9亿元（不含巴陵石化、长岭炼化两厂），同比增长18.96%。其中，工业税收37.7亿元（不含巴陵石化、长岭炼化两厂），同比增长11.5%；亩均税收7.31万元，同比提高2.21万元；亩均投资85.9万元，同比提高21.4万元，主导产业集聚度83.9%，同比提升8个百分点。纳税工业企业2959家。纳税100万元以上企业390家，较2019年新增99家。其中，100～500万元的252家，500～1000万元的51家，1000～2000万元的48家，2000～5000万元的23家，5000～1亿元的11家，1亿元以上的5家。

【产业园区竞争力】　2020年，全市园区提升竞争实力。科伦药业在2020年全球生物医药产业发明专利排行榜100强中排名59位，东方雨虹、东映长联转型升级项目获国家科技进步二等奖，大科激光“9千瓦多模高亮度光纤激光器”获评工信部国家级首台套重大技术装备。至年底，全市有国家级小巨人企业1家，省级“专精特新”小巨人企业72家，市级小巨人企业100家。国家级小巨人企业湖南凯美特气体股份有限公司的电子气体在芯片制造、医疗、航空、航天等领域填补国内空白，湖南聚仁化工新材料科技有限公司是国内唯一一家工业化生产己内酯的企业，在全球仅有的四家工业化生产企业中，排名第三位。湖南中创空天公司研发生产的高端航空航天铝合金材料和航空航天铝合金超大型构件，成为进口受限的替代产品。汨罗循环经济产业园入选国家级循环经济试点园，是纽约期货市场铜价和全国再生塑料价格的监测点，被国家发改委、科技部联合认定为全国31个绿色产业示范基地之一、被省园区办认定为全省9个特色产业园区之一。

（下　部）

2020年全市产业园区主要经济指标完成情况

表8

园区名称	技工贸总收入增速（%）	单位面积固定资产投资强度（万元/亩）	工业集中度（%）	主导产业集聚度（%）	新增规上工业企业个数（个）	规模工业增加值增速（%）	高新技术产业增加值增速（%）	专利授权数增速（%）	研发机构、众创空间和孵化器数（个）	外向型经济增速（%）
岳阳经济技术开发区	8.1	80.5	97.7	75	18	7.2	11.4	42.5	28	24.7
岳阳临港高新技术产业开发区	81.2	129.3	100	94.9	22	26.3	54.2	371.7	18	39.9
湖南岳阳绿色化工产业园	19.8	108.2	97.7	80.6	21	3.1	11.2	1	31	19.5
湖南汨罗循环经济产业园	20.4	60.7	74.6	88.3	30	5.1	20.7	28.9	12	30
湘阴高新技术产业开发区	15.9	86.4	72.8	95.7	18	4.8	18.9	36.4	14	20.1
平江高新技术产业园区	20.8	85.5	70.7	92.1	15	3.1	36.7	34.5	15	25.1
岳阳高新技术产业园区	18.9	115.3	71.9	89.2	8	5.2	33.9	16.2	7	11.8
临湘高新技术产业园区	7.8	52.1	77.6	75.8	13	4.2	19.6	9.8	6	8
华容工业集中区	19.9	67.5	93.2	72.1	5	4.3	5.7	16.3	3	10.8
君山工业集中区	19.1	73.8	76.6	75.6	7	6.1	25.1	28.6	24	25

岳阳经济技术开发区

【概况】 岳阳经济技术开发区（简称岳阳经开区）位于岳阳市中心城区东部。2020年，辖康王、西塘两个乡镇和通海路、金凤桥、木里港3个管理处，土地总面积256平方千米，其中耕地面积0.7万公顷。常住人口40万人，其中城镇人口30万人。人口出生率11.4‰，自然增长率7.16‰。新增“四上企业”56家，超过市定任务14家；国家级经开区（217家）综评排名146位，前进6位；省级以上园区考核排名21位，前进8位。信访“三无”工作获省政府督查激励措施奖励，农村人居环境整治三年行动获评省级先进。禁违拆违治违工作获得全市2020年度综合绩效考评突出贡献奖。

自然资源。水质断面达标率100%，空气质量优良率92.6%。

经济综合。地区生产总值302.48亿元，比上年增长5.4%；第一、二、三产业增加值分别为6.94亿元、160.13亿元、135.42亿元，分别增长-6.1%、6.7%、3.8%，三次产业结构比为2.3：52.9：44.8。一般公共预算收入462344万元，增长1.86%。其中地方一般公共财政预算收入107347万元，下降22.51%；全年完成地方公共财政预算支出162510万元，下降26.55%。

农业。农林牧渔业增加值6.94亿元，增长-6.1%。耕地总面积7.07千公顷。农业支柱产业：粮食、水果、茶叶。主要产品产量：粮食6.4万吨、蔬菜1800吨、茶叶500吨，禽蛋100吨，水产品120吨，出栏生猪4万头、羊6200只、牛4600头，肉类4800吨。有市级以上农业产业化龙头企业23家，其中省级以上9家；农民专业合作社149家，其中省级以上示范社6家。农业机械总动力13.8万千瓦，农业机械化水平为86%。

工业。工业增加值166.3亿元，增长10%，其中规模以上工业增加值115.2亿元，增长7.3%。主要产品产量：电动机、商品混凝土、化学试剂和机制纸及纸板。工业支柱产业：装备制造业全年完成工业总产值151.5亿元，占总产值比重30.64%，同比增长14.62%；食品行业全年完成工业总产值92.37亿元，占总产值比重18.68%，同比增长14.63%；化学原料和化学制品制造业全年完成工业总产值47.33亿元，占总产值比重9.57%，同比增长10.56%；造纸和纸制品业全年完成工业总产值83.72亿元，占总产值比重为16.93%，同比增长6.53%。

商贸服务业。社会消费品零售总额142.13亿元，增长-2.3%（剔除物价因素）。进出口总额4.8亿美元，增长17%，其中进口0.94亿元，出口3.9亿美元。实际利用境外资金1.56亿美元。

固定资产投资。固定资产投资223亿元，增长9.5%。其中高新技术产业投资增长43%，基础设施建设投资增长11.7%，房地产开发投资增长27%。

交通通信。境内公路通车总里程308.9千米，农村公路增加10千米，其中高速铁路12.9千米、高速公路32千米。

科技教育。有高新技术企业86家，新增17家；省级及以上科学研究开发机构25家，新增长3家；取得省部级以上科技成果5项，专利申请273件；授权专利40件，增长11.1%；签订技术合同17项，成交金额2.02亿元，分别增长46.2%、58.9%；高新技术产业增加值增长13.6%；具有核心竞争力科技创新项目3项。学校28所，其中小学21所、普通初中7所（含两所九年一贯制学校），公办幼儿园8所；幼儿入园率98%，小学适龄儿童入学率100%，小学升初中入学率100%。

文化卫生体育。有医疗卫生机构162个，其中疾病预防控制机构1个、医院0个、卫生院3个，病床272张，每千人口医生数1.43名、床位数1.52张。艺术表演团体两个，公共体育场地501个。

社会生活。社会福利机构3个。全区新增城镇就业5244人，新增农村劳动力转移就业755人。城镇登记失业率为2.28%。累计脱贫5701人，贫困发生率为0。

疫情防控。岳阳经开区严守高速收费站、高铁东站和机场；率先在全市落实对主城区小区的精准精细防控，选派167名机关干部进驻社区加强防控，对辖区148个生活小区按照单位小区、物业小区、安置小区、城中村进行分类管控。乡镇管理处构建起以村（社区）为基本作战单元的基层防疫体系，发挥群防群治作用。在全市率先构建复工复产“1+2+1”联防联控体系，制定出台《支持企业复工复产九条措施》和《复市防疫操作细则》，选派169名机关干部进驻企业，指导复工复

2020年岳阳经济技术开发区乡镇、管理处简况

表9

名　称	国土面积（平方千米）	耕地面积（公顷）	年末总人口（人）	人均年收入（元）	书　记	乡（镇）长主任
康王乡	76.94	1708.7	27000	20763	吴昌华	胡复兴
木里港管理处	15	280	42000	24810	周　雄	童术华
西塘镇	141	1484.4	52936	23862	方　敏	袁高翔
通海路管理处	9.8	0	21000	42586	彭玉壶	葛　辉
金凤桥管理处	24.05	369.4	19268	26244	胡　勇	刘　昱

产复市。盛锦新材、贝烨医疗、长进石化被中央电视台《焦点访谈》专题报道，获得国务院疫情防控工作组的肯定。

三大攻坚。8个省定贫困村出列，建档立卡2021户5716名贫困人口全部脱贫，贫困家庭人均纯收入稳步增长至12634元，对口帮扶点平江县凤凰山村579户2199人全部脱贫。全省脱贫攻坚实地考核和日常监测得满分，获得省先进荣誉。携手三峡集团加快推进片区排水管网雨污分流改造，竣工污水管网21.5千米，整治污水直排口9个，南北港河黑臭水体整治通过省住建厅验收，水质断面考核达标率100%，污染防治攻坚获评全市先进。完成21家省、市重点企业VOCs处理设施改造，全区空气质量优良率95.2%。偿还地方隐性债务4.05亿元，超额完成化债任务。危险化学品、非煤矿山、烟花爆竹、工贸四大行业领域连续32个月实现生产安全“零事故”。

【岳阳经开区项目建设】 2020年，岳阳经开区全年签约项目58个，总投资408亿元。智能制造与传感器产业园项目在与武汉大学合作协议洽谈、产业基金组建上取得重大进展。集中开工项目4批次54个，南北片集中竣工两批次15个。蒙瑞龙、金寿印务、锐健电子等一批产业项目推进；金汇农、科美达、海陵科技园、海王生物等一批在建项目建成；数博环球、中富杭萧等一批新投产项目投入生产。恒大养生谷、芒果时代广场等一批城市综合体项目和百利科技总部、道道全总部、邮储银行区域总部项目加快建设。完成土地依法征收项目35宗，报批建设用地99.8公顷，收储土地139.87公顷，完成征收腾地278.73公顷。G353机场快速通道二期项目快速交地，亩均征拆成本仅32万元，市委、市政府给予通报表扬。储备项目575个，申报项目546个，争取各类专项资金7.05亿元、专项债券4.05亿元，融资或债券置换13亿元。

【临空经济】 2020年，市委常委会议专题研究临空经济区，启动临空经济建设。市政府专题会议对临空经济区规划、用地、体制、招商等具体问题进行研究明确，谋定按控制区100平方千米、核心区60平方千米、建设区30平方千米进行开发建设。民航中南局明确表态支持岳阳实施三荷机场改扩建，国家开发银行湖南省分行拟同意为临空经济区授信200亿元贷款。临空经济区规划方案招标等前期工作有条不紊，中国城市规划设计院上海分院等一流规划单位到区调研考察，表达竞标意向。正和央企、省属企业对接合作，与10多家银行开展银企合作。出资2亿元入股岳阳市物流产业发展引导基金，洽谈泛美集团航空科技城项目等一批产业项目。

【岳阳经开区企业创新发展】 2020年，岳阳经开区出台《人才新政二十条》，实施政府雇员制，破解编制不足难题。出台《科技创新十条》，推动企业科技创新，全年新增高新技术企业42家，完成专利授权325件，完成高新技术产品产值480亿元。加强园区市场化专业化建设运营，重点打造金荣科创园、联东U谷、智能制造与传感器产业园3个专业化园区。开建投作为农村安全供水饮水和公墓山投融资主体，轩达公司作为老旧小区投融资主体，开发总公司作为乡村振兴投融资主体，与10多家金融机构开展政银企合作。农业发展银行岳阳分行为科创产业园项目审批发放贷款3亿元。

【岳阳经开区民生保障】 2020年，岳阳经开区阳山新村老旧小区改造得到省委书记许达哲的肯定。新增就业人数5244人，农民工工资保障有力。渔民退捕应补尽补，特殊群体社保全面落实，城乡居民养老保险覆盖率100%，区本级医保统筹顺利完成，医保参保率超小康监测指标。完成征拆安置任务1621户，核减安置资格216户。9000户厕所革命任务提前交账，农村危房改造、村（社区）集体产权制度改革、农村承包土地确权颁证工作全面完成。5个乡镇（管理处）的公众安全感测评工作全部进入全市前50名，平安建设（综治工作）考评进入全市先进行列。扫黑除恶成效明显，中央督导组“回头看”反馈五大类15项问题整改到位，中央、省、市交办线索46起全部核查办结，破获涉黑涉恶案件26起，打掉涉黑团伙6个、集团1个。信访按期办结率100%，成功创建全省信访“三无”县（市、区）。岳阳经开区实验学校建成开学，新增学位2520个。恒大未来学校完成规划方案，分水垅小学、东站中学启动前期建设，教育质量跻身全市第一方阵。木里港路、枣子山路等7条道路竣工通车，金凤桥南路、枣子山北路等7条道路加快推进。新建农村公路及安防工程37千米，Y201公路提质完成路基改造，完成标准化菜市场改造建设等14件省市民生实事。市妇幼儿童医院主体工程竣工，南雅医院、长炼医院陆续规划进驻。

（周立波）

湖南城陵矶新港区

【概况】 湖南城陵矶新港区（简称城陵矶新港区）位于湖南省岳阳市，土地总面积69平方千米。2020年，常住人口7.1万人。

地区生产总值161.38亿元，同比增长20.2%。其中第一、二、三产业增加值分别为0亿元、144.98亿元、16.4亿元，同比分别增长0%、23.9%、2.3%。三次产业结构比为0：9：1。全域财政总收入50亿元，同比增长25%；其中地方一般公共预算收入11.6亿元，同比增长15.4%。一般公共预算地方收入6.12亿元，同比增长11.2%。

工业总产值297.4亿元，同比增长37.7%；其中规模以上工业总产值259.6亿元，增长88.8%。工业增加值140.99亿元，增长24.7%；其中规模以上工业增加值84.09亿元，增长25.1%。工业主要产品电子信息产品、粮油。有工业园区1家，为岳阳临港高新技术产业开发区，主导产业为新能源新材料、智能装备制造、电子信息。

社会消费品零售总额28.91亿元，增长2.6%。进出口总额366.01亿元，增长31.1%。新签约亿元以上项目76个。固定资产投资增长24.5%。重点产业项目8个，完成年度投资80.94亿元。

高新技术企业80家，增长48%；年度新增37家。高新技术产业增加值46.07亿元，增长28.8%。专利申请376件，增长87.63%，其中发明专利申请110件，增长105%。专利授权258件，增长103.1%，其中发明专利授权26件，增长188.9%。签订技术合同46项，技术合同成交金额0.46亿元。

新港区被评为岳阳市2020年度综合绩效考评县（市、区）先进单位，获得港口型国家物流枢纽、国家先进装备制造高新技术产业化基地、国家级小型微型企业创新创业示范基地、国家级“大众创业、万众创新”示范基地称号。

【城陵矶新港区疫情防控和经济发展】 2020年，新冠疫情防控以来，城陵矶新港区范围内疫情防控实现“零感染”，60家重点企业在全省率先全面复工复产，为全市第一家点对点包车接返员工的园区，是全市最先出台《企业复工指南》和《优惠政策汇编》的园区。全年完成GDP161.38亿元，增长20.2%。完成固定资产投资167.6亿元，增长24.5%。完成规模以上工业增加值84亿元，增长25.1%。完成全域财税收入50亿元，增长25%。完成技工贸总收入850亿元，增长70%，主要经济指标保持高速增长，增幅排名居全市第一位。6月2日，中央政治局常委、国务院副总理韩正到新港区视察，对新港区抓好疫情防控和经济发展工作给予肯定。

【城陵矶新港区项目建设】 2020年，城陵矶新港区举办三场产业项目集中签约活动，全年新签约产业项目76个，同比增长105%，产业项目合同引资518.52亿元，同比增长115%。其中，投资过100亿元有攀华项目，投资过50亿元有中创空天、英科、岳纸、恒天等项目，新增攀华、小米、国机集团、中石油等“三类500强项目”4个（攀华项目为首次落户湖南的“三类500强项目”）。总投资100亿元的恒大新能源动力电池、总投资55亿元的恒天异步电机和一批投资过亿元的宝鑫医药总部、广东遂联装备制造等47个项目开工建设，总投资100亿元的华为高端制造基地、总投资67亿元的中创空天新材料、总投资10亿元的永高复合材料和小米打印机、卂龙、深国际物流园、富强科技、融盛电力、西爱斯、摩托罗拉无绳电话等43个项目竣工投产，中创空天、永高、小米打印机等项目实现当年开工、当年投产。临港高新区进入全省产业园区前十强。

【城陵矶新港区港区经济】 2020年，城陵矶新港区承办首届湖南（岳阳）口岸经贸博览会、全省“百强”进出口企业港航物流对接会，签约项目21个，投资总额150.6亿元，推动中联重科、中石化等35家企业“公改水—江海联运”货物从城陵矶港中转出海。城陵矶新港完成集装箱50.87万标箱。城陵矶老港完成散货吞吐量2002万吨，增长24.7%，完成滚装汽车进出港15万台、外贸汽车进口4790台、肉类进口10.92万吨、粮食进出口271.4万吨，居全国内陆港前列，平行进口汽车量排内陆港口岸第一位。9月24日，中国（湖南）自由贸易试验区岳阳片区挂牌，引进项目36个，合同引资额447亿元。自贸总部经济基地启动建设，嵯峨公司总部、华萃化工贸易等总部经济落地，签约58科创、深圳陨石传媒、“一条小团团”电商传媒、快乐靓厨电子商务等跨境电商、网络直播、数字经济、平台经济项目，开展岳阳好物节直播带货活动，半个月线上销售额突破5000万元。

【城陵矶新港区港产城融合】 2020年，城陵矶新港区推进港口建设，城陵矶新港二期建成4个集装箱泊位，城陵矶老港建成长江流域首个环保巨型“胶囊”仓，松阳湖铁路专线完成铺轨建设，建成湖南首个港口铁路集装箱无轨站。建成保障性住房2370套，白杨湖北岸公园工程建成开放，菱泊湖小区基础设施整改加速推进，洪源路、江岭东路、江一路等主干道路建成通车。白杨湖总部经济港、芭蕉湖临港新城加速推进，高新产业园50万平方米标准化厂房投入使用。推进污染防治攻坚，完成42项污染防治攻坚战三年行动任务，10个中央和省级环保督察反馈问题全部销号，长江新港区段岸线全线复绿。芭蕉湖水质持续改善，水质稳定到三类水质。城陵矶空气质量监测站点优良率94%以上，同比增长16%。开展扬尘污染防治工作，完成雨污水管网检测整治。

【“湘水运26”轮首航】 2020年12月17日，国内首艘特定航线江海直达双燃料（LNG/柴油）集装箱船“湘水运26”轮，满载货物安全靠泊洋山港盛东集装箱码头1号泊位，完成“岳阳—上海洋山”集装箱班

2020年12月17日，“湘水运26轮”首航从岳阳城陵矶港出发

轮航线首航任务。

【城陵矶新港区营商环境】 2020年，城陵矶新港区优化营商环境。集中开展矛盾排查化解专项行动6次，排查处理重大矛盾纠纷9起，化解各类矛盾289起，完成危化品、工贸等领域安全生产隐患排查300处，督促用工企业及时兑付农民工工资到位。深化“最多跑一次”改革，主动配合市委巡察组开展“优化营商环境”专项巡察，针对企业反映的三大类10个问题，召开会议专题研究两次，开展督查督办8次，整改落实情况得到市委巡察组肯定。新增或迁入市场主体1050家，新增入规企业36家、高新技术企业12家。

（易 兴）

岳阳城陵矶综合保税区

【概况】 岳阳城陵矶综合保税区（简称城陵矶综保区）位于岳阳市城区东北部，毗邻长江岸线，东临随岳高速，南接浩吉铁路。2020年，面对新冠肺炎疫情的不利影响，着力攻坚克难，主动作为，提升外贸规模与质量，开放型经济发展取得良好成效。全年完成进出口贸易额56亿美元，同比增长40%，上缴海关税25.7亿元，其中本地海关税12.3亿元；上缴地方税收1.04亿元，岳阳市外贸总量排名全省第二位。6月2日，中央政治局常委、国务院副总理韩正视察新金宝打印机项目，对城陵矶综保区统筹抓好疫情防控和复工复产给予肯定。

【城陵矶综保区产业发展】 2020年，城陵矶综保区完成地区生产总值31.2亿元，同比增长99.9%。规模以上工业增加值12.69亿元，技工贸总收入218.97亿元，实现大幅增长。全年完成汽车平行进口4790台，贸易额1.77亿美元；完成肉类进口10.92万吨，贸易额3.96亿美元，同比增长49.21%；完成粮食进出口271.4万吨，贸易额10.84亿美元，同比增长371%，业绩位居全国内陆港前列，平行进口汽车量排内陆港口岸第一位。

【城陵矶综保区项目建设】 2020年，城陵矶综保区总投资180亿元的世界500强新金宝喷墨打印机项目全面投入运营，21条生产线全面运行，劳务用工近万人，全年生产打印机1084万台。该项目带动小米打印机、中韩合资智能显示、卂龙液晶模组智能制造等重大项目落户和30多家配套企业进驻。产业链配套企业和项目总投资超过200亿元。园区形成以惠普、新金宝、小米等为代表的电子信息产业，以海益通、君泰、竟成等为代表的粮食加工产业，以际华高分子、上派新材等为代表的新能源新材料产业，以弘元新港等为代表的进出口商品展示交易产业。新签约小米打印机、卂龙液晶显示屏切割、华业木森包装制品等项目10个，实际引进省外境内资金9.89亿元（合同签约）。新开工项目9个，竣工投产项目8个。

【城陵矶综保区创新服务】 2020年，城陵矶综保区发挥观盛公司投融资平台综合效应，形成以融资平台、融资担保机制、风险补偿机制为主体的“一平台两机制”金融服务模式。在17家银行获批授信额度173亿元．为园区企业提供外贸融资238.65亿元，带动银行现金流1275亿元，缴纳海关税收25亿元，港区财政上缴税收过亿元。成功与省财信金控集团合作，成立湖南财盛投资发展有限公司，构建省级外贸供应链金融服务平台。探索加强中非经贸合作的创新之路，采取易货贸易新模式，分期建设中非经贸产业园。与上海国和股权投资管理有限公司合作，设立长江经济带绿色发展产业基金。

【城陵矶综保区疫情防控】 2020年，城陵矶综保区全力抵御新冠疫情风险，主攻外贸、做优园区，稳住外贸基本盘。集中优势资源、集合全员要素，采取扶持措施，成立洞庭天下人力资源管理服务有限公司，采取网络报名面试、专车接送入职、发放待岗补贴、免费核酸检测等超常规举措，破解疫情期间园区企业招工难问题，为园区企业招聘员工2.8万人次，没有出现一例新冠肺炎确诊或疑似病例，是全省最早实现复工复产的园区之一。免费为企业提供医用口罩等各类疫情防控物资12万多件（套），协助企业办理社保阶段性减免3000多万元，享受电费优惠、减免厂房租金各100多万元，协调企业获取银行贷款额度10亿元。在全市防疫物资十分紧缺的情况下，为市防指采购3000套防护服、40万只口罩、5000支测温枪。

（张常云）

南湖新区

【概况】 南湖新区地处湖南省岳阳市，土地总面积56.18平方千米。2020年，辖南湖、求索、湖滨3个街道和龙山、月山两个管理处，常住人口10万人。

经济综合。地区生产总值116.37亿元，比上年增长6.2%；第一、二、三产业增加值分别为0.68亿元、7.12亿元、108.57亿元，分别增长-7.9%、5%、6.3%，三次产业结构比为0.6：6.1：93.3。一般公共预算收入6.06亿元，增长-11.5%，其中地方一般公共预算收入2.42亿元，增长-12.6%；一般公共预算支出4.69亿元，增长-7.56%。

旅游业。接待国内外游客482.3万人次，增长-10.9%；旅游收入20.91亿元，增长-17.28%；国家风景名胜区有1个，旅游度假区有1个；AAAA级景区1家。

固定资产投资。固定资产投资比上年增长9.1%。其中，高新技术产业投资增长44.1%，基础设施建设投资增长29.2%，房地产开发投资增长14.1%。交通基础建设投资12.22亿元，增长25.87%；农田水利基础建设投资17.21亿元，增长22.57%。

科技教育。有高新技术企业4家，新增1家；科学研究开发机构1家，新增长1家；高新技术产业增加值增长7.6%。有学校8所，其中小学5所、九年一贯制学校3所、普通高中1所；有公办幼儿园8所。公办幼儿入园率57.56%，学前三年毛入园率98%；小学适龄儿童入学率100%，小学升初中入学率100%，高中阶段毛入学率87.7%。

文化卫生体育。全国、省级重点文物保护单位分别有两处。有

2020年岳阳市南湖新区办事处、管理处简况

表10

名　称	国土面积（平方千米）	耕地面积（公顷）	年末总人口（人）	书　记	乡（镇）长主任
南湖街道办事处	5.29	20.04	77856（常住） 87440（辖区）	葛　明	黄　岳
湖滨街道办事处	12.39	65.23	22445（常住） 12875（辖区）	范朝阳	李　彬
求索街道办事处	16.56 （包括水面11.8 平方千米）	0	37637（常住） 51020（辖区）	易染红	曾新良
龙山管理处	23.2	530	25305（常住） 31830（辖区）	向　勇	周　魁
月山管理处	11.37 （包括水面6.29平方千米）	0	10230（常住） 13956（辖区）	张　勇	杨贵锋

医疗卫生机构48个，在册医生数99名，病床186张，每千人口医生数两名。公共体育场地188个。

社会生活。社会福利机构1个。新增城镇就业1065人，城镇失业率为1.25%。农村劳动力转移0.0315万人。

【南湖新区疫情防控】 2020年，新冠疫情防控以来，南湖新区第一时间响应，发布圣安寺、花语世界等景区及宗教场所暂停开放公告，关停房车营地、飞行营地等旅游项目。全区取消春节休假，420名机关干部全部下沉社区（村）一线，开展逐户摸排登记。对全区146个小区居民点、30147户实行网格化排查。所有餐饮门店、宾馆、影院等公共娱乐场所全部暂停营业，依法关停4家农贸市场。成立联合督查组，下发督查通报19期，问责处理干部10人。助力复工复产，根据区内企业实际情况，划分工业商贸服务业、房地产建筑业和批零贸易三条线，选派41名干部作为派驻企业联络员，出台《应对新型冠状病毒感染的肺炎疫情支持中小企业平稳健康发展若干措施》，对企业开展“一对一”帮扶。

【南湖新区项目建设】 2020年，南湖新区实施体制机制改革，成立龙山文旅、南湖生态渔业公司等实体企业，南湖城投被评定为“AA”级信用企业，在上海证券交易所顺利发行公司债券12亿元。录制“摇啊笑啊桥”“元气满满的哥哥”等综艺节目，举办湿地音乐节等系列特色文旅活动。铂尔曼酒店、南湖赊月公园、巴陵书院、星球乐园、太白酒馆等项目投入运营，中华大熊猫苑、洞庭湖小镇、月山茶韵小镇等重点文旅项目加快建设。

【南湖新区产业发展】 2020年，南湖新区全年完成房地产投资14.9亿元，实现销售面积72.23万平方米，同比增长14.1%和7%。引进环洞庭湖数字经济产业园、阿里云创新中心等数字经济企业10多家，江西“神起网络”岳阳公司正式投入运营。南湖总部经济大楼完成主体工程建设，岳阳水务、岳阳沙田等企业总部大楼项目落地，引进签约11家金融保险企业总部。与湖南省四叶草基金会合作投资1.2亿元的圣安颐养中心顺利实现试营业。

【南湖新区民生实事】 2020年，南湖新区投入资金3100万元对10个老旧小区进行提质改造。完成12处6.62万平方米违建别墅的整治任务。投入资金9900万元，建成双龙路、曹家汉路等6条道路，新增社会停车位3000个。执行债务化解方案，未新增债务并化解存量债务8.1亿元，按计划100%完成化解任务。推进南湖水环境综合整治，南湖水质由劣Ⅴ类稳定为Ⅳ类，湖心等局部区域达到Ⅲ类水质。争取政府专项债资金1.2亿元，启动13所公办幼儿园建设，新增公办园学位2150个，完成目标任务的185.3%。投入资金2075万元，完成禁捕退捕工作。推进社区（村）“两委”换届工作，打造湘一南湖学校等3个“两新组织”标杆示范党支部和恒大名都、香山四季等7个示范小区党支部。“三社联动”获国家发改委《改革内参》专题推介。

（周　媛）

湖南平江高新技术产业园区

【概况】 2020年，湖南平江高新技术产业园区（简称平江高新区）克服新冠疫情爆发、国际形势多变、经济下行压力等不利影响，各项工作取得成效。在2020年度湖南省高新区创新发展绩效评价成果发布中，平江高新区在43家国家级和省级创新创业园区中排名第10位，在省级高新区中排名第3位，在洞庭湖区22家园区中排第一位，获得省政府颁发的真抓实干奖、全市高质量发展优秀园区等省级荣誉4项、市级1项、县级12项。

【平江高新区抗疫复产】 2020年，新冠疫情防控以来，平江高新区第一时间启动响应，自大年初二起，召集30多名干部开展隔断守卡、物资调运等工作，全省一级应急响应启动后，全园干部职工下沉一线担任驻企防疫联络员。2月9日，园区123家企业启动生产，3月3日，全部复工复产，员工总数1.06万人，复工率127.8%，做到“零感染”。黄金冶炼春节期间正常上班，方正达留园100多人。平江高新区在全市复工复产大会上作典型发言，央视专题报道，获得中央和省、市各级调研组领导的肯定。

【平江高新区园区建设】 2020年，平江高新区推进园区建设。全年完成工业主营业务收入536.39亿元，同比增长20.78%。其中规模以上主营业务收入516.14亿元，同比增长19.02%。完成固定资产投资67.4亿元，同比增长17.78%。完成税收3.68亿元，同比增长10.31%，剔除股改影响，实际增长17.3%。新增规模企业27家，新增企业入园14家，新增高新科技企业5家，税收过千万元的企业增至13家，其中工业企业9家。

【平江高新区招商引资】 2020年，平江高新区组织招商人员到浙江省、江苏省、江西省、河南省、广东省、深圳市、云南省等10多个省份30多个市县进行招商洽谈，拜访企业400多家，捕捉优质意向项目信息144条。至年底，“一园两区”引进项目40个，其中伍市园区引进29家。引资总额53.81亿元，其中，5亿元以上项目4个，亿元以上项目19个。

【平江高新区项目建设】 2020年，平江高新区推进项目建设。全年启动新开工项目39个，完成投资46.23亿元，新竣工项目36个，完成投资48.72亿元，其中，半年完成食品产业园二期、云母产业园一期工程项目从开工到建成投入使用，方正达三期、恒基二期、圣瓷科技、荣泰二期、兴科云母等项目完工，山润三期等项目顺利推进。平江高新区作为迎接市项目建设流动现场会的首站，获得市、县各级领导肯定。

【平江高新区产业链建设】 2020年，平江高新区启动平江县食品、云母、石膏建材五年产业规划编制工作，其中食品及云母产业规划成果基本完成。12月8日，参加岳阳市七大千亿产业·“12+1”产业链成果展示会开幕式，食品加工产业链办公室作典型发言，食品链办在全市13条新兴优势产业链建设工作中排位靠前。整合云母产业，瑞斯云母牵头入驻云母产业园一期。平江石膏企业在多个国内行业峰会和论坛中获得8个奖项，金凤凰成为全国石膏产业的技术品牌。

【平江高新区科技创新】 2020年，平江高新区全年入库科技中小企业21家，新增“小巨人”企业两家，累计9家。新认定高新技术企业5家，复审5家，累计29家。新增省级企业技术中心1家（金凤凰），累计10家，新增1家省级众创空间，获得专利授权139件，华文食品两项技术获国家科技进步一、二等奖。恒基科技军工保密资格认证通过，澳源通信、吉成科技取得国军标认证证书。恒基和方正达的气雾化高温合金粉末及成形技术、耐热蚀Ni基合金涂层粉末及高密度印制电路板三个项目进入省推荐目录。

【平江高新区投资环境】 2020年，平江高新区成立园区常创公司，启动园区收益性项目建设，政府支持资产抵押，全年完成争融资到位资金8.33亿元，其中争资5722.39万元，融资7.75亿元，超额完成年初目标任务。争取环境治理协调经费3500万元，农行云母产业园一期1.9亿元贷款完成授信。全年新增土地报批9.8公顷，动态储备工业用地33.33公顷以上。复工复产期间，全县各乡镇为园区推荐用工4412人。通过自主招聘帮助企业解决劳动力949人，其中本县就业637人，占67%以上。至年底，全园就业人员11760人，其中本县劳动力7760人，占66%。全年建成自主投资的工业标准化厂房20.67万平方米，食品产业园二期、云母产业园一期如期投入使用。G536园区段、兴东路、丰泽路等道路完成新建或升级改造。新建设的110千伏伍市东变和日供水量4万吨的青冲水厂改扩建工程投入使用。引进投资2.6亿元的燃燚能源公司在园区建设生物质气化炉集中供热项目。升级改造和清理全园区污水管网、裸露地块和卫生死角，投入绿化和亮化资金100多万元。

【平江高新区营商服务】 2020年，平江高新区全年开展企业摸底调研3次，干部每月走访企业两次以上，累计738人次，解决热点难点问题258个。召开企业座谈会5次，联合相关部门单位开展安全生产、财务会计、上市融资、减税降费等知识讲座和培训8次，邀请财政部、中注协专家举办题为“开拓企业眼界、提升管理水平”的专题讲座。全年为企业办理工商注册手续35个，发改备案62个，消防备案16个，消防验收12个，施工许可证11个，桩基验收15个，竣工验收5个，各类规划手续56个。在省政府真抓实干的优化营商环境第三方评估中，园区组织84家企业参与测评。

【平江高新区企业服务】 2020年，平江高新区制定出台《平江高新区工业企业效益综合评价实施办法》，建立分类帮扶机制。9月14日，华文食品在深交所中小板成功挂牌上市，方正达电子、山润油茶、旺辉食品等企业进入全省上市后备企业资源库，上市筹备工作有力推进。荣泰、恒基、山润、前元、新金刚等企业启动二期或三期建设，企业实缴年税收中，恒基科技1084万元，同比增长25%。威派云母1148万元，跨入园区企业税收前十。山润油茶1424万元，同比增长57%。黄金冶炼1542万元，同比增长93%；荣泰新材952万元，同比增长7.5倍。

【平江高新区安全环保】 2020年，平江高新区稳定发展环境。全年查处企业安全隐患600多处，督促企业整改到位，处理违反操作规程、违反劳动纪律、堵塞消防通道等典型违规案件121起，罚款处罚企业3家，警告处罚76家。举办安全生产月系列活动，组织全园130家企业开展集中宣传，举行消防应急演练。针对园区在线监测异常、来水超标等问题全面排查整改，做好整改销号工作。对发生的“6·30”“8·10”“9·10”等几次大暴雨导致的污水管网、泵站应急抢险工作抢修及时。启动园区管道清污行动，累计完成管道清洗清污工程60千米。全年处置各类信访问题115件，其中，公共热线信访事件79件，当事人直接信访32件，信访系统信访4件，处置满意度98%。解决困扰周边群众近10年的居委会和秀水十二组安置区建设规划选址等重点问题。

（邓杰平）

岳阳高新技术产业园区

【概况】 2020年，岳阳高新技术产业园区（简称岳阳高新区）助力疫情防控，狠抓复工复产、稳产达产和项目建设，推进调区扩区，各项工作取得成效。企业复工复产率100%，项目复工复建率100%。全年完成技工贸总收入302亿元，同比增长18.3%，完成税收入库3.32亿元，同比增长13.7%。新竣工重大产业项目和工业税收贡献等多项指标居全市前列，被评为2020年度全市先进园区。

【岳阳高新区招商引资】 2020年，岳阳高新区引进连心科技、鹏镜耐材、云隆新材、科维航建、柏毅设备、宝易通、盛博新材等28个链上产业项目，合同引资88.18亿元。11月25日，园区承办第二届石木塑全产业链峰会暨2020年会，财纳福诺木业（中国）有限公司、江苏肯帝亚木业有限公司、圣象集团有限公司等150多家石木塑产业及关联企业近300名嘉宾代表参加会议，就引进石木塑关联企业，加快石木塑产业发展进行专题招商推介活动。

【岳阳高新区项目建设】 2020年，岳阳高新区新开工项目30个，新竣工项目28个。新湘利、诺方斯、联创热能、渔美康二期等一批项目竣工投产运营，财纳福诺石晶地板产业链项目一期15条生产线全部升级改造完成，二期7万平方米标准化厂房主体工程建设全面启动，宸博铝型材及通讯基材项目一期顺利竣工，预计可新增产值70亿元以上，创税5000万元以上，新增劳动力就业3000人以上。6月11日，岳阳县2020年重大项目集中开工仪式暨财纳福诺石晶地板产业链项目（二期）奠基仪式在岳阳高新技术产业园举行。集中开工重大项目10个，计划总投资71.1亿元。9月29日，岳阳县2020年第三批重大项目集中开工仪式在岳阳高新技术产业园区举行，集中开工项目7个，计划总投资16亿元。

【岳阳高新区基础建设】 2020年，岳阳高新区推进扩园工程建设。完成五期93.33公顷扩园工程，推进六期100公顷扩园工程，实施七期106.67公顷扩园工程，全年报批土地54公顷，平整土地46.67公顷，新建标准化厂房32万平方米。完成工业污水处理厂提质升级改造，筹建新工业污水处理厂。岳阳高新区企业发展服务中心正式运行，成立岳阳高新区派出所、自然资源所，实现企业客商办事最多只进“一扇门”。高新区林冲路公租房投入使用，兴园社区（金信路）公租房开工在建。

【岳阳高新区“僵尸企业”清理】 2020年，岳阳高新区推进“僵尸企业”清理，挖掘存量土地效益。推动华雄陶瓷、百森陶瓷破产处置对外招商，促成科维航建盘活椰星饮料，三立业收购四化建高压阀门，通驰钢构收购双维生物，湘顺新材收购安达耐材未利用地，清退“僵尸企业”13家，盘活土地86.67多公顷，基本上实现“僵尸企业”和闲置土地“双清零”，得到省自然资源厅肯定，获得2020年度全省开发园区节约集约用地先进单位评选一等奖，奖励周转用地计划指标13.33公顷。

（李　岳）

华容工业集中区

【概况】 2020年，华容工业集中区（简称华容工业区）入驻企业118家，其中规模以上工业企业100家，高新技术企业18家，实现技工贸收入240亿元，税收1.65亿元；完成高新技术产值132.32亿元。科创纺织、科力嘉纺织各5万锭高端纺织项目全面投产，全县纺纱总规模达到全省四分之一，科力嘉获批工信部智能制造新模式样板试点企业。宝丽纺织喷气织巾、喷墨印花等技术处于国际领先水平，“漂亮宝贝”“宝丽图形”在美国和马德里获得国际商标注册。“插旗”商标获得中国驰名商标。福尔康卫材功能性天然纤维水刺无纺布为全国领导品牌。被评为全国农副产品加工基地、湖南省新型工业化产业示范基地。

【华容工业区基础建设】 2020年，华容工业集中区建成4.35万平方米的电子商务综合大楼、2万多米的主干路网、20万平方米的标准化厂房和1500套公租房；三封园区污水处理厂日处理能力由5500吨升级改造至1.1万吨，石伏园区日处理2万吨的桥东污水处理厂建成运行，洪山头园区日处理5000吨的污水集中处理设施投入运营。

【华容工业区科技创新】 2020年，华容工业集中区完善科技服务体系，提升企业自主创新能力。有省棉纺织工程技术研究中心、恒兴建材博士后科研流动站协作研发中心等省级研发机构两家，岳阳洞庭旺旺生态养殖星创天地、红豆杉科技园星创天地、华容县星灿长江众创空间等众创空间3家，岳阳市纺织产业集群公共服务平台、华容县中小企业服务中心等科技创新服务机构15家。至年底，申请专利370项，同比增长49.19%；获授权专利174项，同比增长12.99%；技术合同交易额累计4550万元，科技成果登记数为12件，近三年科技成果转化率由34%提升到56%。

【华容工业区土地集约利用】 2020年，华容工业集中区创新用地模式，提高土地利用率。通过省自然资源厅土地集约利用评价，土地集约综合评分为87.98，园区内工业用地率为74.07%，每公顷固定资产投入2795万元，每公顷工业用地产出强度4665万元，每公顷工业用地高新技术产业产出强度6622万元，园区内闲置土地处理率100%。

【华容工业区生态环保】 2020年，华容工业集中区通过省环保厅环评批复。近年，关停矿石开采企业11家，造林绿化长江岸线113.33公顷，复绿矿山7.47公顷，打造“最美长江岸线”。推进园区绿化、美化，新增绿地5.34万平方米，改造绿地3.26万平方米，园区整体绿化率超过30%。企业“三废”排放量低于控制指标，污水排放达标率95%。

【华容工业区企业服务】 2020年，华容工业集中区推进行政审批服务机制，精简289项行政审批的办事环节，县级审批服务事项单件办理时限平均压缩5.6天；企业开办时间缩短到4天；梳理企业到政府办理事项1099项，其中“最多跑一次”事项1041项。出台《华容县促进总部经济发展的若干意见》《关于委托华容工业集中区管委会实施部分县级行政审批事项的通知》等政策措施；成立全省首家县级产业引导基金，对4家优质企业股权投资7800万元。

（徐迎宾）

湘阴高新技术产业开发区

【概况】 2020年，湘阴高新技术产业开发区（简称湘阴高新区）科学统筹推进园区各项工作，经济社会发展呈现良好态势。至年底，园区累计入驻企业214家，其中工业企业186家、高新技术企业41家、规模以上工业企业91家。完成技工贸总收入275.63亿元，同比增长15.88%；实现规模工业增加值60亿元，同比增长23%；完成固定资产投资52.18亿元，同比增长10.42%；新增规模工业企业17家，完成税收3.5亿元，同比增长14.59%，税收增幅全市排名前列。

【湘阴高新区疫情防控】 2020年，新冠疫情防控以来，湘阴高新区坚守疫情感染“零发生”的园区阵地，促进企业复工复产，按照“分类指导、分类管理、分类施策”的原则，严把“开工前、生产中、复产后”三个关键环节，选派驻企防疫联络员85名，编制印发企业复工复产手册200多份。

【湘阴高新区项目建设】 2020年，湘阴高新区推进项目建设。至年底，新签约工业项目42个，签约投资额208.68亿元，其中，10亿元以上项目5个，5亿元以上项目5个，亿元以上项目14个。全年有裕同科技、长康二期、中研新材料、菲德克等39个项目新开工建设，可孚医疗、俊杰晟、金锥电力、威旭科技等33个项目建成新投产。特别是湘阴县列入湘江新区新片区后，12月18日，在长康二期项目现场举行首次产业项目集中签约暨开工仪式，集中签约项目16个、开工项目6个，标志着湘江新区湘阴新片区建设正式起步开局。金龙片区可孚医疗、航天康达两个项目作为全市产业项目建设流动现场会和全县“两会”期间人大、政协参观县域经济发展的现场点，得到与会领导和代表、委员的认可。

【湘阴高新区企业帮扶】 2020年，湘阴高新区到企业调研走访，帮扶企业发展。营商环境，对项目建设手续全程无偿代办，创建“妈妈式”服务企业微信平台，降低入园企业项目建设成本，推进园区整体区域评估，实现地质灾害、矿产压覆、区域环境影响、区域节能、水土保持、地震安全6项内容的整体评价评估成果区域内建设项目共享共用。用地保障，协同洋沙湖镇和金龙镇，加大征拆力度，开展“僵尸企业”、低效企业清理处置工作。累计清退“僵尸企业”13家（味美多、飘飘龙、翰林纸业、上东钢构、三江仁禾、诚信纸业、金三联、丰硕科技、华伟集团、蓝天电器、旭鑫电子、九宜家居、天宏置业），处置低效企业12家（匠心家居、金泰钢构、九浩建材、五成钢构、五友机械、兴盛优选、苏德新材料、栋林木业、海胖子家居、嘉品家居、金升门业、弈森家居），合计腾地面积近73.33公顷，保障长康二期、金为新材二期、新世纪包装等项目建设用地。用工招工，及时与县人社局等相关部门单位对接，组织企业到全县乡镇召开现场招聘会，收集整理各企业招工信息，通过“湘阴人社”“岳阳云就业”、省“湘就业”等网络招聘平台发布，为可孚医疗、长康集团、大科激光等74家企业招录员工1968人。与县总工会联合举办焊工培训班2期、电工培训班1期，免费帮助企业培训专业技术人员89人。融资需求，构建政、银、企相互沟通的良性互动机制，园区与县邮储银行、农业银行、农村商业银行、华融湘江银行等金融机构对接，加大对中小微企业的贷款支持力度，通过开展银企洽谈会，为凯博杭萧、吉通铝业、华康食品等46家企业争取授信贷款资金约2.87亿元，实际发放到位2.2亿元。项目申报，全年申报项目39个，申报资金8367万元，到位资金4506万元，其中为14家企业申报“135”奖补资金1610万元。为17家企业申报疫情期间租赁标准化厂房补助资金467万元。帮促上市，推进金为新材、铂固标准件、远大再生油等企业开展上市工作，重点解决企业新征建设用地和电力增容等扩产能方面的实际问题。

【湘阴高新区安全环保】 2020年，湘阴高新区履行属地监管职责。加大安环隐患排查整治力度，建立“一企一档”，划分“红橙黄绿”4个安全环保等级。全年入企“安环体检”389次，发现各类大小问题1427个，下发企业整改通知书82家，执行文书13份，问题整改率100%，未出现一例安全生产和环境保护责任事故。开展“散乱污”企业清理整治排查工作，排查“散乱污”行为企业48家，整改完成37家，清退处置不合规租赁企业11家。中央环保、全国人大执法检查、省环保督察回头看等反馈的5个问题全部得到整改和销号。完善服务配套及基础设施建设，推进智慧生态园区、基础设施建设，聘请第三方安环管理专业机构服务，完成园区企业固（危）废弃物收转运站建设，第三污水处理厂实现正式运营。组织企业开展员工技能培训14次、员工夜校15场，企业参训受训人数2190人，安环管理负责人持证率100%。

（吕胜亮）

湖南临湘工业园区

【概况】 2020年，湖南临湘工业园区（简称临湘工业园区）探索临港合作新模式，布局发展新材料、电子信息、装备制造、港航物流等新兴产业，提升产业项目质量，推动转型升级，各项工作取得成效。1月9日，正式获省政府批复成立临湘高新技术产业开发区。至年底，入驻企业124家，规模以上工业企业86家，高新技术产业企业35家。完成技工贸总收入464.1243亿元，同比增长6.64%。完成规模工业增加值98亿元，同比增长6.3%。完成固定资产投资46.9亿元；缴纳税收1.55亿元。新增规上企业13家。较好完成岳阳市、临湘市年度目标任务，在临湘市年底绩效考核中被评为“红旗”单位，在岳阳园区办绩效考核中排名第四位。湖南君乐米业有限公司、临湘市五鑫工程塑料有限公司获得湖南省专精特新“小巨人”企业称号，岳阳地泰工程材料有限公司、湖南兴同化学科技有限公司获得“省高新技术企业”称号。

【临湘工业园区重大项目建设】 2020年，临湘工业园区推进重大项目建设。岳阳市重点项目中非经贸产业园一期40公顷用地建设，6月启动征地，8月进场，9月全面开工建设，设计23栋厂房40万平方米，年底所有厂房基础和管网建设全面完工，两栋厂房主体工程竣工，堆场、道路、绿化等工程同步建设，按计划2021年5月完成竣工验收。签约江苏森工国际、道胜木业、林泰木业、中浩木业4家企业。

【临湘工业园区招商引资】 2020年，临湘工业园区新签约项目30个，总投资95.5亿元，10亿元项目3个，亿元以上项目17个。新开工项目30个，总投资109.5亿元，完成投资32.25亿元，10亿元项目3个，亿元以上项目17个。新竣工投产项目28个，累计投资36.17亿元。其中，杨桥新材料产业园，落地英科医用高端手套、英毅热电联产两个龙头项目，总投资50亿元，用地约66.67公顷，拟建医用手套生产线100条，全面建成投产后，年产值100亿元，解决用工5000人，年创税2亿元。高端医用手套项目完成注册、可研、土地摘牌等前期工作。热电联产项目，完成注册、可研、规划审批、土地报批、项目核准等工作。电子信息产业园完成签约项目6个，全部入驻开工，其中试产项目4个，年产值22亿元，年税收3500万元。钓具（浮标）特色产业园推动本土和外地钓具企业入驻三湾10万平方米标准化厂房，引入钓具项目12个，全部开工投产，总投资8.5亿元，标准化厂房入驻率90%。

【临港合作】 2020年，临湘工业园区与城陵矶新港区合作共建园区滨江产业区。市委书记王一鸥、市长李爱武、副书记陈爱林对两地合作给予肯定，提出具体目标和要求。制定《合作共建城陵矶新港区北片区（临湘工业园）实施方案》。新引进的英科医疗和中非经贸产业园项目开工建设。黄皋路建设完成招标，启动施工。合作公司贸易完成交易额5亿元，融资授信10亿元。

【临湘工业园区化工企业退出搬迁】 2020年，湖南省沿江1千米范围内化工生产企业搬迁改造名单发布，园区全部22家沿江化工企业位列名单内。临湘工业园区退出搬迁时间从2025年提前到2022年，完成退出搬迁化工企业的风险评估工作和“一企一策”的制定，完成8家停建停产化工企业的退出拆除和1家停建化工企业的转移落地目标任务。

【临湘工业园区营商环境】 2020年，临湘工业园区优化营商环境。展开中非经贸产业园项目和英科项目前期工作，解决企业招工难题。疫情防控期间，临湘工业园区联合临湘市人社局，连续7天组织企业下到10个乡镇现场招工，意向签约800多人；加大企业金融扶持，园区企业神骏化工、国发精细作为重点防疫物资生产企业，农业银行、华融湘江银行分别发放贷款100万元、1000万元。瑞琦户外、如虹制药、木溢家居3家企业在金融支持小微企业暨风险补偿金首批贷款签约仪式上，与农业银行签订1200万元的贷款协议。利用政府基础设施建设项目，申报2020年政府专项债券，申请规模3.39亿元。

【临湘工业园区安全环保】 2020年，临湘工业园区加强安全环保工作。“污染防治攻坚”“洞庭清波”中涉及到园区的13个整治任务全部整治到位，完成销号。临湘工业园区污水处理厂在各级部门的督查采样、环保部门监督采样中，未出现超标情况。临湘工业园区企业全部实现雨污分流，在岳阳市级湖长季度巡湖、临湘市级湖长月巡湖过程中，雨水排口水质都保证达标。全年通过各级各部门的安全环保检查30多次。

（李　勤）

汨罗循环经济产业园区

【概况】 2020年，汨罗循环经济产业园区（简称汨罗产业园区），各项工作取得成效。全年实现技工贸总收入705亿元，同比增加20%；固定资产投资100亿元，同比增加79%；税收净入库8.55亿元；新增规模企业28家，在岳阳市产业园区高质量发展考核中排名第一位，获批为国家首批绿色产业示范基地、国家环境污染第三方治理园区、湖南省高质量发展园区、湖南省特色产业园区。

【汨罗产业园区项目建设】 2020年，汨罗产业园区推进项目建设。全年新签约项目33个，其中，100亿元项目1个，10亿元项目两个，5亿元项目3个，亿元项目10个。合同引资196亿元。实现产业项目“三类500强”落户“零”的突破，世界排名91位的正威集团百亿级项目布局园区，国内“500强”攀华集团、金发科技入驻。20个产业项目开工。推进展威科技、振升恒佳、恒塑科技、万容汽车拆解、海锋环保等重大项目建设，龙智科技、万容塑业、三邦环保等10个项目建成投产，18天征地33.4公顷、拆房97栋，全年报批土地100.73公顷，拆迁房屋126栋。成功处置普兰科电极、众发物流、钱江铜业等15家“僵尸企业”，合计盘活土地41.33公顷。

【汨罗产业园区服务企业】 2020年，汨罗产业园区加强改革创新。汨之源公司加大投资力度，做实做活控股参股子公司，收购园拓建设公司，引进悦购超市，合资三邦环保，启动重金属污水处理厂和中水回用厂污水治理收费，加强资产注入和包装，拓宽融资渠道等方式，全年实现筹融资15亿元，公司整合资产57亿元，达到“AA-”信用评级指标。组建园区科创服务中心、园创高新发展公司，聘请专家教授担任产业链科技顾问，引导和鼓励企业与高校合作建立科研平台，获批湖南省科技孵化器、湖南省创新创业服务平台。“放管服”改革，承接市政府下放的46项行政审批权限，实施“二号公章”，全年无差别受理和办结298项事项，召开9次规划评审会议。

【汨罗产业园区营商环境】 2020年，汨罗产业园区优化营商环境。对接10多家银行，全年为67家企业融资6.12亿元；会同人社、各镇开展15次招工活动，为30多家企业解决用工2000多人。实施“扫黑除恶”行动，打击“三强三堵”行为。召开安全生产大会，定期开展隐患排查执法行动，实施安全培训和应急演练常态化机制。加快任弼时芙蓉学校、市第二人民医院迁建项目、职业教育产教融合基地等6个运营性项目建设，完善园区基础设施配套体系。

【汨罗产业园区三大攻坚】 2020年，汨罗产业园区聚焦三大攻坚。汨之源公司归还和置换高息债务7亿多元，按时兑付各项工程款，有效防范债务风险。污染防治方面，加强重金属污水处理厂、中水回用厂、垃圾焚烧发电、危废综合处置等环保基础设施运营管理，全面拉通污水管网。开展常态化污染防控，分批为园内企业环保体检，建立污染档案，打击环保不达标行为，取缔“小散乱污”企业，通过省环保“回头看”检查。作为新市镇新阳社区、团螺村扶贫后盾单位，105户贫困户全面脱贫，通过省检验收。

（熊卓胜）

湖南岳阳绿色化工产业园

【概况】 2020年，湖南岳阳绿色化工产业园（简称岳阳绿色化工产业园）被评为国家新技术产业基地、国家火炬计划特色产业基地、国家新型工业化示范基地、国家循环化改造试点示范园区和国家低碳工业试点园区。园区开发面积15.9平方千米，引进石化企业251家。

【岳阳绿色化工产业园疫情防控】 2020年，岳阳绿色化工产业园助力疫情防控和复工达产，落实入园登记筛查、干部联点企业等十条措施，没有出现感染新冠肺炎患者，没有企业受疫情影响而停工，企业复工率95%，员工返岗率98%。全年完成技工贸收入1207亿元，税收117.7亿元（其中小园区完成技工贸收入703亿元，税收9.7亿元）。

【岳阳绿色化工产业园招商引资】 2020年，岳阳绿色化工产业园新签约年产5万吨乙酸异丙酯项目等项目18个，签约资金59.25亿元，新开工云科化工等项目23个，新投产华南新能源等项目15个；完成石油化工及新材料产业链工作机构的组建，制订产业链发展规划；选定催化剂等10家重点龙头型企业、中顺等10家成长型骨干企业、聚仁等10家科技型中小企业实行联手帮扶；园区融资额度2.75亿元，使用1.35亿元，向上争取中央、省补资金6850.7万元，协助东方雨虹等44家企业贷款5.8865亿元。

【岳阳绿色化工产业园项目建设】 2020年，岳阳绿色化工产业园完成己内酰胺214.87公顷土地平整、高压线迁改、安置房小区及配套建设，巴陵公司地基处理和地下管廊工程正式开工。开发土地22公顷，硬化道路1.7万平方米，架设电力线路1.7千米。成立云溪区污水处理厂尾水排江管网建设项目指挥部，进入施工图设计阶段。云溪片双水源消防稳压系统建设工程完成施工图图审及预算评审。启动长岭片危货停车场建设项目选址及调规工作。

东方雨虹生产车间

3.03平方千米调区扩区的土地集约利用评价获省自然资源厅批复。

【岳阳绿色化工产业园环保问题整治】 2020年，岳阳绿色化工产业园完成长济经济带生态环境警示片指出问题整改销号工作。完成干化池257吨淤泥转移处置，拆除干化池并复绿。沿团湖岸线渗水做到应收尽收，1月—11月，收集渗水17万吨送往污水厂处理。400米卫生防护距离搬迁企业邦德和格瑞开工建设，土建工程完成70%以上，老厂区全面停产。21家挥发性有机气体企业有20家企业完成整改，1家因长期停产暂未实施整改，29家企业防腐防渗问题有22家完成整改。云峰、英泰等公司完成雨污分流系统的提标整改。园区雨水排口实行日巡查制，定期采样监测水质，雨水排口基本达标。园区“一企一管”污水在线监测系统投入使用，云溪片区55家企业对接监测系统，严格企业控制污水纳管水质标准，保证污水厂正常运行。

【岳阳绿色化工产业园安全生产管理】 2020年，岳阳绿色化工产业园全年开设“安全生产大讲堂”5次，培训员工400多人。6月，举办园区危险化学品安全技能大比武及知识竞赛活动。11月，举办园区危险化学品装卸作业事故综合应急演练活动。聘请深圳世和安全技术有限公司提供安全技术支撑，针对百日行动的47家企业排查出的3356条隐患，完成隐患整改3267条，整改率97%；重大隐患170条，完成整改166条，整改率98%；开展企业风险分级，实行分色管控。35家危险化学生产和储存企业进风险评估分级，制定专项措施，按红、橙、黄、蓝分级管控。

【岳阳绿色化工产业园改革创新】 2020年，岳阳绿色化工产业园完成园区人事改革和薪酬制度改革，与湖南师范大学签订战略合作协议，开展订单培训；与中南大学合作开展VOCs治理工作；开展园区企业身份证信息的摸查、录入和分类，完成企业名录的制定；开展僵尸企业处置工作，长科化工资产过户完成，威索石油债务重组成功，盛塑胶完成股权转让。

（陈垂良）

君山工业园

【概况】 2020年，君山工业园克服新冠肺炎疫情和经济持续下行的不利影响，推进复工复产、招商引资、项目建设和企业服务等工作，取得良好成效。至年底，完成技工贸总收入约200亿元，完成规模工业增加值约52亿元；完成固定资产投资总量约28亿元，完成税收10680.03万元，增幅1.03%，税收首次突破亿元大关，其中，工业税收增幅29.1%，排名全市第一位。超额完成内外资目标任务。新签约项目18个，合同引资36.1亿元，招商引资在全市七区排名第二位。在全区综合绩效考评中被评为综合绩效考核先进单位，在综治、信访、招商、提案议案办理、重大项目建设、环境保护等单项工作中被评为先进。

【君山工业园基础建设】 2020年，君山工业园形成以国泰食品、李记食品、童记三利和食品、正源食品为龙头的食品产业集群。有三利和、口水娃等年销售额10亿元休闲食品产业集群，正源、兴宏、洞庭苇田等日加工龙虾800吨、年产值约15亿元的龙虾产业集群，国泰、李记以芥菜为主的食品加工企业。至年底，有入园企业80家。荆江门片区企业59家，其中，食品加工企业34家、电子信息企业7家、生物医药企业5家、包装企业4家、其他类型企业9家；林角佬片区企业21家，其中，食品加工企业两家、印刷包装企业8家、新材料生产企业5家、电磁铁生产企业4家、冷链物流企业1家、其他类型企业1家。荆江门片区现建成标准化厂房43栋面积454341.31平方米（一期、二期、四期综合配套楼3栋面积1.84万平方米），租赁34.74万平方米，未出租8.86万平方米。集中供热站、污水集中处理厂、员工宿舍楼、公共食堂等生产、生活配套设施投入使用，近1000套高标准公寓式宿舍投入使用；完成“三纵四横”的20多千米的道路建设；实现水、电、天然气、蒸汽、排污、通信等管网全覆盖。

【君山工业园疫情防控】 2020年，君山工业园成立防疫工作领导小组，印发《企业复工复产指南》《君山工业园复工复产企业防疫须知》等文件，到一线指导企业有序复工复产，解决企业复工复产问题52个，未出现一例疑似或确诊病例，国泰食品、三利和食品等多家企业产能实现倍增。

【君山工业园营商环境】 2020年，君山工业园优化营商环境。率先核查企业税收和固定资产投资，督促企业履行合同约定，收缴租金总量的80%。抓安全生产。邀请专业机构对企业进行消防安全知识培训及演练，培训企业31家、员工1060人，3次召开安全生产专题会议，多次开展园区企业安全隐患排查。抓实环保。君山工业园“一园一档”编制、雨污管道建设不完善、雨污分流不完善三个环保问题于9月销号。

【君山工业园项目建设】 2020年，君山工业园推进项目建设。国泰食品项目完成建设并试生产，李记食品项目启动建设，驾考中心项目前期手续基本完成，启动电子包装园4个项目完成规划设计，进行工程招标，格玛童车启动装修，茂祺食品、口口佳食品等一批项目顺利投产。

（吴淳杰）

生态环境保护

编 辑 赵 晶

综　述

【概况】　2020年，岳阳市31个地表水考核断面水质监测达标率96.2%（目标值93%），同比提高3%。长江岳阳段水质达标率100%；东洞庭湖水质综合评价达到考核标准；东风湖、松杨湖水质由劣Ⅴ类改善为Ⅳ类，芭蕉湖水质由Ⅳ类改善为Ⅲ类，南湖水质有7个月时间达到Ⅲ类，全市城镇集中式饮用水源地水质达标率100%。市城区空气质量优良率达到90.7%，同比提升10.2个百分点，在六个大气污染传输通道城市中排名第一位，全年无一天重污染天气；空气质量综合指数3.79，同比改善13.9%。污染防治攻坚战暨“夏季攻势”任务完成情况和土壤污染防治项目完成率排名全省第一位；空气质量优良率大幅跃升，获得2020年全省大气污染防治奖；长江、洞庭湖、芭蕉湖、南湖、华容河等重点河湖水质明显改善。“岳阳市综合施策东风湖重现水清岸绿新画卷”作为典型经验受到省人民政府通报表扬。

【生态环境机构改革】　2020年，市生态环境局继续加强机构改革工作，深化保障工作，提升工作效率。加强财政保障，6个县市的工作经费、人员工资、年终绩效等纳入市财政2020年基本支出和常规性专项经费支出预算指标。增加3名行政编制，从全市涉改事业单位中选拔15名工作人员充实生态环境保护队伍；市生态环境保护综合行政执法支队新增3名正科职、4名副科职数，市生态环境局直属事业单位新增两名副科职数。

【生态环境保障】　2020年，市生态环境局提升生态环境保障能力。疫情期间，全市生态环境系统每天派出100多名执法人员，对全市医疗机构产生的医疗废物、废水进行督查监管，确保及时有效收集转运和处理。开展危险废物规范化管理督查考核，13县（市、区）全部为A级；全年危险废物跨市转移4500吨、市内转移1.2万吨，医疗废物转移3000吨，未发生安全事故。推动复工复产，全市生态环境执法队伍支持实体经济发展。组织开展长江入河排污口排查、饮用水水源地保护、清废行动等专项执法行动，严厉查处环境违法行为。加强核与辐射监管，举办岳阳市辐射安全与防护培训班，开展“平安岳阳”辐射事故应急演练，确保全市辐射环境安全。提升科技支撑能力，组织编制《岳阳市“十四五”生态环境保护规划》《岳阳市“十四五”重点流域水环境保护规划》，完成《岳阳市水环境质量现状及变化趋势研究报告》《岳阳市生态环境问题解析报告》。加强生态文明示范县创建，湘阴县被评为全国生态文明建设示范县，平江县被评为省级生态文明建设示范县。创建长江经济带绿色发展示范区，《岳阳创建长江经济带绿色发展示范区实施方案》经省政府常务会议审议通过，岳阳成为第五个国家长江经济带绿色发展示范城市。加强环境影响评价监督管理工作，推进行政审批“两集中、两到位”制度改革，优化审批程序，推进部门联动审批，提升审批效能和科学决策水平，确保行政审批涉及的问题能够解决到位。

【生态环境争资立项】　2020年，市生态环境局争取项目70个，争资5.21亿元。岳阳市申报的《湖南省岳阳市东洞庭湖流域山水林田湖草生态保护修复工程（一期）项目实施方案（2021—2023年）》获省政府批复，成功上报自然资源部和财政部项目库，申报总投资20.6亿元。

【生态环境审批】　2020年，市生态环境局完成市本级审批项目140个，协助省生态环境厅审批建设项目12个，主动与生态环境部、省生态环境厅协调，岳阳港总体规划、绿色化工园调区扩园等重大项目通过环评审批。推进排污许可制改革，完成全市91个行业1039家企业排污许可证核发工作。

【生态环境排污权交易】　2020年，岳阳市全年新增企业排污权交易128笔，交易金额1775.643万元，交易化学需氧量296.45吨、氨氮44.18吨、二氧化硫256.9吨、氮氧化物311.4吨、铅0.75吨、镉0.04吨、砷0.13吨。

（何　旭　刘常亮）

环境状况

【空气环境质量】　2020年，岳阳市环境空气质量大幅改善。市城区空气质量优良率90.7%，同比上升10.2个百分点；空气综合指数3.79，同比下降13.9个百分点。$PM_{2.5}$浓度每立方米37微克，同比下降14个百分点；PM_{10}浓度每立方米56微克，同比下降17.6个百分点；O_3浓度每立方米134微克，同比下降18.3个百分点。岳阳市在全省六个大气污染传输通道城市（长株潭岳常益）中，空气质量优良率排第一位，空气质量指数排第二位，无重污染天气。

【水环境质量】　2020年，岳阳市江湖水质持续改善。全市31个考核水质监测断面，总计监测367次，水质达标353次，达标率96.2%，同比上升3个百分点。其中，Ⅰ至Ⅲ类水质298次，占比81.2%，同比上升3.5个百分点；Ⅳ类水质63次，占比17.2%，同比下降3.5个百分点；Ⅴ类水质6次，占比1.6%，同比下降0.3个百分点（岳阳楼区岳阳楼断面和岳阳县艑山断面1月份总磷超标，岳阳县八仙桥断面、岳阳楼区洞庭湖出口断面、君山区东洞庭湖断面、岳阳县鹿角断面12月份总磷超标）；无劣Ⅴ类水质。长江岳阳段4个断面监测46次，水质优良率100%，同比持平。其中，Ⅱ类水质44次，占比95.7%，同比提升18.6个百分点；Ⅲ类水质两次，占比4.3%，同比下降18.6个百分点。洞庭湖岳阳区域7个断面按照年均值考核要求，水质达标率94%（水质目标Ⅳ类），同比下降2.4个百分点。其中超标因子总磷浓度每升0.063毫克，同比下降7.4个百分点。

【土壤环境质量】　2020年，岳阳市农药使用量同比减少4%（目标4%），测土配方施肥技术覆盖率95%（目标90%）。

（何　旭　刘常亮）

污染防治

【概况】 2020年初，岳阳市生态环境局牵头制定污染防治攻坚战2020年度工作方案，确定58项具体措施；攻坚战的重点内容归纳到《夏季攻势清单》，确定七大任务，136项子任务，425个具体问题。年度工作任务圆满完成。

【水污染防治】 2020年，市生态环境局开展“碧水保卫战”。加强饮用水源保护，完成15处市、县级“千吨万人”水源地评估工作，划定77处“千吨万人”饮用水保护区，摸排发现的55个饮用水源地环境问题全部销号。深化重点流域、区域污染防治，开展华容河等不达标水体环境综合整治，整治后水质明显好转，华容河水质总体为Ⅱ类。推进工业聚集区水污染治理，完成岳阳市12家工业聚集区和工业园区17个片区的“一园一档”管理工作以及9个园区19个问题的整改销号。加快乡镇污水处理设施建设，全市70个乡镇污水处理设施建设全部完成，通水试运行，实现全市所有乡镇污水处理设施全覆盖。推进雨污分流改造，中心城区污水系统综合治理完成新建管网168千米，完成小区雨污分流改造面积330公顷。加强地下水污染防治，在原汨罗市生活垃圾填埋场开展地下水污染防治试点。推进船舶港口污染防治，建成6处码头船舶生活污水固定接收设施和3处码头船舶油污水固定接收设施，实现岳阳水域内的船舶污染物免费接收全覆盖。落实河湖长制，全年市县乡村四级河湖长累计巡河10.8万人次，交办问题清单3210份；开展“河湖健康问诊”专项行动两次，拍摄暗访视频片，曝光问题156个，全部以市级河长令交办相关县（市、区）整改。清理整治长江沿线27个利用项目，其中，拆除13个，现状保留11个，整改规范3个，完成速度居全流域第一位；实现河湖“清四乱”全覆盖，新发现河湖“四乱”问题145处，全部整改完成销号。开展河湖划界和岸线规划编制，完成规模以上66条河湖、规模以下82条河流划界和界桩埋设工作和15条市管河湖岸线保护与利用规划编制工作。做好水污染项目管理。全年申报水污染防治中央储备库项目32个，项目批复总投资24.7亿多元；争取中央及省级水污染资金11630万元，其中，中央水污染防治资金9650万元，省级流域补偿资金490万元，省级饮用水源保护资金1490万元。

【大气污染防治】 2020年，市生态环境局推进“蓝天保卫战”。开展扬尘污染整治，建立扬尘污染有奖举报制度，市政府督查室牵头，累计开展专项督查18次，督促整改扬尘污染问题200多个，对23个扬尘污染问题企业（项目）在媒体公开曝光。开展挥发性有机物治理，完成涉VOCs企业整治239家。深化工业炉窑大气污染专项治理，完成工业炉窑大气污染综合治理项目61个。提高大气监测能力，完成1座颗粒物组分站、50个城市环境网格化小微站，3套机动车尾气固定式遥感监测系统等项目建设；完成14个省级及以上园区微型站网格化建设。开展柴油货车专项整治，淘汰老旧柴油货车124台，上路抽测柴油车208台，对不合格的55台进行处罚。开展重污染天气应急联动，市生态环境局与市气象局订立重污染天气预警预报制度，修订岳阳市重污染天气应急预案，更新全市工业源排放清单和重污染天气应急减排清单，成立岳阳市重污染天气应急预案联络领导小组，组织应急演练。调整优化高污染燃料禁燃区和城市声环境功能区划分调整。严禁农作物秸秆露天焚烧。落实乡镇（街道）监管，村组（社区）巡查管理制度，做到秸秆禁烧巡查全天候、全方位、全覆盖。加强秸秆禁烧宣传工作，通过户外广告牌、横幅、标语等形式加大宣传力度，充分发挥电视、农村广播“村村响”以及新媒体作用。开展占道餐饮油烟治理，每周开展夜市整治行动3次以上，推广使用有油烟净化设施的炉灶，157家夜市门店店外烧烤炉全部改造为环保烤炉，餐饮油烟做到净化排放。

【土壤污染防治】 2020年，岳阳市强化“净土保卫战”。开展农用地和重点行业企业用地调查工作，完成农用地土壤环境质量详查，查漏补缺重点行业企业用地用地情况，对全市382家重点行业企业进行基础信息调查和风险筛查，完成第一批29个地块的采样检测工作。开展涉镉等重金属重点行业企业排查工作，按照《涉镉等重金属重点行业企业排查整治方案》的具体要求，结合信访投诉件和农用地详查等数据，组织5轮排查全市涉重金属企业65家，在全市选取8家企业开展涉镉等重金属重点行业企业开展排查工作专题调研。推进土壤和重金属污染治理项目，落实“一月一调度、半年一督查”制度，对发现的问题，督促相关业主单位立行立改，确保项目的实施效果和资金使用效益。完善土壤环境质量监测网络，做好土壤污染预防工作，加强污染源监管，市生态环境局会同湖南岳阳生态环境监测中心共同制定《岳阳市土壤环境质量监测方案》，在原有的89个国控土壤质量监测点位基础上，增设58个市土壤污染重点监管单位周边土壤环境质量监测点位及110个县级以上集中式饮用水水源地周边土壤环境质量监测点位。结合土壤污染源、污染地块调查，辖区内从事过有色金属采选及冶炼、石油加工、化工等行业生产经营活动的地块，纳入到疑似污染地块名单，上传至全国污染地块土壤环境管理系统，岳阳市录入60个地块。与市县两级自然资源和规划部门创建共享账号，建立信息共享机制。防范新增土壤污染。市生态环境局确定并公布土壤环境重点监管企业55家。企业按年度报告污染物排放情况，建立风险隐患排查制度，每年对厂区土壤进行一次自行监测。组织对土壤污染重点监管单位周边土壤进行监测。开展地下水污染防治工作试点，临湘市成功申报原桃林铅锌矿区地下水环境状况调查评价项目，通过省级专家评审，申请进入中央项目储备库。

【农业面源污染防治】 2020年，市生态环境局开展农业面源污染防治。推进农村环境综合整治项目实施。全市农村环境综合整治整县推进项目全部通过验收。申报农村环境整治和农业面源污染防治项目。7月，市生态环境局组织各县（市、区）申报2020年度省级农业面源污染防治项目，3个项目申报成功，获得285万元省级专项资金支持。全年市生态环境局四批次向省生态环境厅推荐报送2021年度农村环境整治项目10个，进入省级项目库A类项目6个。实施农村生活污水治理。3月，按照《全国县域农村生活污水治理专项规划编制指南》要求，市生态环境局组织指导各县（市、区）开展农村生活污水治理专项规划或实施方案编制工作，明确农村生活污水的治理目标、推进时序和措施，除城陵矶新港区和南湖新区无需编制该规划外，其他11个县（市、区）全部完成编制工作。市生态环境局组织各县（市、区）开展全市农村生活污水现状调查工作，以行政村为调查单元，实地摸清全市农村人口、户数、房屋分布以及生活污水排放情况，农村污水治理设施建设和运行情况等，分析村庄周边环境特别是水环境容量，形成“一村一档”，确保农村生活污水治理工作合理有序稳步推进。9月30日前，岳阳市100个农村生活污水治理任务村全部完成工程建设，顺利通过县级验收和市级核实，获得1370万元省级奖补资金。开展农村黑臭水体排查和整治示范。2019年12月，华容县被列为全省农村黑臭水体治理试点县，获得专项资金支持400万，2020年初完成实施方案编制和初步设计等前期工作，正在进行施工，力争探索出一套符合区域实际条件、体现区域特征的农村黑臭水体治理模式并加以推广应用。9月，组织开展农村黑臭水体排查，以村为调查单元，明确黑臭水体数量、名称、地理位置、污染成因和治理范围等，排查出农村黑臭水体207条。

【固体废物污染环境防治】 2020年，市生态环境局重视固体废物污染环境防治工作。医疗废物监管。新冠肺炎疫情发生以来，要求医疗（废物）处置公司对医疗废物处置的各项数据进行记录、统计，确保所有医疗废物能追根溯源。对偏远县（市、区）乡镇的医疗废物48小时收集和转运，城区和临近县（市、区）医疗机构24小时收集和转运。全年累计实际处置医疗废物量2800多吨（含病理性废物外送处置），对医疗机构医疗废物暂存做到零积压零风险，日产日清，确保环境安全。危险废物规范化管理。开展全市危险废物规范化管理现场督查考核，13个县（市、区）全部为A级。开展尾矿库排查整治工作，排查尾矿库71个。其中，临湘市辖区内尾矿7个，在用库3个，闭库两个，停用库两个，结合污染防治方案完成5个尾矿库治理并验收。平江县辖区内尾矿64个，其中，在用库11个，闭库39个，停用库14个；其中，不需要编制污染防治方案的有43个，需要编制污染防治方案治理的21个尾矿库全部完成治理。开展危险化学品风险隐患大排查，在全市开展“百日行动”排查产生废弃化学品单位56家，学校24所，对45家涉及废弃危险化学品企业填报，按照“一企一档”的要求，督促每家被抽查企业建立抽查档案，对检查中发现的问题进行整改和查处。

【人居环境改善】 2020年，市生态环境局持续推进人居环境改善。城镇生活垃圾填埋场整改销号。屈原管理区营田镇垃圾填埋场、云溪区罗家坳垃圾填埋场、平江县垃圾填埋场、岳阳县垃圾填埋场、华容县垃圾填埋场、临湘市细冲垃圾填埋场6个垃圾填埋场完成省级销号，市花果畈垃圾填埋场封场整治、汨罗市新桥垃圾填埋场整治按时序稳步推进，进展居全省前列。道路保洁。对中心城区主次干道实施高频次机械化清扫，加大人行道清扫保洁力度；加强垃圾运输车管养，确保车体整洁、密闭收运，杜绝垃圾撒漏、污水滴漏；加强街道冲洗和降尘，主街主道每2小时洒水一次，用多功能抑尘车（夏秋）每天开展3次降尘作业。杜绝露天垃圾焚烧。垃圾焚烧纳入行政执法内容，执法队员在日常巡查中对发现的道路两侧焚烧垃圾行为第一时间制止、查处。露天垃圾焚烧行为得到遏制，随意焚烧垃圾现象基本杜绝。生活垃圾处理。整治农村非正规生活垃圾堆放点和建筑垃圾堆放点217处，按“清运、无害化、平整覆绿”三个标准整治完成，通过省住建厅的验收，在“全国非正规垃圾堆放点排查整治信息系统”销号。农村垃圾收转运体系基本建成，按照户分类、村收集、镇转运、县处理的农村垃圾治理模式，推进农村垃圾收转运体系建设。至年底，全市建成乡镇垃圾中转站162座，实现所有乡镇全覆盖，各村都配备保洁人员。

【生态环境突出问题整改】 2020年，市生态环境局推进突出生态环境问题整改。实行“五个一”（一个问题、一名市领导牵头、一套整改方案、一张责任清单、一抓到底）工作制，落实逐月调度、通报、督办等硬措施推动整改，城市污水收集处理设施、黑臭水体、污水直排等城市生活污染整治取得明显成效。中央（国家）层面（中央环保督察暨“回头看”、长江经济带警示片、全国人大水污染防治法执法检查）交办岳阳市突出生态环境问题有5类50项，经完成整改销号49项，正在按时序进度推进1项，没有出现整改进度滞后的任务；2018年省环保督察反馈岳阳市23项问题，完成整改销号21项，两项正在整改的任务与国家层面交办任务重合，一体推进，一同整改销号。

【省生态环境保护督察“回头看”】 2020年10月，省第三生态环境保护督察组（简称省环保督察组）进驻岳阳，进行为期半个月的“回头看”督察。10月23日，岳阳市召开配合省生态环境保护督察“回头看”动员会、汇报会，成立以市长李爱武为组长、副市长黎作风为副组长的岳阳市配合省生态环境保护督察“回头看”协调联络工作领导小组，各县（市、区）和市直相关单位主要领导组织召开配合省环保督察“回头看”工作部署会议。11月2日，市长李爱武到岳阳县麻塘镇、岳阳楼区梅溪乡、云溪区道仁矶镇等地，督查大坳砂石公司生态环境问题整改、花果畈垃圾处理场渗滤液处理站运行及罗家坳垃圾填埋场整改等情况。副市长黎作凤到韩家湾大堤华泰排水闸、湖南华菱西面市政生活排污口、武警船艇大队码头生活排污口以及岳阳县湖管局生活排污口等地督查，实地调度督查洞庭湖排污口整治工作。宣传造势。全市各级主流媒体发布新闻719条，通过App、微信公众号、官方微博等方式公开报道督察“回头看”工作269条。资料调阅。岳阳市整理报送省督察组调阅资料合计10批208项1860多份。涉及13个县（市、区）以及市自然资源和规划局、市住建局、市城管局等10多家单位，内容涉及矿山治理、城市污水管网建设、垃圾填埋场治理及中央环保督察、省级环保督察、蓝天保卫战销号等有关资料。信访举报受理。省督察组收到群众举报件266件（来电254件，来信12件），受理群众举报件222件（来电211件，来信11件）。经省督察组核定，转办岳阳市128件，其中重点件40件（含交办问题18件，督办问题6个）。按污染类型统计，涉及大气污染的45件，占比35.2%；涉及水污染的33件，占比25.8%；涉及噪声污染的21件，占比16.4%；涉及生态破坏、固废、其他等的29件，占比22.6%；投诉举报重点在大气、噪声和水污染方面。边督边改。各地各单位对省督察组交办的问题反应迅速，查处环境违法行为30多起，其中，责令企业整改19家，立案处罚6家，行政处罚0.6万元，行政拘留1人，组织处理1人。按省督察组时限要求，岳阳市督察期间上报办结98件（含阶段性办结18件），办理中30件，办结率76.5%。

【污染防治攻坚战暨夏季攻势】 2020年，市生态环境局推进污染防治攻坚战暨“2020年夏季攻势”，完成目标任务情况排名全省第一位。市委、市政府主要领导高度重视，多次听取情况汇报，实地督导，推动突出环境问题整改。出台《岳阳市污染防治攻坚战2020年工作方案》《岳阳市污染防治攻坚战2020年考核办法》及考核细则，污染防治工作纳入全市年度绩效考核。各县（市、区）、市直相关单位对照“夏季攻势”任务清单，对标对表，推进任务落地落细。副市长黎作凤两次主持召开调度会议，要求整改滞后单位采取超常规措施，加快推进，确保各项任务如期交账。市委、市政府组织6个市级督查组，对污染防治攻坚“夏季攻势”推进情况每月开展一次督查，对进展迟缓、效果不佳的单位予以通报。

（何　旭　刘常亮）

节能减排

【主要污染物总量减排】 2020年，市生态环境局狠抓落实工程、结构、管理三大减排措施，主要污染物排放总量得到削减，总量减排工作取得一定成效，全年实现主要污染物减排化学需氧量2182吨、氨氮243吨、二氧化硫2330吨、氮氧化物1714吨（上报数据）。

（何　旭　刘常亮）

【节能降耗工作】 2020年，全市单位生产能耗0.486吨标准煤/万元，万元GDP能耗比上年下降3.78%。规模以上工业六大高耗能行业能耗占地区规模以上工业能耗比重同比下降0.6个百分点。淘汰落后产能。严格项目立项审批，对落后产能项目一律停止审批和上报，与自规、规划、环保等部门衔接，严防新上“三高一资”项目。关闭、淘汰和整改“地条钢”产能过剩企业，防止死灰复燃；引退35家造纸企业。加强节能监察。对全市145家年综合耗能5000吨标煤以上规工企业，严格按照国家发改委等七部委《重点用能单位节能管理办法》要求，严格节能监察执法，以抓好重点工业用能单位为突破口，有力推动节能减排工作。优化能源结构。以冶金、化工、建材等高耗能行业为重点，继续组织节能技术改造，促进传统产业能源利用改造升级；有计划发展风电、光伏发电，有序推进生物质能发电和天然气、电能替代工程，从能源供给和消费两侧同时发力，大幅减少煤碳和燃油消费，提高非化石能源占一次性能源消费的比重。

【水污染减排】 2020年，市生态环境局加强水污染整治工作，减少水污染物排放。城镇污水收集、处理设施建设与改造。以城镇污水处理为切入点，推进三峡集团“共抓大保护”示范项目建设，市中心城区污水系统综合治理工程二期PPP项目总投资72.27亿元，有子项目12个，9月下旬正式落地。一期项目累计完成投资27.1亿元，新建道路主管网57.5千米，完成小区雨污分流改造面积245公顷，东风湖、王家河底泥疏浚清淤105万立方米。城镇污水治理的“岳阳经验”被三峡集团在长江流域推广。围绕东风湖、芭蕉湖等较大水体，在青年堤

东风湖“黑臭水体”蝶变生态公园

等地段安装14台移动式污水处理设备（总处理能力7.9万吨/日），先行截流和处理污水，对设备运行常态化监管。针对城中村、城乡接合部等部分污水收集管网暂时无法覆盖的区域，采取建设小型污水收集站、分散处理四格净化池形式，防止污水直排水体。加强乡镇污水处理设施建设，全市93个污水处理厂建设任务，2019年年底开工，2020年年底全部建成。船舶生活污水收集处置。岳阳在港400总吨以上的货船按规定全部安装生活污水收集处置装置；400总吨以下的货船有14艘安装生活污水收集处置装置，超额完成任务（指标为12艘）。工业集聚区水污染治理。开展省级及以上工业集聚区专项整治行动，重点排查整治管网不配套、雨污不分流、污水集中处理设施及自动监控运行不正常等问题，基本实现工业园区污水管网全覆盖，工业污水集中收集处理、达标排放，在线监控稳定运行。推动加强省级及以上工业园区环境管理水平，岳阳市12家工业集聚区工业园区17个片区建立完善水环境管理档案，实现“一园一档”。

【大气污染物减排】 2020年，市生态环境局以重点行业大气污染行业减排为重点，抓实大气污染物减排工作。开展VOCs整治，全市完成VOCs整治企业239家，包含低VOCs含量原辅材料源头替代、无组织排放治理、高效治理设施建设。开展工业窑炉治理，摸排工业炉窑大气污染综合治理重点项目61个。开展非道路移动机械治理，完成道路移动机械登记编码6911台。实现重污染天气应急联动，制定印发《重污染天气工业企业应急响应工作方案》《关于加强大气污染防治特护期水泥陶瓷行业错峰生产工作的通知》《高温天气岳阳市涉VOCs工业企业错峰生产计划》，督促企业在规定的时间内执行错峰生产计划，有效减轻重污染天气下工业企业的大气污染。开展全市成品油市场巡查，对全市在营加油站进行为期两周的巡查，抽查加油站51家，提出整改意见23条，下达《责令改正通知书》两家。打击“自流黑”非法经营，开展联合专项整治行动3次，出动执法人员150多人次，查处非法加油案件5起，行政处罚12万元，关停非法加油点3处。严禁农作物秸秆露天焚烧。落实乡镇（街道）监管，村组（社区）巡查管理制度，做到秸秆禁烧巡查全天候、全方位、全覆盖、无死角。加强秸秆禁烧宣传工作，通过户外广告牌、横幅、标语等形式加大宣传力度，充分发挥电视、农村广播“村村响”以及新媒体作用，在广大农村形成浓厚宣传氛围。推广秸秆还田和综合利用新技术、新方法，合理布置秸秆处置设施，确保秸秆禁烧后能妥善处置。

【土壤污染物减排】 2020年，市生态环境局以农业面源污染治理和重金属污染治理为重点，抓好土壤污染物减排工作。推进畜禽养殖污染防治，在全市法定禁养区内退养任务全部完成的基础上，严防退养反弹，全市实行层级化管理，建立“组巡查、村为主、乡负责、县（市、区）监管、市级督查”的常态监管机制。强化畜禽粪污源头治理，全市1589家规模养殖场完成配套1535家，配套率99.64%；畜禽粪污综合利用率84.22%；建成沼气工程7家、有机肥厂10家、消纳基地102家、第三方收运平台4家。推进渔业生态健康养殖，全市洞庭湖、长江、湘江等开放性大江大湖没有承包养殖，无投肥投饵现象、无网围网箱养殖；严格控制湖泊珍珠养殖，全市珍珠养殖规模由2016年的1133.33公顷减少到300公顷。推进化肥农药减量增效，推进测土配方施肥，通过建立减肥增效示范区、组织田间肥效试验、开展技术培训等，推进测土配方施肥技术面积66.67万公顷；主要农作物测土配方施肥技术推广覆盖率92%以上，减少化肥使用量；大面积推广应用低毒高效低残留药剂、高效拌种剂等，环保型新药剂应用比例90%以上。推进农作物秸秆综合利用工作，以实施稻谷、玉米秸秆直接还田为重点，科学合理地推广秸秆机械化还田、小麦保护性耕作、秸秆快速腐熟还田等技术，全市秸秆还田和肥料化利用量占秸秆利用总量的60%左右。

（何　旭　刘常亮）

环境监管

【概况】 2020年，湖南岳阳生态环境监测中心全年处理各类数据385267个，其中环境质量数据362540个，收集各类执法、监督、指令性监测、污染纠纷、应急、投诉监测、专项、比对、送检等监测数据10135个。收集“万人千吨”饮用水源、0.67万公顷农灌、20吨生活污水处理设施等监测数据1.26万个，编制各类监测报告（报表）78份，其中，环境质量监测报表24份，年报、季报、月报、快报54份。全市全年立案查处112起，处罚金额830.9万元；查封扣押案4件，移送拘留案5件。其中市本级立案查处12起，处罚金额209万元。

【环境监测】 2020年，岳阳生态环境监测中心服务地方环境管理，承担岳阳市机动车尾气上路执法监测、市控水质断面监测、市局各类纠纷、执法、应急、指令性监测任务，组织开展《岳阳市2019年生态环境质量报告书》的编制和《岳阳市$PM_{2.5}$及臭氧源解析》等3个大气科研课题的研究工作。大气环境质量监测。开展省控县级空气自动站数据审核，对岳阳市国控空气自动站数据跟踪观察，及时上报政务中心和市局平台。与市气象局联合每日开展未来7天空气质量预报，开展臭氧浓度7天预报，并上报湖南省空气质量预报预警系统。声环境质量监测。完成103个点的区域噪声、84个点位的交通噪声、4个季度的城市功能区噪声10个点位的24小时监测工作和“十四五”噪声（功能区、交通、区域）的噪声点位调整。完成二次省级常规噪声比对监测。水环境质量监测。开展“十四五”水质断面与流域生态保护补偿断面核实工作；完成14个水质监测断面（包括饮用水源）、25个水质监测点位的采样工作及国家采测分离任务；完成7个地表水重金属监测断面数据上报工作；汇总上报岳阳市辖区31个水功能区水质数据。土壤环境质量监测。完成岳阳市土壤国控点位初步核实。完成30个重点行业企业用地采样质控、10个2019年国家网土壤质量监测等土壤采样任务。重点排污单位监测。2020年，岳阳市重点排污单位184家，其中，水环境重点排污单位56家，大气环境重点排污单位68家，土壤环境重点监管排污单位55家，其他环境重点排污单位5家。生活垃圾和污水处理单位27家，其中，污水处理厂19家，垃圾填埋场8家。至年底，完成110家的监测工作任务。应急监测。1月，完成花果畈垃圾场噪声扰民应急监测；2月，完成岳阳经开区油罐车泄漏应急监测采样；5月，完成岳阳市静脉产业园应急监测；6月，完成岳阳中心城区异味应急监测；7月，完成平江华盛应急监测等；8月到12月完成湘江屈原段铊应急监测工作。全年编印应急监测快报44期，岳阳市疫情应急监测信息118期。

【专项监测工作】 2020年，岳阳市环境监测中心完成各专项监测评估任务。农村环境质量监测试点工作。按照《全国农村环境质量试点监测工作方案》要求，组织开展辖区内三个县（区）的农村环境质量监测工作，及时上报全年监测数据及相关资料。汇总上报2020年岳阳市农村“万人千吨”农村饮用水源、20吨生活污水处理设施、0.67万公顷农灌区水质监测数据，汇总上报2020年岳阳市辖区31个水功能区水质数据，组织开展2020年岳阳市县域生态考核遥感野外核查工作，开展“十四五”水质断面与流域生态补偿断面核实工作，协助开展岳阳市重点企业用地环境监测质控调查，组织开展2019年度岳阳市温室气体排放清单编制工作，组织开展十四五岳阳市酸雨和噪声点位调整工作。环保督察监测，按照下达的工作指示，完成黑臭水体2020年第一轮、第二轮监测，完成2020年省级环保督查现场监测工作，完成省控洞庭湖超标断面加密监测，开展东洞庭湖、长江、南湖、芭蕉湖、王家河排污（渍）口水质专项指令性监测，完成5次洞庭湖芦苇腐解对水质影响专项监测工作，1次松杨湖氟化物污染专项调查监测工作。

【生态环境综合执法】 2020年，市生态环境保护综合行政执法支队（简称支队）保持严厉打击环境违法行为的高压态势，加大行政处罚和按日连续处罚、查封扣押、限产停产、移送行政拘留等手段的综合运用，打出强化排污者责任的“组合拳”。“双随机”监管。利用移动执法系统，调配监测、辐射、总量、环评、污防等资源，开展日常监管随机抽查。市本级纳入污染源监管动态信息库企业数1164家，执法人员18人，检查企业55家次。信访工作。市本级2020年办理信访件2140件，推动解决群众身边的突出生态环境问题，岳阳县方景养殖场污染、花果畈垃圾填埋场、临湘市儒溪工业园正兴化工污染环境问题等得到妥善处理。应急工作。2020年，支队完善“两账”（环境应急预案备案管理台帐、环境隐患排查治理台账）、“三库”（重大风险源数据库、环境应急专家库、环境应急物资信息库）建设，在市县环境应急能力达标建设的基础上充实市县两级环境应急物资的种类和数量，督促市局所属分局在坚持自建的基础上按照县局标准做好应急能力达标建设准备，提高全市生态环境部门应急能力水平。

【环境执法专项行动】 2020年，市生态环境执法系统开展生态环境保护执法专项行动，加大环境违法打击力度“千吨万人”饮用水水源地环境专项整治。涉及35个饮用水水源地的55个环境问题和湖南省“千吨万人”饮用水水源地专项整治工作指出的9个饮用水水源地23个问题，调度相关县（市、区）于9月24日前按时完成具体整治、验收和销号工作，市级专家组对各地销号备案问题逐一进行技术核查予以确认，完成市级销号备案并上报省生态环境厅。

长江入河排污口排查整治。依据生态环境部2019年12月组织的长江入河排污口现场排查（第三批）成果，岳阳市排查范围内有1006个排口，各县（市、区）基本完成辖区入河（湖）排污口监测，初步掌握各排口污染物类型、水质水量情况并对排口进行初步分类。全年点位溯源45%的现场工作及7个排污口整治工作。

“三磷”化工污染专项整治。岳阳市“三磷”化工污染源有两家磷肥生产企业，华容县银丰肥业有限公司（未在整治清单内）经现场核实自2014年7月自行关停至今，残留生产机械设备拆除，剩余原辅材料转运。岳阳新港工贸有限公司于6月完成整改并通过整治验收销号市级核查，11月完成验收销号备案。涉重金属行业排查整治。5月28日至6月3日，支队铺开辖区内36家涉重金属企业排查，出动检查人员25人次，车辆8台次，排查出存在环境风险隐患企业11家，存在环境问题企业9家，建立涉重企业环境监管台账，督促企业履行整改责任，及时消除环境风险。

尾矿库风险隐患排查整治。全市排查尾矿库71家，其中，临湘7家、平江64家。临湘、平江分局分别成立尾矿库风险隐患排查小组，出动执法人员90多人次，对71家尾矿库进行全覆盖大排查，对存在环境问题的企业下达整改通知书，督促企业立行立改，至年底，大部分环境问题整改到位，部分问题正在整改中。

“清废行动”。自开展清废行动以来，岳阳市收到交办疑似问题点位56个，其中，卫星中心遥感解译点43个，无人机航拍影像点位7个，环保信访举报点位6个。现场核实排除无问题点位44个，问题点位12个（3个来源于卫星中心、6个来源于无人机航拍影像、3个来源于信访举报）。12个问题点位为立查立改整改点位，清理一般固废8立方米、生活垃圾6立方米、建筑垃圾15050立方米，全部完成整改。

打击危废环境违法犯罪专项行动。摸排企业450家次，发现问题62个，发现涉及危废非法排放、倾倒、处置的案件线索3条，查办危废环境违法犯罪案件3起（其中，岳阳经开区1起、湘阴县1起、岳阳楼区1起），3起案件移送同级公安机关。

（何 旭 刘常亮）

科学技术

编　辑　赵　晶

综　述

【概况】 2020年，岳阳市科学技术局（简称市科技局）实施创新驱动发展战略，深化科技体制机制改革，构建区域技术创新体系，增强自主创新能力，提升科技成果转化水平，各项工作取得成效。被评为全省科技统计先进单位、市政府系统政务信息工作先进单位，获得省创新创业大赛优秀组织奖、省科技活动周优秀组织奖、省“双随机、一公开”项目监督检查获省科技厅公开通报表扬。

【科技项目建设】 2020年，市科技局累计向省厅推荐项目158项，争取资金9899万元，其中，新港区中小企业发展专项资金5000万元，研发奖补资金2929万元，省科技创新人才计划立项争资近700万元，“5个100”重大科技创新项目建设完成计划总投资14.01亿元、研发经费投资2.3亿元，完成度分别为177%、173%，完成度排名全省前列。开展实施岳阳市2020年五类计划申报工作，系统受理申报172项。落实2019年度市级科技项目补助，开展全市五类计划项目90个项目合同签订与资金拨付手续，资金总额1425万元。集中验收四类76个市级科技计划项目和平台。配合省厅对2018—2019年立项的143项研发财政奖补资金，累计2847万元，对2016—2019年立项的63项创新型省份建设专项，累计6893.4万元。完善科技评审咨询专家库，遴选出市科技咨询与评估专家222人。完成国家科技计划项目跟踪调查2份，科技开发研究机构调查统计15份，财政科技统计20份。季度监测对科学研究和技术服务业活动单位的研发投入情况，新增岳阳市鑫欣保健食品研究所纳入科技统计，完成科研机构单位信息核定16家。拟授省科技奖励项目6个，其中，自然科学奖二等奖1个，科学技术进步奖5个（二等奖1个，三等奖4个）。

【岳阳市科技活动周启动】 2020年9月1日，由市人民政府主办，市科技局承办的2020年岳阳市科技活动周启动仪式在海立方海洋公园举行。市人大常委会副主任彭先政、副市长杨昆、市政协副主席黎四清、岳阳经开区工委书记文春方等领导出席仪式。市政府为2018年度、2019年度院士工作站、重点实验室、工程技术研究中心、科技企业孵化器、市级科普基地授牌。科技活动周开展科普讲解、实验演示、示范传授等活动，普及基本科学知识和常用技术方法，倡导健康生活方式，举办科普惠民活动，发放《新冠肺炎健康科普防护小知识》等宣传资料。

（罗汝彬）

科技创新

【科技创新投入】 2020年，市科技局加大科技创新投入，形成岳阳市“十四五”产业技术创新路线图和重大科技项目库。出台《岳阳市新型研发机构管理办法》，鼓励企业单独建立研发机构或者与高等院校、科研院所联合建立以高新技术开发和应用为主的研发机构。全市预计完成全社会研发投入总量80.49亿元，全社会研发投入占比预计2.01%以上。累计完成财政科技支出16.85亿元，增长45%，增速排名全省前列。

【创新平台建设】 2020年，市科技局推动创新平台建设。城陵矶新港区获批国家先进装备制造高新技术产业化基地，推荐中石化巴陵分公司和中石化长岭分公司申报国家重点实验室培育基地；中科电气成功创建省级院士工作站，新增省级科技企业孵化器3家、省级工程技术研究中心4家、省级众创空间1家、省级星创天地两家、省级临床医疗技术示范基地两家，认定市级星创天地7家，拟组建市级平台18个。

【创新型企业培育】 2020年，市科技局培育科技创新型企业。全年审核登记411家科技型中小企业，完成高新技术企业认定215家，总数472家。协调税务部门落实企业研发费用加计扣除优惠政策，2019年汇算清缴享受研发费用加计扣除优惠425户，同比增加104户，增长32.4%；优惠金额9.18亿元，同比增加4.45亿元，增长94.08%。争取省高新技术产业创新引领计划项目11个，资金1150万元。组织第二届“凯迪科技杯”岳阳市创新创业大赛，11家企业获省赛优秀奖，两家企业获国赛优秀奖。举办3次高新技术企业认定培训会，指导县（市、区）分类培训10余次。联合市工信局开展送政策进园区、进企业活动。引进省内外高企认定中介机构，帮助科技型中小企业申报国家高新技术企业，累计完成认定高新技术企业215家，实现高新技术产业增加值945.84亿元，GDP占比23.64%。帮扶湖南上派新材料有限公司完成扩能倍增计划。岳阳临港国家高新区纳入科技部国家高新区创建名单，华容创建省级高新产业园区完成评审，创建岳阳县、临湘市省级农业科技园区。

【创新人才培育】 2020年，市科技局加强科技创新人才培育。引进外国专家36人，培育省级人才创新团队1个、市级创新创业人才团队11个。确定湖南中创新材料科技创新人才团队、中科孚迪科技创新人才团队、岳阳市二人民医院肿瘤创新人才团队等11个企、事业团队列入岳阳市2020年科技创新人才团队支持计划对象。向省科技厅推荐省级科技创新人才团队，岳阳高澜节能装备制造有限公司创新创业团队列入2020年度省级人才创新团队，获得100万元的资金资助。湖南长岭石化科技开发有限公司的姚飞、中创化工的刘良会被评为“湖湘青年英才”，湖南科美达电气股份有限公司的陈勇彪、湖南理工学院的万忠民被评为“湖南科技创新领军人才”，湖南三兴精密工业股份有限公司的彭国富、湖南省方正达电子科技有限公司的方笑求被评为“湖南科技创业领军人才”，湖南九鼎的范觉鑫被评为“优秀博士后”，岳阳钟鼎热工电磁科技有限公司的杨军卫获得湖湘高层次人才聚集工程创新创业人才项目支持。湖南中科电气股份有限公司成立省级院士工作站。至年底，争取省级人才资金近700万元。

（罗汝彬）

科技成果与奖励

【科技成果转化】 2020年，全市完成技术合同登记384项，技术合同交易额13.01亿元，增长68.16%。完成科技成果登记14项。提名13个项目参与湖南省科技奖评审，5个项目进入行评。启动潇湘科技要素大市场岳阳分市场，是全省第四个通过认证并揭牌正式运营的市州，湘阴县是全省第一个通过认证的潇湘科技要素大市场工作站。组织19家单位19个项目申报省技术转移后补助项目，受理21个项目申报市技术转移后补助项目，补助经费100万元。组织相关单位申报2020年中央引导地方科技发展资金项目，获得项目经费180万元。举办技术交易及成果登记培训会两次、培训人员200多人。

【科技金融】 2020年，岳阳市新增9家科创板上市后备企业，科创板上市后备企业24家。开展对市科技局对口帮扶上市重点推进后备企业湖南金联星特种材料股份有限公司调研，制定《推进湖南金联星特种材料股份有限公司上市工作帮扶方案》。与长沙银行岳阳分行、邮储银行岳阳分行、中国银行岳阳分行签订全面战略合作协议，组织科创板企业参加省、市相关部门举办的上市及融资培训洽谈会。

【国际与区域科技合作】 2020年，市科技局国际与区域科技合作成效明显。市农科院与意大利、日本合作研究的芦笋种质资源创新利用与分子标记辅助全雄品种选育技术项目取得新进展，湖南理工学院成功申报湖南省海智计划示范基地，岳阳台创园引进台资或有台资股份企业9家，建成投产7家。湖南天一泵业公司成功申报省国际合作项目，获得项目资金100万元。

（罗汝彬）

专利与知识产权

【概况】 2020年，市市场监督管理局引进10家知识产权服务机构，建成省知识产权综合服务分中心两个，延伸建设服务站点11个。至年底，全市专利申请量7167件，同比增长68.1%。其中，发明专利申请量2311件，同比增长178.4%，专利权质押融资7748万元。累计有效发明专利1912件，每万人有效发明专利拥有量从2.8件提升到3.31件，在全省排名第五位。全市商标申请量14613件，同比增长31.9%，有效注册商标总量4.1万件，中国驰名商标48件，马德里国际商标113件、地理标志证明商标31件、地理标志产品5件。商标综合实力全省第二位。

【知识产权管理】 2020年，市市场监督管理局加强知识产权管理，为知识产权试点示范等重点企业提供知识产权文献检索、专利导航等服务。推进企业知识产权管理体系贯标培育工作，通过贯标获得认证证书的企业9家，是前6年总数的两倍。面向全国引进10家高水平的知识产权服务机构，与各县（市、区）市场监管部门共建知识产权综合服务平台。建成省知识产权综合服务分中心两个，延伸建设服务站点11个。对湖南淳湘农林科技有限公司、华文食品股份有限公司等10家参加第127届广交会，岳阳参展企业开展展前知识产权保护工作检查。

【知识产权保护与维权】 2020年，市市场监督管理局加强知识产权保护与维权。参与中国（湖南）自贸区岳阳片区前期筹备工作，建立完善跨境电商领域的知识产权保护机制。建立健全县（市、区）知识产权维权服务体系，建立涉外知识产权争端联合应对机制。6月2日，省知识产权局调研组到岳阳市调研跨境电子商务综合试验区知识产权保护及维权援助工作，前期建设工作得到肯定。至年底，全市开展知识产权执法行动162次，出动执法人员835人次，实体市场执法检查61次，检查重点实体市场30个。查办知识产权案件105件，结案104件，其中，办理专利侵权纠纷4件、假冒专利案件1件，商标案件94件、地理标志案件6件，涉案案值93.64343万元，罚没入库金额178.3万元，挽回经济损失8万元，移送电商领域案件1件至司法机关。

【“4·26”知识产权宣传周动活】 2020年4月26日，市市场监督管理局围绕“知识产权与健康中国”主题，举办岳阳市首期知识产权业务培训班，70多人参加。《岳阳日报》开辟知识产权专栏，定期刊发报道。举办讲座培训10期，培训3000多人次。

【知识产权奖励和督查】 2020年，市市场监管局获得省级知识产权后补助经费89万元，其中，授权发明专利资助34万元、马德里商标资助1.5万元、湖南专利奖8万元、向国外申请专利1万元、质押融资评估费补贴19.5万元、获批地理标志产品资助10万元、获批地理标志商标15万元。省级知识产权战略推进项目经费155万元。市级授权发明专利资助发放51万元。市市场监督管理局根据市委、市政府联合下发的《关于提升科技创新能力促进高质量发展的实施意见》，对授权发明专利可每件资助3000元。

（任旭刚　许国刚）

科普服务

【科普服务乡村振兴】 2020年，市科技局争取项目资金2060万元，其中“平江油茶高产高效示范基地技术应用与推广”等20个中央引导地方科技发展资金专项累计1130万元，科技专家服务团、科技特派员创新创业和科技扶贫专项200万元，“高档优质稻示范与产业化开发”、岳阳市农科院承担的“多层输送带箱式茶叶闷黄机研制及岳阳黄茶机械化加工技术规范制定”等3个省领域重点研发项目150万元，市本级安排农业科技经费265万元。组织发动各县（市、区）开展两型产品认定工作，推荐27个产品申报。新认定市级星创天地7家，“丰瑞农机星创天地”“福多多生态养猪星创天地”认定省级星创天地，华文食品股份有限公司组建“湖南省健康休闲食品工程技术研究中心”。市妇幼“湖南省中医药妇幼保健临床医疗技术示范基地”和市一医院“湖南省放射诊疗临床医疗技术示范基地”获批。11月，省科技厅组织专家对岳阳县农业科技园区和临湘市农业科技园区进行现场考察。

【科普服务复工复产】 2020年，新冠肺炎疫情爆发后，市科技局组织各县（市、区）科技专家服务团200多名农业专家到农业生产一线，通过网络直播培训、实地指导服务、电话网络服务等多种形式的指导农业企业、种养殖专业户、贫困户如何在疫情期间开展春耕备耕和复工复产。到10月底，市科技特派员和科技专家服务团成员开展线上线下科技培训3000多场次，培训农业技术人员和农民2万多人次，发放科普资料2000多份、引进新品种17个、推广新技术15项。

（罗汝彬）

气象服务

【概况】 2020年，市气象局加强气象服务、推进气象项目建设、宣传气象科普、助力疫情防控，各项工作取得成效。被评为全省气象部门目标管理综合考评优秀单位、市综合绩效考评先进单位、市“平安单位”创建示范单位。

【气象决策服务】 2020年，岳阳市汛期出现20次强降水天气过程，洞庭湖城陵矶站超警时长持续60天，创21世纪以来洞庭湖超警时间最长纪录，居中华人民共和国成立以来第三位，洞庭湖区发生超保证水位大洪水，出现3次洪峰。市气象局启动应急响应9次，全年为市委、市政府和相关部门提供《重大气象服务专报》《专题气象信息》等各类决策气象服务材料200多期，发布各类各级别预警信号471条45万人次，发布重要警示信息300多条。7月7—8日，正值高考期间，市城区24小时最大累计雨量和6小时累计雨量突破1952年有气象记录以来历史极值。市气象局提前50多分钟发出暴雨预警，成功转移安置1957人，无人因灾伤亡，确保全市2.87万名考生参加高考。中国气象局总工程师黎健到岳开展汛期气象服务检查工作，对市气象局汛期气象服务给予肯定。市长李爱武、副市长杨昆等市领导3次在决策服务材料上作出批示。

【公共气象服务】 2020年，市气象局每天向近8万手机用户发送气象服务信息，制作7套天气预报节目7次播出，通过电视、广播、微信等途径向公众发布最新天气资讯。全年召开4次天气新闻发布会。发布春运、“两会”、新冠疫情防控、低空极限挑战洞庭湖、君山马拉松等重大活动的专题气象信息，开展精细化专题预报。

【为农气象服务】 2020年，市气象局提升为农气象服务能力。与农业农村局合作加强气象服务水稻种植的能力，市县两级气象部门发布夏收夏种气象服务专报、农业灾害预警、为农气象周报专题等累计300多期、短信服务60多万条。推进汨罗市、临湘市、平江县气象为农服务试点建设，编制乡村振兴气象服务实施方案。推进《湖南卫视气象站》气象助力品牌强农宣传。顺利完成2012—2018年“三农”服务专项验收。

【专业气象服务】 2020年，市气象局推动中高端专业气象服务发展，加强与市发改委、市文广新局、岳阳铁塔、市生态环境局等部门合作，拓展专业气象服务领域。加强与城市防汛、市政部门合作，联合开展城市内涝气象风险预警系统二期建设。加强与市生态环境局合作，联合开展重污染天气防治，开展清洁蓝天人影工作。加强与巴陵石化的科研合作，联合申报课题开展研究。加强与岳阳铁塔公司在水上预报预警二期项目实施上开展合作，利用铁塔安装监控及气象设施。

【人工影响天气作业】 2020年3月8日起，市气象局在铁山水库库区开展人工增雨作业27次，水库水位较汛前增加4米。2月24日，临湘市局在詹桥镇突发森林大火中实施人工增雨作业，获得临湘市森林防火指挥部通报表扬。市人影办与生态环境局在大气特护期联合开展人工增雨“清洁蓝天”作业7轮次，岳阳空气质量指数在湖南污染通道城市中排名第一位。

【重点项目建设】 2020年，市气象局推进气象重点项目建设。市、县两级突发事件预警信息发布系统（“12379”）在疫情防控和防汛气象服务中发挥关键作用，并在全省首批完成验收。道安监管云市本级、华容县、临湘市、平江县、湘阴县建设任务完成，软件在政务云上进行测试。完成长江黄金航道4个

新一代天气雷达站

航道站加密布设。全面完成国家级台站的“三温三雨”设备安装及业务切换。完成雷达技术升级及技术标准统一改造。开展卫星遥感应用体系市州级试点建设。华容气象局台站完成整体搬迁，岳阳国家气候观象台建设规划完成评审，方案被中国气象局评为A类（优秀）。

【气象助力疫情防控】 2020年，市气象局助力疫情防控。在原有春运气象专报的基础上，提供面向疫情防控工作的专项气象服务34期，累计在天气预报短信中加入疫情防控宣传语26条，覆盖近万名各级防疫责任人。在5个市（县）级电视台的每天5套天气预报栏目中制作专版宣传疫情防控26次。市气象学会被评为2020年全市新冠肺炎疫情防控“科普工作先进单位”。

【气象职业教育技能培育】 2020年，市气象局联合市人社局、市总工会举办第十四届岳阳气象行业职业技能竞赛，个人全能第一名获得岳阳市技术能手称号，纳入岳阳市“巴陵工匠”参评范围。在“2020年湖南技能大赛第十五届全省气象行业职业技能竞赛”中，市气象局获得团体第四名，强对流天气预警与服务单项包揽前三名。市气象局研究项目“岳阳市大气环境气象预报预警技术及业务应用”获得湖南省科技进步三等奖，一个项目获省局科技成果转化二等奖。联合中国气象局干部学院《气象科技进展》杂志出版“岳阳生态气象”专辑，1人获得湖南省气象局优秀科技青年称号，发表论文15篇，其中一、二类核心论文4篇，完成课题验收3个。2020年市城镇预报质量位列全省第三位。

【气象安全监管】 2020年，市气象局做好防雷和施放气球安全监管工作。向社会公众发布雷电灾害预警信号185期30万多人次，开展防雷行政审批委托技术服务203件。市县两级气象部门与市应急管理局、市文广新局、市燃气办等部门联合开展防雷安全生产检查，开展安全生产检查4次，专项检查3次。行政处罚3家、责令停止违法行为27家、要求限期整改109家单位。加大升放气球安全的管理，对资质单位负责人进行安全生产及法律法规知识培训，对两家单位进行行政处罚。

【气象科普宣传】 2020年，全年市县两级气象部门组织参加科普活动15次，其中“世界气象日，等你来打卡”气象科普员线上评选活动与1983年“4·27”龙卷风重灾路线重访及防灾减灾科普宣传系列活动取得明显成效。市政协副主席方争奇、秧励等领导为5名打卡代表颁发岳阳市气象科普员聘书。编写出版科普读本《水娃娃洞庭奇旅记》，全年发放宣传材料与手册1.5万本，在各类媒体发表新闻稿件700多篇，新闻宣传稿件报道量连续六年居全省地市州第二位。气象学会被评为市科协四星级学会，岳阳市气象教育科普基地被命名为全国气象科普教育基地。

【雷电灾害】 2020年，全市气象部门开展雷电灾害调查、统计上报，累计上报雷灾16起。分别为：3月26日，岳阳市岳阳楼区一住户，雷击损坏电视机电脑，经济损失1万元；5月4日，临湘白羊田镇国土所，雷击损坏配电系统电源保护器、电缆空气开关等，经济损失1万元；5月5日，湘阴县远大再生燃油股份有限公司、县住房公积金中心、县交警大队、石塘镇长仑供电所、县国家基本气象站5家单位遭雷击，造成直接经济损失21.02万元、间接经济损失15万元；5月14日，岳阳市云溪区陆城中学，校园内树木被雷击中后起火燃烧，日光灯、校园广播系统等相继损坏，经济损失10万元；5月14日，岳阳职业技术学院，雷击损坏日光灯、服务器等，直接经济损失4万元；5月15日，平江梅仙镇碎石场，雷击造成3辆停在场内的大货车轮胎爆胎，经济损失1万元；5月15日，汨罗市湖南新基元新材料科技有限公司，雷击损坏监控录像、地磅显示仪等，经济损失2.5万元左右；6月29日，岳阳县云山乡一住户家，雷击损坏电线、插座，经济损失500元；7月18日，岳阳市通海路广汽4S店遭雷击，损坏变压器、变压器电缆若干，直接经济损失11万元，间接经济损失1万元；8月9日，岳阳县月田镇黄岸村一住户家，雷击损坏电视机、空调等家用电器，经济损失5000元；8月9日，湘阴县自来水公司，雷击损坏变压器、电气控制柜等，直接经济损失4.1万元；8月20日，岳阳市云溪区中石化巴陵分公司电气中心遭雷击，击坏台式电脑与纵线桥，直接经济损失2万元。

（向　伟）

教育·体育

编　辑　曹春友

综　述

【概况】　2020年，岳阳市有各级各类学校2636所（含教学点390个），其中学前教育1263所、义务教育1281所（含教学点390个）、高中阶段85所（普高52所、职专33所）、特校7所，在校学生和幼儿84.74万人，教职工6.72万人。另有在岳阳高校5所，在校学生6.74万人，教职工3636人。

2020年，面对防疫、防汛、防返贫三大考验，全市教育体育系统聚焦事业发展短板和难点问题，真抓实干，以尽职尽责的工作态度和扎实有效的工作业绩，助力全市经济社会发展。岳阳市“新时代好少年·美好生活劳动创造”主题教育读书活动被教育部关工委评为先进集体，市教体局职业教育改革等22项工作或活动被评为省先进，在市委、市政府年度综合绩效考评中，市教体局被评为先进单位，有27项工作（含年度综合绩效考评）被评为市级先进，受到省市有关部门通报表扬20次。

出台重教文件。10月18日，市委、市政府出台《关于进一步加强新时代基础教育工作的意见》。意见聚焦当前教育重点、热点、难点、堵点，提出10条接地气、有力度、管长远的意见，列出30条责任清单，明确责任主体和完成时限。市政府下发《岳阳市职业教育改革实施方案》《岳阳市城镇小区配套幼儿园专项治理工作方案》，推动全市职教、幼教高质量发展。

学校疫情防控。5月18日，市委书记王一鸥到湖南理工学院、湘北女校等地，调研督查学校疫情防控工作。排查师生81.9万人。延迟开学期间，开设“在线课堂”，累计发布原创初、高中教学资源1000多条，精研150多节网课免费放送，师生上线率分别为88.3%、94%。开展“大爱之美抗击疫情”师生艺术作品网上征集活动，向俄罗斯和法国姊妹学校捐献15万元防疫物资。《湖南日报》和省政府办公厅《政务要情与交流》、“学习强国”等媒体相继报道。

招生考试改革。推动英语口语、音乐、美术人机测试，建设初中综合素质评价平台。中考信息技术由考查科目调整为考试科目。建立全市统一的义务教育、高中阶段学校招生录取平台，义务教育取消各类特长生招生。首次实施网上招生、公民同招、摇号招生，民办学校报名人数超过招生计划，全部参加电脑随机派位，扭转民办学校掐尖势头，维护教育公平。

职业教育改革。按照《岳阳市职业教育改革实施方案》的要求，瞄准产教融合、多元办学、“双师型”教师队伍建设等重点方向推进改革创新。公办中职学校学校通过新建教学和生活用房以及内部挖潜，增加学位2354个。全市6所中职学校开设五年一贯制专业。岳阳市“创建省级产教融合型城市”入围全省教育体制改革试点项目（全省3个）。参加全省中职教师职业能力竞赛，岳阳市7个教师团队获一等奖，其中两支团队代表湖南参加全国教师职业能力竞赛。岳阳市11741名中职二年级学生参加公共课普测，全省夺冠。

教育高质量提升。持续推进“三园”创建，校园面貌改观、内涵建设提升。226所城镇学校与230所农村学校结对帮扶，促进区域教育均衡发展，《中国教育报》《湖南教育》等媒体进行报道。支教工作得到好评，全省三区支教工作会议唯有岳阳市两名代表发言。教育提质工程强力推进，“三大考”平安顺利，特别是强降雨下的高考平安。2020年高考成绩显著提升，一、二本上线率分别为25.26%、47.31%，较2019年分别提高6.15个百分点、9.22个百分点。优生培养效果明显，600分以上人数较上年增加639人，占全省6.32%。10人进入全省单科前万分之一。单科优秀人数全省排名较上年上升6个名次。

教育基本建设。投资5865.3万元，建设乡村小规模学校149所；投资34285.7万元，建设乡镇寄宿制学校151所。投资12156万元，建设农村公办幼儿园31所。完成100所城镇小区配套幼儿园治理，全市累计增加公办园学位3.2万个，公办园在园幼儿占比52.07%，排名全省第三位。临湘市特校9月1日建成并投入使用，补齐岳阳市特殊教育短板。平江县三阳芙蓉学校、汨罗市新市星火芙蓉学校建设顺利推进。全市消除普通高中大班额133个。

体育事业发展。市教体局与市发改委通力协作，岳阳市成功申报为全国社会足球场重点推进城市，争取国家资金3906万元，建成社会足球场71片，省定任务完成率104.4%。全市体育场地面积584.65万平方米，人均体育场地面积1.02平方米。承办最美长江（岳阳）马拉松赛、环洞庭湖新能源汽车拉力赛、2020“薪火传承·中国健康跑

岳阳市城乡中小学结对帮扶

表11

岳阳市2020年各级各类学校基本情况表

	校（园）数（所）	教学点数（个）	学生数（人）			教职工数（人）	专任教师数（人）	学校占地面积（平方米）	校舍建筑面积（平方米）	图书（册）	固定资产总值（万元）	
			毕业生数	招生数	在校生数						合计	其中：仪器设备总值
总　计	2246	390	219340	220138	847438	67182	52720	26643166.64	10801246.5	19853729	1398334.347	135149.8227
学前教育	1263	—	68810	56677	175432	20435	9095	2509509.46	1486310.31	1586208	—	—
义务教育	891	390	108701	113950	527117	34919	33332	17857918.75	6088120.64	14584130	860746.6541	82801.87503
小学	635	390	54934	58695	361607	17752	17406	9954137.94	3030950.74	8357624	361676.6621	36034.3881
其中：完全小学	635	390	46273	49901	306379	17752	17406	9954137.94	3030950.74	8357624	361676.6621	36034.3881
九年一贯制学校	—	—	8661	8794	55228		—	—	—	—	—	—
初中	256	—	53767	55255	165510	17167	15926	7903780.81	3057169.9	6226506	499069.992	46767.48693
其中：初级中学	177	—	40665	38841	120002	10526	9920	5155300.58	1748471.88	4091396	192476.0651	23498.38631
九年一贯制学校	79	—	11111	14773	40151	6641	6006	2748480.23	1308698.02	2135110	306593.9269	23269.10061
完全中学	—	—	1991	1641	5357		—	—	—	—	—	—
高中	52	—	29207	31097	89527	8660	7694	4430062.33	2233695.36	2401728	412207.5131	25313.53771
其中：完全中学	11	—	6199	6451	17947	2075	1908	916876.43	354624.69	594657	47977.7379	5552.36866
高级中学	41	—	23008	24646	71580	6585	5786	3513185.9	1879070.67	1807071	364229.7752	19761.16906
特殊教育	7	—	124	165	1348	224	204	263193	37313	50270	—	—
职业教育	33	—	12498	18249	54014	2944	2395	1582483.1	955807.18	1231393	125380.18	27034.41

岳阳市2020年高等院校基本情况表

表12

学校名称	学生数（人）			其中：普通本、专科			其中：成人本、专科			其中：研究生		
	招生数	毕业生	在校生	招生数	毕业生	在校生	招生数	毕业生	在校生	招生数	毕业生	在校生
合　计	23890	18191	67372	20147	15176	57895	3263	2796	8526	476	205	926
湖南理工学院南湖学院	1618	1413	5999	1618	1413	5999	—	—	—	—	—	—
岳阳职业技术学院	6523	4737	16142	6308	4686	15836	215	51	306	—	—	—
湖南石油化工职业技术学院	3046	1208	6659	3046	1208	6659	—	—	—	—	—	—
湖南民族职业学院	8210	4608	16751	5162	3670	12911	3048	938	3840	—	—	—
湖南理工学院	4493	6225	21821	4013	4199	16490	—	1807	4380	476	205	926

续表12

学校名称	其中：留学生			教职工人数（人）	其中：专任教师数（人）	学校占地面积（平方米）	校舍建筑面积（平方米）	固定资产（万元）	教学科研仪器设备（万元）
	招生数	毕业生	在校生						
合　计	4	14	25	3636	2697	3464835.84	1569728	266484.3	53717.14
湖南理工学院南湖学院	—	—	—	159	81	332981.84	169104.23	21887.93	3793.181
岳阳职业技术学院	—	—	—	831	647	980569	366287	67110.235	13460.89
湖南石油化工职业技术学院	—	—	—	276	205	216450	102073	12828.04	4708.4
湖南民族职业学院	—	—	—	974	716	701298	185300.83	60314.68	5192.2
湖南理工学院	4	14	25	1396	1048	1233537	746962.93	171453.61	26562.47

中国健康跑——平江站、2020健康奔小康——岳阳麻布山越野赛、2020湖南省第二届环洞庭湖自行车邀请赛、君山户外休闲大赛。岳阳市选手周昊在全国飞碟射击冠军赛上夺冠并破世界纪录。

（张　斌　袁卫和）

【教体系统疫情防控】 2020年1月28日，市教体局下发《关于进一步做好新型冠状病毒肺炎疫情防控工作的紧急通知》，要求各单位严格执行。春季开学之前，教体系统实行“七个严禁”，即严禁提前开学、严禁补课、严禁校园对外开放、严禁聚集性活动、严禁体育场馆对外开放，严禁开展社会实践活动、严禁迟报漏报瞒报疫情信息。1月31日，市教科院牵头开设“在线课堂”，《湖南日报》、岳阳网等省、市媒体予以报道。同日，市长李爱武到市内各高校检查指导疫情防控工作。2月13日始，组建9个专项督查组，对全市教育体育系统开展专项督查。组织对全市教育体育系统干部职工和教职员工（含退休人员）开展三轮涉疫信息摸排，累计摸排7.66万人，居家隔离420人，确诊病例1人（送市定点医院治疗，于2月9日出院），无疑似病例。与新冠病人密切接触的学生27人（含建档立卡贫困学生3人），均在所属社区备案，居家隔离，无异常情况。4月7日开始，全市中小学校和幼儿园分四个批次复学复课。至5月10日，全市76.1万名中小学生和幼儿、6.3万名教职工重返校园。5月20日，在岳高校陆续复课。

【市体育中心撤销】 2020年5月15日，市委编办下发《关于撤销体育中心的函》，撤销市教体育局所属市体育中心，其在编人员划转至市体育馆。6月19日，市教体局党组会议研究关于撤销市体育中心后有关

2020年度岳阳市被评为“中小学正高级教师”一览表

表13

序号	姓名	性别	工作单位	学科（专业）
1	王良敏	男	临湘市第二中学	物理
2	钟慕期	男	汨罗市第一中学	体育与健康
3	邱　敏	女	平江县城北学校	思想品德
4	张从军	男	平江县第一中学	通用技术
5	汤大军	男	湘阴县知源学校	外语
6	黄正阳	男	岳阳市第十四中学	思想政治
7	吴　群	女	岳阳市岳阳楼区教科室	语文
8	方汪涛	男	岳阳市岳阳中学	数学
9	杨育球	男	岳阳县第一中学	数学
10	罗　理	男	云溪区第一中学	地理

事宜安排：原市体育中心财务、资产由市体育馆接管。原市体育中心主任龙元宝调整到市教育建设投资资产管理中心工作。

（严少华　曹青菁　付凤玲）

【教师队伍建设】　2020年，市教体局加强教师队伍建设。落实公费定向招生计划1327个（含新增市级计划），较上年增长83.8%，实现县（市、区）定向招生全覆盖。做好培训筹划，调整“国培”工作坊两个，实施省市联合立项9项。全市开设省、市、县三级工作坊研修项目47个，涉及学科19个，参训教师3060人。全年国培省培市培教师万人次以上。加大教师招聘交流力度，公开招聘教师2093人，为教师队伍输入新鲜血液；选派10名教师援疆，132名教师开展三区支教；14名教师入选“岳阳名师支持计划”，10教师被评为“中小学正高级教师”，18名教师在义务教育阶段金鄂奖教学竞赛中获奖。

【支教援教】　2020年，岳阳市“三区”支教工作，围绕“科研”支教主题，做实常规教研、做好个性教研、做亮创新教研，9—12月，为受援学校提供示范课30节，量身定做跨县区教研活动10次，到1200户学生家庭了解学生学习生活情况。全年为部分受援学校累计捐赠总价值15万多元的学习用品等物品，在县级以上媒体刊发报道22篇，制作美篇136个、微视频3个。7月20日，全省三区支教工作会议召开，岳阳市有两名代表作推介发言。至年底，岳阳市被评为全省教育援疆援藏工作先进单位，市教体局获2019—2020学年湖南省“支教路·‘三区’情”征文优秀组织奖等荣誉。

【春季开学复课】　2020年4月7日，岳阳市各级各类学校陆续开学。高三、初三年级原则上于4月7日开学；高一、高二和初中一、二年级及中职学校其他年级4月13日开学，小学和特殊教育学校4月20日开学，幼儿园4月27日开学。

【湖南省工业技师学院四化建公司产教融合协议签约】　2020年5月15日，湖南省工业技师学院与中国化学工程第四建设有限公司在岳阳签署产教融合协议，并进行“产教融合基地”授牌仪式。湖南省工业技师学院院长李勇与四化建公司党委副书记、总经理周鸿代表双方签署产教融合协议。

【湖南民院民族类职院排名全国第一】　2020年5月22日，“金平果排行榜”（中国科教排行榜）发布2020中国高职高专院校竞争力系列排行榜单，湖南民族职业学院在高职院校分类型排行榜民族类排名全国第一，初等教育学院的科学教育专业、小学教育专业在分专业竞争力排行榜中排名全国第二位和第三位。

【岳阳市两个项目入围湖南省教育体制改革试点】　2020年6月16日，省教育厅发布通知，公布2020年教育体制改革试点项目，岳阳市教体局王德华主持的“产教融合发展平台构建及工作机制的研究与实践”、湖南理工学院卢先明主持的“独立学院转设“岳阳模式”的探索与实践”入列。

【岳阳市教育体育工会第一次代表大会】　2020年9月25日，岳阳市教育体育工会第一次代表大会召开。市总工会、市教体局负责人及各县

（市、区）、市直单位（学校）基层工会103代表参加会议。会议审议并通过岳阳市教育体育工会工作报告；审议通过岳阳市教育体育工会第一届委员会、经费审查委员会委员候选人名单；选举产生岳阳市教育体育工会第一届委员会、经费审查委员会，陈育文、任谦、李艳分别当选岳阳市教育体育工会第一届工会主席、副主席和经费审查委员会主任；协商产生第一届女职工委员会。

【岳阳市基础教育教学工作会议】 2020年11月27日，在平江县阳光国际大酒店召开2020年岳阳市基础教育教学工作会，各县（市、区）分管教育工作的副县长（副主任）、教育（体）局局长、分管基础教育的局领导、基教股长、教研室主任、全市各普通高中学校（含完全中学）校长；全市受表彰的初中学校、市直各小学、初中学校（含九年一贯制学校）校长，市特校校长参加会议。会议表彰2019—2020学年度教育教学工作先进单位及先进学校。副市长李为出席会议并讲话，市教体局局长王德华就贯彻落实“基教十条”、加快基础教育改革发展提出要求，副局长程岳华作题为《五育并举，赋能增效，促进全市基础教育高质量发展》的讲评报告。

【汨罗市任弼时红军中学定为乡村温馨校园典型案例学校】 2020年12月1日，教育部确定第一批100所乡村温馨校园典型案例学校，汨罗市任弼时红军中学上榜。

（袁卫和　袁　瑞）

基础教育

【概况】 2020年，全市有普通中小学1340所，其中小学1025所，初级中学256所，高级中学52所，特殊教育学校7所；在校中小学生61.66万人，其中小学在校学生36.16万人，初中学生16.55万人，高中学生8.95万人。全市有特殊教育学生3838人，其中，特殊教育学校就读1348人，义务教育阶段随班就读学生2490人。

德育树人。构建以“美在身边”为主题的“三美四系列”的德育体系，形成立德树人落实机制，效果进一步显现。组织开展“大爱之美·抗击疫情”师生艺术作品展播，得到近10万名师生和家长响应，收到近9000份艺术作品，《湖南教育简讯》专题推介；岳阳楼区开展12场“云享阳光，同在国旗下”线上主题升旗仪式系列活动，5万师生同步参与，视频播放量破百万次；岳阳市一中组织师生开展“奋斗的我，最美的国”抗疫系列活动。全市各中小学普遍开展“我和我的祖国”主题教育等多种实践活动。岳阳楼区聘请31名检察官担任49所中小学法制副校长，实现“法制副校长”全覆盖；岳阳县四中德育学分管理、岳阳经开区东城小学“和雅徽章”“德育评价信息化”等活动创新德育评价手段；岳阳市十四中充分利用高校和科研机构专家等各类特色资源，做好学生心理健康教育；岳阳县三中、岳阳市十八中感恩教育坚持不懈、形成特色；岳阳市春雷学校未成年人转化教育效果明显。组织全市高中阶段学生“三独”比赛、第二届小学戏曲课堂教学竞赛、心理健康教育教师专业能力竞赛等活动。岳阳市七中、岳阳市十四中、湘阴县一中、汨罗市三中7名学生获全省高中阶段学生“三独”比赛一等奖，平江县启明中学350班和岳阳中学1909班获全省第五届中学生班级合唱比赛初中组和高中组一等奖，市教体局、平江县、岳阳县、临湘市、汨罗市、岳阳楼区、君山区、岳阳经开区获优秀组织奖。开展全市第一批中小学心理健康教育特色学校评选，平江县二中等10所学校被授牌，其中5所学校被评为第四批湖南省中小学心理健康教育特色学校。汨罗市区域推进传统文化进校园；华容县实验小学、岳阳市十五中被评为“全国文明校园”；平江县城北学校“守望之家”被评为“全国优秀儿童之家”；汨罗市二中等4所学校被评为国防教育特色学校；汨罗市弼时红军中学、华容县东山中学获评省乡村温馨校园。各县（市、区）立足岳阳本土文化资源，把岳州窑、岳州扇、巴陵剪纸、巴陵戏等元素融入教学，打造美育特色品牌。认定平江县红军营等39家机构为市首批中小学研学实践教育基地（营地）；平江县一中两项创新发明作品获第二十四届全国发明展金奖；岳阳楼区旭日小学学生宋庆鹏获第十二届中国青少年科技创新奖；湘阴县一中等5所学校被认定为全国青少年校园排球体育传统特色学校，岳阳市五中等9所学校被认定为全国青少年校园篮球体育传统特色学校。魏妹等14名高三学子被认定为高水平运动员。全市5万多初中毕业生中考体育测试总平均分92.5分，创历史新高。

教育改革。中考改革。岳阳市推动英语口语、音乐、美术人机测试，建设初中综合素质评价平台。高考改革。组织专家、学校团队研究政策、落实对策；遴选学科教材；组织高中新教材研究和培训，推动各高中学校改革创新，因校施策，建设精品学科，提打造高效课堂，提高教育教学质量。课堂改革。全市继续推进课堂改革，打造开放、高效、自主、智能化的课堂。君山区整体推进全域全学段课程改革。汨罗市召开“汨罗素质教育再出发”研讨推进会。岳阳市一中、岳阳市十九中、岳阳楼区朝阳小学等优质学校探索集团化办学模式，扩大优质教育资源覆盖面。

教育服务。网上教学。全市基础教育占线落实“停课不停学”，建设官网资源推荐专栏，上线“岳阳市中小学空中课堂”平台，累计发布原创教学资源1000多条，精研150多节免费网课，制作战“疫”专题教育片、小学“开学第一课”。为全市1.65万名教师提供每人50G“助教流量包”，为1.56万名家庭经济困难学生提供20G“助学流量包”。组织“城区骨干教师教学示范及课堂教学改革”线上教研活动、全市教育信息化暨“停课不停学”案例征集活动。在全省“新冠肺炎疫情期间中小学网络教学调研问卷”中，全市师生满意度90%，被《湖南日报》报道。特殊教育。加强对适龄残疾儿童入学监测和摸查汇总，全市适龄残疾儿童安置入学比率100%。对随班就读学生送教上门，做到因材施教、一生一案。临湘市新建特殊教育学校并投入使用，9月正常开学，全市实现“县县有特校”。阳光招生。面对史上最严招生令，早研判、早宣传、早应对，首次成功实施网上招生、公民同招、摇号招生，确保义务教育适龄儿童就近入学、无辍学。规范高中跨区域招生，遏制少数学校掐尖招生的违规行为。

【“线上”教学】 2020年年初，全市师生响应国家号召，坚持停课（受疫情影响）不停学，推广“互联网+教育”模式。各地中小学线上教学实行“一县一策”“一校一案”；对高三学生进行重点突破，集中全市名优骨干教师录播网课及时播出，并组织“网上复习答疑”活动。截至3月9日，全市线上教学模式满意率90%以上，教师参与率98%；2.7万多名高三学生全部参与线上学习且每天学习4小时以上。

【线上德育教育】 2020年，在疫情防控、延迟开学期间，岳阳市把线下德育课程和实践活动转到网上，开辟新的课堂。开设“在线德育课堂”。组织全市中小学生每周周一收看由省教育厅录制的“我是接班人”、《在战“疫”中成长》直播课；开设“岳阳市在线德育课堂”，组织教师开设网络直播讲座、录课点播教学、网络视频班（队）会等德育课程，开展疫情主题教育活动。全市“大爱之美·抗击疫情”师生艺术作品展播得到近10万名师生和家长的响应和参与，收到近9000份艺术作品，“学习强国”“新湖南”“湖南教育”等媒体予以报道。通过公众号、微信工作群等网络渠道，连载推出“宅家抗疫故事会”“停课不停学，成长不延期”等教育教学专栏。爱国主义教育课。省级文明标兵校园岳阳市第十五中学组织高一、高二年级学生开展“携手抗疫、用爱发声”主题教育活动，省级文明标兵单位朝阳小学组织学生开展线上主题升旗仪式。心理健康教育。市教体局主动与市文明办、团市委、市妇联、市未成年人心理健康辅导站联合开通“共同战‘疫’”公益心理辅导热线“12355”，引导疏通孩子们的焦虑、恐惧心理。市教育体育微信公众号推出“疫期心成长，我想对你说”心理健康教育专栏。组织心理健康教育专家团队连续推出《致高三学子》《父母课堂——居家抗疫、满爱前行，构建亲子幸福桥梁》《致青春期孩子的父母——孩子的心灵，需要您的呵护》《校长致信全体同学——在磨难中更加坚韧地成长》等高质量原创文章，引导学生健康成长。岳阳县一中教师郭玉良所撰写的《致高三学子》被“人民教育”公众号等媒体转发，总阅读量超过20万。《湖南日报》《湖南教育快讯》专题报道岳阳市的线上德育工作。

【控辍保学】 2020年，全市教体系统落实“义务教育有保障”要求，扎紧织密控辍保学网，强化社会、学校、家庭各方责任，不让一名学生因病、贫或疫情等原因流失，全市所有中小学校均配备联络员负责控辍保学工作，至年底，全市义务教育阶段没有出现因贫失学生。

【教育质量】 2020年，岳阳市抓实教育教学常规管理，教育质量稳步提升。

高考。纯文化上线率比2019年有大幅提升。全市普通高中实际参加高考人数为2.37万人，单招录取7695人，本科录取1.25万人。纯文化一本上线率为26.17%，二本上线率为41.36%，本科上线率为52.62%，超过省平均水平。文理科总平均分和各学科平均分超省平均成绩。岳阳市文科平均分、理科平均分，与省平均分比，分别提高14分、7.64分；与2019年相比，分别提高13.21分、24.37分。优生培养效果明显。全市600分以上人数1204人，较2019年增加639人，占全省6.32%。清华、北大录取14人，较2019年增加10人，各县均有优生进榜。还有10人进入全省单科前万分之一，比2019年增加6人，入围人数名列全省第五位，覆盖高考所有科目。另外，空军招飞录取6人，居全省前列。文科优秀的单位有：汨罗市、岳阳县、平江县、君山区。理科优秀的单位有：君山区、汨罗市、云溪区、岳阳县。高考成绩提升幅度大的学校有：岳阳县一中、平江县三中、岳阳县四中等。从2017年的入口与2020年的出口看，进步显著的省示范性高中是：汨罗市二中、临湘市二中等。进步显著的非省示范高中是：岳阳县三中、云溪区一中、岳阳县二中等。

学考。2020年全市学考合格率为99.74%，较2019年提高6.57个百分点。学考全市平均分为829.21分，比2019年提高49.63分。汨罗市、云溪区全科合格率100%，全市27所高中全科合格率100%，岳阳市三中、屈原管理区一中等13所高中学考合格率提升幅度10%以上。

中考。全市中考总平均分708.75分，合格率68.08%，优秀率25.7%。岳阳经开区、南湖新区中考各项考评指标紧追市直，位居全市前列；华容县、汨罗市、君山区、云溪区各项指标均超过全市平均值。课改样板校君山区许市中学中考成绩持续走高，课改实验校平江县三阳中学、临湘市六中、岳阳县麻塘中心学校等居全市前列。全市初中毕业生三年巩固率99.59%，较2019年、2018年有明显提高，实现“三连升”。

【岳阳市中考体育测试】 2020年，岳阳市克服疫情影响，在全市范围内坚持组织体育中考，并以满分100分计入中考总分。《中国教育报》以《岳阳中考体育满分100分坚持10年》为题，在头版报道。

【市区民办初中学校首次电脑摇号招生】 2020年7月20日，市教育体育局初中招生办公室组织民办初中学校招生现场摇号。岳阳市弘毅新华中学、南湖新区湘一南湖学校因报名人数超过招生计划数，市区报名小学毕业生全部参加电脑摇号录取。电脑随机摇号现场由市教体局统一组织，岳阳楼区公证处工作人员现场监督。现场电脑摇号，确定录取名单，现场打印摇号结果，市教体局与招生学校同步网上公布录取名单。电脑摇号招生有效遏制民办初中学校提前招生、违规考试等现象，得到社会普遍认可。

【初中学业水平考试】　2020年7月17—18日，全市初中学业水平考试顺利开考，全市10.64万人参加中考（九年级5.23万人，八年级5.39万人）。开考前，市教体局组织召开全市中考报名会、考务培训会、中考保密工作会、巡视员工作会议，中考报名、考籍清理、考务编排等工作有序铺开，确保考试平稳结束。

【特殊教育】　2020年，市教体局组织开展适龄残疾儿童义务教育入学情况监测，各地按因材施教原则科学制定“一生一案”，建立学籍档案，组织开展送教上门工作。全市应安置入学特殊儿童比例100%，完成“到2020年残疾儿童少年义务教育入学率95%”的历史交账任务。加大特殊教育硬件建设，5月18日，“特殊儿童医学·教育康复中心”在岳阳市妇幼保健院揭牌；落实“30万人口以上、残疾儿童少年较多的县（市）都有一所特殊教育学校”要求，临湘市投入约1500万元，建成占地约0.47公顷、建筑面积2400平方米的特殊教育学校。9月，临湘市特校正式招生，岳阳市实现县县有特校。

（何坡根　鲁启明　胡考峰　何江海）

学前教育

【概况】　2020年，全市各类学前教育机构1280家，在园幼儿17.54万人。学前三年毛入园率91.6%，公办园在园幼儿占比52.07%，全市普惠性学前教育资源占比88.04%。三个比例均超过或达到全省平均水平，幼儿教师持证上岗率特别是保育员持证率跃居全省前列。全市有省级示范园3所，省级保育教育规范园4所，省级骨干民办园16所，市级示范园123所。超额完成省实事项目1.18万个公办园学位，实现103个乡镇公办幼儿园全覆盖。城镇小区100所配套幼儿园治理全部完成，无证幼儿园治理清零。《中国教育报》予以专题采访和报道。

【城镇小区配套幼儿园专项治理】　2020年，市教体局落实《岳阳市城镇小区配套幼儿园专项治理工作方案》《岳阳市中心城区中小学幼儿园布局专项规划（2018—2035年）》，出台《岳阳市城镇小区配套幼儿园建设管理及产权移交实施办法》《岳阳市城镇小区配套幼儿园移交后开办管理办法》，联合市财政局、市发改委下发《岳阳市普惠性民办幼儿园认定和管理办法》，确保工作有序推进。5月27日，市长李爱武出席全市城镇小区配套幼儿园专项治理暨幼儿园建设推进会议并讲话。至12月中旬，全市需治理的100所城镇小区配套幼儿园全部完成治理，完成率100%。

【公办幼儿园提质建设】　2020年，市教体局落实湖南省2020年重点民生实事项目“增加25万个公办幼儿园学位”任务下达后，市教体局抓紧落实。全市新建12所幼儿园，增加学位3750个；改扩建7所幼儿园，增加学位1560个；回收小区配套幼儿园11所，新增学位2220个；盘活50所幼儿园，新增学位4310个。通过新建、改扩建、回收、盘活资产等形式，加速补齐公办园规模短板。至12月，全市公办幼儿园幼儿占比达到52.07%，超额完成省、市规定的任务。

【幼教工作】　2020年，市教体局加大幼教经费投入，对中心城区公办园和普惠性民办幼儿园按每生每年1000元标准进行奖励补助。开展市级示范园复评，对全市22所2017年以前初定的市级示范园的办园条件、队伍建设、园务管理、保教水平和示范引领等方面进行复评。加强幼教行业培训，全年培训行管人员、教研员、市示范园园长52人，园长280人，骨干教师228人，保育员941人。

（黄立新）

中等职业教育

【概况】　2020年，全市现有中职学校33所，其中公办18所，民办15所。有国家改革示范中职学校5所、国家重点中职学校4所、省级示范中职学校1所、省级示范职教中心6个。湖南省中职卓越学校5所。开设石油化工、旅游服务、现代农业、机械制造、电子商贸、交通运输、医护和教育等8个大类70多个专业，其中省级重点建设专业32个，省级示范性实训基地10个。在籍中职学生6.6万人，毕业生就业率始终保持98%以上，其中对口就业率90%以上，就业稳定率在80%以上。

【市政府印发《岳阳市职业教育改革实施方案》】　2020年9月22日，市长李爱武主持召开市政府第43次常务会议，会议审议通过《岳阳市职业教育改革实施方案》（简称《实施方案》）。26日，市政府正式印发《实施方案》。《实施方案》分总体目标、主要任务、保障措施三部分16条。

【中职公共基础课普测】　2020年6月下旬，全市中等职业学校二年级11741名学生参加2020年湖南省中等职业学校公共基础课普测。普测形式为无纸化机考，科目为德育、语文、数学、英语、计算机应用基础。岳阳市设9个考区、28个考点，参考学生1.17万人。岳阳市参考率、合格率、平均分、优秀率四项继续排名全省第一位，实现“双连冠”。

【全省职业院校教师职业能力竞赛】　2020年7月24日，岳阳市组织24支中职学校教师团队参加2020年湖南省职业院校教师职业能力竞赛，全部获奖，其中，11支教师团队获得入围现场决赛资格，岳阳市现场入围数占全省入围现场决赛总数的12.8%，超过全省平均水平，4支团队获得二等奖、9支团队获得三等奖。

【中高职贯通教育】　2020年，中南工业技术学校、平江县职业技术学校、岳阳网络工程职业技术学校、汨罗市职业中专、湘阴县第一职业中专、临湘市职业中专等6所中职学校获得湖南省中高职衔接“3+2”人才培养改革试点学校的资格（全省22所，占比27.3%），《岳阳日报》予以报道。

【首届“最美班主任”评选】2020年，市教育体育局组织开展首届“最美班主任”评选。经学校推荐、县（市、区）初评、市教育体育局审定公示，全市14名中职学校班主任被评为岳阳市首届中职学校“最美班主任”。湘阴县第一职业中专教师余燕艳被评为首届湖南省中等职业学校“最美班主任”，汨罗市职业中专教师任岳入围首届湖南省中等职业学校“最美班主任”提名人选。

【中职校企合作】 2020年，岳阳市中职学校依托全市7大千亿产业和“12+1”产业链成果展示会，首次组织链校现场签约仪式，涉及7所学校、11个产业项目。平江县职业中专与园区企业合作开办“辣条班”，央视《新闻联播》频道以《吃“辣条”压压惊！湖南省平江县职业学校“辣条”专业班，技能考核90分才及格。小专业造就大产业！》予以报道。

（李像谦）

成人教育

【汉昌镇社区学校成立】 2020年7月4日，汉昌镇社区学校成立大会暨岳阳社区大学传统文化基地授牌仪式在平江县汉昌镇举行。平江县新时代文明实践中心、平江县仁爱公益基金会和平江县孔子学堂志愿者、汉昌镇31个社区（村）群众代表等230多人参加。会上宣读《关于批准成立岳阳社区大学平江县汉昌镇社区学校（含批准成立岳阳社区大学传统文化学习体验基地）的通知》，标志着平江县汉昌镇社区学校正式成立。

【岳阳社区大学书法学习体验基地挂牌】 2020年10月29日，岳阳经济开发区通海路街道办挂牌成为岳阳社区大学书法学习体验基地。

【全民终身学习活动周】 2020年12月1日，2020年岳阳市全民终身学习活动周启动仪式暨全市社区教育工作会在岳阳广播电视大学举行。市政协副主席万五龙等相关负责人，岳阳广播电视大学（岳阳社区大学）、岳阳市老年大学、社区学院、学校负责人及教师、学员代表参加会议。

【社区教育】 2020年，市教体局依托社区学院、社区学校，发掘社区教育的本土特色，打造以传统文化、地方文化、家庭教育、老年教育等本土特色社区教育品牌。创建岳阳楼街道办“名楼文化传承系列”、洞庭街道办“洞庭渔歌响洞庭”、吕仙亭街道办“老城记忆”、平江县汉昌镇社区学校“新时代家风家教大讲堂”等品牌，其中平江县汉昌镇社区学校“新时代家风家教大讲堂”被评为湖南省优秀终身学习品牌。

（李像谦）

民办教育

【概况】 2020年，全市有各类民办教育机构1824个，其中普通高中6所，中等职业学校13所，完全中学1所，十二年一贯制两所，九年一贯制10所，初中3所，小学8所，幼儿园944所，培训机构837个，专职教师1.5万人，在校学生（幼儿）18万余人，培训机构年培训人数近28万人次，固定资产80亿多元，占地面积486.67公顷，校舍建筑面积近300万平方米。

市直民办教育机构277家，其中普通高中3所，完全中学1所，九年一贯制4所，中等职业学校8所，初中1所，小学1所，培训机构259家，专职教师2731人，在校学生21942人，培训机构年培训人数15万人次。

【民办学校复学复课】 2020年上半年，由于受疫情影响，校外培训机构三个多月未能营运，经济损失较大。4月23日，全市民办培训机构复学复课，是全省培训机构第一个复学复课的市州。

【规范办学】 2020年，市教体局规范民办学校办学行为，专门下发《岳阳市教育体育局关于加强民办学校有关管理工作的通知》《岳阳市教育体育局关于加强安全管控，进一步防范办学风险的通知》等文件4份。多次到各民办学历学校进行暗访督查，下班级，进课堂，查教师备课，与学校负责人和相关教师座谈等，调查了解学校办学情况，督促学校规范办学。召开民办培训分会负责人会议和外语部、文化部、艺术部举办者会议。对新申报设立或变更的校外培训机构，坚持实地考察与现场评估打分为基准，从严许可。受理32个单位申报，其中8家认定不合格，不合格率25%。确保和谐稳定。配合岳阳市宜登学校和中山财校处理教职员工意外死亡事件，处理岳阳市理工职业技术学校家长信访事件，处理富岳职业技术学校学生食源性中毒事件等，协调处理来信来访、服务热线、问政湖南等各级各类投诉近100件。

【民办学校管理】 2020年，市教体局加强民办学校管理。督查行动。多次督查各民办学校（培训机构）办学情况，其中个别民办职业学校督查不少于5次。为全面核查省、市民办教育专项资金落实使用情况，对全年的申报单位进行实地检查。专项审计。全市有8家会计事务所（公司）历时近4个月对19所民办义务教育学校的资产、学生资助、资金使用等财务情况进行专项审计。截至6月底，全市义务教育学校资产总额179532.5万元，负债总额103488.09万元，净资产76044.42万元，负债率57.64%。其中，市直资产总额71259.91万元，负债总额16778.03万元，负债率23.54%。清理整治。10月，组织开展校外培训机构从教人员授课内容专项整治行动。对校外培训机构授课人员的教案、教辅资料及音频、视频和网络教学等开展全面排查。排查校外培训机构238所，排查授课资料1860多件。

【市直民办学校办学情况评估】 2020年，市教体局组织对市直民办学校办学情况评估。学历类学校29所，其中：示范学校有湘北女子职业学校等5所，优秀学校有岳州中学等7所，单项先进学校7所，合格学校6所，责令限期改正学校1所，申请恢复招生待审批学校1所，暂停招生学校1所，注销学校1所。培训类学校220所，其中：示范学校有岳阳市朗格培训学校等5所，优秀学校有岳阳市灵捷培训学校19所，单项先进学校35所，合格学校150所，整改学校3所，暂停招生学校4所，注销学校3所，吊销办学许可证1所。2020年新审批单位有岳阳市学而思培训学校等23家。

（陈映军　汤小红）

【湘北女子职业学校】　2020年，湘北女子职业学校贯彻落实《国家职业教育改革实施方案》，提出申办湖南文旅职业学院的构想，组建专家团队，进行调研论证，制定建设方案，提交申办报告，并得到省、市政府和教育主管部门的肯定与支持。自新冠肺炎疫情爆发以来，学校抓疫情防控和线上教学、开学复课和常规管理，从建立制度、强化责任、筹措物资、杀菌消毒、精细管理、严密督查、每日通报等多方面严防严控，确保全年疫情零感染，无事故。严格执行“阳光招生”政策，招收新生1723人。坚持立德树人的办学宗旨，通过形式多样的德育活动，学校啦啦操队获得市赛、省赛和全国联赛一等奖。参加全省中职公共文化课普测，合格率99.93%，居全市第一位，全省第九位。学生参加省市技能竞赛，获省赛二三等奖各3个；市赛一等奖6个、二等奖9个、三等奖11个。在岳阳市第九届大中专学生创新、创业、就业三项系列赛事中，获得两项第一名。4304人次分别参加普通话等记证、导游资格证、啦啦操教练证、英语三四六级证、中国舞执教资格证、会计证考试。16名教师参加湖南省职业院校教师职业能力比赛包揽一、二、三等奖。成功承办2020年国家级培训项目——民办中职学校举办者高级研修班。

（李四毛）

高等教育

【概况】　2020年，岳阳市内有高等学校5所。两所普通高等学校：湖南理工学院、湖南理工学院南湖学院。湖南理工学院是一所省属一本高校，现设有16个教学院及1个独立学院——南湖学院，拥有本科专业48个，一级学科硕士学位授权点9个，硕士专业学位授权点9个，国内一流建设学科和国内一流培育学科各1个，省级重点建设学科5个。学校现有全日制本科生、硕士生、留学生2.3万多人（含独立学院），教职员工1500多人，其中教授、副教授440多人，硕士生导师300多人，国务院政府特殊津贴专家、湖南省院士专家咨询委员会委员、教育部“新世纪优秀人才支持计划”人选、省“杰青”、省级教学名师、“湖湘青年英才”等高层次人才150多人，长聘高水平外籍教师13人，柔性引进院士、国家“杰青”等特聘教授数十人。

3所职业技术学院：岳阳职业技术学院、湖南民族职业学院、湖南石油化工职业技术学院。岳阳职业技术学院开设有护理学院等8个二级学院和基础医学部、公共基础部两个公共教学部，开办高职专业28个。学院拥有3个二级法人单位，6个研究所（院）。全院教职工800多人，全日制在校学生1.6万多人。湖南民族职业学院拥有总资产6.03亿元，有教职工974人，其中正副教授162人，硕士研究生193人，“双师型”教师244人。学校现有思想政治教学部等10个院部，设有成人教育学院和社会培训学院，有附属小学和幼儿园各1所。开办有学前教育等27个高职专业。在校高职学生1.29万人，分别来自全国24个省份26个民族。湖南石油化工职业技术学院。学校于2020年10月整体从长炼搬迁至岳阳市湘北大道（岳阳县新开镇），新校区占地面积11.57公顷，建筑面积11.12万平方米，校区建设仍在进行中。有教职工306人，其中专任教师184人，在校学生6000多人，现有石化工程学院等6个二级学院，开设有石油化工技术等26个专业。

1所成人高校：岳阳广播电视大学。现有各类在籍学生2.2万人，其中本部1.1万人。在岗教职工181人，其中在编95人，有正教授两人、副教授34多人，讲师60多人。学校下辖7个县（市）级电大分校和11个电大工作站。

【湖南理工学院更名大学工作】2020年，湖南理工学院根据国家关于独立学院转设有关精神和要求，对转设方案进行论证和细化，独立学院转设的“岳阳模式”获批2020年湖南省教育体制改革试点项目。学校与岳阳市政府签署转设协议，向省教育厅呈报独立学院转设为岳阳学院的请示，独立学院转设完成第一期37.33公顷土地征拆、新学院决策机构成立、组织架构设置、办学章程起草、转设方案及协议洽谈等关键工作正有序推进。

【湖南理工学院党建思政】　2020年，湖南理工学院加强省“三全育人”示范校建设，系统谋划“十大”育人体系，获批全省高校思想政治工作精品项目两项，立项省级课程思政研究与实践项目19项。实施师生党建“三项工程”和领导干部“七进两联系”制度，党支部“五化”建设全面达标，学校党建特色作为全省高校唯一案例由省委组织部编入《2019年全省组织工作典型事例汇编》中推介。推进纪检监察体制改革，挂牌成立“监察专员办公室”。继续实施精准扶贫“五对接”，扶贫工作连续5年评为全省全市先进，并获湖南省“脱贫攻坚集体记功专项奖励”。强化学生教育管理，学校被评为全省征兵工作先进单位、全省学生军训工作先进单位、省高校心理健康教育先进单位、省学生资助研究先进单位。

【湖南理工学院本科教育教学】2020年，湖南理工学院以2020版本科专业人才培养方案为指导，深化人才培养模式改革，提升人才培养质量。优化专业结构。申报新专业3个，获批省级一流专业建设点15个，省级一流本科专业建设点24个，占现有本科专业数的一半。获批国家级新工科研究与实践项目1项、省级新工科项目3项、新农科项目1项。获批教育部产学合作协同育人项目25项，学校校产学合作协同育人累计108项。加强课程建设。学校获国家级一流课程1门、省级一流课程12门。实践教学改革有成效，获省级实践教学项目5个，学生获国家级大学生创新创业计划项目22项，省级大学生创新创业计划项目66项。

【湖南理工学院学生学科竞赛】2020年，湖南理工学院组织参加各级各类竞赛近30项，学生获国家级奖励25项、省级奖励230多项，其中获全国数学建模竞赛一等奖1项、全国大学生先进成图技术与产品信息建模创新大赛国家一等奖1项、“互联网+”大学生创新创业大赛省级竞赛金奖1项、第九届“挑战杯”湖南省大学生创业计划竞赛金奖3项、全省第六届大学生艺术展演一等奖14项。共青团工作有成效，学校获“2020年全国大中专学生志愿者暑期‘三下乡’社会实践活动优秀单位”称号，两个项目获第五届中国青年志愿服务大赛银奖。

【湖南理工学院招生就业】2020年，湖南理工学院生源质量进一步提升。文科最高分超省控一本线52分，理科最高分超省控一本线79分；一本招生扩大，学校争取到江西、河南、四川、西藏等省区把学校列入一本招生高校。克服疫情等影响，通过线上招聘、专场招聘会、精准帮扶困难学生就业等形式进一步推动优质就业。学校连续第六次被评为全省高校就业创业工作“一把手工程”优秀单位。

【湖南理工学院师资队伍建设】2020年，湖南理工学院内引外培，优化教师队伍结构。引进博士近50人，新增“学术顾问”3人，补充专任教师、辅导员、管理及实验员队伍6人。新增在读博士学位教师20人，在读博士82人。新增享受国务院特殊津贴专家、省“芙蓉学者奖励计划”讲座教授、省“湖湘青年英才”各1人，省级青年骨干教师5人，省级青年骨干教师培养对象3人。开展教学沙龙、课堂观摩、教研室活动和各类培训，提升教师教学能力，教师获省课堂教学竞赛一等奖两人、二等奖两人、三等奖3人，获省教师信息化教学竞赛一等奖1人、三等奖3人。

【湖南理工学院科研工作】2020年1月14日，教育部高等教育司公布有关企业支持的2019年第一批产学合作协同育人项目立项结果，学校16个项目获得立项。4月2日，学校成功增列“机械工程”硕士一级学科学位授权点和“土木水利”硕士专业学位授权点。全年科研进校经费1.16亿元，师均10.98万元，再次达到博士授予单位标准。获国家自科基金10项、国家社科基金7项、教育部人文社科项目4项、省自科基金35项、省级社科项目72项，立项数量和质量均创历史新高，特别是国家社科基金项目首次进入全省第9名，全国第194名。获省部级科学技术奖8项、省部级社科优秀成果奖6项。特色智库建设取得新成效，9项研究成果转化为地方政协提案，其中省政协提案两项，升级全国政协提案1项，“洞庭湖生态补偿机制”在全国政协全会立案并取得办理实效。

【湖南理工学院校园基本建设】2020年，湖南理工学院3.6万平方米的实验实训中心、2万平方米的田径场竣工，1.6万平方米的体育及教学综合楼主馆混凝土主体工程、1.02万平方米游泳跳水教学楼基础土方完成施工，校园面貌焕然一新。推进信息系统应用服务，宿管、离校、迎新、办公系统功能智能化不断提高，移动互联网和数字校园深度融合。图书服务更加优质，全年接待入馆读者80余万次，学校获评全国全民阅读先进单位。

【湖南理工学院继续保留“全国文明单位”称号】2020年12月23日，中央精神文明建设指导委员会发布通报，湖南理工学院继续保留“全国文明单位”称号。自2015年该校获得全国文明单位称号以来，2020年是第二次经复查合格。

【湖南理工学院连续第7年获评省综治工作先进单位】2020年，湖南省委办公厅、省政府办公厅公布2020年度全省平安建设（综治工作）考核评估情况，湖南理工学院被评为2020年度全省平安建设（综治工作）先进单位，是湖南省获此称号的10所本科高校之一。

【陈家镛院士奖学金颁发仪式】2020年11月21日，“陈家镛院士奖学金”颁发仪式在湖南理工学院举行。中南大学、湖南大学、湖南师范大学、湘潭大学和湖南理工学院等7所省内高校8名博士生和17名硕士生获“陈家镛院士奖学金”，全国的30多位两院院士、长江学者、国家杰青及各类专家、企业代表参加颁发仪式。仪式上，湖南临港开发投资集团有限公司等单位和个人

2020年11月21日，“陈家镛院士奖学金”颁发仪式在湖南理工学院举行

还向“陈家镛院士奖学金”基金捐款120万元，湖南理工学院教育基金会接受捐赠并颁发捐赠证书。“陈家镛院士奖学金”基金每年奖励、资助湖南省品学兼优或家庭贫困的研究生20多名，该奖学金每年评审一次，分为“创新”类奖学金和“励志”类奖学金，奖励额度为每名5000元。

（陈超文　易　璐）

【岳阳职院招生】　2020年，岳阳职业技术学院招生省份和生源覆盖面扩大，生源质量提升。招收三年制大专生5200人，报到入学5018人，报到率96.5%。其中湖南省外录取596人，报到573人，报到率96.14%；湖南省内录取4604人，报到4445人，报到率96.55%。2020年度计划投放覆盖全国14个省份，湖南省内文、理科投档线均超过最低控制线150分以上；湖南省外投档线也均超过各省最低控制线200分以上，生源质量得到提升。

【岳阳职院教学】　2020年，岳阳职业技术学院加强教学教研工作，取得明显成效。毕业设计100%合格。教师从严对毕业生设计作品指导修改，上传4676份学生毕业设计作品，其中三年制学生毕业设计3390份，五年制学生毕业设计1286份。省教育厅完成毕业设计抽查工作，结果合格率100%。技能抽查结果优良。严格按程序组织2020届毕业生技能强化训练、普查和抽查，非医学二级学院在学生实习前组织18个专业2039名毕业生的校内技能考核工作，合格率100%。医学专业二级学院组织8个专业2761名学生在实习单位进行技能针对性训练及考核。向省厅送审5个技能抽查标准及题库参加评优，合格率为100%。优秀等次3个，合格等次两个。技能竞赛频获奖。7月27日，学生左成、黄俊熙被共青团中央、人力资源社会保障部授予“全国青年岗位能手”称号。学生雷盈代表湖南省参加“2020年全国职业院校技能大赛改革试点高职护理技能赛”获得一等奖。学生获得国家、省级以上各项比赛奖励134项，其中，国家级一等奖3项、二等奖5项、三等奖11项；省级一等奖24项、二等奖28项、三等奖63项。

【岳阳职院研发“新冠病毒检测试剂盒”】　2020年，岳阳职业技术学院博士李光团队主导研发新型冠状病毒IgM抗体检测试剂盒、IgG抗体检测试剂盒、IgM/IgG抗体联合检测试剂盒及新型冠状病毒总抗体酶联免疫检测试剂盒。其中新型冠状病毒IgM/IgG抗体联合检测试剂盒取得欧盟CE认证，远销巴西、美国、意大利、秘鲁、哥伦比亚、墨西哥、厄瓜多尔等20多个国家，为企业创造效益千万元。

【岳阳职院交流办学】　2020年，岳阳职业技术学院主动对接教育部人文交流中心，申报建立“职业健康与安全”“机电一体化（游乐设施方向）”两个国际培训基地。其中，机电一体化技术（游乐设施运营与维护）基地项目成功入选并被教育部授予“未来技术技能与人文交流人才国际训练基地”。9月，学院与中兴教育管理有限公司签订“一带一路”国际教育合作框架协议，合作共建“丝路国际学院”，协同发展马来西亚技职教育，培养高端技术专业人才。

【岳阳职院服务乡村振兴】　2020年，岳阳职院助力乡村振兴。着眼服务“三农”，开设畜牧兽医、园林技术等涉农专业两个，参与乡村产业建设项目8个，参与乡村文化建设项目6个。与郭镇乡合作共建全市首家乡村学院——郭镇乡村学院，开展教育培训、创业指导、科技支持和志愿服务，郭镇乡麻布村的社会知名度和美誉度稳步提升，村民人均收入增加2000多元。湖南省农业农村厅认定岳阳职院为“湖南省乡村振兴培养优质校”。

【岳阳职院帮扶天门职院】　2020年，根据教育部办公厅《关于实施全国高校与湖北高校毕业生工作“一帮一”行动的通知》安排部署，岳阳职院对湖北天门职业学院展开为期四个月的“一帮一”就业帮扶行动。学校以就业帮扶为契机，延伸拓展对天门职业学院的交流和帮扶，为两院毕业生稳就业开展卓有成效的工作。

【岳阳职院章程实施获评“优秀”】　2020年6月，经湖南省教育工委严格的网上督导和现场核查，岳阳职业技术学院章程实施中的组织领导、党委领导下的校长负责制建设和校院两级管理、学术管理、民主管理等10个方面得到肯定。岳阳职业技术学院顺利通过验收，获得优秀等级，被授予“湖南省现代大学制度建设先进高校”称号。

【岳阳职院科研工作】　2020年，岳阳职业技术学院争取科研项目进校经费236万元，其中纵向项目经费86.8万元，横向科研经费到账150多万元。学院教师发表专业论文181篇，其中CSCD核心期刊4篇，国家中文核心期刊两篇，科技核心期刊5篇。出版著作8本，主编教材10本，获得岳阳市社科工作优秀单位称号。《岳阳职业技术学院学报》被评为2019年度社会效益评价考核“优秀”等级，武汉大学中国科学评价研究中心推出的RCCSE《中国学术期刊评价研究报告》认定为社会科学综合（高职高专成高院校学报）类核心期刊。

（郭建慧）

【湖南民院教学科研】　2020年，湖南民族职业学院（简称湖南民院）加强学校内涵建设，教学科研成效较好。省级在线精品课程建设有11门课程立项，初等教育学院教师徐艳丽的《情感抗疫英杰勇，诗润纯真学子心》被评为湖南省职业院校线上教学典型案例。申报两个省级专业教学资源库，其中小学教育为省级备选资源库，早期教育为新申报资源库。推进旅游管理、室内设计专业现代学徒制试点工作，选拔企业导师48名，形成师傅徒弟“一对一”、岗位技能“一对一”、现场诊断“一对一”的培养模式。完成第一批150名公费定向师范生录取工作，其中小学教育100人，学前教育50人。踊跃参赛参考，为校争光。有10个教学团队参加省级教学技能比赛，7个教学团队分别获得二等奖4个、三等奖3个。

在2020年全国职业院校技能大赛改革试点赛中，学前教育赛项再次获得全国银奖，跻身全国八强。在2020年湖南省职业院校专业技能竞赛中，学生获得一等奖5项、二等奖7项、三等奖7项，跻身湖南74所高职高专院校前5，实现历史性突破。2020届专升本报名人数886人，参考人数685人，本科录取人数为285人，总体录取率41.5%。承办湖南省学前教育专业教育技能、服装设计与工艺两个赛项赛点工作，完成赛项组织任务。承接国家提质培优项目23个，预计三年投入建设经费3000多万元。学校组织申报并立项校级以上课题74项，其中，省部级课题13项，市级课题23项，校级各类课题38项；获民族教育教学成果奖一等奖各1项、二等奖1项；教师公开发表学术论文250篇，论文获奖67篇次，授予专利10项。

【湖南民院学生管理】 2020年，湖南民院坚持立德树人，加强学生管理工作。提升学生素质。成功举行第十二届体育运动会，举办首届“校园之星”学生才艺大赛。两次举办学生宿舍艺术节；成功举办第七届社团艺术节活动。组织开展第四届“爱我国防”学生演讲比赛，获得1个市级二等奖，两个市级三等奖；参加省教育厅、省水利厅组织的“湖南省学生公益节水微视频大赛”，获得全省优秀组织奖。组织学生无偿献血，学校获评岳阳市无偿献血先进单位。服务学生成长。学校资助工作稳步推进，再次获得湖南省学生资助研究先进单位称号；学生踊跃参军，圆满完成征兵任务。锻炼学生能力。组织辅导员参加全省高职高专辅导员技能大赛，在76所高校中综合排名第28位；7—9月在湖南省教育电视台组织的天地“粮”心——第三届“湖南好粮油行动”大赛中，获得优秀组织奖，1名教师获得征文一等奖，3名教师获得“优秀指导老师”称号，1名教师获得摄影作品二等奖，两名教师获得摄影作品优秀奖。

【湖南民院招生就业】 2020年，湖南民院招生就业工作取得较好成效。招生质量高。统招分数线再创新高，其中专科提前批文科484分，理科419分，高职专科批文科479分，理科414分，位居全省高职院校分数线前五名。三年制高职报到新生3759人，报到率98%，创学校新生报到率新高。就业创业好。学校有应届毕业生3530人，至8月31日，就业2693人，就业率为76.29%，超额完成教育部要求就业率70%的目标。组织学生参加第六届“互联网+”大学生创新创业大赛和黄炎培职业教育奖创业规划大赛，构建“产、学、研、创”四位一体的创新创业运作模式，在全省高职高专创新创业工作处领先地位。组织开展校企合作项目专项排查工作，规范校企合作办学，保障各方合法权益。

【湖南民院职业教育】 2020年，湖南民院抓实实社会培训，力推成人教育，提升学校服务国家建设能力。上半年，社会培训学院完成培训37批次，培训学员5584人，超额完成年度培训目标13%。学校成人教育学院招收自考、成教新生2091人，成人学历继续教育在读学生7315人；全年成功组考4场自考纸笔、计算机化考试，参考人数3500多人次，参考科目1.88万科次，组考工作零事故；学校本科自考考试成绩创历史最优，其中有8门课程学生考试通过率100%。

【湖南民院自考通过率创历史新高】 2020年，湖南民院秋季本科自考成绩较好。学前教育学院、初等教育学院、现代服务与管理学院、视觉艺术学院学生参考的《教育预测与规划》《管理学原理》《学前卫生学》《教育管理心理学》《学前教育史》《教育管理原理》《服装设计》《展示设计》8门本科自考课程考试通过率100%，创建院最好成绩。通信工程学院学生参考的《国际市场营销学》《商业信息搜集与整理》两门本科自考课程通过率91%，学校学生自考本科考试的整体过关率提升。

（李　侃）

【湖南石化职院招生就业】 2020年10月1日，湖南石油化工职业技术学院举行新校区落成启用仪式。湖南石化职院增加省内招生人数。学校招收三年制大专生2972人，报到率为96.8%，其中省内单招2700人，创造学校历史最好成绩。学校就业部门调整工作思路和方式，运用“互联网+就业”模式，推进学生就业服务工作由“线下”全面转为“线上”。举办空中招聘会、空中宣讲会，开通2020届毕业生网上签约功能。全年发布空中宣讲会17场、线上视频双选会1场，参会企业84家。通过就业信息网、微信公众号、QQ群、微信群、电话等各种渠道推送招聘会信息百余条，提供招聘岗位5000多个，毕业生初次就业率高于全省平均水平，在省属高职高专院校中入列第一方阵，全省高校毕业生就业创业工作“一把手”工程督查组给予好评。

（杨　轶　郑　灿）

【岳阳电大招生规模创新高】 2020年，岳阳广播电视大学（简称岳阳电大）开放教育招生在全省名列前茅。在湖南省电大年度综合考评中获评优秀学校，校长乐艳华被评为优秀校长。联合华北电力大学、东北财经大学、江西师范大学等5所国内高校，合作开展“同等学力人员申请硕士学位研究生”项目，开招硕士研究生；首次开办五年制高职，实现当年申报，当年开办，当年完成招生123人目标任务；主动承办社会人员单招项目，全市招开放式高职学生493人；职业教育年招生800人，在校学生2100人，保持办学的高位运行。

【岳阳电大教学科研】 2020年，岳阳电大公开招考14名教师，10名教师晋升高一级职称，其中两名教师晋升为正教授。全年立项课题13项，其中省教科规划课题两项，市社科重点课题两项，省教育厅教学改革项目4项，省电大课题两项，市科技局课题两项，市教科院课题1项。在全国、全省电大各类教学竞赛中，获得一等奖4人次，二等奖17人次，三等奖6人次，优秀指导教师8人次，组织奖3个；在2020年湖南省职业院校技能竞赛教师职业能力比赛获省级三等奖1个，2020年湖南省课程思政说课比赛获省级一等奖1个，三等奖1个，教学科研的实力、创新力和影响力得到提升。

【岳阳电大培训考试服务】　2020年，岳阳电大培训考试服务效果较好。各类非学历教育年培训15万余人次，其中举办包括省行政执法考试、法律职业资格考试、大学毕业生创业培训、大学毕业生中级茶艺师培训、岳阳市建设院岗位培训等在内的各类考试培训12批次。全年组织国家级考试近4万人次，专技培训及会计继续教育近3万人次，组织“全市专业技术人员的公需科目和专业科目培训”“会计人员初、中级职称资格考试”“湖南岳常高速开发有限公司新员工培训班”“2020年法院法警骨干培训”等10多个项目。学校业成为“全国会计专业技术初级、中级资格无纸化考试”定点考点、“会计继续教育培训”唯一面授培训单位、“全市卫计系统专业技术资格考试”指定考点和“岳阳市专业技术人员公需科目”唯一指定单位。学校公共实训中心被省卫健委授予“优秀考点”称号。

【岳阳电大教师培训】　2020年，岳阳市中小学教师发展中心通过全省首批教师发展中心转型试点单位终期考评，被评为示范单位。市教师工作坊研修整体推进项目通过年度考评，再次获评优秀等级。中心为岳阳楼区教育局量身定做的品牌项目“梧桐花开”青年教师系列培训，6次在广西、广东、安徽等地做经验分享。新建设培训课程体系4个，新开发41门本土培训课程，新立项省级课题3个，全年发表省级论文8篇。在湖南省教师培训机构专业委员会年会上，连续第10年被评为先进单位称号。

（魏　来）

体　育

【概况】　2020年，全市登记注册的体育总会7个，其中市级1个，县（市、区）6个；登记注册的单项体育协会119个。全市1392个行政村、435个社区，拥有1200多个群众健身组织。全市拥有各类体育场地1.05万个，体育场地总面积10772570万平方米，人均1.8平方米。城市街道和社区体育设施覆盖率100%，乡镇、村居健身设施覆盖率93.5%。全市所有公共体育设施和场馆均实现对外开放或免费低收费开放，学校体育场地分时段部分实现对外免费开放。全市190万人经常性参加体育锻炼，人口占比35%。

全年成功申报全国校园足球特色学校12所、全国校园足球特色幼儿园3所、全国青少年校园篮球特色学校10所、全国青少年校园排球特色学校5所。争取国家资金3906万元，建成社会足球场71片，省定任务完成率104.4%。举办最美长江（岳阳）马拉松赛、环洞庭湖新能源汽车拉力赛、2020“薪火传承·中国健康跑中国健康跑——平江站、2020健康奔小康——岳阳麻布山越野赛、2020湖南省第二届环洞庭湖自行车邀请赛、君山户外休闲大赛。

专业体育成绩较好。9月26日，在河北保定白洋淀举行的全国飞碟射击冠军赛上，岳阳市体校输送的18岁小将周昊以破全国纪录、超世界纪录的成绩夺得男子多项冠军；10月13日，在温州举办的全国国际式摔跤锦标赛暨奥运资格选拔赛上，岳阳市体校输送的运动员周倩再次获得女子自由式摔跤76公斤级冠军奖牌；12月5日，在山西省闻喜县举行的2020年全国女子水球锦标赛上，以岳阳市游泳学校输送的运动员彭林、熊敦瀚、王晴薇、龚珏、杨思雨为主力的湖南队夺得冠军。

【参加湖南省青少年体育锦标赛】　2020年，岳阳市派出领队、教练员90人，运动员564人参加湖南省青少年体育锦标赛，参加武术、篮球（甲组）、体操、赛艇、蹦床、举重、柔道、足球（甲组）、网球、水球、游泳、排球、花样游泳、乒乓球、皮划艇（静水）、摔跤、攀岩、射击（步手枪）、皮划艇（激流回旋）、射击（飞碟）、跳水、田径、羽毛球、跆拳道、拳击、高尔夫球、击剑27个项目的比赛，获得金牌49枚、银牌47枚、铜牌62枚，其中：射击（步手枪）团体总分全省第一位、皮划艇比赛团体总分全省第一位、射击（飞碟）团体总分全省第三位、赛艇团体总分全省第二位、水球女子组全省第一位、乒乓球男子甲组、男子乙组、女子丙组全省第三位。

【2020年最美长江岸线半程马拉松赛】　2020年11月1日，岳阳市在君山区举行2020中国首届最美长江岸线马拉松（半程）大赛。网上报名参与选手5000人，区内3000多人，副省长谢卫江宣布开幕，省体育局

2020年11月1日，中国首届最美长江岸线马拉松（半程）大赛在岳阳举行

2020年岳阳市运动员参加全国性体育比赛成绩统计表

表14

序号	比赛名称	姓名	性别	项目	名次
1	全国飞碟射击冠军赛	周　昊	男	个人赛	1
2	全国女子水球锦标赛	彭　林、熊敦瀚、王晴薇、龚　珏、杨思雨	女	女子水球团体	1
3	全国国际式摔跤锦标赛	周　倩	女	女子摔跤	1

2020年岳阳市参加湖南省锦标赛获得奖牌统计表

表15

序号	项目	金牌	银牌	铜牌	备　注
1	攀岩	1	2	3	
2	游泳	4	1	5	
3	花游	1	–	4	
4	水球	1	–	1	女子团体总分第一
5	皮划艇	4	2	4	团体总分第一
6	武术	2	4	5	
7	柔道	2	5	4	
8	射击	7	14	12	步手枪团体总分第一，飞碟团体总分第三
9	赛艇	7	3	2	团体总分第二
10	网球	–	1	1	
11	乒乓球	–	–	4	男子甲组、男子乙组、女子丙组全省总分第三
12	拳击	2	3	2	
13	举重	1	–	–	
14	田径	7	3	3	
15	跆拳道	–	–	5	
16	激流回旋	1	2	2	
17	羽毛球	–	–	1	
18	击剑	3	5	5	
19	摔跤	3	3	5	
合计		46	48	68	

（许　浪　魏　婷）

局长李舜、岳阳市市长李爱武等领导出席开幕仪式。大赛取得圆满成功，湖南经视进行全程直播，腾讯网、新华网、《湖南日报》《岳阳日报》等40多家媒体进行报道。

【2020“薪火传承”·中国健康跑——平江站】 2020年9月4日，在平江县长寿镇举行“薪火传承”·中国健康跑——平江长寿站这项国家级的群众体育赛事，甘肃、宁夏、陕西、山西4个外省份和湖南各地州市的1000多名运动员参加，中央电视台、湖南卫视、新浪、腾讯等100多家主流媒体进行报道。

【2020全民健身挑战日】 2020年11月14日，全民健身挑战——“健康湖南e起来”岳阳站活动在南湖广场开幕。该活动由国家体育总局群体司发起，湖南省体育局、岳阳市人民政府联合主办，岳阳市教育体育局承办，体坛传媒集团股份有限公司、北京体坛华奥体育文化·水体育运动公司、利都·中环名座公司协办。活动内容丰富，有团队参与的活动关注率挑战、啦啦操、广场舞、太极拳、柔力球等项目挑战赛，有个人参与的颠球、投篮、垫球（气排球）、乒乓推挡、挑战羽球网前、轮滑、滑板王、下劈王（跆拳道）、拉丁舞、赶陀螺王等挑战项目。

【体育健身组织建设】 2020年，岳阳市新成立跑步协会、跆拳道协会和啦啦操协会，体育舞蹈、棋类、户外登山三个协会顺利改选，全市单项体育协会119个。新培训300多名社会体育指导员，各单项体育协会、社会体育指导员成为引领全市各项群众体育活动的中坚力量。

【体育特色品牌活动项目】 2020年，岳阳市利用得天独厚的“江、湖、山、道”自然资源，发掘县（市、区）传统体育项目，打造一批具有地方特色、群众基础和文化底蕴的体育项目。湖南省首届麻布山越野赛、2020年度湖南省第二届环洞庭湖自行车邀请赛等一批“一县一品”全民健身特色品牌活动。引领和带动全市群众体育事业的整体发展。

【“十三五”社会足球场地建设】 2020年，岳阳市加快建设社会足球场。《湖南省2019—2020年社会足球场地设施建设实施方案》下达岳阳市新建社会足球场建设任务68片，被列为省市重点实事项目。经多方努力，岳阳市申报为“全国足球场地建设试点城市”，争取中央资金3000多万元，全年全市完成新建社会足球场项目71片。

【第五次国民体质监测工作】 2020年，岳阳市组织对全市6000多人的体质监测工作样本进行汇总、整理和分析，并报省体育局国民体质监测中心。经认定，全市国民体质监测合格以上人数比例为93.8%。

【公共体育设施免费低收费开放】 2020年，岳阳市争取国家和省级补助资金310多万元，继续把6座大型体育场馆向群众免费和低收费开放，着手再增加两座大型体育场馆免费低收费向民众开放，满足全市居民的健身需求。

（刘勇 翁亮 李缘 刘刚 许浪 魏婷）

文化·旅游

编　辑　曹春友

社会文化

【落实《湖南省现代公共文化服务体系建设三年行动计划》】 2020年，全市文旅广电系统开展不定期督查、业务培训，每月听取工作进度汇报，督促推进落实《湖南省现代公共文化服务体系建设三年行动计划》。3月，按省、市真抓实干督查激励措施工作要求，向县（市、区）下发公共文化服务体系建设三年行动计划的工作通知。5月，对县（市、区）的落实完成情况进行专项督查。8月，组织开展为期三天的全市公共服务体系建设推进业务培训，特邀省文旅厅公共服务处领导、湖南公共文旅平台负责人、相关行业专家授课，查漏补缺，补齐短板。9月，组织各县（市、区）开展《湖南省现代公共文化服务体系建设三年行动计划》验收的网上资料填报工作。11月，市政府督查室发通知、文旅系统调动各方力量，发动各县（市、区）直单位、学校、乡镇（街道）、村（社区）开展网上满意度测评。

【公共文化阵地开放】 2020年，全市文旅广电系统公共文化阵地坚持免费开放常态化、制度化，文化惠民落到实处。文化馆免费开放。市群众艺术馆全年开展“每周一课”“流动课堂”和“网上课堂”等基层文化队伍培训。坚持“每周一课”常态化，组织舞蹈、器乐、合唱、书法、文学、手工艺等门类的授课，累计全年授课80节，受益群众1.2万多人。开展广场舞活动。为拉动岳阳文旅市场人气，宣传岳阳文旅资源，搭建文旅融合交流平台。9—12月，与湖北宜昌市、江西鹰潭市文旅部门联合举办湘鄂赣首届民间舞蹈大赛，12月，在岳阳市举办三市广场舞大赛决赛。开展广场舞“流动课堂”进乡村及社会主义核心价值观广播体操公益推广活动。7月，在湘阴组织“四季同行”文化志愿服务活动——“全民艺术普及流动课堂”广场舞培训，湘阴县各乡镇及28个建档立卡贫困村文旅骨干、社会体育指导员、文化志愿者及广场舞爱好者100多名学员参加。推进“全民阅读·书香岳阳”“周末绘本故事分享”“你读书我买单”等品牌活动，全面实施全民阅读工程。市图书馆开展各类线上线下少儿活动152场，参与活动的家长和小孩1万多人；两个24小时自助图书馆和两台24小时自助借还机借还图书2.2万多册，办理借阅证4000多个，实现分馆与总馆的通借通还。

【文化流动服务】 2020年，全市文旅广电系统开展流动博物馆、流动图书馆、流动文化馆、流动美术馆、流动非遗馆等“轻骑式”流动文化服务，实现馆内馆外、线上线下相结合。开展“百骑千人进万家”文化志愿服务基层行活动。组织文化志愿服务轻骑队，到各县（市、区）的乡村开展文化志愿服务，助力乡村文化振兴，打造特色乡村小镇。打造“欢乐潇湘”群众文化活动品牌。以“决战脱贫 决胜小康”为主题，从全市遴选出10个具有代表性的节目参与市级展演。开展街头群众文化艺术节。“五一”小长假期间，岳阳市第一届街头文化艺术节系列活动之“复苏·春之声”在岳阳楼、君山岛景区拉开帷幕，丰收“双抢”时期，把文艺送进乡间田野，志愿者走进乡村，为农民朋友送去一场丰富的文化大餐。做好新冠疫情防控，实现线上公共文化服务“不打烊”。全市公共图书馆、文化馆均采取线上线下相结合的服务形式，在线上开展公共文化服务，让老百姓足不出户也可享受到文化惠民的福利。

【文化队伍人才培训】 2020年，全市文旅广电系统加强文化队伍人才培训。开展形式多样的培训，培训3618人次，提高全市基层文化工作队伍的综合素质和服务能力，受益群众5.6万人次。组织各县（市、区）业务骨干参加2020年全国乡村文旅融合发展师资培育线上培训班、全国公共文化领域重点改革任务攻坚落实专题培训班、全国公共服务文化创意重点人才培训班、全国公共文化服务助力脱贫攻坚线上培训班、群众文艺创作及普及推广人才培育线上培班、公共文化服务助推乡村振兴线上培训班、基层文化和旅游公共服务队伍线上培训——公共图书馆创新发展系列培训班等。组织相关人员参加全省基层文旅志愿服务素质提升培训班、全省群文戏剧、曲艺重点单位、重点作者和重点作品创作培训班、全省文化馆长培训班、全省群文舞蹈业务骨干高级研修班、全省公共数字文化从业人员培训班、全省图书馆公共数字文化资源培训班、全省图书馆业务培训班等。

【手工达人艺术节】 岳阳市手工达人艺术节活动创办于2017年，2018年被评为湖南艺术节“三湘群星奖”项目奖、2019年列为湖南省文化和旅游志愿服务工作示范项目。2020年，列为文旅部全国公共数字文化工程资源建设项目。根据“互联市群艺馆启动“岳阳市手工达人艺术节”微视频项目拍摄制作项目，该馆组建专门的项目团队，经过6个多月的前期调研、制定实施方案、线下活动录制和微视频资源采集、后期制作等一系列工作，项目顺利完成，于12月一次性通过省厅专家组验收。

（万程亮）

专业文化

【战疫文艺创作】 2020年，全市文艺工作者推出战“疫”文艺作品，生动反映防疫抗疫一线感人事迹，鼓舞人民斗志。由岳阳人姜宗福、谭玉平作词，歌手谭圳作曲、演唱的三首抗疫歌曲《武汉我们手牵手》《最美逆行》《志愿者之歌》陆续被新华网客户端收录并制作MV力推，试听网友超百万人次。巴陵戏、长乐故事会、皮影戏、岳阳县花鼓戏等岳阳非物质文化遗产传承人纷纷进行创作，宣传疫情防控知识。其中，巴陵戏《联防联控战疫情》被“学习强国”学习平台转发。全市文艺工作者在新湖南客户端、《岳阳日报》新媒体等互联网平台发表散文、诗歌等文学作品400多篇，诗词、散曲800多首，楹联300多幅；在新华社、人民网、中国原创音乐网、新湖南等互联网平台发表原创音乐、MV作品30多首；

创作剧本4个、曲艺作品12个、美术作品100多件，拍摄记录抗疫现场图片1000多幅，短视频50多条。

【《巴陵戏系列课题研究丛书》】 2020年8月6日，岳阳市文学艺术研究所召开巴陵戏系列课题研究工作动员会，国家一级作家段华、黄军建，市人大教科文卫委、市政协文教卫体和文史委、市文旅局负责人出席。会议研究决定以岳阳文艺大家和巴陵戏名老艺人为课题负责人，把课题进行分解，进行《巴陵戏系列课题研究丛书》的编撰，研究巴陵戏的历史渊源，技艺特点、语言声腔、剧目形式、演出戏俗、代表人物等各组成部分，全面系统地挖掘巴陵戏丰富的矿藏，为后继者留下一份宝贵的史料。

【《洞庭组歌：碧水与蓝天的交响》】 2020年4月，声乐套曲《洞庭组歌：碧水蓝天的交响》问世。该曲由《岳阳日报》编辑王肖龙与国家一级作家段华历经两年时间联袂打造，是中国第一部讲述洞庭湖生态优先、绿色发展的大型音乐作品，以《岳阳楼记》为背景，以绿色发展为主题，以洞庭渔歌为引子，采用大体量、全方位、立体式、多元化的表现手法，深情讴歌总书记习近平视察长江洞庭以来的岳阳巨变，展示当代洞庭鱼米之乡的崭新风貌。该作品把洞庭渔歌、革命歌曲、西方古典音乐、陕北信天游及现代流行音乐等多种音乐元素有机融合，兼容并蓄，中西结合，别具一格，令人耳目一新。

【第四届岳阳文化艺术节】 2020年12月16日，第四届岳阳文化艺术节暨2020惠民演出季开幕式在会展中心举行。省文旅厅党组成员、副厅长张帆出席并讲话，市委常委、宣传部部长马娜宣布开幕，市领导彭先政、陈阁辉、孔福建与巴陵戏老艺人、戏剧爱好者等代表一起观摩演出。开幕式上，市巴陵戏传承研究院复排的传统巴陵戏《杨门女将》，赢得现场观众阵阵喝彩。文化艺术节包括开幕式、专业舞台艺术活动、群众文化活动、惠民演出季等七大板块，100多场演出。全市各县（市、区）和市直有关单位的专业院团、群文团队、学生团队和文艺爱好者等5000多人次直接参与艺术节各版块活动，通过“线上线下、互联互通”的形式，惠及群众30多万人次，得到社会各界好评。

（万程亮）

文化产业

【文化四上单位申报】 2020年，新增文化“四上”企业92家，全市文化“四上”企业数量占全市“四上”企业总数的10.5%。

（万程亮）

【天润实业业绩增长】 2020年，天润实业坚持自主创新，加大产品研发投入，主营业务发展来势较好。公司实现营业总收入6.31亿元，同比增加6.01%；归属于上市公司股东的净利润2.78亿元，同比上升112.94%；实现每股收益0.18元，一举扭亏为盈；总资产1.79亿元，同比减少8.06%。公司归属于上市公司股东的净利润较上年同期上升的主要原因是部分债权人本期免除本公司担保责任，增加营业外收入3.96亿元，转回恒润华创欠款计提的坏账准备1.35亿万元。

【天润实业游戏产业发展】 2020年，天润实业全资子公司深圳市拇指游玩科技有限公司移动游戏的代理运营和推广业务发展较好，全年老产品持续贡献收入，几款新上线的产品进入稳定营收阶段。拇指游玩新上线的游戏有远征（繁中）、龙武（繁中）、龙武（韩语）和新射雕群侠传之铁血丹心。主要收入来源于新射雕群侠传之铁血丹心、使命荣耀、仙剑奇侠传、龙武（繁中）和正统三国等几款游戏，以上5款游戏产品营业收入合计占拇指游玩2020年度营业收入的62.64%。

巴陵戏《今上岳阳楼》剧照

其中，新射雕群侠传之铁血丹心于8月底投放，营业收入12724.86万元，占年度营业收入的29.72%；使命荣耀是公司2018年下半年上线SLG产品，仍处于投放期，年度营业收入5546.04万元，占年度营业收入的12.95%；仙剑奇侠传，营业收入3766.14万元，占年度营业收入的8.8%；龙武（繁中）和正统三国两款游戏年度营业收入均在2000多万元以上。下半年上线的两款海外产品：远征（繁中）和龙武（韩语）运营流水分别为3188.32万元和4114.04万元。

（卞基布）

2020年，华容七星墩遗址被评为“十三五”湖南考古十大新发现

文化市场管理

【文化市场日常监管】　2020年，全市文旅广电系统抓疫情防控，到市场走访巡查，协助各领域经营单位有序复工复产。实施地方网吧视频监控系统和全国文化市场技术监管与服务平台接入融合，推进“双随机一公开”监管抽查规范化、制度化，全年开展16次抽查行动，严查违法违规经营行为，取得良好成效。落实安全生产监管责任，以重点时段、人员密集场所为主开展安全隐患排查整治，抓实整改，保障文旅市场平安发展。全市文旅部技术监管平台办结行政处罚案件466件，报送重大案件4件，录入网上巡查17633次。

【文旅市场专项整治】　2020年，市文旅广电局加强文旅市场专项整治。联合有关部门开展“无证无照经营场所”“规范展演活动”和有偿陪侍等专项整治行动，对中心城区演出市场、歌舞娱乐场所进行摸底清查和集中整治，关停3家场所，责令整改两家；以“扫黄打非”为抓手，开展“正道”“新风”行动，打击各类非法出版传播活动，办理“扫黄打非”相关案件4件，上报市“扫黄打非”办备案3件。抓侵权盗版源头治理，开展“剑网2020”专项行动，打击侵权盗版，对计算机招标采购活动、本地网站、App、微信公众平台、网上商城进行监控，查处多起侵权盗版典型案例；开展旅游市场“暑期整治”“不合理低价游”专项行动，对全市注册的近300家旅行社、分公司、服务网点进行登记备案、集中检查，责令整改12家次，对1家违规经营场所进行立案查处，停业整顿1家，保障全市旅游市场经营规范有序。

【网络广电市场大案要案查办】　2020年，市文旅广电局开展“净网”“清朗”“清源”等专项整治行动，对网络广电市场进行多次全面清查，取得较好效果。立案查处某天龙八部私服涉嫌利用网络侵犯著作权案、某直播App涉嫌制作传播淫秽物品牟利案等7起重大案件，部分案件移交司法机关处理。其中“广州某网络游戏公司涉嫌未经批准、擅自上网出版网络游戏涉非法经营罪案”，抓获犯罪嫌疑人6名，涉案金额约1.96亿元，被全国和省“扫黄打非”办列为全省重点挂牌督办案件，被文旅部评为“2019—2020年度全国文化市场综合执法重大案件”。

（万程亮）

文博·图书

【文博工作】　2020年，市文旅广电局加强文物保护工作力度。争取省级以上文物保护资金3411万元，全年申报全国重点文物保护单位项目计划48个、省级文物保护单位项目计划7个。全过程监管文物保护项目，完成10个文物保护工程验收。启动第三批市保单位推荐申报工作。考古勘察成绩喜人，湖南省文物考古研究所湘东北考古工作站在华容县东山镇挂牌，华容七星墩遗址成功入围2020年度全国十大考古新发现20强，是湖南唯一入围的考古新发现；华容七星墩遗址、平江大湖坪遗址被评为“十三五”湖南考古十大新发现。完成对岳阳机场扩建工程项目、湖南交通学院湘阴新址建设项目等48个建设工程项目的考古调查勘探工作。层层压实文物安全责任，加强对文物保护单位的监管力度，全市1670处不可移动文物的信息提交自然资源规划部门，纳入国土空间规划编制。

【万里茶道申遗】　2020年12月10日，万里茶道联合申遗城市联席会议在武汉召开。会议通过《万里茶道联合申报世界文化遗产三年行动计划（2021—2023年）》，市政府副秘书长张翎代表岳阳市与沿线其他节点城市人民政府市长或代表共同签署《万里茶道保护和联合申报世界文化遗产城市联盟章程》。岳阳是“万里茶道”八省区联合申遗重要的节点城市之一，大矶头遗址、聂市古镇、临湘塔被列为“万里茶道”重点推荐申报遗产点和一般推荐申报遗产点。云溪区、临湘市启动国保单位大矶头，省保单位聂市古建筑群、临湘塔的保护修缮。

【革命文物保护利用】 2020年，市文旅广电局加强革命文物保护利用工作。革命文物名录核定。通过调查摸底，全市核定登记上报不可移动革命文物158处，可移动革命文物1561件（套），为全市“十四五”革命文物的保护利用、展示及项目储备打下基础。编制革命文物保护利用三年行动计划。按照中办、国办《关于实施革命文物保护利用工程（2018—2022年）的意见》和省文物局“关于实施湖南省革命文物保护利用工程（2019—2022）”要求，推进全市首批革命文物保护利用片区分县名单中的县（市、区）开展不可移动革命文物的保护利用工程。根据前期调查摸排情况，平江县、岳阳县、汨罗市等9个重点县（市、区）都完成辖区革命文物保护三年行动计划的编制。按照革命文物保护三年行动计划，全市有12个国保项目和4个省保项目申报革命类文物保护项目计划书。

【国有文物收藏单位文物藏品认定鉴定】 2020年，市文旅广电局文博管理部门开展2020年度国有文物收藏单位文物藏品认定鉴定工作。全市5277件（套）文物藏品经过鉴定后确定珍贵文物338件（套）。全市珍贵文物总数经过此次鉴定由原来的2200件（套）上升至2538件（套），珍贵文物的储备得到提升。

【国家级“非遗”项目申报】 2020年12月18日，岳阳市申报的岳州扇制作技艺、黄茶制作技艺（君山银针茶制作技艺）成功入选国家文化和旅游部第五批国家级非物质文化遗产代表性项目名录推荐项目公示名单。此次全省入围项目有19项，岳阳市入围两项，入围项目填补岳阳市国家级“非遗”项目中传统手工技艺类“非遗”项目的空白，彰显“非遗”资源的丰富性和多样性。

【“夜游南湖　悦享非遗”活动】 2020年6月19日，“文化和自然遗产日”活动暨“夜游南湖·悦赏非遗”岳阳市非遗展示展演展销活动在岳阳市南湖新区举行。省文旅厅党组成员、副厅长、省文物局局长陈远平，副市长邱虹等参加。活动以“文化和自然遗产日”为契机，采取“非遗进景区”的方式，南湖景区内设立茶博城、南津古渡、中心花园观景台等6个“非遗”展示点，展演展销近百种传统“非遗”项目，推动南湖三圈的“夜游经济”发展。

（万程亮）

【图书馆工作】 2020年，市图书馆全年接待读者90多万人次，图书借还80多万册次，累计办理读者证3.62万个，网站点击量26万多次，数字资源累计访问5万多次，微信公众号关注2.7万多人次。推动全民阅读。开展“岳州讲坛”“周末绘本故事会”亲子阅读系列“走进图书馆”阅读体验活动、“小小志愿者今天我当班”寒暑假志愿活动、德育公益课堂5个独具特色的品牌活动。引领少儿阅读，开展“我们的节日”主题系列活动，大力弘扬民族优秀传统文化；全新升级“悦童年　彩虹泡泡”绘本活动品牌，下半年线下累计开展26期，参与人次1500多人；承办全省关工委主任会议，青少年儿童抗疫书法作品展、“突出思想引领　讲好抗疫故事”专题展览及“同传家风，童颂祖国”文。助推志愿服务。开展“阳光假日　小小志愿者”假期志愿活动，招募8岁至16岁儿童少年志愿者开展阅读推广服务，累计参与活动志愿者近500人次，得到社会各界一致好评。开展5次“雷锋家乡学雷锋”志愿流动服务。

（罗慧容）

广播·电视·报业

【概况】 2020年，岳阳市广电部门各项工作稳步推进。正面宣传。全市广播电视播出机构播放创作公益宣传片广告电视类101条、广播类48条、播放公益广告74280次，总计播放时间2.2万分钟，推送到“学习强国”“今日头条”“智慧岳阳”“岳阳新闻网”等平台，点击率40多万次。围绕庆祝中华人民共和国成立70周年这条主线，全市各级广电媒体均推出“壮丽70年奋斗新时代”专题报道，开展重点电视剧“百日展播”活动，营造礼赞中华人民共和国、奋进新时代的浓厚氛围。安全播出。市广播电视监管中心实现对全市有线数字广播电视177套节目和信号全面监控，县级台广播电视自办节目信号回传、无线数字电视节目轮巡监控、无线广播电视转播覆盖监控。建立完善安全播出应急预案，排查整治安全播出隐患，确保疫情防控、全国“两会”、国庆等重要保障期广播电视安全播出。非法卫星电视接收设施整治。成立以市委常委、宣传部部长马娜任组长的市卫星电视地面接收设施专项整治行动领导小组，实行联席会议制度，整治非法地面卫星设备销售市场，确保广播电视节目接收、传输规范，把长效监管机制、联席会议制度贯穿整治工作始终。

【新闻宣传】 2020年，市广播电视台新闻宣传有声有色，取得建台以来最好成绩。各媒体播发各类新闻稿件1.35万条次。其中，电视中心《岳阳新闻》栏目4671条，生产新媒体作品1235条。广播中心《岳阳新闻》栏目3281条，生产新媒体作品1599条。公共科教管理中心《经开区新闻》1812条，《南湖新闻》312条，《临港新闻》281条，《网眼看岳阳》312条，网眼看岳阳微信公众号发稿100多期。全年在中央电视台上稿112条，中央广播电台上稿18条，湖南卫视上稿456条，湖南经视上稿175条，省广播电台上稿233条，《人民日报》客户端上稿1206条，全部超额完成工作任务。6月18日，全省广播电视新闻通联会上召开，市广播电视台连续第十二年被评为全省优秀通联集体，记者李名虎连续第10年被评为全省十佳通联记者，记者严钦海获特殊贡献奖。

【广电事业发展】 2020年，市广播电视台攻坚克难，推进整体搬迁、融媒体发展等各项重点工作，广电事业得到发展。整体搬迁。3月，市广播电视台新办公大楼搬迁，出售广电老院办公楼和裙楼房屋现有资产，筹措资金8000万元，缓解基建债务的压力。16日，播出系统正式切换新广电大楼的专业系统信号，高清化改造后的电视播控、编辑制作、摄录采访等系统全新上线。营收上扬。全台全年收入4926万元，比2019年的4622万元（不含资产处置收入）增加7%。网络公司实现营业收入4400多万元，入账3940万元，与上年基本持平，争取财政拨款增加500万元。广播中心、电视中心、公共科教管理中心、大湖传媒公司、网络公司各尽其能，增收节资成效较好。

网络公司改制。3月，网络公司转企改制启动。台党组科学制定可行改制方案，发挥工会的职能，组织工会换届，保障广大干部职工的切身利益。11月，转企改制工作顺利完成，各项工作未受影响。

融合媒体。年初，抽调公共频道、科教频道以及岳阳新闻网三家单位人员组建公共科教管理中心。中心借助长沙广电支持对“智慧岳阳App”进行改版升级，节约资金400万元。投入资金对融媒体指挥中心进行升级改造，成效较好。

（廖　岚）

【《岳阳日报》新媒体发展】 2020年，岳阳报业集团推动媒体深度融合，打造新媒体平台。通过微信、抖音、直播等平台，及时为客户提供时效性强、传播速度快、覆盖面广的宣传，实现创收增效利润1200万元。各个平台爆品不断，《岳阳日报》官方抖音号有两个视频产品浏览量超过1亿元，18条抖音视频点击量超过1000万次；微信公众号32篇稿子过10万+，今日头条号150多篇报道过100万+。全年各平台新闻产品总点击量超过25亿元，是2019年的数倍，扩大党报的传播力、引导力、影响力和公信力。

【《岳阳日报》“入驻App”居全国第11名】 2020年12月24日，2020（第五届）全国党媒网站高峰论坛在深圳市举行。人民网研究院发布《2020全国党报融合传播指数报告》（简称《报告》），《岳阳日报》“入驻App”传播力排名高居全国第11位。《报告》是基于人民网研究院对全国377家党报的融合传播情况进行的考察，数据采集由人民网等完成。在考察的377家党报中，中央级报纸12家，省级党报33家，地市级党报332家。《岳阳日报》此次在“入驻App”中跃居第11名，具有相当高的含金量。《岳阳日报》以强大的数据内容作支撑，成功入驻《人民日报》人民号、新华社新华号、百度百家号、今日头条头条号等18个战略合作平台，2020年总点击量超过25亿人次，用户遍及全球，在湖南党报影响力排行中稳居第一方阵。

（陈　文）

【红网岳阳站】 2020，红网岳阳站推进媒体融合发展，推动“两中心一平台”建设，成为省媒驻地方新闻网站“办出特色、红出特色”的头部IP。至年底，制作专题20个，新媒体产品近200个，其中，视频178个，网络直播4场，H5、动漫、图解及快闪、有声海报等10个，原创及转载稿件11586多条。在“学习强国”推稿近100篇，总平台推荐1篇，观潮的螃蟹6篇。防疫期间，推出稿件2000多篇，组图、小视频150个，专题5个，专题总点击量近4000万，其中200万+以上稿件一条，100万+以上稿件一条，50万+以上稿件3条，10万+以上稿件7条。推出专题《绿色答卷　水泽巴陵》，展示巴陵大地的绿色新岸线、绿色新画卷、绿色新动能，推出原创稿件28篇，螃蟹稿3条，“学习强国”推稿14篇。防汛期间，制作《岳阳抗击暴雨洪水》防汛抗灾专题，率先在全省各地启动汛情滚动播报《岳阳迎战暴雨洪水》，采取滚动播报、直播、组图、视频直击等形式，发布岳阳市各类防汛抗灾稿件近300篇。联合总部编辑中心推出长卷作品《巴陵新胜状　战贫新楼记——湖南脱贫攻坚纪实之岳阳长卷》。

（陈　文）

旅　游

·综　述·

【概况】 2020年，全市文旅广电部门围绕打好“两场战役”，聚焦抗疫情、补短板、保要素、促融合，持续打造“岳阳天下楼　洞庭天下水”旅游形象品牌，推进文化旅游产业加快恢复增长并高质量发展。全市接待国内外游客5792.069万人次，同比恢复84.43%；旅游总收入579.311亿元，同比恢复87.1%。岳阳市被省政府评为2020年文化和旅游真抓实干督查激励先进市（州）。

旅游疫情防控。新冠疫情发生后，全市文旅广电系统结合工作实际，制定落实各项防控工作措施，确保文化旅游行业安全稳定。采取防控措施。自大年初二取消全员休假，落实“五个一律”要求，在全省各市（州）中率先督促全市公共文化场馆、文化娱乐场所、景区景点等暂停开放。开展督导协调。疫情防控期间，全系统出动7万多人次，督查文旅单位1万多家次，切断新冠病毒在文旅服务场所的传播。做好滞留游客安置，协调宾馆接待特殊人群。开展战疫宣传。利用“村村响”和官方网站、微博、微信、抖音号进行防疫宣传，得到群众好评。组织创作抗击疫情文艺作品1500多篇（幅）、曲艺作品100多个，其中巴陵戏演唱《联防联控战疫情》、防疫版平江皮影戏等还在中宣部“学习强国”平台上进行专门推介。

旅游行业复苏。分类制定文旅场所有序开放指南，引导全市文旅场所实现复工复产。落实帮扶政策。指导重点文旅企业申报金融支持、税收减免、社保金缓缴等各项支持政策。对符合条件的优秀旅游企业，发放奖励性补助220多万元。为帮助旅行社渡过难关，退还35家旅行社质保金692万元。开展行业培训。组织“抗击疫情、共助文旅”在线培训和乡村振兴与文旅行业扶贫专题培训，为旅游市场复苏向好

岳阳市AAA及以上景区一览表

表16

县（市、区）	景区名称	景区等级
岳阳楼区	岳阳楼—君山岛旅游区	AAAAA
南湖新区	南湖圣安寺景区	AAAA
君山区	君山野生荷花世界旅游区	AAAA
平江县	平江石牛寨景区	AAAA
	平江起义纪念馆	AAAA
	天岳幕阜山旅游区	AAAA
汨罗市	任弼时纪念馆	AAAA
	屈子文化园	AAAA
岳阳县	岳阳市张谷英旅游景区	AAAA
平江县	平江连云山景区	AAA
	沱龙峡生态旅游景区	AAA
	纯溪小镇生态旅游风景区	AAA
	仙姑岩·红军营	AAA
	岳阳平江福寿山景区	AAA
	湘鄂赣革命纪念馆	AAA
	亚马逊水上乐园	AAA
	长寿秘境旅游景区	AAA
岳阳县	岳阳大云山国家森林公园	AAA
	相思山旅游风景区	AAA
	刘备洞峡谷景区	AAA
	黄秀农耕文化园	AAA
湘阴县	岳阳左宗棠风景区	AAA
	岳阳湘阴南泉寺景区	AAA
华容县	岳阳华容县博物馆景区	AAA
	福尔康棉文化博物馆	AAA
汨罗市	普德文化园	AAA
	西长景区	AAA
	长乐景区	AAA
临湘市	湖南五尖山国家森林公园	AAA
	岳阳6501风景区	AAA
	湖南省十三村食文化博览园	AAA
	浮标小镇	AAA
南湖新区	岳阳花语世界	AAA
市辖区	岳阳健康体验园	AAA

做好准备。组织线上宣传。与多家网络平台合作，组织13场大型直播宣传，有153.1万人在网上观看直播，点赞量达到10.5万次；网络主题宣传生成流量总计1.4亿次，其中岳阳累计曝光3000多万次，岳阳旅游吸引力进一步增强。

文旅改革发展。完成《岳阳市文化旅游融合发展总体规划（2020—2030）》《岳阳市文化旅游产业发展规划纲要（2021—2025）》等规划编制，以规划推进事业和产业发展。完成执法改革，按照中央和省委关于深化文化市场等5个领域综合执法改革部署，理顺文化市场综合执法体制，提高市场监管效率。推进事企改革，君山公园和岳阳楼景区顺利移交市城投集团，涉改人员776人。君山公园改革从批复改革方案、启动清产核资、召开职代会、完成改革移交，仅用4个月时间完成。

文旅产业融合。市委、市政府高度重视文旅产业发展，成立市文化旅游产业发展领导小组，市委、市政府领导挂帅；成立市文旅产业链，市委、市政府分管领导担任链长。新增文化“四上”企业92家，全市文化“四上”企业数量占全市“四上”企业总数的10.5%。召开市文旅产业发展暨产业链工作推进会，印发《岳阳市市级重点文化旅游项目管理办法》《岳阳市2020年度重点A级旅游景区提质升级实施方案》等文件，大力推进项目建设。全市23个重点文旅在建项目总投资599.4亿元，年度计划投资63.1亿元，实际完成投资65.3亿元。鱼巷子国庆节开街，岳阳铂尔曼、希尔顿欢朋酒店、荣湖大酒店正式运营。成功签约总投资450亿元的岳阳融创环球文旅国际会议会展项目、总投资45亿元的岳阳县桃李春风文旅小镇、总投资10亿元的岳阳楼区自在云梦泽养生谷项目等，有力助推文旅产业高质量发展。

岳阳文旅营销。制定旅游营销工作方案，组织一系列营销活动。做客央广交通频道直播间，局领导当导游，面向全国观众宣传岳阳文化旅游。两次在长沙地铁开展岳阳旅游宣传，为期5个月，上刊120个宣传灯箱，开通两辆岳阳旅游全景列车。拓展高铁、游轮市场，接待旅游高铁10个专列，游轮6个航次。组织开展“锦绣潇湘·惠游岳阳·大美南湖”惠民旅游消费季等活动，激发文旅市场活力。机场、高铁、高速旅游标识标牌和户外宣传逐步完善。“天下洞庭·湿地生态游（环洞庭湖板块）”入选5条“锦绣潇湘”湖南旅游精品线路之一。牵头组织2020年岳阳国际旅游节，创意新、亮点多、参与广，全国80多家省级以上网络媒体进行直播，抖音、快手、火山视频、芒果V直播等全国网络平台进行直播和宣传，曝光流量超过5亿人次。

文旅形象打造。争创国家省级项目。平江县、岳阳县成功创建省全域旅游示范区，天岳幕阜山、屈子文化园、洋沙湖景区晋升国家AAAA级景区，张谷英镇入选湖南省十大文化旅游特色小镇；临湘市羊楼司镇龙窖山村和屈原区河市镇三和村入选全国乡村旅游重点村，岳阳县三和村和临湘市梅池村入选省乡村旅游重点村。智慧文旅建设。市政府领导带头到外地调研，组织召开专门会议，推进智慧文旅平台建设，把智慧文旅项目列入智慧城市重点项目库，建设“一中心三平台”。搭建“岳游岳嗨”互联网平台，推介岳阳文旅资源。

【龙窖山村、三和村入选全国乡村旅游重点村】 2020年8月26日，文化和旅游部、国家发展改革委下发《关于公布第二批全国乡村旅游重点村名单的通知》。临湘市羊楼司镇龙窖山村和屈原区河市镇三和村成功入选。

【三和村、梅池村拟入选省乡村旅游重点村】 2020年11月19日，湖南省文化和旅游厅、湖南省发展和改革委员会公示拟入选第二批湖南省乡村旅游重点村名录乡村名单，全省有47个乡村榜上有名，其中岳阳县三和村和临湘市梅池村入选省乡村旅游重点村。

【《岳阳市2020年度重点A级旅游景区提质升级实施方案》】 2020年5月11日，市文旅广电局印发《岳阳市2020年度重点A级旅游景区提质升级实施方案》，督促指导市内10个重点景区进行提质升级改造，改善全市A级旅游景区消费环境，提升景区品质，增强景区吸引力。

【平江县入选2020年旅游百强县】 2020年11月12日，竞争力智库、中国经济导报社、中国信息协会信息化发展研究院、北京中新城市规划设计研究院等机构在北京联合发布《中国县域旅游竞争力报告2020》（简称《报告》）。《报告》对2019年全国县域旅游发展情况作全面梳理，完成全国县域旅游综合竞争力和县域旅游发展潜力评

“平江八景”——幕阜极顶

价，发布“2020中国县域旅游综合竞争力百强县（市）”，平江县位列其中。

（万程亮）

·旅游产业发展·

【概况】 2020年，市委、市政府重视文旅产业发展，作为千亿产业和支柱产业来打造，成立市文化旅游产业发展领导小组，市委书记王一鸥任组长，市长李爱武任第一副组长，四大家分管领导担任副组长。王一鸥多次召开专题会议研究文旅产业发展，接待华侨城集团到岳阳考察、到岳阳县调研大云山旅游开发工作。李爱武多次召开市政府常务会、市长办公会研究重大文旅项目建设，到南湖新区、洞庭南路历史文化街区调研指导文旅项目建设。市人大常委会组织开展专题视察文化旅游产业融合发展工作。市政协开展文旅融合专题协商课题调研。市委组织部与文旅广电局开展文旅融合优秀人才选拔工作。全市上下形成重视文旅产业，抓实文旅发展的浓厚氛围。统筹协调，形成工作合力。5月，市委、市政府联合出台《关于加快七大千亿产业建设推进高质量发展的实施意见》，明确文旅产业作为七大千亿产业，要求文化旅游产业作为“12+1”的“1”，实行“一链一策”。成立市文旅产业链，市领导马娜、陈阁辉担任链长。市文旅产业链办完成“两图（文旅产业产业全景图、现状图）、两库（客商库、项目库）、两池（资金池、人才池）”，编制《岳阳市文化旅游融合发展规划（2020—2030）》《岳阳市文化旅游产业发展规划纲要（2021—2025）》《城陵工业旅游及研学旅游专项策划及实施行动方案》《君山公园战略定位》，起草“两报告”（产业链招商报告、分析报告）。召开全市千亿文旅产业建设工作推进会、市文旅产业链工作调度会、全市文旅产业发展暨产业链工作推进会等会议，安排部署文旅产业发展相关工作，有力促进全市文旅产业工作。项目建设。印发《岳阳市市级重点文化旅游项目管理办法》《岳阳市2020年度重点A级旅游景区提质升级实施方案》等文件，推进项目建设。全市23个重点文旅在建项目总投资599.4亿元，年度计划投资63.1亿元，1—11月完成投资51.6亿元，完成年计划的81.8%。其中洞庭南路历史街区完成9.2亿元，完成年计划投资额112.3%；南湖新区龙山绿色发展熊猫苑项目完成5.5亿元，完成年计划投资额78.5%；洞庭湖博物馆完成2.78亿元，完成年计划投资额139.2%。鱼巷子国庆节开街，岳阳铂尔曼、希尔顿欢朋酒店、荣湖大酒店正式运营，旅游接待服务能力持续增强。联合市金融办，组织全市文旅产业链银企对接会，搭建企业与金融机构沟通交流平台。召开市文旅特色小镇创建工作会议，邀请省厅产业处领导和专家进行辅导授课，得到县区文旅部门和乡镇的肯定。招大引强。开展精准招商，聚力“招大引强”，接待华侨城、湖南电广传媒、融创、文和友、携程网等文旅企业到岳阳考察。成功签约总投资450亿元的岳阳融创环球文旅国际会议会展项目、总投资5亿元的紫金湾森林休闲度假基地项目、华夏文化遗产基金会捐赠2.2亿元的张谷英文化遗产保护项目。12月8日，在市七大千亿产业·“12+1”产业链成果展示会上，自在·云梦泽养生谷田园综合体、岳阳桃李春风文旅小镇正式签约。举办2020年岳阳国际旅游节，低空极限飞越洞庭湖、最美长江岸线马拉松赛、天下洞庭·湿地音乐节、11届洞庭湖国际观鸟节暨洞庭湖博物馆开馆等系列活动。

【全市文旅融合优秀人才选拔工作】 2020年，市委组织部、市文旅广电局开展全市文旅融合优秀人才选拔工作。历时两个多月，各县（市、区）委组织部、文旅广电局和市直单位、协会推荐35人，经市委人才工作领导小组最终评定周湘平等9人为市文旅融合优秀人才。

（万程亮）

【岳阳楼景区营销】 2020年，岳阳楼景区加强旅游营销，提升景区知名度。宣传造势。加强与各级新闻媒体的联络，开展电视媒体宣传，发布消息、新闻等300多条；及时在官网、公众号发布相关信息；与人民网合作，开发旅游产品；续签车身广告、投放大型户外宣传；编撰印刷20万字《岳阳楼文化》，展示景区工作成绩、干部职工风采、文化研究成果。参加旅游博览会、旅游日等促销活动，宣传推介景区资源。

节庆活动。策划“吾楼喊你来打卡”旅拍活动；开通运营抖音、快手、微博等六大网络平台，发布短视频60多条，进行6次网络直播。开展“背诵岳阳楼记免门票”“寻找名楼小达人”、国庆·中秋魔术表演、剪纸、共和国同龄人等节庆活动。6月19—25日，参与“璀璨中华名楼·祈福国泰民安”主题活动。研学旅行。制作提交《岳阳楼君山岛景区创建岳阳市中小学生研学实践教育基地申报材料》，市教体局等相关部门对景区独有的忧乐文化内涵和丰富的景观景点规模给予肯定，景区评定为“首批中小学生研学实践教育基地”。网络营销。与北京昊睿公司签订微信托管运营协议，完善微信公众号相关功能；与美团、携程、同程等国内主要旅游门户网站签订网络门票销售协议；提交商标注册14大类876项，有效保护景区的知识产权。

【岳阳楼景区转企改制】 2020年5月，岳阳楼景区成立改制工作领导小组，下设改制办。通过宣传改制政策，进行清产核资，收集干部职工意见建议70多条，制定《岳阳楼景区改制方案》。9月17日，召开岳阳楼景区管委会体制改革工作职工代表大会，通过《岳阳楼景区管理委员会改革方案》。18日，召开岳阳楼景区管委会改革移交工作大会，岳阳楼景区由市城投集团实行企业化管理，副市长陈阁辉出席。

【君山公园转企改制】 2020年5月16日，君山公园成立改革转企工作领导小组，启动公园改制转企工作。分批分组征求职工意见、宣讲改革政策，对标对表，扎实、有序推进公园改制转企工作。6月，经过充分调研和酝酿，公园制定

《君山公园改革方案》（简称《方案》）；8月14日，市经营类事业单位改革工作推进小组审批同意《方案》；8月17日，君山公园启动清产核资工作；24日，君山公园召开职工代表大会，讨论并通过《方案》。31日，市文旅广电局和市城投集团在君山公园召开君山公园改制移交工作会，公园正式移交给市城投集团，实行企业化管理。君山公园改制实现全市四个“第一”，即第一个批复改革方案、第一个启动清产核资、第一个召开职代会、第一个基本完成改革任务，一个拥有60年历史、20年改革史的名园重启辉煌。

（黎　娟）

·旅游市场宣传营销·

【“文旅岳阳”新媒体宣传工作动员培训会】 2020年5月26日，岳阳市召开“文旅岳阳”新媒体宣传工作动员培训会，市、县文旅主管部门和71家重点文旅企业的主要负责人与具体工作人员200多人参加会议。

【岳阳市“夏至洞庭好风光”文化旅游网络推介活动】 2020年5月21日—6月21日，市文旅广电局以“遥望洞庭山水色”“我在洞庭有座岛”“我是洞庭湖边人”“‘水中大熊猫’守护者”“零距离感受萌鹿暴击”等6个主题为内容，举办岳阳市“夏至洞庭好风光”文化旅游网络推介活动。此次直播内容有6场，利用旅游+直播，主播“引领式”，通过在线实时互动、短视频拍摄、“随走随播”的方式，进行实时动态，推广东洞庭湖独特的湖光山色、生态资源。

【百度“宝藏湖南”宣传活动】 2020年9月3日，岳阳楼景区、君山银针、洞庭湖麋鹿进入百度活动直播间。百度湖南发动百度全平台力量，重点打造影响力和互动流量，在此次“宝藏湖南：岳阳站”活动中，总计生成流量总计1.4亿次，其中岳阳累计曝光3000多万次。百度公司以“10小时慢直播+2.5小时网红直播带货+全天商超展”为一体的方式、推介岳阳旅游、美食、文化、民俗、产业。

【长沙地铁开展岳阳旅游宣传】 2020年4月1日—6月1日，市文旅广电局在长沙地铁1号、2号、4号线上刊80个宣传灯箱，有68个景区上刊；在4号线开通一辆岳阳旅游全景列车。12月—2021年2月，在长沙地铁开展3个月的岳阳旅游宣传，40个灯箱，1辆岳阳旅游全景列车。

【2020年岳阳国际旅游节】 2020年11—12月，市人民政府主办“亚洲飞人”低空极限挑战洞庭湖、天下洞庭湿地音乐节、“最美长江岸线”马拉松赛等9大系列活动，历时两个多月，现场参与总人数超过10万人次，全国80多家省级以上网络媒体进行直播，曝光流量超过5亿人次。节会活动以洞庭湖自然生态为宣传背景，选择数以万计的候鸟、野外奔跑的麋鹿、珍稀濒危的江豚等动态的元素去开展宣传、开发产品，形成海（江豚）、陆（麋鹿）、空（候鸟）丰富立体的组合，为岳阳湖泊旅游发展找到绝佳的契合点，率先在全国推出湖泊旅游产品开发的新模式。

（万程亮）

·旅游行业管理·

【文旅市场常态化疫情防控】 新冠肺炎疫情爆发后，市文旅广电局负责全市文化旅游行业疫情防控工作。对全市公共文化场馆、文化娱乐场所和旅游景区（点）关停督查以及旅行社暂停营业督查。依法落实消毒和留观措施，负责安排定点隔离医务人员入住，金海酒店、富尔酒店、君山明月酒店等入住隔离医务人员1.16万多人次。

【文旅“放管服”改革】 2020年，市文旅广电局按照市行政审批改革办要求，每季度报送深化“放管服”改革优化营商环境重点任务进展情况资料。建立和完善信用管理制度，落实并报送文旅企业“红黑名单”，相关信息推送至“信用岳阳”平台。按照省文旅厅通知要求，向旅行社暂退80%的旅游服务质量保证金，累计退还36家，金额累计724万元。为抗击疫情，争取政策和资金支持，争取文化和旅游业战疫情促发展省级专项资金200多万元，为旅行社和旅游星级饭店解难纾困。

【星级旅行社、旅游星级饭店评定及复核】 2020年，市文旅广电局向省旅星评委推荐五星级旅行社1家（岳阳康辉国际旅行社有限公司），在省厅官网公示；评定三星级旅行社两家，分别是岳阳县鑫湘国际旅行社、平江县华腾旅行社。平江阳光国际大酒店达到四星级旅游饭店被评定为四星级旅游饭店，平江县星天大酒店、景尚酒店被评定为三星级旅游饭店。

【文化旅游市场秩序整治】 2020年，市文旅广电局加强全市文化和旅游市场整治。开展演出、娱乐市场专项整治行动、上网服务场所“利剑”专项整治行动和旅游市场“暑期整顿”专项整治行动。坚持线上清查和线下整治同步实施、暗访评估与执法检查同步开展、日常监管与专项行动同步推进，整治文化市场违法违规行为及“不合理低价游”、非法经营旅行社业务等旅游市场突出问题，规范文化和旅游市场经营秩序，维护群众合法权益，营造良好市场环境。

（万程亮）

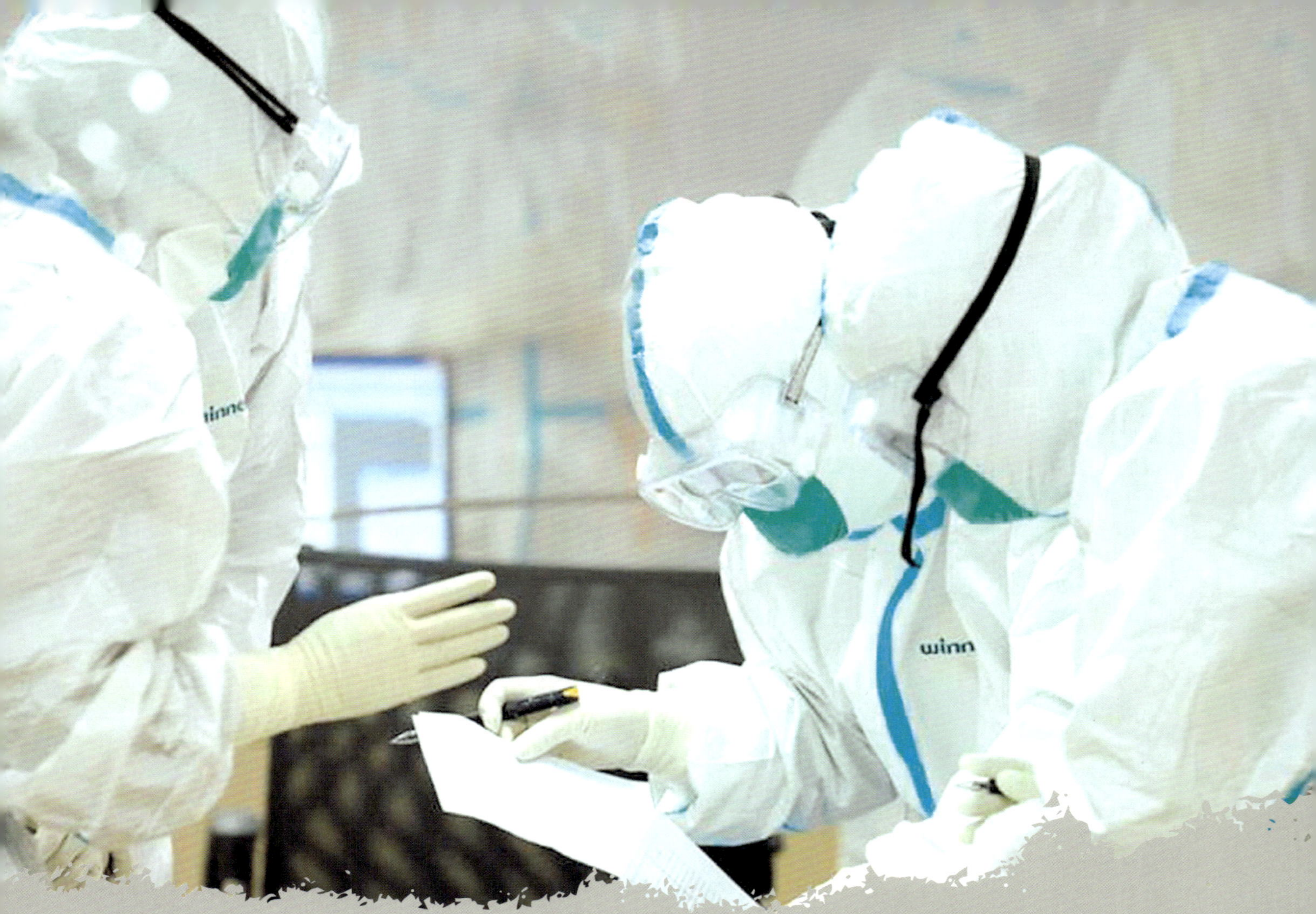

医疗卫生

编　辑　曹春友

综　述

【概况】 2020年，岳阳市卫生健康委员会（简称市卫健委）坚守防控底线，统筹抓好“十三五”收官各项工作，为“十四五”卫生健康事业发展打下基础。打赢疫情防控阻击战，成功守住湖南“北大门”，市卫健委被评为全省抗疫先进集体，岳阳市连续第九次被评为全国无偿献血先进市，复审重新确认全国卫生城市荣誉称号，造血干细胞捐献量在全国非省会城市的市州中排名第一，汨罗市、湘阴县、云溪区成功创建全国计划生育优质服务先进单位。年末，岳阳市医疗卫生机构总数为4122家，其中：医院125所，基层医疗卫生机构3951家，专业公共卫生机构45家。岳阳市医疗卫生机构床位3.85万张，其中：医院2.71万张（占70.33%），基层医疗卫生机构9390张（占24.4%），专业公共卫生机构2027张（占5.27%）。岳阳市卫生人员总数4.26万人，其中卫生技术人员3.45万人，乡村医生和卫生员2382人，其他技术人员1384人，管理人员1755人，工勤技能人员2513人。医疗卫生机构总诊疗人次1818.39万人次，住院人数99.39万人，平均住院日为9.2日。

【“健康岳阳行动”启动】 2020年11月20日，市政府办公室下发《关于成立岳阳市尘肺病防治攻坚行动领导小组等5个议事协调机构的通知》，明确成立健康岳阳行动推进委员会，副市长李为任组长，市政府副秘书长陈文亮、市卫健委主任余岳雄、市教体局局长王德华任副组长，市直相关部门分管负责人为成员。12月28日，健康岳阳行动推进委员会印发《岳阳市2020—2022年健康岳阳行动工作方案》。

【医药卫生体制改革】 2020年，市卫健系统加快推进医药卫生体制改革。完善现代医院管理制度。下发《关于全面推行现代医院管理制度的通知》和《岳阳市公立医院党委会议议事规划》，市直公立医

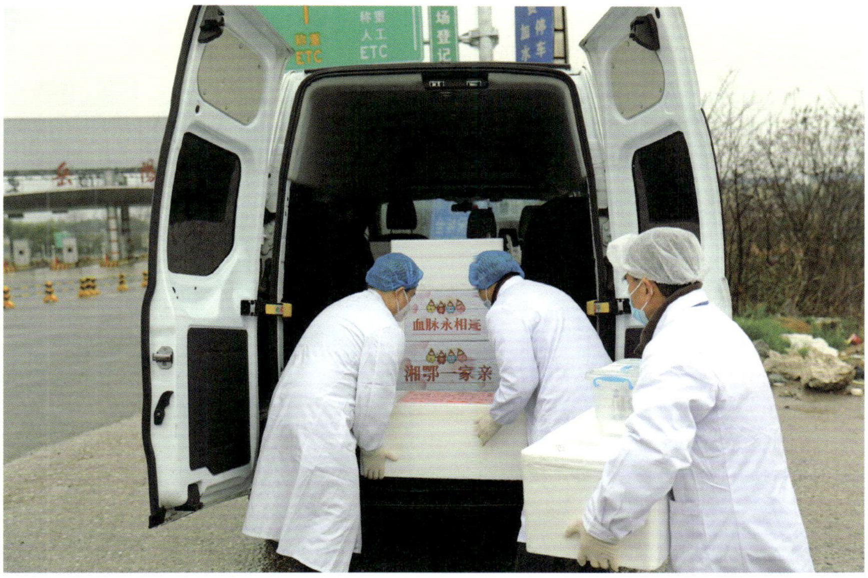

2020年，岳阳市连续第九次被评为全国无偿献血先进市。图为2月28日，岳阳市中心血站第11次驰援武汉

院全部实行党委领导下的院长负责制，二级以及上公立医院制定医院管理章程。平江县推进县域综合医改试点，在全国交流会上作经验推介，得到省政府真抓实干督查激励奖励。优化公立医院收入结构，公立医院全部取消医用耗材加成，调整856项医疗服务价格，新增服务价格51个项目，形成基层现行常用医疗服务价格94项目录。优化医疗资源配置，明确建设市中心医院和市公共卫生医疗中心，推进市疾控中心、市妇幼保健院、市二医院、市中医院等重大项目建设。推进学科建设，做大做强急需提升的6个重点专科，提升全市治疗疑难杂症的能力。推进城市医联体建设，下发《关于进一步推进医联体建设实施方案》，促进优质医疗资源下沉，全市医联体内多点执业人员同比增加36人，上转率减少8%，下转率增长39%，远程心电会诊增加39.74%，远程影像会诊增加12%。

【健康扶贫】 2020年，市卫健委联合有关部门出台《健康扶贫挂牌督战实施方案》《健康扶贫责任清单》《全面开展健康扶贫“回头看、回头查、回头帮”行动方案》等一系列方案，保障健康扶贫工作有序推进。各县（市、区）主动作为，落实贫困人口“三提高，两补贴，一减免，一兜底”多重保障政策，巩固“先诊疗后付费”和“一站式”信息化结算制度。全面落实贫困人口门诊统筹工作。至年底，33种大病累计救治1.67万人次，大病专项定点医院救治率97.29%；4种慢病签约4.42万人，签约服务率100%；累计救治9.64万人次，其中县域内救治9.16万人次，县域内就诊率95.01%，建档立卡贫困人口参保率100%，县域内报销实际报销比例85.42%。

【疾病防控】 2020年，岳阳市在抓好新冠肺炎疫情常态化防控的基础上，其他传染病发病总体保持平稳态势，累计报告传染病2.54万例，发病数与2019年同期（3.35万例）相比下降24.21%，无甲类传染病报告。发病数居前五位的病种为：流行性感冒、手足口、乙肝、肺结核、梅毒。全市报告艾滋病278例，死亡52例，发病构成以性传播（247例）为主，占报告发病总数的88.85%。检出活动性肺结核病人2124例，其中病原性阳性病人1064例，涂阴病人1034例。报告麻疹监测病例74例，其中麻疹确诊病例3例，无乙脑报告、流脑报告1例。全市未发生任何免疫针对性疾病的暴发、流行，报告疑似预防接种异常反应332例，其中一般反应306例，异常反应25例，偶合反应1例。全市在册严重精神障碍患者2.66万人，

报告患病率为4.59‰，规范管理2.55万人，规范管理率为95.28%，面访人数2.58万人，面访率为97.01%。服药治疗患者2.59万人，服药率为97.42%，规律服药患者2.24万人，规律服药率为84.4%。全市报告死亡3.2万人，年化死亡率5.93‰，报告及时率99.26%，身份证号填写完整率99.92%，多死因链填写完整率67.53%，审核率99.57%，一审通过率99.73%，死因诊断不明比例1.49%。全年查螺77517.34万平方米、灭螺13360.075万平方米、人群查病67.95万人次、人群化疗4.54万人次，完成改厕9036座，垸内钉螺面积压缩230.62万平方米，无急性血吸虫病感染，君山区接受国家地方病防治专项三年攻坚行动及终期评估的考核工作。组织完成肺病随访调查、工作场所职业病监测等7个国家及省级项目调查工作，对矿山、冶金、建材等行业94家粉尘危害严重企业开展治理，安排116名无责任主体尘肺病农民工进行治疗。全年完成1443个省级水质监测任务，完成化学污染物及有害因素监测食品样品823份（市级103份，县级720份），微生物及其致病因子监测食品样品430份（市级160份，县级270份），地方特色食品专项监测食品样品260份采样工作。全市142家食源性疾病病例监测报告（含哨点）医院上报食源性疾病病例2052例，哨点医院采集生物样本123份。全年报告食源性疾病暴发事件23起。创新健康教育模式，制作《主播说疾控》专栏20多期，《主播说疾控》获得第二届湖南省优秀健康科普作品大赛十佳作品奖。

【医疗质量管理】 2020年，岳阳市做实做细医联体及分级诊疗工作，基层首诊率明显提升，上转率较2019年同期减少8%，下转率较2019年同期增长39%。建立空中医院分级诊疗中心、胸痛中心远程心脏监护中心、远程MDT会诊中心等，2020年度远程心电会诊增幅为39.74%，远程影像会诊增幅为12%。市一人民医院和市二人民医院在医联体成员单位内开设联合病房，主要诊疗常见病与慢性病，上级医院医生驻点基层医院，定期坐诊、查房、培训。三级医院平均住院日降至7.8天，院内感染发生率控制在2%以下，30天再住院率低于2%，门诊处方抗菌药物使用率控制在10%以下，每千常住人口注册护士数2.9人。“十三五”期间，市二人民医院成功创建三级甲等综合医院，平江县第一人民医院、华容县人民医院成功创建县域三级综合医院，县级人民医院综合业务能力得到提升。

【中医药事业】 2020年，岳阳市83%的县级中医院完成标准化建设，96.88%的社区卫生服务中心和84.62%的建制乡镇卫生院设立中医馆，开展中医药适宜技术培训，基层中医药服务能力显著增强。推进中医药健康养生，二级以上中医医院均推出三伏敷贴、针灸推拿、中药熏洗、中医护理等中医药服务。建立中医医疗分级诊疗制度，发挥中医药优势，创新医改模式，通过组建医联体、医师多点执业、鼓励组建县域内中医医共体等方式，优质中医药资源下沉到基层。建立中西医高效协同的重大疫情防控救治机制，全市中医药系统参与新冠肺炎预防、治疗和康复工作，全市156例确诊病例中，治愈出院病例中医药参与治疗率100%，一级响应期间，全市针对重点人群、复工企业员工等免费发放预防性中药43万多剂，价值600多万元，市民自购140157剂。结合2020年健康中国（湖南行）活动，开展“中医中药中国行”系列宣传活动”。12月，湖南省首届中医药科普知识竞赛决赛中，岳阳市选送的中医药科普宣传作品《携手战疫情养肺护民安》获二等奖。

【妇幼健康】 2020年，岳阳市推行母婴安全行动计划，保障母婴安全。全市孕产妇死亡绝对数为6例，孕产妇死亡率14.35/10万。新生儿死亡率为1.34‰；婴儿死亡率为2.3‰；5岁以下儿童死亡率为3.61‰。至年底，全市产妇总数4.12万人，活产数4.18万人，机构产妇数4万人，机构活产数4.04万人。孕早、中期产前筛查人数5.62万人，产前筛查率140.33%；产前筛查高危人数1.22万人，高危率21.78%；产前诊断5833人次，新生儿疾病筛查人数4.1万人，新生儿疾病筛查率98.2%。产前筛查率、产前诊断率、新生儿疾病筛查率、艾滋病、梅毒、乙肝孕期检测率、农村适龄妇女“两癌”筛查率等18项服务指标均圆满完成省卫健委下达的计划任务。

【基层卫生】 2020年，岳阳市基层卫生健康工作按照“县级强、乡级活、村级稳、上下联、信息通”的总体思路，全市104个建制乡镇卫生院有541名全科医生，实现乡镇两名全科医生全覆盖。全市1375个行政村卫生室，每个补助运行经费6000元/年，各级财政应到位资金825万元，实际到位资金870.06万元，资金到位率105.46%。全市60周岁以下在岗乡村医生全部购买养老保险，其中45周岁以下在岗乡村医生购买城镇企业职工养老保险比例95.73%。全市标准化建设乡镇卫生院100个，比例为96.15%；全市标准化建设村卫生室1431个，比例为92%；公有产权卫生室1202个，比例为77.35%。12类45项国家基本公共卫生服务项目人均基本公共卫生服务经费提高至65元。继续推行基本公卫项目第三方年度考核，湘阴县、汨罗市推行村卫生室基本公卫项目第三方考核。全面核查居民健康档案，对建立的居民健康档案再次进行全面的清理核查，纠正错误信息，确保健康档案的完整性、真实性。全市建立居民电子健康档案521.98万份，建档率为90.04%；建立老年人电子健康档案61.45万份；老年人健康体检49.32万人，体检率70.14%；在管高血压38.64万人，规范管理率为85.74%；在管糖尿病12.13万人，规范管理率为86.44%；老年人、高血压、糖尿病重点人群面访共计101万人，面访率89.96%。全市在册严重精神障碍患者2.66万人，报告患病率为4.59‰，规范管理2.55万人，规范管理率为95.28%。传染病及突发公共卫生事件报告和处置率100%。卫生计生监督协管信息报告率100%。全市组建家庭医生签约服务团队1513个，辖区内常住居579.71万，常住人口签约数为218.97万人，常住人口签约率达到37.8%；全市重点人群签约数为110.97万人，重点人群签约率达到72.44%。5月19日是第十个“世界家庭医生日”，岳阳市以“携手家医，同心抗疫”为主题，组织开展系列家庭医生签约服务和基本公共卫生服务“进机关、进社区、进农村、进学校、进家庭”的五进活动。

【医疗紧急救援】　2020年，岳阳市120接听电话量14.19万次，派车出诊20134次，接诊病人1.66万人次，其中接诊“三无”病人43人次，无一例“三无”病人拒接、拒收、拒治，执行大型会议、大型活动的医疗保障任务51次。

【医考工作】　2020年，岳阳市完成2682名考生的现场报名审核工作。7月23—29日，岳阳考点按计划完成全省2430名乡村全科执业助理医师实践技能考试的组考工作。考生实际参考人数2137人，通过1580人，缺考293人，考试合格率65.02%。8月21—23日，岳阳考点按计划完满完成本市1224名考生医学综合考试的组考工作。

【人口监测与家庭发展】　2020年，岳阳市人口监测与家庭发展工作向服务转型。全年全市出生4.94万人，符合政策生育率92%，出生人口性别比113.65。发挥全员人口信息功能，下沉生育服务证办理权限，简化申办流程，减少办证材料，实现全员人口网上信息协查处理，方便群众。开展计划生育奖励和扶助工作，全市对符合政策的18.2万城镇和农村居民实行奖励，发放奖励金1.75亿元，对7000个计划生育特殊家庭和手术并发症患者实行扶助，发放特殊扶助金资金0.82亿元；落实计划生育特殊家庭的双岗联系人制度、家庭医生签约服务和就医绿色通道，开展对计划生育特殊家庭的走访慰问。推进3岁以下婴幼儿照护服务事业，向国家申报3批次普惠托育项目。国家批复全市普惠托育项目16个，新增托位1330万元，下达中央投资1330万元，正在批复普惠托育项目22个，拟新增托位1680个。

【卫健科教工作】　2020年，岳阳市构建9个国家级、27个省级、26个市级重点学科、实验室为依托的科研体系。成功立项省、市课题24项，申报省自然科学基金项目两项；申报5个省医疗临床技术创新引导计划；获得省科技厅科技进步三等奖1项；在核心期刊发表论文135篇，其中SCI论文27篇，特别是成功申报两项国家自然科学基金科研项目，市卫健科研水平再上新台阶。围绕住院医师培训、全科医师培养、医生继续教育三方面开展工作。招录住院医师48人，招录农村订单定向生28人，推荐县以上医院10人参加综合医院医师转岗培训，基层全科转岗培训248人，助理全科培训42人；选送450人次参加省、市两级医务人员岗位培训。对全市44家单位，123个微生物实验室生物安全工作进行日常监管，对新增和备案到期的35家单位，53家实验室进行备案和日常抽查。选送40人参加省级培训。对医疗机构伦理委员会开展备案管理，审查项目73个，批准项目72个中开展跟踪审查130项。

【卫健依法行政】　2020年，市卫健委以“放管服”改革为抓手，全面梳理权力清单和公共服务事项，推出《“一件事一次办”导办服务制度》《“一件事一回访”跟踪服务制度》和“最多跑一次”改革、优化营商环境“十个严禁”。市政务中心卫健窗口共办理事项1567件，其中，医师变更529件，医师注册336件，勘误医师护士信息425件，注册备案57件，注销注册22件，取消备案30件，医疗机构注册（校验、变更）46件。通过“一件事一回访”，办结率100%，满意率100%。强化事中事后监管，全面推行“双随机”监管模式，随机抽查抽检15个类别449家单位，抽查抽检657批次。组织开展医疗废物处置、消毒产品、医疗美容、公共场所、学校传染病等专项监督整治工作，全市卫生健康行政处罚案件776件，罚没款金额344万元。组织开展食品安全风险监测，圆满完成农产品和食品抽检1519批次目标任务。完成“12345”公众服务热线工单4060件次，市长信箱524件次，网上信访177件次，群众来电来信来访430多件次，无逾期受理办理信访事项，无退回重办信访事项。

【医学会工作】　2020年，新成立肿瘤放疗、肿瘤内科精准治疗、妇科肿瘤、检验管理4个专业委员会，督促和指导麻醉、放射、重症医学等14个专业委员会完成新旧换届，专业委员会数量达到64个，医学教育专委会下设专业学组1个。学会指导、协助各专业委员会、团体会员单位举办70多场学术交流活动，邀请百多名省内外知名专家到岳阳讲学，参会代表7000多人次。接到医疗事故技术鉴定申请71起，正式受理11例，其中，医患双方共同委托8例，卫健部门移交3例。组织召开鉴定会7场，本市鉴定3例，异地鉴定4例，得出鉴定结论6例，终止1例。全年没有因不满意鉴定结论而发生的纠纷。

【爱国卫生运动】　2020年1月28日起，岳阳市开展大扫除、大消毒、大爱卫行动，市爱卫办组织人员对开展活动情况进行督查。市爱卫办对定点医院、隔离宾馆周边环境预防性消毒进行技术指导，对岳阳蓝天救援队开展消毒知识和防控知识培训。组织专业人员对医院、车站、学校、公司、机关单位、防疫卡点等重点公共场所进行消毒，在城区公共场所投放鼠药和建设毒饵站。市爱卫办下发《关于开展2020年春季病媒生物防制活动的通知》和《关于开展2020年秋冬季病媒生物防制活动的通知》文件。9月22—30日，组织市病媒生物防制考核专家组，分别对平江县、华容县、岳阳县、湘阴县的蚊蝇鼠蟑密度控制水平，逐一进行现场考核验收，并把结果呈报省办批复。岳阳市有7个省级卫生镇、14个省级卫生村和1个省级文明卫生单位通过省级考核评估。汨罗市的弼时镇、临湘市的羊楼司镇、湘阴县的金龙镇、岳阳县张谷英镇申请创建国家级卫生镇。

【红十字会工作】　2020年疫情期间，岳阳市红十字会接受社会捐款

1011.51万元，捐赠物资价值684.69万元。全市各级红十字会组织5万多人参加无偿献血，确保全市临床用血。造血干细胞捐献工作全国第一，成功捐献22人，累计完成捐献248例。协调人体器官捐献66例，成功捐献13例，累计捐献135例，工作稳中有升。开展红十字博爱送万家慰问活动，审批发放市本级发放人道救助金40万元，为82位困难志愿者家庭争取省人道救助金41万元。为29名白血病患儿争取87万元小天使基金。推进应急救护培训进机关、进学校、进企业、进农村、进社区，组织23期救护培训班，培训持证救护员1150人，开展应急救护知识讲座70场，普及群众近5万人，参与大型会议、活动现场救护保障10次，红十字会生命健康安全体验馆，免费向社会开放，接待参观学习50场次，体验学习2000人。

【计划生育协会工作】 2020年，岳阳市被中国计生协会列入“中国计生协会第二批地方计生协会综合改革试点单位”，整理改革的十大任务和30项具体措施；制定改革的时间表和路线图，确保改革开好局、起好步。5月26日，召开“岳阳市‘中国计生协会综合改革试点单位’改革动员大会暨专题培训班”，全面推进改革实施。开展生育关怀行动，市计生协会与市妇幼保健院联合开展“爱心助孕”活动，各级计生协会动员组织有需求的育龄群众参与，为育龄对象做好服务工作。面对新冠肺炎疫情，全市3.38万名计生协会人员参与值班值守，配合乡镇（街道）村居（社区）有关人员及时做好疫情防控信息系统的数据录入等工作。落实计生特殊家庭重病大病住院护理补贴和计生健康综合保险服务等保障举措，全年累计发放住院护理补贴1045人次，发放资金137.61万元，有效增强计生特殊家庭抵抗意外风险能力。市计生协会被评为“2020年度全省计生协会重点工作市州优秀单位”，汨罗市、岳阳楼区、临湘市、岳阳县、华容县计生协会被评为“2020年度全省计生协会重点工作县（市、区）优秀单位”。各级计生协会开展计生基层群众自治工作，创建先进（示范）单位107个，其中“全省计划生育基层群众自治先进乡镇街道”12个，“全省计划生育基层群众自治先进村居”21个；创建“市级计划生育基层群众自治先进乡镇街道”10个，“市级计划生育基层群众自治先进村居”64个，实现群众自我管理、自我监督和自我服务。2020年，全市评选表彰100户“生育关怀——健康幸福家庭”，其中9户被省计生协会评选表彰为“生育关怀——健康幸福家庭”。

（余定刚）

卫生健康综合监督执法

【概况】 2020年，岳阳市卫生健康综合监督执法局（简称市卫健执法局）坚持“执法为民守初心、护卫健康担使命”，履行监督执法职责，公共管理精准发力，监督覆盖面扩大，专项检查频次增加，案件查办严格规范，案卷质量有所提升。市卫健综合执法局获评湖南省最美公益普法先进集体，5人次被国家、省、市有关组织评为抗击疫情先进个人，查办的“某医院擅自抽取封存药物进行检验案”被评为国家、省级卫生健康执法优秀典型案例。

【卫健行业日常监督】 2020年，市卫健执法局完成对84家各级各类医疗机构，7家妇幼保健院，两家妇幼保健计划生育服务中心，75家市管放射诊疗单位，25家职业病危害单位，4家职业健康检查机构，21家游泳场馆，40多家公共场所经营单位，23家学校，两家疾控机构，5家餐具、饮具集中消毒单位，两家卫生纸生产单位，两家集中式供水单位，9家二次供水单位等多轮次的日常监督，书写法律文书800多份，提出书面整改意见1000多条。

【卫健行业专项检查】 2020年，市卫健执法局加强行业专项检查，取得较好成效。就医安全检查。对城区内31家市管医疗美容机构及设置医疗美容科的综合医院进行统一监督检查，督查下级卫健执法机构开展医疗美容专项检查，抽查岳阳楼区、岳阳经开区范围内的4家医疗美容门诊部，对其中两家管理混乱，医疗风险隐患大的，责令其停业整顿。对中心城区中医医疗机构，以及各地二级以上中医医疗机构随机抽查，对8家中医医疗机构立案查处，罚没款9.5万元。开展医疗废弃物专项整治，全市立案查处97起，其中，警告78起，罚款90家37.15万元。督查58家各级各类医疗卫生机构医院感染管理和医疗废物管理工作，完成对25家市管医疗机构传染病防治综合评价任务。公共卫生安全检查。开展生活饮用水，二次供水，集中式消毒餐具、饮具集中消毒单位开展专项监督检查，联合市疾控中心进行卫生监督抽检，抽检合格率100%。对辖区大型商场、酒店等场所开展集中空调通风系统卫生安全专项监督检查，对开放的游泳场馆进行全覆盖监督检查，联合市疾控中心对全市21家游泳场馆进行水质采样检测检查。校园、公共场所卫生安全检查。对辖区内学校开展春秋两季辖区内学校传染病防控、饮用水安全、教学环境卫生监督检查。对全市75所学校新冠肺炎疫情联防联控和食品及饮用水安全工作情况进行联合督查。对42家大型公共场所经营单位开展节、会前重点公共场所卫生监督专项检查。组织岳阳楼区、岳阳经开区、南湖新区对中心城区所有考点及周边公共场所进行监督检查，确保重要节会期间重要场所的卫生安全。其他检查。开展“尘肺病防治攻坚行动”，对矿山、冶金、建材、化工等行业开展尘毒危害专项执法，全市检查用人单位420家、监督检查覆盖率95.2%，下达执法文书343份，立案29起，警告27项，责令限期改正68项，罚款合计34.1万元。整治出生人口中性别比，制定《关于开展孕妇外周血胎儿游离DNA产前筛查专项执法督查工作实施方案》，完成对19家医疗机构的专项督查。

【卫健案件查办】 2020年，市卫健执法局完成国家抽检任务449家，完结率100%。办结行政处罚案件124起，其中简易程序61起，一般程序63起，罚没款金额74.63万元。案件数量和罚没款金额均创历史新高，实现自2017年来逐年翻番的目标。

【文明城市迎检督查】 2020年5月、9月，为迎接全国文明城市测评复检，中心城区各卫计执法机构对辖区范围内管理对象开展地毯式摸底排查，对辖区内的21家集中式供水和77家二次供水单位，2860多家公共场所进行专项监督检查。6月8日开始，市卫计执法局对五区卫计执法机构的迎检工作进行督查，随机抽查21家生活饮用水供水单位、6家公共场所单位，针对问题，下发督办函，确保创牌保牌不扣分、得高分。

【医疗机构整改】 2020年，市卫健综合执法局针对国家督察组指出的问题，设立全市打击非法行医投诉举报电话，持续打击非法行医，得到各界肯定。全市取缔无证行医120起，移送公安机关6起，行政处罚98家，查扣药品191箱，没收器械111件，行政罚款91.6万元，没收违法所得3.36万元，张贴公告、发放宣传资料3万份。

（毛亚西）

血吸虫病防治

【省血防所血防工作】 2020年，湖南省血吸虫病防治所（简称省血防所）健全质量控制、矮围管理、新闻发言、年度述职、医防联系新“五大机制”，协助省血防办工作制度，加强与农业、林业、水利、财政等相关部门协作，推进疫区血吸虫病防控综合治理，完成《“十三五”全国血吸虫病防治规划》与《地方病防治专项三年攻坚行动方案（2018—2020年）》国家终期评估验收。制定工作方案20份，撰写专项报告30份。利用网络培训、哨卡监控及现场组织查灭螺等方式，督促各疫区县完成查螺面积24.2亿平方米（101%）；完成灭螺灭蚴面积3.4亿平方米（106%）；完成人群查病381万人次（120%），化疗21万人次（113%）。加强军地融合，为武警总队开展健教200多人次。汛期向湖南武警总队捐赠吡喹酮2万片，防护膏1.1万支。汛期后为3000多名武警官兵查病。全年设置流动哨卡117个、固定哨卡125个、安装血防智能预警哨卡100个，开展血吸虫病传播风险评估和急血防控督导，血防健康教育工作得到加强。全年疫区悬挂宣传横幅2147条，刷写宣传标语9860条，制作宣传栏1236块，展出宣传展板765块，张贴与发放宣传画5.5万张；出动宣传车626台次，宣传广播1191次，竖立血防警示牌2186个，设置流动哨卡117个、固定哨卡125个、血防智能预警监测哨卡100个，设立血吸虫病防治咨询点272个，发放宣传单91.5万份，接受血防宣传教育人数87.3万人次。2020年，特大洪涝灾害与新冠相伴而行，省血防所加强技术督导管理，全省无一例急性血吸虫病感染，实现洪涝灾害后无疫情。国家卫生健康委三次派出专家到现场督导、调研、评估血防工作，对该所工作成效给予肯定。落实家畜传染源控制、人群传染源控制、钉螺控制、血防机构能力建设等“四大工程”措施，创新研发的智能监测预警哨卡推广至11个县（市、区），顺利完成全省6个县（市、区）的血吸虫病传播阻断和消除工作年度计划任务。至年底，全省26个达到血吸虫病传播阻断国家标准、15个达到血吸虫病消除国家标准。全省以县为单位达到血吸虫病传播阻断国家标准，达标任务如期完成。《湖南日报》《健康报》专题报道。履行全省晚血诊疗指导中心职能，救助和指导救助晚血病人4260人次（92.6%），使用救助经费2161万元。全年出版5期《湖南血防通讯》，发表各类稿件271篇。该所通过湖南省文明标兵单位、全国模范职工之家复审，获2020年委直属事业单位脱贫攻坚集体嘉奖。

【省血防所医疗工作】 2020年，省血防所附属湘岳医院抓落实《十八项核心制度》，坚持三级质控、月绩效考核及危急重病人MDT制度，启动护理周查房制度。开展专项整治，切实解决“服务窗口生、冷、硬”问题。全面推行人文建设十大举措，改善患者就医体验。开展技能培训，在湖南省卫健委举办的“湖南省现场救护条例”知识抢答赛中获得三等奖。拓展业务，新开展骨关节镜手术、乳腺微创旋切手术、新式吻合器包皮环切术、种植牙、输尿管镜下钬激光碎石术和体外振波碎石术以及高难度普外科、妇科微创手术等新技术业务。与市一医院等签订紧密型医联体协议，与湖南省人民医院探讨合作模式，多专业加入省、市诊疗技术联盟。湘岳医院确定为湖南省尘肺病农民工基本医疗救治救助定点医院。举办社区医生、护士培训班，畅通社区——医院双向转诊绿色通道，有序推进分级诊疗。12月，开展“践行初心使命，服务百姓健康”大型惠民义诊月活动，邀请省内知名专家到院坐诊授课，满足广大患者就医需求。

【省血防所科研工作】 2020年，省血防所申报省级科研项目10项，中标两项。《血防智能预警监测系统平台的研制与应用》获第二届湖南省医学科技创新创业大赛“最佳创意奖”和“二等奖”。《洞庭湖区血吸虫病综合防治技术优化集成与示范》获湖南省科技进步奖二等奖。主编专著两部，申报专利两项。所庆70周年《中国血吸虫病防治杂志》湖南专辑引起业界关注。主办省级继续医学教育项目两项。举办全省血防护理和社区护理科普竞赛表彰大会。科普情景剧《小虫使人恼，防治有妙招》在湖南省护理学会传染病护理专业委员会首届“战疫杯”健康科普大赛获二等奖。6月1日，湖南血防博物馆开馆；9月，获批为中华预防医学会健康科普基地，先后接待省市卫健委、国家所、上海复旦大学公共卫生学院、中小学校、武警战士、社会各界人士30多批、1000多人次。该所续任第8届“WHO湖区血吸虫病防治合作中心”，探索“一带一路”援非之路，参与全球卫生治理，把中国湖南经验推向非洲。着力推进中巴血吸虫病消除合作项目，1人参加湖南省第17批援津巴布韦医疗队担任副队长凯旋而归，被评为2019—2020年度湖南省援外医疗工作先进单位。

（李捷玲）

医疗机构

·岳阳市一人民医院·

【概况】 2020年，岳阳市一人民医院（简称市一医院）有职工2594人，其中副高及以上职称609人，博士后1人、医学博士28人，硕士研究生导师12人。有省级重点专科12个，市级重点专科11个，岳阳市重点实验室4个，挂靠医院的市级临床质量控制中心25个，市级专业委员会30个，获市政府支持建设重点专科5个。医院被国家发改委、国家卫健委和湖南省委、省政府确定为湖南省省级区域性医疗中心之一。医疗业务稳步发展，完成门急诊106.97万人次，同比下降15.3%；住院8.59万人次，同比下降11.3%；住院手术量3.53万台次，同比增长3.7%；平均住院日7.4天，同比缩短0.1天。湖南省抗击新冠肺炎疫情表彰中，医院被评为先进集体，张壮军等7人被评为先进个人，赵梅梅被评为优秀共产党员；李四海被评为岳阳市第二届优乐精神典型人物，杨景被评为湖南省抗疫期间先进工作者、省卫健委记功1次，易巍、李光被评为湖湘青年英才，夏伟瑜、赵梅梅被评为岳阳市“三八红旗手”，康复医学中心被评为岳阳市“三八红旗集体”，周文明等8位医务人员被评为岳阳名医，陈彩霞等15位医护人员被评为巾帼英才，医院第26党支部被评为岳阳市先进党支部。

【市一医院抗击新冠疫情】 2020年1月21日，市一医院成为岳阳市首批新冠肺炎定点收治医院与急危重症、复杂病例主要救治医院，组建危重症抢救ECMO团队紧急驰援君山医院。疫情防控期间，医院收治新冠肺炎患者165人，其中确诊病例90人，无症状感染者23人。3月8日，全部确诊患者清零，包括湖南省首例新冠肺炎合并胃肠穿孔手术患者、湖南省年龄最小的新冠肺炎患儿及新冠肺炎合并糖尿病、合并肾移植后肾衰竭、严重肺纤维化等多例复杂危重病例，实现确诊患者“全治愈”、医护人员“零感染”的目标。医院检验中心廖劲美、徐必文参加湖南省检测医疗队，到北京、新疆等地协助开展核酸检测工作，两个月内与医疗队队员一道完成27万多份核酸标本检测工作，单日最高完成4.25万人次筛查任务，核酸检测得到省援京援疆医疗队的认可。

【市一医院医疗技术】 2020年，市一医院运用前沿技术填补市内空白，为患者服务。医院泌尿外科成功完成巨大异位嗜铬细胞瘤切除术及一体位全腹腔镜下输尿管癌根治术，运动医学科成功完成首例关节镜下坐骨结节囊肿的切除手术及双侧膝关节置换术；胸心外科一区成功完成全市首例腔镜单孔经腋窝甲状腺切除术，精准微创——超声科介入团队成功参与救治危重症车祸外伤小儿患者；心内科联合重症医学科成功开展湘北地区首例ECMO支持下的高风险左主干分叉病变介入手术，神经外科独立开展颅内肿瘤切除、动脉瘤夹闭与栓塞、颈内动脉内膜剥脱、三叉神经、面神经微血管减压术等高难度手术。中国骨科医师协会骨搬移与糖尿病足学组授予医院全国骨膜牵张术培训基地称号。

【市一医院诊疗中心建设】 2020年，市一医院加快区域诊疗中心建设。医院卒中中心在全国高级卒中中心综合排名第72名，CEA排第57名，完成国家卫健委脑防委下达的岳阳市2020年度脑卒中高危人群筛查和干预项目任务。胸痛中心全年接诊急性胸痛病人1333人次，ST抬高心肌梗死病人平均门球时间54分钟。精准医学中心启动高通量测序平台，填补全市医疗卫生系统肿瘤NGS测序项目的空白。医学影像中心被市政府确定为首批支持建设的市级临床重点专科，胸心外科、肝胆外科成为湖南省地市级首批建设加速康复外科示范病房；肿瘤防治中心新启动国内药物临床试验3项，有研临床试验项目5项，成功开展3D打印模板联合CT引导放射性125粒子植入术；乳腺外科经国家癌症中心、国家肿瘤质控中心批准，成为首批国家乳腺癌规范诊疗质量控制中心。

【市一医院医联体建设】 2020年，市一医院加快医联体建设。医院与60家医疗机构签订相关协议，在医疗联合体内实现双向转诊，资源共享。全年完成心电图远程会诊11.33万例，影像远程会诊2.94万例、远程门诊及疑难杂症会诊25例，方便偏远地区群众就医。

【市一医院科研教学】 2020年，市一医院科研教学成效较好。医院全年在各级各类科研主管部门立项17项课题，获得经费资助39万元，其中国家重点研发项目子课题1项，中国健康促进基金会重大专项课题两项，省科技厅的省自然课题1项，省卫健委课题两项，市科技局课题11项。放射科被确定为湖南省放射诊疗临床医疗技术示范基地，肿瘤科、泌尿外科、放射科、肾内科、药剂科等相关科室上报21个项目申报2021年省自然基金项目及科卫项目，顺利通过专家组评审和现场考察。

【市一医院互联网医院建设】 2020年，市一医院互联网医院正式运行，系湘北地区首家。实现第一阶段的功能上线，包含线上预约挂号、线上咨询、线上问诊、线上处方、健康宣教等功能，第二阶段的功能开发工作正在有序进行。

【市中心医院建设】 2020年6月11日，市政府第40次常务会议讨论通过岳阳市中心医院、岳阳市公共卫生医疗中心建设项目筹建方案。12月26日，市一医院与市交投集团签订岳阳市“一院一中心”建设项目合作框架协议。

（许红丽）

·岳阳市二人民医院·

【概况】 2020年，岳阳市二人民医院有在职职工1681人，其中高级职称373人，硕士生导师21人，博士、硕士230人；开放床位1580张，设职能科室31个，临床、医技科室54个；拥有省市级重点学科13个，市级重点实验室3个；有23个市级专业委员会和13个市级质量控制中心依托医院设立。全年完成门急诊53.54万人次、收治住院5.27万人次、手术1.97万台次，其中CD型病例（疑难危重病例）占比、三四级（高难度复杂）手术占比分别较2019年增加5.5%、4.7%。医院成功创建国家住院医师规范化培训基地；获得国家自然科学基金项目1项，实现岳阳市“国自”项目零的突破；获得湖南省首届疑难病例查房竞赛二等奖，排名位居全省地市级医院之冠；在全市率先通过医学实验室国际质量体系（ISO）认证，新门诊大楼胜利建成封顶。医院仅用7天改建运营岳阳市新冠肺炎君山定点救治医院，完成全市64例新冠肺炎确诊病人的医疗救治任务，涌现出全国抗疫先进个人黄河颂、全国“三八红旗手”禹莹等优秀医务工作者。

【市二医院医疗技术】 2020年，市二医院开展经鼻蝶垂体切除术、铥激光前列腺剜出术及膀胱肿瘤整块切除术、粒子植入治疗、脊柱微创通道技术、先天性耳廓畸形无创矫形术等30项新技术项目，肿瘤诊治团队入选岳阳市2020年度科技创新人才团队。

【市二医院科研教学】 2020年，市二医院成功立项国家自然科学基金项目1项、省级科研项目两项；成功立项市级科研课题6项，创建“岳阳市消化疾病内镜诊治重点实验室”市级科研平台1个。新增一期研究室、普通外科、血液科、麻醉科、神经外科、胸外科、康复医学科等7个药物临床试验（GCP）专业，全年开展GCP项目55项。成功创建国家住院医师规范化培训基地，医院连续四年住培结业考核通过率100%。医院获批湖南省全科医生转岗培训基地，完成全市基层骨干医师临床技能培训和全科医生转岗培训任务。全年完成省级继续教育项目9项，新增妇科肿瘤专业委员会、临床检验管理专业委员会两个市级专业委员会挂靠医院，举办市级以上学术活动23场次，营造浓厚的学术氛围。

【市二医院医院基建】 2020年，市二医院新门诊大楼及地下停车场建设项目建成封顶。该项目是岳阳市重大建设项目和民生工程，规划投资5亿元，工程设计地下3层、地上14层、总建筑面积7.6万平方米。

【市二医院公益活动】 2020年，市二医院参与无偿公益献血活动，有220名医务人员无偿献血7万多毫升。常态化开展“文明劝导我先行”“雷锋家乡学雷锋”等志愿活动，被评为岳阳市“四季同行·雷锋家乡学雷锋”首届公益项目捐赠爱心单位、湖南省卫健系统法治建设先进单位。派驻医务人员全方位帮扶西藏自治区桑日县人民医院，完成为期五年的“组团式”援藏任务。

（卢 华）

·岳阳市中医院·

【市中医院获多项荣誉】 2020年，市中医院获多项荣誉。11月，代表岳阳市参加湖南省第三届中药炮制竞赛，获团体一等奖；参加湖南省中医护理知识三基知识竞赛，获团体三等奖；参加湖南省新冠肺炎疫情防控表彰大会，该院3名员工被评为新冠肺炎疫情防控先进个人；12月，参加湖南省首届中医药科普知识竞赛，该院选送的中医药科普宣传作品《携手战疫情养肺护民安》获团体二等奖。全年有1名专家被评为省名中医，1名专家被评为岳阳名医，3名党员入选岳阳市巾帼英才，两名党员被评为岳阳抗疫名医，3名党员被评为岳阳战疫最可爱的人，还有10名员工受到省卫健委、市总工会、市卫健委、市人社局、市直机关工委等上级部门的表彰奖励。

【市中医院抗击新冠疫情】 2020年，市中医院在疫情防控中彰显中医独特魅力。1月20日，成立岳阳疫情防控中医药专家组。率先推出“扶正清瘟汤”1号方，向市疫情防控一线人员、患者和市民免费赠送3.7万多剂。2月，安排中医专家多次到各县（市、区）定点救治医院，全程指导运用中医药救治新冠肺炎患者。免费为留岳人员发放中药预防汤剂1500多剂，采用纯中医药治疗1例1岁确诊患儿。为中心城区139家复工企业发放预防新冠肺炎中药2号方饮片9048人份，安排中医专家对岳阳市新冠肺炎出院患者进行线上“一对一”康复指导135人，开具中药汤剂处方116人份。市中医院还牵头负责筹建岳阳县新冠肺炎集中收治病区，派出以中医为主的医疗队全程参与市级定点救治君山医院的救治任务。

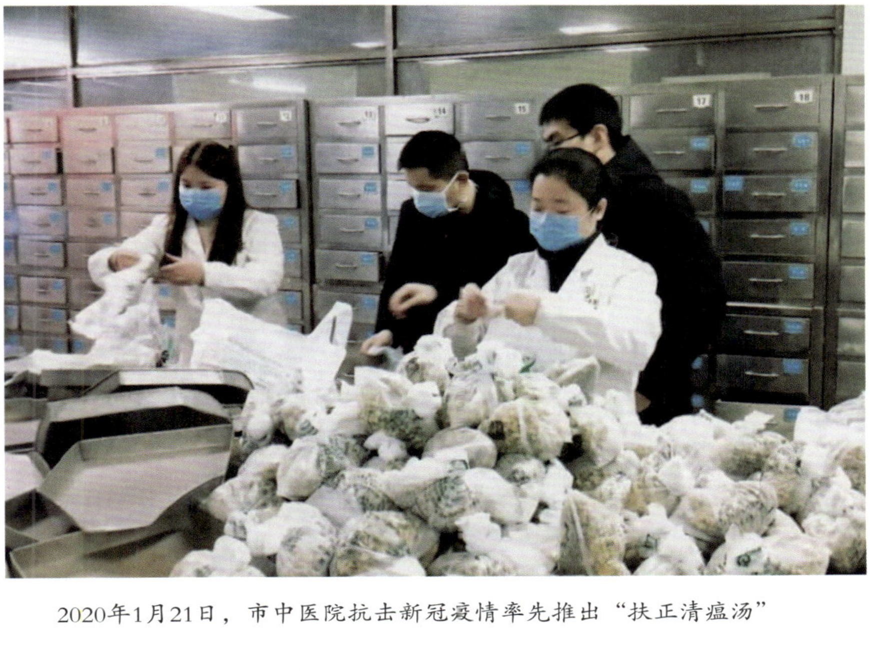

2020年1月21日，市中医院抗击新冠疫情率先推出“扶正清瘟汤”

【中医特色治疗】　2020年，市中医院开展中医综合治疗。内分泌科开展纯中药治疗糖尿病56例。脾胃病科开展14种中医特色治疗技术，辨证优良率90.6%。骨伤科孵化出中西结合疗效良好的优势病种——膝关节疾病的中西结合治疗。康复科开展醒脑开窍针法等44种中医特色治疗技术，辨证优良率91%。全院推广中医特色护理技术35项，实施中医护理47.9万人次。

【中医学术交流】　2020年，市中医院开展学术交流。11月21日，举办湖南省2020年肛肠诊疗新技术培训班，市政协副主席任浩波、市卫健委主任余岳雄、省医学会肛肠专业委员会主委黄忠诚等领导和专家出席。12月5日，举办“2020年度岳阳市神经内科学术年会暨神经康复论坛”。12月11—12日，举办国家（华中地区）区域中医推拿诊疗中心建设高峰论坛暨2020年全省颈肩腰腿痛高级研修班，省中医药管理局副局长肖文明、市政协副主席任浩波、上海中医药大学教授房敏、省针灸学会教授常小荣等领导和专家出席，全国各地医务人员200多人参加会议。12月30日，举办湖南省2020年嗓音咽喉病中西医结合规范化诊疗培训班。

【中医科研教学】　2020年，市中医院组织申报科研项目38项，立项11项，完成结题科研项目11项，获2019年湖南省中医药科技奖三等奖两项，招录1名博士后进本院工作站。招录2020年湖南中医药大学全日制研究生9名，完成2017级12名硕士研究生培养计划，其中1名研究生获评优秀毕业生。完成招录50名中医全科医生转岗培训学员，以及2017级5名中医助理全科医生结业考核培训。全年引进博士1人，副高职称人才6人，公开招聘硕士研究生12名，主治医师5名，晋升正高职称3人、副高职称17人。

（胡　明）

·妇幼保健·

【概况】　2020年，市妇幼保健医院在职职工845人，其中卫生技术人员731人，副高以上职称122人（其中正高29人，副高93人），有博士研究生5人（其中博士后3人）、硕士研究生58人，岳阳市首席专家4人，享受湖南省政府特殊津贴专家1人，湖南省名老中医1人，岳阳市名医8人，享受岳阳市政府特殊津贴专家3人。2020年，医院门诊38.79万人次，住院1.27万人次，手术4759台次，门诊均次费用为393元，基本药物使用金额占比为23.96%。住院患者满意度89.9%，较2019年上升1.5%；门诊患者满意度84.6%，较2019年上升1.8%。医院拍摄科普作品《新生》获得“全国首届出生缺陷防治科普作品征集大赛”视频类一等奖和最具人气奖；李鸿鸣被评为2020年湖南省劳动模范；黎长权荣被评为湖南省抗击新冠肺炎疫情先进个人；医院通过社会投票评选出首届妇幼好医师。

2020年10月30日，岳阳市妇幼保健院第二届科技创新大会

【市妇幼保健院新冠疫情防控】
2020年，市妇幼保健院坚持一手抓疫情防控，一手抓母婴安全。大年初一，全体员工到岗到位，175名在职党员递交“抗疫请战书”。医院负责岳阳东站和随岳高速岳阳出入口检疫点，测量体温近25万人次，检查车辆34562台，检查身份证11.25万人，劝退车辆1229台，劝退人次3331人。

【妇幼保健服务】　2020年，岳阳市妇幼保健指标全面完成。全市孕产妇死亡率为14.42/10万；5岁以下儿童死亡率3.46‰。产前筛查率、产前诊断率、新生儿疾病筛查率、艾滋病、梅毒、乙肝孕期检测率、农村适龄妇女“两癌”筛查率等18项服务指标均完成省卫健委下达的计划任务。完成孕产妇免费产前筛查32101人次，完成农村适龄妇女及城镇低保适龄妇女“两癌”免费检查102181人，提高“两癌”早诊早治率。

【妇幼医疗技术】　2020年，岳阳市妇幼保健创建“特殊儿童医学·教育康复中心”。5月18日，中心举行揭牌仪式，湖南省首家专门为特殊儿童康复打造的医学与教育相结合的特殊教育机构正式开业。中心是由岳阳市妇幼保健院儿童保健科和上海小小虎康复科技发展有限公司联合创办的特殊儿童康复教育机构。中心运营良好，形成岳阳经验，向全国推广。妇科引进微无创技术（海扶），成功召开“微无创医学技术治疗子宫疾病论坛暨海扶刀·临床应用100例新闻发布会”。危重孕产妇救治中心、危重新生儿救治中心发挥关键作用，产科、儿童保健科等省级重点学科和产科、新生儿科、生殖医学中心等市级重点学科得到进一步发展。医院获批国家首批耳鼻咽喉出生缺陷防控创新研发基地。

【妇幼保健科研】 岳阳市妇幼保健院把“学科建院、人才兴院、科教强院”作为医院发展的战略目标。搭建华东师范大学、华中科技大学、南华大学、桂林医学院、湖南医药学院等校企合作平台，发表SCI论文15篇，核心期刊论文11篇，立项科研课题国家自然科学基金1项、部级6项、省卫健委4项、市科技局13项、院级11项，省科技厅示范基地两个，努力打造“医、教、研”协同发展新妇幼。

【市妇幼保健新院封顶】 2020年2月26日，岳阳市妇幼保健院新院、岳阳市儿童医院项目复工建设。10月12日，主体工程如期封顶，进入室内装饰装修阶段。该项目占地6.53公顷，总建筑面积17.5万平方米，总投资9.78亿元，设置床位1000张，地下停车位1800个。

（王礼保 蔡 叶）

血站工作

【概况】 2020年，市中心血站干部职工务实担当，开拓进取，各项工作取得较好成绩。岳阳市第九次获得全国无偿献血先进城市称号，市中心血站首次获得全国无偿献血促进奖。献血献髓宣传招募、志愿者服务有声有色，“5·8”“6·14”等主题卫生日大型公益宣传活动成效显著；全市无偿献血总量21.2吨，同比增长7%，有效保障岳阳市临床用血安全稳定供应，还应急供应北京市、武汉市，获颁感谢状。脱贫攻坚，国检、省检工作任务圆满完成，承办湖南省“智慧血站”建设工作研讨会。成功创建为湖南省文明单位、湖南省职工职业道德建设标兵单位、湖南省临检室间质评先进单位，被评为全市基层党建示范单位，获得健康科普宣讲大赛一等奖等荣誉；站长、党委书记方奎明被评为湖南省新冠肺炎疫情防控工作先进个人，徐莎被评为全市“巾帼英才·抗疫先进”，李鎏鑫、沈忱、郭文静、周华等人在疫情防控工作中表现突出，获市级表彰或受到慰问。

【献血献髓宣传招募】 2020年，市中心血站推进志愿者服务队建设，组织志愿服务培训800多人次。血站开放日、志愿者上车服务、电话回访和短信服务等工作常态化、规范化开展。6月12日，市委书记王一鸥在《岳阳日报》发表《致全市无偿献血志愿者的感谢信》，致敬全市广大无偿献血者、志愿服务者。市领导李爱武、马娜、李为，市政府秘书长刘传汉等到市中心血站视察，看望慰问无偿献血志愿者，登上献血车再次参加无偿献血。市中心血站印发各类献血献髓宣传册页5万多份，发表宣传文章140篇（条）；策划抗疫应急献血，“3·5”学雷锋、“5·8”“6·14”、我为祖国献热血等12次大型无偿献血宣传活动。全年采集血液55294人次，无偿献血总量21.2吨；采集完成高分辨基因分型造血干细胞样5000人份；全市造血干细胞成功捐献25例，总计251例，捐献成功率继续保持全国地市级第一的成绩。

【市中心血站助力疫情防控】 2020年，市中心血站制订《岳阳市中心血站常态化疫情防控工作方案》，常态化推进新冠疫情防控工作。2月，根据市防指要求，成功采集5名新冠肺炎康复患者血浆1900毫升，全部用于临床救治病患，治疗效果显著。先后27次驰援武汉市血液2000个治疗量，彰显岳阳市的大局意识。11月26日，全国省市支援湖北血液工作交流会在武汉举行，市中心血站站长方奎明作为湖南援助代表应邀在会上作交流发言，接受湖北省卫健委颁发“血援荆楚、大爱无疆”奖牌。

【供血服务】 2020年，市中心血站组织开展全员培训12次，组织采供血“招募达人评选”“服务明星评选”“文明服务测评”“血液检测技术百日练兵”、采血“百日竞赛”等活动，提高采供血的服务意识和技能。加大信息化建设力度，持续推进“智慧血站建设”，工作经验在全省推广。全年，精准检测血液标本5.16万份，准确率100%；5次参加部、省临检中心的室间质评，结果符合率均为100%，全年无一例质量安全差错事故发生；顺利通过省卫健委组织的校验督导和再执业评审。为各医院送血3100多趟次，完成医院送检的疑难血型鉴定、疑难交叉配血、稀有血型孕妇产前免疫学检查等标本297例，指导解答各医院输血疑难问题152人次。坚持落实免费用血返还政策，为无偿献血者报销免费用血450例，报销血费65万元。市中心血站联合市血液质量控制中心加强全市临床用血培训和指导，培训352人次，对44家医院开展督查，有效提升全市医疗临床科学合理用血水平。

（陈宏伟 李肖雄）

社会民生

编　辑　刘兴汉

居民生活

【城乡居民收入】 2020年，岳阳市居民人均可支配收入2.86万元，同比名义增长5.6%。其中，城镇居民人均可支配收入3.68万元，同比名义增长4.6%，扣除价格因素实际增长2.9%，名义增速慢于全省0.1个百分点，绝对值在全省14个市州中排名第六位，比全省平均水平低4948元。从城镇居民可支配收入结构来看，工资性收入2.28万元，同比增加636元，增长2.9%；经营净收入4106元，同比增加128元，增长3.2%；财产净收入2503元，同比增加224元，增长9.8%；转移净收入7344元，同比增加645元，增长9.6%。农村居民人均可支配收入1.82万元，同比名义增长7.7%，扣除价格因素实际增长6%，名义增速与全省持平，绝对值在全省14个市州中排名第六，比全省平均水平高1601元。从农村居民可支配收入结构来看，工资性收入9015元，同比增加577元，增长6.8%；经营净收入5121元，同比增加372元，增长7.8%；财产净收入336元，同比增加32元，增长10.5%；转移净收入3714元，同比增加328元，增长9.7%。居民人均消费支出2.12万元，同比增加355元，增长1.7%，其中，城镇居民人均消费支出25273元，同比增加354元，增长1.4%，农村居民人均消费支出1.6万元，同比增加315元，增长2%。

【居民消费价格】 2020年，岳阳市居民消费价格上涨1.7%，呈现温和上涨态势。居民消费价格八大类价格呈现“四涨三跌一平”态势，其中，食品烟酒上涨7.2%，教育文化和娱乐上涨0.7%，医疗保健上涨1.8%，其他用品和服务上涨3%，生活用品和服务类持平，衣着下降0.2%，居住类下降2.3%，交通和通信下降3%。

【房地产市场】 2020年，岳阳市完善商品住房销售明码标价申报监制制度，规范商品住房交易价格行为，加大商品住房销售价格行为监管力度，房地产市场销量下降，价格得到有效控制。至年底，岳阳市中心城区（含岳阳楼区、云溪区、君山区）新建商品住宅成交1.87万套，同比上涨12.8%，成交面积225.65万平方米，同比上涨11.6%。二手住房市场全年成交6488套，同比下降14.5%，成交面积66.21万平方米，同比下降13.5%。

【粮食生产】 2020年，岳阳市粮食播种面积和产量低于全省平均水平，根据6个粮食生产大县的90个抽样样本村270个样方点数据显示，6个粮食大县粮食播种面积445.41千公顷，同比上升6.8%，粮食总产量276.01万吨，同比上升2.7%。

（张　鹏）

婚姻·家庭

【概况】 2020年，岳阳市有县（市、区）级婚姻登记机构10个。市民政局推进婚姻规范化建设，完善婚姻登记信用体系，推动岳阳楼区、华容县争创AAAA级婚姻登记机构。全年办理国内婚姻登记总量6.41万对，其中：结婚登记2.92万对、离婚登记1.59万对、补发结离婚证1.1万对、出具婚姻登记证明48对、补录历史数据7975对。办理港澳结、离婚8对，合格率100%。结婚登记中：20～24岁年龄段的有9696人，25～29岁年龄段的有1.83万人，30～34岁年龄段的有1.17万人，35～39岁年龄段的有4477人，40岁以上的7970人。由于《中华人民共和国民法典》的颁布，对于婚姻家庭问题有新的规定，一定程度上降低离婚率，全年全市离婚登记较2019年减少584对。

（吴　伟）

【家庭教育指导】 2020年，全市各级妇联组织建立家庭教育工作联席会议制度，牵手成立市婚姻家庭研究会、家文化促进会等多个群众性学术团体，拥有家庭教育指导服务志愿者3500多人，开展各类“家庭教育公益巡讲”200多场次。开展示范创建，创建一批市级家庭教育指导中心、市级家庭教育基地。相继举办家庭文化节、“最美家庭访古村·传承百年好家风”和“传承家文化·家书诵读”等活动，凝聚强大正能量。

（张春芳）

妇女·儿童

【妇女儿童权益保障】 2020年，市妇联充分发挥联字效应，加强婚调机制建设，在岳阳楼区、君山区、云溪区、岳阳经开区成立“和姐”工作室8家，拥有志愿者和心理咨询师50多名，全年为495名家庭提供咨询和帮助。5月，承办女童权益保护“百场宣讲三年行动”启动仪式，培训114名女童保护讲师，开展“预防性侵”为主题的课程180场次，取得良好的社会效应。对个别严重侵害妇女儿童的案件提前介入、主动发声，发出告诫书35份，作出人身保护令裁定31份，法律援助203起。同时，与检察院等6家单位共同签署《关于协同构建未成年人检察工作社会支持体系的框架协议》，形成四个方面21项工作联系联络机制，与市人社局协同设立女职工劳动人事争议维权工作站，形成强大工作合力。

（张春芳）

【儿童工作】 2020年，岳阳市贯彻落实《中华人民共和国未成年人保护法》，成立岳阳市农村留守儿童关爱保护和困境儿童保障工作联席会议，加大未成年人保护中心、儿童之家等关爱阵地建设，在全市村（社区）实现儿童之家全覆盖，有效解决基层儿童福利工作阵地不足的问题，把“儿童之家”打造成关爱保护儿童的前沿阵地。全市所有乡镇（街道）、村（社区）均按要求配置儿童督导员、儿童主任，并全面实行实名制登记管理。以关爱保护、节日慰问、志愿服务活动为载体，解决儿童群体生活、学习问题。市民政局联合市妇联、团市委、市公安局、市教体局等部门发起“童心同行·欢乐一家”关爱留守儿童和困境儿童活动，“接送流浪孩子回家”“流浪孩子回校园”救助专项行动，保障儿童合法权益。在全市各级儿童福利机构开展各种养治教康项目，提升孤残儿童生活自理、社会交际等能力。

【特殊儿童群体关爱】 2020年，全市有登记在册的孤残儿童1446人，事实无人抚养儿童1428人，留守儿童3.02万人，困境儿童4562人，儿童福利院3家，未成年人保护中心9家，实现村（社区）儿童之家全覆盖，有效解决基层儿童福利工作阵地不足的问题，把“儿童之家”打造成关爱保护儿童的前沿阵地。贯彻落实《中华人民共和国未成年人保护法》，建立由分管副市长担任召集人、28家单位和部门参与的农村留守儿童关爱保护和困境儿童保障工作联席会议制度。

（吴　伟）

青　年

【青年服务平台】 2020年，团市委围绕畅通青少年服务“最后一公里”，打造岳阳青少年综合服务平台、岳阳青年之家（旗舰店）、青春岳阳工作室、岳阳市青年文创中心四个青年活动主阵地，全年新建青年之家48家，全部进驻团中央青年之家云平台系统，全市178家青年之家开展活动近2000场次，并依托“青年之家”建立9个县（市、区）团代表联络站，“一中心四平台”建设初见成效。

【模范青年选树】 2020年，团市委推报中国人民银行湖南省岳阳市中心支行第四团支部被评为“全国五四红旗团支部”，曹静娴被评为“全国优秀共青团员”。张丞俊如被评为“湖湘青年英才”。开展首届“岳阳青年五四奖章”评选，表彰15名“岳阳市青年五四奖章”获得者、4个“岳阳市青年五四奖章集体”单位。表彰22个“岳阳市五四红旗团委（团工委）”、51个“岳阳市五四红旗团支部（团总支）”、94名“岳阳市优秀共青团员”和60名“岳阳市优秀共青团干部”。

（刘吉羽）

老年人生活

【概况】 2020年，全市有60岁及以上人口102.4万人，占全市常住人口20.27%，其中65岁及以上人口75.78万人，占全市常住人口的15%。与2010年第六次全国人口普查相比，60岁及以上人口的比重上升6.39个百分点，65岁及以上人口的比重上升5.88个百分点。全市60岁及以上老年人的家庭中，一个老人与亲属同住（包括与未成年的亲属）户占56%，单身老人独自居住和只有一对老夫妇的家庭户各占11.5%和14.5%，一对老夫妇与亲属（包括与未成年的亲属）同住的比例是18%，城镇单身老人户和老年夫妇户略高于乡村。从60岁及以上老年人的生活来源看，有50%的老年人主要靠家庭其他成员供养，其次是靠劳动收入和离退休金养老金生活，分别占26%和24%。男性与女性老年人的主要生活来源也存在明显差别，男性靠劳动收入、家庭其他成员供养和离退休养老金生活的比例相近，各占30%左右，女性老年人60%由家庭其他成员供养，靠劳动收入和离退休养老金生活的分别占21%和19%。

【老龄健康】 2020年，岳阳市二级及以上综合医疗机构32家，开设老年医学科的19家，占59.38%；岳阳市养老机构224家，200家能够为入住老年人提供医疗卫生服务，占比89.3%，其中养老机构内设医疗机构57个，与医疗机构建立合作关系的养老机构143个。岳阳市接续型医疗机构床位统计分别为：康复科室床位1909张、老年病科室床位1023张、长期护理病床1074张、临终关怀床位165张。市卫健委、市康复医院医养结合工作经验入选世界卫生组织医养结合典型经验汇编。

（余定刚）

【养老体系建设】 2020年，市民政局主动应对人口老龄化形势，构建新型养老服务格局，发展养老服务业，养老服务工作取得明显成效。全市现有许可（备案）养老机构184家，其中农村特困供养机构155家，社会福利院10家，民办养老院19家，养老服务床位数达到4.48万张，每千名老年人口养老床位数达到42张，“一县一院”的公办福利机构框架基本形成，城乡社区养老服务设施覆盖率分别达到98%和86%。深化“全国居家和社区养老服务改革试点”和“省级居家和社区养老服务改革试点”，打造试点示范项目66个，建成管理平台113个，初步形成市、县、乡、村四级居家和社区养老服务体系。

【养老机构建设】 2020年，岳阳市连续四年在全市开展养老院服务质量建设专项行动，全市养老机构100%符合养老服务质量基本规范。加强养老服务专业队伍建设，通过每年举办养老护理员培训、养老护理员职业技能竞赛，实现全市养老护理员培训上岗率达到100%。新冠肺炎疫情期间，全市养老机构坚守“民政服务机构不发生疫情”底线，全市所有养老机构的1.2万多名在院老人和工作人员无一例感染，全力守护老年群体的生命健康安全。

【养老服务】 2020年，全市累计发放百岁老人补助、基本养老服务补贴、高龄津贴2.39万人次。联合处非办、公安、金融等部门持续开展养老服务领域非法集资整治，有效化解存量、遏制增量，确保不发生重大舆情和集访群访事件。全面贯彻实施《养老机构服务安全基本规范》，联合住建、消防部门集中处置解决养老机构消防安全隐患，推进全市养老服务综合监管平台和县（市、区）安联网平台建设，搭建全市统一的养老服务综合安全监管网络，进一步提升养老机构应对风险能力。

【养老事业】 2020年，岳阳市按照“高起点规划、高质量建设、高水平管理”的工作思路，突出建管并重，抓好养老服务基础设施建设。全市有养老机构184家，形成“一县一院”的公办养老服务机构框架和市、县、乡、村四级养老服务网络，城乡养老服务设施覆盖率分别达到98%和86%。大力推动居家和社区养老改革试点，打造富有岳阳特色的改革示范点46个，君山区分路口社区智慧养老中心、岳阳楼区东升社区养老服务中心、屈原管理区天问街道凤凰社区日间照料中心等一批设施完备、环境舒适、服务规范的重点项目完成建设并投入使用。发挥市场资源配置的作用，依托岳阳“两湖、两山、两公园”的独特人文、旅游、文化优势，引导社会力量进入养老市场，引进环球融创健康城、虹宇康养城等一批大型养老项目，培育以国泰阳光、丹枫家园、民康医养、华夏颐昌、圣安医养、一键帮为代表的一批本地养老服务企业，为全市养老服务业发展注入新动能。针对养老护理员、养老院长人才短缺，素质参差不齐的实际，定期组织全市养老护理员培训、职业养老院长培训、养老护理员职业技能竞赛。通过培训和竞赛，全市养老护理员、养老院长的整体素质得到明显提升，养老护理员培训上岗率达到100%，岳阳市养老服务人才培养的数量和质量名列全省前列。

（吴　伟）

残疾人生活

【残疾预防和康复】　2020年，全市各级残联进一步宣传普及残疾预防知识，动员全社会更加关注和支持残疾预防工作。第三次全国残疾预防日期间，市残联联合相关部门在中心城区开展疑似残疾儿童筛查4.69万人，确诊残疾儿童173人。其中，岳阳楼区残联预防综合试点工作获得全国残联通报表扬。至年底，全市实施抢救性康复残疾儿童1399名。

【残疾人维权服务】　2020年，全市各级残联加强残疾人法制宣传教育，切实维护残疾人合法权益。市本级接待处理各类残疾人信访事项1421人次，稳妥处理多批次集体上访，有效化解涉残矛盾纠纷27起。继续推进志愿者助残“阳光行动”，不断丰富助残服务内容，提高志愿服务的精准性。市爱心助残志愿者协会和22个爱心助残志愿者工作站，开展“把爱送进家”“雷锋家乡学雷锋”等志愿服务活动29场次，帮扶286户残疾人家庭，400多名困难残疾人。全年为885户贫困重度残疾人家庭实施无障碍改造，同比增加195%。

【残疾人民生保障】　2020年，市残联保障残疾人民生，围绕全市3707名尚未脱贫、200名存在返贫风险的残疾人，做好各项扶贫工作。推进“两项补贴”政策全覆盖，把依靠家庭供养的成年重度残疾人和精神、智力残疾人纳入基本生活保障范围。全市4.36万名残疾人享受城乡低保，1.18万名残疾人纳入特困供养，5.6万名残疾人享受困难生活补贴，5.76万名重度残疾人享受护理补贴。健全残疾人社会保险体系，落实残疾人意外伤害保险和在训残疾儿童意外保险补贴。全省脱贫质量“回头看”问题反馈中，涉及岳阳市608户疑似残疾人没有办理残疾人证和2777户残疾人没有享受扶助政策的问题，全部整改到位。

（黄光园）

医疗保障

【概况】　2020年，市医疗保障局（简称市医保局）被评为全省医保基金监管工作先进单位，获得市委、市政府2020年度综合绩效考评市直单位突出贡献奖。被市委、市政府评为全市抗击新冠肺炎疫情先进集体。被市政府办评为2020年度“12345”政务服务热线办理工作先进单位和“一件事一次办”“最多跑一次”改革工作表现突出单位；驻市政务服务中心医保窗口被评为市级青年文明号、市政务服务中心“十佳示范窗口”。

【医保改革】　2020年，市医保局推进医保市级统筹改革。根据《中共中央　国务院关于深化医疗保障制度改革的意见》精神，起草《岳阳市基本医疗保险和生育保险市级统筹实施方案》，经市人民政府第39次常务会议审定，4月27日正式下发。6—8月，配合市审计局对全市12个统筹区医保基金进行交叉审计。9月，制定出台关于基金统收统支管理、基金预算管理、风险储备金管理等配套文件。9月28日，召开全市基本医疗保险市级统筹工作推进会，从10月1日起，全市进入医保市级统筹的实施阶段。至年底，全市各统筹区按时把各项基金结余资金28.87亿元全部归集上解至市财政医保市级统筹基金专户，全面完成市级统筹改革的年度工作任务。落实城乡居民医保门诊统筹改革。从2020年1月1日起，取消城乡居民医保个人账户，全面实施城乡居民医保门诊统筹，同步督促落实“两病”用药保障；加快国家集采药品政策落地见效。加快国家“4+7”带量采购扩围工作在岳阳落地，从2020年1月起，岳阳市医疗机构采购的“4+7”带量采购的药品平均降价52%，超额完成第一批、第二批国家集采药品和湖南省抗菌药采购量。7月4—5日，组织开展岳阳市2020年度低值医用耗材和检验试剂的公开招标采购，招标代理费用和耗材价格实现“双下降”。加入株洲五市联盟，开展药品带量采购，18个联盟量采品种平均降幅61.15%；加大医疗服务价格调整力度。年初，全面取消公立医疗机构耗材加成，实行“零利润”销售。调整全市856个医疗服务价格项目价格，平均增幅13%。

【疫情期间医保支付】　2020年，新冠肺炎疫情期间，市医保局全力调度医保资金预付工作，全市医保系统预付医保资金9875万元，其中市本级1300万元，全面落实“确保患者不因费用问题影响就医、确保收治医院不因支付政策影响救治”的“两个确保”政策。全局干部职工以“参战”状态，全面落实各项防控措施，加强保供稳价现场检查。发出紧急通知，要求所有协议大型连锁药店从1月27日起必须全部开放营业，满足群众疫情防护药品和物资的需求，指导督促药品零售企业和药械供应企业加强口罩、酒精、药品等防疫物资的调运和稳价供应。明确专人负责疫情期间的医保信息系统维护，1月23日，完成卫健部门诊疗方案覆盖的所有药品和诊疗项目的系统匹配，实行24小时专人值守，随时动态更新、审核。疫情平稳后，迅速完成全市确诊病例156人、383人次，疑似病例232人、266人次的费用清算，涉及医疗总费用553.03万元，其中统筹基金承担323.57万元，应由个人支付而由各级财政承担费用229.45万元，确保患者“零负担”。全面落实医保费阶段性减征缓缴政策，全力支持企业复工达产，全市减征医保费1500多万元，缓缴4640多万元。

【医保参保数据信息核实】 2020年，市医保局按照市委、市政府基本医疗保险全覆盖是决胜全面小康社会“六覆盖”的重要部署，迅速开发全民参保登记信息数据库，抢抓工作进度，要求全市系统开展拉网式摸排，全面比对核实参保信息。局领导分片联点督导检查，坚持每天通报信息采集率、参保登记率、参保缴费率，全市新增城乡居民基本医疗保险参保34.29万人。截至6月30日，全市常住人口577.13万人，参保总人数为552.68万人，其中职工62.65万人、居民490.03万人，参保率为95.8%，圆满完成省委、省政府小康考核和绩效考核目标任务。

【医保扶贫】 2020年，市医保局全力确保建档立卡贫困人口基本医疗有保障，助力全市脱贫攻坚战取得全面胜利。至年底，全市建档立卡贫困人口参保28.82万人，参保率100%，资助参保总金额4139.72万元，贫困人口县域内住院“一站式”结算8.9万人次，医疗总费用39499.85万元，报销总金额34429.12万元，平均报销比例87.16%。对建档立卡贫困人口，坚持基本医保、大病保险、医疗救助三重递进式综合保障，落实基本医疗报销比例提高10%，大病保险起付线降低50%，报销比例提高5%，取消大病保险封顶线等医保优惠政策，完成医保扶贫三项考核指标，顺利通过国家、省脱贫攻坚考核验收。

【医保基金监管】 2020年，市医保局把维护医保基金安全作为重要政治任务，开展打击欺诈骗保专项治理工作。4月30日，举行全市“打击欺诈骗保　维护基金安全”集中宣传月启动仪式，通报10起典型案例，在全市开展大规模集中宣传。12月18日，向32名医保基金社会监督员颁布聘书，主动接受社会监督，为医保基金安全再上一道“安全锁”。从严查办案件。全市查处各类违法违规案件243起，约谈126家，限期整改252家，通报批评136家，暂停服务协议41家，解除医保服务协议8家，移送司法机关案件7起，拒付和追回基金6870.72万元。其中，市本级查办案件27起，挽回基金损失3206.93万元。督促自查自纠。5—8月，督促医保经办机构和协议医药机构针对违法违规行为全面开展自查自纠。针对查摆出来的问题，“两定机构”制定专门的整改措施，明确责任主体、时限要求，逐个问题解决，逐项内容“销号”，并建立健全长效机制。其中医药机构自查自纠主动上缴708.65万元。10月，组织60名业务骨干对全市10个医保经办机构自查自纠工作进行复查。规范执法行为。着力于开展监管执法规范化建设，建立案审委员会制度，采购一批执法记录仪，完善全市医疗保障行政执法文书样式，促进执法行为信息公开、过程留痕、决定合法，规范基金监管执法行为。

【医保服务】 2020年，市医保局落实医保公共服务“一门式”全覆盖。把居民医保参保登记、低保特困医疗救助、医疗救助对象初审、医保证明4项服务事项下沉到乡镇（街道）、村（社区），实现市、县、乡镇（街道）、村（社区）四级服务网络全覆盖。经办服务水平明显提升。持续深化“放管服”改革和“最多跑一次”改革工作，完善软硬件建设，坚持业务集成办理、一站式办结、不见面办理，赢得各地政务服务中心和办事群众的广泛好评。异地就医联网直接结算进一步扩面。全年全市新增12家跨省异地就医直接联网结算医院，全市异地就医直接联网结算医院57家，其中，市本级32家，县（市、区）25家，全市累计备案跨省异地就医人数6.96万人次，开通医院数和备案人次均排名全省市州前列。全年市内异地就医、省内异地就医、跨省异地就医住院直接结算分别为3.47万人次、3.38万人、8662人次，较好地满足参保群众的医疗需求。

（康云华）

人力资源

【概况】 2020年，岳阳市人力资源和社会保障局（简称市人社局）围绕“民生为本、人才优先”工作主线，深化“五比五创”主题活动，努力克服各类不利因素的冲击影响，较好完成各项目标任务，退捕渔民安置保障、稳就业、复工复产、就业扶贫、援企稳岗等工作在全国、全省相关会议上作经验发言，人社部在岳阳市召开长江流域退捕渔民职业技能培训现场会，并承办全省创新创业大赛等大型活动，多项工作被新华社、《人民日报》和中央电视台《新闻联播》等各级各类新闻媒体推介报道。岳阳市促进就业工作第三次获省政府真抓实干表扬激励，“五个一百”科技创新人才引进连续三年获得全省先进，市人社局被评为市委、市政府绩效考核先进单位，以及优化营商环境、实事办理、“放管服”改革、安全生产、平安建设、防汛救灾、抗击疫情等单项工作先进单位。岳阳市被人社部确定为全国社会保障卡“一卡通”创新应用示范建设地区。

·就业创业·

【概况】 2020年，全市人社系统围绕稳就业保民生工作主线，克服各类不利因素的影响，完成各项既定目标任务，全市新增城镇就业6.02万人，失业人员再就业3.15万人，就业困难人员再就业1.24万人，新增农村劳动力转移就业4.99万人，城镇登记失业率和调查失业率分别控制在2.8%和5.5%，参加就业见习人数826人，退捕渔民、建档立卡贫困劳动力、高校毕业生、返乡农民工等重点群体基本实现就业，失业保险参保总人数42.76万人，新增发放创业担保贷款6.19亿元，新增创业主体4.6万个，带动就业7.3万人，全市就业形势总体稳定、稳中趋好。被省政府评为全省就业工作真抓实干成效明显地区。

【就业举措】 2020年，市委、市政府始终把就业当成最大民生，实施就业优先战略，从政策和资金等方面为就业创业提供支撑和保障。市人社局落实“六稳”“六保”要求，把就业工作放在首要位置，落实三大举措，确保稳定就业形势。政策让利稳就业。出台稳企稳岗稳就业15条、高校毕业生就业创业10条、农民工就地就近就业8条等政策文件，会同相关职能部门，打好“减免返缓补”组合拳，帮助企业复工达产。开展“重点企业用工服务年”“民营企业招聘月”等活动，促成13.7万人次用工。减免近万家企业社保缴费负担12.6亿元；在全省率先实施稳岗返还1.04亿元，惠及659家企业，稳定岗位9.5万个；发放失业金和失业补助4843万元。对全市重点产业园区企业和建设项目，涉及疫情防控、公共事业运行、群众生活必需的企业，建立24小时用工保障机制。优化服务促就业。实施基层公共就业服务平台能力提升计划，开展就业服务专员轮训，1500多名劳动保障协理员和农村劳务经纪人协助做好复工返岗、就业扶贫等工作。疫情期间，市、县、乡、村四级联动，通过采取“定位到人、服务到家、匹配到岗、护送到企”办法，运用“线上线下”服务手段，充分保障重点企业用工和劳动者就业需求。全市基本建成覆盖城乡、方便快捷的就业服务实体平台和求职招聘网络平台。退捕渔民安置保障、稳就业、复工复产、就业扶贫、援企稳岗等工作在全国、全省相关会议上作经验发言，稳就业保民生工作被新华社、《人民日报》和央视《新闻联播》等各级各类媒体推介报道；支持创业带就业。推行创业服务、培训、贷款、孵化“四创联动”服务机制，充分释放就业倍增效应，个人创业担保贷款额度由最高15万元提至20万元，合伙创业由最高75万元提至110万元，全市新增发放创业担保贷款6.19亿元，新增创业主体4.6万个，带动就业7.3万人。启动“创业培训助力特色小镇”计划，按照“一县（区）一品牌”原则，助推汨罗长乐甜酒、临湘羊楼司竹器、湘阴面馆等特色产业蓬勃发展。承办“中国创翼”创业创新湖南省大赛等大型活动，临湘市、岳阳楼区等地持续评选“双创双十佳”。

【创业服务机制】 2020年，市人社局全面推行创业服务、培训、贷款、孵化“四创联动”，释放就业倍增效应。创业服务形成品牌。为缓解新冠肺炎疫情对创业的影响，坚持开展“创业服务三湘行”活动，按照“一月一主题”先后举办创客沙龙、创意市集、创业公开课等主题活动28场，培育扶持创业项目230多个。9月，“中国创翼”创业创新大赛湖南省选拔赛在岳阳举办。创业培训实绩惠民。为参培学员跟踪提供政策咨询、项目推荐、创业培训、开业指导、专家会诊、企业孵化等全方位后续扶持服务，帮助一批受疫情影响的个体户、小老板重回正轨。创业担保贷款力度加大。加大创业担保贷款扶持力度，新增发放创业担保贷款6.19亿元。创业孵化成效明显。打造开放共享、功能强劲的双创平台，新增创业载体31个，培育孵化小微企业2260家。整合要素资源，启动“四创联动+特色小镇”计划，按照“一地一策”“一县一品”原则，为每个特色小镇量身定制帮扶方案，打造出汨罗长乐甜酒、临湘羊楼司竹器、湘阴面馆等主题特色小镇。

【人社就业扶贫】 2020年，新冠肺炎疫情期间，市人社局开展家门到厂门“一站式”劳务输出，购买赠送“疫情险”和“乡情包”，并安排小分队全程接送，确保及时返岗复工。开展农村贫困劳动力技能培训6157人，完成省定任务的246.3%。建成就业扶贫载体311家，开发公益性岗位8848个，安置1.38万名贫困户在“家门口”就业。至年底，全市建档立卡劳动年龄贫困人口12.62万人，有就业意愿的贫困劳动力10.41万人，就业10.41万人，就业率100%，实现“一人就业、全家脱贫，充分就业、动态清零”目标。市人社局在全省就业扶贫攻坚大会上作经验介绍，岳阳市就业扶贫做法受到新华社关注推介，平江县就业扶贫工作被中央电视台《新闻联播》报道，入选全国人社扶贫优秀成果案例。

【帮扶退捕渔民转产就业】 2020年，全市建档立卡退捕渔民6812人，核定需要就业帮扶4022人，通过采取“按需找岗、定向推岗、就近上岗、培训拓岗”办法，举办专场招聘会42场，提供“311”服

2020年11月14日，长江流域退捕渔民职业技能培训现场推进会在岳阳召开

务5.08万人次，及时转产就业4022人，有就业意愿和劳动能力的上岸渔民实现100%就业，其中公益性岗位兜底安置197人。实施“百村千人”培训计划，创新开展“水产制作+项目运营+新零售”复合型培训，受到国务院大督查和人社部的肯定。人社部在岳阳市召开长江流域退捕渔民职业技能培训现场会，沿江10个省份人社部门分管负责人参会并观摩岳阳市做法。中央电视台、财经、中文国际、科教、社会与法等频道先后派出摄制组实地采访，广泛推介岳阳市帮扶退捕渔民脱产就业做法。

【基层公共就业服务平台建设】 2020年，市人社局全面贯彻落实《湖南省基层公共就业服务平台能力提升计划（2020—2024年）》，推进基层平台规范化、标准化、数字化、职业化建设，推动就业政策落实、服务落地，基本建成覆盖城乡的公共就业服务网（全市464个社区全部建有就业服务平台），打造出基层平台建设“南湖样本”，并以创建省级充分就业社区（村）为契机，在全市86个社区、44个行政村开展试点，力促充分就业。

【湖南省“点亮万家灯火”就业帮扶活动在岳阳举行】 2020年6月23日，湖南省“点亮万家灯火”就业帮扶活动启动仪式在岳阳市举行，活动把就业困难人员、退捕渔民等重点就业群体作为主要帮扶对象，通过多途径、全方位、大幅度开展宣传和服务，把“点亮万家灯火”理念送入千家万户。至年底，全市失业人员再就业3.3万人，就业困难对象再就业1.26万人。

（何　龙）

·人事管理·

【经营类事业单位改革】 2020年，岳阳市按照省、市改革工作有关要求，加快推进经营类事业单位改革，同步开展市直6家公益二类事业单位改革工作。全市经营类涉改单位25家，涉及在编在职人员1388人、退休人员929人；公益二类涉改单位涉及在编在职人员331人、退休人员292人。截至11月底，全市31家涉改事业单位全部完成改革方案审批和机构的撤销、法人的注销、编制的收回工作，收回编制1719个，省定和市定改革任务全部完成，岳阳楼景区和君山公园顺利平稳移交，省改革推进小组和省督导组对岳阳主动把部分公益二类事业单位纳入改革范围，给予肯定。

【岗位动态管理】 2020年，市人社局把握岗位管理政策，实施岗位动态管理。坚持按编制设置岗位总量，基本完成教育、卫健两大系统事业单位岗位设置调整工作；对编制发生变化的事业单位，坚持“随变随调”“随报随调”，全年完成329家事业单位的岗位设置和调整的审核备案工作，其中，市直125家、县（市、区）204家。针对县（市、区）尤其是乡镇事业单位编制少、人员少的现状，采取合并进行岗位设置办法，提升工作人员职业发展空间。

【事业单位人员进出管理】 2020年，市人社局实行人员条件和岗位情况“双审核”，做好事业单位工作人员聘用和辞职（辞退）审核备案工作，做到事业单位工作人员“能进能出”“能上能下”，激活用人机制，全年累计办理岗位聘用审核备案手续2007人（其中流动调配286人），办理事业单位工作人员辞职手续31人。

【事业单位公开招聘】 2020年，市人社局落实上级政策要求，坚持严格政策规定、严格工作程序做好公开招聘（公开选调）方案审核，保障招聘工作的公平度和社会公信力。全年审核备案全市公开招聘（选调）38场次、岗位计划3545个（其中公开选调14场次、112人，高校毕业生岗位计划1727个，退役大学生士兵、村社区干部岗位计划15个），成功组织实施全市市直事业单位集中招聘工作，做到公平、公正、公信和“零差错、零事故、零投诉、零容忍”。

【评比表彰和考核工作】 2020年，市人社局严格按照程序要求，做好各类评比表彰审核和推荐工作，完成全国性行业推荐申报先进集体1个，先进个人1名；全省性行业推荐申报先进集体14个，先进个人35名；市级嘉奖记功个人154人、县区记功11人。为1024名符合条件的人员申报并颁发中国人民志愿军抗美援朝出国作战70周年纪念章。

（何　龙）

·人才服务·

【概况】 2020年，市人社局以落实“巴陵人才新政20条”为重点，贯彻人才是第一资源的理念，把优化服务摆在做好人才工作的优先位置，引进科技创新人才13名，公开招聘事业单位工作人员3500多人，中高级职称评审通过1406人，完成3.77万人次专技资格考试组考任务，“五个一百”科技创新人才引进和就业工作获评省政府真抓实干表彰激励，为全市经济社会发展提供强劲人才支撑和智力支持。

【“四海揽才”活动】 2020年12月19日，岳阳市2020年“四海揽才”（长沙）大型招聘会在湖南人才市场举行，市委常委、组织部部长王武发布岳阳人才需求信息，副市长李为主持。在市委组织部的指导下，市人社局组织全市120家企事业单位拿出630个职位、2252个岗位到长沙市揽才选贤。此次招聘活动把产业链人才招聘、高校硕士博士专场引进、县（市、区）引才活动和“四海揽才”活动结合起来，进一步扩大“四海揽才”品牌影响力。招聘会还首次在新闻发布会上增加校政企对接签约仪式环节，湘潭大学、长沙理工大学等高校分别与城陵矶新港区、岳阳经开区等6家单位达成战略协作，并举办“有岳在先，智汇巴陵”校企协同产才对接洽谈会。湖南大学、湘潭大学、长沙理工大学等12所省内高校和职业院校有关负责人现场与岳阳40多家企业面对面交流洽谈，为校企双方后续合作建立联结。招聘现场有3700多位求职者进场求职，收到简历3186份（其中硕士及以上学历占比24.4%），达成意向1853人次。

【2007名专业技术人员通过职称评审】 2020年，市人社局推进专技人员职称评审改革，实行职称申报告知承诺制，放宽企业人才职称评审条件，突出能力业绩导向，全年2007人通过初级以上职称评审认定，其中，高级职称通过673人、中级职称通过733人，并组织实施8项3.78万人次专业技术资格考试，拓宽专技人才成长发展空间。

【园区合作服务机制创新】 2020年，市人社局为提升园区人才服务水平，与岳阳经开区签订人事人才服务战略框架协议，为岳阳开发区提供全链条政策宣传、人才招聘、高端人才引进、教育培训服务等人才服务。全年为岳阳经开区180多人的教师和政府雇员招聘、央企社会化人员441人的档案托管提供专项优质服务，并为其对接联系长沙理工大学，促成双方建立就业合作关系。

【人才猎头服务】 2020年，市人社局为服务全市新兴产业链和七大千亿产业群建设，面向省外和国（境）外引进能够突破关键技术、发展高新产业的高层次人才，向企业推荐高端人才（博士）3人，其中长江学者1名、苏州领军人才1名。

【人力资源市场短缺岗位（工种）目录发布】 2020年，市人社局强化市场宏观指导，首次组织对全市980户企业的5.2万名相关在岗职工的工资情况进行调查监测，经过汇总、整理和分析，形成岳阳市人力资源市场前30位短缺岗位（工种）及2020年工资指导价位。并建立健全全市人力资源市场预警监测机制。

（何 龙）

·劳动关系·

【劳动合同用工】 2020年，市人社局推动企业与劳动者签订劳动合同，推广劳动用工备案信息系统，全力规范用工行为，全年全市有8029家企业进行备案登记，备案人数38.92万人，较2019年新增劳动合同备案企业2342家，新增劳动合同备案人数102782人，所有开办企业劳动合同签订率达到100%。

【劳务派遣行政许可审发】 2020年，市人社局全年依规审批核发22家单位劳务派遣许可证。至年底，全市审批核发99家劳务派遣行政许可证，派遣员工2.64万人，所批办的劳务派遣公司没有发生一起大的劳资纠纷。

【农民工工资支付】 2020年，市人社局落实《农民工工资支付保障条例》，出台办法缴存农民工工资保证金。对恶意欠薪行为实行零容忍，查处涉及拖欠农民工工资案件779起，为8434名农民工追回拖欠工资15844万元，监察案件投诉结案率和拖欠农民工工资结案率均达到100%以上，政府和国有企业投资项目实现农民工工资零拖欠。

【劳动仲裁办案】 2020年，市人社局健全调解机制，提升仲裁效能，维护劳动者和企业的合法权益。疫情期间，试行“非接触式”劳动纠纷化解，利用“互联网+调解仲裁”服务平台、电话视频调解等不见面方式，实现劳动者指尖维权、仲裁员掌上办案，确保疫情防控和案件审理两不误。全市累计受理劳动人事争议仲裁申请3225起，立案受理2893起，不予受理332起，结案处理2754起，结案率为95.2%，涉及劳动者当事人3917人，涉案金额1.75亿元。

【清理整顿人力资源市场秩序专项行动】 2020年5月15日—6月20日，市人社部门联合市场监管部门在全市范围内统一开展清理整顿人力资源市场秩序专项执法行动，集中对辖区范围内人力资源服务、劳务派遣机构、民办职业中介和人才中介机构进行重点检查整治，出动工作人员769人次，检查各类人力资源市场服务机构和用人单位156家，其中，人力资源服务机构35家，用人单位121家。从检查情况看，全市人力资源市场秩序整体良好，大多数人力资源服务机构经营良好，在依法签订劳动合同、缴纳社会保险、发布就业信息、服务企业招工等方面较为规范。

【“和谐同行”企业培育】 2020年，市人社局向人社部推荐岳阳长炼机电工程技术有限公司、岳阳高澜节能装备制造有限公司、湖南中科电气股份有限公司、湖南省长康实业有限责任公司、湖南科伦制药有限公司5家企业入选部级“和谐同行”优秀企业，向省人社厅推选湖南凯美特气体股份有限公司、益海嘉里（岳阳）粮油工业有限公司、平江县今麦郎面品（平江）有限公司3家企业入选省市共建“和谐同行”企业培育推荐企业，为企业拓展业务开拓市场创造良好的营商环境。

（何 龙）

社会保障

【概况】 2020年，岳阳市社保工作坚持“广覆盖、保基本、多层次、可持续”，社会保险“稳定器”作用得到发挥。全面实施全民参保计划，征缴扩面全面完成，各大险种参保人数稳中有升，征缴社会保险基金85.1亿元，超额完成年度目标任务，其中，征缴企业养老保险基金58.7亿元、城乡居民养老保险基金4.9亿元、机关事业养老保险基金19.5亿元，工伤保险基金1.6亿元，失业保险基金4043.6万元，全市基本养老保险、工伤保险、失业保险参保人数分别达到471.4万人、79.99万人、42.97万人，各项社会保险待遇得到及时足额发放，全市为企业离退休人员发放养老金108.5亿元，企业养老金实现十六连增，其中，调整后市本级企业离退休人员人均养老金2607.35元/月。为城乡居民养老保险领取待遇人员发放养老金9亿元，为机关事业养老保险离退休人员发放养老金34亿元，工伤保险基金支出2.4亿元，失业保险基金支出范围进一步扩大。社会保障卡累计制卡460万张。减免企业社会保险费12.6亿元。

【社会保险减税降费】 2020年，全市人社部门助力企业应对新冠肺炎疫情影响，落实阶段性减免社保费政策，全年为企业减轻社保费负担12.6亿元。其中，减免职工养老保险9.9亿元，惠及企业和单位6613家；减免工伤保险费2.6亿元，惠及参保企业和单位9011家；减免企业失业保险费1613万元，惠及参保企业和单位1232家。

【基本社会养老保险】　2020年，全市企业养老保险参保114.9万人，其中，在职参保72万人，退休42.9万人；机关事业养老保险参保19.4万人，其中，在职13万人，退休6.4万人；城乡居民养老保险参保268.5万人，其中，参保缴费196.5万人，领取待遇72万人。全市征缴养老保险基金83.1亿元。为全市121.3万名退休人员发放养老金151亿元。落实政府财政代缴养老保险政策，为全市11.66万名建档立卡贫困人员代缴养老保险费1166.04万元，实现代缴率100%、覆盖面100%。

【退捕渔民社会保障】　2020年，市人社局落实上级要求，推动实施退补渔民养老保险应保尽保、应补尽补。在12月15日规定节点前，全市应享受政府补贴人数为5513人，实际享受政府补贴人数为5513人，落实补贴资金2.5亿元，有退捕任务的县（市、区）渔民养老保险参保覆盖率和补贴率均达到100%。

【养老保险征缴职能划转】　2020年，根据国务院和省人民政府工作部署，从11月1日起，企业职工养老保险费和机关事业单位职业年金征缴由人社部门划转至税务部门试运行，于2021年1月1日完成正式划转。

【社保经办“综合柜员制”模式】　2020年，市人社局推行社保经办“综合柜员制”模式。该模式变“单一办事窗口”为“综合服务窗口”，即一个窗口可以办理多种业务，实现“一窗受理、一次办好”，提高经办效率，提升服务水平，模式运行良好，窗口受理和办件基本做到畅通无阻，办结成功率95%以上。《人民日报》客户端、“学习强国”平台、人社部官网、《中国劳动保障报》等媒体平台对“综合柜员制”进行推介。省社保中心及多个市（州）到岳阳市交流学习。

【养老保险转移】　2020年，市社保中心建立全市城乡居民养老保险转入企业职工基本养老保险便捷通道，办理转移接续的群众不需要再两头跑，实现业务线上办理，资料线下邮寄，办事时长有效缩短，全年为558名群众办理社保跨制度转移。

【工伤保险基金实现市级统筹】　2020年10月28日，市政府印发《岳阳市工伤保险基金市级统收统支实施方案》，启动全市工伤保险制度深化改革工作，致力在全市范围内实现“六个统一”（工伤保险基金管理、工伤保险参保范围和参保对象、工伤保险费率政策和缴费标准、工伤认定和劳动能力鉴定办法、工伤保险待遇支付标准、工伤保险经办流程和信息系统全面统一）。

【工伤预防】　2020年，市人社局建立健全工伤预防、工伤补偿和工伤康复三位一体工伤保险制度，发挥工伤预防在工伤保险工作中的重要作用。市人社局把工伤预防费使用向助力抗疫和复工倾斜，重点选取部分承担防疫任务的医疗机构、基层社区、交通运输物流企业、防疫物资生产企业、商业企业、水电气和环卫保障单位、物业管理和保安企业，以及学校等疫情期间保障市民生活的企事业单位，拨发工伤预防费，助力新冠肺炎疫情防控和企业复工复产。全年开展工伤事故预防培训和精准式进企业辅导讲座18场次，150多家企业、900多名企业生产管理者参训，并开展安全隐患拉网式排查，得到国务院安全生产委员会以及省安委会巡查考核工作组的肯定。

（何　龙）

·社会福利与慈善事业·

【福利慈善工作】　2020年，岳阳市特困家庭大病医疗慈善救助基金规模达到1.2亿元，大病救助、爱心助学、慰问抗战老兵等慈善活动常态化开展，通过腾讯“99公益日”项目筹集善款2835万元。克服疫情影响，适应彩市政策调整，顺利完成“中福在线”停销工作，全力推动福彩快乐8游戏上线，全年完成福彩销售2.3亿元。实施“三区计划”“牵手计划”“三社联动”，全市131个乡镇（街道）均实现社工站和社会工作的全覆盖。倡导社会工作与志愿服务联动，发动志愿者到基层开展志愿服务，全市登记在册的志愿者人数达到82.3万人。

（吴　伟）

【慈善救助项目】　2020年，市慈善救助服务中心完成“市特困家庭大病救助”项目救助1600多人次，发放救助金712万元；“爱心助学”项目有194名贫困大学生获得助学金60.9万元。“抗战老兵”项目对51名国民党籍抗战老兵援助20.3万元。“生命助力”项目对全市农村建档立卡贫困户进行摸排，向患有重大疾病的970多人发放大病医疗救助金340万元。“关爱贫困女性”“爱眼助从戎”等慈善项目，设立专项救助金75.23万元。“金龙鱼复明工程”设立专项救助金30万元，救助贫困眼疾患者300多人。“童心同行，欢乐益家”活动，设立专项救助金100万元，救助困境儿童300多名。启动“爱心点亮童年——关爱困境儿童”项目，涵盖未成年人助医、助学、助困三个方面，开展“‘疫’起同行，复学有爱”“童心同行，欢乐一家”“守护天使，播撒希望”等活动。

【“腾讯99公益日”活动】　2020年，市慈善救助服务中心与市扶贫办共同启动“善行岳阳、扶贫有爱——2020腾讯99公益日”活动，动员全市各级社会公益组织参与，发起扶贫项目33个，3天募集善款1041万元，临湘市白羊田镇脱贫攻坚帮扶项目募集善款435.44万元。

（季　飞）

住房保障

【公租房保障】　2020年，岳阳市争取市本级公租房建设指标4828

套，争得第一批中央和省级专项补贴资金1.12亿元，公租房开工量仅次于过去10年之总和。围绕“梯度保障”要求，着力扩面提标，在住房保障能力上有新的突破。做好G240等重点项目范围内住房困难家庭的住房保障，完成住房安置89户。全年通过公租房租赁补贴保障3479户，发放补贴资金614.932万元。租赁补贴发放实现初审复核“一站式”办理，审批部门由7个缩减为3个，优化办事流程，缩短审批时限。搭建住房保障信息网、公众号，开发租金收缴电子平台，部分业务实现电子化办结。

【保障性安居工程】 2020年，岳阳市新开工建设湘北雅园公租房。该项目系市政府投资建设的保障性安居工程，列入2020年全市十件民生实事之首。该项目位于岳阳楼区胥家桥路与海泰路交会处，总用地面积11公顷（净用地8.67公顷），建设公租房4828套，总投资估算13.56亿元（含土地征拆成本2亿元），总建筑面积28.9万平方米。项目于12月上旬开工，建设周期约70个月，建成后可解决一大批中低收入家庭的住房困难问题。

（张　敏）

市场物价

【价费调控管理】 2020年，市发改委进一步加强价格监管调控，服务民生发展。调整发布《岳阳市2020年行政事业性收费目录清单》《岳阳市2020年涉企行政事业性收费目录清单》《岳阳市政府定价的经营服务性收费目录清单（2020年版）》，出台《关于进一步完善市中心城区道路临时停车泊位收费标准有关事项的通知》和《关于岳阳市主城区临街机关事业单位内部停车场对外开放收费标准的通知》，进一步明确收费标准和免费时段，有效缓解中心城区停车难问题。完成农业水价综合改革任务，加强市县两级管价景区门票价格调控，确保景区门票价格保持在合理的区间范围。牵头落实社会救助和保障标准与物价上涨挂钩联动机制，为全市180万低收入群众发放价格临时补贴8405万元。

【价格成本监审】 2020年，市发改委贯彻落实国家和省成本调查监审工作的总体部署，按照国家农本工作考核年要求，提升工作质量，完成15个农产品直报调查和3个专项调查任务，以及大米和油菜籽加工等两个重要消费品成本数据以及稻谷、生猪成本价格发布平台数据的上报任务。开展成本监审，累计完成保障房、教育、城市公交、天然气等5个类别24个成本监审（调查）报告，先后完成省发改委部署岳阳市、平江县和华容县3个抽样调查点的普通高中学业水平考试定价、湖南理工学院大学英语等级考试定价成本监审任务，对赶山片区拆迁居民安置点限价商品房建设、春和家园保障房项目、市公交公司63路公交车运营、南湖风景区棚户改造项目幼儿园及商铺等20个项目进行全面审核，出具成本监审调查报告，为合理调价定费提供可靠依据。疫情期间，到福尔康、康沃、贝烨、民康、金琢玛等口罩企业开展岳阳市一次性医用口罩生产情况跟踪调查，从原辅材料价格、人员费用、运输成本和日均产量等方面对口罩价格上涨原因进行具体分析，并报送岳阳市一次性医用口罩生产情况调查周报表，为领导决策当好参谋。

【价格认证监测】 2020年，市发改委发挥职能优势，重点加强粮、油、肉、蛋、禽、蔬菜等民生价格监测，疫情期间，主动关注防疫管控期间因活禽市场关闭、多地“封城”导致的供应不足、物流不畅造成的肉食品蔬菜价格波动，密切关注新型冠状病毒肺炎防控所需的口罩、酒精、板兰根、抗病毒口服液等防护器材和药品的供应情况和市场价格，第一时间启动价格应急响应机制，切实加强市场巡查，建立重要民生商品价格日监测、日报告制度，有力保障“米袋子”“菜篮子”供给总量充足和市场价格稳定。针对部分价格监测项目点少面广的情况，调整6个监测点和监测品种，确保相关监测数据的真实性、准确性、时效性。进一步规范价格认定工作，全年办理各类价格认定196件（含复核），认定金额4500万元（含复核），办结率100%。市发改委价格认证监测中心获评湖南省价格认证工作先进单位。

（刘如峰）

社会事务管理

【殡葬改革】 2020年，岳阳市深化移风易俗和殡葬改革，累计建成160个农村公益性公墓，实现农村公益性公墓乡镇全覆盖和公墓内生态安葬设施全覆盖，全市火化率提高至63%。全市各县（市、区）城区殡仪服务设施实现全覆盖。云溪区弘善福园可容纳5万多个骨灰塔葬的生态安葬设施，成为湘北地区最大的生态安葬基地。汨罗市汨罗镇武夷山村建成全壁葬、纯生态安葬的农村公益性公墓，成为全市农村公益性公墓生态安葬品牌。全市农村形成以红白理事会上门劝导、村干部协助、乡街劝导队重点攻坚、联合执法队督查执法的联动机制，有序管理村（居）民操办婚丧喜庆事宜，遏止大操大办歪风。建立《登门告知制度》《举报奖励制度》，对移风易俗推进殡葬改革工作进行事前引导、事中监督，发现问题及时制止纠正。规范执行惠民殡葬政策，全年市本级投入惠民殡葬政策资金248.62万元，惠及困难群众1000多人，城乡居民丧事办理费用降低1/3以上，群众丧事活动人情负担下降30%，“三沿六区”乱葬坟现象基本杜绝，公墓内生态安葬率突破90%。

【流浪乞讨人员救助管理】 2020年，岳阳市按照《湖南省生活无着的流浪乞讨人员救助管理服务质量大提升专项行动实施方案》要求，全面开展救助管理和托养机构安全隐患排查，出台《岳阳市公安、城管、民政联合巡查、街面联动救助机制工作方案》。组织全市救助站开展“夏季送清凉”“寒冬送温暖”专项救助活动，受到市民的广泛好评。活动期间，出动救助车辆2660次，发放救助物质9460件，救助流浪乞讨人员6860多人次。

【老区建设】 2020年，岳阳市持续推动《革命老区发展史》编撰，广泛征求收集与岳阳革命老区相关的研究文章，整理编辑《岳阳老区资料选编》。到县区开展专题调研，对各县（市、区）申报的养老、儿童、殡葬等民政项目进行整合汇总，形成《岳阳市革命老区振兴发展规划》，呈报省民政厅、省发改委。在市中心城区开展老区公益宣传，市老促会入选《全国老促会群英谱》。

（吴 伟）

关心下一代工作

【关工委育人工作】 2020年，市关工委秉承“以人为本，德育为先，践行为要”的理念，突出发挥“五老”优势，着力抓好青少年思想道德教育，引领青少年听党话、跟党走，教育青少年树立和践行社会主义核心价值观。开展“若要少年圆梦想，莫让溺爱误成长”隔代家庭教育、“少年若要圆梦想，莫让手机误成长”主题教育、“突出思想引领，讲好抗疫故事”宣传教育、“新时代德智体美劳全面发展好少年”评选等活动。联合市教体局开展“美好生活，劳动创造”主题读书活动，6名学生代表岳阳市参加全国劳动伟大朗诵演讲比赛，获得全国一、二、三等奖；联合岳阳楼区编撰《阳光少年，快乐成长》少年良好习惯养成教育用书，为省、市关心下一代工作创立新品牌，得到中关工委、省关工委、市委、市政府的肯定。

【少年圆梦主题教育活动】 2020年5月，市关工委联合市教体局、市卫健委在岳阳楼区学院路社区举办“少年若要圆梦想，莫让手机误成长”主题教育活动活动启动仪式，副市长李为出席活动并讲话。8月，邀请市教体局、市文旅广电局、市卫健委、岳阳移动公司等单位推荐知名专家在市广播电视台新闻会客厅开展专题讲座。

【抗疫故事宣教活动】 2020年6—12月，市关工委在全市青少年中组织开展“突出思想引领，讲好抗疫故事”宣传教育活动，得到市委、市政府领导的高度重视与支持。全市关工委系统组建宣讲团198个、“五老”938名，开展“四大讲”巡回宣讲、“勇者逆行，大爱无疆”抗疫英雄先进事迹报告会1986场，受教青少年近20万人，征集作文、漫画、诗词楹联1480篇（幅），评选一等奖15名，二等奖30名，三等奖60名。

【湖南省第二十次市州关工委主任会议在岳阳召开】 2020年11月，全省第二十次市州关工委主任会议在岳阳市召开。为做好会议准备工作，市关工委组织拍摄《发挥五老优势，助推关爱工程——岳阳市优秀“五老”模范事迹纪实》专题纪录片，联合岳阳楼区组织“同传家风 童颂祖国”文艺节目排练，设计制作“突出思想引领，讲好抗疫故事”宣传教育活动专题展览，撰写《加强“五老”队伍建设，发挥“五老”优势作用》理论研讨文章，确保会议圆满召开。

（刘 秀）

县市区概况

编 辑 李 幸

平江县

中共平江县委员会
书　记　汪　涛
副书记　黄伟雄
　　　　肖湘晖（2020年9月免）
　　　　胡　伟（2020年9月任）
　　　　邢朝虹（挂职）
常　委　凌晓明　彭喜丰　周　峰
　　　　舒葵阳　陈　森　周虎光
　　　　张满兰　熊江新
　　　　方　辉（2020年5月免，挂职）
　　　　杨　宇（2020年8月任，挂职）
县人大常委会
主　任　黎耀辉
副主任　戴领梅　童驾辉　刘裕凡
　　　　李　泓　吴姣姣
县人民政府
县　长　黄伟雄
副县长　陈　森　徐教凡　潘如意
　　　　艾志军　魏移宗　田　浩
　　　　陶海音
　　　　杨　宇（2020年8月免，挂职）
　　　　阳　宇（挂职）　刘　勇
　　　　吴　舟（2020年8月任，挂职）
政协平江县委员会
主　席　洪志凡
副主席　毛帅南　刘佑泉（兼）
　　　　向晓燕（兼）　谢森泉
　　　　周晓辉（兼）
县人民武装部
部　　长　彭术光（2020年8月免）
　　　　　武　纲（2020年9月任）
政治委员　舒葵阳
县纪委监委
纪委书记、监委主任　周　峰
县人民法院
院　长　李　明
县人民检察院
检察长　黄利军

【概况】 平江县位于岳阳市的东南部，北纬28°25′～29°6′、东经113°10′～114°9′。2020年，辖5乡18镇2街道，土地总面积4125.8平方千米。年末常住人口112.15万人，其中，城镇户口19.11万人，农村户口93.04万人，城镇化率45.87%；人口出生率11.34‰，死亡率6.62‰，自然增长率4.72‰。

自然资源。年降水量2083.7毫米，主要矿产资源有黄金、铅锌和长石矿。有国家一级保护动物两种、二级保护动物28种，国家一级保护植物3种、二级保护植物18种、湖南省重点保护植物13种。森林覆盖率63.36%，饮用水源水质达标率100%，空气质量优良率99.2%。

经济综合。地区生产总值330.79亿元，同比增长5%；第一、二、三产业分别完成59.75亿元、118.86亿元、152.18亿元，同比分别增长4.3%、3.7%、6%，三产业结构比为18.1∶35.9∶46，其中，第一产业和第三产业分别上升2.7个和0.7个百分点，第二产业下降3.4个百分点。一般公共财政预算收入20.05亿元，同比增长18.5%，其中税收收入占公共财政收入的比重为82%。地方一般预算收入12.36亿元，同比增长25.6%，其中税收收入占地方一般公共财政收入的比重为70.8%。

农业。农林牧渔增加值62.78亿元，同比增长18.4%。耕地总面积53.94千公顷。农业支柱产业：油菜、茶叶。全县农作物总播种面积99.56千公顷。粮食总产量43.52万吨、经济作物油菜籽总产量2.52万吨、棉花总产量0.096万吨、花生总产量0.79万吨、蔬菜及食用菌总产量32.1万吨、瓜果总产量2.39万吨、中草药材总产量0.16万吨，水产品产量9950吨，出栏猪71.25万头、牛4.7万头、羊30万只，出栏各类家禽475万羽，肉类总产量7.2万吨。农业机械9.58万台，总动力93.95万千瓦，主要农作物综合机械化水平67.8%。平江烟茶、平江白术通过地理标志农产品登记农业农村部专家评审，12个农产品获得国家级绿色食品A级产品。加义康养小镇获评市级农业产业化特色小镇。

工业。完成工业总产值576亿元，同比增长6.8%。规模工业企业204家，规模工业增加值增长3.3%，四大支柱产业绿色食品、清洁能源、电子信息、新材料完成产值分别增长18.5%、27%、11.9%、31.8%，占全县规模工业总产值的55.6%。全年规模以上工业企业实现利润20.8亿元，同比增长11.5%。完成建筑业总产值44.13亿元，同比增长4.4%；建筑业增加值4.33亿元。房屋建筑施工面积170.24万平方米，竣工产值34.75亿元。

商贸服务业。社会消费品零售总额142.4亿元，同比下降2.2%。按经营单位所在地分：城镇实现社会消费品零售总额116.9亿元，乡村实现社会消费品零售总额25.5亿元。按消费形态分：批发业实现零售额24.3亿元，零售业实现零售额103.3亿元，住宿业实现零售额6.8亿元，餐饮业实现零售额8亿元。全年实现外贸进出口总额6246万美元，同比下降1.2%。其中，出口2342万美元，同比增长22.8%；进口3904万美元，同比下降11.6%。

旅游业。接待国内外游客1273.8万人，旅游综合收入120.9亿元。国家风景名胜区有1个，有8张“国字号”名片和国家AAAA景区3个，AAA景区9个，五星级乡村旅游示范点3个，风景名胜区4个，红色旅游经典景区11个。

固定资产投资。固定资产投资311.85亿元，同比增长9.8%。产业投资完成204.12亿元，占投资比重65.5%。工业投资完成155.92亿元，其中工业技改投资完成98.87亿元，高新技术投资完成33.81亿元，基础设施投资完成84.74亿元，民生工程投资完成40.68亿元，生态环境投资完成18.16亿元。

交通通信。完成自然村建设目标考核任务19.901千米、窄路加宽62千米。启动整合涉农资金里的危桥改造项目建设53座，建设科技治超点9个，不停车检测系统18套。邮电业务总量6.79亿元，同比增长16%。邮政业务总收入1.26亿元，同比增长15%；电信业务总收入1.3亿元，同比增长29%；移动业务总收入3.21亿元，同比增长2%；联通业务总收入1.02亿元，同比增长69%。三大网络用户合计91.07万人，其中，电信用户18.84万人，移动用户51万人，联通用户21.23万人。

科技教育。有高新技术企业53家，新增14家；专利申请867件，增长19%，授权专利658件，增长39%；高新技术产业增加值增长5.8%。23家企业申报国家、省、市科技计划项目，27家企业完成研发准备金制度备案登记，到位资金731.2万元。1家企业申报2020年度岳阳市科技创新人才团队支持计划，12家企业获批“2020年度中央引导地方科技发展专项资金项目”。“平江白术”获评中国地理标志证明商标，华文食品创省级工程技术研究中心，道业科技创省级众创空间，沛德新材等两家企业获得省创新创业大赛优秀企业奖。新增国家高新技术企业15家，完成科技型中小企业入库40家。有学校598所，其中小学323所、普通初中41所、九年一贯制学校11所，完全中学3所，高级中学5所，职业高中两所，特殊教育学校和教师进修学校各1所，公办幼儿园211所；幼儿入园率94.09%。全县高考一二本录取人数2211人，其中一本1050人，3人被北大、清华录取，全县学考合格率99.96%。投资2亿元，新建、改建、改制和收购幼儿园28所，公办园在园幼儿占比50.4%，普惠性幼儿园覆盖率90.09%，学龄儿童入学率100%，初中升学率94.22%，高中毛入学率91%。

文化卫生体育。有国家级文物保护单位4处，即平江起义旧址、中共平江县委旧址、湘鄂赣革命根据地旧址（3个点）、平江惨案遗址等；省级文物保护单位13处，包括湘鄂赣革命根据地旧址（8个点）、李六如故居、向钧故居、湖南省苏维埃政府湘高大屋旧址等；市级文物保护单位17处，县级文物保护单位95处。省级以上非物质文化遗产保护项目4个，艺术表演团体90个，文化馆分馆16个，公共图书馆分馆14个，档案馆1个。有医疗卫生机构31个，其中，疾病预防控制机构1个，医院5个，卫生院24个。“两癌”免费检查4.24万人次，孕产妇筛查5498人。人均公共体育设施面积1.58平方米，社区体育设施覆盖率99%，村级体育设施覆盖率98%。

社会生活。新增城镇就业6575人，城镇失业率3.8%。累计脱贫14.12万人。城镇居民人均可支配收入2.66万元，农村居民人均可支配收入1.13万元，分别增长4.4%、8%。

疫情防控。平江县全年核酸采样检测境外、中高风险地区回平江人员以及有关人员3.62万人，确诊新冠疫情病例8例，治愈7例，治愈率87.5%。外环境累计采样检测909份，其中肉类及海水产品204份，外环境378份，市场从业人员鼻咽拭子327份，结果均为阴性。改造升级县第一人民医院、县妇幼保健院、县中医医院、县第二人民医院、县第五人民医院发热门诊5处，投资80万元在县中医医院新建核酸检测实验室，投资45万元在县疾控中心新增一台核酸检测仪，全县核酸检测实验室3个，单日可混采检测3.6万人次。投资55万元在县收治中心改造一栋独立办公楼作为新冠肺炎固定隔离点。

三大攻坚。防范化解重大风险，化解存量隐性债务5.71亿元，完成年度目标任务169%，协调金融机构借新还旧11.13亿元，缓解偿债压力。通过“财政奖补化解、统筹财力化解、争取帮扶资金化解、核销账务化解”，实现全县136个贫困村1.23亿元债务“清零”。脱贫攻坚，开展“三回头”问题排查整改行动，实现“两不愁三保障”问题动态清零，顺利通过国家普查。整合财政涉农资金5.24亿元，发放扶贫小额贷款1.38亿元，完成消费扶贫3.69亿元。建设扶贫车间32个，安排公益性岗位6269个，保障6.07万名有就业意愿和能力的贫困劳动力就业，贫困劳动力稳定就业率95.2%，就业工作入选人社部扶贫成果展。完成贫困户危房改造1748户，全县无一名学生因贫辍学，贫困人口县域内住院报销比例88.92%，认定贫困户低保对象1.93万人、贫困户残疾人1769人，剩余1349户3405名贫困人口全部实现脱贫。选树脱贫示范户和先进典型550名，编纂《平江县扶贫志》，扶贫工作被评为全国易地搬迁工作成效明显县，“大爱平江”入选第十一届“中华慈善奖”表彰名单。污染防治，完成12个农村生活污水治理，投入资金400万元完成平江县“千吨万人”饮用水源地的污染整治，划定75个“千人以上”和144个“千人以下”饮用水源保护区。完成18个乡镇20座污水处理厂及配套污水收集管网的建设，清查汨罗江平江境内沿河岸线的明渠式排污口71个，涵闸式排污口1个，涵管式排污口1个。依法拆除大江洞水库饮用水源保护区内两处违法采砂设备，一级保护区内3户居民、二级保护区内123户居民的生活污水建立四级净化池。取缔关停两家砖窑企业，完成1家工业窑炉、1家非工业窑炉及24家砖窑企业大气污染综合治理。督促10家“夏季攻势”涉VOCs重点企业完成整改，其中纳入省级整改名单的佳友包装投入300多万元完成减排任务。完成88个餐馆油烟净化设施整治。开展“大调查、大排查”技术培训，平江县内190多家涉固（危）废企业参加。发现及安全处置危险废物2000多吨。完成辖区内63家危险废物产生单位的规范化管理督查考核工作，通过岳阳市危险废物规范化管理交叉考核。复耕复绿40.92万平方米。

2020年，平江县获评全国“十三五”时期易地扶贫搬迁工作成效明显县、2020中国旅游百强县、全省脱贫攻坚先进县和全省实施乡村振兴先进县等53项省部级荣誉，全市综合绩效考评县市类别“五连冠”。

存在的主要问题和不足：稳增长压力大，部分主要经济指标和重点项目建设没有达到预期；工业四大主导产业缺少龙头项目，建链补链强链还需加强；全域旅游缺少精品景区、特色产品、优质服务，脱贫巩固提升难度大，民生保障短板弱项多；生态环保、安全生产、综治维稳、金融债务等领域存在风险点。

【平江县项目建设】 2020年，平江县推动项目建设，华电平江电厂完成投资7.9亿元，启动主体工程建设。抽水蓄能电站完成投资4.5亿元。平益高速平江段完成投资30.57亿元，鹅公尖、狮形山、红花尖三个隧道实现双洞贯通。天岳幕阜山完成投资1.67亿元，天岳大索道正式运营。颐华城完成投资20亿元，师大附属颐华学校秋季开学。总投资23.62亿元的汨罗江灾害风险管理和环境综合治理项目完成前期工作。G536张市—青冲完成大修，G106三合—长冲、S201加义—芦头林场、幕阜山上山公路竣工。窄路加宽62千米，改造危桥53座，启动长寿客运站场建设。星宇总部大楼、聚慧物流园一二期等20个项目竣工，推

2020年平江县乡（镇、街道办事处）简况一览表

表17

名称	国土面积（平方千米）	耕地面积（公顷）	年末总人口（人）	党工委书记	乡（镇）长
汉昌街道办事处	—	—	—	黄进军（2020年10月任）	张　波（2020年10月任）
天岳街道办事处	—	—	—	姚志红（2020年10月任）	游国贤（2020年10月任）
三阳乡	—	—	—	李俊杰（2020年10月任）	易恒持（2020年10月任）
安定镇	167.83	3785.13	—	刘长江	潘雄志
福寿山镇	125.66	1555.2	—	林石柏	张燕清（2020年10月任）
三市镇	138.08	2959.62	—	谭晓峰	徐　莉
加义镇	316.12	3310.07	—	张生才	王河生
长寿镇	494.45	3589.59	—	张新年	吴友谊
龙门镇	203.38	2381.49	—	张创国	向　斌
木金乡	118.94	1805.87	—	王掌义	方羡军（2020年10月任）
石牛寨镇	108.32	1709.23	—	翁方平	欧阳鑫
虹桥镇	183.17	2583.57	—	周　李	戴气宇
南江镇	178.63	3341.4	—	李三军	李凌志
上塔市镇	59.86	1219.13	—	陈　鑫	许　云
板江乡	70.17	626.2	—	欧阳帆	李想贵
梅仙镇	204.74	2147.02	—	曾要军	丁创模
大洲乡	87.48	590.8	—	江新华（2020年10月任）	胡奇林（2020年10月任）
童市镇	158.79	1432.13	—	张　波（2020年10月任）	易　强
三墩乡	117.53	1483.31	—	余防根	晏　路（2020年10月任）
余坪镇	182.09	1078.61	—	张智鑫	李照球
岑川镇	92.06	943	—	彭小林	吴成钢
瓮江镇	253.87	3211.8	—	徐鹏午	唐健明
浯口镇	189.93	1376.43	—	黄益武	毛外东（2020年10月任）
伍市镇	186.36	4270.67	—	刘斌清（2020年10月任）	郑　崛（2020年10月任）
向家镇	41.32	1635.47	—	童勋海	李　俊（2020年10月任）

进育才东路、红星美凯龙等13个项目，54个老旧小区改造项目竣工24个。启动汨罗江杨梓山保护圈、长寿保护圈治理工程，完成三市保护圈二期建设，除险加固上型水库15座，完成黄金洞灌区节水项目，实施20个村自来水进村入户工程、惠及4.4万人。110千伏伍市东变投入运行，110千伏杨源变进入电气安装阶段。新建通信基站262个。

【平江县“一城四区”发展定位】 2020年12月18日，平江县第十二届委员会第七次全体（扩大）会议召开，审议通过《中共平江县委关于制定平江县国民经济和社会发展第十四个五年规划和二〇三五年远景目标的建议》，会议提出平江县“十四五”时期建设“一城四区”新发展定位。“一城”，即利用平江处于三省省会辐射的区位优势和“一园两区”的布局优势，打造湘鄂赣边产城融合新城；“四区”，即创建全国生态文明示范区、全国乡村振兴样板区、全域旅游引领区、中部地区区域融合发展创新区。

（单 婵）

岳阳县

中共岳阳县委员会

书　记　田文静
副书记　曾平原（2020年8月免）
　　　　王保林（2020年9月免）
　　　　肖湘晖（2020年9月任）
常　委　余泽世　吴光文
　　　　陈绍东（2020年9月免）
　　　　杨革新（2020年7月任）
　　　　姜其胜　易新岳　王卫兵
　　　　苏红琳　马长林

县人大常委会

主　任　汤小娥
副主任　刘小良　张艳生　胡海平
　　　　易治国　许吉程

县人民政府

县　长　曾平原（2020年8月免）
　　　　肖湘晖（2020年9月任）
副县长　吴光文　周　里　彭碧芳
　　　　付学文　胡秉阳　杨前进
　　　　张　奕

政协岳阳县委员会

主　席　袁陆保
副主席　袁文琪　甘柏旺（兼）
　　　　彭荣欣　余望新（兼）
　　　　刘　岳

县人民武装部

部　长　张青海
政治委员　马长林

县纪委监委

纪委书记、监委主任
　　　　陈绍东（2020年9月免）
　　　　杨革新（2020年7月任）

县中级人民法院

院　长　许　辉

县人民检察院

检察长　钟　沁

【概况】 岳阳县位于岳阳市的中部，北纬28° 57′ ～29° 38′ 、东经112° 44′ ～113° 43′ 。2020年，辖12个镇，两个乡，土地总面积2809.83平方千米。年末常住人口71.05万人，其中城镇人口38.1万人。城镇化率为33.21%；人口出生率11.3‰，自然增长率5.91‰。

自然资源。年降水量1833.75毫米，水能资源蕴藏量3.23万千瓦。全年境内年度最高气温为36.7℃，最低为－3.4℃，全年平均气温17.7℃。已探明矿产20多种，其中，钒矿储量占全世界四分之一，独居石、砂石等资源储量居湘北地区之首。有野生动物500种，鱼类114种，其中，国家一级保护动物12种，二级保护动物47种，三级保护动物70种。有木本类植物829种，其中，乡土树种655种，属国家及省定保护树种24种。至年底，完成营造林3267公顷，林地保有量9.53万公顷，森林覆盖率39%；活立木总蓄积量356万立方米，蓄积量增长率4%；湿地保护率76.2%，是全市的湿地大县。

综合经济。实现地区生产总值362.84亿元，同比增长4.2%。第一、二、三产业增加值分别为69.71亿元、150.95亿元、142.17亿元，同比分别增长4.1%、4.3%、4.7%。三次产业机构比为19.2∶41.6∶39.2。公共财政预算收入12.71亿元，同比增长4.1%。地方公共财政预算收入7.13亿元，同比增长0.6%。税收收入10.89亿元，占公共财政预算收入的85.7%。

农业。农林牧渔业实现增加值73.12亿元，同比增长4.3%。其中，农林牧渔服务业增加值3.41亿元，同比增长7.5%。耕地面积4990千公顷。全县年末牛存栏4.72万头，同比增长8%。全年出栏肉猪65.06万头，同比下降5.4%。年末生猪存栏53.42万头，同比增长31.3%；其中母猪存栏4.68万头，同比增长33.7%。山羊存栏9.97万只，同比增长7%。活家禽存笼（鸡、鸭、鹅）479.79万羽，同比增长3%；家禽出笼498.51万羽，同比下降1%；禽蛋产量1.72万吨，同比增长5.8%。肉类总产量5.9万吨，同比下降3.7%，其中，猪肉产量4.73万吨，同比下降5.8%。农业机械总动力87万千瓦，同比增长1.28%；农用化肥施用量3.29万吨（折纯），同比减少2.5%。有国家级农业品牌38个，创建省级现代农业特色产业园5个。突出肉鸽、特色水果、黄茶、特色蔬菜和油茶五大特色产业，推动现代农业全面升级。中粮米业被认定为农业产业化国家级龙头企业，湘佳牧业、田味农业成为省级龙头企业，味到舌足食品、芭蕉扇业、春雨生物获评省级高新技术企业。幼雄水稻、好运来生态养鸡成功申报国家农民合作社示范社。杨林街镇获评第十批全国“一村一品”示范村镇，黄秀农耕文化园获评全国休闲农业与乡村旅游五星级企业（园区）。岳阳大米、岳阳王鸽、岳阳红薯粉皮、岳阳花猪、岳阳黄沙街百叶获得全国地理标志证明商标。

工业。工业实现增加值141.44亿元，同比增长4.7%。其中规模以上工业企业增加值同比增长5.1%。工业园区1家，为岳阳高新技术产业园，主导产业为生物医药、农副产品加工、机械制造、建筑材料，分产业看生物医药、建筑建材工业总产值同比下降1.2%、13.6%，农副产品加工、机械制造工业总产值同比增长5.2%、14.5%。全年规模以上工业企业实现利润同比增长10.9%。新增高新科技企业9家，增长62.3%。

商贸服务业。实现社会消费品零售总额133.65亿元，同比下降2.3%。全县外贸进出口总额14945万元，同比下降17.9%。其中，出口总额4970万元，同比下降67.5%；进口总额9974万元，同比增长243.1%。

进出口差额（出口减进口）-5004万元。引进外资4840万美元，同比增长11.5%。

旅游业。接待中外游客515.31万人次，同比下降42.7%，旅游综合收入46.87亿元，同比下降40.7%。有A级景区两家，其中，张谷英村为AAAA级景区，大云山森林公园为AAA级景区。岳阳桃李春风文旅小镇项目，投资45亿元打造全域旅游特色康养目的地。

固定资产投资。固定资产投资同比增长9%，其中一、二、三产业投资占比分别为8.5∶41.7∶49.8。民间投资占全部投资的比重74.3%，产业投资占全部投资的比重76.81%，高新技术产业投资占全部投资的比重为12.7%。

交通通信。全年公路货运量1610万吨，同比增长2.3%；货物周转量76256万吨，同比增长3.3%。客运量3925万人，同比增长1.6%；旅客周转量27455万人，同比增长1.2%。公路通车里程2876.57千米，其中，等级公路2829.005千米，农村通公路行政村比重达到100%。新注册机动车5912辆，其中小型汽车991辆。全县邮政业务总收入8541.52万元，同期增幅12.16%，其中邮务类2623.07万元（寄递物流类1253.01万元），代理金融类5918.45万元。电信业务总量8871万元，同比增长11.2%。联通业务总量5018万元，同比增长4.2%。移动业务总量14254.89万元，同比下降3.06%。

科技教育。全县高新企业数110家，新认定高新企业25家，其中高新技术服务业17家。高新产业增加值同比增长2.5%，占GDP比重26.3%。争取省市科技项目11个，21家企业争取到省级财政研发奖补资金；全年技术合同交易额1.1亿元；全社会研发经费投入近16亿元；财政科技支出0.5亿元。建设省级工程技术研究中心两个，市级工程技术研究中心6个。科技成果登记数29项。专利申请871件，其中发明专利282件，授权专利权355件，其中发明专利29件，万人发明专利拥有量每万人1.6件。有各类学校328所，其中，幼儿园179所（公立幼儿园87所），普通小学66所，小学教学点47个，初中学校19所，九年一贯制学校9所，高中学校5所，中等职业教育学校两所，特教学校1所。在校学生人数9.59万人，其中，幼儿园2万人，普通小学4.18万人，普通初中1.87万人，普通高中9928人，中等职业教育学校5321人，特殊教育学校143人。小学适龄儿童、小学升初中入学率100%。

文化卫生体育。全县公共文化设施面积200.5万平方米，人均2.75平方米。年末全县文化系统有艺术表演团体20个。花鼓戏传承剧院1个、文化馆1个、美术馆1个。公共图书馆1个，总藏书量7.8万册，公用房屋建筑面积2400平方米，阅览座位数30个。博物馆1个、纪念馆1

2020年岳阳县乡（镇）简况一览表

表18

名称	国土面积（平方千米）	耕地面积（公顷）	年末总人口（人）	农村居民人均可支配收入（元）	党委书记	乡（镇）长
荣家湾镇	217.41	6307.03	137340	21250	李德军	孙荣华
黄沙街镇	130.86	4736.11	55450	22005	毛红波	廖焱丰
新墙镇	75.97	2436.07	32820	21093	周立雄	鲁　伟
柏祥镇	100	3159.27	33550	20280	周代建	吴　进
筻口镇	139.38	5354.74	60390	20133	李　林	刘　炜
公田镇	146.47	3494.52	44981	18510	汤少文	李　龙
毛田镇	183.67	3645.73	53866	15719	续广宁	徐勇军
月田镇	175.4	2900.72	46710	15087	付海苗	张　磊
张谷英镇	177.37	1576.68	46692	17960	张文毅	黄　静
新开镇	132.8	3702.89	40113	17960	梁亿仲	胡华盛
中洲乡	72.9	3481.01	31073	18434	刘　潇	邹　翔
长湖乡	120.6	3396.6	40869	19765	童　铮	李海鸣
步仙镇	103.66	2325.7	35265	17374	高兴球	黄　海
杨林街镇	85.28	2986.7	33169	18490	王　勇	陈登高

个。村级综合文化服务中心192个，所有行政村社区实现全覆盖。全县国家级非物质文化遗产保护目录两个，省级非物质文化遗产保护目录两个。广播电台1座，广播综合人口覆盖率100%。电视台1座，电视综合人口覆盖率100%，有线电视用户12.76万户，网络总长426千米。有卫生机构37个，其中，医院3个，妇幼保健院1个，卫生院21个。卫生技术人员4121人，其中，执业医师和执业助理医师1455人，注册护士2349人。卫生机构床位数3215张，其中卫生院1820张。全年诊疗病人183.72万人次，其中医院诊疗32.92万人次，卫生院诊疗147.79万人次（含村卫生室诊疗人次数），妇幼诊疗3.01万人次。新增群众体育组织和健身队伍4个，组织全民健身活动18次，参加健身活动的群众约17万人次。加快公共体育设施建设，推进农民体育健身工程，全县累计安装健身器材690套，新增健身路径18条，基本形成覆盖城乡和各类人群的群众体育组织网络。

社会生活。有儿童福利机构1个，床位80张。敬老院25个，民办养老机构4个，养老总床位5629张，同比增长220张，每千名老人养老床位40张。全县保障兜底对象1318人，孤儿229人，城乡低保1.69万人，特困供养5748人，发放临时生活困难救助6515人次，发放残疾人“两项补贴”1.1万人，救助流浪乞讨人员789人次。城镇居民人均可支配收入3.26万元，同比增长4.6%；农村居民人均可支配收入1.93万元，同比增长7.7%。

疫情防控。岳阳县成立县防控领导小组，召开常委会、视频会、调度会23次，确诊新冠疫情两例。落实“堵、查、隔、治、停、备、稳、督”八字方针，因地制宜实行“四级隔断”“路长负责制”等措施，在全市率先开展重点人群核酸检测，实现感染病例零死亡、医务人员零感染的“双零”目标。

三大攻坚。防范化解重大风险，成立由县委书记任组长的县防范化解政府性债务风险工作领导小组，出台《岳阳县政府性债务风险防控与化解工作方案》等文件，因地制宜地提出“提前偿还敏感债务”“压减投资项目”“加快平台公司市场化转型”等8项具体措施。至年底，全县“停、缓、调、撤”项目23个，涉及投资规模83.6亿元。其中停止项目5个，投资33.1亿元；缓建项目9个，投资39.8亿元；调减项目8个，投资8.2亿元；撤销项目1个，资金2.5亿元。规范项目申报，实施PPP项目和政府购买服务负面清单管理，全县PPP项目批准项目7个，计划投资金额55.3亿元，保留项目1个，停止项目两个，暂缓项目两个，调减两个。脱贫攻坚，把铁山库区作为脱贫攻坚主战场，推进“十大扶贫工程”，全面落实各项帮扶政策，开展脱贫质量“回头看”，抓兜底保障、稳岗就业、产业帮扶和消费扶贫。投入扶贫专项资金11438万元，实现贫困劳动力外出务工1.04万人，帮助贫困户销售农产品525万元，脱贫1123户2683人。至年底，全县46个贫困村全部退出，2.89万人全部脱贫。污染防治，出台10多项大气污染防治工作方案，完成工业排放治理类大气污染防治项目16个。深化工业炉窑大气污染专项治理，全县12家企业完成炉窑深度治理并安装在线监控，42家涉锅炉企业完成特别排放限值升级改造，4家企业完成天然气锅炉改造，淘汰县城建成区经营性燃煤小锅炉100多家、10蒸吨及以下燃煤锅炉14台68蒸吨。关停取缔黏土砖厂50家，淘汰黄标车649辆。开展东洞庭湖水环境综合整治“五大专项行动”，建成八仙桥水质自动监测站。实行砂石禁采，关闭砂石码头23处，取缔非法砂石堆场11个，复绿码头26万平方米。实行封洲禁牧，完成拆围还湖1.73万公顷，清理欧美黑杨73.33公顷，完成东洞庭湖生态保护区生态修复204.67公顷。加强东洞庭湖新墙河禁捕退捕专项整治，全县渔民1090户4111人、渔船1606艘，全部建档立卡。开展铁山库区控建拆违执法行动近100次，拆除违章建筑9000多平方米，解体或拖离28条采矿砂船，关停11家竹木加工厂，完成铁山库区一、二级保护区148户规模养殖场退养，在库区内建设8个垃圾压缩中转站，完成5条主要入库河口拦污闸（排）工程，建设“四池净化”设施7255个。完成9座乡镇污水处理厂建设，新建和改造县城污水管网7千米，完成县城生活污水处理厂提质改造工程，完成城南河黑臭水体整治一、二期工程。推进农村人居环境整治，建成两家有机肥加工厂、3家沼液收运公司、10个沼肥大型种植基地，升级改造15家规模生猪养殖场，岳阳县被评为全国第一批畜牧业绿色发展示范县。推进生活垃圾治理，建立“户保洁、村收集、镇转运、县处理”垃圾处理模式，建成41个乡镇垃圾中转站，投入600多万元完成谢垅垃圾场封场工程。开展矿山集中整治行动投入4900万元改善重金属污染区域土壤环境质量。推进危险废物规范化管理，完成80家工业企业全国固体废物网上申报备案，查处各类涉固废、危废环境违法行为3起，下达责改文书两件，处危险废物污染环境犯罪案件1起。

2020年，岳阳县获评湖南经济发展快进县、湖南全面小康十快进县、湖南全面小康推进工作优秀县、洞庭湖生态经济优秀县、湖南省全域旅游示范区。成为全国绿色食品原料标准化生产基地、全国第一批畜牧业绿色发展示范县、全国义务教育发展基本均衡县、国家级农村职业教育和成人教育示范县，连续3年被评为全国粮食生产先进县。

存在的主要问题和不足：发展不平衡不充分的问题，存在经济总量不大、转型发展不快、经济增长点不多、综合竞争能力总体不强等；农村生产生活条件有待改善，城市基础设施还存在不少短板，城市功能尚不健全，规范化、精细化管理水平亟待提高；公共服务水平有待提高，安全生产、社会稳定、生态环境等方面存在不少风险隐患，群众就业、医疗、住房、社保等民生问题有待进一步解决。

【岳阳县项目建设】 2020年，岳阳县推进园区扩容提质，实施高新园区六期扩园工程，首批引进云隆新材、磊强新材等优势产业项目入驻，加快工业污水处理厂、园区双电源配套等基础设施建设，建成投运园区创新创业服务中心。推进生物医药、建筑材料、智能制造等优势产业链建设，加大精准招商力度，举办首届湖南（岳阳）口岸经贸博览会岳阳县招商推介专场会，全年引进项目68个，投资45亿元的桃李春风项目成功落户，投资7.49亿元的城乡供水一体化项目正式启动，投资35亿元的财纳福诺石晶地板项目，纳入全省“五个100”重大产业项目。

（费淑荷）

华容县

中共华容县委员会

书　记　刘铁健（2020年6月免）
　　　　陶伟军（2020年6月任）
副书记　陶伟军（2020年6月免）
　　　　刘世奇（2020年6月任）
　　　　钱丹青
常　委　黎朝晖　李学松　谢志辉
　　　　黎华平　胡　军　李立明
　　　　张大宏　胡晓明

县人大常委会

主　任　付岳君
副主任　潘维新　张兴中　李东见
　　　　张昭林　陈绍汉
　　　　胡祥彬（2020年9月任副主任候选人）

县人民政府

县　长　陶伟军（2020年6月免）
　　　　刘世奇（2020年6月任县长候选人，8月任代县长）
副县长　黎朝晖　金　辉　赵群子
　　　　黄建明　范文科　李　勇
　　　　张兴隆

政协华容县委员会

主　席　徐康荣
副主席　文丽萍　罗绍洪　刘云华
　　　　廖权赋　傅前洲

县人民武装部

部　　长　李立明
政治委员　刘明亮

县纪委监委

纪委书记、监委主任　李学松

县人民法院

院　长　郑　军

县人民检察院

检察长　彭　俊

【概况】　华容县位于岳阳市的西北部，北纬29°10′18″～29°48′27″、东经112°18′31″～113°1′32″。2020年，辖2乡12镇3个管理区，土地总面积1590.95平方千米。年末常住人口55.38万人，其中城镇人口29.12万人，城镇化率为52.58%。

自然资源。年降水量1289.9毫米，水资源总量18.23亿立方米，主要矿产资源赤铁矿、铌钽矿、钾长石。有国家一级保护动物10种、二级保护动物37种。森林覆盖率22.15%，水质综合达标率91.7%，空气质量优良率95.9%。

经济综合。地区生产总值370.3亿元，同比增长3.8%；第一、二、三产业增加值分别为91.8亿元、117.7亿元、160.8亿元，分别增长4%、3.7%、4.1%，三次产业结构比为24.8∶31.8∶43.4。一般公共预算收入9.4亿元，增长-12%，其中地方一般公共预算收入5.8亿元，增长-6.8%；一般公共预算支出47.7亿元，增长5.7%。

农业。农林牧渔业增加值96.4亿元，增长4.2%。耕地总面积77.8千公顷。农业支柱产业：稻谷、蔬菜、油料。主要产品产量：粮食53.1万吨、蔬菜49.4万吨、茶叶825吨，禽蛋1.4万吨，水产品15.4万吨，出栏生猪38.6万头、羊存栏3.43万只、牛存栏4.03万头，肉类3.6万吨。有市级以上农业产业化龙头企业32家，其中省级以上7家；农民专业合作社1203家，其中省级以上示范社19家。农业机械总动力106.8万千瓦，农业机械化水平为82.6%。

工业。工业增加值107亿元，增长4.8%，其中规模以上工业增加值151.77亿元，增长5%。主要产品产量：大米64.6万吨、纱68.5万吨、啤酒65564.5千升。工业支柱产业有农副食品加工业、纺织业、非金属矿物制品业。有工业园区两家，为县工业集中区、杨家桥创新创业园区，园区工业增加值240亿元，增长19.89%；其中园区规模以上工业增加值63.8亿元，增长17.46%。先进制造业增加值43.7亿元，增长20.8%，主要产品产量：紫外光系列新材料8万吨、冲压自动化设备8000台。建筑业增加值10.9亿元，增长-6.2%。

商贸服务业。社会消费品零售总额127.7亿元，增长-2.3%。进出口总额1981万美元，增长5.8%，其中进口11万美元，增长83.3%，出口1970万美元，增长5.5%；主要出口产品品类：棉纺织品、智能机器人、婴童服饰、医疗产品。实际利用境外资金0.5亿美元，增长12%；实际到位省外境内资金82.85亿元，增长15%。

旅游业。接待国内游客37.5万人次，增长-50.6%，旅游收入25.3亿元，增长-50%。省级风景名胜1个，红色旅游经典景区AAA级1个，A级景区两家。

固定资产投资。固定资产投资221.9亿元，同比增长9.2%。其中高新技术产业投资增长69%，基础设施建设投资20.3亿元，同比增长-68.38%，房地产开发投资增长-10.1%。交通基础建设投资3.5亿元，同比增长-12.5%；农田水利基础建设投资1.2亿元，同比增长5.26%。

交通通信。境内公路通车总里程3423.2千米。电信业务总量7663万元，增长13.05%。邮政业务总量8524.72万元，增长10.41%；邮电业务总量3.375872亿元，增长0.7381%。建成5G基站58个。

科技教育。有高新技术产品企业126家，新增50家。专利申请607件，增长62.3%，授权专利360件，增长110.5%。签订技术合同23项，成交金额1.11亿元，分别增长43.75%、45.81%；高新技术产业增加值增长9%；具有核心竞争力科技创新项目5项。有学校207所，其中小学83所、普通初中27所、普通高中6所、中等职业学校1所，公办幼儿园41所，幼儿入园率100%，小学适龄儿童入学率100%，小学升初中入学率98%，高中阶段毛入学率98.8%。

文化卫生体育。全国、省级重点文物保护单位分别有1处、3处，省级以上非物质文化遗产保护项目1个，艺术表演团体4个，文化馆1个，公共图书馆1个，博物馆（纪念馆）两个，档案馆1个。有医疗卫生机构520个，其中，疾病预防控制机构1个、医院8个、卫生院22个，病床4114张，每千人口医生数2.21名、床位数5.7张。公共体育场地912个。

社会生活。社会福利机构30个

（含社会福利中心1个、敬老院22个、儿童福利院1个、救助管理站1个、光荣院5个）。新增城镇就业5621人，城镇失业率2.85%。累计脱贫1638人，贫困发生率0.27%。农村劳动力转移0.54万人。城镇居民人均可支配收入33495元，农村居民人均可支配收入22828元，分别增长4.7%、7.7%。

疫情防控。华容县构筑指挥、管控、保障三道防线，县级领导下到联点乡镇、913名乡镇干部包202个村、1233名村组干部包户开展摸排管控。铺开网格化管理，推行“四定”模式，全县18.36万户群众细分5523个网格，抽调干部1641人参与网格化管控。确诊新冠疫情18例，无症状感染者3例。县人民医院作为疫病集中防治定点医院，规范乡镇卫生院发热门诊，成立县级医疗救治专家组，整合全县二级及以上医院相关专家16人，从县内医疗单位抽调77名医护骨干，集中开展治疗工作。县疾控中心、县人民医院、县中医医院建成标准化核酸检测实验室，设置360个核酸采样点，配备采样人员2520名，全年采样检测5.13万人次。

三大攻坚。防范化解重大风险，政府债务风险总体可控，隐性债务风险由“黄色”转为“绿色”，财政运行平稳。脱贫攻坚，全县建档立卡贫困人口9273户2.4万人现行标准全部脱贫，其中2020年脱贫682户1638人，贫困退出市级核查达标率100%，扶贫工作省级实地考核得到满分好评。污染防治，华容河水质稳定好转，乡镇污水处理设施在全省率先全部建成并正常运行，禁捕退捕实现清船清网、清江清湖目标，全县生态环境质量明显改善。

2020年，华容县保持国家可持续发展试验区、中国棉纺织名城、“中国好粮油”行动国家级示范县、全国文明城市提名城市、国家卫生县城、全国粮食生产先进县、全国农村人居环境整治先进县、新时代文明实践中心国家级试点县、全国法治县创建工作先进县、全国信访“三无县”、全省教育强县、全省平安县、全省安全生产和消防工作先进县、全省全面小康推进优秀县、全省脱贫攻坚先进县。

存在的主要问题和不足：第一产业比重偏高，第二产业不强，第三产业发育不够，产业链条不完整，高新技术产业占比不大、优质财源项目不多，财政收入占GDP比重过低，财政收支平衡矛盾突出。基本公共服务供给不足，群众就业、社保、教育、医疗、交通出行、水利保安等方面仍有较多欠账，增进民生福祉还需加力。

【华容河生态整治】 2020年，华容县持续推动长江经济带生态优先绿色发展，打造最美长江岸线华容段，推进长江经济带生态环境问题整治、洞庭湖（华容河）治理。对28家重点企业，14家涉水企业进行地毯式排查，发现问题立即整治。完成工业园区问题整治，工业园区污水管网全覆盖，工业污水集中收集处理、达标排放，在线监控稳定

2020年华容县乡（镇）简况一览表

表19

名称	国土面积（平方千米）	耕地面积（公顷）	年末总人口（人）	人均纯收入（元）	党委书记	乡（镇）长
三封寺镇	75.8	2962.8	30197	17473	张哲君	全金龙
治河渡镇	44.5	2676.47	29069	17165	谢绍峰	程　猛
北景港镇	75.5	4262.07	38207	17418	万　伟	蔡勋国
新河乡	70.5	4266.53	41241	10893	丁　乙	王　磊
鲇鱼须镇	108	6009.67	54386	16347	易　斌	张佳奇
万庾镇	98.5	4803.73	42721	13200	傅耀华	黎　翳
东山镇	278	9208	81438	16370	张水峰	白海炎
操军镇	104	4812.53	48673	13090	胡先兵	石　正
梅田湖镇	93	5483.8	39320	13778	卢　琼	毛振华
禹山镇	141.61	5505.8	46178	20900	付祖云	毛映双
插旗镇	52.3	3098.13	29719	13206	王　鹏	刘　专
注滋口镇	125.4	8866.13	66061	18500	陈　飞	文　磊
团洲乡	50.15	3929.07	24956	10762	卢进文	姜　勇
章华镇	122.7	5300.87	139432	13616	虢汉平	昌　乐

运行。推进乡镇污水处理设施建设，第一期7座、第二期6座乡镇污水厂全部建成，实现乡镇污水处理设施全覆盖。完成护城港治理的清淤、管道疏通、生物治理和补水泵站建设生态修复。全面清除河段、河堤上的垃圾、漂浮物，拆除沿河养殖场、网箱、迷魂阵。虎尾山垃圾场完成封场治理工程，鼎山垃圾填埋场全面完成工程建设任务。推进“河（湖）长制”工作，压实县乡河长巡河责任和乡镇主体责任，加强河湖清“四乱”等工作。华容河调弦闸生态补水及清淤工程启动，投资1000万元完成桥东污水处理厂（石伏村）配套管网建设及黑臭水体治理项目。与荆州市、石首市进行对接，共同推进华容河综合治理。

【华容县现代农业产业】 2020年，华容县委、县政府出台“粮十条”，整合资金1800万元支持粮食生产，全县种植面积8.5万公顷，总产56.37万吨以上。升级改造精养池塘1760公顷，推广试点池塘跑道循环水养殖11公顷，建设健康养殖示范场10家，名优特产品养殖覆盖率68%。引进大型养殖企业4家，全县存栏生猪20万头，全年出栏生猪45万头。芥菜产业新建2666.67公顷标准化生产基地，新建腌制池1960口，全县标准清洁化腌制能力30万吨。小龙虾产业完成天星洲繁基地基础设施建设，“稻虾哥”“虾闯洞庭”等品牌在淘宝、拼多多上线。全县新增省级产业化龙头企业3家，省级现代特色产业园1家，新建“两品一标”产品5个，华容稻省级公用区域品牌成功申报，全县农产品加工产值150亿元，加工产值与农业总产值比例2.7∶1。

（曹德光）

湘阴县

中共湘阴县委员会

书　记　余良勇
副书记　李镇江　彭方建
常　委　周太平　李爱佳　李青松
姜开顺（2020年7月免）
邓　森　林恒求　宋　华
李庆国
文　渊（2020年12月任）

县人大常委会

主　任　熊检华
副主任　吴志辉　张亚玲　蔡　炜
刘海棠　李军良

县人民政府

县　长　李镇江
副县长　林恒求　范　征　余建新
刘映球（2020年10月免）
方腊初　李　峰　张　森
胡锦平（2020年12月任）

政协湘阴县委员会

主　席　周义军
副主席　甘　政　甘文伟　陶娜
熊国庭
吴星亮（2020年8月退）
黄新凯（2020年12月任）

县人民武装部

部　长　姜开顺（2020年7月免）
曾佑良（2020年8月任）
政治委员　文　渊

县纪委监委

纪委书记、监委主任　邓　森

县人民法院

院　长　李卫东

县人民检察院

检察长　何忠伟

【概况】 湘阴县位于岳阳市的西南部，北纬28°30′～29°03′、东经112°30′～113°02′。2020年，辖14乡镇1街道，土地总面积1541.45平方千米。年末户籍总人口71.5万人，出生人口6312人，常住人口58.4万人，其中城镇人口30.91万人，城镇化率为52.93%；人口出生率8.25‰，人口自然增长率3.03‰。

自然资源。年总降水量1926.5毫米，年总日照时数1323.6小时，全年平均气温为17.6℃。主要矿产有砂石、麻石、陶土和重砂。有国家一级保护动物11种、二级保护动物41种，国家一级保护植物1种、二级保护植物两种。森林覆盖率20.38%，水质综合达标率97.2%，空气质量优良率97.8%。

经济综合。地区生产总值339.8亿元，同比增长3.9%；第一、二、三产业增加值分别为71.67亿元、124.88亿元、143.24亿元，分别增长4%、3.4%、4.9%，三次产业结构比为21.09∶36.75∶42.16。一般公共预算收入30.27亿元，增长73.7%；一般公共预算地方收入24.54亿元，增长111.6%；全县财政一般公共总支出58.3亿元，同比增长21%。

农业。完成农林牧渔总产值123.34亿元，同比增长4.2%。粮食播种面积80.78千公顷，粮食总产量46.5万吨；生猪出栏38.76万头，生猪存栏35.46万头，能繁母猪3.68万头，猪肉产量2.74万吨；牛存栏8.78万头，牛出栏3.39万头，牛肉产量0.39万吨；羊存栏3.26万只，羊出栏5.77万只，羊肉产量0.14万吨；家禽存笼741.22万羽，家禽出笼486.27万羽，家禽产量0.69万吨，禽蛋产量2.64万吨。蔬菜及食用菌播种面积1.06万公顷，同比增长3.46%；蔬菜及食用菌产量40.02万吨，同比增长3.62%。油料播种面积1.06万公顷，同比增长1.87%；油料产量1.84万吨，同比增长2.09%；茶叶产量0.27万吨，同比下降0.94%；水果产量3.99万吨，同比增长0.84%；食用坚果产量550吨，同比增长6.59%。有市级以上农业产业化龙头企业52家，其中省级以上15家；农民专业合作社26家，其中省级以上示范社14家。农业机械总动力105.56万千瓦，农业机械化水平为89.8%。

工业。规模以上工业企业154家，其中年度新增31家，实现规模工业增加值增幅5.2%。工业支柱产业有绿色装备制造、绿色建筑建材、绿色食品。主要产业产量：大米3.33万吨，同比增长52.2%；饲料4.29万吨，同比增长21.4%；精制食用植物油40.61万吨，同比增长41.3%；冷冻水产品1.64万吨，同比增长87.4%；酱油8.56万吨，同比增长76.3%；精制茶1.83万吨，同比增长25.9%；商品混凝土215.21万平方米，同比增长28.1%；石膏板2684.18万平方米，同比增长46.6%；砖37711.6万块，同比增长575.8%；沥青和改性沥青防水卷材1.64万平方米，同比增长51.8%；铸铁件3.68万吨，同比增长20.9%；钢材7.36万吨，同比增长27.6%；金属紧固件1.71万吨，同比增长10.4%；机械化农业及园艺机具867台，同比增长118.4%；变压器360.08万千伏安，同比增长103.9%；光电子器件1720件，同比增长703.7%。有工业园区1家，园区规模工业企业91家，其中年度新增18家，完成园区规模工业总产值252.3亿元，同比增长3.4%。计算机、通信和其他电子设备制造业产值同比增长89.45%；专用设备制造业产值同比增长38.14%。全县资质以上建筑企业年度新进两家，共35家，实现建筑业总产值57.77亿元。

商贸服务业。社会消费品零售总额125.31亿元，同比下降2.5%。进出口总额4470万美元，增长40.6%，其中，进口100万美元，同比下降83%，出口4370万美元，同比增长69%。实际到位外资4843.48万美元，同比增长10.9%；实际到位内资90亿元，同比增长13.6%。

旅游业。接待旅游总人数为463万人，同比下降26.35%，实现旅游产业总收入45.15亿元，同比下降29.51%，旅游人天数1.27万人/天。全县旅行社4家，旅行社服务网点12个，旅游景点8个。AAAA级景区1家，AAA级景区3家。

固定资产投资。固定资产投资项目321个，实现固定资产投资增幅8.9%。其中，5000万元以上固定资产投资项目149个，占全县投资总额比重57.7%；工业投资项目145个，占全县投资总额比重45%；其中技改项目49个，占全县投资总额比重17.6%；高新技术投资项目16个，占全县投资总额比重5.2%；生态环境投资项目33个，占全县投资总额比重10.3%。

交通通信。境内国道72.2千米，省道126.8千米，县级公路328.8千米，乡级公路960千米，村级公路1457.5千米。汽车客运量89.3万人，旅客周转量6881.3万人千米。邮电业务总量38732.8万元，同比增长4.2%。移动电话用户数34.8万户，宽带上网用户15.1万户，固定电话用户8.85万户。

科技教育。有高新技术企业54家，新增7家；科技创新平台43个，其中，国家级1个，省级15个，市级7个，县级20个。实施科研计划27项，其中，国家级5项，省级20项，市级两项，创新人才团队15个。专利申请量812件，授权专利457件，有效发明专利259件，每万人口发明专利拥有量3.63件，专利质押融资3679万元。科技成果推广58项，科技成果登记5项，技术合同认定登记11804万元，制定技术标准3个。有学校281所，其中小学131所、初级中学42所、高级中学6所、中等职业学校4所，幼儿园97所，特殊教育学校1所。幼儿入园率100%，小学适龄儿童入学率100%，小学升初中入学率100%。

文化卫生体育。全国、省级重点文物保护单位分别有3处、4处，省级以上非物质文化遗产保护项目1个，艺术表演团体35个，文化馆1个，公共图书馆1个，博物馆（纪念馆）4个，档案馆1个。有医疗卫生机构30个，其中，疾病预防控制机构1个、县级医院4个、乡镇（街道）卫生院25个，床位数3829张，全年诊疗98.19万人次，其中门、急诊7.52万人次。有室外运动场地1700个，室内运动场地52个。

社会生活。有社会福利院1个。年末城镇就业人数9.77万人，城镇登记失业人数1204人，城镇登记失业率为0.59%。转移农村剩余劳动力人数20.86万人。城镇居民人均可支配收入3.49万元，农村居民人均可支配收入2.14万元，分别增长4.3%、7.5%。巩固和新增农村通自来水人口1.53万人，实际完成1.89万人，完成率123%。

疫情防控。湘阴县全面实行“网络化管理、小单元作战”模式，3000多名医务人员、7000多名党员、干部值守在抗击疫情一线，确诊新冠疫情8例，其中无症状感染者1例，用时16天实现本地新增确诊病例、疑似病例零增长，38天实现确诊病例清零。聚焦“六保”“六稳”，出台促进复工复产和促进就业两个“十条”，落实减税降费3.1亿元，发放企业贷款46.82亿元，经济社会较早恢复正常秩序和良好态势。

三大攻坚。防范化解重大风险，年度结转偿还债务本息49.37亿元，无8%以上高息债务。全面推行零基预算，年度收回部门单位节余经费5000多万元。规范政府采购，年度预算采购金额47851万元，实际采购45839万元，节约财政资金2012万元。“三公”经费按上年度压减10%以上的标准节支，节约财政资金3000多万元，财政监督获评全省先进。归集经营性资产200宗，预评估价值超50亿元，洞庭控股、县城发集团和洋沙湖公司按时偿还债务本息41.28亿元，洞庭控股集团和县城建投两家公司AA级信用等级走在岳阳市六县（市、区）前列。脱贫攻坚，派驻414名驻村工作队员和5159名结对帮扶干部，投入县级扶贫资金3.75亿元，1.15万户3.64万名现行标准下贫困人口全部脱贫，28个建档立卡贫困村整体退出，贫困人口年人均纯收入从2014年的2615元增加到1.26万元。金龙镇香杉村易海军的脱贫事例入选“中国30个脱贫故事”。污染防治，推进“洞庭清波”“十大清湖”行动，剩余1066.67公顷欧美黑杨如期清退，2243户渔民全部退捕，秸秆露天禁烧、洲滩禁牧等取得成效，东湖生态公园“城市绿心”建设加快，中央和省市环保督察反馈问题全部整改到位。县生活垃圾焚烧发电厂建成运营，15个集镇污水处理厂投入使用，城乡垃圾收转运一体化运行，改造无害化厕所2万户。

湘阴县正式成为国家级湘江新区新片区，被评为国家生态文明建设示范县、全国村庄清洁行动先进县、全国计划生育优质服务先进县、湖南省长江流域重点水域禁捕退捕工作优秀市县、市年度综合绩效考核先进单位。

存在的主要问题和不足：县域经济社会高质量发展格局尚未形成，营商环境有待优化，园区特色不鲜明，产业链招商效应不强，优质产业项目引进难度大，财政收支平衡矛盾突出，政府债务化解压力较大，教育、医疗、水利等民生领域还有短板。

【湘阴县入列国家级湘江新区新片区】　2020年9月10日，省委常委会议明确全力支持湘江新区规划建设湘阴、湘潭九华等两大新片区，统筹纳入长株潭区域一体化国土空间规划。湘阴全境纳入长株潭大都市区规划范围，正式成为中部地区首个国家级新区湘江新区的“新成员”，“三市一县同图”成功落地。作为长岳协同发展的“桥头堡”和先导区，湘阴紧邻省会长沙，经济社会融合度高，区域协同

2020年湘阴县乡（镇、街道办事处）简况一览表

表20

名称	国土面积（平方千米）	耕地面积（公顷）	年末总人口（人）	农村居民人均可支配收入（元）	党（工）委书记	乡镇长（办事处主任）
文星街道	46.5610	911.8	162372	26110	戴卓伟（2020年4月任，4月前由易志杰主持全面工作）	易志杰（2020年4月止）刘　义（2020年5月任）
石塘镇	73.2280	1541.69	30915	21253	赵美前（2020年4止）焦志勇（2020年4月任）	甘　滋
东塘镇	43.0996	2223.43	29848	14665	刘界雄	郑兵辉
六塘乡	36.1224	1288.48	15372	11271	郑　剑	但　鹏
三塘镇	67.5020	1611.95	21328	20853	戴卓伟（2020年4月止）易志杰（2020年4月任）	任　剑（2020年9月止）戴　磊（2020年9月任）
洋沙湖镇	89.5615	2343.97	45900	21364	黄新凯	夏　胜
金龙镇	90.4050	2504.76	38035	28963	焦洪桥	任治国
静河镇	60.9205	1009.38	30917	18163	贺　立	杨剑锋
樟树镇	55.1939	1497.08	18396	21645	李　山	辛　兴
鹤龙湖镇	140.4967	4823.92	73760	27830	秦献鹏	焦志勇（2020年5月止）任　剑（2020年9月任）
湘滨镇	183.2434	4634.15	61486	20416	左一峰（2020年9月止）陈洪幸（2020年9月任）	王　道
南湖洲镇	103.1897	4583.49	61639	14840	王　树（2019年9月止）郭浩义（2020年4月任）	郭浩义（2020年4月止）胡　卫（2020年4月任）
杨林寨乡	30.2314	1813.13	27159	14200	何建平	刘慕文
新泉镇	150.092	7074.16	88360	12355	曾维光（2020年9月止）张　放（2020年9月任）	阳　望（2020年9月止）张建奇（2020年9月任）
岭北镇	114.7681	4281.63	83809	21840	任术海	杨建伟（2020年5月止）李　广（2020年5月任）

说明：国土面积另有横岭湖省级自然保护区256.86平方千米。

发展基础好，多条融长通道无缝对接，主导产业错位发展，3000吨级漕溪港和5000吨级虞公港成为长株潭地区通江达海的内河水运枢纽和省会通江达海的战略资源，湘阴县依托靠岳邻长、滨江拥湖独特交通区位优势，全力推动规划、交通、产业、科技、公共服务、生态环境“六大对接工程”，全方位学习对接长沙、借力省会辐射、推动区域合作，开放崛起、融长发展。《长株潭区域一体化发展规划纲要》《长株潭都市区国土空间发展规划（2020—2035年）》《长沙2049远景发展战略规划》等系列重大规划把湘阴纳入范围，明确湘阴在长株潭大都市和湘江新区中的重要功能。岳望高速与长沙绕城高速连通工程、湘江北路、长岳城际铁路等进入省市“十四五”规划，虞公港开发建设纳入省“十四五”规划重点项目库，天鹅山大学科技城按照“产、学、研、城”融合思路开发建设，湖南交通工程学院和湖南中医药大学湘杏学院两所大学建成开学，“湖南省先进装备制造（新能源）产业园”联审通过，以“一园、一城、一港”为三大阵地的湘江新区新片区建设全面进入实质性推进阶段。

【湘阴县获评全国生态文明建设示范县】　2020年10月9日，第四批国家生态文明建设示范市县、“绿水青山就是金山银山”实践创新基地和“2018—2019绿色中国年度人物”授牌活动在北京举行，湘阴县获评国家生态文明建设示范市县。近几年，湘阴县绷紧生态环保这根弦，严格落实河湖长制，纵深推进“十大清湖”行动，依法拆除矮围48处520多千米，关退畜禽养殖场48万平方米，取缔砂场32个、非法混凝土搅拌厂20个、黏土砖瓦窑厂50家，清退湿地欧美黑杨3646.67公顷。完成2243户渔民退捕，禁捕水域实现“四清四无”目标，河道砂石开采管理模式获全省推介，国省控断面水体水质整体达标，空气质量优良率91%以上，国家和省、市环保督察反馈问题全部整改到位。

（徐再军　杨新宇）

临湘市

中共临湘市委员会

书　记　谢　胜

副书记　廖星辉　余岳雄

常　委　易兴建　李孟阳　叶罡　蔡吉伟　孙少游　郑　斌　吕　乐

市人大常委会

主　任　李其报

副主任　王友华　陈长英　曹小光　李垂利　余　浩

市人民政府

市　长　廖星辉

副市长　蔡吉伟　彭海云　刘如乐　邓可杰　熊　丽　张国辉　夏逢响

政协临湘市委员会

主　席　廖祯祥

副主席　李征雷　马　榕　盛美华（兼）　陈步龙　刘伯凤

市人民武装部

部　长　郑　斌

政治委员　王国峰

市纪委监委

纪委书记、监委主任　叶　罡

市人民法院

院　长　张　猛

市人民检察院

检察长　吴春生

【概况】　临湘市位于岳阳市的东北部，北纬29°10′～29°52′、东经113°15′～113°45′。2020年，辖14个镇（街道），土地总面积1718平方千米。年末常住人口54.19万人，其中城镇人口197818万人，人口出生率10.39‰，自然增长率5.39‰。

自然资源。年降水量1469.1毫米。年内气温最高38.9℃、最低-3.9℃。全市发现矿种35种，其中，能源矿产两种，金属矿产13种，非金属矿产19种，水气矿产1种。探明资源储量矿种21种，实施地质勘查项目11个，新发现大中型矿产地4处。完成资源整合的重点矿区6个，完成资源整合的重要矿种8种。

经济综合。地区生产总值305.06亿元，同比增长3.6%。其中，第一、二、三产业增加值分别为41.65亿元、129.96亿元、133.46亿元，分别增长4.2%、3.7%、3.9%，三次产业结构比为13.7∶42.6∶43.7。全年一般公共预算收入12.76亿元，同比增长8.2%；一般公共预算地方收入7.55亿元，同比增长18.2%；一般公共预算支出43.27亿元，增长4.6%。

农业。实现农林牧渔业总产值69.73亿元，同比增长4.41%。耕地面积3.83万公顷。农业产值24.88亿元，同比增长5.54%；林业产值2.83亿元，同比增长8.1%；牧业产值28.3亿元，同比增长1.45%；渔业产值10.23亿元，同比增长4.96%；农林牧渔服务业产值3.49亿元，同比增长7.5%。粮食总产量34.62万吨，增长7.2%；粮油产量2.64万吨，增长11.86%；蔬菜产量24.1万吨，茶产量0.47万吨。出栏生猪47.3万头，肉牛8900头，山羊3.74万只，家禽196.72万羽。水产总产量4.26万吨。

工业。规模以上工业企业173家，全年完成规模以上工业总产值563.94亿元，同比增长6.8%。完成规模工业增加值129.27亿元，同比增长4.1%。规模以上工业主要产品产量：石灰石2.9万吨，萤石40.8万吨，高岭土20.6万吨，精制茶6.8万吨，纸制品62.8万吨，纯碱13.9万吨，化学试剂23.2万吨，水泥22.5万吨，饲料73.3万吨，耐火材料制品14万吨，铅14.8万吨，锌1.9万吨。园区规模工业增加值完成100.31亿元，占规模工业增加值的比重77.6%。

商贸服务业。实现社会消费品零售总额92.68亿元，同比下降2.2%。全年进出口总额2805万美元，同比增长5%。其中，出口2805万美元，同比增长10%。

旅游业。接待游客803.8137万人次，同比增长4.23%；实现旅游收入63.0534亿元，同比增长-11.55%，创汇85.1万美元，同比增长-94.48%。国家级风景名胜区1个，省级风景名胜区1个，AAA级景区4家。

固定资产投资。固定资产投资完成198.99亿元，同比增长8.8%。其中，第一产业完成投资额27.22亿元，同比增长63.2%；第二产业完成投资额80.49亿元，同比下降21.6%；第三产业完成投资额91.28亿元，同比增长70.4%。有5千万以上项目120个，完成投资额137.21亿元，同比增长78.9%，占投资总额的69%。房地产开发项目23个，完成房地产投资总额6.78亿元，同比增长13.9%；完成商品房销售面积58.21万平方米，同比增长4.4%。

交通通信。公路通车总里程2657.132千米，增加565千米，其中，高速铁路43千米、高速公路87千米。完成农村公路提质改造73.4千米、危桥改造22座、农村客运招呼站40个，实施危桥改造22座，5个工班标准化改造，县、乡、村道好路率分别达到96.5%、88.32%和89.36%。完成邮政业务总量6981万元，电信业务总量7180万元。移动电话用户42.29万户。宽带互联网用户13.74万户。

科技教育。有省级工程技术研究中心两个，市级工程技术研究中心4个。专利申请量463件。其中，发明专利申请量131件。全年专利授权量293件，其中，发明专利授权量24件。全市普通小学学校总数40所（教学点71个），在校小学生3.37万人，教职工1832人，其中专任老师1823人。中学28所，在校学生2.55万人。其中：初中在校生1.66万人，高中在校生8599人。普通初中和高中拥有教职工2071人，其中，专任教师1965人。

文化卫生体育。文化事业实际支出4694万元。有艺术表演团体20个，文化馆1个，乡镇文化站14个，公共图书馆1个，博物馆1个，公共图书馆藏书册数33.8万册。电视人口覆盖率100%，广播人口覆盖率100%，有线电视户数39143户。全国、省级重点文物保护单位分别有1处、4处，省级以上非物质文化遗产保护项目3个，艺术表演团体20个，文化馆1个，公共图书馆1个，博物馆（纪念馆）1个，档案馆1个。有医疗机构455个（含6家二级医疗机构），拥有床位1823张，卫生工作人员2492人，其中，高级职称150人，中级职称558人。有体育场馆1个，体育场地634个。举办市以上运动会36次，参加人数3万人次。参加省级以上运动会获金牌数33枚，银牌数13枚，铜牌数14枚。公共体育场地634个。

社会生活。社会福利机构16个。新增城镇就业5117人。累计脱贫1.2万人，贫困发生率为0%。城镇居民人均可支配收入32511元，增长4.6%，农村居民人均可支配收入1.87万元，增长7.6%。

疫情防控。临湘市创新社区“网格化”服务管理模式，建立健全重点人员健康管理、发热病人应急处理、流调与隔离快速反应三项机制，以“人防+技防”的方式，建立161张村（社区）疫情防控“网”，以居民小区、机关院落、厂矿企业、村组屋场、车站码头、超市菜场等单元，划分1255个“格”，选派1500名党员干部下沉到“格”内，全市2.6万名党员在一线参与疫情防控，捐款246万元。确诊新冠疫情14例，CT检查3952人次、核酸检测2.39万人次。采取“小

2020年临湘市镇（街道办事处）简况一览表

表21

名称	国土面积（平方千米）	耕地面积（公顷）	年末总人口（人）	居民人均可支配收入（元）	党（工）委书记	乡（镇）长办工处主任
长安街道	59.7	104.7	57067	33320	何华光	彭晓鹏
五里牌街道	124.86	2134	70074	33188	李　瑜	权志伟
云湖街道	52	1049.66	27117	32163	汪　浪	汤勇刚
桃矿街道	12	0	6802	31373	刘庆明	喻俊峰
羊楼司镇	283.5	3003.13	50160	21199	李志华	骆东子
坦渡镇	151.9	5003.2	36617	18622	何卫华	陈云虎
聂市镇	259	6000	55071	18785	袁　胤	张富贵
江南镇	194.75	6930	42663	20643	李开龙	向前初
黄盖镇	34.02	1973.33	10939	18971	郑　娟	冯　义
詹桥镇	151	2088.7	41459	16671	沈　澍	柳　勇
忠防镇	117	2435	32665	18752	吴　斌	罗成英
桃林镇	160.7	2497.73	59412	17802	戴季田	李　正
长塘镇	58.3	1940.4	29048	18375	张　华	陆　奇
白羊田镇	83.39	1408.8	22770	16780	陆　晖	肖芳明

批次、快节奏”的方法送工上岗，累计复工3.3万多人，其中新增就近就业4300人，帮助3112名贫困劳动力返岗或就近就业。被评为“全国抗击新冠肺炎疫情先进集体”。

三大攻坚。防范化解重大风险，制定政府隐性债务十年（2018—2028年）偿债方案，2018年来，累计化解政府隐性债务5.38亿元，争取到政府新增债券9.99亿元，其中一般债券3.79亿元，专项债券余额6.2亿元。完成平台公司整合工作，惠临投、保建投剥离政府融资职能，成为“自主经营、自负盈亏、自我发展”的市场化主体。脱贫攻坚，26个贫困村，建档立卡贫困户4163户1.2万人全部退出。近5年累计投入专项扶贫资金1.67亿多元，市财政近3年配套扶贫资金3000万元以上。2016年、2017年、2019年被评为全省脱贫攻坚先进县市。污染防治，中央环保督察等交办问题和专项检查反馈临湘市的84项环境问题，60项完成整改销号。推进重点行业大气污染防治，关闭取缔境内所有的石灰窑26座、黏土砖厂32家，淘汰黄标车239台。14个市管河湖全部治理到位，投入10亿元实施黄盖湖防洪治理工程。沿江1千米化工企业正在实施搬迁改造，长江岸线17个非法码头全部拆除复绿，长江沿线1个排污口和6个排渍口做到达标排放，打造最美长江岸线。与三峡集团合作的城区水环境综合治理PPP项目已经动工，乡镇污水处理厂全部建成运营。实施矿山生态修复，整治采掘点废弃原料点29个，完成长江经济带废弃露天矿山点生态修复7个。

临湘市获评全省安全生产工作优秀县市、全省综治工作先进县市、省级卫生城市，进入全省平安县市行列。疫情防控工作被中共中央、国务院、中央军委评为“全国抗击新冠肺炎疫情先进集体”。

存在的主要问题和不足：财政盘子还不大、项目建设还不快、龙头企业还不多、特色产业还不强；创业就业、交通出行、医疗教育、食品安全、商贸发展等方面与群众的期盼还有差距作风建设还需要进一步加强。

（许定华）

汨罗市

中共汨罗市委员会

书　记　喻　文

副书记　朱平波

常　委　李冯波（2020年10月免）
倪运清　林治学　陈培宏
王敏求　柳雁翔　杨　峰
舒文治　刘　为

市人大常委会

主　任　闵秀明

副主任　杨　勇　何中良
许向云（2020年8月免）
易　红　毛炼红
仇深根（2020年12月任）

市人民政府

市　长　朱平波

副市长　林治学　刘四清　仇正勇
吴高明　姚书茂　黄　平
仇文娟（2020年7月任）

市政协委员会

主　席　彭千红

副主席　徐德元　周育林　陈岭华
彭国光（2020年8月免）
李才红
夏伟阳（2020年12月任）

市人民武装部

部　　长　赵海英

政治委员　刘　为

市纪委监委

纪委书记、监委主任　柳雁翔

市人民法院

院　长　孔　剑

市人民检察院

检察长　赵承卓

【概况】　汨罗市位于岳阳市的南部，北纬28°28′～9°27′、东经112°51′～113°27′，总面积1562平方千米。2020年，辖15个乡镇，年末全市总人口67.7万人，常住人口56.07万人，其中城镇人口23.99万人，城镇化率为42.79%；人口出生率9.32‰，自然增长率3.58‰。

自然资源。年降水量1893.6毫米，探明部分储量的矿种主要有花岗岩、长石、石英、高岭土、耐火黏土、砖瓦用黏土、金、砂砾石等8种，拥有水杉、银杏、杜仲等10多种国家重点保护植物。森林覆盖率40%，水质综合达标率100%，空气质量优良率98.1%。

经济综合。完成地区生产总值426.7亿元，增长5.6%，第一、二、三产业增加值分别为48.3亿元、182.9亿元、195.5亿元，分别增长4.3%、5.8%、5.9%，三次产业结构为11∶43∶46。一般公共预算收入18.8亿元，同比下降1.2%，其中地方一般公共预算收入11.1亿元，同比增长2.5%；一般公共预算支出50.9亿元，同比增长10.2%。

农业。农林牧渔业总产值90亿元，增长4.5%。耕地总面积4.23万公顷。农业支柱产业有粮食加工、畜禽养殖、油料加工等。主要产品产量：粮食产量48.1万吨，油料产量1.7万吨，茶叶产量0.2万吨，猪肉产量5.8万吨，牛肉产量0.1万吨，禽肉产量1.3万吨，禽蛋产量2.2万吨。有市级以上农业产业化龙头企业38家，其中省级以上8家；农民专业合作社1163家，其中省级以上示范社8家。农业机械总动力115万千瓦，农业机械化水平为85.8%。

工业。完成规模以上工业总产值851.5亿元，增长7.5%；完成规模工业增加值194亿元，增长5.5%。工业支柱产业有铜压延、铝压延和其他常用有色金属冶炼。主要产品产量：铝材66.7万吨，铜材35.6万吨，钢结构32.1万吨，铝合金6.1万吨，锌3.7万吨，金属包装容器2.2万吨，金属成形机床7828台，液压元件2.1万件，电子工业专用设备1.1万台，石墨及碳素制品26.7万吨，天然花岗石建筑板材731.7万平方米，商品混凝土50.3万立方米，塑料制品56.1万吨，钢化玻璃2.7万平方米，合成橡胶3.4万吨，家具53.1万件，鞋2891万双，白酒1.1万千升，饮料5.3万吨，精制茶0.4万吨。有工业园区两家，园区完成规模工业总产值607.2亿元，增长11.7%；规模工业增加值144.6亿元，增长5.1%。园区规模工业产值占全市规模工业产值比重达到71.3%。先进制造业增加值194亿元，增长5.5%。建筑业增加值6.1亿元，增长8.8%。有建筑业企业31家，全年实现建筑业总产值31.5亿元，增长6.1%。全年新签约工业项目56个，签约投资额247.4亿元。新开工43个，总投资202.1亿元。竣工投产项目31个，总投资39.25亿元。新增“四上”工业企业71家，高新技术产业增加值占GDP的比重提高到22.5%。全市新增规模工业企业71家，总数达到248家。

商贸服务业。完成社会消费品零售总额122.3亿元，下降2.2%，其中限额以上法人批发和零售业商品零售总额39.2亿元，增长9.3%。进出口总额2512万美元，增长100.2%。实际利用境外资金0.51亿美元，增长1.7%；实际到位省外境内资金100.33亿元，增长23.94%。

旅游业。接待国内游客575.4万人次，同比下降10.2%。旅游总收入52.6亿元，同比下降13.9%。有A级旅游景区5个，其中AAAA级以上景区两个。星级饭店1家，休闲中心11处，城市文化休闲公园3处，星级乡

2020年汨罗市乡（镇）简况一览表

表22

名称	国土面积（平方千米）	耕地面积（公顷）	年末总人口（人）	农民人均可支配收入（元）	城镇居民人均可支配收入（元）	党委书记	镇长
归义镇	26.6156	594.32	83651	27556	38804	李亚江	毛　利（2020年11月免）
汨罗镇	34.467	1754.14	28627	22450	32108	郝　光	许　达
新市镇	54.6783	1236.81	62298	20700	30100	李尚兵	周　田（2020年8月免）黄　明（2020年11月任）
罗江镇	155.9356	5307.63	28238	21530	35901	闵庆丰	李选辉
古培镇	83.6364	2527.28	35116	21358	32254	黄　浩	刘　灿
弼时镇	140.2107	3693.82	37054	20358	30188	吴艳平	高　攀
神鼎山镇	119.4405	3526.1	57842	19726	29015	李海波	曾海波
白水镇	71.5953	2264.85	57496	22457	32312	周　振	熊细平（2020年11月免）杨　浩（2020年11月任）
川山坪镇	150.3802	3343.19	48736	21076	30886	郑　丰	颜念龙
长乐镇	58.278	1878.92	32758	21265	31991	凌红权	许　强
大荆镇	81.0931	2599.1	27134	21052	30562	郭永恒	张　磊
三江镇	129.1167	1932.38	32190	20933	30074	仇文娟（2020年8月免）周　田（2020年8月任）	湛　虎
桃林寺镇	154.0198	5233.52	71869	20793	31665	胡亚运	黎安福
白塘镇	108.2499	3025.78	45840	21100	30321	李鲜艳（2020年11月免）熊细平（2020年11月任）	姚　拓
屈子祠镇	101.7304	3371.57	28934	19460	28259	廖升红（2020年11月免）毛　利（2020年11月任）	黄光大

村旅游区点7处。

固定资产投资。完成固定资产投资246.3亿元，增长9.2%，其中高新技术产业投资增长3.7%，基础设施建设投资增长-32.2%，项目投资226.3亿元，房地产投资20亿元。项目投资中产业投资完成152.9亿元，工业投资完成141.6亿元，工业技改投资完成86.9亿元。施工项目80个，其中5000万元以上56个，5000万元以下24个。全年新增固定资产投资274.1亿元。全市共有房地产开发企业33家，其中三级资质及以上企业3家。交通基础建设投资8.72亿元，增长273%；农田水利基础建设投资0.94亿元，与2019年基本持平。

交通通信。境内公路通车总里程3285.1千米，增加通自然村公路112.3千米。有客运汽车241辆，全年客运量483万人次。铁路旅客发运量77.9万人次，其中高铁发运量58.4万人次。有新能源（纯电动）公交车辆171台，其中城市公交91台、城乡巴士80台，开通营运线路40条。提质改造农村公路233千米，实施安保工程139.8千米。电信业务总量1.4亿元（2015年不变价），增长9.3%。邮政业务总量0.85亿元（2010年不变价），增长9.3%；邮电业务总量0.24亿元，增长3.2%。有邮政网点37个，邮政快包进口投递量231.1万件，邮政快包出口投递量124.5万件。镇、村级电商服务站154个，农村电商平台邮乐小店App注册8479户。建成5G基站54个（实际开通36个），5G网络人口覆盖率15%～20%；5G用户6.22万户，较上年增长178%。

科技教育。有高新技术企业47家，新增11家；科学研究开发机构60家，新增长10家。完成专利申请444件，其中发明专利申请量197件，专利授权量284件，其中发明专利授权量6件。向省科技厅申报项目18个，到位项目资金1064.5万元。高新技术产业增加值增长18%；具有核心竞争力科技创新项目6项。有各级各类学校（幼儿园）296所，其中幼儿园116所，在园幼儿1.83万人；小学128所，初级中学25所，九年一贯制学校15所，在校小学生41187人，在校初中学生2.04万人；职业中学3所，在校学生5287人；普通高中6所，在校学生9084人；特殊教育学校1所，在校学生207人。薄改提质农村义务教育学校32所、乡村学校8所和农村寄宿制学校16所，建设农村教师公租房322套。小学适龄儿童入学率100%，小学升初中入学率100%，高中阶段毛入学率98.1%。

文化卫生体育。有国家级文物保护单位3处，省级文物保护单位9处。世界级非物质文化遗产保护目录1处，国家级非物质文化遗产保护目录1个，省级非物质文化遗产保护目录3个。艺术表演团9个、文化馆（站）16个、公共图书馆（站）16个、纪念馆5个。广播电台1家、电视台1家。馆藏图书17.2万册、报刊150种、古籍2000多册。年末全市共有卫生机构557个，其中医院9所，妇幼保健院1所，专科疾病防治医院两所，乡镇卫生院24所，社区卫生服务中心（站）两个，诊所、卫生所、医务室62个，村卫生室457个。卫生技术人员3462人，上升7.5%，其中执业医师和执业助理医师1567人，上升10.8%；注册护士1308人，增长7%。医院拥有床位总数2100张，与上年持平。乡镇卫生院拥有床位总数751张，上升4.1%。综合性体育馆5座，游泳场8个，羽毛球馆5个。

社会生活。社会福利机构23个。新增城镇就业6022人，城镇失业率为2.2%。累计脱贫2.4万人，贫困发生率为0%。农村劳动力转移9268人。城镇居民人均可支配收入3.62万元，同比增长5.1%；农村居民人均可支配收入2.09万元，同比增长7.4%。全市城镇居民人均消费支出2.53万元，同比增长8.1%；农村居民人均生活消费支出1.97万元，同比增长4.9%。城镇居民食品消费支出占消费总支出的比重（恩格尔系数）为23.1%。

疫情防控。汨罗市第一时间启动应急机制，统一指挥、精准施策，立足“四早”原则，暂停开放市场、景区等场所，严格管控村组、社区、小区和企业，精准排查重点人员。确诊新冠疫情6例，3月20日确诊病例全部治愈出院，4月3日隔离区人员清零。市人民医院定为救治医院，紧急建成红花卫生院隔离病区。开展检测、流调等业务辅导培训22场次、应急演练8次，培训3000多人次。全年核查人员60万人次、核酸筛查2.5万人次，健康码注册63.7万人次、免费提供中药8万剂次。组织蔬菜等物资120多吨、大米26吨援驰武汉、黄冈等地。

三大攻坚。防范和化解重大风险，楚之晟公司主体信用评级升至AA，文旅公司新增资产40亿元，完善国有企业法人治理结构，建立绩效评价体系。规范国资管理，新确权评估国有经营性资产15亿元。争取政府债券、转移支付和项目资金，争取债券资金12.56亿元。完成年度债务化解计划，债务风险总体可控。脱贫攻坚，投入扶贫资金9507.3万元，发放扶贫小额信贷1.65亿元，社会救助兜底2868户，“两不愁、三保障”和安全饮水达标率均为100%。帮扶贫困劳动力外出务工2080人，公益性岗位安置1620人，118个产业扶贫基地、31个扶贫车间吸纳贫困劳动力1123人。六大产业扶贫体系、49个专业合作社联结贫困户6831户。累计改造农村危房6342户、易地扶贫搬迁1713户。36家扶贫企业、151款扶贫产品入驻省级平台。汨罗市工商联被评为全国“万企帮万村”组织工作先进集体。24个贫困村全部出列，7876户24019名建档立卡贫困群众稳定脱贫。污染防治，推进“洞庭清波”专项行动，落实禁捕退捕，275名渔民全部“上岸”，223条渔船全部拆解。建立退捕渔民服务中心，针对性做好就业、保障等后续服务。“夏季攻势”污染防治攻坚64个问题完成整改53个、序时推进11个。强力推动再生铝行业整合入园。顺利通过第二次全国污染源普查验收。

汨罗市被评为全国第五批率先基本实现主要农作物生产全程机械化示范县、全国农村承包地确权登记颁证工作典型地区、全国计划生育优质服务先进单位、全国交通运输行业精神文明建设先进单位。白水镇西长村被评为全国文明村镇。

存在的主要问题和不足：财政提总量、优结构任务仍然艰巨，发展不平衡不充分问题仍然存在，优质教育、医疗、养老、文化等公共服务供给与群众期盼还有差距，治理体系和治理能力建设还有待加强。

【长沙经开区汨罗产业园被定为湖南工程机械配套产业园】 2020年9月27日，由汨罗市与长沙经开区合作共建的长沙经开区汨罗产业园，被湖南省委、省政府定为湖南工程机械配套产业园。园区采取公司化运作模式，发展工程机械产业核心基础零部件（元器件）智能制造、仓储式物流，打造“省内最好、国内领先、国际有影响力”的产业配套园区和长沙北（汨罗）生态智造城。园区规划面积35平方千米，建成启动区4.5平方千米。

（徐 浩）

岳阳楼区

中共岳阳楼区委员会

书 记 陈阁辉（2020年8月免）
曾平原（2020年8月任）
副书记 黄建文（2020年12月免）
白再兴（2020年12月任）
游志坚（2020年10月免）
常 委 朱彦翼 李 峰 周岳雄
徐 平 王智勇 黎建欣
白铭科 罗 海 彭 飞

区人大常委会

主 任 漆 胜（2020年7月免）
副主任 周幺龙 施 敏 李建国
张雪梅 陈金星

区人民政府

区 长 黄建文（2020年12月免）
白再兴（2020年12月任）
副区长 徐 平 余 昕 李尧瑶
唐露尧 方正春 严石龙
邓建华

政协岳阳楼区委员会

主 席 彭端生
副主席 吴怡红 邓群政 许国豪
刘 娟（兼）
李微微（兼）

区人民武装部

部 长 彭 飞
政治委员 黄柳清

区纪委监委

纪委书记、监委主任 周岳雄

区人民法院

院 长 夏常凯

区人民检察院

检察长 许建华

【概况】 岳阳楼区位于岳阳市的北部，北纬29°14′～29°27′、东经113°03′～113°21′，土地总面积103.7平方千米。2020年，辖14个街道（1个工作组）、1个乡，常住人口72.05万人，其中城镇人口68.81万人，城镇化率95.5%。人口出生率7.88‰，自然增长率5.6‰。

自然资源。年降水量1373毫米，水资源总量115.27亿立方米，主要矿产资源有钒、石煤、铀、金、硅质岩、砂岩、砂砾石、紫砂陶土、砖瓦黏土、地下水等。有国家一级保护动物11种、二级保护动物26种。森林覆盖率30%，水质综合达标率94%，空气质量优良率83%。

经济综合。地区生产总值700.31亿元，同比增长4.6%。第一、二、三产业增加值分别为6.73亿元、175.15亿元、518.44亿元，分别增长-6.8%、3.8%、5.1%，三次产业结构比为1∶25∶74。一般公共预算收入25.21亿元，下降10.7%，其中，地方一般公共预算收入9.58亿元，下降6.7%；一般公共预算支出25.24亿元，增长2.6%。

农业。农林牧渔业总产值11.49亿元，同比增长13.2%。其中，农业产值6.48亿元，增长13.8%；林业产值0.42亿元，增长2.43%；牧业产值1.7亿元，下降19.04%；渔业产值2.2亿元，下降25.17%；农林牧渔服务业产值0.68亿元，增长9.67%。耕地总面积3025公顷。主要产品产量：粮食19685吨、蔬菜9.46万吨、茶叶280吨，水果9165吨，出栏生猪1.1万头。市级以上农业产业化龙头企业25家，其中省级以上6家；农民专业合作社9家，农业机械化水平为65%。

工业。规模工业增加值下降3.5%，有23家规模工业企业，全年完成规模工业总产值114.3亿元，同比下降8%。全区规模以上建筑企业85家，完成建筑业总产值172亿元，增长5.5%；建筑房屋竣工面积84万平方米。

商贸服务业。社会消费品零售总额506.17亿元，下降2.2%。其中，城镇零售额476.78万元，下降2.2%；乡村零售额29.36亿元，下降2.3%。在全部社会消费品零售总额中，按行业划分，批发业80.98亿元，下降2.4%；零售业242.95亿元，下降2.1%；住宿业65.8亿元，下降2.9%；餐饮业116.41亿元，下降2.7%。进出口总额4505万美元，完成年度目标任务4000万美元的112.6%。实际利用境外资金5213万美元，完成年度目标任务5000万美元的104.26%；实际到位省外境内资金63.8亿元，增长27.8%。

旅游业。国家、省级风景名胜区分别有1个、1个；A级景区1家，为AAAA级。

固定资产投资。固定资产投资完成238.13亿元，同比增长9.1%。其中，产业投资达到137.19亿元，增长15.8%。全年房屋施工面积593.22万平方米，下降10.5%；房屋竣工面积53.31万平方米，下降27.9%；商品房销售面积120.89万平方米，增长3%。金茂·洞庭生态创新城、融创·环球中心、胥家桥综合物流园、祥源·城市之光等重大项目建设，拉动投资总额增长。

科技教育。有高新技术企业32家，新增10家；专利申请661件，下降8.17%；授权专利372件，增长13.41%；签订技术合同215项，成交金额1.04亿元，增长29.8%；高新技术产业增加值增长0.72%。有学校49所，其中小学41所、普通初中8所，公办幼儿园206所；幼儿入园率95%以上，小学适龄儿童入学率100%，小学升初中入学率100%。

文化卫生体育。全国、省级重点文物保护单位分别有两处（岳阳粤汉铁路英国专家楼、三眼桥、城陵矶海关旧址、湖滨大学旧址），省级以上非物质文化遗产保护项目1个，艺术表演团体210个，文化馆1个，公共图书馆1个。有医疗卫生机构398个，其中疾病预防控制机构1个、医院28个、卫生院1个，病床645张，每千人口医生数1050名。公共体育场地755个。

社会生活。社会福利机构5个。新增城镇就业1.17万人，城镇失业率为2.02%。累计脱贫1813人，贫困发生率为0。城镇居民人均可支配收入40542元，增长4.7%。

2020年岳阳楼区乡（街道办事处）简况一览表

表23

名称	国土面积（平方千米）	耕地面积（公顷）	年末总人口（人）	人均纯收入（元）	党（工）委书记	乡长（主任）
郭镇乡	20.5	287.13	18360	40542	向　彪	万雁飞
岳阳楼街道办事处	3.03		22232	40542	陈建明	李创华
三眼桥街道办事处	2.22		58865	40542	周上青	何文辉
吕仙亭街道办事处	3.168		22834	40542	柴石球	刘　勇
金鹗山街道办事处	2.988		67980	40542	曹　陶	周智勇
东茅岭街道办事处	1.71		34726	40542	李水平	毛联新
五里牌街道办事处	3.17		76392	40542	李亚东	袁　丹
望岳路街道办事处	2.35		45397	40542	徐演铭	肖　永
城陵矶街道办事处	6.09	10	22895	40542	任建国	兰寒松
枫桥湖街道办事处	3.565	3	59687	40542	任鸿初	向恩泽
洞庭街道办事处	6.84		8604	40542	曹永柏	黄力交
奇家岭街道办事处	13.245	170	51936	40542	蔡华坤	林　海
洛王街道办事处	31.2	431	94981	40542	许春龙	李立邦
王家河街道办事处	2.358	1	42258	40542	胡吉安	杨霞霞
站前路街道办事处	1.188		31093	40542	周七亿	余小华

疫情防控。岳阳楼区落实“堵、查、隔、治、停、备、稳、督”八字诀，实施最严密的摸排、最严格的隔离、最彻底的阻断，5000多名党员干部、社区工作者、志愿者投身抗疫一线，投入经费1.2亿元，建立横向到边、纵向到底的群防群治、联防联控机制，62例新冠疫情确诊病例全部治愈出院，实现“输入人员零漏管、工作人员零感染、健康监测零差错”的目标。疫情防控工作得到中办、国办调研组和省市肯定，五里牌街道新城社区党总支书记、居委会主任唐述被评为全国抗击新冠肺炎疫情先进个人、全国优秀共产党员，4人被评为全省先进个人，洞庭社区党总支被评为全省先进集体。

三大攻坚。防范和化解重大风险，制定《关于厉行节约反对浪费勤俭办一切事业的实施办法》，全区一般性支出压减10%、3900万元，盘活财政存量资金1.5亿元，完成争项争资12.1亿元，政府债务继续保持在相对安全区域。脱贫攻坚，实行“双组长”负责制，压实属地主体责任、驻村扶贫责任、结对扶贫责任、行业扶贫责任和驻村工作队责任，推进产业扶贫、安居扶贫、教育扶贫、健康扶贫、就业扶贫等十大脱贫攻坚行动，落实“四个不摘”要求，持续用力开展“回头看、回头查、回头帮”行动，3个贫困村全部退出，764户1813名贫困人口全部脱贫，顺利通过省市检查考核。对口帮扶平江汇龙村如期实现脱贫目标。污染防治，推进污染防治攻坚“夏季攻势”工作，建立定期调度和跟踪督导工作机制，关停岳龙页岩砖厂，完成洞庭湖沿线岳阳楼区范围11个排污口整治销号，整治郭镇建中村黄元组生态环境问题，常态开展东风湖周边环境综合整治，全面优化三峡工程施工环境，持续整治七里山片区“散乱污”企业，搬迁改造沿江化工企业，环保督察反馈问题实现动态清零。

存在的主要问题和困难：产业结构体系有待进一步优化，高新技术产业占比不高，新经济新业态培育不够，税收结构单一，优质财源项目不多，经济发展质效有待进一步提升；城市运营、精细管理、民生保障、环境优化等方面，历史欠账较多，增进民生福祉有待进一步发力。

（李　灯）

云溪区

中共云溪区委员会

书　记　张中于

副书记　刘正仁　潘宏军

常　委　吴跃中　胡　蝶　彭　明

王来平 吴健思 邓岳生
黄达江 徐国华

区人大常委会

主 任 聂金华
副主任 廖小谷 陈辉华（兼）
熊永初 刘中华 叶小平

区人民政府

区 长 刘正仁
副区长 胡 蝶 徐 利 刘庆雄
周拥军 刘绍文 何 喜
杨建勤

区政协委员会

主 席 蒋雄波
副主席 周家冀 肖洋溢（兼）
曾海兵（兼） 卢文波

区人民武装部

部 长 郁发展
政治委员 徐国华

区纪委监委

纪委书记、监委主任 吴健思

区人民法院

院 长 李伟辉

区人民检察院

检察长 何小山

【概况】 云溪区位于岳阳市的东北部，北纬29°23′56″～29°38′22″、东经113°08′48″～113°23′30″，土地总面积403平方千米。2020年，辖2镇3街道。全区总人口为17.98万人，常住人口14.4万人，城镇人口9.2万人，城镇化率63.92%；人口出生率为7.79‰，死亡率为5.19‰，自然增长467人，自然增长率为2.6‰。

自然资源。年降水量1302毫米。主要矿产资源有白土岩、石灰岩、建材石料矿。有国家一级保护动物两种、二级保护动物16种，三有保护动物216种。国家一级保护植物0种、二级保护植物5种。森林覆盖率46.7%，水质综合达标率100%，空气质量优良率89.8%。

经济综合。地区生产总值327.64亿元，比上年增长2.2%；第一、二、三产业增加值分别为12.07亿元、210.06亿元、105.52亿元，分别增长3.8%、1.8%、5.3%，三次产业结构比为3.7∶64.1∶32.2。一般公共预算收入9.44亿元，增长-10.9%，其中地方一般公共预算收入3.83亿元，增长5.3%；一般公共预算支出15.87亿元。

农业。农林牧渔业总产值20.45亿元，增长3.96%。耕地总面积7.61千公顷。农业支柱产业：粮食、蔬菜、油料。主要产品产量：粮食3.06万吨、蔬菜7万吨、中药材0.45万吨，禽蛋0.26万吨，水产品1.31万吨，出栏生猪4.03万头、羊0.13万只、牛0.21万头，肉类1.32万吨。有市级以上农业产业化龙头企业5家，其中省级以上两家；农民专业合作社118家，其中省级以上示范社4家。农业机械总动力12.678万千瓦，农业机械化水平为91%。

工业。规模以上工业实现总产值981.89亿元，增长-9.38%，其中规模以上工业增加值237.71亿元，增长2.1%。工业支柱产业：石油煤炭及其他燃料加工业产值524亿元，化学原料和化学制品业产值437亿元，医药制造业产值20.3亿元。主要产品产量：汽油、柴油、沥青2.5万吨，化纤15万吨，己内酰胺60万吨，防水涂料、防水卷材18亿吨。有工业园区1家，园区工业增加值255亿元，增长1%；其中园区规模以上工业增加值249亿元，增长1%。建筑业增加值14.12亿元。

商贸服务业。社会消费品零售总额38.48亿元，增长-2.1%。进出口总额6.14亿元，增长-9.96%，其中进口0.44亿元，出口5.7亿元，增长-9.64%；主要出口产品品类为化学制成品及有关产品。实际利用境外资金0.49亿美元，增长6.95%；实际到位省外境内资金61.34亿元，增长16.51%。

旅游业。接待国内外游客232万人，增长-55.47%，其中接待入境游客0.013万人，增长-97.25%；旅游收入17.31亿元，增长-55.88%，其中入境旅游收入2.7万元，增长-97.38%。

固定资产投资全年完成93.22亿元，比上年增长9.5%。分城乡看，城镇固定资产投资77.3亿元，增长10.2%；农村固定资产投资15.92亿元，增长16.2%。全区计划总投资超过5000万元的在建项目45个，全年完成投资59.1亿元，占固定资产投资总额的63.3%。在固定资产投资中，第一产业完成投资（不含水利建设投资）0.3亿元，比上年增长15.3%；第二产业完成投资72.27亿元，增长13.95%，其中工业投资52.03亿元，增长-13.7%；第三产业完成投资23.08亿元，增长14.5%。全年基础设施建设完成投资25.88亿元，增长59.35%。全年完成房地产

2020年云溪区镇（街道办事处）简况一览表

表24

名称	国土面积（平方千米）	耕地面积（公顷）	年末总人口（人）	农村居民人均可支配收入（元）	党（工）委书记	镇长、主任
云溪街道	130.85	1800	78159（含巴陵石化公司）	18540	李 伟	张文欢
路口镇	77.83	1956.8	25118	21478	李新安	李 勇
陆城镇	112.48	2310.74	21204	17790	方 洪	张传英
长岭街道	65.34	866.67	40752（含长岭炼化公司）	21576	郑 匡	刘 琛
松杨湖街道	48.68	599.27	14587	20404	张品飞	余宏良

开发投资1.44亿元，全区商品房销售面积9.48万平方米，销售额4.19亿元，其中住宅销售额2.49亿元。高新技术产业投资增长2%。

交通通信。境内公路通车总里程722千米，增加5千米。电信业务总量0.87亿元（2015年不变价），增长7.9%。邮政业务总量0.205亿元（2010年不变价）；邮电业务总量1.07亿元。建成5G基站277个，5G网络人口覆盖率38%，5G用户6万户。

科技教育。有高新技术企业45家，新增10家；科学研究开发机构25家，新增长1家，专利申请395件，增长160%；授权专利122件，增长27.36%；签订技术合同15项，成交金额1.79亿元；高新技术产业增加值157.33亿元，增长-1.3%。有学校28所，其中小学20所，普通初中6所，普通高中1所，中等职业学校1所，公办幼儿园10所，幼儿入园率100%，小学适龄儿童入学率100%。小学升初中入学率100%，高中阶段毛入学率97.51%。

文化卫生体育。全国、省级重点文物保护单位分别有两处、两处，艺术表演团体1个，文化馆1个，公共图书馆1个，档案馆1个。有医疗卫生机构12个，其中疾病预防控制机构1个、医院5个、卫生院6个，病床1771张，每千人口医生数1.33名、床位数4.44张。公共体育场地255个。

社会生活。社会福利机构1个。新增城镇就业8042人，城镇失业率为1.56%。累计脱贫4267人，贫困发生率为0%。农村劳动力转移1607人。城镇居民人均可支配收入4.25万元，增长4.5%。

疫情防控。云溪区政府拨付资金2252万元投入疫情防控，确诊新冠疫情14例，实现“患者零死亡、医务人员零感染”目标。市四人民医院被评为全省抗击新冠肺炎疫情先进集体。

三大攻坚。防范化解重大风险，属全省债务风险重点预警防控（一类）县区，但总体风险可控。坚持控债与化债双管齐下，化解政府债务8944万元。立健全防控机制，严格控制新增债务，稳妥化解存量债务，增强造血功能。2018—2020年，化解政府隐性债务目标任务分别为3750万元、4277.64万元、8943.48万元，2018年和2019年化债任务完成，2020年上半年化债4038万元。脱贫攻坚，全区建档立卡贫困人口1188户4267人全部脱贫，5个贫困村全部退出。落实扶贫政策，累计资助贫困学生2.37万人次、享受基本医疗保险报销7734人次，完成贫困户危房改造313户。总计投资近3亿元，实施铁山供水工程和18个单村供水项目，抓产业扶贫，整合涉农资金6892万元，实施农业产业发展项目35个，平均每村每年不少于100万元的项目投资，建立艾叶、稻虾、黑斑蛙、湘莲、油茶等产业基地26个，种养面积1675公顷，每公顷年均增收3.75多万元。污染防治，持续实施生态环境治理三年工作规划，推进突出环境问题整改，中央和省级层面交办的37个突出问题如期销号。推进环境整治专项行动，组织实施长江岸线整治、长江云溪段及重点流域禁捕、松杨湖水环境整治、黑臭水体治理、生猪退养、非法涉砂场所整治、矮围网围整治、污染防治攻坚战“夏季攻势”等专项行动，拆除长江岸线6个码头11个泊位和长江大堤非水利设施82处近2万平方米，复绿岸线江滩219.87公顷，拆除非法涉砂场所59处，拆除规模养猪场1125个，完成黑臭水体整治5处、关停园外小化工企业33家，关闭黏土砖厂22家，清理“僵尸企业”5家；推进环保基础设施建设，启动主城区截污和雨污分流工程及长岭片区生活污水收集处理体系建设，建成运营云溪污水处理厂和长岭污水处理厂。

存在的主要问题和不足：产业结构不优、土地后备资源不足，支持区域经济发展的战略性大项目、好项目不多，经济稳进向好的基础不牢；财政收支矛盾突出，隐性债务化解、生态环境治理任务艰巨，安全生产、征地拆迁、信访维稳、民间借贷等领域风险隐患累积叠加；基础设施、公共服务等领域欠账较多，就学、就医、社保、住房、养老等还不能满足人民需求。

【云溪区城镇建设】 2020年，云溪区补齐城镇交通基础设施短板，全面完成欣港东路建设和云溪大桥、107国道云溪互通段、洗马南路、随岳连接线等一批城镇道路提质改造工程。筹划推进城乡客运一体化，完成云溪汽车站扫尾工程，开通岳阳至长炼63路公交车。服务城陵矶高速建设，加快与岳阳主城区对接融合。完成市场监督管理局小区、交通花园等23个老旧小区和道仁矶、四化村等7个农贸市场升级改造，启动534套公租房建设。建成运行智慧城管信息平台，规范流动摊贩、店外经营、户外广告管理，法拆除各类违法建设81处8121平方米。推进交通问题顽瘴痼疾集中整治行动，交通违规行为呈下降趋势，全面落实《岳阳市机动车停车条例》，新建社会停车场4处，新增道路停车泊位1265个。

【云溪区乡村振兴】 2020年，云溪区发展特色农业，建成高标准农田533.33公顷，新增农民专业合作社、家庭农场22家，擦亮黄皋艾叶、沁心莲业、白泥湖螃蟹等品牌，形成农产品“生产—加工—销售”产业链，农业综合效益不断提高。改善人居环境，完成“厕所革命”年度任务，全区户用卫生厕所覆盖率97.6%，“首厕过关制”经验在全省推广。建成乡镇垃圾中转站11座，生活垃圾无害化处理率100%，松杨湖街道垃圾分类试点工作正式启动，持续推进村容村貌提档升级，完成友好、泾港、团结、双花、清溪、枧冲6个村庄规划编制，9个集中建房点完成建房546栋，东风村顺利实现“村改居”。打造文明乡风，深化移风易俗行动，“公筷公勺文明餐桌”作为典型经验在全市推介，八一村杨其凡家庭被评为全国文明家庭，乡村振兴、基层治理经验被《人民日报》《湖南日报》、“学习强国”等主流媒体报道。

（陈垂良）

君山区

中共君山区委员会

书　记　魏淑萍
副书记　李　勇　白再兴
常　委　罗　遥　李爱玲　马志光

傅大斌　彭志展　李力之
陈华生　周　峰　潘典宏

区人大常委会

主　任　余　为

副主任　张跃芝　陈可娟　何欣平
蔡国兴　朱　旗

区人民政府

区　长　李　勇

副区长　罗　遥　李卫兵　丰为民
彭红卫　庞域建　周志辉
吴国良

政协君山区委员会

主　席　陈忠炎

副主席　杨才学　高本贻（兼）
杨再兴　曹志刚（兼）
杨　善

区人民武装部

部　长　彭志展

政　委　施文亮

区纪委监委

纪委书记、监委主任　李力之

区人民法院

院　长　陈　勇

区人民检察院

检察长　闵孚君

【概况】　君山区位于岳阳市的西部，北纬29度、东经112度。土地总面积627.11平方千米，其中耕地面积268.88千公顷。2020年，辖4个镇1条街道和君山农场、钱粮湖农场，年末常住人口24.65万人，其中城镇人口13.73万人，城镇化率为55.7%；人口出生率4.4‰，自然增长率3.52‰。

自然资源。全年降雨量1417.05毫米，年平均气温18.2℃。水利工程年供水总量8129万立方米，年末拥有水库38座，年末蓄水量160万立方米。水闸52座。有国家一级保护动物10种、二级保护动物54种，国家一级保护植物两种、二级保护植物5种。森林覆盖率20.87%，水质综合达标率100%，空气质量优良率88%。有水库38座、水闸52座，水利工程年供水总量8129万立方米。

经济综合。全年地区生产总值167亿元，增长5.6%，其中：一产业增加值36.34亿元，增长3.9%；二产业增加值53.81亿元，增长3.2%；三产业增加值76.85亿元，增长5.8%。三次产业结构为21.8∶32.2∶46。一般公共财政预算收入3.11亿元，增长1%，公共财政预算总支出24.17亿元，增长2.7%。

农业。农林牧渔业总产值61.5亿元，比上年增长17.3%。主要产品产量：粮食全区粮食种植面积2.23万公顷，总产14.5万吨，双低油菜0.67万公顷、生态黄茶333.33公顷、稻虾共作近1万公顷，蔬菜种植面积2.33万公顷、产量120万吨。籽棉8115吨，油料1.88万吨，瓜果71238万吨，水产品5.2万吨。新增省、市级龙头企业10家，创省级“百强家庭农场”1家，市级示范家庭农场1家。“六门闸风干鱼”“君山芦笋”“君山小龙虾”获评国家地理标志证明商标。新发展农民合作社31家，创国家级示范社1家，市级示范社1家；发展家庭农场24家，创省级示范家庭农场两家，市级1家。

工业。工业增加值54.4亿元，增长5.1%，其中规模以上工业增加值49.18亿元，增长5.1%。工业支柱产业为：农副食品加工和食品制造、生物医药、电子设备制造三大主导产业集群。工业园区企业73家，园区工业增加值64.7亿元，增长25.26%；其中园区规模以上工业增加值61.34亿元，增长28.23%。建筑业总产值增长11.8%，具有资质等级的总承包建筑企业21家。

商贸服务业。社会消费品零售总额54.88亿元，同比下降2.1%。外贸进出口额完成5492万元，同比增长21%。其中进口4442万元，增长30.9%，出口1049万元，下降7.4%；主要出口产品品类：铝镁合金、电磁铁、运动头盔、茶叶、额温枪等。实际利用境外资金0.26亿美元；实际到位省外境内资金28.05亿元，增长23.5%。

旅游业。接待国内外游客710万人，下降8.9%，其中接待入境游客5830人，下降68.2%；旅游收入47亿

2020年君山区镇（街道办事处）、场简况一览表

表25

名称	国土面积（平方千米）	耕地面积（公顷）	年末总人口（人）	农民人均可支配收入（元）	党委书记	镇（办）场长、主任
广兴洲镇	84.43	4533.35	37583	20369	龙世友	高君林
许市镇	81.65	3881.6	34313	19699	许四海	代颖慧
柳林洲街道	171.59	5036.45	81261	27764	万　胜	李启明
钱粮湖镇	161.63	7714.56	77698	20726	李华平	王文浩
良心堡镇	69.87	4080.87	34979	21186	黄正洲	余大勇
君山芦苇总场	64.17	13.26	5077	20578	周　勇（2020年12月免）郑明军（2020年12月任）	郑明军（2020年12月免）
水产养殖场	6.8	37	3920	20462	蔡玉刚	芦建文

说明：农林场非行政区划人口、面积是所在行政区划总数的其中项

元，下降9.9%；其中AAAA级以上1家。

固定资产投资。固定资产投资比上年增长8.6%。基础设施建设投资增长0.7%，房地产开发投资增长3.3%。交通基础建设投资1.45亿元，增长117.48%；农田水利基础建设投资4.97亿元。

交通通信。境内公路通车总里程1113.8千米，增加13.46千米。客货运周转量2.94亿吨千米，其中货运量285万吨，客运量189万人，年末公路通车里程1113.8千米。电信业务总量10715万元，增长9.7%。邮政业务总量5028万元，增长11.2%；邮电业务总量15743万元，增长10.2%。建成5G基站83个，5G用户6.5万户，增长100%。

科技教育。有高新技术企业19家，新增6家；科学研究开发机构3家；签订技术合同两项，成交金额0.46亿元，增长48%；高新技术产业增加值占GDP的比重为22.5%；具有核心竞争力科技创新项目两项。有学校83所，其中小学29所、普通初中6所、普通高中两所、中等职业学校1所，公办幼儿园23所，民办幼儿园22所；学前三年入园率98.8%，小学巩固率100%，初中巩固率100%，高中阶段毛入学率95%。

文化卫生体育。省级重点文物保护单位6处，省级以上非物质文化遗产保护项目3个。有医疗卫生机构14个，其中疾病预防控制机构1个、医院4个、卫生院4个，卫生工作人员595人、床位数995张。有艺术表演团体1个，文化馆1个，公共图书馆1个，博物馆（纪念馆）1个，档案馆1个。开展全民健身项目9项次，6.7万人参加全民健身运动。健身驿站8个，公共体育场地365个。

社会生活。社会福利机构7个。新增城镇就业2803人，登记失业率为1.35%。累计脱贫6084人。新增农村劳动力转移1306人。城镇居民人均可支配收入3.59万元，农村居民人均可支配收入1.97万元，分别增长4.8%、7.9%。

疫情防控。君山区按照“坚定信心、同舟共济、科学防治、精准施策”总要求，坚决打赢疫情防控阻击战，确诊新冠疫情6例，区人民医院作为岳阳市新冠疫情救治定点医院，治愈区外确诊病例57例。严厉打击哄抬物价行为，防疫期间物价稳定度居岳阳市第一位，查办岳阳市首例涉疫案件。君山区人民医院党委获评湖南省抗击新冠肺炎疫情先进基层党组织、护理部获评湖南省新冠肺炎疫情防控护理工作先进集体。

三大攻坚。防范和化解重大风险，完成融资平台市场化转型，由2019年的风险二类地区降为风险提示地区。脱贫攻坚，3360名贫困学生享受扶贫资助，贫困群众住院报销比例84%以上，建立扶贫车间7个、扶贫基地8个，完成消费扶贫1800多万元，建档立卡贫困群众全部退出贫困序列，顺利通过脱贫攻坚省市考核。污染防治，全面完成中央、省各类环保督察交办问题整改，生态环境持续向好。开展长江流域禁捕退捕、洞庭湖生态环境整治三年行动、“洞庭清波”和“绿盾行动”等专项整治，6座城乡污水处理厂全面建成投入使用

存在的主要问题和不足：发展还不够充分，经济总量仍然偏小、经济结构仍然不优、优质财源项目不多，高质量发展步伐有待加快；保障改善民生任务繁重，公共服务水平离群众期盼还有差距；风险隐患依然存在，社会治理能力有待提高。

（熊　龙）

屈原管理区

中共屈原管理区委员会

书　记　金　晨

副书记　万　东　田明清

常　委　田　荣　沈小星　曹正平
　　　　欧明目　彭　伟　许义中
　　　　韩德辉

区管理委员会

主　任　万　东

副主任　田　荣　曹正平
　　　　刘柏荣（2020年6月退休）
　　　　谢辉煌　余　宏　湛江

区人大政协工委

主　任　曾兰芝

副主任　曹建赓（2020年6月免）
　　　　徐扩勇（2020年9月任）
　　　　刘建云（2020年9月任）

区纪委监委

纪委书记、监委主任　许义中

区人民法院

院　长　杜国伟

区人民检察院

检察长　戴敏波

【概况】　屈原管理区位于岳阳市的西南部，北纬28°47′30″～29°08′、东经112°55′～113°4′。2020年，屈原管理区辖两个镇、1个乡、1个街道，分别是营田镇、河市镇、凤凰乡、天问街道。土地总面积218平方千米，其中耕地9340公顷。年末户籍总人口8.58万人，人口出生率8‰，自然增长率1‰。年内最高气温38℃，最低气温-5℃，年降水量1232毫米。

经济综合。全区GDP90.9亿元，同比增长4.5%。第一、第二、第三产业总量（增加值）分别为14.2亿元、50.39亿元、30.9亿元，分别增长4.4%、5%、3.8%，三次产业结构比为15.6∶50.4∶34，一般公共财政收入2.18亿元，增长-4.6%；地方公共财政收入1.31亿元，增长1%；规模工业增加值41.3亿元，增长6%；社会消费品零售总额18.2亿元，增长-2.5%；固定资产投资42.6亿元，增长，8.7%；城镇居民人均可支配收入3.61万元，增长4.4%；农村居民人均可支配收入2.28万元，增长7.5%；全面小康社会实现程度99%。

项目建设。全年争取到位项目219个，到位资金7.56亿元，同比增长66.8%。新签约项目10个，协议引资24.28亿元，其中过亿元项目5个、新开工项目4个、新投产项目5个，内联引资到位资金完成18.2亿元，直接利用外资291万美元，尤其是总投资15亿元的新奥集团能源综合利用项目，实现全区“五百强”企业引进零的突破。4个市双百工程重点建设项目完成投资6.49亿元，区定22个重点项目完成投资约9.8亿元，全区新增投资5000万元以上的“五上”项目11个，累计完成投资21.3亿元。

农业生产。全年完成粮食播种面积1.67万公顷，增加1333.33公顷；稳定发展生猪养殖，出栏29.02万头，增加2.32万头；新增省级龙

2020年屈原管理区乡（镇、街道办事处）简况一览表

表26

名称	国土面积（平方千米）	耕地面积（公顷）	年末总人口（人）	党（工）委书记	乡（镇）长（主任）
营田镇	55.28	2035.19	35423	湛　江	徐　伟
河市镇	80.93	3637.9	27250	胡　鹤	杨　甜
凤凰乡	81.21	3668.88	18412	谢加旺	周晓明
天问街道	0.57		4799	黄合平	陈　龙

头企业两家，市级龙头企业4家，新增农民专业合作社20个、家庭农场15个；发展鸿运瓜蒌种植、惠众特色水果园、永兴蔬菜种植、君原黄茶种植等特色产业，惠众粮油专业合作社评为全国百佳示范社。

城乡建设。打造屈子诗园、商业步行街、建材市场等城市新地标，持续繁荣一中商业综合体、天问美食城等商圈，改造老旧小区5个，完成天问街道162户1万平方米棚户区改造。治脏治堵治乱治违，推行生活垃圾分类，优化城市水电气网配套。完成农村改厕1100个，建设生态沟渠1350米、生态塘2.2万平方米，新增耕地面积47.4公顷，完成耕地指标交易5079万元。在全国农村改革试验区工作会议上，屈原区作典型发言。成功迎接国务院大督查、农业农村部禁捕退捕、省环保督察回头看等专项督查，中央电视台新闻频道以“小天鹅栖息洞庭湖”对屈原生态环境进行专题报道。加强对古罗城遗址发掘，被中央电视台《新闻联播》专题报道。

民生实事。全年民生支出4亿元，占财政总支出的69.4%，15项省市民生实事全面完成。2020年高考屈原一中本科上线率同比增长16%。推进中小学校教室空调装配全覆盖工程，新装空调320台，完成屈原小学等3个足球场建设。妇幼保健服务中心竣工投入使用，24个行政村卫生室完成标准化建设，基本医疗保险综合参保率99.9%。提标城乡低保保障水平，分别达每年6360元和4320元。

疫情防控。屈原管理区快速响应、严密防控，确诊病例仅1例。常态化抓入境等重点人员监管、冷链等重点环节监督、医院等重点场所管控，无新增病例。累计经营场所外环境采样527份，经医疗机构外环境采样221份，人员核酸采样4133份。出台《屈原管理区关于加强疫情科学防控有序做好企业复工复产工作的意见》，协调区内银行为各企业解决融资贷款1亿多元，阶段性减税降费、小微企业缓缴、疫情综合减免2500万元。减免养老保险费、工伤保险费、失业保险费2.3万人次1145.7万元，稳定就业岗位773个。开展各类临时救助1346人次，发放救助金174.14万元，保障困难群体基本生活。

脱贫攻坚。重点围绕增收补损、稳岗就业、消费扶贫、政策保障、项目建设、结对帮扶、风险防控等开展工作，组织脱贫攻坚“回头看”。投入财政扶贫资金1256.85万元，安排实施项目71个。优选15家带贫经营主体，以代耕代收、土地流转、入股分红等方式，带动1564户贫困户就地发展农业产业，户均月增收1200元以上。全区建档立卡贫困人口医保参保率100%；完成3160户四类对象住房安全鉴定。顺利通过省检、市检，脱贫6户13人（全部为兜底户），实现贫困户清零。

（吴鹤飞）

中国好人榜
湖南好人榜
2020年上半年度湖南好人榜发布仪式
暨中国好人与湖南好人现场交流活动
主办单位
湖南省文明办
承办单位
湖南文明网｜中共岳阳市委宣传部｜岳阳市文明办｜中共汨罗市委｜汨罗市人民政府
执行单位
中共汨罗市委宣传部｜汨罗市文明办｜中共汨罗市委文明实践服务中心｜汨罗市文旅广电局｜汨罗市融媒体中心｜湖南汨罗屈子文化园
岳阳·汨罗

人　物

编　辑　李　幸

新任市级领导

胡建新

湖南衡南人，汉族，1973年6月出生，1997年7月参加工作，1996年12月加入中国共产党，大学本科学历，经济学学士。历任省政府经济研究信息中心副科级干部，省信息产业厅办公室副主任科员、主任科员，省委办公厅信息处主任科员，省委办公厅秘书处主任科员、副调研员、副处长、省委常委会秘书，省委办公厅综合调研三处处长、秘书二处处长、省委办公厅副主任（其间：2017年2月至2020年4月援疆，任新疆生产建设兵团党委、兵团副秘书长，湖南省第八批援疆工作队副领队、湖南省第八批援疆前方指挥部党委副书记、副指挥长）。2020年4月，任岳阳市委常委、统战部部长；2020年7月，任岳阳市委常委、统战部部长、岳阳经济技术开发区党工委第一书记。

刘铁健

湖南岳阳人，汉族，1965年2月出生，1983年7月参加工作，1988年8月加入中国共产党，大学专科学历。历任岳阳市防汛抗旱办公室副主任、主任（其间：1997年9月至2000年6月在武汉水利电力大学水利水电工程建设专业函授本科），市水务局党组书记、副局长（其间：2007年1月至2007年10月挂职任平江县委常委、县人民政府常务副县长），屈原管理区党委书记，市发改委党组书记、主任，华容县委书记。2020年1月，任岳阳市政协党组成员、副主席。

陈阁辉

湖南君山人，汉族，1966年12月出生，1988年7月参加工作，1988年6月入党，大学文化。历任九州大厦总经理，市供销社党组成员、理事会副主任、市委办副主任（其间：2004年5月至2007年12月援藏，任桑日县委书记），市委副秘书长，市城管局党组书记、局长，岳阳楼区区委副书记、区长、区委书记，岳阳楼区委书记、二级巡视员。2020年8月，任岳阳市人民政府副市长。

先进人物

龚建会

湖南岳阳人，汉族，1975年出生，1993年参加工作，高中学历，正大岳阳有限公司生产一线制粒工。多次获评公司和地区生产标兵、优秀员工，在制粒效率竞赛中多次获第一名，从无出现产品品质事故。2021年4月，获全国五一劳动奖章。

龚建会坚守岗位26年，有丰富的生产经验，身为制粒班的带班人，他立足岗位，不断提高自己操作技能，并与同事探讨生产工艺流程和生产线设备的特性，带领团队不断钻研，持续创新改善和调整。在传统工艺上调整调制器桨叶角度、增加调制器长度、增加保质器，使饲料加工过程搅拌时间由原来的20秒增加到120秒，调制温度从75℃提升到85℃，在有效杀灭“非瘟”病毒的同时，成品粉率降低2%，生产效率提高15%，每年为公司节约生产成本近20万元。

张　峰

湖南华容人，汉族，1971年出生，1990年参加工作，中共党员，本科学历，高级工程师，现任华容县水利局党委委员、总工程师。受到县人民政府嘉奖5次，立三等功1次，2010年被省政府授予“芙蓉杯”水利建设竞赛先进个人、记二等功，2020年被授予2019年度“助推绿色发展、建设美丽长江”全国引领性劳动和技能竞赛先进个人。2021年4月，获全国五一劳动奖章。

张峰组织和参与洞庭湖堤防建设、洞庭湖区“三大垸”蓄洪安全区建设、六门闸排涝工程、重点易涝区治理等多个国家重大项目建设，完成国家投资22.8亿多元，累计建设堤防179千米、建设涵闸118座、改造机埠68处43500千瓦。在《湖南水利水电》等刊物发表防汛抗灾和水利建设领域技术论文多篇。作为洞庭湖区防汛任务最重区域的工程组主要成员，指导和参与较大险情处置300多处，为保江湖安澜提供坚强的技术保障。

李　斌

湖南张家界人，土家族，1974年出生，1997年参加工作，预备党员，主任医师，现任岳阳市一人民医院泌尿外科主任。多次获评市一人民医院先进工作者和医德医风优秀个人，2019年被评为“岳阳好人”，2020年被评为抗疫先进集体一等奖，2021年1月获“湖南好人”候选人提名。2021年4月，获湖南省五一劳动奖章。

李斌从医20多年，始终把患者放在第一位，每天提前到科室上班，检查新病人、查看病历、了解前天手术病人的术后情况，解答病人家属的疑问。长年累月的加班加点工作，导致他患上腰椎间盘突出，为不影响工作，术后仅休息三周，又带着厚厚的腰围重返手术台。2020年抗疫期间，他一直坚守在自己的岗位上，与患有肺部疾病的爱人，组成抗疫战线“夫妻档”。

李石道

湖南岳阳人，汉族，1963年出生，1982年参加工作，1985年9月加入中国共产党，大学本科学历，现任国家税务总局岳阳市税务局党委书记、局长。获省局级立功授奖10多次，被市委、市政府记二等功1次。2021年4月，获评湖南省五一劳动奖章。

2018年机构改革，李石道作为首任党委书记、局长，勇挑使命重担，带领岳阳税务顺利推进国税地税征管体制改革、增值税改革等重大改革发展任务，各项工作排在全省前列。单位被评为全国“七五”普法中期先进集体、全省税务系统“四合”示范单位和绩效管理先进，连续3年全市综合绩效考评先进、平安建设先进。

孟　辉

湖南屈原人，汉族，1979年出生，2001年参加工作，学士学位，中级工程师，现任湖南省鑫源新材料股份有限公司副总经理。被评为“当好主力军·建功新时代”先进个人，“屈原工匠”“巴陵工匠”。2021年4月，获湖南省五一劳动奖章。

孟辉毕业后一直从事机械设计、制造，尤其是碳/碳复合材料领域的机械设计、制造工作，有17年工作经历，参加国内的碳材料学术研讨会10多次，多次参加太阳能国际展览会并参展，申请机械设计、制造方面的国家发明专利10项。2012年与清华大学核能源与新能源学院合作国家重大项目，带领技术团队负责某系统中核心部件研制，经过日夜奋战，反复实验，按照国家技术要求，如质如量完成项目，为推动新材料的发展做出突出贡献。

任　畅

湖南汨罗人，汉族，1972年出生，1990年参加工作，中共党员，本科学历，正高级教师，现任岳阳市第九中学语文教师兼教研处主任。获评省市优秀教师、师德标兵。2021年4月，获湖南省五一劳动奖章。

任畅坚守教学一线31年，以“阅读+活动”立德树人，促学生全面发展。辅导学生获市级以上竞赛奖82人次、发表作品100多篇。推进教改，创新推出“五看”课堂教学评价标准与“五让”理念，探索出“批注点评式”“引—探—结—用”等多种教学范式，创新实施分级设标、分层评价作文评改模式，开发并实施初中汉语口语交际能力测评量表等。获教学竞赛省一等奖以上6次，部级与省市级优课4次，发表论文36篇，编著出版教学教研书籍22本，主持主研的课题获国家、省市一等奖9次。

盛智勇

湖南南县人，汉族，1983年出生，2009年参加工作，中共党员，硕士研究生学历，现任湖南中创空天新材料股份有限公司研究院副院长兼薄壁件车间主任。2021年4月，获湖南省五一劳动奖章。

盛智勇推动公司高品质、高性能铝合金材料及构件一体化制造产业化基地建设，项目被列入第一批湖南省某重大示范项目、湖南省2020年重点建设项目和湖南省“五个100”重大产业项目，主要任务是把材料制备方面的多项科研成果产业化，解决国家高端铝合金及特种合金材料和构件的“卡脖子”问题，对国家航空航天和材料装备发展具有重要的战略意义。《2021年湖南省政府工作报告》把中创股份与中南大学特种合金项目列入湖南省2021年重点抓好的十大技术攻关项目。

向志明

湖南湘阴人，汉族，1965年出生，1986年参加工作，中共党员，高级工程师，研究生学历，博士学位。被评为“2019—2020年湖南省优秀企业家”。2021年4月，获湖南省五一劳动奖章。

邹国庆

湖南临湘人，1981年出生，2004年参加工作，中共党员，大学本科文化，高级工程师，现任湖南省平益高速公路建设开发有限公司党委书记、董事长。被评为优秀共产党员、优秀项目经理、湖南省优秀QC小组长、福建省重点项目“建设功臣”。2021年4月，获湖南省五一劳动奖章。

邹国庆在交通建设一线工作16年，从一名普通大学生成长为技术能手、管理好手。参加湖南邵怀高速、吉茶高速、常吉高速、道贺高速、大浏高速、长湘高速、娄衡高速和福建邵光高速等重点高速公路建设，参与或主持修建的项目多次被评为省重点工程施工先进单位、省优秀质量管理小组。其主要负责建设的平益高速系支撑长江经济带发展和完善湘赣边红色旅游交通网的重大高速公路项目，是洞庭湖区环线高速的重要组成部分。该项目坚持“路地”联防共建，2020年，在湖南重点建设项目中率先复工复产和为复工职工提供核酸筛查检测，全线1万多名职工“零漏检、零感染”。

新闻人物

彭庆文

湖南君山人，汉族，1962年7月出生，中共党员，本科学历。1981年10月入伍，历任排长、连长、司令部参谋、通信股副股长等职。1998年10月转业到岳阳县人民检察院工作，任反渎局副局长，反贪局副局长、教导员，2017年4月自愿辞去领导职务，7月驻村扶贫任岳阳县黄沙街镇和谐村第一书记。2020年5月13日，在驻村帮扶工作期间，因病不幸逝世，享年58岁。获“央视2020年度法治人物”致敬英雄奖项、湖南省“百名最美扶贫人物”和“湖南好人”奖。2021年6月22日，最高人民检察院与中共湖南省委联合召开表彰大会，追授彭庆文“全国模范检察干部”“湖南省优秀共产党员”称号。

彭庆文从检工作22年，对党和人民无限忠诚，为人民检察事业矢志奋斗，主办或参与办理重大案件34件，无一错案、从未发生办案安全事故。淡泊名利，在组织上对全县副科实职以上干部“消超”时，主动响应号召，第一个签字自愿退出领导岗位。服从组织安排，到和谐村担任驻村第一书记，为打赢脱贫攻坚战，他把“关系户”“人情户”等违规扶贫对象全部清退，和谐村贫困户由最初的147户核减到56户。根据村里实际，给56户贫困户量身定做脱贫方案和举措，引进栀子花合作社项目126.67公顷，引进杂交水稻制种项目13.33公顷，引进木材加工企业两家，发展家禽养殖等特色产业项目，与帮扶企业合作，推行“公司+农户”养殖模式，免费提供鸡苗和猪苗，并邀请专业技术人员进行指导养殖和销售。完成道路硬化3.2千米，复通农村客运班车线路1条，完成饮用水改造64户，新增变压器1台、电力线路1条，为贫困户申请危房改造12户。和谐村综合贫困发生率降至0.8%，实现整体脱贫，56户贫困户除8户兜底户外全部脱贫摘帽。

岳阳市获评全国抗击新冠肺炎疫情先进个人名单一览表

表27

姓　名	职　务
黄河颂	岳阳市二人民医院呼吸与危重症医学科主任
唐　述（女）	岳阳市岳阳楼区五里牌街道新城社区党总支书记、居委会主任
傅汝霖	平江县疾病预防控制中心副主任

岳阳市获评全国优秀共产党员名单一览表

表28

姓　名	职　务
唐　述（女）	岳阳市岳阳楼区五里牌街道新城社区党总支书记、居委会主任

岳阳市获评一线女医务人员抗击新冠肺炎疫情全国“三八红旗手”一览表

表29

姓　名	职　务
禹　莹（女）	岳阳市二人民医院儿科主治医师

岳阳市获评湖南省抗击新冠肺炎疫情先进个人一览表

表30

姓　名	职　务
何　瑛（女）	平江县第一人民医院感染科主任，副主任医师
胡中平	平江县疾病预防控制中心主任，主治医师
李争春（女）	平江县汉昌镇四柱路社区党总支书记
赵　伟	平江县第一人民医院ICU副主任医师
傅耀华	华容县万庾镇党委书记
蔡建湘	华容县疾病预防控制中心党支部书记、主任，主治医师
刘　伟	华容县人民医院感染内科主任，主治医师
谢　丹	汨罗市人民医院消化内科主任，副主任医师
朱新春	汨罗市疾病预防控制中心主任，主任医师
吴　慧（女）	岳阳市屈原管理区卫生健康局党组书记、局长
李军良	岳阳市屈原管理区疾病预防控制中心工作人员
王智勇	岳阳市岳阳楼区委常委、宣传部部长
徐铭喜	岳阳市岳阳楼区卫生健康局党委书记、局长
许春龙	岳阳市岳阳楼区洛王街道党工委书记
黄兴乐	岳阳市岳阳楼区疾病预防控制中心检验科科长，主管检验师
田新云	岳阳市云溪区卫生健康局党组书记、局长

续表30

姓 名	职 务
张千亿	岳阳市云溪区人民医院内一科主任，主治医师
周显峰	临湘市坦渡镇晓阳村党总支书记、村委会主任
黄银喜（女）	临湘市人民医院消化内科护士长，副主任护师
邓洪波	岳阳经济技术开发区卫生健康局党组书记、局长
吴昌华	岳阳经济技术开发区康王乡党委书记
张 凡（女）	岳阳经济技术开发区西塘镇游港河卫生院护士长，主管护师
向 勇	岳阳市南湖新区龙山管理处党工委书记
章先伟	岳阳市南湖新区南湖社区卫生服务中心主任，副主任医师
吴立山	岳阳县卫生健康局副局长
夏建禹	岳阳县第三人民医院党支部书记、院长
王石虎	岳阳县人民医院副院长，主任医师
何超益	湘阴县岭北镇大友村卫生室乡村医生，执业助理医师
彭建军	湘阴县人民医院医务科主任，副主任医师
郭三涛	岳阳市君山区卫生健康局党委书记、局长
曹长波	岳阳市君山区人民医院医务科科长，主治医师
王 靖（女）	岳阳市君山区疾病预防控制中心急传科科长
李四海	岳阳市一人民医院感染科主任，主任医师
赵梅梅（女）	岳阳市一人民医院感染科护士长，副主任护师
程晓叁	岳阳市一人民医院医务科科长，副主任医师
毛 丹（女）	岳阳市一人民医院感染科护士，主管护师
廖劲美（女）	岳阳市一人民医院检验科主管技师
韩钱鹏	岳阳市一人民医院重症医学科病区主任，副主任医师
张壮军	岳阳市一人民医院院长，主任医师
刘 琦	岳阳市二人民医院医务科科长，副主任医师
祝立勇	岳阳市二人民医院急诊科主任，主任医师
黄 聃	岳阳市二人民医院重症医学科副主任，副主任医师
黄淑珍（女）	岳阳市二人民医院感染科护士长，副主任护师
何娟玲（女）	岳阳市二人民医院护理部护理干事，主管护师
陈明亮	岳阳市中医医院重症医学科副主任，主治医师
李瑜昕（女）	岳阳市中医医院大内科护士长，主管护师
陆 虎	岳阳市中医医院心血管病二科主治医师

续表30

姓　名	职　务
曹宇航	岳阳市疾病预防控制中心检验科科员，助理检验技师
李健勇	岳阳市疾病预防控制中心免疫规划科副科长
朱　琳（女）	岳阳市疾病预防控制中心急性传染病防治科副科长
黎长权	岳阳市妇幼保健院医务科科长，主任医师
李　琴	岳阳市医疗紧急救援中心主任
彭　林	岳阳广济医院呼吸内科副主任医师
李适时	岳阳市委办公室机关党委书记、市委督查室主任
冯　刚	岳阳市委组织部基层党建办副主任
周黎兵	岳阳市政府研究室党组成员、副主任，岳阳市新冠肺炎防控指挥部信息综合组组长
程　钢	岳阳市人民政府办公室网络技术科科长、文电科副科长
罗筱波（女）	岳阳市委宣传部新闻科（市突发公共事件应急新闻中心办公室）科长（主任）
胡　卫	湖南城陵矶新港区党工委委员、管委会副主任
汤　露	岳阳市委政法委副书记
李诗宇	岳阳市委统一战线工作部办公室科员
周平华	岳阳市卫生健康委员会应急办主任
廖炳晔	岳阳市第一中学校长
张　忠	岳阳市市场监督管理局党组成员、副局长
方奎明	岳阳市中心血站站长，主任医师

岳阳市获评湖南省优秀共产党员名单一览表

表31

姓　名	职　务
董　锐	岳阳市公安警令部研究室科员
吴昌华	岳阳经济技术开发区康王乡党委书记
周显峰	临湘市坦渡镇晓阳村党总支书记、村委会主任
李争春（女）	平江县汉昌镇四柱路社区党总支书记
彭建军	湘阴县人民医院医务科主任，副主任医师
夏建禹	岳阳县第三人民医院党支部书记、院长
谢　丹	汨罗市人民医院消化内科主任，副主任医师
赵梅梅（女）	阳市一人民医院感染科护士长，副主任护师
冯　刚	岳阳市委组织部基层党建办副主任
蔡建湘	华容县疾病预防控制中心党支部书记、主任，主治医师

2020年中国好人（岳阳籍）一览表

表32

姓 名	主要事迹	入选时间	所属类别
董 锐	抗疫群英谱 岳阳民警董锐：用恪尽职守诠释初心和使命	2020年2—7月	敬业奉献
吴胜利	十万助学款不畏山高路远 十年爱心路直至生命尽头	2020年10月	助人为乐

2020年湖南好人（岳阳籍）一览表

表33

姓 名	主要事迹	入选时间	所属类别
杜忠美	残疾志愿者三年助249名残友就业创业	2020年1月	助人为乐
朱伟如	岳阳农民孤身勇擒杀人逃犯	2020年1月	见义勇为
聂爱萍	岳阳农妇33年如一日照料因车祸卧床的丈夫	2020年1月	孝老爱亲
董 锐	抗疫群英谱 岳阳民警董锐：用恪尽职守诠释初心和使命	2020年2月	敬业奉献
刘周四	岳阳基层干部身患尿毒症仍全力坚守抗疫一线	2020年2月	敬业奉献
童光辉	岳阳“托举哥”只手撑起被卡小孩半小时	2020年2月	见义勇为
吴胜利	10万元助学款不畏山高路远 10年爱心路直至生命尽头	2020年3月	助人为乐
夏永文	岳阳老党员死后捐献遗体 要继续发光发热	2020年3月	助人为乐
宗菊兰	岳阳“女汉子”30多年悉心照料智障丈夫和孤寡叔公	2020年3月	孝老爱亲
吴玖桂	岳阳好嫂子不离不弃 悉心照顾瘫痪小叔38年	2020年4月	孝老爱亲
刘 明	岳阳协警不顾个人安危 救起两名落水市民	2020年5月	见义勇为
李 顺	岳阳建筑公司经理讲诚信 农民工工资有保障	2020年6月	诚实守信
胡敬秀	照顾植物人儿子12年 岳阳六旬老母亲用爱换来奇迹	2020年6月	孝老爱亲
刘 莉	岳阳支教老师自掏腰包40余万元改造校园环境	2020年7月	助人为乐
王明刚	岳阳环卫工人寒风中矗立两小时 只为“物归原主”的承诺	2020年7月	诚实守信
汤正安	岳阳女老板20年诚信经营 疫情期间仍信守诺言	2020年8月	诚实守信
彭庆文	岳阳基层干部倒在扶贫路上 光辉身影立在百姓心中	2020年8月	敬业奉献
周丽敏	岳阳超市老板诚信经营 非常时期不哄抬物价	2020年9月	诚实守信
肖小冬	岳阳好妻子11年如一日照顾年迈婆婆和残疾丈夫	2020年10月	孝老爱亲
毛立夫	岳阳村民不顾危险勇救落水青年	2020年10月	见义勇为
李概明	岳阳农技员同生命赛跑 两次大手术后仍坚持下乡指导生产	2020年11月	敬业奉献
刘军武	岳阳民企老板把扶贫帮困作为人生最大的快乐	2020年12月	助人为乐

统计资料

编 辑 赵 晶

2020年岳阳市行政区划及基层组织统计表

表34　　单位：个

单　位	乡镇街道合计	乡	镇		街道
			个数	其中城区	
岳阳楼区	15	1	—	—	14
南湖新区	3	—	—	—	3
岳阳经开区	2	1	1	1	
云溪区	5	—	2	2	3
君山区	5	—	4	4	1
岳阳县	14	2	12	1	—
华容县	14	2	12	1	—
湘阴县	15	2	12	—	1
平江县	25	5	18	—	2
汨罗市	15	—	15	1	—
屈原管理区	4	1	2	1	1
临湘市	14	—	10	—	4
合　计	131	14	88	11	29

续表34

单　位	村社区合计	村	社区		备注
			个数	其中城区	
岳阳楼区	107	8	99	99	全岳阳楼区乡2、镇1、街道17，合计20；村36、社区140，合计176
南湖新区	24	2	22	22	
岳阳经开区	45	26	19	19	
云溪区	59	35	24	24	
君山区	76	53	23	23	
岳阳县	194	161	33	20	
华容县	203	155	48	25	
湘阴县	210	153	57	19	
平江县	550	497	53	23	
汨罗市	179	144	35	22	全汨罗市乡1、镇17、街道1，合计19；村168、社区43，合计211
屈原管理区	32	24	8	7	
临湘市	161	114	47	18	
合　计	1840	1372	468	321	

2020年国民经济和社会发展总量指标表

表35

指标名称	2020年	2019年
人口与就业		
一、常住人口（万人）	505.19	577.13
# 城镇人口	306.45	341.66
农村人口	198.74	235.47
# 男性人口	258.66	299.16
女性人口	246.53	277.97
二、就业		
全部单位从业人员数（万人）	48.01	50.66
其中：在岗职工人数	41.68	44.39
城镇登记失业人员数	1.94	2.82
宏观经济		
一、国民经济核算（亿元）		
岳阳市生产总值	4001.55	3778.1
第一产业	459.91	380.62
第二产业	1622.25	1525.83
第三产业	1919.39	1871.65
最终消费	1631.14	1944.33
居民消费	1091.97	1446.65
政府消费	539.17	497.69
资本形成总额	2420.11	1744.45
固定资本形成总额	2181.02	1572.11
存货增加	239.09	172.34
货物和服务净出口	–49.7	89.32
二、财政（亿元）		
一般公共预算收入（含上划两税）	333.54	338.64
其中：一般公共预算地方收入	152.73	150.18
一般公共预算支出	539.17	532.43
三、物价（以上年为100）		
商品零售价格总指数	101.1	101.5
居民消费价格总指数	101.7	102.5
四、利用外资		
实际利用外资（万美元）	74273	63861
产　业		
一、农业		
耕地面积（千公顷）		
农林牧渔业总产值（亿元）	793.47	649.9
其中：农业	329.01	291.53
林业	21.95	21.09

注：人口数据为“七人普”数据。

续表35

指标名称	2020年	2019年
牧业	268.53	180.23
渔业	133.71	120.15
主要农产品产量（万吨）		
粮食	293.15	291.21
棉花	1.98	2.22
油料	22.51	20.48
甘蔗	2.12	2.17
麻类	0.02	0.008
蔬菜及食用菌	262.56	254.17
茶叶	1.67	1.65
水果	55.68	57.96
猪牛羊肉产量	27.49	32
水产品	51.63	53.82
二、工业		
规模以上企业总产值（亿元）	5779.11	5446.23
# 轻工业	2548.35	2336.39
重工业	3230.76	3109.84
# 中央省属工业	772.04	928.15
市属及以下工业	5007.07	4518.08
三、建筑业		
建筑业企业个数（个）	327	313
建筑业总产值（亿元）	607.05	550.67
竣工面积（万平方米）	734.05	1323.31
四、交通运输		
货运量（万吨）	—	41627.34
其中：铁路	—	1317.61
公路	—	30533.91
水运	9821.02	9309.14
管道	466.68	—
客运量（万人次）	9090.7	—
其中：铁路	1367.81	—
公路	3118.02	7660.41
水运	2.78	6.88
五、邮电通信业		
邮电业务总量（万元）	101596	80880
六、国内商业		
社会消费品零售总额（亿元）	1574.01	1611.69
七、对外经济贸易和旅游		

续表35

指标名称	2020年	2019年
进出口总额（亿元）	419.84	330.05
其中：进口额	234.77	138.36
出口额	185.08	191.69
国际旅游		
接待国际旅游人数（万人次）	1.99	43
外汇收入（万美元）	826.7	17105
八、金融保险		
金融机构年末存款余额（亿元）	3067.12	2759
金融机构年末贷款余额（亿元）	2465.13	1993.8
保费总收入（亿元）	97.44	89.96
其中：财产保险收入	30.03	29.27
人身保险收入	67.41	60.69
教育、科技		
一、教育		
高等学校（所）	5	5
职业教育（所）	33	34
普通中学（所）	308	305
普通小学（所）	635	639
在校学生人数（万人）	84.74	83.58
其中：高等学校	6.74	6.2
职业教育	5.4	4.98
普通中学	25.5	25.27
普通小学	36.16	35.81
二、广播、电视		
广播覆盖率（%）	99.99	99.99
电视覆盖率（%）	99.99	99.99
居民生活、环境		
城镇居民人均可支配收入（元/人）	36749	35116
农村居民人均可支配收入（元/人）	18186	16878
住户存款余额（亿元）	1929.2	1689.46
在岗职工平均工资（元/人）	68050	64156
卫生机构（个）	4122	4470
医疗床位数（张）	38481	35311
城市人均日生活用水量（升）	184.24	160.4
液化气供应量（吨）	48929	46231
民用汽车（辆）	1161336	1080780
其中：载客	642486	583411
民用机动船（艘）	389	437

国民经济主要比例关系

表36

	2020年	2019年
一、国内生产总值比例	100	100
第一产业	11.5	10.1
第二产业	40.5	40.4
其中：工业占GDP	34.2	34
建筑业占GDP	6.4	6.4
第三产业	48	49.6
其中：交通运输、仓储和邮政业	3.7	4
批零贸易住宿餐饮业	8.4	10.6
金融业	2.8	2.8
房地产业	6.6	6.7
其他服务业	24.2	25.5
二、国内支出总额比例	100	100
（一）资本形成总额	60.5	46.2
固定资产形成总额	54.5	41.6
存货变动	6	4.6
（二）最终消费支出	40.8	51.4
居民消费支出	27.3	38.3
政府消费支出	13.5	13.2
（三）货物和服务净出口	−1.2	2.4
三、固定资产投资资金来源比例	100	100
上年结余	7.2	11.6
本年资金	92.8	88.4
1、国家预算内资金	0.5	1.7
2、国内贷款	7.4	4.3
3、债券	0.02	1.4
4、利用外资	0.1	0.001
5、自筹资金	61.1	62.8
6、其他来源	19.5	29.9
四、固定资产投资中三次产业所占比例		
第一产业	2.8	2.3

续表36

	2020年	2019年
第二产业	45.4	44.7
第三产业	51.8	52.9
五、地方财政收入构成比例	100	100
增值税	22.9	25.3
企业所得税	5.4	5.6
个人所得税	1.4	1.4
资源税	0.4	0.3
城市维护建设税	6.1	6.3
耕地占用税	3.5	2.3
契税	10.4	10.3
其他各项税收收入	0.01	1.5
非税收入	37.4	36
六、农业总产值中各产业所占比例	100	100
农　业	41.5	44.9
林　业	2.8	3.2
牧　业	33.8	27.7
渔　业	16.9	18.5
七、工业总产值中轻重工业比例（规模以上）	100	100
轻工业	44.1	40.4
重工业	55.9	59.6
八、社会消费品零售总额比例		
1、按销售地区分：	100	100
城镇	86.4	86.6
乡村	13.6	13.4
2、按行业分：	100	100
批发业	12.2	11.7
零售业	70.4	70.6
住宿业	6.4	6.6
餐饮业	10.9	11.1

国民经济和社会发展效益指标

表37

指标名称	计量单位	2020年	2019年
人　口			
人口出生率	‰	3.68	10.3
人口死亡率	‰	4.2	5.5
人口自然增长率	‰	3.68	4.8
宏观经济			
人均国内生产总值	元	73944	65318
财政收入相当于GDP	%	8.3	9
财政支出相当于GDP	%	13.5	14.1
金融存款余额相当于GDP	%	76.5	73
金融贷款余额相当于GDP	%	61.6	52.8
进出口总额相当于GDP	%	10.49	8.74
产　业			
农业从业者人均农业总产值	元	35298	28576
每公顷播种面积农产品产量			
粮食	公斤	6183	6117
棉花	公斤	1210	1233
油料	公斤	1760	1703
规模工业企业效益			
资产利税率	%	23.1	22.6
产值利税率	%	9.4	9.3
工业增加值率	%	25.9	22.5
全市人均消费品零售额	元	29086	27864

1978年至2020年岳阳市GDP

表38　　单位：万元、%

年　份	GDP总量	第一产业	第二产业	第三产业	增速	人均GDP(元)
1978	138202	60689	58118	19395	0	306
1979	157337	61488	74976	20873	10.1	350
1980	167402	65756	80009	21637	11.6	400
1981	190194	75300	89423	25471	10.3	449
1982	214919	84219	99973	30727	9.9	501
1983	244148	99721	111770	32657	7.9	564
1984	267353	103035	121959	42359	10.9	612
1985	311073	119425	140704	50944	9.5	707
1986	360064	148288	155941	55835	10.5	812
1987	422240	165407	177309	79524	10.2	944
1988	538570	207800	219339	111431	10.8	1194
1989	617336	232442	244578	140316	6.4	1357
1990	662515	288864	227848	145803	11.9	1413
1991	694370	291613	246523	156234	4.4	1451
1992	821782	327756	285577	208449	10.8	1694
1993	1052986	375295	385139	292552	13.4	2161
1994	1430193	637494	441031	351668	16.9	2901
1995	1857466	710000	678262	469204	14	3730
1996	2258463	779961	799696	678806	14.1	4490
1997	2561294	866303	926018	768973	13.2	5044
1998	2769184	816583	1067818	884783	10	5401
1999	2986459	829119	1186378	970962	9.1	5774
2000	3367400	904400	1470700	992300	11.4	6544
2001	4069650	982000	1663645	1424005	10.5	7237
2002	4434077	1025297	1950203	1458577	10.5	7879
2003	4902142	1085692	2098474	1717976	11	9064
2004	5389278	1181987	2311805	1895486	12.1	10765
2005	6017453	1217536	2729758	2070159	11.7	12532
2006	6992528	1344171	3261496	2386861	12.4	14340
2007	9000308	1779274	4222708	2998326	15.3	17826
2008	10730142	1803856	5412588	3513698	14.1	22401
2009	12494079	1828963	6269465	4395651	14.1	24103
2010	14474695	2104934	7270846	5098915	14.8	27127
2011	17333407	2445622	8703469	6184316	14.2	31818
2012	18379159	2476678	9069457	6833024	12.1	34046
2013	20772626	2461654	9747489	8563483	10.2	38747
2014	22634456	2530377	10448812	9655267	9.3	42484
2015	25871002	2735082	11342926	11792994	8.7	48917
2016	28071533	2921994	11667258	13482281	7.8	53436
2017	31736736	3040610	13414780	15281346	7.1	60729
2018	34747600	3199104	14231500	17316996	8.3	66742
2019	37780984	3806163	15258324	18716497	8	73365
2020	40015479	4599082	16222453	19193944	4.2	78868

2020年岳阳市各县（市、区）GDP核算数据

表39　　单位：万元、%

指标名称	岳阳楼区		云溪区		君山区	
	现价总量	增速	现价总量	增速	现价总量	增速
地区生产总值	**7003135**	**4.6**	**3276399**	**2.2**	**1670022**	**5.6**
农林牧渔业	71233	-6	126902	4	382457	4.1
# 农林牧渔服务业	3959	7.5	6244	7.5	19035	7.5
工业	216623	7.5	1962007	2.2	516381	3.3
采矿业	5345	-1.9	44780	2.4	11598	3.3
# 开采辅助活动	5	—	38	—	0	—
制造业	198825	-2.6	1811984	2.2	477719	3.3
# 金属制品、机械和设备修理业	304	—	2565	—	0	—
电力、热力燃气及水生产和供应业	12453	-2.1	105243	3.1	27064	3.3
建筑业	1535190	5.4	141168	-0.5	21759	6.7
批发和零售业	970704	3.8	174168	4.3	152425	3.7
批发业	623397	6.1	111803	6.6	97994	6.1
零售业	347307	-0.1	62365	0.5	54431	-0.4
交通运输、仓储和邮政业	300055	-7.4	153837	-0.8	52321	4
铁路运输业	129289	-22.2	36978	-22.2	0	—
道路运输业	80219	0.3	69947	0.3	38003	0.3
水上运输业	10552	8.3	5108	8.3	1690	8.3
航空运输业	0	—	0	—	0	—
管道运输业	0	—	0	—	0	—
多式联运和运输代理业	30042	2.3	18821	32.4	5076	8
装卸搬运和仓储业	33773	18.6	15150	9.9	4962	8.8
邮政业	16180	31.5	7833	31.5	2591	31.5
住宿和餐饮业	250306	-8.8	18115	-8.2	9339	-8.7
住宿业	71910	-16.3	5186	-16	2653	-17.2
餐饮业	178396	-5.8	12930	-5	6686	-5.3

续表39

指标名称	岳阳楼区		云溪区		君山区	
	现价总量	增速	现价总量	增速	现价总量	增速
金融业	289398	8.5	77042	8.5	66916	8.5
货币金融业服务	229512	8.7	61100	8.7	53070	8.7
资本市场服务	12048	6.7	3207	6.7	2785	6.7
保险业	47705	7.7	12699	7.7	11031	7.7
其他金融业	133	13.3	36	15	31	11.8
房地产业	558845	4.2	260466	1.4	92029	3.4
房地产业（K门类）	151585	2.9	66999	–4.2	24617	1
居民自有住房服务	407260	5	193467	5	67412	5
其他服务业	2810781	9	362694	6.1	376395	6.4
营利性服务业	1786255	10.8	229626	7.4	236129	6.8
信息传输、软件和信息技术服务业	346669	24.9	42936	16.9	41788	10.5
# 电信、广播电视和卫星传输服务	0	—	0	—	0	—
# 互联网和相关服务	0	—	0	—	0	—
# 软件和信息技术服务业	0	—	0	—	0	—
租赁和商务服务业	467042	5.5	60697	3.6	63592	5.1
科学研究和技术服务业	232002	8.4	30137	6.3	31917	9.1
居民服务、修理和其他服务业	589944	8.7	75770	5.4	78169	5.3
文化、体育和娱乐业	150599	4.6	20086	5.4	20663	5
非营利性服务业	1024525	5.4	133068	3.4	140266	5.6
水利、环境和公共设施管理业	80889	5.5	10492	3.4	11035	5.3
教育	401776	6.5	51822	3.8	54966	6.6
卫生和社会工作	195025	5.5	25468	4.1	26630	5.4
公共管理、社会保障和社会组织	346836	4	45285	2.6	47635	4.5
第一产业	67274	–6.8	120658	3.8	363422	3.9
第二产业	1751504	3.8	2100572	1.8	538139	3.2
第三产业	5184357	5.1	1055169	5.3	768460	5.8

续表39

指标名称	岳阳县		华容县		湘阴县	
	现价总量	增速	现价总量	增速	现价总量	增速
地区生产总值	3628368	4.2	3703018	3.8	3397951	3.9
农林牧渔业	731189	4.3	964168	4.2	752751	4.2
# 农林牧渔服务业	34056	7.5	45845	7.5	36021	7.5
工业	1414365	4.7	1069621	4.8	1000619	4.7
采矿业	33985	4.7	26160	4.6	24632	6.5
# 开采辅助活动	29	—	22	—	21	—
制造业	1302936	4.8	980439	4.7	919340	4.7
# 金属制品、机械和设备修理业	1951	—	1502	272.7	1390	–77
电力、热力燃气及水生产和供应业	77445	2.3	63022	8	56646	4.9
建筑业	97125	3	108910	–6.2	249572	–3
批发和零售业	368768	3.9	216965	3.5	194288	3.6
批发业	236739	6.2	139295	5.8	124300	5.5
零售业	132029	0.1	77670	–0.3	69989	0.4
交通运输、仓储和邮政业	77358	0.7	137267	6.5	99979	2.7
铁路运输业	1806	–22.2	0	—	0	—
道路运输业	55741	0.3	97596	0.3	73582	0.3
水上运输业	2576	8.3	4339	8.3	3271	8.3
航空运输业	0	—	0	—	0	—
管道运输业	0	—	0	—	0	—
多式联运和运输代理业	6270	–12.5	13062	8.2	8523	–6.4
装卸搬运和仓储业	7015	0.9	15615	33.3	9587	8.6
邮政业	3950	31.5	6654	31.5	5016	31.5
住宿和餐饮业	27706	–8.3	83806	–8.6	47498	–8.1
住宿业	7931	–16.1	23984	–16.4	13600	–15.9
餐饮业	19775	–5.1	59822	–5.4	33898	–4.9
金融业	77299	8.5	110720	8.5	55927	8.5

续表39

指标名称	岳阳县		华容县		湘阴县	
	现价总量	增速	现价总量	增速	现价总量	增速
货币金融业服务	61303	8.7	87807	8.7	44355	8.7
资本市场服务	3218	6.7	4610	6.7	2328	6.7
保险业	12742	7.7	18251	7.7	9218	7.7
其他金融业	36	15	52	13.8	26	13.3
房地产业	191514	3	197046	0.4	229407	5.7
房地产业（K门类）	50865	0	49741	-6.6	63923	6.8
居民自有住房服务	140649	5	147305	5	165485	5
其他服务业	643045	6.6	814515	5.9	767909	7
营利性服务业	406736	7.9	510197	6.2	482498	7.8
信息传输、软件和信息技术服务业	78512	21	95255	15.4	96726	25.3
# 电信、广播电视和卫星传输服务	0	—	0	—	0	—
# 互联网和相关服务	0	—	0	—	0	—
# 软件和信息技术服务业	0	—	0	—	0	—
租赁和商务服务业	107215	3.6	133236	1.2	128658	4.5
科学研究和技术服务业	53235	6.3	63823	0.2	61650	3.5
居民服务、修理和其他服务业	132563	4.4	172567	6.8	152532	1
文化、体育和娱乐业	35210	4.6	45315	5.8	42932	7.2
非营利性服务业	236309	4	304319	5.2	285411	5.6
水利、环境和公共设施管理业	18803	4.9	23809	4.4	22176	4
教育	92160	4.5	119178	6.2	112271	7
卫生和社会工作	44727	3.5	57958	5.4	54035	5.1
公共管理、社会保障和社会组织	80619	3.4	103373	4.2	96930	4.5
第一产业	697133	4.1	918324	4	716730	4
第二产业	1509510	4.3	1177006	3.7	1248779	3.4
第三产业	1421725	4.7	1607688	4.1	1432442	4.9

续表39

指标名称	平江县		汨罗市		临湘市	
	现价总量	增速	现价总量	增速	现价总量	增速
地区生产总值	3307893	5	4266719	5.6	3050624	3.6
农林牧渔业	627805	4.5	510732	4.5	436755	4.4
# 农林牧渔服务业	30317	7.5	27350	7.5	20302	7.5
工业	1146926	3.6	1769563	6.1	1223205	4.1
采矿业	26472	–1.1	42208	5.7	27555	–0.4
# 开采辅助活动	22	–90.6	36	—	23	—
制造业	1053470	3.5	1628578	6.1	1130073	4.3
# 金属制品、机械和设备修理业	1590	–69.7	2432	—	1656	—
电力、热力燃气及水生产和供应业	66984	7.2	98776	5.9	65577	1.5
建筑业	43258	5.6	61377	5.5	78042	1.4
批发和零售业	302488	3.7	279863	4.1	175983	3.6
批发业	193993	5.9	179721	6.4	112982	5.9
零售业	108495	0.1	100141	0.2	63001	–0.2
交通运输、仓储和邮政业	74844	6.2	166951	5.2	136756	3.8
铁路运输业	0	—	11700	–22.2	1442	–22.2
道路运输业	53126	0.3	99750	0.3	97705	0.3
水上运输业	2362	8.3	5294	8.3	4422	8.3
航空运输业	0	—	0	—	0	—
管道运输业	0	—	4878	–3.1	0	—
多式联运和运输代理业	8703	32.4	18823	27.8	13050	6.1
装卸搬运和仓储业	7032	10.3	18388	28.7	13356	11.9
邮政业	3621	31.5	8119	31.5	6781	31.5
住宿和餐饮业	22678	–8.7	61904	–6.8	61634	–8.7
住宿业	6516	–16.2	18175	–12.5	17622	–16.6
餐饮业	16163	–5.7	43729	–4.5	44012	–5.5
金融业	134872	8.5	112183	8.5	89756	8.5

续表39

指标名称	平江县		汨罗市		临湘市	
	现价总量	增速	现价总量	增速	现价总量	增速
货币金融业服务	106962	8.7	88970	8.7	71182	8.7
资本市场服务	5615	6.7	4670	6.7	3738	6.7
保险业	22233	7.7	18492	7.7	14795	7.7
其他金融业	62	14.3	52	13.8	41	13
房地产业	279137	5	263667	5	156324	4.2
房地产业（K门类）	76846	5	72499	4.9	42428	3
居民自有住房服务	202291	5	191168	5	113895	5
其他服务业	675884	8.6	1040477	7.8	692169	5
营利性服务业	429270	10.4	657880	9	436828	6
信息传输、软件和信息技术服务业	82019	22.6	122971	18.6	78735	11.4
# 电信、广播电视和卫星传输服务	0	—	0	—	0	—
# 互联网和相关服务	0	—	0	—	0	—
# 软件和信息技术服务业	0	—	0	—	0	—
租赁和商务服务业	113865	6.7	171340	3.6	120450	6.8
科学研究和技术服务业	55663	7.8	86522	8.1	59266	8.7
居民服务、修理和其他服务业	141282	7.9	218993	7.9	139570	0.9
文化、体育和娱乐业	36441	5	58054	7.9	38806	5.8
非营利性服务业	246615	5.3	382597	5.3	255341	3.1
水利、环境和公共设施管理业	19368	4.8	29848	4.2	20154	3.2
教育	96663	6.3	149974	6.4	99740	3.8
卫生和社会工作	47144	5.8	72937	5.6	48118	2.2
公共管理、社会保障和社会组织	83441	3.8	129838	4.2	87329	2.8
第一产业	597489	4.3	483382	4.3	416453	4.2
第二产业	1188570	3.7	1828472	5.8	1299567	3.7
第三产业	1521833	6	1954864	5.9	1334604	3.9

续表39

指标名称	经济技术开发区		南湖新区		城陵矶新港区		屈原管理区	
	现价总量	增速	现价总量	增速	现价总量	增速	现价总量	增速
地区生产总值	**3024802**	**5.4**	**1163735**	**6.2**	**1613763**	**20.2**	**909052**	**4.5**
农林牧渔业	72986	-5.4	7289	-7	0	—	149180	4.7
# 农林牧渔服务业	3608	7.5	481	7.6	0	—	7148	9.5
工业	1501192	6.6	46014	4.8	1409931	24.7	419956	5.6
采矿业	25330	6.4	1251	4.6	16340	20	9629	5.4
# 开采辅助活动	21	—	1	—	14	—	8	—
制造业	1419833	6.9	41840	4.8	1361089	25.7	387814	5.6
# 金属制品、机械和设备修理业	1459	-67.9	72	—	982	—	553	—
电力、热力燃气及水生产和供应业	56029	0.8	2923	4.7	32502	2.3	22513	5.5
建筑业	101551	5.5	25285	6.5	40849	14.1	38664	0
批发和零售业	300041	3.6	120444	3.8	5480	4.2	89658	3.5
批发业	192898	6	77458	6.3	3529	6.8	57622	5.9
零售业	107143	-0.5	42987	-0.3	1952	-0.2	32035	-0.5
交通运输、仓储和邮政业	221689	-0.7	18778	6	26654	6.3	29063	-0.2
铁路运输业	45951	-22.2	0	—	0	—	0	—
道路运输业	93555	0.3	13368	0.3	18857	0.3	22139	0.3
水上运输业	6642	8.3	594	8.3	838	8.3	985	8.3
航空运输业	21743	—	0	—	0	—	0	—
管道运输业	0	—	0	—	0	—	0	—
多式联运和运输代理业	22588	22.2	2080	25.8	3521	50.9	1145	-58.2
装卸搬运和仓储业	21024	17.3	1825	13.7	2153	-4.8	3284	23.6
邮政业	10186	31.5	911	31.5	1285	31.5	1509	31.5
住宿和餐饮业	22015	-7.1	16480	-8.6	4679	-6.2	13290	-7.1
住宿业	6457	-12.9	4681	-17.1	1373	-12	3904	-12.7
餐饮业	15558	-4.8	11799	-5.2	3306	-3.9	9386	-4.8
金融业	78381	8.5	24582	8.5	6736	8.5	12085	8.5

续表39

指标名称	经济技术开发区		南湖新区		城陵矶新港区		屈原管理区	
	现价总量	增速	现价总量	增速	现价总量	增速	现价总量	增速
货币金融业服务	62161	8.7	19495	8.7	5343	8.7	9584	8.7
资本市场服务	3263	6.7	1024	6.7	281	7	503	6.9
保险业	12921	7.7	4052	7.7	1110	7.7	1992	7.7
其他金融业	36	15	11	16.7	2	0	6	0
房地产业	173751	7.4	214566	5.2	1197	6.2	30234	2.9
房地产业（K门类）	49759	11	59214	5.4	336	8	8014	–0.3
居民自有住房服务	123992	5	155352	5	861	5.1	22220	5
其他服务业	553196	5.8	690297	8.9	118236	4.8	126921	6.3
营利性服务业	346332	6.1	437897	10.5	74220	5.1	80511	7.8
信息传输、软件和信息技术服务业	63100	12.6	81101	19.1	12377	2.6	15120	17.8
# 电信、广播电视和卫星传输服务	0	—	0	—	0	—	0	—
# 互联网和相关服务	0	—	0	—	0	—	0	—
# 软件和信息技术服务业	0	—	0	—	0	—	0	—
租赁和商务服务业	94239	5.4	113399	4.4	20641	7.2	21622	5.6
科学研究和技术服务业	46379	7.2	56769	8	9847	5.7	10642	7.4
居民服务、修理和其他服务业	111759	1.9	149852	12.5	24874	5.3	26302	4.7
文化、体育和娱乐业	30855	6.1	36776	4.1	6481	3.5	6825	2.5
非营利性服务业	206864	5.4	252400	5.8	44017	4.1	46410	3.2
水利、环境和公共设施管理业	16400	5.9	19867	5.6	3462	3.8	3677	3.7
教育	81070	6.4	99144	7.1	17275	5.3	18075	3.6
卫生和社会工作	39276	5.2	48037	5.9	8312	3.4	8866	3.7
公共管理、社会保障和社会组织	70118	4.1	85351	4.3	14968	3.2	15793	2.4
第一产业	69378	–6.1	6808	–7.9	0	—	142031	4.4
第二产业	1601263	6.7	71226	5	1449785	23.9	458059	5
第三产业	1354161	3.8	1085701	6.3	163978	2.3	308961	3.8

2020年岳阳市城乡居民住户收支

表40 单位：元

指标名称	岳阳市	岳阳楼区	云溪区	君山区	岳阳县	华容县	湘阴县	平江县	屈原管理区	汨罗市	临湘市
一、城乡居民住户收支											
（一）可支配收入	28577	40542	42506	29378	25257	27529	27592	17444	29607	28995	25210
1.工资性收入	16730	29294	27379	12045	8433	12316	12368	9743	14849	16430	12090
2.经营净收入	4553	2503	3909	8172	6350	7883	6266	1475	5281	3566	7295
3.财产净收入	1549	2832	3242	1017	993	2293	820	855	1983	1626	1787
4.转移净收入	5746	5913	7977	8145	9481	5037	8137	5370	7495	7373	4039
（二）消费支出	21180	31261	27400	19790	14757	17728	21834	14928	20701	22666	18912
1.食品烟酒	6260	9599	9362	6404	4953	5076	5986	4156	6938	6935	6131
2.衣着	1435	2034	2929	1554	872	1157	1308	938	1593	1706	1551
3.居住	4412	6396	2948	3270	3421	3219	4497	3267	3567	4581	4098
4.生活用品及服务	1329	1639	1893	1418	983	1023	1472	879	1259	1666	1135
5.交通通信	2898	3864	2814	2853	1221	1784	2603	1228	2807	2974	2027
6.教育文化娱乐	2479	4460	4558	2169	1641	3590	3449	2558	2259	2631	2446
7.医疗保健	1910	2311	2115	1679	1521	1562	2123	1677	1935	1687	1321
8.其他用品和服务	457	960	782	442	145	316	396	223	343	486	203
二、城镇居民住户收支											
（一）可支配收入	36749	40542	42506	35932	32555	33495	34946	26641	36077	36206	32511
1.工资性收入	22797	29294	27379	17387	9949	16636	18505	14502	17681	21990	14505
2.经营净收入	4106	2503	3909	6527	8810	5191	6565	1731	6654	2552	9988
3.财产净收入	2503	2832	3242	1358	1494	3471	1575	1978	3498	2444	3079
4.转移净收入	7344	5913	7977	10659	12301	8197	8301	8430	8244	9220	4939
（二）消费支出	25273	31261	27400	23255	15580	19127	25212	21343	26456	25296	24325

续表40

指标名称	岳阳市	岳阳楼区	云溪区	君山区	岳阳县	华容县	湘阴县	平江县	屈原管理区	汨罗市	临湘市
1.食品烟酒	7531	9599	9362	7572	5637	6235	6846	5728	8887	8221	8036
2.衣着	1927	2034	2929	1861	895	1539	1885	1475	1915	2191	2279
3.居住	4802	6396	2948	3255	3195	3305	4385	3350	4844	4881	4992
4.生活用品及服务	1625	1639	1893	1795	1434	1188	1554	1227	1395	1768	1258
5.交通通信	3515	3864	2814	3978	1131	2113	3215	2051	3536	2877	2373
6.教育文化娱乐	3087	4460	4558	2344	1790	3165	4561	4376	2988	3208	2997
7.医疗保健	2141	2311	2115	1996	1385	1169	2228	2763	2368	1602	2104
8.其他用品和服务	644	960	782	454	114	412	537	373	523	548	286
三、农村居民住户收支											
（一）可支配收入	18186	0	0	21251	19299	22828	21364	11321	22839	20908	18660
1.工资性收入	9015	0	0	5420	7194	8912	7170	6575	11886	10195	9923
2.经营净收入	5121	0	0	10211	4342	10004	6014	1305	3844	4704	4879
3.财产净收入	336	0	0	593	584	1364	181	108	398	708	627
4.转移净收入	3714	0	0	5027	7178	2547	7999	3333	6712	5301	3232
（二）消费支出	15975	0	0	15495	14085	16626	18973	10656	14680	19717	14056
1.食品烟酒	4643	0	0	4955	4395	4163	5257	3110	4898	5492	4422
2.衣着	809	0	0	1174	853	857	819	581	1256	1162	898
3.居住	3916	0	0	3289	3606	3152	4592	3212	2232	4245	3296
4.生活用品及服务	953	0	0	951	615	894	1403	648	1116	1551	1025
5.交通通信	2112	0	0	1459	1295	1526	2084	679	2044	3084	1718
6.教育文化娱乐	1706	0	0	1953	1519	3925	2508	1348	1496	1983	1951
7.医疗保健	1616	0	0	1286	1632	1871	2034	954	1482	1782	619
8.其他用品和服务	220	0	0	428	170	240	277	124	155	417	128

2020年岳阳市居民消费、商品零售和服务价格指数

表41

项目名称	上月=100	上年同月=100	上年同期=100	2015年=100
一、居民消费价格总指数	100.9	99.4	101.7	108.7
（一）食品烟酒	102.6	101.3	107.2	118.1
粮　食	101	102.2	99.9	101.4
鲜　菜	106.2	119.9	108.5	142.5
畜　肉	109	99.4	136.4	172.9
水产品	100	103.1	104	108.1
蛋	97.3	93	107.5	115.3
鲜　果	99.3	93.3	92.3	99.8
（二）衣着	100	99.7	99.8	102.5
（三）居住	100	96	97.7	103.6
（四）生活用品及服务	100	100.3	100	101.7
（五）交通和通信	100.6	97	97	100
（六）教育文化和娱乐	100	100.3	100.7	104
（七）医疗保健	100	102.1	101.8	123.9
（八）其他用品和服务	100	97.2	103	99.7
二、商品零售价格总指数	100.9	99.5	101.1	106.2
（一）食品	103	101.3	108.6	121
（二）饮料、烟酒	100	100.4	99.9	103
（三）服装、鞋帽	100	99.7	99.8	102.4
（四）纺织品	100	99.3	99.9	103.6
（五）家用电器及音像器材	100.1	100.1	100.1	101.7
（六）文化办公用品	100	101	100.6	103.5
（七）日用品	100	100.5	100	101.5
（八）体育娱乐用品	100	100.5	100.2	102
（九）交通、通信用品	100	100.7	99.5	97.1
（十）家具	100	100	100	97.4
（十一）化妆品	100	100.5	100	98.9
（十二）金银珠宝	100	113.5	118.6	125.2
（十三）中西药品及医疗保健用品	100	99.9	100.5	111.5
（十四）书报杂志及电子出版物	100	100.2	100	107.4
（十五）燃料	102	88.4	89	96.2
（十六）建筑材料及五金电料	100	100.2	100.1	105.6
三、服务价格指数	100	98	99.4	107

2020年分县（市、区）年末人口（“七人普”数据）

表42

单位：万户、人、%

县名称	总户数	总人口	总人口中		总人口中		城镇化率	人口密度
			男	女	城镇	农村		（人/平方公里）
岳阳市	175.07	5051922	2586621	2465301	3064474	1987448	60.66	335
岳阳楼区	23.2	658240	330630	327610	635161	23079	96.49	6385
云溪区	5.16	144007	74645	69362	92043	51964	63.92	381
君山区	6.93	201634	103682	97952	109164	92470	54.14	321
岳阳县	20.81	561888	291347	270541	300315	261573	53.45	193
华容县	19.48	553800	282391	271409	291161	262639	52.58	348
湘阴县	21.46	583984	301716	282268	309110	274874	52.93	379
平江县	30.66	951112	485191	465921	505076	446036	53.1	228
南湖新区	2.69	76921	36983	39938	76921	0	100	1369
经济技术开发区	8.66	245240	125810	119430	212159	33081	86.51	958
湖南城陵矶新港区	0.1	9650	6084	3566	0	9650	0	140
屈原管理区	2.6	71521	35770	35751	39613	31908	55.39	328
汨罗市	18.39	560725	286937	273788	239947	320778	42.79	390
临湘市	14.93	433200	225435	207765	253804	179396	58.59	252

分行业分指标从业人员和工资情况（城镇非私营单位）

表43

指标名称	单位数（个）	从业人员（人）					
		从业人员期末人数	其中：女性	在岗职工	劳务派遣人员	在岗劳务	其他从业人员
合计	**9315**	**480139**	**167019**	**416815**	**33231**	**450046**	**30092**
（一）农、林、牧、渔业	285	1903	557	1821	27	1848	55
（二）采矿业	27	1987	452	1585	372	1957	31
（三）制造业	720	97768	29935	94857	1941	96798	970
（四）电力、热力、燃气及水生产和供应业	177	7860	2098	7441	225	7666	195
（五）建筑业	277	94030	10480	58131	15538	73669	20361
（六）批发和零售业	803	15212	6849	13925	187	14112	1100
（七）交通运输、仓储和邮政业	226	12129	3906	10081	1000	11081	1047
（八）住宿和餐饮业	53	3342	2396	2843	418	3262	80
（九）信息传输、软件和信息技术服务业	129	5642	2252	4357	244	4602	1040
（十）金融业	80	11266	6443	11077	90	11167	99
（十一）房地产业	423	13619	4695	11793	1318	13111	508
（十二）租赁和商务服务业	458	9525	2723	8309	940	9249	276
（十三）科学研究和技术服务业	542	13210	3555	12621	317	12939	272
（十四）水利、环境和公共设施管理业	298	10615	3887	9234	538	9771	844
（十五）居民服务、修理和其他服务业	129	2483	1052	2432	40	2472	10
（十六）教育	1588	59892	38122	56100	1992	58092	1800
（十七）卫生和社会工作	622	32085	20355	30138	1451	31589	496
（十八）文化、体育和娱乐业	317	5642	2318	5100	357	5457	185
（十九）公共管理、社会保障和社会组织	2162	81927	24941	74970	6235	81205	722

续表43

指标名称	从业人员（人）				
	从业人员平均人数	在岗职工	劳务派遣人员	在岗劳务	其他从业人员
合计	**472533**	**407563**	**32351**	**439914**	**32619**
（一）农、林、牧、渔业	1871	1792	24	1816	55
（二）采矿业	1963	1558	377	1935	29
（三）制造业	92872	89686	2113	91799	1073
（四）电力、热力、燃气及水生产和供应业	7723	7309	220	7529	193
（五）建筑业	92428	55464	14383	69847	22581
（六）批发和零售业	15181	13842	218	14059	1121
（七）交通运输、仓储和邮政业	12091	10048	1008	11057	1035
（八）住宿和餐饮业	3388	2871	437	3308	80
（九）信息传输、软件和信息技术服务业	5852	4410	262	4672	1180
（十）金融业	11250	11067	85	11152	98
（十一）房地产业	13227	11389	1319	12708	519
（十二）租赁和商务服务业	9551	8351	945	9296	256
（十三）科学研究和技术服务业	13139	12553	322	12874	265
（十四）水利、环境和公共设施管理业	10624	9203	584	9786	838
（十五）居民服务、修理和其他服务业	2482	2429	42	2472	10
（十六）教育	59317	55484	1979	57463	1854
（十七）卫生和社会工作	31966	30004	1451	31455	511
（十八）文化、体育和娱乐业	5544	5006	350	5355	189
（十九）公共管理、社会保障和社会组织	82064	75098	6233	81331	734

续表43

指标名称	工资总额（千元）				
	从业人员工资总额	在岗职工	劳务派遣人员	在岗劳务	其他从业人员
合计	**30823019**	**27734735**	**16457[illegible]1**	**29380446**	**1442572**
（一）农、林、牧、渔业	91965	89105	802	89907	2058
（二）采矿业	134512	118353	14930	133283	1229
（三）制造业	6292337	6119993	124445	6244438	47899
（四）电力、热力、燃气及水生产和供应业	601452	579483	11697	591179	10273
（五）建筑业	5252532	3404957	830770	4235727	1016805
（六）批发和零售业	825792	771184	8891	780075	45717
（七）交通运输、仓储和邮政业	761914	677128	55010	732138	29776
（八）住宿和餐饮业	143160	124115	15676	139791	3369
（九）信息传输、软件和信息技术服务业	485342	380802	16742	397544	87798
（十）金融业	846960	838512	4198	842710	4250
（十一）房地产业	735004	657732	55026	712759	22245
（十二）租赁和商务服务业	520799	473511	35783	509294	11505
（十三）科学研究和技术服务业	772466	736415	22540	758955	13511
（十四）水利、环境和公共设施管理业	531544	476719	26291	503010	28534
（十五）居民服务、修理和其他服务业	157305	155124	1893	157017	288
（十六）教育	3989111	3852902	85631	3938532	50579
（十七）卫生和社会工作	2799636	2714605	55795	2770400	29236
（十八）文化、体育和娱乐业	332361	307023	17122	324144	8217
（十九）公共管理、社会保障和社会组织	5548825	5257072	262471	5519543	29283

续表43

指标名称	平均工资（元）				
	从业人员平均工资				
		在岗职工	劳务派遣人员	在岗劳务	其他从业人员
合计	**65229**	**68050**	**50870**	**66787**	**44224**
（一）农、林、牧、渔业	49148	49737	32931	49512	37188
（二）采矿业	68509	75971	39602	68885	43035
（三）制造业	67753	68238	58902	68023	44645
（四）电力、热力、燃气及水生产和供应业	77882	79282	53085	78516	53179
（五）建筑业	56828	61390	57762	60643	45028
（六）批发和零售业	54397	55715	40835	55484	40768
（七）交通运输、仓储和邮政业	63014	67388	54558	66218	28778
（八）住宿和餐饮业	42258	43234	35858	42259	42191
（九）信息传输、软件和信息技术服务业	82937	86350	63892	85090	74412
（十）金融业	75283	75764	49462	75564	43385
（十一）房地产业	55569	57752	41715	56087	42872
（十二）租赁和商务服务业	54526	56703	37863	54788	44997
（十三）科学研究和技术服务业	58793	58667	70093	58952	51050
（十四）水利、环境和公共设施管理业	50033	51801	45051	51399	34069
（十五）居民服务、修理和其他服务业	63384	63854	44813	63529	28171
（十六）教育	67250	69442	43266	68540	27277
（十七）卫生和社会工作	87583	90475	38455	88075	57246
（十八）文化、体育和娱乐业	59948	61335	48967	60527	43520
（十九）公共管理、社会保障和社会组织	67616	70003	42111	67866	39920

2020年岳阳市固定资产投资完成情况

表44

单位：%

指标名称	增幅
全市固定资产投资	**8.8**
一、按经济类型分	
国有投资	–24.5
非国有投资	27.5
民间投资	14.4
二、按隶属关系分	
中央项目投资	199
地方项目投资	7.3
三、按产业分	
第一产业投资	30.6
第二产业投资	10.4
第三产业投资	6.6
四、按投资方向分	
涉农项目投资	76.1
工业投资	9.2
其中：本年新开工工业投资	–10.3
工业技改投资	6.5
高新技术产业投资	11.3
生产性服务业投资	
社会领域投资	
民生工程投资	–22.7
生态环境投资	–5.8
基础设施投资	6.9
房地产开发投资	11.2
五、按结构分	
建筑工程	14.5
安装工程	–1.3
设备工器具购置	–29.6
其他费用	17.8

地方财政收支情况

表45　单位：万元

科　目	2020年	科　目	2020年
一、税收收入	955520	一般公共服务支出	593033
增值税	349409	外交支出	0
企业所得税	81969	国防支出	6197
企业所得税退税		公共安全支出	201898
个人所得税	21313	教育支出	711526
资源税	6438	科学技术支出	139587
城市维护建设税	93149	文化体育与传媒支出	64517
房产税	31264	社会保障和就业支出	679356
印花税	18947	卫生健康支出	569807
城镇土地使用税	34306	节能环保支出	223032
土地增值税	83670	城乡社区支出	556104
车船税	20589	农林水支出	772805
耕地占用税	53700	交通运输支出	268192
契税	158418	资源勘探信息等支出	83547
烟叶税	0	商业服务业等支出	23740
环境保护税	2165	金融支出	28104
其他税收收入	183	援助其他地区支出	0
二、非税收入	571803	自然资源海洋气象等支出	103120
专项收入	114727	住房保障支出	200337
行政事业性收费收入	55962	粮油物资储备支出	27085
罚没收入	85666	灾害防治及应急管理	42951
国有资本经营收入	1211	债务付息支出	114168
国有资源（资产）有偿使用收入	201753	其他支出	26875
捐赠收入	6991		
政府住房基金收入	29442		
其他收入	76051		
一般公共预算地方收入	1527323		
上划中央收入	1627628		
上划省级收入	180445		
财政总收入	3335396	**本年支出合计**	**5435981**

2020年金融机构本外币信贷收支表

表46

单位：亿元

金融机构信贷情况	本月余额	年初余额	上年同月余额	比同期
一、各项存款	3067.12	2759	2759	11.2%
（一）境内存款	3066.15	2758.03	2758.03	11.2%
1.住户存款	1929.2	1689.46	1689.46	14.2%
2.非金融企业存款	586.66	538.96	538.96	8.8%
3.广义政府存款	529.51	529.02	529.02	0.1%
4.非银行业金融机构存款	20.78	0.58	0.58	3494.3%
（二）境外存款	0.97	0.98	0.98	-1.2%
二、各项贷款	2465.13	1993.8	1993.8	23.6%
（一）境内贷款	2464.97	1993.67	1993.67	23.6%
1.住户贷款	901.84	738.54	738.54	22.1%
2.非金融企业及机关团体贷款	1563.13	1255.13	1255.13	24.5%
（二）境外贷款	0.17	0.13	0.13	29.6%
（三）短期贷款	553.02	444.25	459.58	23.7%
（四）中长期贷款	1861.06	1517.44	1502.12	22.9%

农林牧渔业总产值

表47　　单位：万元

指标名称	当年价	
	2020年	2019年
农林牧渔业总产值	**7934670.1**	**6498990.79**
一、农业产值	3290063.7	2915286.43
1.谷物及其它作物	1549602.18	1382690
①谷物	1041791.02	918148.24
②薯类	15918.18	15953.47
③油料	315655.9	271903.33
④豆类	18303.43	16521.27
⑤棉花	104158.74	106108.1
⑥麻类	2038.4	784
⑦糖料	3701.67	3416.42
⑧烟叶	45169.85	45062.94
⑨其它农作物	2865	4792.23
2.蔬菜园艺作物	1314039.61	1091815.96
①蔬菜、食用菌	1298507.54	1070890.78
②花卉、园艺	15532.07	20925.18
3.水果、坚果、饮料和香料作物	414253.78	431900.19
①水果、坚果（含果用瓜）	324883.16	347600.69
②茶及其它饮料、香料作物	89370.61	84299.5
4.中药材	12168.14	8880.29
二、林业产值	219480.86	210867.06
1.林木的培育和种植	198327.8	190361.68
2.竹木采运	16765.63	16352.28
3.林产品	4387.42	4153.1
三、牧业产值	2685302.22	1802293.78
1.牲畜的饲养	210853.67	149627.09
①牛的饲养	136826.59	92187.2
②羊的饲养	68079.35	51219.35
③牛奶	5802.79	6148.51
2.猪的饲养	2201090.01	1394657.42
①出栏肉猪	2201090.01	1394046.32
②出栏中仔猪	0	611.1
3.家禽的饲养	190310.56	195294.38
①肉禽	86760.04	90928.5
②禽蛋	103550.52	104365.89
4.其它畜牧业	83047.98	62714.88
四、渔业产值	1337108.64	1201461.08
1.渔类	1148563.45	1102068.19
2.虾蟹类	155840.26	74418.45
3.贝类	6552.45	6641.79
4.其它水产品	26152.48	18332.65
五、农林牧渔服务业	402714.68	369082.44

农作物播种面积、产量

表48 单位：千公顷、吨

指标名称	播种	面积	总产量	
	2020年	2019年	2020年	2019年
农作物播种面积和产量	**749.02**	**714.15**	**6242130.53**	**6135840.46**
一、粮食作物	474.14	455.43	2931525	2912063
（一）谷物	452.32	435.23	2857710	2843401
1.稻谷	422.55	402.46	2686489	2674904
（1）早稻	156.87	139.23	886311	826024
（2）中稻及一季晚稻	101.09	115.16	787434	898654
（3）晚稻	164.59	148.07	1012744	950225
2.小麦	4.11	6.83	13615	24544
3.玉米	25.66	25.94	157606	143950
4.其它谷物	0	0.01	0	0
（二）豆类	13.09	10.69	25920	21372
其中：1.大豆	8.18	7.28	17765	14630
2.绿豆	3.47	3.37	6820	6666
（三）薯类（干）	8.73	9.51	47894	47291
二、经济作物	274.87	258.72	3310606	3223777
（一）油料	127.92	120.26	225149	204819
其中：油菜籽	118.49	111	199304	179506
花生	5.89	5.76	21137	20653
（二）棉花	16.36	17.47	19790	22214
（三）麻类	0.09	0.03	208	80
（四）甘蔗	0.44	0.45	21195	21734
（五）烟叶	0.07	0.07	244	248
（六）中草药材	1.19	0.61	2960	2059
（七）蔬菜及食用菌	80.04	77.57	2625613	2541688
（八）瓜果类	12.72	12.62	415447	430935
（九）其他农作物	36.05	29.65	—	—
青饲料	9.04	7.95	—	—
绿肥	22.53	15.93	—	—

注：粮食作物数据来源国家统计局岳阳调查队；棉花数据重新修订。

2020年规模以上工业增加值增速

表49　　　　单位：个、万元

指标	单位个数		工业增加值		主营业务收入	
	2019年	2020年	2019年	2020年	2019年	2020年
总　计	**1451**	**1689**	**8.1**	**5.1**	**54201141**	**55653364**
一、按行政区划分						
岳阳楼区	27	27	1.2	-3.5	1241816	490480
云溪区	107	114	6.2	2.1	10460193	9257265
君山区	76	85	8.3	5	1798880	1825475
南湖新区	7	7	-6.5	5	44497	56748
岳阳经济技术开发区	132	148	8.4	7.3	4514488	5476716
城陵矶新港区	35	57	8.1	25.1	612576	1091606
屈原管理区	43	49	8.4	6	1534922	1715345
岳阳县	178	193	8.8	5.1	6419619	6571294
华容县	151	162	8.7	5	6206929	6299519
湘阴县	123	154	8.2	5.2	2823882	3175325
平江县	190	225	8.9	3.3	5578377	5804335
汨罗市	222	286	8.1	5.5	8094033	9152602
临湘市	160	182	8.8	4.1	4870930	4736653
二、按轻重工业分						
轻工业	659	787	—	—	23260840	24651747
重工业	792	902	—	—	30940301	31001617
三、按隶属关系分						
中央省属工业	20	17	-0.1	-3.9	9344182	7627883
市属及以下工业	1431	1672	8.9	7.9	44856958	48025481
四、总计中						
大中型工业	215	197	5.5	-2.4	29318771	27500220
中小微型工业	1236	1492	9.9	16	45178270	28153144

2020年规模以上工业主要产品产量

表50

产品名称	计量单位	2019年	2020年
食用植物油	万吨	165.4	156.5
饲料	万吨	574.8	628.7
罐头	万吨	8.4	9.6
饮料酒	万千升	4.4	8.5
纱	万吨	22.7	28.6
布	万米	5895	2886
毛巾	万条	103416	107729
苎麻布	万米	834	554
人造板	万立方米	117.7	110.7
纸浆	万吨	29.4	37.3
机制纸	万吨	108.9	109.8
原油加工量	万吨	934.1	877.8
汽油	万吨	280.1	257.2
煤油	万吨	98.8	73.7
柴油	万吨	219.2	210.7
燃料油	万吨	3.5	12.6
液化石油气	万吨	83.4	86.3
氢氧化钠（烧碱）	万吨	9.4	9.3
合成氨	万吨	29.5	36.6
农用氮、磷、钾化学肥料总计	万吨	35.3	41.3
初级形态的塑料	万吨	28.8	27.1
化学农药原药（折有效成分100%）	吨	4496	9552
中成药	吨	72578	86420
塑料制品	万吨	41.8	67.1
水泥	万吨	440.1	448.1
瓷质砖	万平方米	11975	9644
泵	万台	23.4	8
交流电动机	万千瓦	594.6	567.9
发电量	亿瓩时	132.9	123.6
火电	亿瓩时	130.8	119.2
水电	亿瓩时	1.1	0.4

2020年客货运输量与周转量

表51

指标名称	运	输 量	周 转量	
	货运（万吨）	客运（万人）	货运（万吨公里）	客运（万人公里）
合计	—	—	—	—
航运	—	—	—	—
铁路	—	—	—	—
公路	—	3118.02	—	175213.2
水路	9821.02	2.78	813108.31	39.58
管道	—	—	—	—

2020年港口吞吐情况

表52

地区	货物吞吐量（万吨）	旅客吞吐量（万人）	
		合计	其中：离港量
全市合计	**11604.18**	**2.78**	**1.39**
岳阳港	11604.18	2.78	1.39

2020年内河航运港口情况

表53

地区	码头长度（米）	泊位数（个）
全市合计	**6235**	**62**
岳阳港	6235	62

2020年社会消费品零售总额

表54

单位：万元

指标名称	全市	岳阳楼区	南湖新区	经济技术开发区	云溪区	君山区	岳阳县
社会消费品零售总额	**15740080**	**5061380**	**412654**	**1421330**	**384757**	**548816**	**1336484**
一、按销售单位所在地分							
1.城镇	13600059	4807820	364130	1147285	322394	381716	1124632
2.乡村	2140021	253560	48524	274045	62363	167100	211852
二、按行业分组							
1.批发业	1924875	609821	56883	132640	94033	99042	145602
2.零售业	11088414	3429462	274590	1019042	220620	324448	962255
3.住宿业	1003855	444117	26886	122453	31474	33028	65022
4.餐饮业	1722937	577980	54296	147195	38630	92297	163605

续表54

指标名称	华容县	湘阴县	平江县	汨罗市	屈原区	临湘市	新港区
社会消费品零售总额	**1276604**	**1253126**	**1423953**	**1223141**	**181953**	**926801**	**289080**
一、按销售单位所在地分							
1.城镇	1111930	1021723	1160814	970399	153867	816723	216627
2.乡村	164674	231404	263139	252743	28086	110078	72453
二、按行业分组							
1.批发业	163022	145338	232165	140876	3011	63173	39268
2.零售业	911325	879948	1028114	954166	142842	713550	228053
3.住宿业	50064	72441	64587	27355	4713	54688	7027
4.餐饮业	152192	155400	99087	100744	31388	95390	14732

对外经济贸易和旅游业

表55

指标名称	计量单位	数　量
一、进出口总额	亿元	419.84
进口	亿元	234.77
出口	亿元	185.08
二、实际利用外资	万美元	74273
其中：外商直接投资	万美元	3277
三、入境旅游人数	万人次	1.99
四、国内旅游人数	万人次	5790.08
五、旅游外汇收入	万美元	826.7
六、国内旅游收入	亿元	578.74

利用外资到位情况

表56

地　区	实际利用外资（万美元）	直接投资（万美元）
合计	**74273**	**3277**
岳阳楼区	5089	—
云溪区	5426	1072
君山区	2609	—
岳阳县	5230	—
华容县	4851	—
湘阴县	5199	442
平江县	5048	—
汨罗市	5111	306
临湘市	4980	—
经济技术开发区	15672	—
南湖新区	1707	—
屈原管理区	1500	—
城陵矶新港区	11851	1457

2020年卫生机构基本情况

表57

地区	机构（个）	床位（张）	人员（人）	在总人员中（人）			
				1.卫生技术人员	在卫生技术人员中		
					执业医师	执业助理	注册护士
合计	**4122**	**38481**	**42562**	**34512**	**13704**	**10013**	**15839**
岳阳楼区	396	12453	12629	10696	3676	3425	5492
云溪区	123	1303	1563	1282	505	420	609
君山区	160	1330	1167	890	408	242	293
岳阳县	268	3906	5055	4246	1623	1171	2161
华容县	520	4114	4297	3462	1501	1038	1514
湘阴县	600	4167	4737	3940	1567	906	1749
平江县	984	4705	5513	3840	1521	1084	1626
汨罗市	628	3380	4125	3381	1588	1003	1218
临湘市	443	3123	3476	2775	1115	724	1177

续表57

地区	在总人员中（人）							
	在卫生技术人员中					2.其他技术人员	3.管理人员	4.工勤人员
	药剂人员	技师（士）	检验师	其他	见习医师			
合计	**1462**	**1684**	**1134**	**1823**	**343**	**1384**	**1755**	**2513**
岳阳楼区	459	621	404	448	117	485	773	615
云溪区	52	58	42	58	3	39	88	96
君山区	46	65	42	78	28	51	59	102
岳阳县	99	144	90	219	28	104	103	144
华容县	90	132	89	125	25	110	116	254
湘阴县	146	133	94	245	15	149	153	297
平江县	255	212	154	226	34	190	172	442
汨罗市	202	180	120	193	58	165	168	287
临湘市	113	139	99	231	35	91	123	276

2020年湖南省各市州GDP及一二三产业增加值

表58　　单位：亿元

地区名称	GDP		第一产业		第二产业		第三产业	
	累计	±%	累计	±%	累计	±%	累计	±%
湖南省	**41781.49**	**3.8**	**4240.45**	**3.7**	**15937.69**	**4.7**	**21603.36**	**2.9**
长沙市	12142.52	4	423.46	4	4739.27	5	6979.79	3.3
株洲市	3105.8	4.1	255.68	3.3	1437.48	4.9	1412.63	3.3
湘潭市	2343.15	3.8	169.15	3.6	1174.78	4.3	999.21	3.3
衡阳市	3508.5	4	441.67	3.9	1159.32	5.1	1907.5	3.3
邵阳市	2250.81	3.9	399.78	4.1	698.62	3.2	1152.41	4.3
岳阳市	4001.55	4.2	459.91	3.8	1622.25	5	1919.39	3.7
常德市	3749.13	3.9	464.63	4.1	1543.66	4.7	1740.84	3.1
张家界市	556.68	2	82.15	3.8	87.24	3.8	387.29	1.3
益阳市	1853.48	3.8	320.14	4.1	793.08	4.4	740.26	3
郴州市	2503.07	3.6	283.72	4.3	967.3	3.6	1252.06	3.4
永州市	2107.7	3.9	394.2	4.2	674.08	5.1	1039.42	3.1
怀化市	1671.87	3.9	260.37	4.1	477.98	5.4	933.52	3
娄底市	1679.94	4	199.55	4.4	650.32	5.1	830.07	3
湘西自治州	725.11	2.2	111.68	4	204.25	3.1	409.18	1.4

说明：所有数据均来源于市统计局，各县（市、区）排序遵从统计惯例。

附　录

编　辑　赵　晶

文献专载

岳阳市国民经济和社会发展第十四个五年规划和二〇三五年远景目标纲要

（摘　要）

第一章　乘势而上 开启现代化省域副中心城市建设新征程

一、现实基础

综合实力稳步提升。地区生产总值从2015年的2886.3亿元增加到2020年的4001.55亿元，连续跨越3000亿元和4000亿元两个台阶，年均增长7.1%，总量稳居全省第二，在中部地区处于前列；2020年，全市人均GDP达到6.9万元，是2015年的1.35倍。岳阳进入国家区域性中心城市和湖南省大城市行列，被确定为省域副中心城市，连续多年跻身“中国城市GDP百强榜”。

产业发展迈开新路。新型工业化成效显著，新金宝年产1300万台喷墨打印机、己内酰胺产业链搬迁与升级转型发展等一批重大产业项目落地实施，新型功能材料产业集群列入国家战略性产业集群名单，城陵矶新港区获批国家先进装备制造高新技术产业化基地，湖南工程机械配套产业园落户汨罗。现代服务业提速发展，现代物流、文化旅游产业成为千亿产业，岳阳获批港口型国家物流枢纽，平江县获批首批省级全域旅游示范区，屈子文化园获批AAAA级景区；金融体系更加完善，股份制商业银行达到7家，上市企业数量达到11家，居全省第二位。农业现代化深入推进，农业产业化龙头企业达到285家、“两品一标”有效数达到263个。

开放崛起取得突破。口岸平台功能明显增强，口岸经济持续升温加力，先后获批国家跨境电商综合试验区、湖南自贸区岳阳片区，城陵矶新港二期工程竣工，城陵矶港获批汽车平行进口试点，岳阳航运交易中心挂牌成立，国际贸易“单一窗口”上线运行，首届湖南（岳阳）口岸经贸博览会成功举办。三荷机场通航运营，2020年完成旅客吞吐量达到56.4万人次，三荷机场改扩建、航空口岸申报、通用航空建设有序推进，“双港驱动”发展格局初具雏形。全市进出口总额达到419.84亿元，总量跃升至全省第二位，城陵矶新港集装箱吞吐量达到50.87万标箱，岳阳连续三年入围“中国外贸百强城市”榜单。

基础设施更加完备。交通运输体系不断健全，岳望高速、杭瑞高速岳阳段、G240岳阳县城至湘阴公路等道路建成通车，全市公路通车总里程达到2.06万千米，国省干线二级以上公路占比提升至58%，城市半小时、市域“1小时交通圈”基本形成。能源保障能力不断增强，新建改造110千伏以上变电站38个，新增变电容量523万千伏安。水利建设水平不断提高，新建改造水利工程4.6万处，新修加固堤防141千米，新建集中供水工程129处，解决155.6万农村人口饮水不安全问题。信息基础设施不断完善，移动互联网用户数达到515万户，建成5G基站1768个，行政村光纤通达率100%。

改革创新孕育生机。改革不断深入，经济、社会、生态等九大领域改革任务有序推进，一批事关全市发展的重点领域和关键环节改革取得突破性进展，“最多跑一次”改革、商事制度“放管服”改革、供销合作社综合改革等走在全省前列，国有企业改革、公立医院综合改革、农村信用社改革等基本完成，内生动力不断激发。创新能力增强，高新技术企业达到472家，新增国家级、省级创新平台48家，获批省级高新区7个，研发经费投入强度达到2.2%，每万人有效发明专利拥有量达到3.31件。“巴陵人才工程”深入实施，全市人才总量近60万人。

乡村振兴全面推进。农村人居环境整治三年行动全面完成，农村“厕所革命”有力推进，完成农村改厕21.69万户、农村公厕建设175座，全市25个村获评全省美丽乡村建设示范村，岳阳农村人居环境整治经验在全省推广。农业产业化特色小镇建设亮点纷呈，在推动乡村振兴中发挥重要作用。移风易俗深入推进，乡村文明节俭新风尚逐步形成。农村综合改革力度加大，整治农村“空心房”新模式入选全国“改革开放40周年地方改革创新40案例”，屈原管理区获批全国农村改革试验区，汨罗市获批全国农村宅基地制度改革试点。

生态环境明显好转。长江经济带生态优先绿色发展“七大行动”、洞庭湖生态环境专项整治三年行动强力推进，生态环境突出问题整改较好完成，全市201处1600多千米矮围网围全部拆除，关停长江岸线泊位81个，完成岸线复绿1306.67公顷，修复湿地生态5733.33公顷，建成国家湿地公园6个，全市31个地表水考核断面水质达标率达到96.8%，长江干流5个断面水质达标率均为100%，城镇集中式饮用水源地水质达标率100%。黑臭水体治理力度加大，中心城区污水系统综合治理工程全面实施，东风湖水环境综合治理成效显著，全市建成城镇污水处理厂93座，污水处理率达到96.5%。岳阳被评为“全国黑臭水体治理示范城市”，获批长江经济带绿色发展示范区。

民生福祉不断改善。脱贫攻坚成效显著，平江县脱贫摘帽，319个贫困村全部退出，40.1万贫困人口全部脱贫。人民生活更加幸福，累计城镇新增就业人数29.61万人，累计建成公租房9.56万套，居民人均可支配收入达到28577元，为2015年的1.5倍。社会保障体系健全完善，城乡居民基本医疗、养老保险覆盖率分别达到95.8%和100%，城乡养老服务设施覆盖率分别达到98%和86%，岳阳获评全国居家和社区养老服务改革试点市。教育现代化进程加快，新建和改扩建中小学校488所，湖南理工学院升为一本，岳阳职院获评国家优质专科高等职业院校。健康岳阳建设深入推进，新建和改扩建二级以上医院16家、基层医疗卫生机构988家，岳阳获批国家城市医疗联合体建设试点市。全民健身运动蓬勃开展，新建社区公共体育设施覆盖率达到100%，人均体育场地面积达到1.87平方米。文化事业加快发展，市图书馆新馆和美术馆建成投运，新增全国重点文物保护单位22处、省级文物保护单位51处，国家级和省级非物质文化遗产保护项目10个，岳阳获批国家公共文化服务体系示范区，顺利通过全国文明城市复查。社会大局和谐稳定，信访维稳、扫黑除恶、救灾应急、安全生产等工作扎实有效，法治岳阳建设有力推动，被评为“全国社会治安综合治理优秀市”。

专栏1 “十三五”规划主要目标完成情况一览表

序号	指标名称		单位	规划目标		实际完成	
				2020年	年均增长（%）	2020年	年均增长（%）
1	地区生产总值		亿元	4820	9以上	4001.55	7.1
2	规模工业增加值		亿元	—	10左右	—	6.7
3	固定资产投资		亿元	[18000]	18	—	11.8
4	公共财政预算收入		亿元	510	11左右	333.5	2
5	社会消费品零售总额		亿元	1880	13	1574	9
6	进出口总额		亿美元	50	35	60.5	39.5
7	服务业增加值占GDP比重		%	47	—	48	—
8	城镇化率	常住人口城镇化率	%	>60	—	60.8	—
		户籍人口城镇化率	%	>40	—	36.54	—
9	研发经费投入占GDP比重（%）		%	2.5	—	2.2	—
10	每万人发明专利拥有量		件	3	—	3.14	—
11	互联网普及率	固定宽带家庭普及率	%	>85	—	90	—
		移动宽带用户普及率	%	>90	—	87	—
12	耕地保有量		万亩	479	—	500	—
13	新增建设用地规模		万亩	[15]	—	[10.5]	—
14	万元GDP用水量下降		%	[18]	—	[30.5]	—
15	非化石能源占一次能源消费比重		%	1.96	—	16	—
16	森林增长	森林覆盖率	%	45.3	—	45.31	—
		森林蓄积量	万立方米	2300	—	2546	—
17	地表水质量	好于Ⅲ类水体比例	%	98.3	—	96.8	—
		劣Ⅴ类水体比例	%	0	0	0	—
18	空气质量	中心城区空气质量优良天数比率	%	>80	—	90.7	—
		中心城区细颗粒物（$PM_{2.5}$）浓度下降	%	[17]	—	[36]	—
19	主要污染物排放总量	化学需氧量	%	完成省下达任务		[13.98]	
		氨氮				[19.46]	
		二氧化硫				[36.65]	
		氮氧化物				[13.3]	
20	居民人均可支配收入		元	30532	10	28577	8.6
21	城镇新增就业人数		万人	[26]	—	[29.61]	—
22	农村贫困人口脱贫		万人	[35.2]	—	[40.1]	—
23	城镇棚户区改造		万户	[15.4]	—	[13.5]	—
24	劳动年龄人口平均受教育年限		年	11	—	11.41	—
25	基本养老保险参保率		%	>95	—	100	—

说明：地区生产总值2020年绝对值目标按2015年现价计算；[ ]表示五年累计数

二、总体要求

空间布局。强化“一核”引领。坚定不移提升城市首位度，整合中心城区和临湘市、岳阳县部分区域，做强城市发展核，形成支撑省域副中心城市建设的核心区。实施“双港”驱动。按照挖潜能、聚动能和补短板、锻长板的思路，依托岳阳地处“一带一部”枢纽节点位置的独特优势和通江达海的区位优势，不断做强水港、做活空港，健全完善多式联运体系，大力发展枢纽经济，推动形成“双港”驱动发展格局，着力打造“双循环”新发展格局下国内重要的货物集散、中转、分拨中心。夯实“两带”支撑。北部沿江经济带：以港口岸线资源和对外开放平台为依托，以长江经济带绿色发展示范为引领，以港口型国家物流枢纽建设为重点，加快长江沿线县（市、区）协调联动，推动构建长江百里绿色经济发展走廊，辐射带动腹地经济发展；加强与长江沿线地区的交流合作，主动对接长三角区域一体化和成渝双城经济圈发展，强化通道、港口、产业、科技等领域协作，大力发展水水、水公、水铁中转运输，着力招引头部企业落户入驻，推动建设具有较强影响力和竞争力的产业集群。南部区域合作带：发挥平江、汨罗、湘阴、屈原等南部县（市、区）邻近长沙的地域优势，依托平汝高速、许广高速、平益高速、107国道、芙蓉北路等交通干道，加强与省会长沙的合作，推进交通互联、园区共建，打造区域间产业协调发展的经济带，分享长株潭一体化的战略红利。

发展目标。2035年远景目标。岳阳市经济实力和综

专栏2　“十四五”经济社会发展主要指标一览表

类别	序号	指标名称	2020年	2025年	年均增速	属　性
经济发展	1	地区生产总值增长（%）	4.2	—	7.5	预期性
	2	全员劳动生产率增长（%）	—	—	7.5以上	预期性
	3	制造业增加值占GDP比例（%）	31.8	33	—	预期性
	4	产业投资占固定资产投资比重（%）	65	68	—	预期性
	5	最终消费支出对GDP贡献率（%）	61.1	62	—	预期性
	6	对外贸易依存度（%）	10.5	15.6	—	预期性
	7	地方一般公共预算收入占GDP比重（%）	3.8	3.8	—	预期性
	8	常住人口城镇化率（%）	60.8	65	—	预期性
创新驱动	9	全社会研发经费投入增长（%）	—	—	15	预期性
	10	每万人口高价值发明专利拥有量（件）	—	4	—	预期性
	11	数字经济核心产业增加值占GDP比重（%）	—	11	—	预期性
民生福祉	12	居民人均可支配收入增长（%）	5.6	—	7.5以上	预期性
	13	城镇调查失业率（%）	5.5	—	5.5以内	预期性
	14	劳动年龄人口平均受教育年限（年）	11.41	11.51	—	约束性
	15	每千人口拥有执业（助理）医师数（人）	2.35	2.8	—	预期性
	16	基本养老保险参保率（%）	100	100	—	预期性
	17	每千人口拥有3岁以下婴幼儿托位数（个）	0.62	4.5	—	预期性
	18	人均预期寿命（岁）	77	78	—	预期性
绿色生态	19	单位GDP能源消耗降低（%）	—	完成省下达任务		约束性
	20	单位GDP二氧化碳排放降低（%）	—	完成省下达任务		约束性
	21	城市空气质量优良天数比例（%）	90.7	86	—	约束性
	22	地表水达到或优于Ⅲ类水体比例（%）	93.8	94.1以上	—	约束性
	23	森林覆盖率（%）	45.31	45.31	—	约束性
安全保障	24	粮食综合生产能力（万吨）	283	290	—	约束性
	25	能源综合生产能力（万吨标准煤）	20	50	—	约束性
	26	亿元GDP生产安全事故死亡率（人/亿元）	0.026	0.015	—	约束性

说明：1.常住人口城镇化率2020年数据为预计数。2.每万人口高价值发明专利拥有量和数字经济核心产业增加值占GDP比重指标没有统计口径，岳阳市2025年目标与全省目标保持一致。3.城市空气质量优良天数比例指标2020年受新冠肺炎疫情等因素影响，数值明显高于正常年份，2025年目标考虑“十三五”时期平均水平，因此数值低于2020年

合竞争力大幅跃升，经济总量再迈上新的大台阶，现代化经济体系基本建成，基本实现新型工业化、信息化、城镇化、农业现代化，成为名副其实的全省第二经济强市；对外开放新格局全面确立，参与国内国际双循环的竞争新优势明显增强，通江达海的门户担当和桥头堡地位更加巩固；市民素质和社会文明程度达到新高度，文化软实力、影响力显著增强；生态环境持续好转，绿色生产生活方式广泛形成，成为长江经济带绿色发展样板；人民平等参与、平等发展权利得到充分保障，法治岳阳、平安岳阳建设达到更高水平，基本公共服务实现均等化，城乡区域发展差距显著缩小，人民生活更加幸福美好。

“十四五”时期经济社会发展主要目标。综合实力迈上新台阶。经济发展质量效益明显提高，经济结构更加优化，增长潜力得到释放，创新能力逐步增强，产业链现代化水平有效提升，农业基础更加稳固，现代化经济体系建设取得重大进展，经济增速高于全省平均水平，逐步拉开与追兵距离。改革开放实现新突破。市场经济体制更加完善，高标准市场体系基本建成，市场主体更加充满活力，产权制度改革和要素市场化配置改革取得进展，公平竞争制度更加健全，市场化、法治化、国际化营商环境基本建立，更高水平开放型经济新体制基本形成。文明程度得到新提高。社会主义核心价值观深入人心，人民思想道德素质、科学文化素质和身心健康素质明显提高，以忧乐精神、求索精神、骆驼精神和平江起义革命精神为代表的“四种精神”得到传承和弘扬，公共文化服务体系更加健全，群众精神文化生活日益丰富。生态环境打造新名片。国土空间开发保护格局得到优化，生产生活方式绿色转型成效显著，能源资源利用效率大幅提高，主要污染物排放总量持续减少，环境质量持续改善，生态安全屏障更加牢固，长江经济带绿色发展示范区建设取得实质性成效。民生福祉达到新水平。实现更加充分更高质量就业，居民收入增长和经济增长基本同步，分配结构明显改善，基本公共服务均等化水平明显提高，全民受教育程度不断提升，多层次社会保障体系更加健全，卫生健康体系更加完善，脱贫攻坚成果巩固拓展，乡村振兴成效显著。社会治理开创新局面。民主法治更加健全，社会公平正义进一步彰显，数字政府·智慧岳阳建设深入推进，行政效率和公信力显著提升，社会治理水平明显提高，防范化解重大风险机制不断健全，突发公共事件应急能力显著增强，自然灾害防御水平明显提升，发展安全保障更加有力。

第二章 能级跃升 建设特色鲜明的现代产业体系

一、推动制造业向价值链高端延伸

建设长江百里绿色经济发展走廊。发挥岳阳长江黄金水道的独特优势，依通道布局产业、以产业带动物流，加快推动绿色低碳发展。做大做强岳阳绿色化工产业园，重点发展航运物流、绿色化工、电子信息、装备制造、新材料、粮油加工、清洁能源等绿色低碳产业。

做强优势主导产业集群。聚力打造石油化工、食品加工、电子信息、装备制造、电力能源等五大千亿产业集群。到2025年，全市营业收入过100亿元企业达到5家，过50亿元的企业达到10家，过10亿元企业达到50家。

加快发展战略性新兴产业。推动新材料、高端装备制造、生物医药、节能环保、航空航天等战略性新兴产业扩量增效，着力打造一批具有地域特色和区域影响力的产业基地、龙头企业和拳头产品。到2025年，战略性

专栏3 制造业五大千亿产业集群

石油化工。依托长岭炼化、巴陵石化等龙头企业，强化央地合作和炼化一体化发展，力争实际炼油加工能力达到1500万吨/年，提高成品油和石油化工产品的本地化供应能力。大力发展新型材料产业，加快己内酰胺产业链搬迁与升级转型发展等重大项目建设，扩大乙烯、丙烯及芳烃原料生产规模，发展聚乙烯、聚丙烯、聚氯乙烯、碳四、芳烃等资源利用产业，并向后续加工产业延伸，做强橡胶、聚酰胺、纤维料、工程塑料、环氧树酯、环氧丙烷等优势产业，推动建设氢能基地，实现石油化工产业总规模在现有基础上增加1倍以上的目标。

食品加工。依托道道全、华文、九鼎、长康等重点企业，大力发展休闲食品、粮油加工、调味品、茶叶加工、饲料等产业，打造平江休闲食品、城陵矶新港区粮油加工、湘阴调味品、君山黄茶、华容芥菜、汨罗粽子六大食品特色产业聚集区，培育一批有较强实力、有知名品牌的龙头企业，打造具有全国影响力的食品加工产业基地。

装备制造。依托岳阳经开区、岳阳临港国家先进装备制造高新技术产业化基地、汨罗湖南工程机械配套产业园、湘阴湖南省先进装备制造（新能源）产业园等重点园区，大力发展电磁及磁力装备、工程机械与农业机械、节能环保装备和石油化工装备，加强装备领域基础器件、基础制造工艺、基础材料联合创新，提升装备制造产业发展质量。

电子信息。以城陵矶新港区为重点，发挥泰金宝光电、千龙电子等重点企业带动作用，大力引进一批行业龙头企业和关联配套企业，提升产业链、供应链水平，加快发展计算机关键外设、通信基础设备、新型显示设备、新型智能硬件、软件开发等行业，打造中部地区重要的电子信息产业基地。

电力能源。加快推进大型清洁火电厂规划建设，推动抽水蓄能电站建设，因地制宜开发生物质能、太阳能和风能，推广氢能应用，推动氢能示范城市建设，形成火电、水电、风电、太阳能发电、生物质能发电、氢能等多元化驱动的能源产业发展格局，以重大项目建设为依托，有序推动电力能源装备制造产业发展，打造“湖南综合能源基地”。

专栏4 战略性新兴产业发展重点方向

新材料。加快将金属非金属新材料产业打造成为千亿产业，重点壮大高品质合成橡胶、新型催化剂及助剂、表面功能材料等新型功能材料产业，打造全国重要的新型功能材料产业基地和国内高端合成材料研发生产基地，培育发展高品质特种钢材材料、高性能有色金属及合金材料等先进结构材料产业和高性能纤维及复合材料、碳/碳复合材料、金属基复合材料等高性能复合材料产业。

高端装备制造。顺应产业变革趋势，重点发展工业机器人、增材制造、轨道交通装备、传感器、高端仪器仪表、高端数控机床等高端装备制造产业，提升装备制造产业发展层次。

生物医药。大力发展化学原料药、药物制剂、现代中药、生物制品、医疗器械及医用材料、医疗防护用品等领域，打造全省重要的生物医药产业基地。

节能环保。加快发展节能技术和装备、高效节能产品、先进环保技术和装备、环保产品与环保服务，推行绿色建造，大力发展钢结构建筑，推进装配式建筑“设计—生产—施工—管理—服务”全产业链建设。

航空航天。培育壮大航空航天装备及零部件、北斗卫星导航、无人机等产业，打造航空航天产业大构件及新材料供应基地、北斗卫星导航产业示范基地。

专栏5 岳阳市产业园区主导产业指导目录表

序号	园区名称	主、特产业定位		
		片区	主导产业	特色产业
1	岳阳经济技术开发区	木里港先进制造业聚集区	装备制造	高端生物医药
		金凤湖生态示范区		总部经济
		高铁新城		总部经济
		临空经济区（拟建）		现代物流
2	岳阳临港高新技术产业开发区（含综合保税区）	临港高新技术产业开发区	装备制造、电子信息	现代物流
		综合保税区	电子信息	国际贸易及保税加工
		自贸片区	新材料	
3	岳阳绿色化工高新技术产业开发区	长岭片区	石油化工	
		巴陵片区		
		云溪片区		化工新材料
4	汨罗循环经济产业园区（含湖南省工程机械配套产业园）	循环园片区	有色金属非金属、PCB电子产业	再生资源利用
		弼时片区	工程机械配套	
5	平江高新技术产业园区	伍市片区	食品制造	云母制品、石膏建材
		天岳新区	电子信息	
6	岳阳高新技术产业园区	主产业片区	生物医药、装备制造	
		建材产业片区		建材家居及新材料
7	湘阴高新技术产业开发区（湖南省先进装备制造（新能源）产业园）	金龙片区	先进装备制造	食品加工
		洋沙湖片区	先进装备制造（新能源）	
		临港片区（虞公港片区）	先进装备制造、装配式建筑建材	
8	临湘高新技术产业开发区	滨江片区	新材料	
		三湾片区	新型建材	浮标、钓具及体育用品制造
9	华容工业集中区	石伏片区	纺织服装	医药卫材
		三封片区	通用设备制造	
		洪山头片区	能源及新材料	
10	君山工业集中区	荆江门片区	农副食品加工	电子信息
		林角佬片区	整体“退二进三”	

专栏6　国家物流枢纽城市建设重点工程

物流园区建设工程。加快建设和改造提升一批综合服务型、货运枢纽型、生产服务型、商贸服务型、口岸服务型等物流园区，布局建设胥家桥综合物流园、城陵矶新港区智慧商贸物流园、临空经济区航空物流产业园、虞公港物流园等重点物流园区，打造3～5个年交易额100亿元以上的国家示范物流园区。

多式联运工程。加快多式联运设施建设，完善港口铁路、公路集疏运设施，建立多式联运信息平台，促进公铁联运、铁水联运、陆空联运、江海联运无缝对接，建设一批多式联运示范运作区。

产业联动发展工程。推动物流业与制造业联动发展，完善产业集聚区物流服务功能，在全市10个产业园区规划建设一批与主导产业紧密配套的物流服务“区中园”，推动汨罗正威互联网+再生资源仓储物流交割基地、平江聚慧物流园、临湘市钓具电商物流园等项目建设。

城乡配送工程。加快完善城乡配送网络体系，统筹布局物流园区、配送中心、末端配送网点等三级配送节点，重点推动岳阳市城市配送中心建设，支持县（市、区）加快县、乡、村三级物流配送体系建设。

冷链物流建设工程。构建适应农产品精深加工、消费升级和医药流通特点的冷链物流体系，推动城陵矶综保区仓储冷链物流中心、恒美食品冷链产业园、弘昱医药物流园二期等项目建设，支持县（市、区）加快冷链物流仓储设施建设。

物流信息化工程。加强综合运输信息、物流资源交易、电子口岸和大宗商品交易等平台建设，提升岳阳航运交易所交易功能。推进物流企业物流活动全过程数据化、电子化，推广使用运输管理系统和仓储管理系统，强化物流企业与生产制造企业、商贸企业信息化对接，建设物流大数据中心，拓展数据增值业务。

龙头企业培育工程。支持省港务集团、森凯仓储物流等重点物流企业发展壮大，力争国家AAAAA级物流企业达到5家以上，培育年销售收入超10亿元的第三方、第四方物流企业10家以上。

专栏7　文旅融合发展重点工程

旅游景区提质升级工程。加快岳阳楼—君山岛、天岳幕阜山、屈子文化园、张谷英村旅游区等重点景区的提质升级，推动天岳幕阜山、石牛寨联合创建AAAAA级景区，湘阴洋沙湖、临湘五尖山创建AAAA级景区。

全域旅游发展工程。推动南湖新区创建国家级旅游度假区，平江县创建国家级全域旅游示范区，岳阳县和君山区创建省级全域旅游示范区。

特色节会品牌打造工程。扩大汨罗端午国际龙舟节、君山爱情文化节、平江红色旅游文化节、岳阳龙虾节等节庆品牌影响力，办好“天下洞庭”国际湿地生态文化旅游节、中国·汨罗江国际诗歌艺术周、最美长江岸线马拉松、洞庭湖观鸟节等活动，推动国际龙舟联合会总部落户汨罗。

文化魅力展演工程。重点推动打造岳阳楼灯光秀，点亮洞庭南路历史文化街区和岳州古城历史文化体验区，推出巴陵戏、花鼓戏、皮影戏等实景演出项目；推动在屈子文化园打造《屈原》实景山水演出，利用平江起义纪念馆外墙推出平江起义投影秀；发挥湖南广电影视综艺资源和汨罗丰富的人文资源，着力打造湖南影视产业配套基地。

红色文化旅游发展工程。注重发挥平江起义纪念馆、任弼时纪念馆、何长工纪念馆等红色景区引领作用，支持平江湘鄂赣革命根据地纪念馆和华容湘鄂西革命根据地纪念馆建设，实施任弼时纪念馆提质改造工程，推动大云山红色革命文化、周群逸烈士墓、临湘壁山革命旧址等红色旅游点开发，进一步弘扬红色文化，推动红色旅游发展。

乡村旅游发展工程。支持岳阳县黄秀农耕文化园、汨罗西长花海、临湘菊花博览园、张谷英特色乡村民俗文化旅游区等建设，支持汨罗市西长村、屈原区三和村、临湘市龙窖山村等全国乡村旅游重点村发展，打造2～3条精品乡村旅游线路、3～5个乡村旅游品牌。

专栏8　生产性服务业重点发展方向

电子商务。深化大中型企业电子商务应用，引导小微企业依托第三方电子商务服务平台开展业务，鼓励大型百货商场、购物中心、连锁超市建设网上商城，打造本土电子商务品牌企业。大力发展跨境电商，建设跨境电商综合服务平台，实现跨境电商生产要素和产业集聚。发展移动电子商务，推动移动电子商务应用向工业生产经营和生产性服务业领域延伸。

研发设计。大力发展工业设计，引导工业企业围绕产品外观、结构、功能开展关键工艺及设备、核心技术、共性环节的设计攻关，推动智能制造等信息化技术在工业设计中的应用。支持工业设计企业专业化发展，鼓励有条件的工业企业将可外包的设计业务发包给工业设计企业，扩大工业设计服务市场。

金融服务。大力引进股份制商业银行和公募基金、股权投资、资产评估、融资担保等金融机构，规范发展多种所有制形式的中小银行以及证券公司、基金管理公司等，推动企业在主板、中小板、创业板、科创板上市，提升直接融资能力，力争到2025年，上市企业数量达到20家。鼓励龙头企业进入金融领域，主导发展股权投资基金、产业引导基金等金融业务，全面提升金融服务水平。

商务咨询。大力发展战略规划、营销策划、市场调查、管理咨询等提升产业发展素质的咨询服务，发展资产评估、会计、审计、税务、勘察设计、工程咨询等专业咨询服务。

文化创意。重点聚焦网络视听、文化演艺、动漫游戏、创意设计、旅游、数字出版等领域，大力培育文化创意产品和服务。推动文化创意与科技、制造、金融、旅游等相关产业深度融合，扶持文创企业专业化、规模化发展。鼓励科研机构、高校、企业搭建创意设计公共服务平台，促进创意设计多元化融合发展。

知识产权服务。开展专利、商标、版权、集成电路布图设计的代理、转让、登记、鉴定、评估、认证、咨询、检索等服务，提高商标注册、专利申报、成果转化、维权保护效率，提升知识产权的发展、运营和保护水平。

检验检测认证。加快发展面向设计开发、生产制造、售后服务全过程的分析、测试、计量、检验等服务，发展进出口检验检疫、农产品质量安全检验检测、食品安全检验检测、药品检验检测等服务，完善检验检测认证服务体系。

专栏9　生活性服务业重点发展方向

商贸服务。依托东风湖新区、洞庭新城、高铁新城、临港产业新城和临空经济区建设，打造一批大型商贸综合体，推动商贸服务业高端化发展。发展社区连锁便利店、蔬菜直销店、快递服务等便民商业网点，完善社区商贸服务体系。

广告服务。大力发展广告创意、设计策划、印刷制作、动漫影视、广告媒体、广告会展等产业门类，推动广告产业向专业化、规模化、品牌化方向迈进，加强对广告业市场的规范管理，促进广告业有序发展，创建国家级广告产业基地。

养老服务。加快发展居家和社区养老服务，丰富养老服务和产品供给。支持社会力量举办养老服务机构，推进医疗机构与养老机构合作。大力推动养老服务向精神慰藉、康复护理、紧急救援、临终关怀等领域延伸，拓展居家养老服务产业链，发展“候鸟式”和“度假式”养老，建设一批高端养生养老中心。

托育服务。支持社会力量发展普惠托育服务，支持建设一批嵌入式、分布式、连锁化、专业化的社区托育服务设施，打造一批示范性托育服务机构。支持在新建居住区等配建托育服务设施，在老城区和已建成居住区新建、改扩建托育服务设施，满足家庭多层次、多样化托育服务需求。

家政服务。大力发展员工制、公司化家政服务机构，支持中小家政服务企业向专业化、标准化方向发展，鼓励有条件的企业品牌化、连锁化发展，推动新技术、新流程进入家政服务业。推广将社区家政服务委托家政公司承担的做法，加强对家政服务业的规范化管理，提高从业人员的服务水平和职业素质。

教育培训服务。聚焦早教幼教培训、艺术特长培训、课外辅导培训、职业技能培训等重点领域，培育本地教育培训品牌，推动教育培训机构集团化、连锁化发展，引进国内外知名培训机构，推动发展“互联网+教育培训”，提升行业整体水平。

专栏10 巴陵人才工程重点人才计划

高层次人才引领计划。聚焦七大千亿产业建设，大力引进产业领军人才，支持引进高层次创新创业人才团队，对能够带来重大经济社会发展效益、对产业发展有重大贡献的顶尖人才及团队，实行“一事一议”，加大资助力度。

青年人才储备计划。五年内吸引储备300名博士研究生、4000名硕士研究生、5万名大中专毕业生在岳就业创业。全面推行高校毕业生和专业技术人员“零门槛”落户。推动职业院校、技工学校与企业合作培养技能人才。

高技能人才支撑计划。五年内培养引进15万名技能人才。鼓励企业开展技能培训和新型学徒制培训，每年选树一批“巴陵工匠”。加大新建高技能人才培训基地、技能大师工作室配套资金支持力度，鼓励岳阳市技能人才参加各类职业技能竞赛。

优秀企业家和企业职业经理人领航计划。培养选拔一批导师型企业家、科技型企业家和新生代企业家。实施企业家素质提升工程，定期开展岳阳市杰出贡献企业家选树活动，鼓励企业引进优秀职业经理人。

乡村人才振兴计划。五年内选派2000名专家人才到农业特色村镇、农业龙头企业和专业合作社担任科技特派员，培养培训2万名农村致富带头人、新型职业农民和农业技术骨干，大力支持农林科研院所人才队伍建设。

柔性引才汇智计划。坚持举办“院士专家岳阳行”活动，支持建立院士专家工作站。根据县（市、区）和市直单位需求，柔性引进一批高层次人才担任首席专家、科技副县长。建立岳阳籍在外优秀人才数据库和联系服务长效机制。

企事业单位“四海揽才”计划。抓好教育、医疗卫生、文化旅游、新闻网络、城市规划建设、金融商贸（自贸区建设）、生态环境、社会工作等社会事业人才的培养引进，鼓励支持引进科技创新人才和高层次创新创业人才团队。每年制定发布全市事业单位人才需求目录，畅通事业单位高层次和急需紧缺人才招引“绿色通道”，扩大用人单位人才引进自主权。

专栏11 综合交通体系建设重点工程

铁路。加快完善铁路网，争取启动常岳九铁路建设，谋划推进荆岳铁路、长岳城际铁路规划建设，实施京广铁路岳阳段东移工程。围绕提升港口集疏运功能，重点推进松杨湖、南洋洲铁路支线和华容煤炭储备基地、君山荆江门码头、湘阴虞公港、临湘鸭栏港、岳阳县鹿角港、汨罗营田港等铁路专用线规划建设。

高速公路。建成平益高速和城陵矶高速，谋划推进监利至华容高速（含监利至华容公铁两用大桥），补齐“四纵两横”高速公路网。

干线公路。加快建设“四纵两横”普通国道网，分批推进国道扩容及改线提质工程。加快建设“五纵五横”普通省道骨架网，分阶段升级改造为二级及以上公路。重点加快推进G353机场快速路、S308岳阳县龙湾至平江南江公路、麻黄线、G353君山—华容等干线公路骨架项目，以及洞庭湖大桥东互通、杭瑞高速横铺互通、金凤桥互通连接线、己内酰胺物流通道等节点工程的规划建设。

港航设施。协调推进长江航道湖南段疏浚整治，将武汉至城陵矶河段常年维护水深提升至6米，实现长江干线常年万吨级船舶可直达城陵矶；启动汨罗江旅游航道规划建设，有序推动洞庭湖、湘江岳阳段、华容河、新墙河等河湖疏浚工程，改善通航条件。加快推进岳阳LNG、煤炭储配基地、湘阴虞公港、屈原推山咀等码头建设和岳阳县鹿角、临湘鸭栏等码头改扩建，打造沿江沿湖港口集群。

航空。加快三荷机场改扩建、通用航空和货运枢纽建设，完善机场快速路等相关配套设施，推动华容、汨罗、平江、湘阴、临湘等地通用机场规划建设。

城市交通。加快主城区环线建设，建成北环线、西环线，启动东环线延伸线建设，科学规划建设一批高架桥、立交桥；加快城市外环线建设，启动东外环G107东移（一期工程）、北外环S208沿江公路、南外环S310公田至新墙、西外环G240改线提质工程等项目的规划建设。加快建设城市两条中心轴线，以G240岳阳君山至湖滨公路为依托，构建君山经洞庭湖湖底隧道至岳阳大道至三荷机场的横轴线，以及南湖大道经南湖湖底隧道至赶山路至湖滨的纵轴线。

客货枢纽。规划建设岳阳东客运枢纽、岳阳汽车南站，推动中心汽车站、巴陵汽车站、联运汽车站退出中心城区，加快建设胥家桥综合物流园、城陵矶新港物流园、空港物流园等枢纽园区；推动重点县市建成1个二级客运站、1个二级物流园区，重点乡镇建成三级乡镇运输服务站，重点建制村建成1个农村客运招呼站（农村物流点）。

专栏12　能源设施建设重点工程

煤炭储配设施。加快岳阳煤炭铁水联运储配基地、华容煤炭铁水联运储配基地建设，推动建立省级煤炭交易中心。

石油储运设施。推动仪征—长岭原油管道复线、长岭—长沙黄花机场航煤油管线建设，加强岳阳原油库、陆城油库建设。

电力设施。稳步推进华电平江电厂、神华国华华容电厂、平江抽水蓄能电站等新电源建设，做好华容县小墨山核电站、岳州电厂、汨罗电厂、汨罗抽水蓄能电站的谋划推进，配合1000千伏长沙特高压交流输变电工程建设，新建岳阳北500千伏变电站，新建220千伏变电站8座、110千伏变电站18座、35千伏变电站6座、10千伏配变5000台。

天然气设施。推动君山LNG接收站、陆城LNG储配基地建设，加快"气化湖南"君山天然气管道建设，实现全市管道天然气县县通；新建岳阳南门站、北门站，缓解岳阳门站供气压力；新建赶山路—新开镇次高压管道，完善城镇燃气高压（次高压）输配网。

供热设施。建设工业热力站5个，架空供热管道40千米，形成华能岳阳电厂和岳化、长炼"一主两副"城市热源结构。

充电设施。全市规划建设充电桩3万个，充电站270座，加快实现充电设施中心城区主干道全覆盖，推动充电桩建设进小区。

专栏13　水利建设重点工程

防洪治涝工程。保障长江防洪安全，推进长江干流堤防提质加固、长江干流河势控制及河道治理工程；提升洞庭湖区防洪能力，加快实施华容护城垸、湘阴烂泥湖垸等重点垸堤防加固工程，推进永固垸、湘滨南湖垸等重点垸堤防加固工程；加快蓄滞洪区建设步伐，推进钱粮湖垸、大通湖东垸为重点的蓄滞洪区安全建设及分洪闸工程；稳步推进重点中型水库（闸）除险加固，继续实施主要支流、中小河流治理工程及小型水库除险加固工程。

饮水安全工程。优化调整一批已建水源工程的主要开发利用任务，推进临湘团湾水库向城区供水工程和岳阳县、华容县、平江县等城乡供水一体化工程建设，通过工程改造、升级、配套、联网等方式，进一步提高农村饮水安全保障质量。

用水安全工程。按照"确有需要、生态安全、可以持续"的原则，重点推进洞庭湖北部补水二期工程、岳阳市中部水资源配置工程等重大引调水工程，促进全市水资源合理配置。围绕乡村振兴战略，按照现代化农业建设要求，推进铁山灌区续建配套与现代化改造，并推进重点中型灌区续建配套与节水改造，开展骨干灌排设施提档升级，完善农业灌溉计量设施，逐步向现代化灌区转变。依托洞庭湖北部补水工程，按照灌排设施配套与水源工程同步、管理设施与工程设施同步等现代化灌区要求新建大型灌区华君灌区。

水生态工程。开展小流域综合治理，实施生态清洁小流域建设，加强坡耕地等综合整治；以流域为单元，实施河湖连通、小水电绿色改造等工程，推进美丽河湖建设；立足乡村河道特点和保护发展需求，以岳阳县为试点，通过实施清淤疏浚、岸坡整治、水系连通、水源涵养与水土保持等综合措施，开展农村水系综合整治，逐步恢复农村河道水生态功能，建设"水美乡村"。

专栏14　信息基础设施建设重点工程

5G网络建设工程。每年推动建设一批5G基站，2021年实现中心城区5G网络连续覆盖及商用，2022年实现县（市、区）城区、乡镇以上区域全覆盖，后期逐步扩容优化，实现全市5G网络全覆盖。

城市数字底座建设工程。建设城市统一数据和基础能力体系，涵盖数据中台、应用中台、大数据平台，视频资源、地理信息、人工智能、物联网等共性资源，支撑城市级数据及业务融合。

基础数据库建设工程。加强城市数据的汇聚与共享，丰富人口、法人、空间地理、信用库、电子证照等基础信息库，建立数据标准体系，开展数据治理工作，全面提升数据质量。

电子政务外网提升工程。更新电子政务外网老旧设备，提升电子政务外网稳定性、安全性及性能，持续推进电子政务外网建设，扩大覆盖范围。

数据安全监管平台建设工程。按照"以数据为中心、以组织为单位、以能力成熟度为基本抓手"的原则，建设从采集、管理、清洗、共享、开放、分析等全生命周期数据流转监测预警、网络策略管控和平台权限管控系统。

专栏15　南部区域合作重点工程

交通互联工程。支持湘阴、汨罗、平江与长沙望城区、开福区、浏阳市交界处“断头路”建设，推动湘江虞公港合作开发、汨罗至杨桥公路、万家丽北路汨罗段、湘江北路北延至湘阴县城、岳望高速茶亭互通与长沙北部绕城高速互换连接线、S506湘阴至屈原公路（芙蓉北路北延）等项目建设。

产业配套工程。引导湘阴、汨罗、平江、屈原加强与长沙优势产业对接，提高配套服务水平，重点加快汨罗湖南工程机械配套产业园、湘阴湖南省先进装备制造产业园建设。加强虞公港共同开发，发挥其作为城陵矶港的喂给港作用，共同推动江海联运、近海直航和接力航线等外运业务发展，壮大航运物流产业。

旅游合作工程。加强旅游联动合作，策划开展重大旅游活动，支持平江起义纪念馆、任弼时纪念馆与开慧纪念馆合作推出红色精品旅游线路，谋划开慧至弼时旅游公路建设。

民生互惠工程。加强教育合作，吸引长沙高校、职业院校和中小学名校在湘阴、汨罗、平江建立分校或实训基地，重点以湖南交通工程学院为中心，推动建设湘阴大学科技城。加强医疗对接，推动医疗联合体建设，构建常态化疫情防控协作机制。

专栏16　中国（湖南）自贸试验区岳阳片区重点工程

制度创新工程。全面对标湖南自由贸易试验区121项改革试点任务，按照时间节点，在3年内完成岳阳自贸片区88项改革创新任务，形成1～2项可复制可推广经验或案例，推出具有岳阳特色的制度创新成果。抢抓制度创新机遇，着眼改革创新需求，推动能源、金融、航运等领域制度创新，打造具有核心竞争力的政策优势。

产业发展工程。聚焦主导产业，推进招商引资主体多元化、模式多样化、对象精准化，实施产业链招商、市场化招商和社会化招商，大力引进头部企业、世界500强、全国100强、行业10强和独角兽企业。加快建设自贸产业“一廊道、一基地、一园区”，重点沿长江经济带绿色发展示范区建设自贸产业廊道，布局偏水型航运物流、大型高端装备制造和新能源新材料产业；毗邻综合保税区建设自贸产业园，布局集成电路、半导体等先进制造业，发展跨境电商及相关配套产业；向南辐射格石岭山建设自贸区新经济总部基地，布局绿色办公、数字产业等总部经济、楼宇经济。

区域联动工程。加快建立自贸片区与区域内外联动机制，对接长江经济带、粤港澳大湾区，探索与上海、深圳等地园区合作共建。重点加强与全市重点园区联动，实现优惠政策互享、项目招商互动、制度创新互通，发挥好自贸区的政策溢出效应和引领带动作用，促进经济高质量发展。

专栏17　生态保护修复重点工程

长江生态廊道建设工程。实施长江岸线复绿工程，完成长江沿岸防护林建设，增加长江岸线林草覆盖，实现沿岸应绿尽绿，建成长江岸线绿化生态廊道，丰富长江岸线生态景观，打造最美长江岸线。

“五水”生态修复工程。重点对洞庭湖水系、湘江水系、新墙河水系、汨罗江水系、华容河水系沿岸开展绿色缓冲带建设、排污口整治。对流经城区内的河流打造精细化的亲水绿廊，市域内的其他河流，提升涵养水源、保持水土、防风固沙等防护功能。科学确定生态流量，加强江河湖库水量调度管理，维持河湖基本生态用水需求，保障枯水期生态基流。

重点流域河湖连通工程。重点推动实现长江与洞庭湖、南湖、东风湖、吉家湖、芭蕉湖河湖连通，云溪区枫桥湖、鲁家湖、白泥湖、肖田湖水系连通，临湘市冶湖、黄盖湖与长江连通。

湿地生态保护与修复工程。通过退田还湖、还泽、还滩、还林草等措施，实施湿地恢复重建。实施退耕还湿和驳岸生态改造工程，开展杨树迹地清理修复，治理芦苇湿地。加强湘阴洋沙湖—东湖、汨罗江、新墙河、华容东湖、平江黄金河、云溪白泥湖6个国家湿地公园建设，申报国际重要湿地和国家重要湿地。

森林生态保护与修复工程。对国家级、省级公益林和天然林实施封禁性保护、补偿和生态性培育，停止天然林商业性采伐。挂牌保护古树名木，建设古树名木主题公园。提质扩建岳阳森林生态博览园，建设岳阳城市植物园，提质改造汨罗林业生态科技示范园。对铁山库区等区域马尾松纯林进行改造，增强水源涵养、水土保持和抗病虫灾害功能。开展大规模国土绿化，推动在岩石裸露区、采矿区、废弃矿场、砂场、其他裸露地等难造林地植树绿化，提高乡村绿化水平。

生物多样性保护工程。重点加强东洞庭湖、湘阴横岭湖、临湘黄盖湖、华容集成麋鹿、华容集成长江故道江豚、平江幕阜山等国家级、省级自然保护区管理和保护，加强东洞庭湖鲤鲫黄颡、东洞庭湖中国圆田螺、洞庭湖口铜鱼短颌鲚、汨罗江河口段鲶、汨罗江平江段斑鳜黄颡鱼、南洞庭湖大口鲶青虾中华鳖等国家级水产种质资源保护区建设。

专栏18 环境污染综合治理重点工程

水环境综合治理工程。完成岳阳市中心城区污水系统综合治理PPP项目和临湘市水环境综合治理工程PPP项目，实施松阳湖流域水环境综合治理工程，推动东风湖流域生态治理提质升级，打造长江经济带绿色发展的示范样板。

沿江化工生产企业关停搬迁改造工程。重点关闭退出沿江岸线1千米范围内落后产能和安全环保不达标的化工生产企业，引导化工生产企业通过调结构搬迁

到沿江1千米范围外的合规化工园区，沿江岸线1千米范围内严禁新建、扩建化工园区、化工生产项目，严禁现有合规化工园区在沿江岸线1千米范围内靠江扩建。

船舶污染治理工程。全面推进船舶污染物上岸接收处理设施建设，建设岳阳港危化品洗舱站项目，建设6处岳阳港污染物收集点，17处岳阳港船舶污水垃圾港口接收设施，18处岳阳港岸电设施。

饮用水水源地保护工程。实施铁山水库、龙源水库等14处县级以上地表水集中式饮用水水源地保护工程，开展县级以下集中式饮用水水源保护区违规建设项目清理整治，推进重要饮用水水源地安全保障达标建设。

土壤污染防治工程。以受污染耕地及拟开发建设居住、商业、学校、医疗、养老机构和公共服务设施等项目的污染地块为重点，强化土壤污染治理和修复，重点推动中心城区己内酰胺退出区域土壤污染治理和临湘工业园滨江园区退出化工企业区域污染地块综合治理与修复。

专栏19 2025年城镇规模结构预测一览表

类型	规模	个数	城镇名称
Ⅱ型大城市	100～300万人	1	岳阳市
中等城市	50～100万人	1	平江县
Ⅰ型小城市	20～50万人	5	汨罗市、岳阳县、华容县、湘阴县、临湘市
重点城镇	3～5万人	16	云溪区陆城镇，君山区钱粮湖镇，临湘市羊楼司镇、桃林镇，岳阳县黄沙街镇、新墙镇，华容县东山镇、注滋口镇，湘阴县金龙镇、鹤龙湖镇，平江县长寿镇、南江镇、伍市镇，汨罗市弼时镇、长乐镇，屈原管理区营田镇

新兴产业增加值占GDP比重达到20%。

推进产业园区高质量发展。科学确定园区产业定位，引导每个园区按照“一主两特”的方向布局产业，推动园区专业化、特色化发展。

二、加快现代服务业提档升级

打造两大千亿主导产业，突出发展壮大现代物流和文化旅游两大千亿主导产业，打造服务业发展主引擎。

完善现代服务业发展体系。培育发展生产性服务业和生活性服务业，提高服务业发展层次和质量。

第三章 创新引领 着力培育高质量发展新动能

一、强化创新人才支撑

坚持引才、聚才、铸才、育才、扶才、优才并举，大力实施巴陵人才工程，创新人才发展体制机制，加快建设一支素质优良、结构合理的创新型人才队伍。到2025年，全市人才队伍总量达到70万人，专业技术人才总量达到25万人，技能劳动者达到35万人。

第四章 需求拉动 深度融入国内大循环发展格局

一、构筑高效安全的基础设施网络

加强交通、能源、水利、信息等“四网”建设，推动形成布局合理、功能完善、衔接顺畅、运作高效的基础设施网络。

二、拓展互利共赢的区域合作空间

把握国内大循环发展机遇，主动对接国家重大区域发展战略，加强与周边地区联动发展，拓展区域合作新空间。

第五章 开放融通 塑造面向全球的国际竞争优势

准确应对外部形势变化，坚定不移加强对外合作、扩大对外开放，构建能级更高、环境更优的开放型经济体系，加快培育国际合作和竞争新优势，构筑全省开放

型经济发展“桥头堡”。

第六章　生态优先
建设长江经济带绿色发展示范区

一、维系优良生态本底

坚持山水林田湖草是生命共同体理念，着力提升自然生态系统稳定性和生态服务功能，筑牢生态安全屏障。实施生态环境分区管控，加强生态系统建设，维护生物多样性。

二、加强环境综合治理

深入实施大气、水体、土壤污染防治行动，着力改善生态环境质量，提升生态环境治理现代化水平，让良好生态环境成为人民生活质量的增长点，成为展现城市良好形象的发力点。织就天朗气清的清新画卷，打造水清岸洁的美丽景象，构筑土净地绿的生态家园。

第七章　协调发展
构建梯次联动的新型城镇化格局

一、优化新型城镇化布局形态

着力提升中心城区首位度。按照“江湖城共生、港产城融合”的空间组织思路，推动形成“一心四组团”空间格局。“一心”即城市服务核心，以岳阳楼区为主体，加快发展现代商贸、现代金融、商务服务、研发设计、文化创意、养老托育等生产性和生活服务业，培育发展平台经济、数字经济、总部经济和夜间经济等新经济新业态新模式，进一步提高城市品质和服务功能，打造湘鄂赣省际边界区域现代服务业发展中心。“四组团”即城北制造业绿色转型发展组团、城东产城融合发展组团、西部江湖特色旅游组团、南部宜居康养组团。城北组团包括城陵矶新港区、云溪区以及临湘滨江片区，以发展先进制造业和现代物流业为重点，加快推动“区港一体”联动发展，着力培育优势产业集群，打造全市高质量发展核心增长带。城东组团以岳阳经开区为主体，以强化产业功能、推进产城融合为重点，深化园区体制机制改革，培育发展高端制造和临空经济、总部经济，打造全市经济发展主引擎和增长极。西部组团包括君山区、岳阳楼区滨湖片区以及南湖新区滨湖片区，强化生态保护、注重战略“留白”，着力发展体现“江湖融汇、文化交融”特色的服务经济和绿色经济，彰显城市魅力。南部组团包括南湖新区（南湖以南片区）和岳阳县北部片区，以发展高端居住、生态康养、科教为重点。全面推动岳阳县、临湘市融城发展，进一步扩大城市规模，增强城市带动作用。到2025年，中心城区常住人口达到170万人。

加快培育现代化中小城市。坚持把县城和县级市城区作为培育中小城市的主要载体，着力提高六县（市）城区吸纳人口、集聚产业的综合承载能力和公共服务水平，培育成为具有较强带动作用的现代化中小城市。力争到2025年，平江县城常住人口达到50万人，成为中等城市；其他五个县（市）城区常住人口均达到20万人，进入Ⅰ型小城市行列。

二、提高城市综合承载能力

塑造城市特色风貌。加强城市设计管控，制定实施城市设计导则，推进重点片区、主要轴线、关键节点城市设计全覆盖，推动建筑布局高低错落、疏密有致、形态自然，与山水格局相融合，充分展现出天际线、脊梁线和湖岸线，优化城市形态轮廓。

促进城市安全高效运行。推动数字化赋能城市治理，加快大数据、云计算、物联网等前沿技术在城市管理、城市服务和城市生活等方面应用，建设“智慧岳阳”。

三、增强县域经济实力

引导县域错位发展。推动临湘市、岳阳县、华容县对接中心城区发展，联动打造新材料、食品加工、现代物流、电力能源、生物医药等优势产业集群；引导平江县、汨罗市、湘阴县加强与省会长沙的区域合作，提高工程机械、装备制造、现代物流、电子信息等优势产业配套协作能力。力争到2025年，汨罗市GDP达到700亿元，华容县、岳阳县、湘阴县、平江县GDP达到600亿元，临湘市GDP突破500亿元，县域经济占全市GDP比重达到60%；汨罗市、平江县、湘阴县一般公共预算收入达到30亿元，岳阳县、临湘市、华容县一般公共预算收入达到20亿元；汨罗市挺进全国县域百强，华容县、湘阴县、平江县进入全省县域经济前20强。

第八章　全域推进
打造具有影响力的乡村振兴样板

一、严守耕地红线保障粮食安全

严守耕地红线。坚持最严格的耕地保护制度，确保全市542.4万公顷粮食生产功能区和重要农产品生产保护区耕地面积不减少。开展耕地质量提升行动，加强受污染耕地治理。到2025年，全市建成集中连片、稳产高产高标准农田230万公顷。发展精细农业。实施农业农村“百千万”工程和“六大强农”行动，提高农业质量效益和竞争力。依托市农科院，系统推进水稻、油菜、芦笋、芥菜、辣椒、虾蟹、岳阳黄茶、岳阳王鸽、平江黑山羊等优势特色种质资源发掘与产业化应用。

二、建设大美湖区优质农产品基地

优化空间布局。打造粮食、油料、蔬菜、水产、畜禽、茶叶、竹木7个“百亿产业”，建设大美湖区优质农产品基地，推动全市农业农村现代化发展。构建“一园一区一圈一带”产业区位布局。推进产业集群。依托城陵矶新港区（自贸区）做强粮食和油脂加工产业集群，依托华容县和君山区做强蔬菜加工产业集群，依托湘阴县、君山区和云溪区做强虾蟹和淡水鱼加工产业集群。壮大新型主体。实施“百企”培育工程，到2025年，全市新增农业产业化龙头企业国家级2家、省级20家、市级40家，新增涉农上市公司2家以上，培育产值超100亿元涉农企业2家以上。推进农民合作社、家庭农场省、市、县“三级”示范联创，到2025年总量过1000家。围绕农业七大百亿产业，引进“三类500强”企业5家。拓展精深加工。推进农产品精深加工，实现传统产业向数字化、新型工业化转变，延长产业链、提升

专栏20 城市特色风貌塑造工程

“一湖两岸”建设工程：科学规划设计中心城区洞庭湖两岸地带，按照整体设计、分段指引的思路，对新港区、三江口、岳阳楼区、南湖新区、荣湾镇、君山区六段进行形象分段，打造差异化的景观风貌。加强沿湖生态环境共治，强化沿湖岸线管控，连通生物迁徙廊道，维护多样生态空间。打通沿湖岸线断点，织补连湖通廊，加密通湖支路，构建连续贯通的滨湖道路体系。合理控制临湖建筑高度，留出生态绿廊和视觉通廊，高标准建设城市客厅和观景点，做到沿湖起伏有韵律、垂湖错落多层次、整体高度疏阔平缓。

中心城区生态廊道建设工程：在中心城区谋划建设贯通性的生态廊道，形成以河湖、绿地及各类森林通道为主的生态廊道网络，构筑蓝绿交织、互联互通的生态空间。稳步推进芭蕉湖、王家河、南湖、东风湖、吉家湖与洞庭湖等河湖水系连通工程，恢复河湖水系流动性，打通滨水“断头”绿道，展现流水环城景象。

城市文脉保护与开发工程：以岳阳楼、岳州文庙等历史文化古迹为载体，强化功能空间再造和业态整体策划，高起点、高标准规划建设岳州古城和洞庭南路历史文化街区。统筹抓好历史建筑保护开发，打造一批体现岳阳历史底蕴的文化广场、文化走廊、文化场馆和主题公园，加强老旧厂房保护利用，通过功能性流转、创意化改造，有效盘活老旧厂房资源，发展艺术、文博、文创、现代书店、数字娱乐等产业，建设新型城市文化空间，延续城市文脉、留住城市记忆。

专栏21 市政基础设施重点工程

城市道路：打通金鹗西路延伸段、洛王东路延伸段、通海北路延伸工程、白石岭北路、城北路、岳州路等城市断头路，推进岳阳楼区、经开区、南湖新区等背街小巷提质改造，增加主城区路网密度，完善路网结构，提高道路通行能力。

人行通道：推进求索路与南湖大道相交路口、名门世家周边、金鹗小学片区、洞庭汽车西站附近等人行过街设施建设，实施步行街地下人行通道贯通改造工程。

综合管廊：推进地下综合管廊建设，加强对城市隐蔽性设施、地上地下管廊、渣土受纳场等的监控和隐患改造，实施人口密集区危险化学品和化工企业安全搬迁工程。

海绵城市：依托省级海绵城市建设试点，综合采取“渗、滞、蓄、净、用、排”等措施，最大限度地减少城市开发建设对生态环境的影响，达到70%的降雨就地消纳和利用的目标。

园林景观：深化国家园林城市建设，实施鲜花工程，精心打造一批园林绿化样板示范路段。在中心城区建设综合性公园、滨水专类公园、体育专类公园10个、口袋公园50个，确保建成区绿地率、人均公园绿地面积等各项指标位居全省前列。

专栏22 各县（市）功能分工

岳阳县。强化联结岳阳中心城区与长株潭城市群的重要节点功能，提质发展生物医药、新型建材、机械制造等优势产业，培育发展临港物流、城市配送物流产业，加强与中心城区的联动协同，实现融城一体发展。

临湘市。强化“湘北门户”功能，着力构建内通外畅的交通网络，加快融城发展步伐，优化沿江产业布局，加强与城陵矶新港区抱团发展，推动临港新兴产业园建设，打造岳阳临港经济发展新片区、新引擎。

华容县。对接融入长江经济带和洞庭湖生态经济区战略，加强区域交通联系，完善物流枢纽功能，加快发展纺织服装、食品加工、电力能源、医药卫材等优势产业，打造湘北地区中心县。

汨罗市。发挥交通区位优势，承接产业转移，加快循环经济产业园和湖南工程机械配套产业园建设，推进有色金属深加工、高分子材料、电子信息等优势产业延链补链强链，奋力挺进全国百强县。

平江县。对接融入湘赣边区域合作示范区建设，做大做强食品、云母制品、石膏建材等特色优势产业，加快发展全域旅游，创建脱贫攻坚与乡村振兴融合衔接的全国样板，实现由国家级贫困县向经济强县的跨越。

湘阴县。发挥邻近长沙优势和湘江航运优势，抢抓纳入湘江新区新片区和长株潭区域一体化发展范围的政策机遇，加快构建便捷交通网络，推动湖南省先进装备制造产业园建设，着力提高产业配套协作能力，打造南部区域合作先行示范区。

专栏23　公共文化服务重点工程

文化设施建设工程：加强公共文化资源信息化建设，推动各级公共文化设施建设提质提档，深化县级文化馆图书馆总分馆制改革，发挥县级总馆在县域公共文化建设中的中枢作用，通过分馆把优质公共文化服务延伸到基层农村，实现全市乡镇（街道）、村（社区）公共文化资源整合和互联互通，到2025年，形成以县（市、区）为主体的图书馆、文化馆总分馆服务体系。

文艺精品创作工程：加强对文化产品创作生产的引导，建立完善全市优秀文艺成果奖励制度，重点聚焦社会主义核心价值观、脱贫攻坚、全面小康、美丽乡村建设、“守护好一江碧水”等主题，以文学、音乐、戏剧、曲艺、摄影、书法、美术、短视频等艺术形式，综合打造一批展现全市工作成果、弘扬时代主旋律、激发社会正能量、符合大众审美、有影响力的艺术作品。

文化惠民服务工程：创新打造“欢乐潇湘·幸福岳阳”“周末绘本故事会”“全民艺术普及大课堂”等一批群众文化活动品牌，实施“送书、送戏、送电影、送展览”四送工程，办好乡村大舞台、乡村文化墙、农民艺术节等特色品牌活动。

文化队伍培育工程：实施“文艺岳家军”支持计划，大力培育扶持业余文艺团队，力争到2025年，全市各级群众文艺演出团队超过5000个。

专栏24　历史文化遗产保护工程

重点文物保护工程。重点加强洞庭南路历史文化街区保护、陆城南北正街历史文化街区保护，推动岳州古城开发项目建设，持续开展岳阳教会学校、慈氏塔、岳阳文庙、罗子国城遗址、湘阴文庙、屈子祠、左文襄公祠、平江起义旧址、任弼时故居、张谷英村古建筑群等重点文物保护，实施湘鄂赣革命历史根据地纪念馆整体搬迁、任弼时纪念馆提质工程等项目。

工业遗产保护工程。重点加强岳阳市城西老工业区工业遗产保护利用、临湘桃林铅锌矿国家工业遗产、平江黄金矿遗产保护利用，推进6501航天航空国防园建设，规划建设一批工业遗址公园或文化园。

非物质文化遗产保护工程。加强汨罗江畔端午习俗等世界级和国家级非物质文化遗产保护项目数字化抢救性保护工作，传承振兴巴陵戏、花鼓戏、平江九龙舞、长乐故事会等国家级非物质文化遗产，收集绘制出版国家级非遗项目巴陵戏脸谱集，编撰巴陵戏传统剧目考，完成巴陵戏传承展演中心等项目建设。

专栏25　教育事业发展重点工程

基础教育：实施全市公办幼儿园建设工程，新增公办幼儿园416所，改扩建公办幼儿园75所，新增学位20780个。实施中心城区“三大片区三年行动计划”，新建小学5所、改扩建中小学4所。推进市直相关学校教学楼建设及校园改扩建工程、全市学校薄弱环节改善与能力提升工程、农村寄宿制学校改造工程。

职业教育：支持湘北女校申办高职院校，实施岳阳市第一职业中专和临湘市职业中专整体搬迁、平江县职业技术学校改扩建、平江县第二职业学校建设、岳阳县荣湖职业技术学校建设工程。

高等教育：整合优化高校教学资源，力争新增1～2所本科院校。支持湖南理工学院升级大学，开展博士点创建工作，推进湖南理工学院南湖学院转设工作。规划建设湘阴大学科技城，加快推进湖南交通工程学院、长沙理工大学城南学院、湖南中医药大学湘杏学院等集中落户。

民办教育：全面完成各级各类民办学校分类选择和分类党建工作，“十四五”期间，实现3所民办普通高中学校教学质量接近省级示范普通高中水平，10所民办义务教育学校教育教学质量进入全市先进行列，所有民办基础教育学校实现自有场地办学，一半以上民办职业教育学校实现自有场地办学。

教师队伍：加强和改进新时代师德师风建设，提高教师职业道德水平。实施“十百千”园丁工程，努力打造十名教育专家、百名教育名师、千名教育能手。建立教职工编制“周转池”制度，解决小专业、小学科教师短缺和幼儿园教师、学校专职卫生技术人员编制问题。建立“双一流”高校师范类毕业生急需专业人才引进绿色通道，推进“县管校聘”管理改革，完善双向交流轮岗机制，鼓励城镇优秀教师、校长到乡村学校、薄弱学校援教，加大农村教师本地化培养力度。

教育信息化：实施教育信息化2.0行动计划，提升教育信息化水平，将教育信息化建设纳入智慧城市总体规划。推动全市中小学幼儿园智慧校园建设，开展区域性智能教育无线网络建设试点，加快校园数字化应用平台建设。

专栏26　健康岳阳建设重点工程

公共卫生防护重点工程：推进市中心医院和全市疾病预防控制中心、公共卫生医治中心、生物安全二级水平实验室、公共卫生医疗物资储备基地、突发公共卫生事件防疫紧急物资储备库、血液安全基础设施建设，以及县（市、区）疾病预防控制机构业务用房建设，加快社区卫生服务中心标准化建设，巩固完善公共卫生三级网络，提升疾病防控的快速反应能力、集中收治的兜底救治能力、医疗物资的应急保障能力、突发公共卫生事件的处置能力，保障公共卫生安全。

县级医院提标扩能建设工程：新建或迁建一批县级综合性医院，有效改善县级医院的基础设施条件，提升县域医疗综合服务能力。

医疗服务能力提升工程：持续深化医药卫生体制改革，重点推进市级公立医院肿瘤等重点专科能力建设。大力实施“互联网+医疗健康”，依托医疗机构发展互联网医院，建设医疗健康数据资源中心，深入推进医疗健康信息系统建设和应用，打造岳阳市智慧医疗健康云平台。

中医药传承与发展工程：加强市县两级中医医疗机构基础设施建设，推进一批县级中医院整体搬迁和医养结合项目，加强中医院中医优势特色科室、中医药制剂室等建设，完善基层中医药服务网络。

全生命周期健康保障工程：重点推进岳阳市妇幼保健院整体迁建、岳阳市儿童医院新建、岳阳市遗传生殖专科医院建设，推动一批县级妇幼保健院、康养医院、精神病院以及城乡托育服务设施项目建设。支持依托现有一级、二级医疗机构和医疗设施等其他适宜设施转型改扩建，建设普惠性康复床位。

全民健身重点项目工程：重点推进湖南省第十四届运动会场馆、岳阳市体育中心场馆等重大项目建设，建设一批县级全民健身中心和体育活动中心。

专栏27　养老服务体系重点工程

城区养老服务设施建设工程：构建县、乡、社区、小区四级居家和社区养老服务网络，全市新改扩建50家示范性居家和社区养老服务机构，100家嵌入式居家和社区养老服务中心，300家社区日间照料中心，新增养老床位10000张。

农村特困供养机构提质工程：在全市范围新建25所区域性中心敬老院，对全市100所农村特困供养机构进行提质升级，重点改善生活照料和基本照护等适老化功能，改造消防、安防设施，配置基本康复辅具，加强护理型床位建设。新增养老床位5000张，其中护理型床位4000张。

智慧居家养老服务提升工程：推进物联网、移动互联网等在养老服务领域的融合渗透，充分发挥现有服务平台作用，接入“一键帮”“家居乐”等应用，提升远程健康监护、居家安防、定位援助等养老服务应用能力。

价值链。到2025年，全市农产品加工业总产值突破3000亿元、年均增长10%以上，其中食品加工业总产值突破2000亿元。农产品加工业与农业产值比达到3∶1，主要农产品加工转化率80%以上。

三、实施乡村建设行动

推进农村人居环境整治。打造农村人居环境整治升级版，建成与农业农村发展相适应的农村垃圾、污水、卫生厕所、村容村貌治理体系。到2025年，实现农村卫生厕所全覆盖，逐步推进农村生活垃圾分类，源头减量80%以上；农村生活污水处理率50%以上。建成500个以上美丽乡村示范村、1500个以上美丽屋场。促进城乡融合发展。加快农业产业化联合体发展，推动补链、延链、强链，加快产业高质量深度融合。创新利益联结机制，到2025年，新培育农业产业化省级联合体20个，其中农业产业化省级示范联合体10个；支持20个镇开展农村一二三产业融合发展试点，创建5个农村三产融合先导区，优化建设屈原农村改革集中区、G240城乡融合发展示范带，支持屈原管理区、华容县创建第三批国家农村产业融合发展示范园。

第九章　文化铸魂　促进社会文明程度整体提升

一、完善公共文化服务体系

满足群众多元文化需求，加强公共文化设施建设，丰富公共文化产品供给，提升公共文化服务效能，构建覆盖城乡、惠及全民、优质高效的现代公共文化服务体系。

二、彰显岳阳独特文化魅力

挖掘本土文化资源，弘扬优秀传统文化，提升文化遗产保护和利用水平，实施文化“走出去”战略，扩大文化交流合作，在文化自信中彰显岳阳精神，展现独特魅力。

第十章　民生为本　建设生活美好的幸福岳阳

一、构建更加充分的高质量就业服务体系

实施就业优先战略，优化就业创业环境，推动大众创业万众创新向纵深发展。“十四五”期间，年均新增城镇就业5.2万人，农村劳动力转移就业年均不低于3万人，年均新增创业主体2万个以上，带动城乡就业6万人以上。

二、构建更加完善的现代化终身教育体系

全面贯彻党的教育方针，坚持教育优先发展，办好人民满意教育，促进教育公平和提高教育质量，优化教育资源配置，全面推进教育现代化，加快建设教育强市。

三、构建更加高效的整合型健康服务体系

加强医疗卫生服务体系和能力建设，开展全民健身活动，为市民提供更加优质高效、覆盖全生命周期的整合型医疗健康服务，着力打造健康岳阳。

四、构建更加便利的多元化养老服务体系

应对人口老龄化，建立覆盖城乡的老年保障体系，稳步提高养老保障和老年人医疗保障水平，持续完善居家为基础、社区为依托、机构为补充、医养相结合的养老服务体系。到2025年，各县（市、区）至少建成2家示范性居家和社区养老服务机构，每个街道（乡镇）至少建成1家居家养老服务中心，每个村（社区）至少建成1家社区日间照料中心，每个城市小区养老服务设施辐射率100%，打造“15分钟养老服务圈”。

文件目录

中共岳阳市委重要文件目录

△岳发〔2020〕5号　市委、市政府　关于加快七大千亿产业建设推进高质量发展的实施意见（2020年5月13日）

△岳发〔2020〕6号　市委、市政府　关于印发《岳阳市打造高质量发展人才高地的若干措施》的通知（2020年7月30日）

△岳发〔2020〕7号　市委、市政府　关于印发《岳阳市深入推进主城区交通综合整治行动方案》的通知（2020年8月14日）

△岳发〔2020〕9号　市委、市政府　关于进一步加强新时代基础教育工作的意见（2020年10月18日）

△岳办〔2020〕17号　市委办、市政府办　关于印发《深入实施“数字政府*智慧岳阳”建设行动方案》的通知（2020年12月11日）

△岳办发电〔2020〕4号　市委办、市政府办　关于印发《岳阳市关于统筹推进新冠肺炎疫情防控和经济社会发展确保全面完成目标任务的工作方案》的通知（2020年3月25日）

△岳办发电〔2020〕13号　市委办、市政府办　关于在市中心城区机关事业单位试行错时上下班制度的通知（2020年7月15日）

△岳办发电〔2020〕23号　市委办、市政府办　关于印发《岳阳市中心城区违法建设集中整治行动实施方案》的通知（2020年10月20日）

岳阳市人民政府重要文件目录

一、岳政办发〔2020〕1号　关于印发《岳阳市应对新型冠状病毒感染的肺炎疫情支持中小企业平稳健康发展的十五条措施》的通知

二、岳政办发〔2020〕3号　关于印发《岳阳市网上中介服务超市管理暂行办法》《岳阳市行政审批中介服务事项清单（2020年版）》的通知

三、岳政办发〔2020〕4号　关于加快推进企业上市工作的通知

四、岳政办发〔2020〕5号　关于印发《岳阳市基本医疗保险和生育保险市级统筹实施方案》的通知

五、岳政办发〔2020〕7号　关于印发《岳阳市加快第五代移动通信产业发展行动方案（2020—2022年）》的通知

六、岳政办发〔2020〕10号　关于进一步加强市本级政府投资项目审批和概算管理的通知

七、岳政办发〔2020〕12号　关于全面放开岳阳市城区户口落户的通知

八、岳政办发〔2020〕14号　关于印发《岳阳市进一步推进产业园区高质量发展实施办法》的通知

九、岳政办发〔2020〕16号　关于印发《岳阳市沿江化工生产企业关停搬迁改造工作方案》的通知

十、岳政办发〔2020〕17号　关于印发《岳阳市职业教育改革实施方案》的通知

十一、岳政办发〔2020〕18号　关于印发《岳阳市城市容貌标准》的通知

十二、岳政办发〔2020〕19号　关于印发《岳阳市工伤保险基金市级统收统支实施方案》的通知

十三、岳政办发〔2020〕20号　关于印发《岳阳市促进城陵矶口岸航运物流加速发展奖补措施》的通知

十四、岳政办发〔2020〕21号　关于印发《中国（岳阳）跨境电子商务综合试验区产业扶持措施（试行）》的通知

十五、岳政办发〔2020〕22号　关于印发《岳阳市城区建筑垃圾管理和资源化利用实施方案》的通（2020年11月4日）

十六、岳政办发〔2020〕23号　关于落实促进生猪生产保障市场供应政策措施的通知

十七、岳政办发〔2020〕24号　关于印发《岳阳市重污染天气应急预案》的通知

十八、岳政办发〔2020〕25号　关于印发《岳阳市促进冷链物流业高质量发展若干措施》的通知

十九、岳政办发〔2020〕26号　关于加快推进生态廊道建设的通知

二十、岳政办发〔2020〕27号　关于进一步加强岳阳县荣家湾、新开两镇自然资源和规划管理的通知

法规选编

《岳阳市文明行为促进条例》

（2020年8月28日岳阳市第八届人民代表大会常务委员会第二十九次会议通过，2020年9月25日湖南省第十三届人民代表大会常务委员会第二十次会议批准。）

第一章 总 则

第一条 为了培育和践行社会主义核心价值观，传承和弘扬中华民族传统美德，引导和促进文明行为，提高公民文明素养，推动社会文明进步，根据有关法律法规，结合本市实际，制定本条例。

第二条 本市行政区域内的文明行为促进及其相关工作，适用本条例。

本条例所称文明行为，是指以社会主义核心价值观为引领，恪守社会主义道德、遵守法律法规、维护公序良俗、尊重他人合法权益、体现社会进步的行为。

第三条 文明行为促进工作应当构建党委统一领导、政府组织实施、部门各负其责、社会协同推进、公民共同参与的共建共治共享工作格局。

第四条 市、县（市、区）精神文明建设指导委员会统筹推进本行政区域内的文明行为促进工作。

市、县（市、区）精神文明建设工作机构具体负责本行政区域内文明行为促进工作的指导协调、督促检查、考核评估，每年通报本条例的实施情况。

第五条 市、县（市、区）人民政府应当将文明行为促进工作纳入国民经济和社会发展规划，所需经费应当由同级财政予以保障。

市、县（市、区）人民政府工作部门，乡镇人民政府（街道办事处）应当在各自职责范围内做好文明行为促进工作。

村（居）民委员会应当宣传和引导文明行为，劝阻不文明行为，协助开展文明行为促进工作。

第六条 国家机关应当在文明行为促进工作中发挥示范作用。企事业单位、社会团体、其他组织应当积极参与文明行为促进工作。

公民应当积极参与社会公德、职业道德、家庭美德、个人品德建设，遵守文明行为规范和文明行为公约、守则，主动参与文明创建活动，共同维护岳阳文明形象。

第七条 任何单位和公民有权对文明行为促进工作提出意见、建议，对不文明行为进行劝阻、举报，对不履行文明行为促进工作职责的行为进行批评、投诉。

第二章 鼓励与倡导

第八条 鼓励下列文明行为：

（一）积极参与志愿服务活动；

（二）积极参与慈善救助活动；

（三）无偿献血，捐献造血干细胞、人体器官（组织）、遗体；

（四）与自身能力适应的见义勇为；

（五）拾金不昧，主动归还他人失物；

（六）举报违法犯罪行为和公共安全隐患；

（七）其他有益于社会文明进步的行为。

第九条 倡导下列文明行为：

（一）遵守公共礼仪，讲究文明礼貌，使用文明用语，在公共场所衣着得体、不喧哗、不说粗话脏话；

（二）等候服务时依次排队，保持适当距离，有序礼让；

（三）乘坐公共交通工具时，先下后上，主动为老、弱、病、残、孕、幼等需要帮助的乘客让座；

（四）节约能源资源，不使用不可降解塑料制品，绿色出行，优先使用公共交通工具；

（五）文明用餐，使用公勺公筷，厉行节约，减少餐饮浪费；

（六）举办集体婚礼、旅行婚礼等简朴健康的婚庆事宜，不办或者简单办理其他喜庆事宜；

（七）培育尊老爱幼、互敬互爱、男女平等、勤俭持家、邻里和睦、讲究卫生等良好的家教家风，争创文明家庭；

（八）厚养薄葬、节俭治丧、节地生态安葬、绿色环保祭祀；

（九）积极参加全民健身、全民阅读等有益身心健康的文体娱乐活动；

（十）其他有益于自然、社会、家庭和谐发展的行为。

第三章 规范与遵守

第十条 践行爱国主义，遵守下列文明行为规范：

（一）爱护国旗、国徽，尊重国歌；

（二）维护英雄烈士的姓名、肖像、名誉、荣誉；

（三）不宣扬、美化侵略战争和侵略行为；

（四）不发表、传播侮辱和分裂国家的言论；

（五）国家倡导的其他爱国行为。

第十一条 维护公共场所秩序，遵守下列文明行为规范：

（一）不侵占挪用和破坏道路交通、文化体育、环境卫生、园林景观、通信、供排水、供电、供气等公共设施和国防设施；

（二）不损坏消防、应急等设备设施，不损坏电梯、压力容器等特种设备；

（三）不从建（构）筑物内向外抛掷物品，维护窗台、阳台等设施及物品的安全，防止高空坠物；

（四）不占用和堵塞安全出口、疏散通道、消防车通道等公用设施和公共区域，不占用公共绿地和空闲地；

（五）不在道路两侧、住宅小区和公共区域堆放杂物、私搭乱建、私拉乱接电线、办理婚丧事宜；

（六）不在市、县（市、区）人民政府禁止的时段和区域内摆摊设点、经营夜市和从事其他非法占道活动；

（七）不在饮用水水源地、景观水域等市、县（市、区）人民政府禁止垂钓的区域垂钓；

（八）携犬只等宠物外出，应当采取必要的安全和卫生措施，由成年人使用犬链牵引，自觉清理宠物户外粪便，不携带宠物到公共汽车或者到学校、医院、体育场馆等公共场所，不遗弃宠物等；

（九）不在道路、公园、广场、住宅小区等场所开展影响市容市貌和他人生活的商业宣传；

（十）遵守诊疗服务制度，尊重和配合医护人员工作，理性解决医疗纠纷，不扰乱医疗秩序；

（十一）观看文艺演出、体育比赛时，遵守场馆秩序，服从现场管理；

（十二）在图书馆、纪念馆、博物馆、影剧院等室内公共场馆，主动将手机等电子设备调至静音，避免对他人造成影响；

（十三）其他维护公共场所秩序的文明行为规范。

第十二条　维护公共卫生，遵守下列文明行为规范：

（一）不随地吐痰、便溺，不乱扔果皮纸屑、烟头等废弃物，不乱倒垃圾、粪便和污水；

（二）不在建（构）筑物、设备设施及树木上乱贴乱画，乱悬挂物品；

（三）不在禁养区域饲养家禽、家畜；

（四）不在道路、公园、林地等公共区域抛撒、焚烧冥纸、遗物和其他物品；

（五）不在法律法规、规章规定的禁止吸烟区域和市、县（市、区）人民政府划定的禁止吸烟区域吸烟，在非禁止吸烟区域吸烟时应当合理避开他人；

（六）在公共场所咳嗽、打喷嚏时遮掩口鼻，患有流行性感冒等传染性呼吸道疾病时佩戴口罩；

（七）不在公共厕所内乱扔垃圾污物、乱涂乱画、乱贴广告，自觉维护公共厕所清洁、卫生，爱护设备设施；

（八）其他维护公共卫生的文明行为规范。

第十三条　维护交通安全秩序，遵守下列文明行为规范：

（一）按照道路标志、标线、交通信号灯指示通行；

（二）在出入口和拥堵缓行路段互相礼让、有序通行；

（三）主动让行消防车、救护车、应急救援车、工程救险车、警车和其他有紧急情况的车辆；

（四）主动礼让、避让行人，通过积水路段时，减速慢行；

（五）不向车外抛洒物品，不干扰驾驶员安全驾驶；

（六）停放车辆不占用无障碍停车位、盲道等无障碍设施，不妨碍其他车辆、行人通行；

（七）不乱穿马路、闯红灯、翻越隔离栏，通过路口或者横过道路遇机动车礼让时安全、快速通过；

（八）不在交通路口兜售小商品，散发小卡片、小广告等；

（九）其他维护交通安全秩序的文明行为规范。

第十四条　维护生态文明，遵守下列文明行为规范：

（一）不非法猎捕、交易、运输、食用野生动物，不非法买卖和食用野生动物制品；

（二）不乱砍伐、移栽、采摘、践踏公共区域花草树木；

（三）不超过国家规定排放噪声，装饰装修作业、工地施工、跳广场舞等不干扰他人正常生活；

（四）不在市、县（市、区）人民政府禁止的时段和区域内燃放烟花爆竹和施放电子礼炮；

（五）不在市、县（市、区）人民政府禁止的时段和区域内露天烧烤食品，焚烧秸秆、落叶、垃圾等产生烟尘污染和刺激性气味的物质；

（六）减少垃圾生成，遵守垃圾分类存放与处置的规定；

（七）其他维护生态文明的行为规范。

第十五条　文明旅游，遵守下列文明行为规范：

（一）尊重当地历史文化传统、风俗习惯和宗教信仰；

（二）不在景区、景点乱扔垃圾，不在景物、设施上刻划、涂画、张贴、攀爬；

（三）服从景区景点管理，不破坏景区景点秩序，不危害自身和他人人身安全；

（四）其他文明旅游的行为规范。

第十六条　维护网络文明，遵守下列文明行为规范：

（一）网络运营者不得泄露、篡改、毁损其收集的个人信息，未经被收集者同意，不得非法向他人提供个人信息；

（二）不利用网络和相关信息技术侮辱、诽谤、威胁他人或者虚构事实侵犯他人合法权益，不造谣不传谣，不扰乱经济和社会秩序等；

（三）不在网络上散布邪教、封建迷信、淫秽色情、赌博、暴力、恐怖、民族歧视等有害信息，不转发、转载违法和庸俗信息；

（四）其他维护网络文明的行为规范。

第十七条　弘扬文明乡风，遵守下列文明行为规范：

（一）保持房前屋后、庭院内部干净整洁，有效管控生活污水，就地分类生活垃圾并及时清理，消除旱厕，使用卫生厕所；

（二）依法科学处置农用薄膜、农药容器、农作物秸秆等农业废弃物，防止农业面源污染；

（三）不占用道路打谷晒粮、摆摊设点、堆放生产生活物品和操办婚丧及其他事宜；

（四）开展健康有益的文化娱乐活动，传承、弘扬优秀传统文化，不参与赌博、封建迷信、低俗娱乐活动；

（五）爱护村容村貌，保护古建筑、古树木，不私搭乱建；

（六）其他维护文明乡风的行为规范。

第四章　保障与监督

第十八条　市、县（市、区）精神文明建设指导委员会及其工作机构，市、县（市、区）人民政府及其有关部门应当完善文明行为促进的相关工作机制和制度，加强宣传教育和引导，制订有效的工作措施，提升全社会文明意识，促进全社会文明行为。

鼓励开展文明城市、文明村镇、文明单位、文明家庭、文明校园等群众性精神文明创建活动，开展文明社区、文明行业、文明集市、文明旅游风景区、文明餐饮店等创建活动，引导公民提高文明素养，对表现突出、成效显著的单位，按照有关规定予以表彰、奖励。

第十九条　市、县（市、区）人民政府应当安排见义勇为奖励资金，建立健全道德模范、身边好人、优秀志愿者等先进人物的评选、礼遇、帮扶机制，完善相关人员权益保障的政策、措施。

第二十条　市、县（市、区）人民政府应当加强诚信体系建设，逐步建立以公民文明行为信息为依据的表彰奖励机制。

有关行政执法部门应当完善信息共享、案件移送、证据互认机制，对严重不文明行为按照国家规定开展联合惩戒。

第二十一条　市、县（市、区）人民政府应当加强交通、通信、环保、公共文化和卫生、无障碍等设施的规划、建设、维护和管理，为公民文明行为提供保障。

公共文化设施管理单位以及公共场所经营管理单位应当结合各自的职能，有针对性地开展文明行为宣传引导活动，劝阻不文明行为，培养公民的文明意识和文明行为。

政务服务窗口单位、医疗机构、金融机构、景区管理机构、公共服务企业等应当发挥文明服务示范作用，合理设置服务网点、服务窗口，张贴服务标识，优化办事流程，提供规范、便捷、高效、文明的服务。

第二十二条　市、县（市、区）人民政府应当依托新时代文明实践中心建设，支持各类志愿服务组织发展，指导其加强专业能力建设，拓宽志愿服务领域。

鼓励有关单位、组织和公民为开展志愿服务提供场所和其他便利条件。

第二十三条　工会、共青团、妇联等群团组织应当根据各自章程规定，发挥自身优势，组织开展具有群体特色的文明行为促进活动。

第二十四条　国家机关、企事业单位、社会团体、其他组织应当将文明行为规范纳入本单位职业规范要求，将文明行为培训纳入本单位岗位培训内容；对本单位在文明行为方面表现特别突出的工作人员进行表彰、奖励。

村（居）民委员会应当将文明行为规范纳入市民学校、农民学校、道德讲堂等宣传培训内容，培育和引导公民养成文明行为习惯。

第二十五条　市、县（市、区）人民政府有关部门和单位应当按照下列规定加强文明行为促进工作：

（一）各有关部门和单位应当健全并落实普法责任制，加强文明行为宣传教育，推进法治教育和道德教育相结合，促进法治和德治相辅相成；

（二）文化、广播电视等部门应当加强公共文化服务，规划、引导与文明行为促进工作相关的公共文化产品创作、推广、宣传，依法查处文化市场生产经营违法行为，规范文化市场秩序；

（三）教育部门和学校应当将法治宣传教育和文明行为培养纳入教育教学，制定文明行为守则，加强师德师风建设，开展文明行为教育和实践活动，防止校园欺凌，建设安全校园，提升师生文明素养。

（四）城市管理和综合执法、住房和城乡建设、生态环境、农业农村、自然资源和规划等部门应当及时制止城乡建设和管理中的不文明行为，依法查处破坏市容村容环境、损坏公共设施、毁损侵占绿地、私搭乱建、噪声超标、污染水体土壤空气等违法行为；

（五）公安交通管理、交通运输管理等部门应当加强道路交通标识标牌、技术监控设施建设和文明出行宣传，及时制止交通不文明行为，查处交通违法行为；

（六）卫生健康部门、医疗卫生机构应当加强文明行医、文明就医宣传，加强医护人员职业道德建设，优化服务流程，改善医疗服务质量，加强医患沟通，维护公平就医环境；开展健康教育和爱国卫生运动，提高公民健康素养；

（七）市场监管、商务、旅游等部门应当加强工作协调配合，规范行业文明服务，制止不文明经营行为，依法查处欺诈消费者等违法经营行为；

（八）互联网信息管理等部门应当加强网络生态治理，净化网络环境，推动网络文明建设；

（九）民政部门应当加强志愿者组织管理，推进移风易俗和殡葬改革，倡导文明新风，依法制止和纠正不文明行为；

（十）公安机关应当依法查处违反社会治安管理和网络安全等违法行为，依法制止扰乱公共秩序的行为。

第二十六条　广播、电视、报刊、网络媒体、手机客户端和户外广告设施经营管理单位应当刊播公益广告，褒扬和宣传文明行为、先进人物事迹，依法依规曝光和批评不文明行为。

第五章　法律责任

第二十七条　违反本条例第十一条规定，占用、堵塞和封闭安全出口、疏散通道、消防车通道的，由消防救援机构或者市人民政府确定的行政执法部门按照各自职责责令改正，对单位处以5000元以上5万元以下的罚款，对个人处以警告或者500元以下的罚款。

上述违法行为经责令改正拒不改正的，强制执行，所需费用由违法行为人承担。

第二十八条　违反本条例第十一条规定，未经批准在街道两侧和公共场地区域堆放物料，搭建建（构）筑物或者其他设施，影响市容的，由城市管理综合执法部门责令其停止违法行为，限期清理、拆除或者采取其他补救措施，并可处以100元以上1000元以下的罚款。

第二十九条　违反本条例第十一条规定，携带犬只外出时未使用犬链牵引、未自觉清理宠物户外粪便或者携带犬只到公共汽车或者到学校、医院、体育场馆等公共场所，给他人造成影响的，由公安机关处以警告；警告后拒不改正的，处200元以上500元以下的罚款。

第三十条　违反本条例第十二条规定，有下列行为之一的，由城市管理和综合执法部门处以警告并责令当场清理，拒不清理的，处以5元以上100元以下的罚款。

（一）随地吐痰、便溺；

（二）乱扔果皮纸屑、烟头等废弃物；

（三）擅自在建（构）筑物、设备设施及树木上张贴、涂写、刻画和张挂物品；

（四）在市区抛撒、焚烧冥纸、遗物和其他丧葬祭奠物品。

第三十一条　违反本条例第十二条第五项规定的，由市人民政府确定的行政执法部门责令改正，拒不改正的，处50元的罚款；情节严重的，处200元的罚款。

市人民政府确定的行政执法部门可以委托具有管理公共事务职能的组织实施处罚。

第三十二条　违反本条例第十三条规定，向道路上抛撒物品的，由公安机关交通管理部门、城市管理综合执法部门按照各自职责处以警告，并可处100元的罚款。

第三十三条　违反本条例第十三条规定，乱穿马路、闯红灯、翻越隔离栏或者在道路上兜售小商品，散发小卡片、小广告的，由公安机关交通管理部门处以警告，并可处5元以上50元以下的罚款。

第三十四条　违反本条例第十四条规定，在户外使用音响器材造成噪声污染的，由城市管理综合执法部门责令改正，拒不改正的，处200元以上500元以下的罚款。

第三十五条　违反本条例第十四规定，在市、县（市、区）人民政府禁止的时段和区域内露天烧烤食品或者为露天烧烤提供场地的，由市、县（市、区）人民政府确定的行政执法部门责令改正，没收烧烤工具和违法所得，并处五百元以上2万元以下的罚款。

第三十六条　违反本条例第十四条规定，在市、县（市、区）人民政府禁止的时段和区域焚烧秸秆、落叶、垃圾等产生烟尘污染和刺激性气味的物质的，由市、县（市、区）人民政府确定的行政执法部门责令改正，并可处500元以上2000元以下的罚款。

第三十七条　实施本条例第三章规定的不文明行为，拒不改正或者多次违反的，有关行政执法部门可以在法律法规规定的行政处罚幅度范围内从重处罚。

第三十八条　有下列情形之一，构成违反治安管理行为的，由公安机关依法处理；构成犯罪的，依法追究刑事责任：

（一）违反本条例规定，拒不配合行政执法工作，拒不履行行政处罚决定；

（二）以威胁、侮辱、殴打等方式打击报复行政执法人员或者劝阻人、投诉人、举报人；

（三）违反本条例规定，情节严重、影响恶劣的其他情形。

对于前款规定的情形，有关行政执法部门可以依法通报所在单位或者村（居）民委员会。

第三十九条　因违反本条例规定应当受到行政罚款处罚的，违法行为人自愿参加相关社会服务，有关行政执法部门可以安排其参加相应的社会服务，并根据违法行为人完成社会服务的情况，依法从轻、减轻或者免除对违法行为人的处罚。

第四十条　相关部门及其工作人员在文明行为促进工作中不履行、不正确履行职责行为的，由相应主管机关按照规定予以处理。

第四十一条　违反本条例，法律法规另有规定的，从其规定。

第六章　附　则

第四十二条　岳阳经济技术开发区、湖南城陵矶新港区、南湖新区、屈原管理区的管理机构在职权范围内履行文明行为促进工作职责。

第四十三条　本条例自2020年12月1日起施行。

《岳阳市机动车停车条例》

（2018年7月20日岳阳市第八届人民代表大会常务委员会第十二次会议通过2018年9月30日湖南省第十三届人民代表大会常务委员会第六次会议批准）

第一章　总　则

第一条　为了加强本市机动车停车治理，规范停车设施建设，合理引导停车需求，严格规范停车秩序，改善停车环境与道路通行状况，促进城市综合交通体系协调发展，根据有关法律、法规，结合本市实际情况，制定本条例。

第二条　市、县（市、区）城市规划区规划建设用地范围内停车设施的规划、建设、管理和机动车停放管理适用本条例。

第三条　本条例所称停车设施是指建筑物配建停车场、城市公共停车场和道路临时停车泊位，不包括公交车、出租车、货车等专业运输车辆、摩托车以及非机动车的停放设施。

建筑物配建停车场是指依据建筑物停车设施配建标准附设的供机动车停放的场所。

城市公共停车场是指位于道路以外独立建设的，为公众提供机动车停放的场所。

道路临时停车泊位是指在道路以内、公共广场等地划设的为公众提供机动车临时停放的场所。

第四条　市、县（市、区）人民政府领导本行政区机动车停车治理工作，统筹动态交通和静态交通科学发展，同步推进路网建设与停车设施布局，建立管理职责和管辖权限综合协调机制。

第五条　市、县（市、区）城市管理主管部门统筹机动车停车管理工作，依法管理机动车道、非机动车道以外的停车行为，组织拟定停车管理相关政策、标准和服务规范。

公安机关交通管理部门依法管理机动车道、非机动车道的停车行为，参与停车设施规划、建设和管理等相关工作。

发展与改革、城乡规划、住房和城乡建设、国土资源、人民防空等主管部门按照各自职责，负责机动车停车管理相关工作。

第六条　机动车停车坚持需求管理、统筹规划、社会共治、属地管理原则，遵循有序停车、停车付费、违停受罚的基本要求，全社会共同构建和维护机动车停车秩序。

城市管理、公安机关交通管理等部门应当向社会公开举报方式。鼓励单位和个人对违法停车、改变停车设施使用性质、违法从事停车经营、擅自设置障碍物、擅自划设道路临时停车泊位等行为进行投诉和举报。

第七条　推动机动车停车的智能化、信息化建设，促进停车与互联网融合发展，提高停车服务、管理和执法的科技化水平。

第八条　坚持停车治理与公共交通优先发展相结合，合理配置和利用各种交通资源，提高公共交通运力和效率，吸引市民选择公共交通出行，减缓机动车停车压力。

第二章　停车设施的规划建设

第九条　停车设施实行分类定位、差别供给，提高利用效率；新增停车泊位以建筑物配建停车场为主、城市公共停车场为辅、道路临时停车泊位为补充。

第十条　市、县（市、区）城市管理主管部门会同城乡规划、国土资源、公安机关交通管理等主管部门，依据城市总体规划，结合城市建设发展和道路交通安全管理的需要，编制机动车停车设施专项规划，报同级人民政府批准。经批准的专项规划纳入控制性详细规划，并作为停车场建设和管理的依据。

规划改造老旧居住区，城乡规划主管部门应当征求城市管理主管部门关于片区停车综合改善的意见，设置相关用地规划条件。

第十一条　市、县（市、区）住房和城乡建设主管部门根据本级机动车停车设施专项规划，制定公共停车场年度建设计划，明确资金来源并组织实施。

鼓励社会资本投资建设、改造、经营停车设施；鼓励企事业单位、住宅小区及个人依法利用自有建设用地的地上地下空间建设停车设施。

城乡规划、住房和城乡建设、国土资源、人民防空等主管部门要结合自身职责，公布停车设施建设的相关优惠政策，支持各类主体参与停车设施建设与经营，促进停车产业发展。

第十二条　建设项目达到交通影响评价启动标准的，公安机关交通管理部门应当在选址阶段进行交通影响评价。

第十三条　市、县（市、区）城乡规划主管部门应当征求城市管理、公安机关交通管理等主管部门以及社会各界意见，综合考虑城市功能布局、土地开发建设强度、道路疏通能力等因素，科学合理确定建筑物停车设施配建标准，报同级人民政府批准后实施。

建筑物停车设施配建标准应当向社会公布，并根据城市交通发展和城市停车需求变化建立相应调整机制。

第十四条　建设单位应当按照国家、省、市有关规定和规划要求，配套建设机动车停车设施。配套建设的停车设施应当与主体工程同步设计、同步施工、同步验收、同步交付使用。配套建设的停车设施竣工验收不合格的，主体工程不得交付使用。

改建、扩建建筑物总面积大于等于500平方米的，除增加建筑面积的部分应当按要求配建停车位外，原建筑物面积配建停车位不足的，应当在改、扩建的同时，按不低于车位差额数的30%予以补建。

建设单位建设停车设施时，应当根据有关主管部门审批的标准和要求配建电动汽车充电设施，配备无障碍设施。

因地质等不可抗力原因不能按规划等审批要求实施时，应当将设计变更方案报经城乡规划等主管部门审批以后方可实施。

第十五条　利用地下空间资源单独选址建设公共停车场的，建设单位应当依法申请办理规划和供地手续。

利用人民防空工程设置停车场，不得影响其战时防空效能和应急避险功能。

第十六条　机械式或者自走式等立体停车场建设，应当符合相关规定，与市容市貌相协调，按照要求采取隔声、减振等措施，符合国家、省、市相关规定条件的，可享受相关优惠政策。

设置机械式停车设施应当符合特种设备的规定，经质量技术监督主管部门检验合格后方可投入使用，并按规定定期接受检验。

第十七条　市、县（市、区）城市管理主管部门会同公安机关交通管理部门每年组织对道路临时停车泊位的设置进行评估，评估时应当充分听取相关单位和居民的意见，并根据评估结果及时调整道路临时停车泊位。具体评估办法由市、县（市、区）城市管理主管部门会同公安机关交通管理部门制定。

道路临时停车泊位由城市管理主管部门和公安机关交通管理部门按照各自职责依法设置和撤除，其他单位和个人不得擅自设置、撤除停车泊位，不得损毁、移动、涂改停车泊位标志、标线和设施，不得将停车泊位据为专用。

第十八条　新建、改建、扩建中小学校、医院、商场、车站等客流集中的公共场所，应当设置落客区，用于机动车临时停靠上下乘客，并与主体工程同步交付使用。

公安机关交通管理部门应当在客流集中的公共场所周边道路设置临时停靠上下乘客专用车位，并规定临时停靠时长。

第十九条　待建工地、空闲厂区、桥下空间、边角空地等闲置场所，可以用于设置临时公共停车场，临时公共停车场的设置由城市管理主管部门会同城乡规划、公安机关交通管理等相关主管部门审定。

第二十条　本条例实施前已建成的住宅小区配建的

停车设施不能满足业主停车需求的，在不影响通行、消防和安全且符合国家相关法律、法规强制性规定的前提下，依照《中华人民共和国物权法》相关规定经业主同意，可以利用业主共有场地设置临时停车设施。

第二十一条　住宅小区的配建停车设施应当首先满足业主需要，建设单位不得出售给本住宅小区以外的单位或者个人。业主要求承租尚未处置的配建停车设施的，建设单位不得以只售不租为由拒绝出租。

第二十二条　市、县（市、区）城市管理部门应当会同城乡规划、国土资源、公安机关交通管理等主管部门，加强停车设施建成后的使用监管。

按照规划要求建成的公共停车场，任何单位和个人不得擅自改变使用性质、缩小使用范围或者变公共停车位为专用停车位。

新建、改建、扩建公共停车场建成运营后，应当减少并逐步撤除周边道路临时停车泊位，加强违法停车治理，保障城市道路通行功能。

第三章　停车管理

第二十三条　市、县（市、区）城市管理、城乡规划、公安机关交通管理等主管部门应当通过信息共享、案情通报、案件移送和执法联动协作等方式加强停车管理工作。

第二十四条　市、县（市、区）城市管理主管部门建立停车综合管理服务系统，结合网格化管理和数字城管，对停车设施实行动态管理，向社会提供停车信息服务。

配建停车场设置的停车泊位情况，城乡规划主管部门在项目验收时应当将相关信息抄送城市管理主管部门。

住宅小区设置临时停车泊位的情况，应当由乡镇人民政府、街道办事处统计后报送县（市、区）城市管理主管部门。

公共停车场的管理单位或者个人应当将停车设施相关信息接入停车综合管理服务系统。

第二十五条　市、县（市、区）城市管理主管部门应当会同公安机关交通管理部门制定道路临时停车泊位编码规则，进行统一编码管理，并定期组织开展停车资源普查，将普查结果纳入停车综合管理服务系统。

第二十六条　城市公共停车场应当按照标准配建停车诱导设施，实时公布停车场使用状况、泊位数量等信息。

第二十七条　机动车停放收费，区别不同停车场的性质和特点，分别实行市场调节价、政府指导价和政府定价三种定价形式管理。具体收费办法由市、县（市、区）价格主管部门制定。

实行收费的城市道路临时停车泊位由政府定价，收入纳入政府非税管理，专项用于城市道路临时停车泊位的管理及公共停车场的建设和维护。

第二十八条　公共停车场收取停车费的，其管理单位和个人应当遵守下列规定：

（一）依法办理工商登记、价格核定及价格备案等手续；

（二）在显著位置公告停车设施名称、服务项目、收费标准、车位数量及监督电话；

（三）按照公告的标准收费，并出具合法票据；

（四）实行计时（次）收费的停车服务单位，应当公告免收停车费的时限；

（五）不得擅自停止经营，确有特殊原因需要停止经营的，应当报经城市管理主管部门同意，并在停止经营的十五日前向社会公告；

（六）按本条例第十九条设置的停车设施停止使用的，应当在停止使用十五日前向社会公告，并到原审定部门办理相关手续；

（七）确需改变停车设施用途的，应当依法报原审批部门办理变更手续。

第二十九条　机动车需要在道路上临时停放的，应当按规定停放在道路临时停车泊位内，禁止在没有设置停车泊位的人行道、城市绿道或者设有禁停标志的道路上停放车辆。

第三十条　停放在道路临时停车泊位的车辆不得有下列情形：

（一）破损严重或者失去行驶功能；

（二）不按停车泊位标线及道路顺行方向停放；

（三）连续停放超过二十四小时；

（四）法律法规规定的其他情形。

第三十一条　任何单位和个人不得擅自在道路和其他公共区域内设置固定或者可移动障碍物阻碍机动车停放和通行；不得在未取得所有权或者专属使用权的停车泊位上设置地桩、地锁。

第三十二条　各类机关事业单位办公场所的停车设施，应当允许在工作时间前来办事的人员免费停放车辆，具备条件的鼓励在非工作时间向社会开放。具体办法由市、县（市、区）人民政府制定。

住宅小区在满足本小区居民停车需求的情况下，可以将配建停车场向社会开放，并可以实行有偿使用。

鼓励单位或者个人开展停车泊位有偿错时共享，停车设施管理单位应当予以支持和配合。

第三十三条　停车人应当按照规定停车和缴纳停车费用，不得妨碍其他行人和车辆通行。

载运爆炸物品、易燃易爆化学物品以及剧毒、放射性等危险物品的车辆应当停放在危险物品专用停车场。

第四章　法律责任

第三十四条　违反本条例规定，法律、法规已有处罚规定的，从其规定。

按照国务院、省、市城市管理相对集中行政处罚权规定，有关行政处罚权由城市管理主管部门行使的，从其规定。

第三十五条　负有机动车停车管理职责的公职人员，在停车管理工作中不履行职责，由监察机关依法调查处置。

第三十六条　违反本条例第十七条规定，擅自设置、撤除停车泊位的，由城市管理主管部门和公安机关交通管理部门，依照各自管理权限，责令停止违法行为，限期恢复原状，并处以每车位500元以上1000元以下罚款。

第三十七条　违反本条例第二十二条规定，擅自改变公共停车场使用性质、缩小使用范围或者变公共停车位为专用停车位的，由相关主管部门责令限期改正，逾期不改正的，处以每车位每日100元罚款。

第三十八条　违反本条例规定，不缴纳城市道路临时停车泊位停车费的，由城市管理主管部门进行催缴，并可处100元罚款。

第三十九条　对违反本条例第二十九条、第三十条关于机动车停放、临时停车规定，妨碍车辆或者行人通行的，由城市管理主管部门或者公安机关交通管理部门依法采取警告、责令驶离、罚款、强制拖移车辆等方式进行处置。

第四十条　违反本条例第三十一条规定，擅自设置地桩、地锁等障碍物的，由城市管理主管部门或者公安机关交通管理部门，依照各自管理权限，责令停止违法行为，限期恢复原状，逾期未恢复的处以每车位500元以上100元以下罚款。

第五章　附　则

第四十一条　岳阳经济技术开发区、南湖新区、屈原管理区依照本条例的规定执行。

第四十二条　本条例自2019年5月1日起施行。

索 引

说 明

一、本类目设主题索引和表格2个分目。

二、主题索引中文标目按汉语拼音顺序排列，首字为阿拉伯数字的主题词，排列在本索引之首。

索引名称后的阿拉伯数字表示内容所在的页码，拉丁字母a、b、c表示栏别左、中、右栏。

专稿标题用黄色字体表明。

三、表格按序号排列，仅标注所在页码，不标注分栏。

C

D

T